CAREL VAN SCHAIK, geboren 1953 in Rotterdam, ist Anthropologe und Evolutionsbiologe. Er erforscht die Wurzeln der menschlichen Kultur und Intelligenz bei Menschenaffen. Er war Professor an der Duke University in den USA und von 2004 bis 2018 Professor für biologische Anthropologie an der Universität Zürich, wo er als Direktor dem Anthropologischen Institut und Museum vorstand. Carel van Schaik ist Autor des Standardwerks «The Primate Origins of Human Nature» und ein korrespondierendes Mitglied der Königlich Niederländischen Akademie der Wissenschaften. Er lebt in Zürich.

KAI MICHEL, geboren 1967 in Hamburg, ist Historiker und Literaturwissenschaftler. Er hat von *GEO* über *Die Zeit* bis zur *Frankfurter Allgemeinen Zeitung* für die großen deutschsprachigen Medien geschrieben. Gemeinsam mit Carel van Schaik las er die Bibel aus einer evolutionären Perspektive als «Das Tagebuch der Menschheit», mit dem Archäologen Harald Meller legte Kai Michel den Bestseller «Die Himmelsscheibe von Nebra» vor. Im Herbst 2022 erscheint ihr neues Buch: «Das Rätsel der Schamanin». Er lebt als Buchautor in Zürich und im Schwarzwald.

Carel van Schaik · Kai Michel

Die Wahrheit über Eva

Die Erfindung der Ungleichheit von Frauen und Männern

Rowohlt Taschenbuch Verlag

4. Auflage November 2025
Veröffentlicht im Rowohlt Taschenbuch Verlag,
Rowohlt Verlag GmbH, Kirchenallee 19,
20099 Hamburg, September 2022

Covergestaltung zero-media.net, München,
nach dem Entwurf von Anzinger und Rasp, München
Coverabbildung Eva, 1896, von Lucien Lévy-Dhurmer.
DEA / G. DAGLI ORTI / Getty Images
Satz aus der Guardi
bei CPI books GmbH, Leck
Druck und Bindung GGP Media GmbH, Pößneck
ISBN 978-3-499-00054-6

Kontaktadresse nach EU-Produktsicherheitsverordnung:
produktsicherheit@rowohlt.de

MIX
Papier | Fördert
gute Waldnutzung
FSC® C014496

INHALT

VERSCHLUSSSACHE EVA 7

SCHRITT 1:
DIE LÜGE ÜBER EVA 39
1 Als Eva eine Göttin war 41

SCHRITT 2:
WILLKOMMEN ZUR EVALUTION! 65
2 Die doppelte Evolution 67
3 Wie wir Menschen wurden 83
4 Was wir über Sex und Gender wissen sollten 115

SCHRITT 3:
MYTHENDÄMMERUNG 153
5 Der Mythos der Monogamie 155
6 Der Mythos männlicher Überlegenheit 175

SCHRITT 4:
DER TATSÄCHLICHE SÜNDENFALL 195
7 Fortschritt? Matriarchat? Große Göttin? 197
8 Evas Griff zur Frucht 216
9 Adam auf Sinnsuche 242
10 Die zwei Sphären der Religion 270

SCHRITT 5:
DIE ERFINDUNG DER UNGLEICHHEIT 291
11 Das Problem mit dem Eigentum 293
12 Zwischen Isolation und Barbarenglück 308
13 Die Macht der Götter 325
14 Treue, Jungfräulichkeit und andere Ungeheuerlichkeiten 347
15 Zwang, Gewalt und Männermord 366

SCHRITT 6:
WARUM GOTT SCHWIERIGKEITEN MIT FRAUEN HAT 375
16 Evas Geheimnis, Gottes Eifersucht 377
17 Untreue hoch zwei:
Die religiöse Enteignung der Frauen 401

SCHRITT 7:
DIE PATRIX ERWACHT ZUM LEBEN 423
18 Freund der Frauen: Jesus von Nazareth 425
19 «Hier ist nicht Mann noch Frau» 441
20 Die eigentliche Misogynie 459
21 Das weibliche Prinzip 481
22 Monogamie, lebenslang 487
23 Dämonisierung der Sexualität 497
24 Feindliche Übernahme 513
25 «Warum habe ich keine Macht
über mein Fleisch?» 535
26 Weibliche Dreifaltigkeit 551
27 Aufstieg und Fall der Patrix 563

Epilog 595

Dank 621

ANHANG 623
Anmerkungen 623
Literatur 643
Register 678

VERSCHLUSSSACHE EVA

Arme Eva! Seit biblischen Zeiten wird ihr die Schuld an der menschlichen Misere in die Schuhe geschoben. Weil sie auf die Schlange hörte und zur verbotenen Frucht griff, vertrieb Gott die Menschen aus dem Paradies. Seither müssen wir im Schweiße unseres Angesichts schuften, und die Frauen sind den Männern untertan. Was für eine obskure Geschichte!

Jahrhunderte, ja, Jahrtausende musste sie herhalten, um die Herrschaft der Männer über die Frauen zu legitimieren: Durch Eva seien Sünde und Tod in die Welt getreten, die Frauen damit der Ursprung allen Übels, und weil Eva nun einmal beweise, welch leichtes Spiel der Teufel mit dem weiblichen Geschlecht habe, brauche es die starke Hand der Männer. Eine wahrlich männliche Meisterleistung, die Schuld an der Unterdrückung der Frauen einer Frau zuzuschreiben.

Aber die Geschichte von Adam und Eva ist nicht nur der verhängnisvollste Mythos für die Frauen, er ist auch der aufschlussreichste. Ausgerechnet die aller feministischer Parteinahme unverdächtige Bibel belegt, dass Frauen den Männern nicht schon immer untertan waren: Gott hatte nicht von Anfang an geplant, die Frauen zum dienenden Geschlecht zu machen. Das war eine Strafe. Die Botschaft der Bibel lautet: Die weibliche Unterordnung ist ein historisches Produkt; sie ist weder göttliche Wesensbestimmung noch biologisches Schicksal. Und selbst aus agnostischer Perspektive ist festzustellen: Die Bibel hat recht.

Die Autoren der Genesis waren sich damit einer Sache sicher, die heute zum Mysterium geworden ist. Obwohl kaum mehr jemand an die Geschichte mit Gott und der Schlange glaubt, existiert auf die Frage, was die Frauen zum angeblich schwachen Geschlecht machte, keine allgemein anerkannte Erklärung. Wie kam es überhaupt dazu, dass Frauen um Gleichberechtigung kämpfen müssen? Oder waren sie schon immer das zweite Geschlecht?

Das war einmal anders. Vor dreißig, vierzig Jahren trugen Frauen T-Shirts, auf denen sie stolz verkündeten, 5000 Jahre männlicher Unterdrückung überlebt zu haben.[1] Heute dagegen wird das Thema gemieden. Selten wird in der aktuellen Literatur wenigstens einmal eine Jahresangabe gemacht, seit wann Frauen systematisch benachteiligt werden, stets ohne weitere Erklärung. Mal werden 2000 Jahre genannt, mal 40 000 Jahre, mal 200 000 Jahre.[2] Bedeutet das etwas anderes als: Wir wissen es nicht?

Ebenso unklar ist, was die männliche Dominanz verschuldete: Sind es kulturelle Gründe? Ist es die Biologie? Beides? Selbst wenn die Geschlechter nur kulturelle Konstruktionen ohne biologische Verankerung sein sollten, wie heute vielfach angenommen, drängt sich die Frage auf: Wie kam es zur strikten Einteilung in Frauen und Männer? Und wieso dominieren nicht Frauen? Oder ist die Biologie doch entscheidend? Gehört die Welt schon immer den Männern, wie Simone de Beauvoir mutmaßte? Besteht die «männliche Herrschaft» tatsächlich bereits, «seit es Männer und Frauen gibt», so Pierre Bourdieu?[3] Doch gerade die Biologie wird von weiten Teilen des heutigen Feminismus gemieden, um nicht zu sagen: tabuisiert.

Mit alldem hängt zusammen, dass wir aktuell nicht einmal wissen, wie das zu nennen ist, was Frauen die Freiheit nimmt. Ein Begriff erlebt sein Revival, den der Feminismus schon lange als eher untaugliche Analysekategorie in der Mottenkiste entsorgt hatte: das «Patriarchat».[4] Sein Comeback verdankt er dem tiefen Bedürfnis, das, was das Leben vieler Frauen massiv erschwert, beim Namen nennen zu können.[5] Was aber das Patriarchat nun genau ist, wie es sich zur Macht aufschwang und diese über Jahrtausende und unzählige Kulturen hinweg behaupten konnte – auch darauf fehlen Antworten.

Wie kann das sein? Steht die Frage nach dem wahren Sündenfall in Sachen Geschlechtergerechtigkeit auf dem Index? Gibt es ein Eva-Tabu, das verhindert, herauszufinden, was wirklich geschah? Das beredte Schweigen über die möglichen Ursachen erstaunt. Schließlich wird ansonsten außerordentlich klug und engagiert über Gleichstellung debattiert, ebenso werden die Missstände sorgfältig und kritisch analysiert, um herauszufinden, wie endlich die systematische Benachteiligung von Frauen zu beseitigen ist. Müsste da nicht der Frage, was die Frauen überhaupt erst ins Elend stürzte, besondere Aufmerksamkeit zukommen? Wenn das, dessen Namen wir nicht kennen, aus der Welt geschafft werden soll, dann sollten wir doch wissen, wie es überhaupt in die Welt kam. Die Lösung eines Problems beginnt gewöhnlich mit einer Diagnose der Ursachen. Ansonsten besteht die Gefahr, an Symptomen herumzudoktern. Warum geschieht das nicht? Verschlusssache Eva?

Eine andere Geschichte der Menschheit

Nun lässt sich einwenden: Seht euch doch an, wie quicklebendig der vor einigen Jahren schon zu Grabe getragene Feminismus heute ist! So divers, laut, kreativ, mutig und erfolgreich – kann es sein, dass diese Frage nicht entscheidend ist? Zumal viele feministische Denkerinnen und Denker völlig zu Recht darauf verweisen, dass man sich heute nicht mehr allein auf die alte Frauen-Männer-Problematik kaprizieren dürfe. Es gilt, die Vielzahl der Diskriminierungen in den Blick zu nehmen, die sich überschneiden, verstärken, potenzieren: Es wird nach Gender, Sex, Ethnizität, sozialer Herkunft, Besitz, Bildung, Gesundheit, Körper, Alter und mehr diskriminiert. Intersektionalität ist das Gebot der Stunde.

Versuchen wir uns also an einem Buch, an dem gar kein Bedarf besteht? In Zeiten von «Mansplaining» wäre das ja keine Überraschung: Dinge erklären, welche Frauen längst schon besser wissen.[6] Nein, wir glauben nicht (welch erstaunliche Antwort!). Dieses

Buch ist weder ein Buch über Frauen noch für Frauen. Dieses Buch ist eine andere Geschichte der Menschheit. Schließlich gilt Eva als die erste Frau der Menschheitsgeschichte. Wir möchten nachvollziehen, wie die Welt so schrecklich ungerecht werden konnte, und wollen verstehen, wie es zur evolutionär betrachtet recht jungen Erfindung der sozialen Ungleichheit von Frauen und Männern kommen konnte. Dafür nehmen wir das Abenteuer auf uns, zwei Millionen Jahre menschlicher Evolution zu durchstreifen und Phänomene zu begutachten, von denen wir hoffen, dass ihre Kenntnis die aktuellen Geschlechterdebatten bereichern werden. So gerät auch die Frage, welch elementare Rolle Religion in diesem Kontext spielte, in den Fokus.

Aufgrund unserer eigenen Vorarbeiten sind wir der Ansicht, dass es höchste Zeit ist, Eva nach zweitausend Jahren endlich Gerechtigkeit widerfahren zu lassen; insbesondere da es spektakuläre Neuigkeiten in Sachen Paradies gibt. Ebenso glauben wir, dass es eine Überraschung sein dürfte, dass ausgerechnet die Biologie einen entscheidenden Beitrag zur Emanzipation leisten kann, zumal es um Prozesse geht, die uns alle betreffen, egal welchem Geschlecht wir uns zugehörig fühlen. Vor allem befürchten wir, dass die Unwissenheit, was die Ungleichheit von Frauen und Männern bewirkte, sich zur Bedrohung für die Emanzipation auswachsen könnte – wenn nicht zu Schlimmerem.

Nun ist bereits von feministischer Seite kritisiert worden, dass bisher versäumt wurde, eine zeitgemäße Erklärung vorzulegen, warum die Männer durch die Zeiten hinweg die privilegierte Position einnahmen und wie es ihnen gelang, diese stets aufs Neue zu behaupten.[7] Gerade forderte Mary Beard, Cambridge-Professorin für Alte Geschichte, in ihrem Manifest *Frauen und Macht*, es sei an der Zeit, «über die schlichte Diagnose ‹Frauenfeindlichkeit› hinauszukommen», denn die sei «ein wenig bequem». Möchte man «den Frauen – und nicht nur einigen zielstrebigen Einzelpersonen – zu ihrem Platz innerhalb der Machtstrukturen verhelfen …, müssen wir intensiver darüber nachdenken, wie und warum wir so denken, wie wir es tun. Wenn es ein kulturelles Muster gibt, das Frauen von der Macht fernhält, wie genau sieht es aus, und woher haben wir es?»[8]

Was das Nichtwissen gefährlich macht

Das Fehlen einer Erklärung ist durchaus heikel. Denn wenn es an Wissen fehlt, blüht die Spekulation – vielleicht nicht so sehr in feministischen Kreisen, wohl aber in der Gesellschaft. Zugegeben, wir haben eine Weile überlegt, welches Beispiel wir wählen sollen. Dieses hier illustriert die Problematik in einem ebenso prominenten wie relevanten Fall, auch haben wir es mit einem Autor zu tun, der über jedem Verdacht steht, antifeministische Positionen zu vertreten. Im Gegenteil, Yuval Noah Harari bezeichnete unlängst Journalisten gegenüber den Feminismus als «die größte Revolution des 21. Jahrhunderts».[9] Was ihm in unserem Kontext aber Relevanz verleiht: Sein Bestseller *Eine kurze Geschichte der Menschheit* ist mit über zehn Millionen verkauften Exemplaren das weltweit erfolgreichste und damit einflussreichste Geschichtsbuch unserer Tage. Gerade deshalb sollten wir uns ansehen, was er zum Thema zu sagen hat.

Harari stellt sich der ansonsten eher weitgehend gemiedenen Frage, wie es zur schier universellen Schlechterstellung der Frauen kommen konnte. Doch auch er kann da nur mit den Achseln zucken, ohne es aber dabei zu belassen. Er schreibt: «Obwohl jede Kultur Männer und Frauen anders definiert, ist daher anzunehmen, dass es auch biologische Gründe gibt, warum fast alle Kulturen der Männlichkeit gegenüber der Weiblichkeit den Vorzug geben. Was diese Gründe sein könnten, wissen wir nicht; es gibt zwar viele Theorien, doch keine ist völlig schlüssig.»[10]

Hier wird es spannend: biologische Gründe, warum fast alle Kulturen der Männlichkeit gegenüber der Weiblichkeit den Vorzug geben? Ist das anders zu verstehen, als dass die Männer den Frauen irgendwie überlegen sind, und zwar von Natur aus? Im Weiteren referiert Harari ausführlich mögliche Ursachen für die weibliche Zurücksetzung – physische Überlegenheit der Männer, männliche Aggressivität, patriarchale Gene –, um jedes Mal abzuwinken. Schließlich präsentiert er seine eigene Spekulation zum Ursprung männlicher Dominanz. Zunächst fragt er: «Wie kam es, dass es in einer Art, deren Erfolg vor allem von der Kooperation abhängt, eine vermeintlich kooperativere Gruppe, nämlich die Frauen, von einer vermeintlich weniger kooperativen Gruppe, nämlich den Männern, beherrscht wird?» Dann insinuiert er: «Vielleicht ist ja schon die Grundannahme falsch. Könnte es sein, dass sich die männlichen Angehörigen der *Homo sapiens* gerade nicht durch überlegene Körperkraft, Aggressivität und Konkurrenzfähigkeit auszeichnen, sondern durch überlegene Sozialkompetenz und größere Kooperationsbereitschaft?»

Zwar fügt Harari sofort an: «Auf diese Fragen haben wir keine Antwort»[11] und wechselt das Thema – doch da ist das Kind schon in den Brunnen gefallen. Längst rumort es in den Köpfen der Leserinnen und Leser: «Sind Frauen also von Natur aus weniger kooperativ als Männer? Sozial inkompetent?» Gleich drängen sich die nächsten Gedanken auf: «Ja, Stutenbissigkeit, davon habe ich auch schon gehört! Sollte man nicht lieber nur Männern verantwortungsvolle Positionen anvertrauen? Wohin soll das führen, wenn kooperationsunfähige Frauen Unternehmen leiten oder gar Staaten lenken?»

Wir möchten Harari nicht das Geringste unterstellen; auch bei anderen Themen stellt er Vermutungen an, nicht zuletzt um Spannung zu erzeugen. Das Beispiel zeigt nur sehr schön, wie Nichtwissen Spekulationen ins Kraut schießen lässt. Menschen können nicht anders, diesem Phänomen werden wir öfter begegnen. Jede und jeder hat seine eigene Vermutung darüber im Kopf, was für das ungleiche Schicksal von Frauen und Männern verantwortlich ist. Ausgesprochen werden sie selten.

Das führt dazu, dass sich ein Elefant im Raum befindet, über den keiner recht zu sprechen wagt, wie man im Englischen sagen würde, also ein Bedenken, eine unangenehme Angelegenheit, über die alle schweigen, die aber alle belastet. So spukt die Furcht herum, dass es doch wie auch immer geartete biologische Gründe waren, die Männer in die gesellschaftliche Pole-Position brachten. Wären dann nicht alle Emanzipationsversuche «unnatürlich»? Chancenlos? Sind die Frauen also selbst schuld? Weil sie schlicht unfähig sind, sich ihren Platz zu sichern, weil sie sich stets zerstreiten, eben doch «von Natur aus» nicht untereinander harmonieren?

Oder liegt die Schuld bei den Männern? Deutet die grassierende Misogynie nicht darauf hin? Handelt es sich bei der Abwertung und Erniedrigung von Frauen um die «Male Malady», um die «männliche Krankheit», wie der Anthropologieprofessor David D. Gilmore schon vor Jahren behauptete?[12] Dann steckte der Frauenhass den Männern in den Genen! Zumindest würde das erklären, warum es auch nach so vielen Jahren Emanzipation noch immer zu all den Ungerechtigkeiten, zu Sexismen ohne Ende und zu massiver Gewalt gegen Frauen kommt. Befinden wir uns also im ewigen Geschlechterkrieg? Ist es an der Zeit, zur Schaufel zu greifen, den Traum von der Gleichberechtigung zu begraben, und anschließend die Reihen fest zu schließen und aufzurüsten?

Die Gegenseite hat längst damit begonnen – und den blinden Fleck in Sachen Biologie als weiche Flanke des Feminismus ausgemacht. Die Zahl der Männer nimmt zu, die sich von «den Frauen» in die Defensive gedrängt fühlen. Sie scheuen nicht vor pseudowissenschaftlichen Verteidigungsstrategien zurück: «Es ist die Natur in Gestalt der Frau, die bei der Hälfte der Männer von vornherein nein sagt. Für Männer ist dies die ultimative Begegnung mit dem alles vernichtenden Chaos – und zwar jedes Mal, wenn sie einen Korb bekommen.» Wer das sagt? Jener Psychologieprofessor, der längst nicht mehr nur via YouTube ein Millionenpublikum beglückt und eine Generation junger Männer prägt: Jordan B. Peterson. Es sei «weibliches Anspruchsdenken», das «die menschliche Spezies zu dem gemacht hat, was sie heute ist, ein aggressives, dominantes, höchst aktives kreatives Wesen mit aufrechtem Gang und großem Hirn.» Wie das? Weil die Frauen immer gnadenlos nur die stärksten Exemplare ausgewählt haben: «Frauen verunsichern Männer seit Anbeginn der Zeit. Sie tun dies mit Abweisung … Das ist kein Wunder, denn sie tragen die Hauptlast der Reproduktion, daher *kann* es gar nicht anders sein. Die Fähigkeit, Männer zu beschämen, ist nach wie vor eine äußerst scharfe Waffe der Natur.» Was bleibt den Männern anderes übrig, um nicht auf der Strecke zu bleiben, als sich wahre Helden aus der guten alten Zeit zum Rollenmodell zu wählen: Clark Gable? John Wayne? James Bond? Nein, Peterson setzt auf die Champions der Evolution: «Nehmen Sie sie sich ein Beispiel an dem siegreichen Hummer mit seinen dreihundertfünfzig Millionen Jahren Erfahrung. Stehen Sie aufrecht und machen Sie die Schultern breit!»[13]

Höchste Zeit, die Furcht vor der Biologie aufzugeben. Denn nicht zuletzt deren weitverbreitete Unkenntnis führt dazu, dass kuriose Behauptungen wie die gerade eben zitierten überhaupt aufgestellt werden können. Und in populistischen Zeiten wie den unseren fallen sie leicht auf fruchtbaren Boden. Eine nicht zu unterschätzende Gefahr: Längst ist der Antifeminismus zum selbstverständlichen Teil verschwörungstheoretischer Wahngebilde rechtsextremer und rassistischer Kreise geworden: Die Emanzipation solle die Frauen ihrer «natürlichen Bestimmung», dem Gebären, entfremden, um die «Auslöschung der weißen Rasse» voranzutreiben.[14]

Den Elefanten verscheuchen

Deshalb ist dieses Buch ein Versuch, den eben vorgestellten Elefanten zurück in die Wildnis zu scheuchen. Wir möchten die Furcht, irgendetwas an der Ungleichheit könnte «natürlich» sein, aus der Welt räumen. Nicht, weil einer von uns beiden als Primatologe lange Zeit im Dschungel Indonesiens Orang-Utans erforschte und deshalb zumindest über ein wenig Erfahrung mit Elefanten verfügt.

Nein, wir, ein Evolutionsbiologe und ein Kulturwissenschaftler, glauben, rekonstruieren zu können, was tatsächlich schiefgelaufen ist zwischen Frauen und Männern. Wir kennen uns mit der biblischen Eva ebenso aus wie mit der biologischen Eva und möchten in diesem Buch zeigen: An der Diskriminierung der Frauen ist weder etwas gott- noch naturgewollt.

In unserem letzten Buch haben wir die Bibel einer evolutionären Lektüre unterzogen. Als Agnostiker lasen wir sie nicht als Heilige Schrift oder Wort Gottes, sondern als ein *Tagebuch der Menschheit*, das die Versuche der Menschen dokumentierte, sich in einer Welt einzurichten, für die sie nicht gemacht zu sein scheinen. Tatsächlich konnten wir zeigen, dass das Buch der Bücher eine phantastische Quelle für die kulturelle Evolution des *Homo sapiens* ist, die nach dessen Übergang zum sesshaften Leben rasant an Fahrt aufnahm. Die Bibel lässt uns in einer evolutionären Perspektive viele Probleme besser verstehen, mit denen wir uns heute noch herumschlagen, und geht uns deshalb selbst dann an, wenn wir gar nicht an Gott glauben.

Damals beschäftigten uns eine Reihe von Fragen, die uns seither nicht mehr losgelassen haben: Warum muss die Bibel gleich auf den ersten Seiten ausdrücklich feststellen, dass Gott die Frauen den Männern unterworfen hatte, und zwar als Strafe? Wie konnte ausgerechnet aus der Frauen so offen gegenüberstehenden Jesus-Bewegung eine Institution werden, der man nicht allzu unrecht tut, wenn man sie als das Fort Knox des Patriarchats bezeichnet: die katholische Kirche? Und warum verteufelte das Christentum die Sexualität mit größter Obsession, insbesondere in seiner weiblichen Gestalt?

Auch auf vielen Veranstaltungen konfrontierte uns das Publikum mit solchen Fragen. Vor allem mit jener, wie sich die Rolle der Frauen in der menschlichen Evolution darstellte – und es waren so gut wie immer Frauen, die diese Frage stellten. Tatsächlich beginnt die Geschlechterthematik erst dann so richtig zu schillern, wenn man die Perspektive weitet und erkennt, dass ein relativ egalitäres Geschlechterverhältnis und die starke und aktive Position der Frauen das Erfolgsgeheimnis der Gattung *Homo* waren. Und dass die Sexualität in der menschlichen Evolution zwar immer ein durchaus heikles, aber alles andere als sündhaftes Terrain war.

Um ein Beispiel zu geben: Wie steht es um die lebenslange Monogamie, wie sie den Menschen in biblischer Tradition vorgeschrieben wird? Die !Kung-Frau Nisa, über die uns die Ethnologin Marjorie Shostak detailliert berichtete, hatte in ihrem Leben vier Ehemänner und acht Liebhaber. Das deckt sich mit den Beobachtungen bei den Aché, die bis vor nicht allzu langer Zeit im Bergland Paraguays noch als Jäger und Sammler lebten: Dort waren Frauen durchschnittlich mit zwölf Männern im Laufe ihres Lebens zusammen.[15] Auch wenn das nicht immer diese Ausmaße hatte, lässt sich konstatieren: Serielle Monogamie ist ein alter Hut. Was uns daran brennend interessierte: Warum verloren die Frauen diese Freiheit? Woher kommt das Ideal lebenslanger Treue? Und wieso ist das patriarchale System so hartnäckig und robust, dass es sich heute – allen Fortschritten zum Trotz – immer noch halten kann? Wir beschlossen, uns auf die Suche nach der Wahrheit über Eva zu begeben.

Um nicht missverstanden zu werden: Damit ist keinesfalls die Wahrheit über die Frauen gemeint – die es natürlich nicht gibt! –, sondern die Aufklärung dessen, was zur Erfindung der sozialen Ungleichheit von Frauen und Männern führte. Wir werden uns dabei um die biblische Eva ebenso wie um die biologischen Evas kümmern, aber die Männer nicht links liegenlassen. Dafür werden wir uns in die Tiefen der Menschheitsgeschichte begeben und es nicht versäumen, uns bei unserer Primatenverwandtschaft umzuschauen.

Das ist das Herausfordernde unseres interdisziplinären Ansatzes: Wir verbinden Biologie und Geschichte! Wir interessieren uns für Bonobo-Sex genauso wie für Venusfigurinen, rätselhafte Steinzeitheiligtümer, mesopotamische Götterkönige, die Apostelin Maria Magdalena und die Erbsündenlehre des Augustinus von Hippo. Das mag überraschend klingen, doch brauchen wir all das (und noch viel mehr), um zu rekonstruieren, was da bei unseren Vorfahren ins Arge geraten ist und warum.

Besonders wichtig ist uns, die in diesem Kontext vernachlässigten biologischen und evolutionären Grundlagen des *Homo sapiens* vorzustellen. Wir werden erklären, wie die biologische Evolution funktioniert, um klarzustellen, dass Menschen eben nur zu verstehen sind, wenn man auch die kulturelle Evolution einbezieht. Beide haben uns, wie wir zeigen werden, zu Menschen mit mindestens drei Naturen werden lassen. Auf dieser Basis können wir Mythen entlarven wie den der natürlichen Überlegenheit des Mannes. Dann auch werden jene menschheitsgeschichtlichen Entwicklungen nachvollziehbar, welche die Frauen in die Defensive drängten.

Dass das einen einzigen Grund gehabt haben könnte, wie zuweilen angenommen (Eva! Männliche Kraft! Erfindung der Landwirtschaft! Der Pflug! Paulus! Die Kirche!), ist eine zu simple Annahme. Wäre die Angelegenheit so eindeutig, wären wir das Problem längst los. Wir haben es hier mit einem vielgestaltigen, den negativen Konsequenzen zum Trotz durchaus faszinierenden Prozess zu tun. Wir werden einiges neues oder wenigstens weitgehend unbekanntes Material präsentieren. Dadurch geraten Ungerechtigkeitsproduzenten in den Fokus, die bisher zu wenig Aufmerksamkeit erfahren haben.

Uns ist es wichtig, dieses reichhaltige Wissen zur Diskussion zu stellen; es ist ebenso aufschlussreich wie spannend. Wir möchten damit andere Positionen nicht in Frage stellen, sondern zeigen, dass es keinen Grund gibt, die evolutionäre Perspektive zu fürchten. Unsere Parole lautet deshalb: Fort mit dem Elefanten! Willkommen zur Evalution!

Der Nutzen des Eva-Tabus

Doch zunächst einmal zu dem, was wir plakativ das Eva-Tabu nennen. Wie konnte es dazu kommen? Die Fragen, wie das mit Frauen und Männern seinen Anfang nahm und welchen Ursprung die Geschlechter-Querelen haben, sind doch viel zu wichtig. Nun klingt Tabu nach Ignoranz und Aberglauben – das ist nicht der Fall. Das Eva-Tabu ist eine vernünftige Angelegenheit gewesen. Es hat lange Zeit die Emanzipation geschützt. Ohne das Eva-Tabu stünde es in Sachen Gleichberechtigung heute bedeutend schlechter.

Es ist ja nicht so, als hätte der Feminismus sich die Frage nie gestellt, wie es zur Unterdrückung der Frauen kommen konnte. Im Gegenteil! Das war eines der dominierenden Themen der zweiten Welle der Frauenbewegung. Von Simone de Beauvoir über Kate Millett bis zu Bestseller-Autorinnen wie Rosalind Miles oder Riane Eisler – sie alle versuchten im letzten Jahrhundert zu ergründen, was die Frauen in Schwierigkeiten gestürzt hatte. Sie hatten bloß das Pech, zu früh zu kommen.

Sie standen vor einer Mammutaufgabe. Die Wissenschaft war bis weit ins 20. Jahrhundert hinein eine Männerwelt, die sich vor allem auf Männerthemen konzentrierte. Zudem stammte die Masse der historischen Quellen aus Männerhand. Die Vergangenheit hatte in Sachen Frauen kaum etwas anderes zu bieten als weiße Flecken und Fragezeichen. Was das Unterfangen weiter erschwerte: Als geschichtswürdig galten nach dem klassischen Verständnis männlicher Historiker des 19. Jahrhunderts nur jene «Zivilisationen», welche die Schrift besaßen. Das aber sind so gut wie ausschließlich Kulturen, die über staatliche Herrschaftsstrukturen verfügten und patriarchal organisiert waren.

Um also die Anfänge der Männerdominanz zu ergründen, mussten die schriftlose Vorgeschichte, die «Steinzeit», aber auch nichtstaatliche außereuropäische Kulturen in den Blick genommen werden. Das jedoch war aus den gerade genannten Gründen schwieriges Terrain: Angesichts beschränkter Möglichkeiten, nichtschriftliche Quellen zum Sprechen zu bringen, war die wissenschaftlich gesicherte Basis hier noch dünner als andernorts. Kurz, die feministischen Pionierinnen hatten mit dem Problem zu kämpfen, dass es an Forschung, Methoden und universitärer Unterstützung fehlte. Doch das Interesse war ebenso groß wie die Sehnsucht, bisher unentdeckte weibliche Erfahrungswelten und verschüttete Traditionen verlorener Frauenmacht freizulegen. Auch hier wurde fehlendes Wissen nicht selten mit Spekulationen gefüllt: Von männlicher Kastrationsangst über die neidvolle Urfurcht des Mannes vor dem gebärenden Weib bis hin zum Menstruationshorror und ja selbst der Wasseraffenhypothese gab es kaum eine Theorie, die von Autoren jederlei Geschlechts nicht bemüht wurde, um zu erklären, was da in grauer Vorzeit zwischen Männern und Frauen aus dem Ruder gelaufen sein könnte.

Theorien des 19. Jahrhunderts wie die einer ursprünglichen Frauenherrschaft, des Matriarchats im Zeichen der Großen Göttin, erlebten ein Revival. Frauenbewegte New-Age-Strömungen gaben sich dem fröhlich hin, selbst wenn wenig dafür sprach, es könne sich um mehr als Wunschgebilde handeln. Die Folge: Das Thema wurde esoterisch. Der feministische Mainstream wandte sich ab, just zu einem Zeitpunkt, als Historikerinnen wie Gerda Lerner oder Archäologinnen wie Margaret Ehrenberg wissenschaftlich fundierte Beiträge zu einer Genealogie der Männerherrschaft vorlegten, denen aber deshalb die volle Wirkung verwehrt blieb.[16] Immerhin hatte die Frauenforschung auch so mehr als genug zu tun.

Die größte Schuld am Eva-Tabu tragen jedoch Biologie und Evolutionstheorie. Die Evolutionsbiologin Sarah Blaffer Hrdy verortet das Unheil schon bei Charles Darwin (1809–1882): «In einer Passage, an die sich nur wenige Evolutionsbiologen gern erinnern und die nur wenige Feministinnen vergessen können», so Hrdy, ließ sich der Begründer der Evolutionswissenschaft zu folgender Behauptung hinreißen: «Der Hauptunterschied der geistigen Fähigkeiten der Geschlechter zeigt sich darin, dass der Mann zu einer größeren Höhe in Allem, was er nur immer anfängt, gelangt, als zu welcher sich die Frau erheben kann, mag es nun tiefes Nachdenken, Vernunft oder Einbildungskraft, oder bloß den Gebrauch der Sinne und Hände erfordern.» Darwins Kollegen wie Herbert Spencer (1820–1903) gingen noch weiter und warnten vor der Gefahr, die dem Überleben der menschlichen Art durch intellektuelle Frauen drohte. Denn die Ausbildung von Intelligenz ginge auf Kosten ihres Reproduktionsapparats. «Kein Wunder», kommentiert Sarah Hrdy lakonisch, «dass Frauen der Biologie den Rücken kehrten.»[17]

Doch das taten sie nicht sofort. Sie versuchten zunächst, den Anspruch, nicht das zweite Geschlecht zu sein, wissenschaftlich zu untermauern. Man greife nur zur Bibel des Feminismus, Simone de Beauvoirs 1949 veröffentlichtes *Das andere Geschlecht*. Ins allgemeine Gedächtnis hat sich die Sentenz eingebrannt: «Man kommt nicht als Frau zur Welt, man wird es.» Vergessen wird dabei oft, dass de Beauvoir sich ausführlich mit den «biologischen Gegebenheiten» bis in die Feinheiten der weiblichen Physiognomie hinein beschäftigte. Sie begriff sie als «Schlüssel zum Verständnis der Frau», lehnte aber die Vorstellung ab, dass sie für Frauen ein festgelegtes Schicksal bedeuteten. Die biologischen Gegebenheiten «reichen nicht aus, eine Hierarchie der Geschlechter zu bestimmen; sie erklären nicht, weshalb die Frau das Andere ist, und sie verurteilen sie nicht dazu, diese untergeordnete Rolle für immer beizubehalten».[18]

Doch es finden sich eine Reihe von Passagen, die für Verunsicherung sorgten: Die Frau sei – «so weit die Geschichte zurückreicht» – dem «Mann immer untergeordnet gewesen», weil «der weibliche Mensch … unmittelbarer der Art ausgeliefert» sei als der männliche, und «durch die Erfindung des Werkzeugs ist der Lebensunterhalt für den Mann Tätigkeit und Entwurf geworden, während die Frau durch Mutterschaft an ihren Körper gefesselt blieb wie das Tier».[19] Tatsächlich gab de Beauvoir den Kenntnisstand einer männlich geprägten Biologie und Anthropologie wieder, der heute obsolet ist. Sie mochte noch so klar postulieren: «Keine biologische, psychische oder ökonomische Bestimmung legt die Gestalt fest, die der weibliche Mensch in der Gesellschaft annimmt»[20] – vieles, was sie referierte, klang nach den alten Konnotationen des «weiblichen Wesens» mit Natur, Passivität, Mutterschicksal. Das passte nicht recht zum großen Aufbruch des Feminismus.

Nun versuchten vor allem Anthropologinnen und Ethnologinnen die vielfältigen und aktiven Rollen der Frauen in nichtschriftlichen Kulturen herauszuarbeiten – insbesondere, um die damals dominante «Man the Hunter»-Theorie, die den jagenden Mann als Lichtbringer des Menschengeschlechts feierte, zu dekonstruieren. Ab Mitte der 1970er Jahre trat dann jedoch die Soziobiologie mit dem Anspruch an, nun auch die menschliche Kultur erklären zu können und damit die Sozialwissenschaften überflüssig zu machen. Vieles klang deterministisch, so als würden ausschließlich die Gene das Verhalten, die Geschlechterrollen und damit auch die gesellschaftlichen Verhältnisse bestimmen. Auch der bald folgende mediale Erfolg der in ihren Anfängen mitunter etwas simpel gestrickten Evolutionären Psychologie war vielen ein Graus. Sie wollte so ziemlich alles biologisch erklären und damit noch jedes bestehende Geschlechterklischee «naturalisieren». Bücher wie *Warum Männer nicht zuhören und Frauen schlecht einparken* erreichten trotzdem ein Millionenpublikum.[21]

Da blieb eigentlich nur eine Konsequenz: Wollte die Frauenbewegung das große Projekt der Emanzipation nicht gefährden, musste man sich einer Biologie verweigern, die den biblischen Straffluch über die Frauen mit wissenschaftlicher Autorität zu verewigen schien. «Biologismus» und «Evolutionismus» avancierten zu veritablen Schimpfwörtern. Extrempositionen verfluchten die Biologie sogar als «Ideologie», «erfunden zu dem Zweck, einen Teil der Menschheit als ‹Frauen› auszugrenzen und dann ungestraft ausbeuten zu können».[22] Die Biologie-Aversion verfestigte sich immer mehr zu dem, was wir das Eva-Tabu nennen. Von wenigen Ausnahmen abgesehen,[23] mied man es fortan von feministischer Seite, nach evolutionären Wurzeln der Unterdrückung zu suchen. Es gab ja mehr als genug anderes zu tun. Wir haben es entsprechend mit einem Schutz-Tabu zu tun, das die Sache der Emanzipation gegen Wissenschaften verteidigte, die noch chauvinistisch kontaminiert waren.

Warum das Eva-Tabu heute schadet

Mittlerweile jedoch bereitet das Eva-Tabu eine Reihe von Schwierigkeiten, die der Emanzipation nicht zuträglich sind. Wir sehen vor allem drei Mankos.

Manko eins: Der Kampf gegen Windmühlen

Einst als Reaktion auf patriarchale Biologie entstanden, hat das Eva-Tabu dazu geführt, dass nicht registriert wurde: Die Biologie und die benachbarten Wissenschaften haben sich emanzipiert! Niemand glaubt mehr an genetischen Determinismus menschlichen Verhaltens oder eine kontinuierliche Höherentwicklung in der Evolution, geschweige denn an «passive Weibchen». Massive Fortschritte wurden gemacht – und das ist eine feministische Erfolgsgeschichte. Sie verdankt sich in wesentlichen Teilen Frauen, welche die Wissenschaften von innen verändert haben. Schon in den 1970ern und 1980ern waren es Ethnologinnen wie Peggy Reeves Sanday, Kathleen Gough, Patricia Draper und Eleanor Leacock, die zeigten, dass das Patriarchat keinesfalls eine unvermeidliche Universalie sein konnte. Und dann waren da so wichtige wie engagierte Primatologinnen wie Barbara Smuts und Sarah Hrdy am Werk.[24]

Um zu zeigen, was sie zu bieten haben, hier ein Zitat von Hrdy, aus ihrem zwar bekannten, aber eben doch viel zu wenig rezipiertem Buch: *Mutter Natur. Die weibliche Seite der Evolution*:

> Arbeitende Mütter sind nichts Neues. Die meiste Zeit, seit es Menschen gibt, und schon Millionen Jahre zuvor haben Primatenmütter in ihrem Leben Produktion und Reproduk-

tion miteinander verbunden. Diese Kombination aus Arbeit und Mutterschaft hat immer Kompromisse erfordert. Entweder nahmen Mütter energetische Kosten und einen Verlust an Effizienz in Kauf, wenn sie ihre Babys überallhin mitschleppten (wie es Pavian- und !Kung-Mütter tun), oder sie fanden eine Allomutter, die sich solange um das Kind kümmerte. Neu für moderne Mütter ist allerdings die deutliche Trennung von produktivem und reproduktivem Leben. Die Fabriken, Labors und Büros, in die sich die Frauen des postindustriellen Zeitalters begeben, um «Nahrung zu suchen», sind mit der Versorgung von Kindern noch weitaus weniger vereinbar als Wälder voller Jaguare und weit entfernte Gehölze mit Mongongonussbäumen, zu denen man nur nach Durchquerung einer Wüste gelangt.[25]

Auch in anderen Wissenschaftsdisziplinen wie Genetik, Archäologie und Geschichte haben Frauen – aber nicht nur – dafür gesorgt, dass der Männerfokus überwunden werden konnte. Zugleich hat der wissenschaftliche Fortschritt in den für diese Fragestellung wichtigen Bereichen Berge neuen, faszinierenden Wissens produziert. Sich dem zu verschließen, würde jede Menge Frauen vor den Kopf stoßen. Vor allem birgt es die Gefahr, sich dem Vorwurf der Ignoranz und Wissenschaftsskepsis auszusetzen.[26] Was auffällt und auch schon von feministischer Seite kritisiert wurde: Das Wissen über Biologie und Evolution ist in nicht wenigen Kreisen auf dem Stand des letzten, manchmal sogar des vorletzten Jahrhunderts stehengeblieben. Tatsächlich arbeitet man sich häufig an längst überholten Klischees ab – und kämpft damit gegen Windmühlen, die man für Riesen hält.[27] So macht man es Gegnern leicht, zu unterstellen, hinter der «feministischen Biophobie»[28] verberge sich nur die Angst vor der Wahrheit.

Weil man im Dunkeln tappt, was nun hinter der real zu beobachtenden sozialen Ungleichheit steckt und man mit einem biologischen Wissen vorliebnehmen muss, das alles andere als up to date ist, kommt es zu einer unnötigen, teils vehement geführten Stellvertreter-Debatte: zum Streit um die Natur und Kultur der Geschlechtsunterschiede. Denn da noch immer unklar ist, was nun ursprünglich zur traditionellen Rollenverteilung führte, und deshalb der unausgesprochene Verdacht im Raum steht, die menschliche Biologie könnte doch irgendwie Schuld tragen, wird versucht, jeden angeblich biologischen Geschlechtsunterschied als kulturell zu entlarven. Weil ansonsten die Gefahr bestünde, so wird befürchtet, die Geschlechterhierarchie sei eben doch unveränderlich und jeder Änderungsversuch «gegen die Natur».

Gerda Lerner bringt diesen Gedanken in ihrer *Entstehung des Patriarchats* auf den Punkt: «Meine Arbeit gründet sich auf die Überzeugung, die von der Mehrzahl der feministisch Denkenden geteilt wird, nämlich, dass das Patriarchat als ein System sozialer Beziehungen ein Produkt der historischen Entwicklung ist und also auch durch historische Prozesse beendet werden kann. Wäre das Patriarchat ‹natürlich›, d.h. biologisch determiniert, dann käme eine Änderung dieses Herrschaftssystems einem Eingriff in die Natur gleich.»[29]

Viele Feministinnen assoziieren die Idee biologischer Geschlechtsunterschiede automatisch mit der Hoffnungslosigkeit sozialen Wandels, befand schon Griet Vandermassen vom Zentrum für Gender Studies der Universität Gent.[30] Und Doris Bischof-Köhler, Professorin für Psychologie und Autorin des Standardwerks *Von Natur aus anders. Die Psychologie der Geschlechtsunterschiede*, berichtet, dass es in gewissen intellektuellen Kreisen nicht einmal möglich sei, die Frage zu stellen, ob zu beobachtende Unterschiede zwischen den Geschlechtern eine natürliche Basis haben könnten. Die Frage «wird – günstigstenfalls – für hoffnungslos obsolet oder ihre Proponenten als ‹biologistisch› abgestempelt. ‹Biologie› ist eben ein Reizthema; wenn es anklingt, dann schlagen die Emotionen hoch, die Diskussion wird unsachlich bis hin zur moralischen Diffamierung und dem Vorwurf, die Sache der Frauen zu verraten.»[31]

Wir haben es hier gleich mit zwei populären Fehlschlüssen zu tun. Der erste ist der moralistische Fehlschluss: Wenn etwas moralisch nicht wünschenswert ist, besteht die Tendenz, dessen «Existenz überhaupt zu leugnen, ‹weil nicht sein kann, was nicht sein darf›». Biologische Geschlechtsunterschiede darf es nicht geben, weil man sie zur Legitimation von Diskriminierung heranziehen könnte.[32] Das aber ist schon der zweite Fehlschluss, der naturalistische Fehlschluss, den bereits der schottische Aufklärungsphilosoph David Hume beklagte. Es ist unzulässig, vom Sein auf ein Sollen zu schließen. «Natürlich» wie auch «ursprünglich» sind in keiner Weise normativ. Ohnehin haben wir es bei der Evolution mit einem Prozess ständiger Veränderungen zu tun, bei dem es willkürlich wäre, einen temporären Zustand absolut zu setzen. Auch ist die Evolution keine «Schöpferin», welche die Dinge aus bestimmten Gründen erschaffen und mit bestimmten Intentionen ausgestattet hätte. Ihr ist es völlig egal, was wir hier so treiben.

Um es deutlich zu sagen: Es gibt weder eine natürliche Bestimmung des Menschen noch der Geschlechter. Biologische Gegebenheiten legen weder menschliches Verhalten fest, noch wohnt ihnen die geringste normative, moralische Verbindlichkeit inne. Sie legitimieren nichts! Um ein Beispiel zu geben: Infantizid, die Tötung kleiner Kinder, gehört zum Primatenerbe unserer Spezies und ist deshalb mitunter auch bei Menschen zu finden, ist also eine «natürliche» Option – aber *natürlich* müssen wir alles daransetzen, sie auszumerzen. Das gelingt uns am besten, wenn wir um die Situationen wissen, in denen es zu Infantizid kommen kann, um diesen zu verhindern. Denn auch dabei handelt es sich um keinen Determinismus, sondern – *horribile dictu* – um relativ rationale Entscheidungen.[33]

Deshalb ist es wichtig, unser biologisches Erbe zu kennen, um bestimmte Reaktionsmuster und Verhaltenswahrscheinlichkeiten zu identifizieren. Das heißt aber keinesfalls, sie zu rechtfertigen, zumal menschliches Verhalten immer kulturell überformt ist, es also schier unmöglich ist, die jeweiligen Anteile zu trennen. Und hier hat es Harari – wir müssen etwas gutmachen! – prägnant formuliert: «Die Biologie erlaubt, die Kultur verbietet.»[34] Für Menschen bedeutet das: Die Biologie stellt die Bandbreite möglicher Verhaltensformen zur Verfügung – und die ist riesig. Welche wir wählen, ist ihr aber egal. Ob wir uns nun vermehren oder nicht, wen wir lieben, wie wir leben – die Evolution ist kein Wesen, das darum ein Aufheben machen würde. Es ist aber die Kultur, die auswählt und bestimmte Dinge verbietet. Die Evolution hat mit Homosexualität keine Probleme, anders als leider viele Kulturen. Die Evolution hat Frauen auch nicht dazu bestimmt, Mütter zu werden. Sie hat ihnen die Möglichkeit gegeben, und für die Vererbung der Gene ist es sinnvoll, aber im Prinzip ist das der «Natur» völlig egal. Biologisch haben wir die Freiheit zu beschließen: «Los, komm, wir sterben endlich aus» (um *Die Ärzte* zu zitieren), es ist die Kultur, die mit Muttermythen und ähnlichen Ungeheuerlichkeiten um die Ecke kommt.

Das Eva-Tabu hat zu einem Riesenmissverständnis geführt. Wenn Michaela Karl in ihrer *Geschichte der Frauenbewegung* schreibt: «Im Feminismus des 21. Jahrhunderts gibt es keinen Kausalnexus zwischen dem biologischen Geschlecht und der Rolle, die das Individuum einnimmt»,[35] dann kann wirklich jede Biologin welchen Geschlechts auch immer nur heftig nicken. Um es auf den Punkt zu bringen: Keine Frage, Menschen schleppen eine Menge biologischen Ballast mit sich herum – aber mindestens ebenso viele kulturelle Altlasten. Wir sind nicht gefangen in unserer Biologie (zumindest nicht allzu sehr). Es sind unsere kulturellen Prägungen, die uns das Leben schwermachen. Doch das ist kein Grund zur Resignation, zeigt der Blick zurück in die Evolution: Kulturelle Flexibilität ist die wohl größte Stärke des *Homo sapiens*.

Das Eva-Tabu verfälscht den Blick auf die Menschheitsgeschichte völlig. Wer sich der evolutionären Tiefe verschließt, reduziert die menschliche Geschichte allein auf die männerdominierte Zeit. Kein Wunder, erscheint das ominöse Patriarchat als ewig und unveränderlich. Aber damit geht man diesem auf den Leim. So engt man den Blick auf das ein, was als geschichtswürdig gilt, nämlich jene «Hochkulturen» und «Zivilisationen», die über Schrift verfügten – und die waren nun mal patriarchal verfasst. Diese Beschränkung ist eine zutiefst chauvinistische Einteilung des 19. Jahrhunderts – patriarchale Ideologie par excellence. Das war das Werk – und hier macht das Klischee einmal Sinn – von alten, weißen Männern, die damit den meist rassistischen Kolonialismus europäischer Staaten ideologisch absicherten und nichtstaatliche Alternativen als «primitive» Kulturstufen abtaten. Evolutionismus eben.

In dieser Perspektive erscheint es bedenklich, mit welcher Selbstverständlichkeit auch heute noch Kulturgeschichten zu Themen wie Geschlecht, Gewalt, Krieg, Demokratie, Familie, Moral oder Religion völlig selbstverständlich erst in der Antike beginnen. Als hätte es vorher keine Menschen gegeben. Dieser Scheuklappenblick blendet 99 Prozent Menschheitsgeschichte aus.[36] Das ist besonders im Fall der Frauen fatal. Die letzten 5000 Jahre sind nämlich jene Zeit, in der die Macht fast ausschließlich in den Händen von Männern lag. Erst die beschränkte Perspektive lässt das Patriarchat als Normalfall und die Misogynie als Teil der männlichen *Condition humaine* erscheinen. Nichts könnte verkehrter sein.

Aus diesem Grund sind viele Werke über die Geschichte der Frauen, so hervorragend sie auch geschrieben sein mögen, eine eher deprimierende Lektüre. Selbst Georges Dubys und Michelle Perrots fünfbändiges Großwerk *Geschichte der Frauen* beginnt erst mit den Griechen, andere sogar noch später mit dem Christentum.[37] Sie zementieren den Eindruck, es habe keine Zeiten ohne Männerdominanz gegeben – und liefern keine Ansätze, zu verstehen, wie es überhaupt zu dieser kommen konnte.

Die Vorstellung ewiger Männermacht ist also ein Artefakt. Warum legen wir nicht die Scheuklappen ab und genießen die freie Sicht auf das gewaltige Panorama menschlicher Evolution? Sobald wir den Blick weiten, zeigt sich: Die männliche Dominanz ist nicht der Normalzustand des *Homo sapiens*, sondern eine kurze Anomalie, ein Irrweg. Und weiten heißt den Blick über 300 000 Jahre schweifen lassen, wenn man lediglich unsere Spezies, den *Homo sapiens*, in den Blick nimmt. Eher sollte man jene zwei Millionen Jahre betrachten, in denen die Gattung *Homo* ihre typischen Charakteristika entwickelte – eine starke Position der Frauen inklusive.

Stellen wir uns diesen gewaltigen Zeitraum als einen Tag von 24 Stunden vor, dominierten Männer und Schrift nicht einmal vier Minuten lang. Wir haben die Wahl: Behalten wir das Eva-Tabu bei, stellt die Unterdrückung der Frauen mit 100 Prozent den Normalfall dar. Geben wir das Eva-Tabu auf, schrumpft sie auf mickrige 0,25 Prozent der Menschheitsgeschichte zusammen. Wer also sollte ein Interesse haben, die Evolution zu meiden?

Zeit, das Eva-Tabu aufs wohlverdiente Altenteil zu schicken. Es hat seine Schuldigkeit getan und erweist sich immer mehr als Hindernis, das die Frauen in der Defensive hält. Wir besitzen heute genügend Einblicke in die biologische und die kulturelle Evolution des Menschen sowie die zentrale Rolle, die Frauen dabei spielten, um rekonstruieren zu können, wie es zur Unterdrückung der Frauen kommen konnte, und zu zeigen, warum das in der Geschichte unserer Spezies ein historischer Irrweg war.

The Patrix has you ...

Damit stehen wir vor jenem Problem, das wir eingangs benannten: Wovon reden wir eigentlich? Was ist es, das den Frauen zusetzt? Männer? Ja. Und nein, es gibt viele Männer, wie wir sehen werden, die ebenfalls unter diesen Mechanismen zu leiden hatten und sie oft sogar mit dem Leben bezahlen mussten. Charlotte Higgins hat unlängst in einem Essay noch einmal darauf hingewiesen, dass der Begriff «Patriarchat» zwar ein hervorragender Slogan ist, aber eine Menge analytische Schwächen aufweist.[38] Denn wie und wann und aus welchen Gründen sich die patriarchale Männerherrschaft etablieren konnte, bleibt unklar. Ebenso die Fragen, wie die Herrschaft des Patriarchats ganz konkret funktioniert, wie es sich über Jahrhunderte, Jahrtausende über alle Reiche und Kulturen, Kriege und Revolutionen hinweg an der Macht halten konnte. Und wie kann das Patriarchat noch moderne demokratische Gesellschaften im Griff haben, obwohl dort zumindest offiziell die Gleichberechtigung fast völlig realisiert wurde? Der Universalbegriff des Patriarchats wirft mehr Fragen auf, als er beantwortet, und birgt manche Gefahren in sich.[39] Zudem haftet ihm immer etwas Verschwörungstheoretisches an – als existiere irgendwo doch eine kleine Clique alter weißer Männer, die seit Jahrtausenden im Geheimen die Weltgeschicke lenkt und Frauen ausbeutet.

Sicher gab es meist einen eher kleinen Kreis Männer, der davon massiv profitierte, und einen bedeutend größeren, der das auszunutzen wusste, und jede Menge Opportunisten. Aber das, was für die Kontinuität sorgt, für die notorische Penetranz und Robustheit, die strukturelle Gewalt, das ist ein kulturelles Gebilde, das sich selbst reproduziert, weiter anreichert und die Wahrnehmung der Welt lenkt. Es kanalisiert Handlungen und gibt den Rahmen vor, in dem misogyne Handlungen möglich werden. Virginia Woolf sprach vom «patriarchalen System».[40]

Entscheidend ist aber auch die Art der Wirkung auf die Individuen, wie sich dieses System immer wieder in den Menschen aktualisiert, wie es Teil des Habitus wird, also jenes Sets verinnerlichter sozialer Normen, um Pierre Bourdieu aufzunehmen. Sein Gedanke der «strukturierenden Strukturen», die «Wahrnehmungs-, Denk- und Handlungsmatrizen» prägen, trifft es gut, ist aber eher unpraktisch für den Alltagsgebrauch. Das gilt auch für seinen

Begriff der «Doxa», jener Meinungen und Überzeugungen, die eine Gesellschaft als «wahr» annimmt, ohne sie je in Frage zu stellen.[41] Begrifflich weiter fassen ließe es sich, wenn man mit Michel Foucault von einem patriarchalen «Dispositiv» ausgehen würde, das die entsprechenden Diskurse generiert, also Rede- und damit Wahrnehmungsweisen, die festlegen, was überhaupt sprech- und denkbar ist und was generell ausgegrenzt wird.[42] Aber auch das trifft es noch nicht ganz.

Uns interessiert besonders, wie sich dieses Gebilde, das Frauen das Leben schwermacht, aus vielen Quellen speist, wie es ein Produkt dessen wurde, was wir später als kumulative kulturelle Evolution vorstellen möchten, also etwas, das sich anreichert, durchaus gewissen Regeln folgt, in dem sich viele Fäden zu einer Art Gewebe verbinden, um Clifford Geertz' Kultur-Metapher zu bemühen.[43] Wie es sich zum «Schleier der Maya» verdichtete, der laut indischer Philosophie die Sinne vernebelt und die Wahrheit verhüllt – und da machte es dann bei uns: «knock, knock».

«Wake up, Neo», so beginnt der Filmklassiker *The Matrix*. Trinity, gespielt von Carrie-Anne Moss, klärt Neo, gespielt von Keanu Reeves, auf, dass die Welt, in der er zu leben glaubt, nichts als eine Simulation ist, eine computergenerierte Scheinwelt; tatsächlich liegt sein Körper in einem Brutkasten zur Energiegewinnung. Die Künstliche Intelligenz der Maschinen hat die Menschheit versklavt. Die Sinne werden mit einer virtuellen Traumwelt abgespeist: der Matrix.

Ist es nicht das? Leben wir nicht in einer Wirklichkeit, die behauptet, eine objektive zu sein, dabei ist es nur eine sexistisch verzerrte Simulation? Frauen kennen das Gefühl der «gläsernen Decke» nur zu gut, das Gefühl, durch unsichtbare Kräfte eingeschränkt zu sein in ihrer körperlichen wie geistigen Bewegungsfreiheit, überall an Grenzen zu stoßen. Frauen ist nicht alles möglich, was Männern möglich ist. Für das Spiel des Lebens gelten verschiedene Spielregeln. Schlimmer noch: Die Karten sind gezinkt.

Schon Simone de Beauvoir konstatierte: «Die Vorstellung von der

Welt ist, wie die Welt selbst, das Produkt der Männer: sie beschreiben sie von ihrem Standpunkt aus, den sie mit der absoluten Wahrheit gleichsetzen.»[44] Wir haben es mit einer männlich deformierten Realität zu tun, die so tut, als sei sie die tatsächliche Wirklichkeit, dabei ist sie nur ein kulturelles Produkt, eine Simulation. Geschichten wie die von Eva, immerhin der Anfang des mächtigsten Buchs der Weltgeschichte, dienten dazu, den Frauen (und Männern) zu suggerieren, dass diese Verzerrung die Normalität sei, gottgegeben. Wir leben in einer patriarchalen Matrix – der Patrix.

Damit haben wir den zumindest für unser Buch tauglichen Begriff gefunden: Wir möchten nachvollziehen, wie sich die patriarchale Matrix entwickelte, wie sie Macht über die Menschen gewann und sich über so viele Jahrhunderte und Kulturen hinweg am Leben erhielt. Sie ist extrem vielgestaltig, kann leicht andere Ideologien aufnehmen und wächst sich zu einem vielköpfigen Monstrum aus.

Die Recherche zeigt, der Begriff der «Patrix» ist bisher im Umfeld der Gaia University benutzt worden, einer Online-Universität, die sich der ökosozialen Erneuerung verschrieben hat.[45] Sie beziehen sich dort auf die «Matrix of Domination», ein Konzept zur Analyse von Herrschaft, das von der Soziologin Patricia Hill Collins in *Black Feminist Thought* entwickelt wurde.[46] Judith Butler sprach ihrerseits von der «heterosexuellen Matrix».[47] Die patriarchale Matrix in unserem Sinn reduziert die Diversität der Welt auf eine binäre Grundstruktur, die den Frauen nur ein begrenztes Set an Rollenmodellen erlaubt, ihnen eng umrissene Handlungsfelder eröffnet und den Zugang zu vielen Bereichen verwehrt. Sie ist es, die den Frauen das Gefühl gibt, in einer verkehrten Welt zu leben, denn die Patrix ist die verkehrte Welt. Sie liefert den ideologischen Rahmen, die Legitimation für Unterdrückung, Ausbeutung und Gewalt. Somit führt die verzerrte Wirklichkeit zu verzerrtem menschlichem Verhalten. Das spricht die Individuen keinesfalls von der persönlichen Verantwortung ihres Verhaltens frei. Die patriarchale Matrix stützt sich auf eine Vielzahl von Institutionen, sie alle indoktrinieren Frauen (aber auch Männer) von klein auf – und impfen Männern die längste Zeit die Annahme ein, die Krone der Schöpfung zu sein.

Oberste Priorität der Patrix: sich als die tatsächliche, die einzig wirkliche und die einzig mögliche Realität darzustellen. Lange tat sie das, weil sie die männliche Ordnung als gottgegeben behauptete. Dann tat sie es, indem sie diese als naturgegeben ausgab. Und deshalb ist es wichtig, zu zeigen, dass die Patrix ein durch und durch kulturelles Gebilde ist, dass diese Verzerrung historisch ist und in einer evolutionären Perspektive eben noch nicht einmal besonders alt. Es gab (und gibt) andere, egalitärere menschliche Wirklichkeiten. Sie entlarven die Patrix als das, was sie letzten Endes ist: eine tendenziöse Simulation, ein ideologisches Hirngespinst, wenn auch ein extrem effektives.

Unser allgemeines Interesse gilt der Frage, wie menschliche Kultur funktioniert. Auch aus diesem Grund erscheint die patriarchale Matrix als bemerkenswertes Untersuchungsobjekt. Sie ist ein kulturelles Gebilde, das außerhalb der Individuen existiert und über Generationen hinweg sich immer wieder reproduziert. Im Film ist die Matrix ein Werk der Künstlichen Intelligenz, die sich von den Menschen emanzipierte. Auch das passt zu unserem Konzept: Denn wie wir zeigen werden, ist die Fähigkeit der Menschen zur kumulativen kulturellen Evolution die Urform der Künstlichen Intelligenz, also von Intelligenz, die außerhalb der Köpfe einzelner Menschen existiert.

Wir befinden uns heute in einem historischen Augenblick, in dem das Thema enorm an Brisanz gewinnt. Die bisher vor allem analog operierende Patrix hat längst begonnen, ihren frauenfeindlichen Code in die digitalen Datenwelten einzuschreiben.[48] Von immer und überall verfügbar erscheinenden Frauen bis zu massiven Beleidigungen, Bedrohungen und psychologischem Terror, dem jede Frau ausgesetzt ist, die in und außerhalb der sozialen Netzwerke Position bezieht. Die Patrix droht sich im Netz zu verselbständigen und die Macht zu übernehmen: Es wimmelt dort von chauvinistischen Trollen schlimmster Natur.

Wir wollen hier nicht behaupten, mit der patriarchalen Matrix etwas Neues erfunden zu haben. Uns geht es nur darum, zu zeigen, dass der Begriff der Patrix für unser Buch sehr nützlich ist. Er vermeidet umständliche Umschreibungen, ist auf vielfältige Weise anschlussfähig, und ein bisschen sloganhaft darf es schon sein: *#niedermitderpatrix.* Vor allem hilft er uns, einen Punkt deutlich zu machen. Wir können zeigen, dass die Patrix nie vollends der Menschen Herr werden kann. Ginge man davon aus, dass letztlich alles kulturelle Konstrukte sind, es eben nichts wie eine menschliche Natur gibt, dann müssten wir alle Hoffnung auf Emanzipation fahrenlassen. Denn dann wäre es nur eine Frage der Zeit, eine Frage der Perfektion, bis die patriarchale Matrix die totale Macht erringt – und zwar sobald es ihr gelingt, die entsprechende kulturelle Indoktrinierung perfekt zu machen. Dann werden sich alle fügen.

Wir aber gehen davon aus – und werden das später begründen –, dass zur menschlichen Grundausstattung ein Gerechtigkeitsgefühl gehört und dass dieses dafür verantwortlich ist, dass Menschen in ungerechten Situationen immer ein Gefühl der Empörung erleben (zumindest solange man selbst oder die eigene Gruppe betroffen ist). Frauen haben auch in Zeiten der schlimmsten Unterdrückung ihr Schicksal nie demütig ertragen, sondern immer gespürt: «Das ist eine himmelschreiende Ungerechtigkeit!» Auch wenn sie lange kaum die Chance hatten, das laut zu äußern. Wir glauben, dass dieses Gefühl des Protestes der Motor von Emanzipation und Demokratisierung ist. Ohne das Gerechtigkeitsgefühl als genuin menschliches Gefühl hätten sich die Frauen längst in ihr Elend gefügt. Ein Grund mehr, die Evolution nicht zu verteufeln. Wäre alles nur Kultur, wäre der Kampf womöglich längst verloren. Es ist ausgerechnet die Biologie, die das verhinderte. Sie stattete Frauen mit dem Impuls zum Widerstand aus.

Was wir nicht vergessen dürfen: Auch wir Autoren sind Kinder der Patrix. Bourdieu betont in *Die männliche Herrschaft,* dass die eigenen Wahrnehmungs- und Interpretationsmuster patriarchal geprägt sind. Denn man hat es mit einer Institution zu tun, «die sich seit Jahrtausenden in die Objektivität der sozialen Strukturen und in die Subjektivität der kognitiven Strukturen eingeprägt hat», sodass wir nicht völlig frei sind, von den Vorurteilen und Mechanismen, die wir untersuchen möchten.[49] Um es einfach zu sagen: Auch wir werden in diesem Buch der patriarchalen Matrix vermutlich das eine oder andere Mal auf den Leim gehen und in dieses oder jenes Fettnäpfchen tappen. Wir bitten dafür um Entschuldigung. Ebenso dafür, dass wir uns auf die Genese der westlichen Kultur, auf das berühmt-berüchtigte «christliche Abendland» beschränken. Aber selbst das ist eigentlich schon mehr, als unsere Möglichkeiten erlauben.

Problematisch ist auch dies: Wenn wir eine Archäologie, eine Genealogie der patriarchalen Matrix betreiben, müssen wir uns mehr mit männlichen Unterdrückern auseinandersetzen, als uns lieb ist. Wir fokussieren auf die Herrschaftsmechanismen, nicht auf das Leid der Unterdrückten. Ebenso haben wir uns an der binären Struktur der Patrix abzuarbeiten, der typischen Frau-Mann-Dichotomie. Das heißt aber nicht, dass wir sie damit reproduzieren wollten. Wir betonten es schon: Nicht nur Frauen werden diskriminiert und Gewalt ausgesetzt – und auch diese erleben sie je nach sozialer Herkunft, Bildung, Ethnizität, sexueller Prägung, Lebensbedingungen etc. auf sehr unterschiedliche Weise. Es ist das große Verdienst von Aktivistinnen und Aktivisten, das in den letzten Jahren herausgearbeitet zu haben. Wenn wir uns hier vor allem auf einen Aspekt konzentrieren, möchten wir die anderen damit nicht im Geringsten verharmlosen. Für uns ist es eine unhintergehbare kulturelle Errungenschaft des *Homo sapiens*, dass die Würde eines jeden Menschen unantastbar ist, dass alle frei geboren sind und niemand über die körperliche und persönliche Autonomie anderer Menschen bestimmen darf, ihnen also, solange sie nicht die Integrität anderer einschränken, alle Optionen gleich offenstehen. Aber das ist ja eine Selbstverständlichkeit.

Wir predigen die Evolution und kommen dann mit Eva? Wie im Film ein weißes Kaninchen Neo den Weg wies, um die Matrix zu erkennen (auch wenn es anders als bei *Alice im Wunderland* bloß ein tätowiertes war), hat uns Eva auf die Fährte der patriarchalen Matrix gebracht. Mehr noch: Für viele Menschen heute mag die erste Geschichte der Genesis keine große Relevanz mehr besitzen. Das aber ist ein Irrtum, und zwar kein kleiner. Es war Eva, die über 2000 Jahre lang als Begründung männlicher Hegemonie herhalten musste. Das Phantasma der Bestrafung aller Frauen in der Gestalt ihrer angeblichen Urmutter besaß gut zwei Jahrtausende lang den Rang einer historischen Tatsache. Der Literaturwissenschaftler und Pulitzer-Preisträger Stephen Greenblatt spricht der Genesisepisode für die längste Zeit «das Gewicht eines wissenschaftlichen Beweises» zu. In seinem Buch über den «mächtigsten Mythos der Menschheit», die Geschichte von Adam und Eva, schreibt er, dass den Menschen Generation für Generation der Sündenfall neu präsentiert wurde – und zwar «als historisches Faktum, als anthropologische Wahrheit, biologische Natur. Jedes Mal konnte das Elend der menschlichen Existenz zu Eva zurückverfolgt werden, und ihre Töchter trugen das Schicksal.»[50] Und Elaine Pagels, Professorin für Religionswissenschaft in Princeton, war immer schon davon überzeugt, dass «diese uralte Geschichte in außergewöhnlichem Umfang die abendländische Kultur mitgeprägt» habe; je mehr sie sich aber mit ihren Konsequenzen auseinandersetzte, «mit desto größerem Erstaunen wurde ich gewahr, wie weitreichend und vielschichtig ihr Einfluss tatsächlich gewesen ist».[51]

Greenblatt spricht davon, dass Evas Geschichte eine «schier unerschöpfliche Energie» besitzt, ganz so, «als sei ihr Kern radioaktiv».[52] Die Metapher passt gut, um die misogyne Macht des Mythos zu beschreiben. Denn die Geschichte von Adam und Eva ist tatsächlich radioaktiv. Sie hat das Christentum verstrahlt und damit die westliche Kultur bis ins Mark kontaminiert. Keine Geschichte ist toxischer für Frauen gewesen. Das Unheimliche: Sie wirkt selbst in Zeiten fort, in denen kaum mehr jemand an sie glaubt!

Und mit Weiterwirken meinen wir nicht, dass die Geschichte noch allgegenwärtig ist in Kunst und Werbung, auch nicht, dass sie selbst von agnostischen, aber bildungsbeflissenen Eltern dem Nachwuchs aus Kinderbibeln vorgelesen und so die Idee von Evas Schuld weiter- und weitergetragen wird. Nein, die Sache ist perfider. Als zentraler Mythos der patriarchalen Matrix hat sie über Jahrhunderte hinweg die Gestalt unserer Kultur und deren Menschen- und Frauenbild so sehr beschädigt, dass diese Deformation selbst die Implosion des biblischen Mythos überdauerte und weiterhin entsprechend deformierte Kultur produzierte.

Doch die Unterdrückung der Frauen ist keine Erfindung der Bibel. Sie ist älter. Wohl aber markiert die Geschichte von Adam und Eva jenen Wendepunkt, ab dem die Patrix eine Dimension erhält, die sie permanent werden lässt: Sie transportiert die Vorstellung, dass es die «Frau an sich» gäbe, einen Urtypus, geschaffen mit einem unveränderlichen Wesen und einer unveränderlichen Aufgabe. Dieses Phantasma wird selbst das Christentum überleben und die Vorstellungen von der biologischen Eva prägen (und deshalb das Eva-Tabu zum Schutz der Emanzipation erzwingen).

Unser Buch ist der Versuch, die patriarchale Matrix in ihrer Entstehung und Wirkung zu verstehen. In sieben Schritten hoffen wir zur Erkenntnis der Patrix zu gelangen. Wir starten tatsächlich bei Eva und Adam, besser gesagt bei der Lüge über Eva. Der erste Schritt muss sein, die radioaktive Quelle ihrer Macht zu berauben, damit wir uns möglichst vollständig dekontaminieren können. Wir haben großes Glück: Es gibt Neuigkeiten aus dem Garten Eden! Und zwar solche, die ordentlich Zündstoff zu bieten haben: Die Geschichte von Adam und Eva ist ein Plagiat, ein heidnisches sogar, und Eva kommt darin nicht die geringste Schuld zu.

Anschließend werden wir in Schritt zwei und drei versuchen, jene Lücken, welche die Geschichte von Adam und Eva hinterlassen hat, auf der Basis aktueller biologischer, evolutionärer und ethnographischer Forschungen zu schließen. Wir werden die biologische wie die kulturelle Evolution vorstellen und zeigen, wie das mit der Menschwerdung wirklich seinen Lauf nahm. Wir ergründen, wie sich das immer delikate Geschlechterverhältnis von Frauen und Männern herausbildete und warum es sich dabei um das Geheimnis unseres evolutionären Erfolgs handelte, werden aber dessen Konfliktpotenzial nicht verschweigen.

In den Schritten vier bis sieben werden wir auf der Grundlage archäologischer, genetischer, historischer und religionswissenschaftlicher Erkenntnisse nachzeichnen, wie das Geschlechterverhältnis aus der Balance geriet, die Ungleichheit erfunden und zementiert wurde und welche zentrale Rolle Religion dabei spielte. Wir beobachten, wie sich die patriarchale Matrix formierte, immer mehr anreicherte, bis sie dann mit enormer Macht ausgestattet wurde und vollends zum Leben erwachte. Nicht zuletzt interessiert uns, wie es zur Dämonisierung der Sexualität kam. Zumindest andeuten können wir am Ende unseres Buchs, was die Kraft der Patrix schwinden lässt, und auf einige Bereiche unserer Alltagswelt hinweisen, die uns als letzte Bastionen der patriarchalen Matrix erscheinen.

Höchste Zeit, Eva Gerechtigkeit widerfahren zu lassen. Eva ist die Frau, die die Initiative ergreift, die «sah, dass von dem Baum gut zu essen wäre und dass er eine Lust für die Augen wäre und verlockend, weil er klug machte».[53] Sie wägt ab und entscheidet, sie muss keinen Mann fragen. Sie lässt sich nichts sagen, schon gar nicht von fragwürdigen Autoritäten. Eva, das ist die erste Heldin der Menschheitsgeschichte. Und Adam? Der nahm die angebotene Frucht aus Evas Hand und tat es ihr gleich: Er biss herzhaft zu.

SCHRITT 1:
DIE LÜGE ÜBER EVA

Über zweitausend Jahre lang musste Eva herhalten, um die Unterdrückung der Frauen zu legitimieren. Der erste Schritt zur Erkenntnis der patriarchalen Matrix kann deshalb nur sein, diesen zentralen Mythos der Misogynie seiner toxischen Kraft zu berauben und Eva zu rehabilitieren. Nie war die Gelegenheit günstiger: Es gibt Neuigkeiten aus dem Paradies!

I Als Eva eine Göttin war

Da darf man endlich einmal bei Adam und Eva anfangen und muss feststellen, dass das alles andere als ein Anfang ist. Aber was Marjo Korpel und Johannes de Moor entdeckt haben, tröstet schnell darüber hinweg. Die niederländischen Bibelwissenschaftler sind sicher, aus 3200 Jahre alten Tontafeln die bisher unbekannte Vorlage der ersten Episode der Bibel rekonstruieren zu können.[1] Wenn sie recht haben – und wir halten die Beweisführung der beiden renommierten Wissenschaftler für überzeugend –, dann wäre die Geschichte unserer Ureltern eine ganz und gar irdische Kopie, ohne jegliche Spur göttlichen Genies. Es gab Zeiten, da wäre man für solch eine Behauptung auf dem Scheiterhaufen verbrannt worden.

Erstaunlicherweise blieb diese Entdeckung bisher weitgehend unbeachtet. Dabei spricht die neu entdeckte Urversion Eva (und auch Adam) von aller Schuld frei. Die beiden haben die Menschheit nicht ins Verderben gestürzt, sie haben sie vor dem Schlimmsten bewahrt. Statt mit sündigen Menschen haben wir es mit rettenden Göttern zu tun. Und das ist brisant: Bis zum heutigen Tag begründet die katholische Kirche die Sündhaftigkeit der Welt mit Adam und Eva und baut darauf ihre Erlösungslehre auf. In unserem Kontext noch wichtiger: Mit dieser Entdeckung ist der zentrale Mythos der Frauenunterdrückung als Plagiat entlarvt. Zwei Jahrtausende christlicher Misogynie stützen sich auf eine zusammengebastelte Geschichte heidnischer Herkunft. Brechen mit dieser Erkenntnis endgültig die «letzten Tage des Patriarchats»[2] an?

Deshalb kann es für uns keinen passenderen ersten Schritt zur Erkenntnis der patriarchalen Matrix geben. Wir nutzen die Steilvorlage der Bibelwissenschaftler, um den Mythos von Adam und Eva als Legitimationsquelle der Misogynie zum Versiegen zu bringen. Auch kann es für unser Buch keinen besseren Anfang geben, als zu zeigen, dass ein Anfang gar kein Anfang ist. Es gibt so gut wie immer ein Davor. Die Idee eines Ursprungs, eines singulären Ausgangspunktes, ist in aller Regel Ideologie. Damit wird deutlich, warum es zu einem evolutionären Ansatz keine Alternative gibt: Die Evolution kennt keinen sinnstiftenden Ursprung. Die Geschichte der Frauen hingegen an einem historischen Punkt beginnen zu lassen, sei es mit der Vertreibung aus dem Garten Eden, mit der Steinzeit, den Griechen oder dem Christentum, läuft Gefahr, sie zu verengen und im schlimmsten Fall Frauen auf ein angeblich in diesem Ursprung angelegtes Wesen zu beschränken.

Beginnen wir nun mit der Genesis und den bizarren Blüten, die sie treiben wird; wir werden manches davon später noch vertiefen. Hier ist aber ein erster Überblick nötig, um die Bedeutung des sagenhaften Vorgängermythos einschätzen zu können und zu verstehen, warum Eva als Führerin durch die Welt der patriarchalen Matrix bestens taugt.

«Was wollte Gott eigentlich?»

Die «radioaktive Energie», die nach Greenblatts Ansicht dem Mythos von Adam und Eva innewohnt und ihm immer neue Auswüchse beschert, speist sich aus seinem Anspruch, mit höchster Autorität die menschlichen Geschicke zu verhandeln. Eigentlich sind es ja drei Schicksalsfragen, die der Mythos beantwortet: Wo kommen wir her? Wie ist es um das Verhältnis von Frauen und Männern bestellt? Und warum müssen wir in einer Welt schuften, für die wir nicht gemacht zu sein scheinen? Da man es noch nicht besser wusste, lautete in allen drei Fällen die Antwort eine halbe Ewigkeit lang: Gott hatte seine Finger im Spiel.

Das Problem dabei: Die Genesis lässt es an letzter Klarheit

vermissen. Was hat die Schlange im göttlichen Garten Eden verloren? Wie können die Menschen ohne Kenntnis von Gut und Böse schuldig werden? Warum führt Gott seine Geschöpfe in Versuchung? Selbst das von der Deutschen Bibelgesellschaft verantwortete und damit Ketzereien unverdächtige *Wissenschaftliche Bibellexikon im Internet* kann nicht anders als zu seufzen: «Was wollte Gott eigentlich?»[3] Die Rätselhaftigkeit lässt den Menschen keine Ruhe.

Zunächst ist da der Umstand, dass Gott gleich zweimal Menschen macht. Was ja umso mehr überrascht, als das erste Mal eingebettet war in eine wohldurchdachte Schöpfungsagenda, in der alles seine Ordnung hatte. Am sechsten Tag sprach Gott: «Lasset uns Menschen machen, ein Bild, das uns gleich sei, die da herrschen über die Fische im Meer und über die Vögel unter dem Himmel und über das Vieh und über die ganze Erde und über alles Gewürm, das auf Erden kriecht. Und Gott schuf den Menschen zu seinem Bilde, zum Bilde Gottes schuf er ihn; und schuf sie als Mann und Frau. Und Gott segnete sie und sprach zu ihnen: Seid fruchtbar und mehret euch und füllet die Erde und machet sie euch untertan und herrschet über die Fische im Meer und über die Vögel unter dem Himmel und über alles Getier, das auf Erden kriecht.»[4]

Schon die Gottesebenbildlichkeit gab Anlass zu Spekulationen: Es wurde vermutet, dass Gott den Menschen in einem Wesen geschaffen habe – als Mann und Frau. Ähnlich den Hermaphroditen, von denen in Platons *Symposion* die Rede ist. Die Geschlechterdifferenz wäre demnach etwas Sekundäres.[5] Umgekehrt wurde gefragt, wie androgyn Gott denn sei, wenn er den Menschen nach seinem Bild als Mann und Frau geschaffen habe – Gender Trouble in Genesis! In die Freilegung möglicher weiblicher Seiten Gottes hat die Theologie viel Kraft investiert.[6]

Bemerkenswert: Zwischen Mann und Frau besteht keine Hierarchie. Gott segnete beide und erteilte ihnen gemeinsam den Fortpflanzungs- und Herrschaftsauftrag. Keine Frage, nach dieser Geschichte ist die Frau genauso wie der Mann die Krone der Schöpfung. «Und Gott sah an alles, was er gemacht hatte, und siehe, es war sehr gut. Da ward aus Abend und Morgen der sechste Tag.» Am siebten Tag ruhte Gott bekanntlich. Gleichberechtigung war für die Bibel das ursprüngliche Ideal. Selbst der Katechismus der katholischen Kirche spricht von der anfänglichen «Urgerechtigkeit».[7]

Umso merkwürdiger, dass Gott noch einmal Menschen machte – und von «Gott» zu «Gott der Herr» mutierte. Beim zweiten Mal also formte «Gott der Herr» den «Menschen aus Staub von der Erde und blies ihm den Odem des Lebens in seine Nase. Und so ward der Mensch ein lebendiges Wesen. Und Gott der Herr pflanzte einen Garten in Eden gegen Osten hin und setzte den Menschen hinein, den er gemacht hatte.» Doch rasch stellte er fest: «Es ist nicht gut, dass der Mensch allein sei; ich will ihm eine Hilfe machen, die ihm entspricht.» Erst schuf Gott «die Tiere auf dem Felde und alle die Vögel unter dem Himmel» – «aber für den Menschen wurde keine Hilfe gefunden, die ihm entsprach». Dann probierte Gott etwas Neues: «Da ließ Gott der Herr einen tiefen Schlaf fallen auf den Menschen, und er schlief ein. Und er nahm eine seiner Rippen und schloss die Stelle mit Fleisch. Und Gott der Herr baute eine Frau aus der Rippe, die er von dem Menschen nahm, und brachte sie zu ihm. Da sprach der Mensch: Die ist nun Bein von meinem Bein und Fleisch von meinem Fleisch; man wird sie Männin nennen, weil sie vom Manne genommen ist. Darum wird ein Mann seinen Vater und seine Mutter verlassen und seiner Frau anhangen, und sie werden sein ein Fleisch. Und sie waren beide nackt, der Mensch und seine Frau, und schämten sich nicht.»

Hier also ist eine Hierarchie zwischen den Geschlechtern gegeben – und es werden spätere Kommentatoren nicht müde zu betonen, dass der Mann direkt durch Gottes Atem zum Leben geweckt wurde, die Frau aber bloß aus einer Rippe des Mannes entsprang; dass Adam es war, der allen Tieren ihren Namen gab und später seiner Frau (worauf aber Feministinnen, wie Simone de Beauvoir berichtet, entgegnen: «Adam war nur ein Rohentwurf, und der vollkommene Mensch ist Gott erst gelungen, als er Eva schuf»[8]). Trotzdem fällt auf, wie aktiv Eva im Garten Eden auftrat, neugierig, und Adam auch nicht um Erlaubnis fragte, als sie sich der Schlange zuwandte. Von dem ebenso listigen wie sprachgewandten Tier ließ sich Eva inspirieren, doch einmal von den Früchten des Baums der Erkenntnis von Gut und Böse zu kosten – trotz des Verbots, das Gott zu ihrem Mann gesprochen hatte. «Und die Frau sah, dass von dem Baum gut zu essen wäre und dass er eine Lust für die Augen wäre und verlockend, weil er klug machte. Und sie nahm von seiner Frucht und aß und gab ihrem Mann, der bei ihr war, auch davon und er aß.»

Beide wurden sich bewusst, dass sie nackt waren, machten sich aus Feigenblättern Schurze und versteckten sich vor Gott, der durch den Garten Eden spazierte. Der aber entdeckte sie und stellte sie zur Rede. Zunächst verdammte er die Schlange, dann verfluchte er die Frau: «Ich will dir viel Mühsal schaffen, wenn du schwanger wirst; unter Mühen sollst du Kinder gebären. Und dein Verlangen soll nach deinem Mann sein, aber er soll dein Herr sein.» Schließlich den Mann: «Weil du gehorcht hast der Stimme deiner Frau und gegessen von dem Baum, von dem ich dir gebot und sprach: Du sollst nicht davon essen –, verflucht sei der Acker um deinetwillen! Mit Mühsal sollst du dich von ihm nähren dein Leben lang. Dornen und Disteln soll er dir tragen, und du sollst das Kraut auf dem Felde essen. Im Schweiße deines Angesichts sollst du dein Brot essen, bis du wieder zu Erde wirst, davon du genommen bist. Denn Staub bist du und zum Staub kehrst du zurück.»

Spannend, was dann geschah: «Und Adam nannte seine Frau Eva; denn sie wurde die Mutter aller, die da leben.» Das wird uns noch interessieren. Viele wunderten sich, dass Gott entgegen seiner Ankündigung die Verbotsüberschreitung nicht mit dem Tod bestrafte (und die Schlange damit recht behielt), sondern ihnen noch Röcke aus Fell machte. «Da wies ihn Gott der Herr aus dem Garten Eden, dass er die Erde bebaute, von der er genommen war. Und er trieb den Menschen hinaus und ließ lagern vor dem Garten Eden die Cherubim mit dem flammenden, blitzenden Schwert, zu bewachen den Weg zu dem Baum des Lebens.»

All das führte zu endlosen Grübeleien. Kurios genug, dass Gott Adam und Eva und all ihre Kinder und Kindeskinder wegen solch einer Lappalie zum Leben jenseits von Eden verdammte. Wegen einer Frucht, deren Name die Bibel nicht einmal für nennenswert hielt. Der Apfel kam erst später ins Spiel, weil das lateinische *«malum»* je nach Betonung mal «Apfel», mal «Übel», «Fehler» oder «Unheil» bezeichnete.[9] Der Umstand, dass Gott zweimal Menschen machte, führte zur Vermutung, Adam sei die erste Frau weggelaufen. Die habe sich ihm nicht unterordnen wollen. Ihr Name: Lilith. Dass die demütig ihr Schicksal ertragende Eva die erste Frau gewesen sein soll, leuchtete vielen nicht ein.[10] Der Philosoph Kurt Flasch beschreibt das Bild, das man sich von Lilith machte: Man «stellte sie sich als wild, sexuell gierig, ohne die Erkenntnis von Gut und Böse vor. Sie soll mit Adam zusammen Dämonen erzeugt haben, die nun die Welt durchschwärmen. Sie habe gleiche Rechte gefordert wie er, sie sei mit ihm in Streit geraten über die Positionen beim Koitus und habe deshalb Adam verlassen» – warum solle sie auch unter ihm liegen? Lilith, das war die «dämonische Urnatur der Frau, ohne Adams domestizierende Oberaufsicht, ohne Sündenbewusstsein, also ohne moralische Gebrochenheit». Für Feministinnen der 1970er war Lilith eine Heilige.[11]

Längst hat die Bibelwissenschaft die Frage, wieso Gott die Menschen zweimal erschaffen musste, geklärt. Zwei verschiedene Schöpfungsberichte sind kombiniert worden. So wie sich auch weite Teile der Tora, der fünf Bücher Mose, aus hauptsächlich zwei Quellen speisen: Da ist einmal die Priesterschrift, die sich durch die Verwendung des Gottesnamen «Elohim» auszeichnet (in deutschen Bibeln mit «Gott» übersetzt). Dann ist da eine zweite Texttradition, die heute in der Regel schlicht als «nichtpriesterlich» bezeichnet wird, in welcher der Name «Jahwe» dominiert (mit «Gott der Herr» übersetzt).[12]

Die erste Schöpfung, in der Gott an Tag eins das Licht von der Finsternis schied, am dritten Tag Gras, Kraut und Bäume machte und dann an Tag sechs die Menschen nach seinem Ebenbilde schuf, entstammt also der Priesterschrift. Sie zeichnet das Bild einer perfekten Schöpfung, wie sie sich für einen großartigen Gott gehört. Die nichtpriesterliche Texttradition erklärt dagegen, warum die Lebenswirklichkeit der Menschen alles andere als perfekt ist, obwohl doch die Schöpfung von Himmel und Erde wohlkomponiert war: Adam und Eva haben sich ihr Paradies durch Ungehorsam verscherzt – das wird ein biblisches Leitmotiv.

Die Verschmelzung beider Schöpfungsberichte lieferte alles, was es brauchte: den perfekten Schöpfer und die Erklärung, warum die Welt trotzdem nicht perfekt war; die rationale, philosophisch-schöne Ordnung und die volksnahe, mythische Geschichte, warum es die Menschen verdorben hatten. Damit ist klar: Für die Bibel war das Verhältnis der Geschlechter zueinander im Moment der Schöpfung harmonisch ausgewogen. Gleichberechtigung ist die göttliche Ursprungsintention gewesen! Die Menschen sind es, welche die Verantwortung dafür tragen, dass es damit ein Ende nahm. Hätten sie sich nur an das Gebot des Herrn gehalten.

Christliche Obsessionen

Überraschenderweise spielen Adam und Eva in der hebräischen Bibel, im Alten Testament, keine Rolle mehr; der Sündenfall wird nie bemüht, um grassierendes Unheil, Krankheiten, Tod oder Chaos zu erklären.[13] Das ist auch dem Umstand geschuldet, dass die Paradiesgeschichte nicht zu den frühesten Textbeständen der Bibel gehört.[14] Erst im Buch Jesus Sirach, einer Spätschrift des Alten Testaments aus dem zweiten Jahrhundert v. Chr., die nur die katholische Kirche zum biblischen Kanon rechnet, taucht die Aussage auf, wonach «die Sünde bei einer Frau ihren Anfang nahm und ihretwegen alle sterben müssen».[15]

Es ist das Christentum, das sich mit aller Leidenschaft auf Eva stürzt. Paulus war es, der die «frauenfeindliche Interpretationslinie» vorgab. Etwa im ersten Korintherbrief: «Ich will aber, dass ihr wisst, dass Christus das Haupt eines jeden Mannes ist; der Mann aber ist das Haupt der Frau; Gott aber ist das Haupt Christi.» Und der Mann ist «Gottes Bild und Abglanz; die Frau aber ist des Mannes Abglanz. Denn der Mann ist nicht von der Frau, sondern die Frau von dem Mann. Und der Mann wurde nicht geschaffen um der Frau willen, sondern die Frau um des Mannes willen.»[16]

Um ein weiteres Beispiel für das Eva-Bashing zu geben: Der einflussreiche christliche Autor Tertullian (ca. 150–220) hat eine Schrift gegen die «Putz- und Schminksucht» verfasst. Er wendet sich an alle Frauen:

> Und du wolltest nicht wissen, dass du eine Eva bist? Noch lebt die Strafsentenz Gottes über dein Geschlecht in dieser Welt fort; dann muss also auch deine Schuld noch fortleben. Du bist es, die dem Teufel Eingang verschafft hat, du hast das Siegel jenes Baumes gebrochen, du hast zuerst das göttliche Gesetz im Stich gelassen, du bist es auch, die denjenigen betört hat, dem der Teufel nicht zu nahen vermochte. So leicht hast du den Mann, das Ebenbild Gottes, zu Boden geworfen. Wegen deiner Schuld, das heißt um des Todes willen, musste auch der Sohn Gottes sterben, und da kommt es Dir noch in den Sinn, über deinen Rock aus Fellen Schmucksachen anzulegen!?[17]

Schwerere Vorwürfe sind kaum denkbar. Sie wirkten bis in die jüngste Vergangenheit fort. Die Theologin Helen Schüngel-Straumann berichtet, dass sie als Mädchen noch beim Blick in den Spiegel getadelt wurde: «Du bist neugierig und eitel wie die alte Eva».[18]

Evas Griff zum Apfel wurde erst zur Ursünde, dann von Augustinus von Hippo zur Erbsünde erklärt, die durch den Geschlechtsverkehr von Generation zu Generation übertragen wird. Ihre Schuld wog so schwer, dass selbst Säuglinge, wenn sie nicht durch die Taufe gerettet werden, in der Hölle schmoren mussten. Dass Eva, die Verführerin, an allem schuld sei, ja, alle Evastöchter nur zu leicht Gespielinnen des Teufels werden (was sie im Mittelalter als Hexen auf den Scheiterhaufen brachte), das ist eine der Obsessionen des Christentums, das sich nicht zuletzt deshalb als reine Männerorganisation organisierte.[19] Übrigens identifizieren weder das rabbinische Judentum noch der Koran Eva als allein Schuldige.[20] Warum gerade das Christentum solch einen Hass auf Eva entwickelte, die Verteufelung der Sexualität und den Ausschluss der Frauen auf die Spitze trieb, das wird uns sehr beschäftigen.

Ausgegraben aus Ruinen

All das ist die Lüge über Eva. Vieles hier korrespondiert nicht einmal mit dem, was die Genesis über die Urmutter der Menschheit zu erzählen hat. Umso obskurer wird die Angelegenheit, wenn man den Bibelwissenschaftlern Marjo Korpel und Johannes de Moor glaubt, die in ihrem Buch *Adam, Eve, and the Devil: A New Beginning* die heidnischen Hintergründe der Geschichte enthüllen. Haben die beiden recht, ist die Wahrheit über Eva eine völlig andere.

1928 stieß ein Bauer unweit der syrischen Mittelmeerküste auf eine spätbronzezeitliche Grabanlage; französische Archäologen griffen zum Spaten und förderten die Ruinen von Ugarit zutage, der Hauptstadt des kanaanitischen Königreichs gleichen Namens. Eine Weltstadt des Altertums, ein Handelszentrum, dessen Kontakte nach Ägypten, Mesopotamien, Anatolien und den Inseln der Ägäis reichten. Über zwanzig Hektar groß, dicht bebaut mit zweistöckigen Häusern und einem hunderträumigen Palast. Ugarit ging um 1180 v. Chr. unter, erstürmt und dem Boden gleichgemacht von den mysteriösen Seevölkern, welche die damalige Welt für Jahrhunderte in ein dunkles Zeitalter stürzten.[21]

Den wichtigsten Fund machten die Ausgräber 1929: ein Archiv mit Tausenden von Keilschrifttexten; überwiegend geschrieben in einer der ältesten Buchstabenschriften der Welt. Sie reichten bis ins 15. vorchristliche Jahrhundert zurück. Erstmals entdeckten die

Archäologen dort auch Eigenzeugnisse der kanaanitischen Religion, von der in der hebräischen Bibel zuweilen, wenn auch immer abfällig, die Rede war. Dabei bildeten Palästina und Syrien eine homogene Region, die Sprachen waren verwandt, und auch wenn die Bibel anderes behauptet, sind die Israeliten ebenfalls kanaanitischen Ursprungs.[22] Die Quellen aus Ugarit machen manches aus der Jahrhunderte später geschriebenen Bibel besser verständlich. Auch der hebräische Name Evas, *«hawwāh»*, der «Mutter alles Lebendigen» bedeuten soll, wird von einigen Bibelwissenschaftlern auf das ugaritische Wort für «Lebendiges» zurückgeführt.[23]

Viele der Götternamen aus dem polytheistischen Götterkosmos Ugarits sind aus der Bibel bekannt: Allen voran ist da der Göttervater El, der Schöpfer von Himmel und Erde. Oft wird er als Bulle, als Stier dargestellt. Seine Frau, Atiratu, taucht als Aschera in der Bibel auf und steht im Verdacht, auch einmal Jahwes Frau gewesen zu sein, als dieser noch nicht so monotheistisch war. El und Atiratu haben beide siebzig Söhne, die als Vorbild für jene «Gottessöhne» gehandelt werden, die im sechsten Genesis-Kapitel unmittelbar vor der Sintflut auftauchen und dort für Ärger sorgen, weil sie sich mit den irdischen Frauen einlassen. El wie Atiratu können Menschen aus Lehm oder Erde machen. Und dann ist da Baal, der Wettergott, den Bibellesern als Jahwes Konkurrent Nummer eins bekannt.[24]

Korpel und de Moor bringen nun Schrifttafeln zusammen, die bisher als Einzelstücke behandelt wurden, weil man übersehen hatte, dass sie am selben Ort gefunden worden waren und vom selben Schreiber stammten. Angesichts der fragmentarischen Überlieferung sind die beiden Wissenschaftler mitunter auf etwas mehr Spekulation angewiesen, als ihnen lieb ist, doch ist der Indizienbeweis, den sie führen, überzeugend.

An sich ist der Fund einer Vorlage für Adam und Eva alles andere als eine Überraschung. Im 19. Jahrhundert, als die Archäologen die Keilschrifttexte Mesopotamiens entzifferten, war das noch ein Schock für viele: Damals zeigte sich, wie eifrig sich die Bibelautoren beim Mythenschatz viel älterer Kulturen bedient hatten. Die

Geschichte von der Sintflut etwa ist schwerlich anders denn als ein Plagiat zu bezeichnen. Die Übereinstimmungen mit mesopotamischen Vorlagen wie dem Atrahasis-Epos sind frappant. Insofern hatte man schon lange nach einer Vorlage für die Geschichte von Adam und Eva gefahndet, war aber nicht fündig geworden.[25] Nun aber ist diese identifiziert, und deren Geschichte geht so:

Es war der dunkle Gott Hôrānu, Horon, der gegen den Schöpfergott El rebellierte und zur Strafe vom Götterberg verstoßen wurde. Auf Rache aus, überfiel Horon den paradiesischen Weinberg der Götter. Dazu schlüpfte er in die Gestalt einer riesenhaften Schlange, attackierte den Baum des Lebens und verwandelte ihn mit seinem Gift in einen Baum des Todes. Alles Leben verdorrte, ein giftiger Nebel legte sich über die Welt.

Was tun? Die Götter beschlossen, einen der Ihren hinabzusenden, um die Welt zu retten. Der Name dieses Gottes: Adammu, Adam. Sie verliehen ihm die Macht über die Erde. Doch gegen Horon war er chancenlos; kaum hatte er den Baum erreicht, biss die Schlange zu. Das Gift kostete ihn seine Unsterblichkeit, Adam kämpfte mit dem Tod. Doch die Sonnengöttin Šapšu rief die anderen Götter zu Hilfe. Angesichts der Übermacht gab der Bösewicht Horon klein bei; nicht zuletzt, weil er um seinen eigenen ebenfalls schlangengestaltigen Nachwuchs fürchtete. Horon entwurzelte den Baum des Todes und entzog ihm das Gift. Das Leben auf Erden war gerettet, auch wenn es nicht mehr dasselbe war wie zuvor.

Ab hier sind die Quellen leider sehr fragmentarisch. Was sich aber rekonstruieren lässt: Šapšu versprach dem geretteten, indes sterblich gewordenen Adam eine Frau, die von positivem Naturell war. Auch diese war eine Göttin: Kubaba. In griechischer und römischer Tradition könnte sie zu Kybele, der *Magna Mater*, der großen Muttergottheit, geworden sein – auch wenn das in der Forschung umstritten ist. Adams Frau, nun ebenfalls sterblich geworden, wurde damit Mutter allen Lebens, also «*hawwāh*», wie im Hebräischen Eva heißt. Ein Hochzeitsritual schließt die Geschichte ab, um zu signalisieren, dass die Sexualität die Fortexistenz des Lebens sichert.

Götter waren also durch den Verlust der Unsterblichkeit zu den ersten Menschen geworden; die Fortpflanzung jedoch schuf eine neue Form der Unsterblichkeit.

Und Horon? Ob er offen Reue zeigte, wissen wir nicht. Fortan bestrafte er im Auftrag des Gottesvaters menschliche wie göttliche Rebellen und spielte damit eine ähnliche Rolle, wie sie der Satan der hebräischen Bibel in Diensten Gottes ausfüllte (etwa als er den armen Hiob quälte). Die Verknüpfung von Teufel und Schlange hat also eine uralte Tradition. Faszinierenderweise scheint Horon aber auch der Vater der Kôtarātu gewesen zu sein, jener Hebammen-Göttinnen, die für Empfängnis und Geburt zuständig waren – vielleicht um dafür zu sorgen, dass das Leben nie wieder in Gefahr geriete.

Unverständliches wird verständlich

Die Parallelen zur Genesis gehen weit über Adams Namen und den Baum des Lebens hinaus. Wie die Bibel erzählt auch der Mythos aus Ugarit, wie die sterblichen Menschen entstanden sind, in diesem Fall dadurch, dass zwei Götter ihre Unsterblichkeit im Kampf gegen das Böse verloren. Nur machten sie sich keiner Sünde schuldig! Manches, was an der biblischen Geschichte verwundert, wird nun verständlich:

- Der Umstand, dass Gott abends durch den Garten Eden spazierte – wie durch einen Weinberg der Götter (El war bekannt dafür, manchmal sturzbetrunken nach Hause getragen werden zu müssen).
- Die Frage, was dieses seltsame Zwischenwesen der sprechenden Schlange im Garten Eden machte und wieso es dort den Baum des Lebens gab – für die Genesis-Geschichte brauchte es lediglich den Baum der Erkenntnis.
- Auch wird klar, warum der Tod in der Eden-Geschichte eine doch

recht unklare Rolle spielt: Zwar wird oft die Ansicht vertreten, erst der Sündenfall habe den Tod über die Menschen gebracht, aber das stimmt nicht; Gott hatte die Menschen als sterbliche Geschöpfe geschaffen.[26] Erst wenn sie auch vom Baum des Lebens gegessen hätten, hätten sie den Tod besiegt. Das Thema ist also ein Überbleibsel aus Ugarit, eine Nebensächlichkeit in der neuen Version; die Genesis-Autoren waren vor allem an der Gebotsüberschreitung und deren Bestrafung interessiert.

- Ebenso hatte man sich stets über Aussagen des einen und einzigen Gottes gewundert: «Siehe, der Mensch ist geworden wie unsereiner». Mit wem spricht er da? Als Überbleibsel aus polytheistischen Zeiten ergibt das Sinn.
- Und auch, dass Adam seine Frau Eva «*hawwāh*» nennt, erinnerte Exegeten schon immer daran, dass dieser Titel bereits für Göttinnen wie Aschera benutzt worden war, deren Wurzeln ebenfalls nach Ugarit reichten.[27]

Dass also der Mythos vom bösen Gott Horon, der gegen den Schöpfergott rebelliert und sich dann in Schlangengestalt in einem paradiesischen Garten um den Baum des Lebens schlingt, wo er auf Adam trifft, dem eine Frau an die Seite gestellt wird, damit die beiden als erstes Menschenpaar, die Erde bevölkern können: Lässt es sich noch von der Hand weisen, dass diese Geschichte die Vorlage für die Bibel war?

Aber es kommt noch besser: Ausgerechnet die mächtigste christliche Institution, die katholische Kirche, liefert eine völlig unbeabsichtigte Bestätigung dieser Hypothese. Aus der Perspektive des Monotheismus hat die Genesis-Geschichte ja mit einem großen Problem zu kämpfen: Wo kommt die sprechende Schlange her? Wieso opponiert sie gegen Gott, und das ausgerechnet im neu eingerichteten Paradies? Wie verträgt sich das mit dem Bild eines guten Schöpfergottes? Streng genommen: gar nicht! Um das zu erklären, braucht es Hilfskonstruktionen, die alle den Schönheitsfehler haben, keine biblische Basis zu besitzen.

Was also ist die Lösung der katholischen Kirche? Sie ugaritisiert die Sündenfall-Geschichte wieder! Ohne etwas von der Vorlage zu wissen, folgt sie der inneren Logik der Erzählung und vervollständigt diese im alten Sinne des Mythos. Denn sie erfindet das hinzu, was die Bibelautoren eliminiert hatten: die Rebellion in der göttlichen Sphäre.

Nachzulesen ist das im offiziellen Katechismus, der die katholische Kirchenlehre zusammenfasst.[28] Der erzählt vom «Fall der Engel», einer «Rebellion» gegen den Schöpfergott. Hinter der Schlange stecke der Satan, und der Satan ist ein ehemals von Gott gut geschaffener Engel, der sich «in freier Entscheidung» von Gott losgesagt habe und sich dann rebellierend in den Weinberg der Götter, Pardon, in den Garten des Herrn begeben hat, um dessen Schöpfung zu verderben. Und wieder besiegt die Schlange Adam.

Die Eden-Geschichte der Genesis weiß aber nichts vom Satan. Und auch nicht von einem Fall der Engel. Das ist eine Geschichte, die aus dem Buch der Wächter stammt, einer nichtbiblischen Sammlung apokalyptischer Schriften, dem Henoch-Buch zugehörig, dessen Anfänge ins 3. Jahrhundert v. Chr. reichen.[29] Da werden die in Genesis 6 erwähnten Gottessöhne zu gefallenen Engeln erklärt, die sich über die Menschenfrauen hermachen, um dem Teufel und seiner Dämonenschar einen biblischen Stammbaum zu verpassen.

Um also der etwas wirren, weil zusammengebastelten Paradiesgeschichte einen halbwegs kohärenten Sinn zu verleihen, restauriert die katholische Kirche unwissend den heidnischen Mythos und macht ihn zum zentralen Bestandteil ihrer Glaubenslehre. Falls es eine Ironie der Geschichte gibt, dann ist sie hier zu bestaunen.

Helden werden Sünder

Wichtig für uns: In der Ugarit-Geschichte tragen die ersten Menschen keine Schuld. Sie sind Götter, die ihre Unsterblichkeit geopfert haben im Kampf gegen das Böse, keine Sünder, die Unheil über ihre Nachkommen brachten. Die Rebellion gegen den Schöpfer fand unter den Göttern selbst statt, ein alles andere als unbekanntes Phänomen in polytheistischen Götterwelten. Warum also verkehrten die Bibelautoren diese Geschichte ins Gegenteil? Warum verwandelten sie die Opfer in Täter?

Nun dürfen wir nicht vergessen, die Genesis-Autoren machten sich ans Werk, als die Ruinen von Ugarit seit weit über einem halben Jahrtausend von Sand bedeckt waren. Wer weiß, auf welchen Wegen und in welcher Verfassung die Geschichte zu ihnen gelangte. Trotzdem stellt sich die Frage, warum sie den Menschen, allen voran Eva, die Schuld gaben. Sind die Bibelautoren die Erfinder der Patrix? Immerhin misst keine andere Schöpfungsgeschichte des Nahen Ostens Frauen solch eine negative Rolle bei.[30]

In den 1980ern gab es einige feministische Autorinnen, die im Zuge der Matriarchatsforschung die These vertraten, der Jahwe des Alten Testaments sei der «Mörder der Göttinnen», der Propagandist des Patriarchats gewesen – sie sind teils heftig kritisiert worden, antijudaistische, wenn nicht gar antisemitische Positionen zu vertreten.[31] Wir können die Frage klar verneinen. Wie wir noch sehen werden, waren die primären Absichten der Autoren der Genesis keineswegs patriarchaler Natur (wenn auch durchaus patriarchaler Konsequenz). Außerdem gab es schon vorher männerdominierte Gesellschaften, und zwar in ganz anderen Dimensionen als jenen des alten Israel. Auch in Ugarit besaßen reiche Männer mehrere Frauen. Und die Bibelwissenschaftlerin Hennie J. Marsman arbeitete in ihrer monumentalen Studie *Women in Ugarit and Israel* heraus, dass die soziale und religiöse Situation der Frauen in Ugarit und im alten Israel wie im ganzen antiken Nahen Osten, von kleineren Unterschieden abgesehen, die gleiche war: «Überall waren Frauen den Männern untergeordnet, auch wenn Frauen aus den Oberklassen oft mehr Freiheiten genossen als andere Frauen.»[32]

Nun geschieht die eigentliche Dämonisierung Evas erst nachbiblisch. Und für die Genesis-Autoren trägt auch Adam Schuld. Trotzdem müssen wir hier schon die Frage stellen: Warum werden die Helden der Geschichte zu Sündern gemacht? Die Antwort wird vielleicht manchen nicht gefallen: Der Sündenfall Adam und Evas ist ein Kollateralschaden des Monotheismus. In polytheistischen Götterwelten, das zeigt auch die Ugarit-Geschichte, kann das Böse, das Übel immer von irgendeinem düsteren Gott wie Horon ausgehen. Ob die Religionen Ägyptens, Mesopotamiens, Griechenlands, sie alle verfügen über ein Arsenal unglückbringender Gottheiten. Manchmal entspringt irdisches Unheil auch nur einem göttlichen Streit. Wie kam es zu zehn Jahren Krieg um Troja? Weil die Göttin Eris, verantwortlich für Zank und Zwietracht, nicht zu einer Hochzeit eingeladen war und sie einen goldenen Apfel unter die Hochzeitsgesellschaft mit der Aufschrift «der Schönsten» warf, über den dann Hera, Athene und Aphrodite in Streit gerieten – mit den bekannten Konsequenzen für die Menschen auf Erden.

Wo es aber nur noch einen Gott gibt, der Himmel und Erde erschaffen hat, taucht die Schwierigkeit auf, die Existenz von Unheil zu erklären. Die Autoren der Tora kennen nur eine Antwort: Das Unheil schickt Gott als Strafe. Und einer Strafe muss eine menschliche Verfehlung vorangegangen sein. Das kann gar nicht anders sein. In unserem letzten Buch haben wir ausgeführt, wie dem Zorn Gottes jeweils menschliche Fehltritte vorausgegangen sein mussten. Das Rezept, sich davor zu schützen, war einfach: Befolgt Gottes Gebote![33]

Der offensichtliche Umstand, dass wir in einer mangelhaften Welt leben, obwohl der Schöpfer sein Bestes gab, ist in der monotheistischen Logik also nur als göttliche Strafe für menschliches Fehlverhalten zu verstehen. Die Menschen müssen es selbst verschuldet haben; es stehen ja keine anderen Götter als Verursacher des Bösen zur Verfügung. Da es aber im Fall der ersten Menschen, die frisch aus Gottes Hand kamen, auf ihren Schöpfer zurückgefallen wäre, wenn diese sofort sündigten, bedurfte es eben doch der sprechenden Schlange als Hilfskonstruktion. Aber im Prinzip gilt: Wo es nur einen Gott gibt, werden die Menschen zu Sündern. Adam und Eva waren gewissermaßen die ersten Sündenböcke, denen die Sündhaftigkeit der Welt aufgebürdet wurde.

Wir können festhalten: Die Geschichte von Adam und Eva ist weder uralter Mythos noch göttlich inspirierte Geschichte. Sie ist ein Produkt theologischer Zwänge, das die Logik des Monotheismus demonstrieren soll. Ihr wohnt kein wie auch immer privilegiertes Wissen inne, dem eine normative Relevanz fürs Heute zukäme. Sie ist zudem ein wunderbares Beispiel, wie Kultur funktioniert. Da wird kaum je etwas völlig neu erfunden. Es ist ein Prozess der Anreicherung, Modifizierung, des Neuarrangierens, zuweilen auch des Vergessens, der Verstümmelung und Umdeutung. Altes Material wird aufgegriffen, umgestaltet, instrumentalisiert, um die eigenen Wahrheiten zu verkünden. Auch der Horon-Mythos aus Ugarit wird auf älteren Traditionen beruhen, die wir aber vermutlich nie nachweisen können, da sie in schriftlose Zeiten zurückreichen. Doch wenn wir allein das animalische Personal der Geschichte betrachten: Horon als Schlange, der aber auch in Raubvogelgestalt die Feinde strafen wird. El, der oft als Stier dargestellt wird und sich von Skorpionwachen beschützen lässt – das sind Motive, die wir auch im noch einmal tausend Jahre älteren Gilgamesch-Epos finden (das ein Kraut des Lebens kennt, das eine Schlange stiehlt). Wir werden bald ebenjenen Tieren wiederbegegnen, kaum mehr als 300 Kilometer Luftlinie entfernt, aber gut 9000 Jahre früher in Stein gemeißelt. Handelt es sich um wie auch immer geartete Kontinuitäten? Zumindest motivische Inspiration? Parallele Entwicklungen? Uns geht es hier um dies: Es gibt in der Geschichte keinen Nullpunkt, der als ein die gesellschaftliche Ordnung und die der Geschlechter legitimierender Fixpunkt taugen kann. In jedem Fall reichen Entwicklungslinien noch und noch zurück in die Tiefe der Vergangenheit.

Unsere Schwäche für Ursprünge

Das eigentliche Verhängnis für die Frauen nahm seinen Lauf, als Adam und Eva missbraucht wurden, um die Existenz des Bösen in dieser Welt zu erklären, und dadurch Eva zunehmend ins Visier geriet, der die Schuld an allem Unheil in die Schuhe geschoben wurde. Das prägte die christliche Kultur bis ins Mark. Noch heute ist es die offizielle Lehrmeinung der katholischen Kirche, dass das Böse, die Sünde, durch Adam und Eva in die Welt trat und durch den nicht einmal biblischen Fall der Engel.

Deshalb besitzt die Enthüllung, dass die Adam-und-Eva-Geschichte heidnische Vorgänger besaß, dass sie eine recht genau historisch zu verortende Erfindung war, eine so große Brisanz. Es ist das Ziel jeder Herrschaft, sich und die Stützen ihrer Macht zu festigen, sie zu «naturalisieren», wie Bourdieu das nennt, sie ihrer geschichtlichen Gewordenheit zu entkleiden und «natürlich» erscheinen zu lassen.[34] Also zu verschleiern, dass sie ein künstliches Produkt von Menschenhand ist. Diesen Schleier aber haben im Fall der Eden-Episode Marjo Korpel und Johannes de Moor endgültig zerrissen. Die Geschichte ist nicht göttlich, sie ist gebastelt.

Damit verliert der biblische Ursprungsmythos sein Charisma, wird er der radioaktiven Quelle und Macht beraubt, die nachrangige Position der Frauen zu begründen. Einmal natürlich für all jene Gläubigen, die, wenn sie auch die Bibel nicht mehr für das Wort Gottes halten, wohl aber annehmen, dass die biblischen Autoren einen privilegierten Zugang zur göttlichen Wahrheit besaßen. Noch immer wird, wie etwa in den evangelikalen Kreisen der USA, versucht, auf biblischer Basis moralische Maximen für das Heute abzuleiten, insbesondere wenn es um Frauen geht. Solche Versuche lassen sich nun mit den eigenen Waffen zurückweisen:

Eva hat *im Anfang* kein Unheil über die Menschheit gebracht. Sie war eine Göttin, die ihre Unsterblichkeit opferte, um uns allen das Leben zu schenken!

Einmal aber auch für alle, die annehmen, dass in einem solchen Mythos doch uralte Wahrheiten stecken könnten, zumindest tiefe Menschheitserfahrungen. Und das sind nicht wenige, haben Menschen doch eine Schwäche für Ursprünge. Der Glaube an die Macht der Traditionen ist tief verwurzelt. In seiner Analyse patriarchaler Herrschaft fragt der Soziologe Max Weber, was die «Gewaltunterworfenen» fügsam mache, den patriarchalen «Normen» zu folgen. Seine Antwort: die «Tradition», der «Glaube an die Unverbrüchlichkeit des immer so Gewesenen als solchen»[35]. Dieser Glaube funktioniert aber nur aufgrund der Fiktion, die Traditionen wurzelten in der Ordnung einer Welt, die von einer höheren Macht sinnvoll eingerichtet worden ist.

Solches Denken speist sich aus denselben Quellen wie der thematisierte naturalistische Fehlschluss (man könnte es den historistischen Fehlschluss nennen). Er ist ein Erbe der religiösen Weltanschauung: Denn wo ein Gott die Welt erschaffen hat, ist diese durchdrungen von dessen Intentionen. Erklären erfolgt hier immer als Rückbezug auf Gottes Absichten. Er hat die Dinge so und so gemacht, damit sie diesen und jenen Zweck erfüllen: Weil der Mann nun mal stärker ist, muss er auch herrschen. Weil die Frau Kinder gebären kann, ist ihre Bestimmung das Kinderkriegen. Vom Sein wird auf ein Sollen geschlossen. Da die Gegenwart der Bibelautoren schon patriarchalisch war, musste also Gott das so gewollt haben. Gerade in der hebräischen Bibel wimmelt es von solchen Ätiologien: Geschichten, die gezielt das Hier und Heute erklären. Warum ruhen die Menschen am siebten Tag? Weil Gott das so getan hatte. Warum gibt es so viele Sprachen auf der Welt? Weil Gott sie den Menschen verwirrt hat. Warum herrschen die Männer? Weil Gott Eva bestraft hat. Innerhalb eines religiösen Weltverständnisses bedeutet Erklären also stets legitimieren. Das unterscheidet es grundlegend vom wissenschaftlichen Ansatz: Da geht es beim Erklären allein ums Verstehen, nicht ums Rechtfertigen.

Dass Menschen dieser Argumentation intuitiv folgen, wird uns noch interessieren. Hier soll der Verweis darauf reichen, dass solches Denken in unserer Psychologie wurzelt. Jean Piaget hat in seinen Arbeiten zur Entwicklungspsychologie gezeigt, dass bereits Kinder «finalistische» Denker sind: Sie begreifen die Dinge der Welt als Dinge, die gemacht wurden, um einen bestimmten Zweck zu erfüllen. Während Kinder zunächst davon ausgingen, dass Menschen oder höhere Wesen die Welt fabriziert hätten, wird in einem späteren Alter die Urheberschaft auf «die Natur» übertragen. Piaget schreibt: «Auch wenn die Sonne als vollständig unabhängig von der menschlichen Fabrikation angesehen wird, ist sie dennoch immer dazu ‹gemacht, um› uns warm zu geben, um uns hell zu geben usw. Die Wolken werden zwar auf eine natürliche Verdampfung zurückgeführt, aber sie sind immer noch dazu ‹gemacht, um› uns Regen zu bringen usw. Die ganze Natur bleibt von Zweckmäßigkeit durchzogen.» Dieser finalistische Glauben erweise sich, so Piaget, als erstaunlich «hartnäckig».[36] Die Psychologin Deborah Kelemen kommt zu ähnlichen Schlüssen und bezeichnet Kinder als «intuitive Theisten».[37]

Daher rührt auch das Problem mit dem Begriff des «Natürlichen» im Alltagsdenken. «Natürlich» – das ist das Ursprüngliche, positiv und erstrebenswert. So soll es sein! Da droht einmal mehr der naturalistische Fehlschluss vom Sein auf ein moralisches Sollen zu schließen. Im Prinzip wird hier «die Natur» oder auch «die Evolution» vergöttlicht. Auch das ist christliches Erbe. Seit gut 1500 Jahren gilt die Natur als zweites Buch Gottes.[38] Viele Menschen geben heute noch an, zwar nicht an einen persönlichen Gott zu glauben, wohl aber an die Göttlichkeit der Natur.

Doch die Evolution ist kein Gott, auch «die Natur» besitzt keine göttliche Qualität. Sie hat keine Dinge zu einem bestimmten Zweck gemacht (sie ist ja nicht einmal ein Wesen, eine Entität). Ihr fehlt jede höhere Autorität, der zu Willen wir irgendwelche Zwecke verfolgen müssten. Spielen wir nicht nach ihren Spielregeln, nimmt sie uns das, anders als die meisten Götter, nicht übel. «Die Kultur behauptet gerne, sie verbiete ‹unnatürliche Dinge›», schreibt auch Harari. «Aber aus biologischer Sicht ist nichts unnatürlich.»[39]

Das ist zum einen wichtig, weil Frauen (und Männer) bis heute mit der Rede von der «Natur» konfrontiert werden, die traditionelle Geschlechterrollen rechtfertigen soll.[40] Das ist uns zum anderen aber auch deshalb so wichtig, weil wir uns gleich daran versuchen, die Lücke zu schließen, die mit der Dekonstruktion der Geschichte von Adam und Eva entstanden ist. Wir sagten es: Der Mythos hat die längste Zeit die Funktion erfüllt, Antworten auf die Fragen zu geben: Wo kommen wir her? Wie ist es um das Verhältnis der Geschlechter bestellt? Warum müssen wir in einer Welt schuften, für die wir nicht gemacht zu sein scheinen? Es ist also an der Zeit, sich an zeitgemäße Antworten zu wagen und zu erklären, was die Frauen in die Defensive brachte. Wir möchten aber keinen religiösen Ursprungsmythos durch einen wissenschaftlichen Ursprungsmythos ersetzen. Wir werden nicht die biblische Eva durch eine biologische Eva ersetzen.

Als Urgroßmutter noch im Ozean schwamm

Den ersten Menschen gibt es nur im Mythos, in der Evolution gibt es so etwas nicht. Da haben wir es mit einer unendlichen Folge von Vorfahren zu tun, die sich von Generation zu Generation allenfalls in winzigsten Details unterscheiden. Der Evolutionsbiologe Richard Dawkins hat ein Gedankenexperiment vorgeschlagen: Man nehme ein Foto von sich, lege darauf ein Foto von seinem Vater, dann vom Großvater und immer so fort, auch für jene Vorfahren, die vor Erfindung der Fotografie existierten. Natürlich werden wir das mit den Fotos unserer Mütter und deren Mütter machen: Unsere wohl 280. Urgroßmutter ist dann die biblische Eva – zumindest, wenn wir dem jüdischen Kalender trauen. Gute 12 000 Bilder weiter zeigt ein Foto die erste weibliche *Homo sapiens*. Aber nur theoretisch, denn in all diesen Fällen gilt: Würde man eine Aufnahme mit den nächsten jüngeren oder älteren Datums vergleichen, fielen einem keine Veränderungen auf. Die zeigen sich in aller Regel erst nach einigen Hunderten, eher Tausenden von Generationen. Bei Bild 128 000 erkennen wir die *Australopithecinen*-Dame Lucy. Der Fotostapel schraubt sich in immer luftigere Höhen. Irgendwann sieht Großmutter wie ein Kleinaffe aus, noch viel weiter zurück, dann ähnelt sie einer Spitzmaus (auf dem Bild mit dem Schatten eines Dinosauriers im Hintergrund). Unsere 185-Millionen-Urgroßmutter schließlich, mittlerweile ist der Bilderturm 64 Kilometer hoch (wir vertrauen Dawkins' Rechenkünsten), schwamm als Quastenflosser-ähnlicher Fisch durch den Ur-Ozean. Und so könnten wir weiter- und weitermachen.[41] Mit welchem Recht wollten wir eine dieser unzähligen Urmütter herauspicken und sagen: Das nun ist die biologische Eva, die das Schicksal aller Frauen bestimmt?

Beim Blick zurück in die Vergangenheit können wir also nur erkennen, wann sich warum bestimmte menschliche Charakteristika wie der aufrechte Gang oder unsere Sprachfähigkeit entwickelten. Aber daraus folgt nichts Normatives. Es handelt sich um Anpassungen an frühere Umwelten. Sie halfen unseren Vorfahren, bestimmte Herausforderungen besser zu meistern als die Konkurrenz. Aber sobald sich die ökologischen oder sozialen Umwelten änderten, konnte das, was einst nützlich war, bald wieder hinderlich sein – oder aber eine ganz neue Funktion erhalten.

Auch das ist eine nicht unwichtige Lektion aus diesem Kapitel: Ob in der kulturellen oder der biologischen Evolution: es gibt keine verbindlichen Anfänge! Die evolutionäre Wahrheit über Eva ist kein neuer Ursprungsmythos. Wenn wir also nun in die Tiefe der Zeit aufbrechen, sind wir nicht auf der Suche nach einer Bestimmung des *Homo sapiens*. Wir wollen nur erkennen, was uns in Sachen Geschlechter auf die schiefe Bahn brachte, um Wege aus der Misere zu finden, in die uns eben nicht Eva stürzte.

Ugarit sei Dank wissen wir, dass am Anfang der Eva-Geschichte die Absicht stand zu erklären, wo die Sterblichkeit der Menschen herkam und wie diese durch die stete Folge der Geburten eine neue Unsterblichkeit schufen. Deshalb hat die Bibel recht, mit Eva zu beginnen. Sie ist die perfekte Personifikation der tatsächlichen «Mutter alles Lebendigen»: der Evolution. Der wenden wir uns nun zu. Eva zu Ehren hat sie einen neuen Namen verdient: Evalution.

SCHRITT 2: WILLKOMMEN ZUR EVALUTION!

Nun gilt es, die Lücke zu schließen, die die Geschichte von Adam und Eva hinterlassen hat. Wie hat sich das tatsächlich mit den Menschen zugetragen? Weil das ein durchaus umstrittenes Thema ist, wollen wir uns zunächst den grundsätzlichen Zusammenhängen widmen und zeigen, wie es zu einem Gleichgewicht zwischen den Geschlechtern kam. Dieses Wissen hilft zu verstehen, wie und warum unsere Vorfahren auf patriarchale Abwege gerieten. In einem ersten Kapitel werden wir die Evolution betrachten und dabei zeigen, dass im menschlichen Fall die kulturelle Evolution ebenso wichtig wie die biologische ist. Im nächsten Kapitel sehen wir uns an, wie wir Menschen wurden, warum das gemeinsame Aufziehen von Kindern unser Erfolgsrezept war und wieso wir als Wesen mit drei Naturen endeten. Schließlich werden wir in einem dritten Kapitel erklären, was wir aus evolutionärer Perspektive über Sex und Gender wissen sollten. Dabei werden wir das heikle Thema sexuelle Konflikte nicht aussparen.

2 Die doppelte Evolution

Die meisten Menschen akzeptieren heute, dass wir nicht von Adam und Eva abstammen, die Gott vor kaum 6000 Jahren erschaffen haben soll, sondern dass wir das Produkt sagenhafter dreieinhalb Milliarden Jahre Evolution sind. Dabei ist das eigentlich viel unglaublicher als die Vorstellung, dass Gott Adam aus Staub und Eva aus einer Rippe formte. Wenn es ein Wunder auf diesem Planeten gibt, dann ist es die Entstehung des Lebens und das Werden des Menschen. Trotzdem versuchen wir hier in aller Kürze, jene wesentlichen Prozesse zu skizzieren, welche die Wissenschaft bisher identifiziert hat, die zu diesem Wunder beigetragen haben. Wir beginnen mit den Grundmechanismen der biologischen Evolution, die aber allein nicht hinreichen, um die Entwicklung des Menschen zu verstehen, dazu braucht es die kulturelle Evolution. Erst sie macht verständlich, warum wir einen komplett anderen Weg eingeschlagen haben als all die anderen Affen. Bei der Betrachtung menschlicher Verhältnisse muss deshalb immer die Interaktion von Biologie und Kultur beachtet werden – nicht zuletzt, wenn es um Geschlechterbeziehungen geht. Vor allem möchten wir zeigen, warum es unsinnig ist, der Evolution eine normative Kraft zu unterstellen – und jeder Biologismus eine Albernheit ist.

Eine halbe Ewigkeit: Die biologische Evolution

Beginnen wir beim Anfang. Nichts schwerer als das. Denn, das sollten wir bis hierher gelernt haben, das mit den Anfängen ist eine heikle Angelegenheit; der eigentliche Ursprung des Lebens ist noch immer das größte Mysterium dieses Planeten. Beginnen wir also kurz nach dem Anfang. Denn sobald das Leben einmal begonnen hatte, kam auch der Prozess der Evolution in Gang. Die frühesten Organismen waren simpel, bestanden aus einer einzigen, winzigen Zelle. Entsprechend ist die Evolution ein kumulativer, sich anreichernder Prozess, der von einfach zu komplex verläuft, ohne aber alle Einfachheit zu eliminieren.

Man kann nicht behaupten, die Evolution sei schnell auf Touren gekommen. Die Erde entstand vor rund 4,5 Milliarden und die ersten Lebewesen tauchten vermutlich vor rund 3,5 Milliarden Jahren auf. Es brauchte noch fast zwei Milliarden Jahre, bis das Leben die ersten eukaryotischen Zellen hervorbrachte; das sind solche, die einen Zellkern besitzen. In diesem liegt das Erbgut, also die Informationen, derer es bedarf, das Leben zu replizieren. Zudem verfügen sie über weiteres Zellinventar, von dem die Mitochondrien, die «Kraftwerke» der Zellen, die bekanntesten sind; eine Vielzahl neuer biochemischer Prozesse war nun möglich. Die Art und Weise, wie es nach so langer Zeit zu einer solchen Innovation kam, illustriert sehr schön, dass die Evolution keinen Masterplan verfolgt: Der eukaryotische Zelltypus, dem wir alle unser Dasein verdanken, entstand bloß, weil ein bakterienartiges Wesen ein anderes verschluckt hatte und dieses ausnahmsweise einmal nicht verdaute, sodass es in seinem Inneren weiterlebte. Für beide erwies sich das als Glücksfall. Nachdem diese erste extrem hohe Hürde einmal genommen war und sich bald vielzellige Organismen entwickelten, gab es kein Halten mehr. Die Evolution schaltete mehrere Gänge hoch.

Die ersten Tiere mit einem innenliegenden Skelett, die Fische, entwickelten sich vor rund 500 Millionen Jahren. Die Säugetiere tauchten vor 225 Millionen Jahren auf. Wann sich die ersten Primaten entwickelten, wird noch debattiert; sicher aber ist, dass ihre Diversität stark zunahm, als die Dinosaurier vor etwa 65 Millionen Jahren ausstarben. Affen, die erstmals den heutigen ähnelten, eroberten vor gut 35 Millionen Jahren die Wälder; die ersten, die aufrecht auf zwei Beinen gingen, waren vor sieben Millionen Jahren in Afrika unterwegs. Durch die Savannen wanderten vor zwei Millionen Jahren die ersten nach Menschen aussehenden Wesen, die als *Homo erectus* taxiert werden. Erst vor 300 000 Jahren ähnelten sie uns so sehr, dass Anthropologen sie als *Homo sapiens* klassifizieren.

Die Evolution brauchte also deutlich mehr als eine halbe Ewigkeit, um uns zu dem zu machen, was wir sind. Um genau zu sein, war da die natürliche Selektion am Werk; sie ist die wichtigste evolutionäre Triebkraft. Ihr Geheimnis ist ein Paradox: Sie schafft Vielfalt, indem sie noch größere Vielfalt reduziert. Genetische Variationen sind das Produkt einer Reihe von Mutationsprozessen, die das Erbgut zufällig verändern. Die Gene, die in der DNA codiert sind, enthalten die Anweisungen zur Produktion von Proteinen, die es zum Aufbau und zur Erhaltung eines Lebewesens braucht.

Weil die Entdeckung der Struktur der DNA, die Doppelhelix, in der sich zwei Polynucleotidstränge, die über Basenpaare miteinander verbunden sind, spiralförmig um eine gemeinsame Achse winden, als eine der großen Wissenschaftsleistungen des 20. Jahrhunderts gilt, sei angesichts der Thematik unseres Buchs eine Bemerkung erlaubt: Als Entdecker der Doppelhelix gelten Francis Crick und James Watson. Dass aber die Biochemikerin Rosalind Franklin (1920–1958) daran maßgeblich beteiligt war, jedoch in Sachen Nachruhm leer ausging, gehört zu den unrühmlichen Geschichten der Wissenschaftswelt und ist eines der vielen Beispiele dafür, wie in einer patriarchal kontaminierten Scientific Community Frauen marginalisiert, ihre Leistungen unterschlagen oder sogar bewusst ausgebeutet wurden: Franklins Analysedaten waren heimlich an die Konkurrenz weitergegeben worden.[1]

Zurück zur DNA. Obwohl diese ein an sich stabiles Molekül ist, kommt es auf verschiedene Weise zu Abwandlungen. Das können geringste Änderungen in den Basensequenzen sein, aber auch Verdoppelungen ganzer Chromosomen oder des Genoms, also des kompletten Erbguts. Praktisch alle diese Mutationen reduzieren die Lebensfähigkeit eines Organismus, vorausgesetzt, er entwickelt sich so weit, dass er überhaupt leben kann. Um diese Lebensfähigkeit zu messen, verwenden Evolutionsbiologen das Konzept der «Fitness»: Das ist der kombinierte Effekt aus dem Überleben eines Individuums und seinem Fortpflanzungserfolg. Der entscheidende Faktor dabei ist die Verbreitung der Gene des jeweiligen Lebewesens in der nächsten Generation, also wie viele Kopien der eigenen Gene es in die nächste Generation vererben. Je mehr überlebensfähige Nachkommen ein Organismus in die Welt setzt, die seine Gene tragen, umso größer ist seine Fitness, immer in Relation betrachtet zu den anderen Individuen einer Population.

Dass eine Mutation ihrem Besitzer eine höhere Fitness verleiht, ist kaum je der Fall. Wenn aber neue genetische Varianten ihrem Träger doch einen Überlebensvorteil bringen, verbreiten sie sich in einer Population. In der Regel dauert das sehr lange, bis die meisten oder alle Individuen das neue Merkmal besitzen. Das macht die Entwicklung des Lebens auf dem Planeten nur noch erstaunlicher, bedeutet es doch, dass sich das komplexe Leben durch einen Prozess der blinden Variation entwickelt hat. Ein Faktum, das all unseren finalistischen Intuitionen zuwiderläuft und Aussagen wie «Das hat die Natur bewusst so eingerichtet» ad absurdum führt.

Entscheidend dabei ist, dass die Mutationen gefiltert werden – und zwar in Hinsicht darauf, was die Lebewesen besser an ihre physische und biotische (belebte) Umgebung anpasst. Die Auswahl, was sich vorteilhaft auswirkt und was nicht, wird natürliche Selektion genannt. Alles, was es dazu braucht, sind viele Organismen, eine gewisse Mutationsrate und viel Zeit. Die Anpassung (Adaption), also die Abstimmung eines Organismus auf seine Umgebung, ist ein immer nur vorläufiges Ergebnis des Selektionsprozesses.

Die meisten Eigenschaften von Organismen sind Anpassungen, einige sind aber auch durch genetische Drift entstanden – das Ergebnis von Mutationen, die nicht durch Selektion herausgefiltert werden, weil sie sich nicht oder kaum, negativ auf die Fitness ihrer Träger auswirken. Die Selektion schert sich nicht um das, was einmal sein könnte, also welchen Vorteil genetische Veränderung auf lange Sicht hin bringt. Der Effekt einer Mutation muss sich unmittelbar für das Individuum positiv auszahlen (oder darf zumindest keine negativen Konsequenzen haben). Und weil selbst winzige Veränderungen mit dem Rest des Genoms des Individuums harmonieren müssen, ist die Anzahl möglicher Veränderungen, die Erfolg verheißen, jeweils bemerkenswert gering. Deshalb passiert es auch fast nie, dass, wenn eine evolutionäre Entwicklung erst einmal eine bestimmte Richtung genommen hat, plötzlich eine ganz andere Richtung eingeschlagen wird.

In der Konsequenz werden sich Entwicklungslinien, die sich getrennt haben, meist immer weiter auseinanderentwickeln – jede Art folgt dem einmal eingeschlagenen Pfad. Das ist der Grund, warum die Diversität des Lebens zunimmt. Oder wie Charles Darwin es im letzten Satz seines 1859 erschienenen Opus magnum *Die Entstehung der Arten* formulierte, dass «aus so einfachem Anfang sich eine endlose Reihe der schönsten und wundervollsten Formen entwickelt hat und noch immer entwickelt».[2]

Alles Zufall?

In der Vergangenheit haben viele Menschen, mit oder ohne biologischen Hintergrund, die Evolution als einen Prozess interpretiert, der von einer verborgenen Kraft angetrieben wird, welche die Natur unaufhaltsam zu mehr Komplexität treibt, und damit unvermeidlich auf die Entstehung des Menschen zugesteuert habe. Da die Evolution mit Einfachstem begann und heute viele, sehr komplexe Organismen existieren, erschien der Fortschritt als eine logische Schlussfolgerung. Doch das ist ein Irrtum. Was wir tatsächlich sehen, ist, dass das Komplexere längst nicht immer das weniger Komplexe im Spiel ums Überleben der Fittesten schlägt.

Außerdem: Wenn die Evolution tatsächlich einen so unbändigen Drang zur Komplexität hätte, warum dauerte es Milliarden von Jahren, bis einigermaßen komplexe Lebewesen auftauchten? Und wie sonst können wir erklären, dass manche erfolgreiche Lebensformen auf einem sogenannten adaptiven Gipfel stecken bleiben und sich nicht mehr weiter verändern? Pfeilschwanzkrebse existieren weitgehend unverändert seit fast einer halben Milliarde Jahren. Und noch heute gibt es eine unvorstellbare, noch kaum kartierte Vielfalt von einfachen einzelligen Organismen. Sie sind das eigentliche Erfolgsmodell der Evolution und werden den größten Katastrophen trotzen, wenn alle komplexeren Lebensformen längst ausgestorben sind.

Fortschritt in der Evolution ist also eine Sache des Zufalls, nicht der Notwendigkeit. Evolutionismus ist deshalb fehl am Platz. Das Einzige, was wir sicher wissen: Die Selektion schläft nie, auch wenn es keine Entwicklung gibt: «Stabilität ist ein Signal starker evolutionärer Kräfte.»[3] Die Selektion muss beständig arbeiten, um dafür zu sorgen, dass die Organismen trotz Mutationen weiterhin zu ihrer Umwelt passen.

Damit haben wir eine Erklärung für die beiden großen Tendenzen der Evolution: jene zur Anpassung und jene zur Vielfalt. Biologen neigen dazu, das als selbstverständlich anzusehen, aber vergegenwärtigen wir uns doch noch einmal die absolute Unwahrscheinlichkeit dieser Phänomene: Wir haben es mit einem Prozess zu tun, bei dem zufällige Änderungen an bestehenden Rezepturen zur Bildung von Proteinen im Laufe der Zeit unfassbar aufwendige Anpassungen wie das Auge oder so verschiedenartige Organismen wie den Menschen, den Lavendel-Paradiesvogel oder die Gemeine Nachtbaumnatter hervorbringen können. Noch erstaunlicher ist, dass diese Rezepturen weitervererbt werden und sich in jedem Individuum der genetische Code bis ins letzte Detail genau realisiert. Eltern sind zutiefst beeindruckt, wenn sie eine Geburt erleben. Da ist das Baby in all seiner Pracht, und wie viele Dinge hätten schieflaufen können, während sich dieses gut sieben Pfund schwere

Wunder durch Abermillionen Zellteilungen aus einer einzigen Zelle bildete, ohne dass eine höhere Macht diesen Entwicklungsprozess überwacht und gegebenenfalls korrigiert hätte.

Deshalb ist das Wunder des Lebens bis heute für viele Menschen das Hauptargument für die Existenz Gottes. Vorstellungen einer angeblich «irreduziblen Komplexität», nach der eben Organe wie das Auge viel zu komplex seien, als dass sie das Werk der Evolution sein könnten, gehören zu den zentralen Glaubenssätzen des besonders in den USA populären «Intelligent Design» und seines älteren Vetters, des Kreationismus. Da muss doch eine übernatürliche Kraft dahinterstecken, ein Schöpfer. Dieser Art des Denkens sind wir im vergangenen Kapitel begegnet und werden es wieder tun. Es ist der Hang des Menschen anzunehmen, dass hinter den Dingen jemand steckt, der sie zu einem bestimmten Zweck fabriziert hat. Die Augen sind demnach «gemacht, um» zu sehen. Im Umkehrschluss wird angenommen, dass sie tatsächlich jemand gemacht hat, und zwar einer, der solch wunderbare Dinge wie das menschliche Auge erschaffen kann – ein wunderbarer Schöpfer eben. Die Komplexität der Natur wird zum Gottesbeweis.

Nun sind die Evolutionstheoretiker nicht ganz unschuldig an der Vorstellung, die Evolution sei ein zielgerichteter, womöglich gesteuerter Prozess der stetigen Höherentwicklung. Darwin selbst ist davon weitgehend freizusprechen. Seine Skizzen, mit denen er versuchte, die Entwicklung der Arten zu visualisieren, glichen Korallen: Die Verästelungen gingen in alle Richtungen. Es waren die Popularisierer seiner Theorie, die bald das suggestive Bild des Stammbaums des Lebens aufgriffen. Ernst Haeckel (1834–1919), Darwins großer Verfechter in Deutschland, stellte die Evolution des Menschen als stämmige Eiche dar. Das Bild wurde zur Ikone des Evolutionismus. War der Mensch einst die Krone der Schöpfung, thronte er nun an der höchsten Stelle in der Krone der Eiche.[4] Und *natürlich* war es der weiße Mann, der als höchste Vollendung der Evolution gefeiert wurde.

Doch man kann es nicht deutlich genug sagen: Der Evolution

wohnt keine verborgene Kraft inne, sie ist keine Schöpferin, die Intentionen verfolgt. Dass das lange angenommen wurde, ist ein Stück weit religiöses Erbe. Die Evolutionslehre trat nicht ganz zufällig ihren Siegeszug an, als die Säkularisierung die traditionellen biblischen Vorstellungen immer mehr zurückdrängte. An die Stelle des Herrgottes trat Mutter Natur.

Zurück zur Evolutionswissenschaft: Es ist faszinierend, wie es, dank immer raffinierter arbeitender Disziplinen wie der Paläontologie, Molekulargenetik oder Verhaltensforschung, gelungen ist, die grundlegende Verwandtschaft allen Lebens auf diesem Planeten zu offenbaren. Evolution ist das, was alles Leben verbindet, oder wie es der Evolutionsbiologe Theodosius Dobzhansky formulierte: «Nichts in der Biologie ergibt Sinn, außer im Lichte der Evolution.»[5] Doch in Sachen *Homo sapiens* ist das erst die halbe Wahrheit.

Unser größtes Talent: Die kulturelle Evolution

Was bisher nicht wirklich ins allgemeine Bewusstsein getreten ist: Mittlerweile kommen wir mehr und mehr in die Lage, Dobzhanskys Satz weiter zu fassen, und zwar dahingehend, dass nichts in der menschlichen Kultur, ja im menschlichen Leben selbst Sinn ergibt, außer im Lichte der Evolution.[6] Um gar nicht erst die Alarmglocken läuten zu lassen: Damit ist kein Determinismus intendiert, nur die Überzeugung, dass wir das Verhalten und die Kultur der Menschen deutlich besser in einer evolutionären Perspektive verstehen – ohne sie damit in Gänze erklären zu können.

Für die meisten endet die Zuständigkeit der Evolution immer noch bei Anatomie, Physiologie oder vielleicht noch bei Fragen wie der, warum Keime gegen Antibiotika resistent werden. Menschen glauben, dass ihr Verstand und das Verhalten, das er hervorbringt, sie von den Kräften der Natur unabhängig gemacht haben. Sie fühlen, dass sie keine Instinktgeschöpfe sind, sondern rationale Wesen, deren Verhalten auf Reflexion und Lernen basiert. Sie sind überzeugt, der Mensch sei ein Kulturwesen und damit grundlegend anders als die Tiere.

Leider gehört der alte Streit um «Nature versus Nurture», also ob genetische Anlagen oder soziale Faktoren wie Erziehung das Wesen des Menschen konstituieren, zu den wenig produktiven Debatten. Missverständnisse, Übertreibungen und ein Hang zu Extremen auf beiden Seiten verhinderten einen konstruktiven Austausch. Dass Soziobiologie und Evolutionäre Psychologie noch einmal Benzin ins Debattenfeuer gossen, haben wir bereits berührt. Aber wie meist bei solchen Entweder-oder-Fragen lautet die Antwort: Beides ist wichtig und aufs engste verflochten. Wir möchten dagegen nun einen Weg finden, das vage Empfinden, dass wir in unserem Verhalten und unserer Kultur nicht ganz so frei sind, wie wir es gerne hätten, in wissenschaftliche Hypothesen zu verwandeln, die uns helfen, Verhaltensunterschiede zwischen Männern und Frauen zu verstehen, vor allem aber sie in ihrer Relevanz einzuschätzen.

Vermutlich der Hauptgrund, warum Evolution oft missverstanden wird, ist der Umstand, dass in einer auf Menschen beschränkten Perspektive eben nicht nur ein Prozess am Werk ist, sondern zwei. Bei uns und den Homininen, also unseren direkten Vorfahren, bildete sich neben der biologischen Evolution ein weiterer Mechanismus aus, mittels dessen Errungenschaften über die Zeit hinweg entwickelt und weitergegeben wurden: die kulturelle Evolution.

Unter Kultur werden hier ganz allgemein Ideen, Gewohnheiten, Überzeugungen und Wissen, aber auch Praktiken aller Art verstanden, die «vererbt» werden, indem sie von anderen durch Lernen erworben oder in der Sozialisation aktiv weitergegeben werden. Wenn dies über Generationen hinweg geschieht, nennen wir die kulturell vermittelten Inhalte Traditionen. Kultur ist also mehr als sozial gelerntes Verhalten, denn was weitergegeben wird, sind keine Verhaltensweisen, die sich ohnehin in jedem normalen Individuum entwickeln würden. Es sind neue, bisher unbekannte Verhaltensweisen: Innovationen, Erfindungen. Kultur ist also alles, was nicht einfach immer da ist, nur weil man das Erbgut seiner Art in sich trägt. Kultur wird unter je spezifischen Bedingungen erworben – und kulturelle Merkmale können auch wieder verlorengehen. Deshalb sind Kulturen in Raum und Zeit so verschieden.

Bevor wir fortfahren, sollten wir kurz darauf hinweisen, dass Kultur an sich nichts einzigartig Menschliches ist. Viele Tierarten verfügen über sozial vermittelte Fähigkeiten, denn soziales Lernen erlaubt es unwissenden Individuen in der Regel, adaptive Techniken zu erwerben, ohne den riskanten und langwierigen Prozess durchlaufen zu müssen, selbst Lösungen für Probleme zu erfinden oder zufällig zu entdecken. In einigen Arten sind manche sozial erworbenen Verhaltensweisen echte Innovationen, die dann zu Traditionen werden, die von Population zu Population verschieden sind. Insbesondere bei Menschenaffen können Dutzende lokal unterschiedliche Varianten in einem Gebiet existieren, was Primatologen dazu veranlasst hat, von «Kulturen» zu sprechen. Manches ist eher zufälliger Natur: Orang-Utan-Mütter unterscheiden sich in verschiedenen Regionen in den Lauten, mit denen sie ihre Kinder rufen, wenn sie eine Gefahr fürchten. Andere Beispiele drehen sich um so wertvolle Fähigkeiten wie den Einsatz von Werkzeugen, um an die nahrhaften Samen einer Baumfrucht heranzukommen, die von feinen Stacheln geschützt werden. Das können nicht alle Orang-Utan-Populationen. Solche Fähigkeiten erfordern jahrelange Übung, bevor jüngere Orang-Utans sie beherrschen.[7]

Geographisch verschiedene Traditionen sind nur die Spitze des kulturellen Eisbergs. Wenn wir uns ansehen, welche Fähigkeiten oder Verhaltensweisen junge Affen eher sozial als von selbst lernen, finden sich Hunderte von Beispielen.[8] Es gibt sogar Belege dafür, dass Affen mitunter Dinge auf eine bestimmte Weise tun, nur weil das die lokale Tradition ist. Und das obwohl sie wissen, dass die Dinge anders und manchmal sogar effizienter gemacht werden könnten. Konformitätszwang existiert also auch unter Tieren.[9] All das lässt uns konstatieren: Menschenaffen – und wahrscheinlich viele andere großhirnige Säugetiere und manche Vogelarten – sind völlig in Kultur eingetaucht. Sie ermöglicht es, Anpassungen an besondere lokale Bedingungen zu entwickeln, die auf andere Weise nicht leicht zu etablieren wären.

Der große Unterschied jedoch zu Menschen: Wir sehen bei den anderen Tieren keine signifikante Akkumulation von Traditionen, also keine Anhäufung und Anreicherung, die auf bestehenden kulturellen Varianten aufbauen und diese komplexer werden lassen. Sie haben also nicht das, was man kulturelle Evolution nennt; die ist den Menschen und unseren Vorfahren vorbehalten. Die meisten menschlichen Fertigkeiten haben eine lange Geschichte der schrittweisen Modifikation und Verbesserung. Die treibende Kraft hinter der Akkumulation wird noch diskutiert, aber unserer Ansicht nach ist dafür der wichtigste Kandidat die aktive Hilfe der Älteren, das Lehren und Unterweisen, das den Jüngeren hilft, bestimmte Gewohnheiten oder Techniken zu übernehmen. Bei Menschenaffen wird nur abgeschaut, imitiert und danach allein geübt, ohne dass es systematische und aktive Hilfe der Erwachsenen gäbe. Das aktive Unterweisen entwickelte sich bei unseren Vorfahren schon lange, bevor sie über eine vollwertige Sprache verfügten, diese aber potenzierte die Möglichkeiten der aktiven Weitergabe ungemein. Dass dabei den Kinder aufziehenden Müttern eine, wenn nicht sogar die Schlüsselrolle zukam, versteht sich fast von selbst. Für unsere biologischen Evas lässt sich also in biblischer Analogie sagen: Sie waren nicht nur die Mütter allen Lebens; sie waren auch die Mütter der Kultur.

Dass komplexe Technologien adaptiv sind, ist offensichtlich; doch auch viele Bräuche und Sitten sind nützlich, da sie die Art und Weise, wie mit besonderen lokalen Problemen umzugehen ist, festschreiben, selbst wenn niemand wirklich versteht, warum sie helfen. Die kulturelle Evolution führt nämlich auch zu Kompetenzen, von deren Funktionsweise die Menschen kein Verständnis haben. Insofern lässt sie sich durchaus als eine Urform künstlicher Intelligenz verstehen oder wie es der Anthropologe Joseph Henrich sagt: «Die kulturelle Evolution ist klüger als wir!» Zum Beispiel lernten die Menschen in der Neuen Welt, dem Mais beim Einweichen Asche beizugeben, mancherorts sind es auch verkohlte Muschelschalen oder eine Lauge. Ein Brauch, für dessen Erklärung die Menschen nur mythische Geschichten besaßen, bis die Chemie die tatsächliche Wirkung enthüllte: Die Asche macht den Maismix basischer, was Niacin (Vitamin B3) freisetzt. Mais, der ohne diesen Trick zubereitet wird, führt auf Dauer bei Menschen, denen er als Grundnahrungsmittel dient, zu Pellagra, einer Vitaminmangelkrankheit, die sehr unangenehme, sogar tödliche Folgen haben kann.[10]

Weil es oft vorkommt, dass niemand weiß, warum ein Trick funktioniert, können Bräuche, die anfangs nützlich waren, veralten, ohne dass es die Menschen merken. Durch unser aller Köpfe geistert noch das Verbot, man dürfe Pilzgerichte nicht noch einmal aufwärmen, obwohl das heute keine Gefahr mehr ist, dem Kühlschrank sei Dank. Ein weiteres Beispiel könnte die noch immer verbreitete Benimmregel sein, dass man Kartoffeln nicht mit dem Messer schneiden darf. Der Grund? Das ließ offenbar früher Silber- oder einfache Stahlmesser stärker anlaufen, was in Zeiten des Edelstahlbestecks kein Problem mehr ist.[11] Wobei wir uns in diesem Fall nicht ganz sicher sind, ob das nicht eine nachträgliche Rationalisierung ist, denn in anderen Ländern wird das Schneiden der Kartoffeln immer schon praktiziert.[12] Was aber an dem Phänomen nichts ändert, zeigt es doch, wir tun noch immer Dinge, die einmal einen Nutzen hatten, der uns heute nicht mehr im Geringsten einsichtig ist. Sie sind uns zur zweiten Natur geworden.

Das Phänomen nennt sich «Cultural Lag», eine Art des kulturellen Hinterherhinkens. So wie einem Flugreisenden, der über den Atlantik fliegt, immer noch die Heimatzeit in den Knochen steckt und als Jetlag zu schaffen macht, tragen wir eben mitunter auch noch alte kulturelle Prägungen mit uns herum, die nicht mehr recht in die aktuelle Umgebung passen. In einer Studie über austronesische Kulturen zeigte sich, dass etwa die Hälfte der Unterschiede zwischen den Gesellschaften solche kulturellen Altlasten waren, die für den aktuellen Lebensstil ohne Bedeutung und teils völlig nutzlos geworden waren.[13]

Die Fortexistenz von Cultural-Lag-Phänomenen hängt mit dem Konformitätsbedürfnis zusammen, das besonders typisch für Menschen ist, also der Tendenz, das zu tun, was alle anderen tun, um nicht aufzufallen. So greift man auch heute weiterhin – ganz antiquiert – zur Gabel, um Kartoffeln mundgerecht zu zerteilen und zu demonstrieren, dass man mit der Kultur des guten Benehmens wohlvertraut ist.

Gerade in den sich heute unterschiedlich schnell wandelnden Sphären der Geschlechter führen Cultural-Lag-Phänomene zu Missverständnissen oder Konflikten. Das von Männern praktizierte Türaufhalten, das Frauen-in-den-Mantel-Helfen oder das Bezahlen der Restaurantrechnungen – ist das nun das wohlerzogene Verhalten eines Gentlemans oder die gutgetarnte, fast übergriffige Praxis, Frauen in eine hilfsbedürftige Rolle zu zwingen? Das Phänomen des Cultural Lag wird umso virulenter, je schneller sich Gesellschaften verändern.

Die kulturelle Evolution ist viel schneller als die normale biologische Evolution, die von geeigneten Mutationen abhängig ist, welche aber nur zufällig auftreten. Komplexere Veränderungen, die benötigt werden, um eine radikal neue Nische zu erobern, werden biologisch nie entstehen. Unsere Vorfahren konnten in kältere Regionen vordringen, weil sie kulturell gelernt hatten, sich Kleidung zu machen. Hätten sie darauf warten müssen, bis ihnen ein Fell sprießt, wären wir eine regional sehr begrenzte Art geblieben. Die veränderten, lichtärmeren Bedingungen des Nordens wiederum eröffneten der biologischen Evolution ein neues Spielfeld: Hier waren jene Mutationen von Vorteil, die ihren Trägern eine hellere Haut bescherten und damit auch in lichtärmeren Regionen für eine bessere Vitamin-D-Produktion sorgten.[14] «Weiß sein» ist also gewissermaßen eine biologische Anpassung an die kulturellen

Erfindungen der Kleidung und des daraus resultierenden Lebens in dunkleren Gefilden.

Die kulturelle Evolution folgt auch einer Richtung. Kultureller Wandel ist eben nicht zufällig, wie es biologische Mutationen sind. Meist wird gezielt nach Lösungen für auftauchende Probleme gesucht. Oder Innovationen basieren auf der Idee einer Person oder Gruppe oder der empirischen Feststellung, dass etwas besser funktioniert, wenn man es modifiziert – etwa, wenn man Eibenholz für den Bau eines Bogens benutzt statt Eiche. Deshalb ist die kulturelle Evolution auch berechenbarer. Es sind Menschen, die sich neue Ideen einfallen lassen, und die gleiche Idee kann viele Male neu auftauchen, wenn Menschen sich mit ähnlichen Problemen oder Möglichkeiten konfrontiert sehen. Wir erwarten daher, dass die kulturelle Evolution an verschiedenen Orten oft ähnliche Ergebnisse liefert, wenn sich dort die gleichen Probleme stellen (Biologen nennen das konvergente Evolution). Wir werden in unserem Buch viel darüber zu sagen haben, was nach der Erfindung der Landwirtschaft geschah. Dabei konzentrieren wir uns auf den Nahen Osten und Europa, aber es ist faszinierend zu sehen, dass auf anderen Kontinenten, wo zu anderen Zeiten die Landwirtschaft erfunden wurde, deren Fortentwicklung ähnlichen Mustern folgte, obwohl es über die Kontinente hinweg keine Kontakte gab.[15]

Das Geheimnis unseres Erfolgs

Das macht die menschliche Evolution so außerordentlich: Die meisten Arten verändern sich im Laufe der Zeit nicht stark und bleiben sich so ähnlich, dass sie für einige Millionen Jahre in der Fossilienbilanz mehr oder minder deutlich als solche zu erkennen sind. Bei unseren Vorfahren dagegen hat es in den letzten 2,5 Millionen Jahren einen fast kontinuierlichen Wandel gegeben. Obwohl die kulturelle Evolution in unserer Spezies rasant Fahrt aufnahm, bedeutet das kein Ende für die biologische Evolution. Mal war das eine stärker, mal das andere. Erst seit einigen Jahrtausenden ist die kulturelle Evolution endgültig dominant geworden.

In jedem Fall interagieren die beiden Prozesse: Es gibt klare Belege für die Koevolution von Kultur und Genen, wo kulturelle Erfindungen die Umwelt und damit die selektiven Faktoren so sehr verändert haben, dass sie die Ausprägung anatomischer oder physiologischer Merkmale beeinflussten, wie im beschriebenen Fall der Hautfarbe. Auch die Gestalt unserer Hände verdanken wir dieser Koevolution. Dank der zunehmenden Wichtigkeit von Werkzeugen veränderten sich unsere Hände markant. Besaßen unsere Vorfahren nur kleine Daumen, aber lange, gebogene Finger, mit denen sie sich bestens durch die Bäume schwingen konnten, wandelten die sich mit der Zeit in kürzere, gerade Finger und kräftige Daumen, die uns eine große Hilfe beim Herstellen und Gebrauch von Werkzeugen waren. Heute dominieren aber die Fälle, wo die Kultur die natürliche Selektion eliminiert hat – Brillen erlauben es Menschen mit schlechten Augen, perfekt zu sehen.

Wie menschliches Verhalten aus der Interaktion von Natur und Kultur entsteht, wird uns noch beschäftigen. Hier ist es wichtig zu betonen, dass auch Kultur keine Einbahnstraße Richtung Fortschritt ist. Kultur ist zerbrechlich, sie kann verlorengehen, weil das kulturelle Erbgut nicht auf solche Weise mit ihren Trägern verbunden ist wie das biologische Erbgut. Die Nachhaltigkeit der Kultur hängt davon ab, dass die Menschen in der Lage sind, ihr Wissen an die nächste Generation weiterzugeben – durch flüchtige Techniken wie Vormachen, Zeichen oder Sprache. Gerade in schriftlosen Zeiten war Kulturverlust ein sehr verbreitetes Phänomen. Allein schon deshalb, weil Gruppen manchmal zu klein wurden, um alles Wissen zu speichern. Was, wenn eine Heilerin auf der Kräutersuche von einer Schlange gebissen wurde, bevor sie ihre medizinischen Kenntnisse weitergegeben hatte?

Halten wir als Antidot gegen alle Biologismen fest: Das Geheimnis unseres Erfolges war die Kultur.[16] Und das ist bei all dem, was nun folgt, im Hinterkopf zu behalten, denn Kultur ist veränderbar, selbst patriarchale. Mit diesem Basiswissen im Gepäck sind wir bereit, aufzubrechen, um uns anzusehen, wie die menschliche Evolution verlief, welche zentrale Rolle dabei das Geschlechterverhältnis spielte, um anschließend dessen Eigenheiten zu diskutieren.

3 Wie wir Menschen wurden

Wir sind Menschenaffen.[1] Die meisten Menschenaffen sind sich sowohl im Aussehen als auch im Verhalten ziemlich ähnlich. Wir dagegen sind zu äußerst merkwürdigen Menschenaffen geworden – und das auch noch ziemlich schnell. Die kulturelle Evolution, inklusive der Sprache, spielte eine große Rolle, aber unsere Vorfahren hatten auch eine völlig neue ökologische Nische für sich entdeckt: das Jagen und Sammeln. Vor mindestens sieben Millionen Jahren begannen sie sich aus bisher nicht eindeutig geklärten Gründen aufrecht fortzubewegen, waren aber ökologisch betrachtet noch Affen unter vielen anderen und den Schimpansen, mit denen wir den letzten gemeinsamen Vorfahren teilen, sehr ähnlich.

Seit etwa zwei Millionen Jahren gelang es den Vertretern des *Homo erectus*, Fleisch zu einem wesentlichen Bestandteil ihres Speiseplans zu machen. Auch, was das Sammeln anging, drangen sie in neue Dimensionen vor: Anstatt nur das zu nehmen, was sich fand, fingen sie mittels einfacher, aber effektiver Werkzeuge und cleverer Techniken an, Nüsse, Insekten, Honig, aber auch Knollen in größeren Mengen zu gewinnen. Natürlich kamen diese Innovationen keinesfalls aus dem Nichts: Schimpansen jagen Affen und benutzen Werkzeuge, um an Nüsse oder Insekten heranzukommen (wie einige andere Primaten auch), aber es finden sich auch Schimpansenpopulationen, die bestens ohne eine dieser Aktivitäten auskommen. Und nirgendwo erreichen sie annähernd das Niveau einer zentralen Nahrungsquelle. Die Beutetiere unserer Vorfahren dagegen waren viel größer, die Technologien avancierter.

Krisen sind eine der Hauptantriebskräfte der Evolution. Auch die menschliche Entwicklung ist ohne sie nicht zu verstehen, ebenso wenig die Interaktion der Geschlechter. Die ersten Impulse zum neuen Lebensstil unserer Vorfahren verdankten sich massiven Veränderungen, sie zwangen uns zur Kooperation. Die Wälder und gehölzreichen Landschaften schrumpften aufgrund eines immer trockeneren Klimas; offene, grasreiche Savannen waren die Folge. Wo die letzten Waldstücke verschwanden, hatten die Homininen keine andere Wahl, als zu versuchen, irgendwie zu überleben. Bis zu diesem Zeitpunkt ähnelten sie noch sehr anderen Menschenaffen, die sich zwar auf dem Boden fortbewegten, aber auch in Bäumen nach Nahrung suchten und in Nestern schliefen, die sie in den sicheren Baumkronen errichtet hatten. Sobald Raubtiere auftauchten, liefen sie meist in Deckung und schwangen sich in die Äste. Selten nur wagten sie es, sich so weit von den sicheren Bäumen zu entfernen, dass sie sich gegen die damals lebenden, bedrohlichen Arten von Löwen und Hyänen behaupten mussten.

Gemeinsam sind wir stark

Vor etwa zwei Millionen Jahren, so sagt uns die Archäologie, verbrachte der *Homo erectus* genügend Zeit in der offenen Savanne, weit weg von schützenden Bäumen, um eine breite Vielzahl an Spuren in Form von Steinwerkzeugen und langen Knochen von savannentypischen Säugetieren zu hinterlassen. Die von Werkzeugen stammenden Kratzspuren belegen, dass das Fleisch von den Knochen abgeschabt worden war.[2] Damit ist klar: *Homo erectus* aß – oder fraß er noch? – das Fleisch großer Säugetiere und lebte mehr oder weniger dauerhaft in der Savanne.

Das wirft eine Frage auf, deren Antwort uns wichtige Hinweise liefert, wie das Gesellschaftsleben des *Homo erectus* aussah: Wie kann man in der offenen Savanne bestehen, wenn man ein einfacher Affe ist? Und weder mit enormer Geschwindigkeit noch überlegener Kraft begabt, dafür mit Fortpflanzungsraten ausgestattet, die so langsam sind, dass eine Population einen hohen Blutzoll nicht vertragen kann, ohne im Handumdrehen auszusterben? Die plausibelste Antwort darauf ist eine Hypothese, die auf vergleichenden Beobachtungen heute lebender Primaten beruht. Die meisten Spezies besuchen mitunter offene Gebiete, aber entfernen sich dabei nie zu weit von einer Zuflucht. Allein zwei Arten begeben sich so weit aus dem Schutz der Bäume, dass sie im Ernstfall weder flüchten noch sich verstecken können: Savannenpaviane und Schimpansen, beide mit recht großen Körpern ausgestattet.

Zwei Dinge sind sehr aufschlussreich: Bei den Pavianen wagen sich kleine Gruppen nie sehr weit hinaus. Nur in großer Zahl trauen sie sich in die offene Landschaft.[3] Bei Schimpansen, die zwar in einer größeren Gemeinschaft leben, aber innerhalb derer sie die meiste Zeit in kleinen Gruppierungen unterwegs sind, treffen sich die Tiere und ziehen nur dann ins offene Gelände, wenn genügend erwachsene Männchen dabei sind; diese sind den weiblichen an körperlicher Statur deutlich überlegen. Schimpansengruppen draußen in der Savanne zählen immer mehr Individuen als im Busch.[4]

Die zweite Besonderheit liegt in der Art und Weise, wie sie auf Feinde reagieren. Fast alle Primaten verlassen sich auf folgende Strategie: Viele Augen und Ohren suchen ständig nach Beutegreifern, die im Hinterhalt lauern oder sich anpirschen. Haben sie einen entdeckt, schlagen sie Alarm und alle flüchten. Können die Feinde allenfalls Jungtieren gefährlich werden, stellen sich ihnen erwachsene Männchen entgegen, um sie zu verjagen. Falls der Angreifer doch einen Affen erbeutet, führen mitunter einige Gruppenmitglieder, auch wieder fast immer Männchen, einen Gegenangriff durch. Das ist dann der Fall, wenn die Situation nicht allzu gefährlich ist, obwohl auch das für wagemutige Verteidiger tödlich enden kann.[5]

Was aber, wenn da draußen ein Leopard eine Gruppe von Pavianen angreift? Eine Reihe von Männchen, die sonst alles andere als Freunde sind, schließen sich zusammen und greifen den Leoparden an. Gemeinsame Gegenangriffe sind sehr effektiv: Während

Leoparden einzelne männliche Paviane leicht töten, wendet sich nun das Blatt, und ein Drittel solcher Kämpfe endet tödlich für die Großkatze.[6]

So werden also selbst Feinde zu Freunden im Kampf gegen die äußere Bedrohung. Diese erstaunliche Anpassungsfähigkeit – Plastizität – des Verhaltens ist typisch für Primaten, und wir sehen sie beim Menschen in noch ganz anderen Dimensionen. Daher überrascht es nicht, dass männliche Schimpansen, die ohnehin durch starke Freundschaftsbande miteinander verbunden sind, besonders leicht zu solchen Angriffen zusammenfinden, wie wir seit den Experimenten des Zoologen Adriaan Kortlandt wissen. Er simulierte solche Begegnungen mit einem ausgestopften Leoparden: Die Männchen schlossen sich spontan zusammen und nutzten sogar Stöcke, um das Tier zu verprügeln.[7] Mittlerweile zeigte sich, dass Schimpansen das auch in freier Wildbahn tun. Bei Pavianen und Schimpansen sind die Weibchen viel kleiner und machen deshalb bei solchen Verteidigungsaktionen eher selten mit. Mitunter aber schließen auch sie sich den Männchen an, um den Angreifer abzuwehren.

Kurz gesagt, jede Primatenart, die zumindest teilweise in die offene Savanne hinausgeht, sollte folgende Bedingungen erfüllen, um in diesem feindlichen Lebensraum zu bestehen: Sie muss für Primaten eine imposante Statur haben, in großen Gruppen leben, die viele große Männchen enthalten, und diese Männchen müssen eine gemeinsame, koordinierte Verteidigung gegen Bedrohungen auf die Beine stellen können. Im Fall unserer Vorfahren ist darüber hinaus anzunehmen, dass sie gezielt zu Stöcken und Steinen griffen, um sich zu wehren.[8] Schon *Homo erectus* verfügte über eine Schulterstruktur, die darauf schließen lässt, dass gezieltes Werfen möglich war.[9]

Wir haben es also mit Krisenmanagement zu tun und nicht der genialen Eroberung einer neuen ökologischen Nische (und solchem Krisenmanagement werden wir in der Geschichte der Menschheit immer wieder begegnen). Aber wir möchten an dieser Stelle unsere begründete Spekulation weitertreiben: Wir vermuten, dass es nicht lange gedauert hat, bis diese in der Savanne lebenden, nicht unintelligenten Affen herausfanden, dass es, wenn sie sich schon effektiv gegen andere Beutegreifer verteidigen konnten, doch möglich sein sollte, den Spieß umzudrehen und diesen die Beute abzujagen. Dazu waren einige psychologische Veränderungen erforderlich, aber die waren nicht allzu groß. Wahrscheinlich pflegten unsere hominінen Vorfahren bereits, wie das auch bei heutigen Schimpansen der Fall ist, enge Beziehungen zwischen den Männchen («Male Bonding») und konnten bereits koordiniert kollaborieren. Das tun Schimpansenmännchen, etwa wenn sie Affen in den Baumkronen jagen[10] – auch wenn das deutlich weniger gefährlich ist, als einem Rudel Paläolöwen die Stirn zu bieten.

Und die Weibchen? Anfangs waren sie eher unabhängig, wie Menschenaffenweibchen es nun mal sind, zumal sie vermutlich weder verwandt noch gemeinsam aufgewachsen waren. Aber wir werden sehen, dass auch sie rasch gegenseitige Bindungen entwickelten, nachdem unsere Vorfahren angefangen hatten, in großen Gruppen die Savanne zu erobern.

Eine neue Dynamik der Geschlechter

Neben der Stärkung der männlichen Bindungen müssen weitere soziale Veränderungen die Folge des Lebens in großen Gruppen in der offenen Savanne gewesen sein. Auch das ist ein erkennbares Muster unter Primaten, sodass wir es bei unseren Vorfahren erwarten dürfen. Der wichtigste Punkt: Dominante Männchen (ab wann wir von Männern reden sollen, ist nicht klar, also bleiben wir hier erst einmal konservativ) konnten die Weibchen nicht mehr monopolisieren, wie das in kleinen Gruppen möglich war. Dort zeugte das Alphamännchen fast alle in der Gruppe geborenen Babys und kümmerte sich höchstens indirekt um seine Nachkommen, indem er sie beschützte. Sobald die Gruppen größer wurden, konnten auch einige andere hochrangige Männchen Kinder zeugen. Doch sobald die Gruppen so groß waren, dass sie in der offenen Savanne bestehen konnten (vielleicht mit bis zu hundert Mitgliedern), war es für einzelne Männchen kaum mehr möglich, Weibchen zu monopolisieren. Die Konsequenz: Praktisch alle Männchen schafften es, Nachkommen zu zeugen, auch wenn hochrangige dabei erfolgreicher blieben.

Das schuf eine neue Dynamik, wie sie bei vielen anderen Primaten zu beobachten ist, in denen die Gruppengröße variiert, so auch bei Schimpansen: Rangtiefe Männchen schließen Freundschaften mit bestimmten Weibchen.[11] Sie liefern «Services», helfen durch Unterstützung in Konflikten, beim Schutz der Kleinkinder oder teilen Nahrung, damit die Weibchen sie in der Paarungszeit bevorzugen. Denn in größeren Gruppen können die Weibchen in einem größeren Grad ihren Partner wählen.

In kleinen Gruppen dagegen führt ein Service, den nichtdominante Männchen offerieren, zu keinem sexuellen Erfolg; wenn die Paarungszeit kommt, lässt das Top-Männchen das Weibchen nicht aus den Augen, sodass es ihren Freund nicht für seine Dienste belohnen kann. Selbstverständlich sind die dominierenden männlichen Tiere ihrerseits nicht bereit, irgendwelche Gefälligkeiten zugunsten der Weibchen zu erbringen, weil sie aufgrund ihrer Dominanz ohnehin bekommen, was sie wollen.

Bricht nun aber in den großen Gruppen das Alpha-Monopol zusammen, wie es einst bei unseren Vorfahren der Fall gewesen ist, kann ein Männchen eine Freundin haben, die es im Gegenzug für eine bessere Chance, ein Baby zu zeugen, fortan unterstützt. Und natürlich helfen sie damit auch dem Nachwuchs. Primatologen nennen solche sozialen Arrangements, die für beide Seiten Nutzen bringen, Freundschaften, weil das gesamte Paarungssystem promiskuitiv bleibt und sich nicht immer Eins-zu-eins-Paarbindungen entwickeln. Obwohl Weibchen in der Regel einen einzigen Freund haben, können einzelne Männchen mehrere Weibchen aushalten, schon allein, weil die meisten Gruppen einen Überschuss an Weibchen aufweisen. Diese Freundschaften erwiesen sich als die Basis, aus der heraus sich die Paarbeziehungen, die wir bei modernen Menschen sehen, allmählich entwickelten.

Noch ist unklar, ab wann die Gruppen ständig in der Savanne unterwegs waren, denn vermutlich haben die angreifbareren Weibchen und die Jungtiere es anfangs vermieden, sich zu weit von den sicheren Bäumen zu entfernen. Sobald aber dieser Moment gekommen war, nicht zuletzt, weil die Weibchen effektiver darin wurden, sich selbst zu verteidigen, indem sie zusammen herumzogen und sich mit Stöcken und Steinen zu wehren wussten, erwiesen sich die Freundschaften als das Modell der Zukunft.

Als aber alle die meiste Zeit in der offenen Savanne verbrachten, tauchte ein immenses Problem auf: Was macht man nachts? In jener Zeit, in der Raubtiere wie Leoparden am gefährlichsten sind. Zweifellos kehrten die Gruppen noch für lange Zeit abends in die Sicherheit der Bäume zurück. Aber das wird schnell ineffizient, wenn der Wald so weit entfernt ist, dass man mehr Zeit mit Pendeln als mit Futtersuche verbringt (klingt vertraut?). Die meisten Experten sind daher der Meinung, dass sich unsere Vorfahren, sobald sie klug genug waren, sich gegen Raubtiere zu wehren, tagsüber nach Geschlecht aufspalteten, sich aber jeden Abend etwa in der Nähe von Klippen oder in Höhlen trafen, wo sie mit Dornenzweigen oder Steinen Schutzwerke errichteten. Das waren auch die Plätze, zu denen die Beute geschleppt wurde, um sie unbehelligt zu zerlegen. In diesem Kontext wird diskutiert, ob das Feuer bereits eine Rolle gespielt hat, jedoch sind die ersten gesicherten Nachweise des aktiven Feuergebrauchs durch Frühmenschen allenfalls eine Million Jahre alt.[12]

Da geeignete Zufluchtsorte selten waren, versammelten sich alle dort; Freunde konnten mit ihren Partnern Essen teilen. Später entwickelten sich solche Plätze zu Ausgangsbasen, an denen eine Gruppe einige Tage oder Wochen blieb, bis sie weiterziehen musste, weil die Nahrung vor Ort knapp wurde.[13] Dieses Arrangement, bei dem Männchen und Weibchen tagsüber zumindest partiell getrennte Wege gingen, entwickelte sich später zu dem, was heute in der Anthropologie als sexuelle Arbeitsteilung bezeichnet wird. Ist das der ideale Weg, jene wirtschaftliche Einheit, die zumindest für eine bestimmte Zeit aus einem weiblichen und einem männlichen Individuum besteht und die als Kernfamilie bezeichnet wird, zu unterhalten? Das mag in späteren Jäger-und-Sammler-Gesellschaften so gewesen sein. Im Ursprung aber war diese Arbeitsteilung mit ziemlicher Sicherheit ein Nebenprodukt der simplen Tatsache, dass Männchen gewöhnlich mit ihren Kumpanen unterwegs waren und Weibchen ebenso zusammenblieben, um ihre eigenen ökologischen Bedürfnisse zu erfüllen. Aus welchem Grund? Der ist simpel. Weil ihre schimpansenartigen Vorfahren das auch schon getan hatten. Diese Praxis hat sich vermutlich unter den neuen Lebensbedingungen sogar verfestigt. Denn die Jagd forderte andere Bewegungsmuster als das Sammeln, vor allem, wenn es zu langen Verfolgungsjagden kam, bei denen die Beute gehetzt wurde, bis sie an Hitzeschock starb.[14] Eine partielle Trennung der Geschlechter ist deshalb zu erwarten, auch wenn beide insgesamt einen Großteil desselben Lebensraums genutzt haben.

Erfolgsrezept: Kinder gemeinsam aufziehen

Damit hätten wir ein Szenario, das erklärt, wie zentrale Elemente entstanden, die für die soziale Organisation späterer menschlicher Jäger-und-Sammler-Gesellschaften typisch sind. Nämlich als Konsequenz des Umstands, dass unsere Vorfahren aufgrund von Klimaveränderungen einen beträchtlichen Teil ihrer Zeit in offenen Landschaften verbringen mussten. Aber es bedurfte noch eines weiteren Faktors – und der war entscheidend: Die Nahrungssuche mag uns heute als eine simple Angelegenheit erscheinen, doch es dauert tatsächlich viele Jahre, bis jemand ein effektiver Jäger und Sammler ist, wie uns zahlreiche ethnographische Studien zeigen. Selbst Jugendliche beginnen erst, mehr Kalorien heranzuschaffen, als sie selbst benötigen, wenn sie im fortgeschrittenen Teenageralter sind, oft erst kurz bevor die weiblichen unter ihnen anfangen, Kinder zu bekommen. Aber es benötigt viel höhere Raten der Kalorienbeschaffung, um jene Nahrungsüberschüsse zu produzieren, die es zur Unterstützung einer Gruppe brauchte, zu der ja auch Kinder, Kranke, Verletzte und Alte gehörten (letztere fungierten als Babysitter und in anderen nützlichen Funktionen, ohne aber selbst allzu viel Kalorien zu organisieren).[15]

Kinder, die völlig abgestillt sind, müssen sich weitgehend selbst ernähren können. Als sich die neue, anspruchsvolle Lebensweise mit der Zeit herausbildete, verschob sich der Zeitpunkt, an dem das möglich war, und damit das Abstillen, immer weiter nach hinten. Ein weiterer Faktor für diese Entwicklung: Bereits der *Homo erectus* besaß ein größeres Gehirn als heutige Menschenaffen. Auch das führte zu einer Verlangsamung der Reproduktion, da sich die Mütter noch länger um ihren Nachwuchs kümmern mussten. Wenn die Entwöhnung aber erst spät stattfindet, sinkt die Geburtenrate, was die Gefahr mit sich bringt, dass die Population schrumpft. Der Spielraum in dieser Hinsicht aber war gering; schon unsere nächsten Verwandten unter den Menschenaffen haben Reproduktionsraten, die für Tiere sehr niedrig sind. Das heißt: eine weitere Verlangsamung der Reproduktion ist demographisch schlicht unmöglich – ansonsten stirbt die Population aus.[16]

Allein jene Frühmenschen, welche eine Lösung für diese existenzielle Herausforderung fanden, konnten sich den komplexer gewordenen Nahrungserwerb leisten und damit langfristig in der offenen Savanne überleben. Das Geheimnis für diesen Erfolg? Die Mütter hören auf, sich allein um ihre Kinder zu kümmern. Denn so war das zuvor gängige Praxis gewesen. Menschenaffenmütter kümmern sich allein um ihr Kind. Niemand anders will und niemand anders darf helfen. Dass unsere Vorfahrinnen damit aufhörten und Hilfe akzeptierten, das sicherte unseren Vorfahren das Überleben. Ist Unterstützung da, kann das Kind schneller abgestillt werden, und die Mutter bekommt rascher wieder ein neues Baby. So enorm wichtig dieses innovative Verhalten war, so bedauerlich ist es, es im Deutschen nur unzureichend benennen zu können: Für «Cooperative Breeding» steht nur der sperrige Begriff der «gemeinsamen Jungenaufzucht» zur Verfügung.

Wer also kann helfen, Kinder großzuziehen? Ältere Weibchen, die selbst keine abhängigen Kinder mehr hatten, waren die erste Wahl. «Typisch!», mögen jetzt manche Leserinnen und Leser denken, «Care-Arbeit war also immer Frauensache. Haben sich die Männer schon damals gedrückt!» Das trifft es aber nicht. Wir müssen uns die Entwicklung vergegenwärtigen: Es handelte sich um eine völlig neue kooperative Herausforderung. Die Paarbindungen nahmen erst an Intensität zu. Da zunächst die Geschlechter so viel Zeit unter sich waren, ist es tatsächlich das Naheliegende, dass jene halfen, die verfügbar waren und freie Kapazitäten besaßen. Und das waren eben Weibchen, die selbst keine Kinder hatten. Bis heute verbessert die Unterstützung der Großmutter das Wachstum und Überleben der Enkelkinder.[17] Auch bei nomadischen Jägern und Sammlern, über die uns Untersuchungen vorliegen, helfen vor allem Mütter ihren Töchtern – vermutlich wegen der größeren Vertrautheit, aber auch weil sie sicher sein können, dass es sich bei den Kindern ihrer Tochter tatsächlich um ihre eigenen Enkelkinder handelt (was für Großväter viel weniger gilt). Sie ziehen sogar in andere Lager, um ihrer Tochter zu helfen.[18] Ganz unumstritten ist diese These nicht: Manche Experten halten die Menopause für ein Phänomen, das sich erst vor einigen hunderttausend Jahren entwickelte; demzufolge wären Frauen anfangs gar nicht alt genug geworden, um ihren Töchtern zur Seite zu stehen. Sobald das aber der Fall war, waren Omas ein zentraler Faktor.

Natürlich halfen auch Kinder, Geschwister etwa, beim Babysitten, aber diese waren nicht in der Lage, zusätzliche Kalorien zu sammeln oder zu jagen; dazu beherrschten sie die nötigen Kulturtechniken noch unzureichend. Also mussten weitere Individuen helfen.[19] Andere Mütter waren zwar selbst beschäftigt, doch die gegenseitige Unterstützung – «Mütter helfen Müttern» – in Sachen

Milch und anderer Nahrung oder das Teilen der Kinderbetreuung war immer möglich.

Und Väter? Ursprünglich werden sie sich kaum an der Versorgung der Kinder beteiligt haben. Zumindest sehen wir bei unseren Verwandten, den Schimpansen oder Bonobos, praktisch kein direktes väterliches Engagement in Form einer aktiven Versorgung des Nachwuchses mit Nahrung. Das fing, wie gesagt, damals überhaupt erst langsam an, parallel mit dem Entstehen der Paarbindungen. Doch sobald sich Männchen engagierten, machte ihre Unterstützung einen so großen Unterschied, dass die natürliche Selektion die Männchen immer fürsorglicher werden ließ. Zumindest solange das männliche Engagement nicht zu sehr mit anderen Aufgaben konkurrierte, etwa ihr Kalorienbeitrag für die Gruppe zu stark sank (auch das übrigens Care-Arbeit).

Das ist also vermutlich der Punkt in unserer Evolutionsgeschichte gewesen, an dem sich die bereits bestehenden Freundschaften in sexuell engere Paarbeziehungen verwandelten. Schon bei den Freundschaften fingen die Männchen an, sich ein wenig um die Jungen zu kümmern. Die Grundlage der Beziehung ist nämlich eine Art unausgesprochener Vertrag: Das Weibchen erlaubt dem Männchen, sich mit ihr zu paaren, wenn auch nicht ausschließlich; im Gegenzug schützt und kümmert sich das Männchen um das Weibchen, wann immer es kann, auch wenn die Kinder nicht unbedingt seine eigenen sind. Da aber die verpflichtende Exklusivität fehlt, ist das ein klassischer Fall von «Friends with Benefits» oder wie man auf Deutsch heute mitunter sagt: «Freundschaft Plus». Biologisch gesehen handelt es sich bei dem männlichen Engagement also um Paarungsbemühungen, nicht um elterliches Investment. Evolutionsbiologen sprechen deshalb von «männlicher Fürsorge als Paarungsanstrengung». Der Wandel lief also auf Männchen hinaus, die sich um ihre eigenen Kinder kümmerten – auf «männliche Fürsorge als Elternanstrengung». Wie wir noch sehen werden, ist jedoch der erste Impuls nie ganz verschwunden.

Weil Männchen und Weibchen tagsüber die meiste Zeit voneinander getrennt unterwegs waren, war es für alle Beteiligten vermutlich schwer, exklusive Paarbindungen aufrechtzuerhalten. Trotzdem ist das der Kontext, in dem ein zartes Pflänzchen langsam zu sprießen begann: die romantische Liebe. Sie bindet zwei Partner so fest zusammen, dass sie über einen langen Zeitraum verlässlich gemeinsam Kinder versorgen können. Auch das ein Novum. Menschenaffen wie Orang-Utans, Gorillas, Bonobos und Schimpansen kennen ziemlich sicher solche Gefühle nicht. Bei denen dauert die Liebe meist so lange wie eine Paarung – wenige Sekunden.

In den letzten hundertfünfzig Jahren ist viel darüber spekuliert worden, was uns zu Menschen machte: Der aufrechte Gang! Die Jagd! Das Feuer! Die Sprache! Nein, das gemeinsame Aufziehen der Kinder war das Erfolgsrezept unserer Spezies. Das Cooperative Breeding sicherte weit mehr als das Überleben unserer Vorfahren: Es machte sie schlau und katapultierte die Evolution von Kultur und Sprache in neue Sphären. Die Frauen waren die treibende Kraft.

Bei vielen Arten führt eine intensivierte und zeitlich verlängerte Versorgung der Jungtiere zu größeren Gehirnen.[20] Doch das stellt sie langfristig vor unüberwindbare Probleme: Gehirne sind enorm energieaufwendige Organe, sogar noch mehr, wenn sie heranwachsen. Ihre Besitzer sind noch nicht in der Lage, diese Energie selbst aufzubringen. Also müssten die Mütter noch mehr investieren, was ihre Reproduktion weiter verlangsamen würde. Deshalb stoßen Menschenaffenarten, bei denen sich allein die Mutter um das Kind kümmert, irgendwann an die «graue Decke». Die Gehirne können nicht größer werden, ohne dass die Art ausstirbt.[21] Mehr als 600 Kubikzentimeter graue Masse sind für einen Menschenaffen einfach nicht drin. Deshalb verbringen sie ihr Leben noch immer im Dschungel.

Hier nun sorgte die Innovation, dass auch andere sich für die Kinder einer Mutter engagierten, für jenen Energieschub, der es unseren Vorfahren erlaubte, die graue Decke des Gehirnwachstums zu durchstoßen. Menschen bringen es heute auf ungefähr 1300 Kubikzentimeter. Die daraus resultierende kognitive Leistungssteigerung ermöglichte es ihnen, immer erfolgreichere Überlebensstrategien, komplexere Werkzeuge und raffiniertere soziale Praktiken zu entwickeln. Vor allem aber adelten uns die größeren Gehirne überhaupt zu einer ganz und gar privilegierten Spezies: Wir sind die Einzigen auf diesem Planeten mit kumulativer kultureller Evolution.

Die gemeinsame Kindererziehung machte uns zu «Teaching Apes», zu lehrenden Affen. Dadurch, dass nun auch andere Individuen an der Kindererziehung beteiligt waren, entstanden weit mehr Interaktionssituationen zwischen Jüngeren und Älteren, die jede Menge neue Impulse mit sich brachten. Ein ganz neuer Lebensbereich avancierte damit zum Feld der Kooperation und Kommunikation auf Gruppenbasis. Das machte uns sozialer – und schlauer. Es beeinflusste aber auch unsere Psychologie zutiefst. Wir sehen bei anderen Arten mit Cooperative Breeding wie den kleinen Krallenaffen, dass alle Gruppenmitglieder spontan bereit sind, zu helfen und Nahrung zu teilen, was Menschenaffen nicht tun.[22] Das ist die Grundlage des menschlichen «Sharing and Caring», der gegenseitigen Sorge füreinander. Wir wurden die netten Menschenaffen! Zumindest innerhalb der Gruppe. Viele unterstützten die Kleinen, die nun nicht mehr von ihren Müttern mit Argusaugen bewacht wurden, in allen Lebenssituationen, weshalb diese sich komplexe Fähigkeiten bedeutend schneller aneignen konnten – und eben nicht wie der sonstige Menschenaffennachwuchs allein auf sich gestellt nur auf Abschauen und Selberausprobieren angewiesen waren.

Diese solidarischen Hilfestellungen beim Erlernen neuer Praktiken sehen wir auch bei anderen Arten, die ihre Kinder gemeinsam aufziehen – aber eben so gut wie gar nicht bei Menschenaffen.[23] Tatsächlich zeigt die Archäologie, wie in dieser Zeit die Technologie mannigfaltiger und komplexer wurde und sich eine einzigartige, auf systematischem Teilen basierte ökologische Nische etablierte. Dass solche Unterrichtssituationen die Entwicklung der menschlichen Sprache massiv befördert haben, müssen wir nicht weiter ausführen.

Mutterliebe ist keine Selbstverständlichkeit

Es gibt eine weitere psychologische Veränderung, die wir mit anderen Arten, die ihre Jungen gemeinsam aufziehen, teilen. Diese ist weniger erfreulich – umso wichtiger ist es, sie zu kennen, gerade für Frauen. Bei den anderen Menschenaffen, wo sich allein die Mutter um ihr Junges kümmert, ist etwas zu beobachten, das sich als sofortige und bedingungslose Liebe zum Neugeborenen beschreiben lässt. Bei unserer eigenen Spezies existiert das in dieser Form nicht. Das muss sich erst nach der Geburt langsam entwickeln.

In unserer evolutionären Vergangenheit war es für eine Mutter in den allermeisten Fällen schlicht unmöglich, ihr Kind alleine großzuziehen. Die Evolution installierte deshalb in den Frauen ein feines Gespür dafür, ob ihr genügend verlässliche Hilfe zur Seite stünde, sei es in Form eines Mannes, einer Mutter, Schwester oder anderer Gruppenmitglieder. Heute noch werden Mütter depressiv und vernachlässigen ihr Neugeborenes oder verlassen es sogar, wenn sie – ohne sich dessen wirklich bewusst zu sein – das Gefühl haben, ihnen fehle es an Hilfe, um ihr Baby großzuziehen. So hart es klingt: Die Frauen warten auf einen besseren Zeitpunkt, zu dem sie eine tatsächliche Chance haben, ihr Kind durchzubringen.

Die Logik der Evolution erscheint uns grausam. Aber sie beruht schlicht auf Überlebenswahrscheinlichkeiten: Wenn die Gefahr besteht, dass ein Kind nicht überleben wird und womöglich die sich aufopfernde Mutter auch nicht, fördert die Evolution jene Strategien, die Schwangerschaft zu beenden oder gar das Kind aufzugeben, um auf eine Situation zu warten, in der Unterstützung in einer Größenordnung gesichert ist, die das Überleben von Mutter und Kind ermöglicht. Das findet man auch unter Krallenaffen – den einzigen anderen Cooperative Breeders unter den Primaten.[24] Weibchen, denen es an Unterstützung fehlt, wollen ihr Kind einfach nicht haben. *Horribile dictu*, es ist eine rein ökonomische Entscheidung: Wenn Krallenaffenweibchen gut familiär eingebettet sind, aber es zu einer Drillingsgeburt kommt, ignorieren die

Mütter das schwächste Junge sehr oft. Mitunter fressen sie es einfach auf.[25]

Sarah Hrdy schrieb bereits vor zwanzig Jahren: «Die Einschätzung der Mutter, wie die Überlebensaussichten ihres Kindes sind und welche Chancen es hat, aufzuwachsen und seinen Platz zuerst in der Familie und dann in der Welt zu finden, muss nach meiner Einschätzung für die Zeiten, als es noch keine Geburtenkontrolle gab, zu den primären Faktoren gezählt werden, die das Überleben eines Kindes beeinflusst haben.» Mütter gaben zu allen Zeiten ihre Kinder auf, wenn sie den Eindruck hatten, ihnen fehlte es an Hilfe. Hrdy ergänzt: «Heutzutage behandelt man das ambivalente Verhalten der Mütter so, als sei es ein dunkles Geheimnis, das gerade erst gelüftet wird. Eine Flut von ansehnlichen neuen Publikationen, Romane ebenso wie psychoanalytische Literatur, enthüllt das ‹mütterliche› Herz der Finsternis, einen Bereich, der allen Müttern und Klinikern vertraut ist, den aber nur wenige diskutieren.»[26]

Hat sich an diesem Umstand sehr viel geändert? Dabei ist das ein überzeugendes Beispiel dafür, wie wichtig die evolutionäre Perspektive sein kann. Ohne diese erscheinen ambivalente Gefühle bei Frauen, das Ausbleiben der angeblich «natürlichen Mutterliebe», als individueller Mangel, als psychisches Problem. In der Ratgeberliteratur ist regelmäßig von den «Versagensängsten» der Frauen die Rede, von den «Schuldgefühlen», die sie empfinden, weil sie sich so auf das Muttersein gefreut hatten und nun keine Liebe gegenüber dem Baby verspüren. Da ist die Rede von Enttäuschung und Verwirrung und vor allem von der Scham, die es verhindert, dass sie mit anderen über Babyblues und andere negative Gefühle sprechen. Erschreckend schnell fällt der Depressionsbegriff, ist mitunter ganz selbstverständlich von einer «Krankheit» die Rede, die weit verbreitet sei. Der Einsatz von Psychopharmaka wird diskutiert. Die Schuld wird einmal mehr der Frau zugeschoben – Eva lässt grüßen.

Hilft hier nicht die «Wahrheit über Eva»? Also das Wissen, dass dieses ambivalente Gefühl werdender Mütter erst einmal eine ganz «natürliche» Reaktion sein kann? Das dürfte eine befreiende Wirkung haben. Zumindest hilft es, vorbereitet zu sein, und die entsprechenden Reaktionen werden nicht als persönliches Versagen empfunden (was die Situation ja nur verschlimmert). Übertriebene gesellschaftliche Erwartungen, das Gefühl mangelnder Unterstützung spielen eine wichtige Rolle. Noch immer ist hier einer der wirkmächtigsten patriarchalen Mythen am Werk: die sich aufopfernde Mutter, die nichts kennt als die bedingungslose Liebe zu ihrem Kind.

Teilen ist alles: Jäger und Sammler

Kehren wir wieder zurück in die Tiefen der evolutionären Vergangenheit, um herauszufinden, wie wir zu denen wurden, die wir heute sind. Die skizzierten Prozesse führten zu jener Lebensweise, die als die der nomadischen Jäger und Sammler bezeichnet wird. Mit den Out-of-Africa-Wellen, die vor etwa 100 000 Jahren oder sogar früher[27] begannen und vor etwa 70 000 Jahren richtig an Fahrt aufnahmen, verbreitete sich diese Subsistenzform, die Art des Lebensunterhaltes, über die Welt. Sie hat sich tief in die DNA unserer Spezies und deren Kultur eingeschrieben. Die Menschen waren in Anatomie und Verhalten das geworden, was Anthropologen als «modernen *Homo sapiens*» titulieren.

Heute leben nur noch sehr wenige Menschen als Jäger und Sammler, und den meisten von ihnen stehen lediglich marginale Lebensräume zur Verfügung, die für eine intensive Landwirtschaft kaum geeignet sind, sonst hätten die immer landhungrigen Bauern auch diese Regionen längst unter den Pflug genommen oder ihrem Vieh gegeben. Die noch existierenden Jäger und Sammler (früher oft «Wildbeuter» genannt, wir benutzen hier alternativ den englischen Begriff «Forager») sind alles andere als lebende Fossilien; auch sie haben eine lange kulturelle Entwicklung hinter sich und bestechen durch eine große Diversität an Lebensformen.[28] Im 18.

und vor allem im 19. Jahrhundert dagegen sahen viele Ethnologen in ihnen «Primitive», die sich nicht entwickelt hätten und immer noch auf der untersten Stufe des Menschseins verharrten. Die heutigen Jäger und Sammler liefern uns also sicher nicht das volle Bild davon, wie das Leben früher einmal war, aber doch mehr als nur eine Andeutung dessen, wie unsere Vorfahren einst lebten, schließlich sind ihre Lebensumstände den damaligen immer noch ähnlich. Dieses Bild lässt sich mit dem ergänzen, was wir aus historischen Berichten über «komplexe Forager» wissen. Das waren Jäger und Sammler, die zumindest einen großen Teil des Jahres an einem Ort lebten, dort feste Behausungen und Speicher für Lebensmittel hatten und deshalb einige wichtige Unterschiede im Lebensstil aufwiesen im Vergleich mit denen, die wirklich nomadisch sind. Da diese komplexen Jäger und Sammler, die ihren Lebensstil vermutlich erst vor rund 20 000 Jahren oder etwas früher aufnahmen, an Orten lebten, die zumindest saisonal große Nahrungsüberschüsse lieferten, wie etwa an der Küste oder den großen Strömen Nordamerikas, sind sie heute alle verschwunden. Der Ressourcenreichtum ihrer Habitate weckte schnell fremde Begehrlichkeiten.

Wir werden hier zunächst das System der nomadischen Jäger und Sammler skizzieren. Bevor wir damit beginnen, wollen wir einem Missverständnis vorbeugen: Unter Nomaden versteht man heute meist Menschen, die mit Tieren, also Vieh, mitunter auch Kamelen oder Pferden herumziehen, Hirten, Pastoralisten eben. Doch diese sind ein jüngeres Phänomen, das die Erfindung von Ackerbau und Viehzucht voraussetzt. Nomadische, also mobile Jäger und Sammler dagegen haben noch keine Tiere domestiziert – von Hunden einmal abgesehen, aber auch deren Domestizierung reicht wohl nicht mehr als 15 000 Jahre zurück.[29]

Die Forager, von denen wir an dieser Stelle berichten, leben in kleinen Gesellschaften («Communities») von höchstens einigen tausend Menschen,[30] die sich wiederum auf kleine Gruppen von bis zu 50 Menschen aufteilen, in der Regel besteht eine Gruppe aus rund 25 Individuen. Dabei handelt es sich um Familien und

Einzelindividuen – angesichts des geringen Bevölkerungswachstum enden zwangsläufig einige Menschen ohne enge Familienanbindung. Diese kleinen Gesellschaften teilen gemeinsame Vorfahren und dieselbe Sprache. In ihnen können die Menschen leicht zwischen den einzelnen Gruppen wechseln (und mitunter auch anderen, befreundeten Communities beitreten, etwa in Krisensituationen oder um zu heiraten).

Männer jagen und Frauen sammeln – wir hatten die sexuelle Arbeitsteilung schon erwähnt; sie ist die einzige Spezialisierung, die diesen Namen verdient. Dass sie nicht in Stein gemeißelt ist, werden wir in späteren Kapiteln noch thematisieren: Auch Frauen können jagen und tun das nach Kleinwild in vielen Kulturen regelmäßig, und Männer sammeln auch. Flexibilität ist die bewährte Überlebensstrategie des *Homo sapiens*. Uns geht es hier aber um die großen Tendenzen.

Insgesamt sorgen Männer etwa für zwei Drittel der Kalorien, wobei sich das regional auch zu einem 50:50-Verhältnis verschieben kann, und es gibt durchaus Communities, in denen der Beitrag der Frauen größer ist.[31] In jedem Fall tragen diese einen substanziellen Beitrag zum Gruppenunterhalt bei. Jagen und Sammeln sind kollektive, höchst kooperative Unternehmen, bei denen gegenseitige Hilfe geleistet wird. Das von Männern mitgebrachte Fleisch sowie Honig wird unter allen in der Gruppe geteilt; das, was die Frauen gesammelt haben, ist hauptsächlich dem Kreis der Familie vorbehalten. Einzelne Mitglieder tragen selbstverständlich ihren Teil zum Gruppenunterhalt bei, vor allem Großmütter, die in jene Gruppen wechseln, in der eine Tochter Hilfe braucht.

Teilen ist das oberste Gebot. Es ist die Basis der sozialen Verpflichtungen gegenüber den anderen, einschließlich der Verwandten des Mannes und der Frau. Auch wenn die Mutter früh im Leben eines Kindes die Hauptfigur ist, beteiligen sich, wie ausgeführt, Väter, Großmütter, ältere Kinder und andere Erwachsene – kurz, so ziemlich jeder, der in der Nähe ist – an der Betreuung der Kinder.[32] Diese Form von Familien, eingebettet in ein Netzwerk gegenseitiger

Verpflichtungen, des Sharing and Caring, ist einzigartig unter Primaten, und «zusammen mit dem Gebrauch von Werkzeugen und der Sprache war die Familie zweifellos die bedeutendste Erfindung der menschlichen Revolution».[33] Die Pflicht, zu teilen, verhindert übrigens das Anlegen von Vorräten. Das mag überraschend klingen, aber es hat für eine wirkliche lange Zeit der menschlichen Evolution bestens funktioniert. Auch die Maxime «Teilen statt Horten» gehört zu unserem Erfolgsgeheimnis.

Die Communities, also assoziierte Gruppen, treffen sich gelegentlich zu Festen und Ritualen, und im Fall größerer Schwierigkeiten wie Nahrungsmangel helfen sich die Gruppen untereinander aus. Das Teilen und die gegenseitige Fürsorge sind keinesfalls zufällig; sie spiegeln lang etablierte Netzwerke des Austausches und der Unterstützung wider, in denen jeder Tauschakt registriert und memoriert, mitunter sogar in Form von Geschichten gegossen wird.

Sehr oft bilden die Männer starke Bindungen innerhalb einer Gruppe, auch in der Community, gespickt mit geheimen Ritualen und Initiationsriten. Es besteht daher zuweilen die Tendenz, dass Männer patrilokal sind, also in ihrer Geburtsgruppe bleiben, aber das ist keine feste Regel.[34] Generell gilt: Um Inzucht zu vermeiden, müssen Söhne, Töchter oder beide ihre Familie verlassen und woanders einen Partner finden. Bei nomadischen Jägern und Sammlern wird das ziemlich flexibel gehandhabt, und die Mitgliedschaft in Gruppen ist recht fließend. Es gibt viele Variationen, wer im Falle einer Ehe zu wem zieht und ob die Abstammung eines Menschen über die Linie der Mutter, des Vaters oder beide definiert wird. Die in der Ethnologie so wichtigen Begriffe der Patri- und der Matrilokalität (im ersten Fall bleiben die Söhne bei der Familie, im zweiten die Töchter) gewinnen ihre volle Relevanz erst, wenn Menschen fest angesiedelt sind.

Die Ehe ist ein universelles Phänomen, obwohl die Paarbeziehungen in puncto Stabilität, Exklusivität und manchmal auch Anzahl der Ehefrauen pro Mann variieren – eher selten hat ein sehr erfolgreicher Jäger zwei Frauen. Normalerweise braucht es wenig Aufwand, um zu heiraten, aber auch, um sich scheiden zu lassen. Man könnte das als eine Art serielle Monogamie bezeichnen. Im Großen und Ganzen treffen erwachsene Partner solche Entscheidungen ohne Einmischung anderer. Weil Frauen ihr eigenes Essen sammeln und mit ihren Männern teilen, sind sie wirtschaftlich so autonom wie die Männer. Das verleiht ihnen soziale Macht. Wir werden das Geschlechterverhältnis später noch genauer darstellen.

Oft heißt es, dieses Leben werde zu paradiesisch dargestellt. Um einer feministischen Agenda willen? Oder sind wir naive Jünger Jean-Jacques Rousseaus, der von den edlen Wilden träumte? Wir hoffen nicht. Obwohl keiner von uns mit Jägern und Sammlern gelebt hat, gibt es doch eine Flut an substanziellen Informationen über jene Menschen, die heute zumindest in Ansätzen noch so leben. Sie hungern manchmal – wenn auch seltener als einfache Bauern[35] –, sie streiten miteinander, lassen sich scheiden. Und sie haben für schwierige Probleme Lösungen, die uns unmenschlich erscheinen, wie das Zurücklassen älterer Menschen, wenn die für die Gruppe eine zu große Last werden. Sie sehen da keine Alternative. Das Kollektiv steht an erster Stelle – über jedem Individuum.

Bei Jägern und Sammlern ist es auch üblich, sich über die mangelnde Großzügigkeit der anderen zu beschweren, doch das Jammern bleibt überwiegend verbal. Jemand, der nichts hat, kann immer andere anbetteln. Das ist ein Faktor, der den Fortschritt durchaus einschränkt – es gibt wenig Anreize, selbst innovativ zu werden, solange man immer die anderen bemühen kann oder von diesen belagert wird, sobald man etwas erfunden hat.

Angenommen, jemand versuchte Getreide anzubauen und nach einigen Monaten dieses zu ernten, wenn die Gruppe wieder an der gleichen Stelle vorbeikommt. Die Enttäuschung wird sie oder er sich zukünftig ersparen: Alle werden sich freudig an der reichen Nahrungsquelle bedient haben, denn niemand erkennt das exklusive Recht eines Einzelnen auf eine solche Ressource an. Außerdem können Individuen nur durch Großzügigkeit Reputation erwerben, nicht durch gehorteten Besitz! Die Konsequenz: Diese ursprüngliche Form von Kommunismus weckte keinen Unternehmergeist.[36] Alle sind arm, aber alle sind gleich arm, oder mit den berühmten Worten des Archäologen Marshall Sahlins: Die mobilen Jäger und Sammler hatten den Zen-Weg in die Wohlstandsgesellschaft entdeckt. Weil ihr Ziel nicht materieller Reichtum, sondern soziale Verbundenheit war, konnten sie ein langes und zufriedenes Leben führen. Armut fühlte sich nicht wie Armut an. Sie existierte einfach nicht, bis jemand den Reichtum erfand.[37] Das wird uns noch brennend interessieren, ist das doch eine Erfindung, die einen denkbar schlechten Einfluss auf das Verhältnis der Geschlechter haben wird.

«In einer solchen Lage ist für Fleiß kein Raum, da man sich seiner Früchte nicht sicher sein kann; und folglich gibt es keinen Ackerbau, keine Schifffahrt, keine Waren», stellte der englische Philosoph Thomas Hobbes (1588–1679) für die menschliche Vorzeit fest. Um dann etwas anzufügen, das sich bis heute in den Köpfen gehalten hat: «und es herrscht, was das Schlimmste von allem ist, beständige Furcht und Gefahr eines gewaltsamen Todes – das menschliche Leben ist einsam, armselig, ekelhaft, tierisch und kurz».[38] Doch das ist ein Missverständnis – und im Fall des Staatstheoretikers Hobbes sogar Ideologie, um die Notwendigkeit staatlicher Herrschaft zu legitimieren. Die Datenlage spricht deutlich dafür, dass mobile Jäger und Sammler ein langes, gesundes Leben mit niedrigeren Sterblichkeitsraten führen konnten, als es für Landwirte bis vor nicht allzu langer Zeit die Regel war.[39]

Sicher gab es zuweilen gewalttätige Auseinandersetzungen, gerade an Orten, die große Nahrungsüberschüsse offerierten. Das waren Überfälle, vereinzelte Raubzüge. Wirkliche Kriege mit Gefangenen, Versklavung oder Genozid waren aber schlicht unmöglich, oft war das Weiterziehen, die Flucht, das beste Mittel. Es gab keinen immobilen Besitz, an dem die eigene Existenz hing.[40]

Um auf die eben gestellte, noch nicht beantwortete Frage zurückzukommen, ob die Lebensumstände paradiesisch waren.

Wir wissen es nicht. Zumindest das lässt sich sagen: Das Leben besaß eine Selbstverständlichkeit, die uns heute fremd ist. Die Jäger und Sammler waren bestens angepasst an ihre Umwelt, die Zahl der kulturellen Erfindungen war deshalb über lange Zeit hinweg relativ gering – es gab wenig Bedarf, sich Neues einfallen zu lassen.

Tücken des Überflusses

Nachdem wir unsere kurze Skizze des Lebens nomadischer Jäger und Sammler vorgestellt haben, möchten wir nun fragen, wie sich die komplexen Jäger und Sammler davon unterschieden haben. Sie tauchen in der menschlichen Geschichte erstmals vor zwanzigtausend Jahren auf, mancherorts schon früher. Die beiden wichtigsten Unterschiede bestehen darin, dass sie in Häusern und mehr oder weniger festen Dörfern lebten und dass sie Lebensmittel lagerten, was es ihnen ermöglichte, entweder ganz oder für wesentliche Zeiten eines Jahres sesshaft zu bleiben. Ökologisch betrachtet siedelten sie an Orten, an denen Nahrung zumindest zeitweise im Überfluss vorhanden war, die durch Trocknen oder Räuchern lagerfähig gemacht werden konnte. Sie betrieben aber keine Landwirtschaft und besaßen auch noch kein Vieh. Die bekanntesten Beispiele für solche komplexen Forager sind die Indianer an der Nordwestküste der heutigen USA und des angrenzenden Kanadas. Einst traten sie jedoch fast überall dort auf, wo Lachs, Meeresfrüchte wie Muscheln oder Krebse, aber auch Nüsse oder herumziehende Herden von Huftieren reiche Beute ermöglichten. Dieser Lebensstil ist heute ausgestorben, was wir über ihn wissen, verdanken wir historischen Berichten der Ethnographie oder archäologischen Zeugnissen.

Warum wir uns mit ihnen beschäftigen sollten? Weil sie zeigen, wie sehr auch die menschliche Kultur durch die jeweiligen Lebensumstände, die Formen der Subsistenz, geprägt wird – insbesondere, was das Verhältnis der Geschlechter angeht. Wir sehen hier Kräfte am Werk, die uns immer wieder begegnen werden.

Was also war anders an ihnen? Sie mussten bereit sein, sich zu verteidigen. Nicht nur der privilegierte Ort, an dem sie lebten, weckte das Interesse anderer. Insbesondere die großen Vorräte an gelagerten Lebensmitteln übten eine Anziehungskraft auf Fremde aus. Da lässt sich leicht etwas stehlen oder gleich ganz usurpieren. Menschen in Dörfern werden leicht gefunden und besitzen Dinge, die es wert sind, geraubt zu werden. Nomadische Jäger und Sammler hingegen konnten sich vor anderen verstecken, auch wenn sie in der Regel wenig zu verstecken hatten, weil sie weder über Eigentum noch Vorräte verfügten. Dörfer mussten sich also schützen gegen Überfälle. Kriegsführung wurde häufiger.

Das blieb nicht ohne Konsequenzen für die soziale Organisation: Wir sehen hier sehr oft Patrilokalität, Söhne bleiben dort, wo sie geboren wurden; denn sie werden zur Verteidigung gebraucht. Oft hatten die Söhne auch keine andere Option: Bei hohen Bevölkerungsdichten, wo die benachbarten Gruppen ebenfalls komplexe Forager waren, hatten diese kaum Interesse, Männer, also potenzielle Krieger, aufzunehmen, deren Herz noch fürs Ursprungsdorf schlagen könnte. Clans bildeten sich aus, die ihre Abstammungslinien patrilinear, also über die Väter, konstruierten, was zu einer symbolischen Aufwertung des Männlichen führte und zu einem realen Machtzuwachs.

Vorräte reduzieren die gegenseitige Abhängigkeit voneinander. Zwar wurden zunächst Gemeinschaftsspeicher angelegt. Doch spätestens, wenn Großfamilien aus praktischen Gründen über gutgefüllte Vorratskammern verfügten, waren diese weniger auf die Nachbarn angewiesen. Das veränderte die sozialen Beziehungen innerhalb der Dörfer und führte zu sozialer Ungleichheit. Erstmals in der Geschichte der Menschheit begegnen wir nennenswertem privaten Besitz, auch wenn das Territorium, das eine Gruppe kontrollierte, immer noch allen gehört. Manchen Männern gelang es, größere Vorräte anzuhäufen, bald lernten sie, diese strategisch einzusetzen. Polygynie entstand: Reiche Männer heirateten mehr als eine Frau. Und aus Patrilokalität wurde endgültig Patrilinearität:

Es waren die Söhne, die das Vermögen ihres Vaters erbten. Es gab andere Experimente sozialer Organisation – wir werden ihnen noch begegnen –, aber in dieser durchaus gewaltvollen Konkurrenz stellte sich das männerzentrierte Modell zur Erhaltung, Verteidigung und Weitergabe des Eigentums als eine Gewinnerstrategie heraus.

Trotz allem waren auch die komplexen Forager im Herzen immer noch Jäger und Sammler und weit davon entfernt, despotische, also übergroße Ungleichheitsverhältnisse zu etablieren. Die Herrschaft des «Chiefs», des Häuptlings, basierte mehr auf Prestige als auf Zwang. Der beste Weg, Häuptling zu werden, lag darin, Konkurrenten in der Großzügigkeit zu übertreffen, etwa indem sie Feste ausrichteten oder andere mit Geschenken überhäuften, die diese nicht erwidern konnten.[41] Das liegt auf einer Linie mit dem, wie schon herumziehende Jäger und Sammler ihre durchaus vorhandene Neigung zum Wettbewerb ausgelebt hatten: durch demonstrative Großzügigkeit. Aus guten Gründen, denn die sozial schwächeren Männer stellten wichtige Verbündete dar, deren Unterstützung es zu sichern galt, für die Jagd oder um gegen Konkurrenten gewappnet zu sein.

In dieser Perspektive waren die komplexen Forager eine spannende Mischung aus nomadischen Jägern und Sammlern und den ersten Bauern, die erst später ihren Auftritt haben werden. Mit diesen hatten sie das Lagern von Lebensmitteln und die Ortsgebundenheit gemein, wie jene aber besaßen sie noch die Ethik des Sharing and Caring, also des sich gegenseitigen Unterstützens, so war das Land stets in kommunalem Besitz. Jedoch pflegten sie einen Gegenentwurf zur mobilen Art der nomadischen Jäger und Sammler, die wir heute noch studieren können. Es ist durchaus möglich, dass die verbliebenen Jäger und Sammler am kooperativsten und egalitärsten Ende des Spektrums stehen, weil sie in jenen kargen Landstrichen leben, die für Landwirtschaft ungeeignet sind – und deshalb nur durch größtmögliche Solidarität untereinander überleben konnten. Auch wenn die sesshaften Forager noch sehr den nomadischen ähnelten, können wir an dieser Stelle schon einmal festhalten: Veränderte Lebensbedingungen, die mit lokalen Reichtümern einhergingen, brachten unerfreuliche Nebenwirkungen mit sich wie Ungleichheit, Gewalt und männlichen Machtzuwachs.

Unsere drei Naturen

Warum reden wir hier ständig über Jäger und Sammler, obwohl heute kaum jemand mehr auf diesem Planeten so lebt? Der Grund ist so einfach wie im doppelten Wortsinn tiefgründig: Dieser Lebensstil, der sich über einen Zeitraum von rund zwei Millionen Jahren entwickelte und der bis vor viertausend Jahren, wenn nicht sogar noch länger, die typische Lebensweise der meisten Menschen auf diesem Planeten war, hat unsere Physiologie geprägt. Mit den Folgen, dass es unserer Gesundheit gar nicht guttut, wenn wir uns viel weniger bewegen als damals und unserer einst in eher kargen Lebenswelten sinnvollen Leidenschaft nach Süßem und Fettigem ungehemmt nachgehen können.

Dass unsere Körper Anpassungen aus der Zeit der Jäger und Sammler sind, ist heute im allgemeinen Bewusstsein verankert. Dass das jedoch auch für unsere Psychologie, unsere «Natur», gilt, ist in der Öffentlichkeit noch wenig akzeptiert. Hier wirken alte Nature-versus-Nurture-, Veranlagung-oder-Umwelt-Debatten fort. Es ist an der Zeit, solch vereinfachendes Entweder-oder-Denken zu überwinden. Nach den Ausführungen zu biologischer und kultureller Evolution sollte klar sein: Beide überlappen einander, interagieren ständig, sind schwer voneinander zu trennen. Und wichtig: Keine wirkt determinierend. Der Mensch ohne Kultur ist nicht zu haben, ohne Biologie aber auch nicht.

Um dieses Zusammenspiel in eine einfach zu handhabende Begrifflichkeit zu bringen, haben wir in unserem letzten Buch das Modell der drei Naturen aufgestellt, das sich als hilfreich erwiesen hat.[42] Beginnen wir mit dem, was wir die erste Natur nennen, unserer biologischen Seite. Jede Tierart hat eine eigene Natur entwickelt, und Menschen machen da keine Ausnahme – auch wenn das im Fall unserer Natur eine besondere Bewandtnis hat. Unternehmen wir zum besseren Verständnis einen kurzen Ausflug in die Sozialökologie der Tiere. Primatenarten zum Beispiel leben in unterschiedlichen Umweltnischen, die Art des Lebensraums variiert, die Art der Nahrung, die sie fressen, und die Strategien, mit denen sie vermeiden, selbst gefressen zu werden. Passend zur jeweiligen Nische entwickeln sich das Sozialsystem und die entsprechenden psychologischen Prädispositionen und Präferenzen. Auf die Eigenheiten der Schimpansen- und der Bonobo-Natur etwa kommen wir noch später zu sprechen.

In einem langen Prozess der Feinabstimmung durch natürliche Selektion werden also die Umwelt, die dazu passende soziale Organisation und die zugrunde liegenden psychologischen Präferenzen aufeinander abgestimmt. Da sich Mutationen nur sehr langsam ansammeln, muss die Selektion über viele Generationen hinweg arbeiten, um die Anpassung an eine bestimmte Umwelt zu schaffen. Doch sobald die Natur einer Art geformt ist, entwickelt sie eine gewissermaßen in sich selbst ruhende Stabilität (die natürlich nie endgültig ist). Eine solche artspezifische Natur bleibt auch erhalten, wenn wir die entsprechenden Tiere in einen Zoo bringen, in einen ganz anderen Lebensraum als jenen, der die jeweilige Natur genetisch geformt hat und so in ihr verankert ist. Ist die Diskrepanz zwischen den beiden Lebensräumen zu groß, ist die Haltung also nicht «artgerecht», führt das zu massiven Problemen.

Wir haben es beschrieben: Als unsere Vorfahren in der offenen Savanne überleben mussten, entstanden neue Sozialformen, die mit der dazu passenden Psychologie einhergingen. Insofern haben auch Menschen einen genetisch verankerten, «angeborenen» Kern unserer Natur. Das ist es, was wir unsere erste Natur nennen. Dazu gehören solche Dispositionen wie Liebe zwischen Eltern und Kindern, die Solidarität zwischen Geschwistern, Angst im Dunkeln, der Sinn für Fairness und die Empörung über Ungerechtigkeit und übermäßige Ungleichheit (zumindest, wenn es um die eigenen

Leute geht), die einfach zu entfachende Furcht vor Fremden, der Abscheu gegenüber Inzucht, das Bangen um den eigenen Ruf, die Eifersucht, das Gefühl, andern nach Geschenken und erhaltener Hilfe verpflichtet zu sein, und vieles mehr.

Aber diese biologische Natur ist in unserem Fall eben nicht die einzige Kraft, die uns formt. Die kulturelle Evolution spielt ebenfalls eine Rolle. Und das hat dazu geführt, dass die menschliche Natur auch eine große kulturelle Komponente besitzt – und die Biologie uns deshalb viel weniger formt als alle anderen Tiere. Unterschätzen sollte man sie dennoch nicht.

Heutzutage leben Menschen in einer unglaublichen Vielfalt von Nischen, von den letzten Jägern und Sammlern in der Wildnis bis zur postindustriellen Dienstleistungsgesellschaft mit ihren Hotspots in den Megastädten. Wir haben uns diese Nischen überwiegend mit kulturellen Mitteln und nicht auf die altbewährte Weise der biologischen Evolution erschlossen. Sie können also ein Neugeborenes aus New York, Kairo oder Shanghai in ein Lager im abgelegenen Dschungel Südamerikas oder Neuguineas bringen, und es wird zu einem vollwertigen Mitglied der Jäger-und-Sammler-Gruppe heranwachsen mit all den dazugehörigen Überzeugungen und Vorlieben. Und vice versa: Jedes in der Kalahari geborene Kind der !Kung entwickelt sich bei uns zu einem «Digital Native». Die entsprechenden Kulturtechniken und die damit einhergehenden Mentalitäten werden zur zweiten Natur des Heranwachsenden.

Der Mensch hat diese adaptive Plastizität, also die kulturelle Anpassungsfähigkeit, in neue, völlig unbekannte Dimensionen getrieben. Weil Anpassungsprozesse hauptsächlich auf kultureller Evolution beruhen, verlaufen sie bei unserer Spezies unendlich viel schneller. Wir sind Meister der Kultur. Sobald neue Existenzmodelle, in der Regel infolge von Änderungen der Umwelt, erfunden werden, passen die Menschen innerhalb von ein, zwei Generationen ihr Verhalten und ihre Vorstellungen an. Dass es sogar noch viel schneller gehen kann, erleben wir gerade anhand der digitalen Revolution.

Solche neuen, kulturell vermittelten Vorstellungen und Verhaltensmuster werden uns dank Erziehung und Sozialisation sehr schnell zur völlig selbstverständlichen zweiten Natur. Das, was man als Sitten, Gebräuche, Traditionen, Konventionen oder Stereotype bezeichnet, gehört dazu. Bourdieu bezeichnet auch sein Konzept des Habitus als zweite Natur.[43] Gender, also die für uns so wichtigen kulturellen Vorstellungen von Geschlechtern, ist ein klassischer Fall; ebenso die konkreten Spielarten von Religion.

Die Rede von der Kultur als der zweiten Natur des Menschen hat eine lange bis in die Antike zurückreichende Tradition. Sie findet sich auch bei Simone de Beauvoir: «Die Individuen sind nie ihrer Natur überlassen, sie gehorchen jener zweiten Natur, der Sitte ... Nicht als bloßer Körper, sondern als Körper der Tabus und Gesetzen unterworfen ist, wird sich das Individuum seiner selbst bewusst, erfüllt es sich: es bewertet sich selbst nach einem bestimmten Wertsystem.»[44] Die zweite Natur ist tatsächlich entscheidender für unser Selbstverständnis als die erste; denn die erste Natur ist bei allen Menschen relativ ähnlich, wobei es da natürlich auch Geschlechtsunterschiede gibt.

Wichtig: Viele der erlernten Wahrnehmungs- und Reaktionsmuster graben sich so tief ein, dass ihre Träger kaum wahrhaben möchten, dass es sich nur um kontingente, also immer mit einem gewissen Maß der Zufälligkeit behaftete Traditionen handelt und andere Menschen nicht auch auf die gleiche Weise empfinden und reagieren. Das ist das wirklich Erstaunliche: Was wir von frühester Kindheit kulturell erworben haben, was uns zur zweiten Natur wurde, fühlt sich oft nicht anders an als das, was wir erste Natur nennen, die angeborenen Dispositionen des Menschen. Aus einer Außenperspektive überrascht ja tatsächlich die Vehemenz, mit der wir mitunter auf Überzeugungen oder Verhaltenspraktiken anderer Kulturen reagieren: «Wie können die nur! So macht man das doch nicht!» ist eine typische Reaktion, die erstaunlich oft mit Aggression einhergeht. Kulturelle Konflikte sind höchst gefährlich und erstaunlich explosiv.

Es ist zu vermuten, dass hier die schon erwähnte menschliche Tendenz zur Konformität eine Rolle spielt, die mit unserer Neigung zum Freund-Feind-Denken (erste Natur!) einhergeht: Da sich Gesellschaften eigentlich nur durch Kultur unterschieden (wie man spricht, was man isst, was man glaubt, wen man lieben darf etc.), wurde die Kultur, die zweite Natur, zum entscheidenden Identitätsmarker. Und da unsere erste Natur über ein feines Sensorium verfügt, um Betrüger oder Trittbrettfahrer zu erkennen, ist man immer sehr bemüht, nicht aus der Reihe zu tanzen und sich damit verdächtig zu machen.

Wenn also, vereinfacht gesagt, die erste Natur unsere natürliche Natur und die zweite Natur unsere kulturelle Natur ist, dann ist die dritte Natur unsere Vernunftnatur. Sie betrifft all die gelernten oder gerade erfahrenen Überzeugungen und Ideen, die entweder so neu oder so kognitiv sperrig sind, dass sie es nicht, oder noch nicht, geschafft haben, zur zweiten Natur zu werden. Welche kulturellen Innovationen der dritten Natur, die meist ein besonderes Maß an Rationalität besitzen, uns mit der Zeit zur zweiten Natur werden, ist nicht zufällig: Es sind jene, die gut zu unseren anderen Empfindungen und Traditionen passen, insbesondere wenn sie mit den Vorlieben oder auch Aversionen unserer ersten Natur harmonieren. Dinge, die also nur vernünftig sind, schaffen es dagegen nicht, zum selbstverständlichen Bestandteil unseres Habitus zu werden. Es bleibt ein hartes Stück, sie umzusetzen, etwa all die vernünftigen Hinweise, wie wir uns gesund ernähren und bewegen sollten.

Daraus darf man nicht schließen, dass die Inhalte der zweiten Natur immer adaptiv oder sinnvoll sind. Ein für unser Buch nur allzu relevantes Beispiel: die Vorstellung, dass Frauen das schwache, das zweite Geschlecht sind. Wenn Kinder, ob Jungen oder Mädchen, das schon von früh auf lernen und es immer wieder bestätigt sehen, weil Mädchen systematisch vom Zugang zu Bildung und anderen Entfaltungsmöglichkeiten ausgeschlossen werden und Frauen keine öffentlichen Rollen übernehmen dürfen, dann wird die Empfindung zur zweiten Natur, dass Frauen nicht das Gleiche erreichen können wie Männer. Dann glauben es sogar Frauen selbst. Die Machtstrukturen, welche diese Schlechterstellung verursachen, bleiben dabei außerhalb des Wahrnehmungsbereichs. Die patriarchale Matrix stützt sich fast ausschließlich auf die zweite Natur.

Deren Inhalte müssen in jeder Generation neu aktualisiert werden, die entsprechende Sozialisation der Individuen muss sichergestellt sein. Dass sich aber trotzdem bei Frauen immer schon – mal lauter, mal leiser – eine Stimme des inneren Protests meldet, welche die Ungerechtigkeit ihrer Benachteiligungen anprangert: Das ist das in der ersten Natur verankerte Gerechtigkeitsempfinden, ein Erbe unserer egalitären Jäger-und-Sammler-Vergangenheit.

Als Merkregel lässt sich also festhalten: Je mehr ein kulturelles Merkmal der ersten Natur entgegengesetzt ist, desto schwieriger ist es, dieses über längere Zeiträume zu etablieren oder zu erhalten. Hier treffen wir auf eine wichtige Regel der kulturellen Evolution: Innovationen, die im Widerspruch zur menschlichen Natur stehen, müssen am Ende so modifiziert werden, dass sie besser mit der ersten Natur harmonieren. Ansonsten setzen sie sich nicht durch – oder lassen sich nur mittels streng überwachter Gesetze oder direkten Zwangs aufrechterhalten.

Um nicht missverstanden zu werden: Wir wollen hier keinesfalls ein Hohelied auf die erste Natur anstimmen. Wir schleppen jede Menge alter Adaptionen mit uns herum, die vor Jahrhunderttausenden das Überleben gesichert haben mögen, aber heute nur noch hinderlich sind, wenn nicht Schlimmeres. Unser Hang zur Konformität etwa, unser fürchterliches Freund-Feind-Denken oder all die «Cognitive Biases», die unsere Wahrnehmung verfälschen. Im Deutschen werden sie als «kognitive Verzerrungen» oder «kognitive Heuristiken» bezeichnet[45] und sorgten lange für Erstaunen, weil fehlerhaftes Denken nicht zu unserem Selbstverständnis als rationale Wesen passte. Es handelt sich aber um einstmals sinnvolle Anpassungen, kognitive Abkürzungen, die uns das Überleben unter prähistorischen Bedingungen sicherten; heute aber unter komplett anderen Lebensbedingungen eher hinderlich sind. Wir werden ihnen in diesem Buch immer wieder begegnen (oder sind es schon): die Reduktion komplexer Zusammenhänge auf binäre Schwarz-Weiß-, Gut-Böse-, Natur-Kultur-, Frau-Mann-Kategorien etwa. Oder der «Confirmation Bias», unser Hang, Informationen zu ignorieren, die nicht mit unseren vorgefassten Vorstellungen übereinstimmen, und entsprechend nur jene Dinge zu registrieren und zu akzeptieren, die unsere Erwartungen bestätigen. Vieles davon ist schnell bei der Hand, wenn es um Geschlechterstereotype geht; es hält die Patrix am Laufen.

Heute, unter den hochartifiziellen Bedingungen unserer Lebenswelt, erweist sich die erste Natur nicht selten als lästig, zuweilen als schädlich. Aber es ist wichtig, sie zu kennen und sich ihrer bewusst zu werden. Nur dann können wir mit ihren Auswüchsen umgehen und verhindern, dass wir ihnen auf den Leim gehen. Wir können aber auch erkennen, in welchem Rahmen es möglich ist, unserer ersten Natur etwas Gutes zu tun: etwa ihrem Bedürfnis nach sozialer Geborgenheit und Aufgehobenheit nachzukommen, also für das zu sorgen, was der Soziologe Hartmut Rosa «Resonanz» nennt, eine auf Antworten und Hilfe stoßende Beziehung zu Welt und Menschen.[46]

Auch in den Jäger-und-Sammler-Gesellschaften gab es kulturelle Entwicklungen, aber da sich über Jahrtausende hinweg die Umwelten wenig änderten und auch die Populationsgrößen recht konstant blieben, war die Innovationsrate gering. Das führte dazu, dass das Leben – wir sagten es schon – eine größere Selbstverständlichkeit besaß. Doch wie wir noch sehen werden, änderte sich das vor rund 12000 Jahren. Immer mehr Menschen lebten fortan sesshaft und betrieben Landwirtschaft und züchteten Tiere, sie schufen sich damit eine komplett neue Umweltnische, die Bevölkerungszahl explodierte, die Menschen begannen in Städten zu leben, dicht an dicht. Diese Veränderungen waren weitgehend kulturgetrieben. Nie zuvor in der Geschichte des Lebens hat eine Art einen so radikalen Bruch mit ihrer bisherigen Lebensweise vollzogen – was dazu führte, dass die Menschen in eine immer größere Diskrepanz zu ihrer ersten Natur gerieten. Die Veränderungen gingen zu rasant vonstatten, als dass wir uns hätten biologisch anpassen können.

Diese Diskrepanz haben wir, weil das deutsche Wort «Fehlanpassung» schrecklich sperrig ist, «Mismatch» genannt. Es ist gewissermaßen das biologische Pendant des Cultural Lag: Wir schleppen alle eine alte Natur mit uns herum, die nicht recht zur Kultur passt, in der wir leben. Aber das Problem potenziert sich in unseren Tagen, da sich die Kultur innerhalb der Lebenszeit eines Menschen radikal ändert (oder wir zwischen den Kulturen wechseln). Denn dann tragen wir nicht nur eine alte Natur (erste Natur) mit uns herum, sondern auch die alte Kultur unserer Jugend, unserer Heimat (zweite Natur), die beide mit unserer aktuellen Lebenswelt oft nicht besonders gut harmonieren. Wir schleppen also biologische und kulturelle Altlasten mit uns herum. Das, so müssen wir uns bewusst machen, ist Teil der evolutionären Selbsterkenntnis. Wir sehen uns zunehmend mit dem Problem konfrontiert, dass unsere drei Naturen in Konflikt miteinander geraten und das Leben kaum mehr je selbstverständlich erscheint. Seither gilt: Es ist kompliziert.

4 Was wir über Sex und Gender wissen sollten

Kompliziert? Das gilt vor allem für das Verhältnis der Geschlechter. Zumindest dann, wenn man nicht mehr auf das Wort Gottes vertraut. Denn das hatte die Beziehung klar geregelt: Die Frau ist dem Mann untertan – Ende der Diskussion. Lotet man indes die evolutionären Dimensionen des Geschlechterverhältnisses aus, steht zumindest fest, dass es keinen derartigen Fixpunkt geben kann: Es ist alles im Fluss.

Weil es sich dabei um ein heikles Thema handelt, in dem es selbst unter Biologen zuweilen zu Missverständnissen kommt, widmen wir uns zunächst den biologischen Grundlagen, aus denen bestimmte Logiken resultieren, die großen Einfluss auf das Verhältnis der Geschlechter haben. Wir werden auf manche Überraschung stoßen, aber auch auf Verstörendes. Nach diesem Kapitel sollte endgültig verständlich sein, warum «natürlich» in keiner Weise gut bedeutet und warum die Natur nicht im mindesten dazu taugt, Normen zu legitimieren. Zumal in Sachen Mensch die Biologie ja kaum die halbe Wahrheit ist. Ihre Kenntnis hilft aber, bestimmte Zusammenhänge besser zu verstehen und gegebenenfalls kulturell darauf zu reagieren und entsprechende Mechanismen dagegenzustellen. Auch sollte deutlich werden, warum die Rolle biologischer Geschlechtsunterschiede systematisch überbewertet wird und diese als alleinige Verdächtige ausscheiden, den Männern zur Herrschaft verholfen zu haben. Wir sehen uns zunächst bei den Tieren um und fokussieren dann auf unsere eigene Art.

Pracht und Macht: Sexuelle Selektion zum Ersten

Sex ist Milliarden von Jahren alt – schon bei Einzellern findet man ihn ansatzweise. Wir haben es mit einem Prozess zu tun, der Rekombination genannt wird, bei dem zwei Individuen derselben Spezies jeweils die Hälfte des Erbguts miteinander austauschen; dabei repariert und erneuert sich das Genom. Warum es aber meist nur zwei biologische Geschlechter gibt, ist immer noch nicht ganz geklärt. Sicher ist: Männchen nennen wir jene, die viele winzige Keimzellen produzieren, Weibchen jene, die eher wenige, dafür sehr große und gut ausgestattete Keimzellen entwickeln.

Im Tierreich unterscheiden sich die beiden Geschlechter in zahlreichen Punkten, man spricht vom Sexualdimorphismus. Bei vielen Arten sind die Männchen größer (aber mitunter sind sie auch viel kleiner, wie bei bestimmten Fischen und Wirbellosen wie der Gottesanbeterin). In anderen haben sie lange, auffällige Federn oder bestechen durch ihre schillernde Farbenpracht. Und das scheinbar allein, um ihren Besitzer schön aussehen zu lassen.

Charles Darwin bereitete das schlaflose Nächte, als er nach einer Erklärung suchte, wie es zu dieser offensichtlich nutzlosen Verschwendung kam (die Evolution fällt sonst durch ihren Hang zur Ökonomie auf) – und dann trat sie meist nur beim männlichen Geschlecht auf. Woher kamen dessen auffällige Ornamente, die ihre Besitzer zuweilen in Lebensgefahr brachten? «Der Anblick einer Feder im Schwanz eines Pfaus macht mich krank, wann immer ich sie sehe!», seufzte der Biologe.[1] Doch schließlich stieß er auf die Lösung. Es muss eine besondere Form der natürlichen Selektion geben, die nicht zu einer besseren Anpassung an die Umwelt in Form von schnelleren Füßen, schärferen Augen oder geschickteren Händen führt, sondern zu Eigenschaften, die ihre Besitzer im Paarungsspiel erfolgreicher machten: die sexuelle Selektion.[2]

Die Grundidee ist einfach. Dazu müssen wir uns die Ausgangslage bewusst machen. Beschränken wir uns hier auf jene für uns relevanten Arten, bei denen sich die Weibchen um die befruchteten

Eier kümmern und sie nicht einfach ihrem Schicksal überlassen. Am häufigsten geschieht die Sorge dadurch, dass die Befruchtung innerlich erfolgt – sie also schwanger werden. Bei den Säugetieren gehen die Weibchen noch weiter, indem sie – und nur sie – ihre Jungen nach der Geburt mit Milch versorgen. Die Weibchen investieren damit sehr viel in den Nachwuchs, und zwar vor und nach der Geburt. Das führt dazu, dass sie nur zu einem gewissen Teil ihrer Lebenszeit dem Paarungsmarkt zur Verfügung stehen.

Anders bei den Männchen, wenigstens bei jenen Arten, bei denen sich das männliche Engagement im Wesentlichen auf die Befruchtung beschränkt und die anschließend schnell wieder paarungsbereit sind. Sie haben einen im Vergleich mit den Weibchen verschwindend geringen Aufwand; vor allem stehen sie dem Paarungsmarkt dauerhaft zur Verfügung. Die Konsequenzen: Die Männchen befinden sich zueinander in Konkurrenz um das knappe und damit kostbare «Gut» Weibchen. Umgekehrt sehen sich die paarungsbereiten Weibchen einem Überangebot an willigen Männchen gegenüber. Das heißt, der evolutionäre Druck liegt auf den Männchen, sich in der Konkurrenz zu behaupten. Die Weibchen wiederum sehen sich gezwungen, eine Wahl zu treffen. Sie dürfen es sich nicht nur erlauben, wählerisch zu sein; sie müssen es auch angesichts des immensen Aufwands sein, den sie um den gemeinsamen Nachwuchs betreiben werden. Da sollte man nicht in die falschen Gene investieren.

Die Männchen variieren in ihrer Qualität. Das hängt mit ihrer jeweiligen Überlebensfähigkeit zusammen, ist aber auch teilweise von der genetischen Ausstattung des Weibchens abhängig (das bekannteste Beispiel dafür ist die Inzuchtvermeidung). Experimente mit verschiedenen Arten zeigten, dass Weibchen, die ihren Partner frei wählen können, mehr und vor allem lebensfähigere Nachkommen produzieren als diejenigen, die gezwungen sind, sich mit einem vom Forscher zufällig ausgewählten Männchen zu paaren.[3]

Der Umstand also, dass die Weibchen der meisten Arten ihre Partner auswählen – so viel zur angeblichen weiblichen Passivität! –, führt zur sexuellen Selektion bei den Männchen. Diese sehen sich dem weiblichen Druck ausgesetzt, ihre Qualitäten offenbaren zu müssen. Weibchen ziehen natürlich jene Signale vor, die ihnen selbst in keiner Weise schaden oder sie ihrer Wahlfreiheit berauben könnten.[4] Deshalb brachte die sexuelle Selektion bei den Männchen Ornamente hervor – Farbenpracht, imposante Körperteile, markanter Gesang und Balztanz –, die demonstrieren: je größer, je spektakulärer, umso leistungsfähiger und vitaler ihr Besitzer.

Am stärksten lastet das Schönheitsdiktat auf den Männern dort, wo die Frauen am freiesten sind – bei den Vögeln. Jedes Vogelweibchen kann wegfliegen, wenn sich ein aufdringliches Männchen nähert. Selbst im schlimmsten Fall entschlüpft es ungewollten Kopulationen, fehlt den meisten Vogelmännern doch ein Penis. Vogelweibchen sind also viel ungebundener, ihre Vorlieben auszuleben, als ihre Säugetier-Geschlechtsgenossinnen. Deshalb finden wir die auffälligsten Ornamente vor allem bei männlichen Vögeln. Die müssen sich ordentlich ins Zeug legen. Man denke an das Rad des Pfaus, den phantastisch herausgeputzten Balzplatz des männlichen Laubenvogels oder die geradezu theatralische Opulenz des Federkleids männlicher Paradiesvögel.

Angesichts des massiven Ungleichgewichts zwischen paarungswilligen Männchen und paarungsbereiten Weibchen bei jenen Arten, wo die Männchen Paarungsaufwand betreiben müssen, sollte es nicht überraschen, dass alternative Strategien auftauchten, um im Spiel des Lebens nicht auf der Strecke zu bleiben: Für Männchen erweist es sich als Vorteil, Konkurrenten von fruchtbaren Weibchen fernzuhalten, insbesondere wenn diese das Zeug haben, zum Favoriten der Weibchen zu werden. Diese Form der sexuellen Selektion setzt also auf Kraft und Gewalt, sie begünstigt die Entwicklung von etwas, das man in der Biologie als «Waffen» tituliert. Wenig überraschend führt das zu einem Wettrüsten, bei dem die lebensfähigsten Männer die größten und stärksten Körper besitzen oder mit den mächtigsten Waffen ausgestattet sind.

Dieser zweite Prozess ist es, der zu systematischen Geschlechtsunterschieden in Bezug auf Körpergröße, Muskulatur und eben Waffen führt. Es erklärt, warum bei vielen Arten nur die Männchen Hörner, Hauer, Stoßzähne oder Geweihe haben oder zumindest bedeutend größere als die Weibchen. Deshalb besitzen auch in unserer Primatenverwandtschaft die Männchen die längsten und schärfsten Eckzähne. Während Ornamente völlig harmlos sind, können Waffen verstümmeln oder töten, und zwar nicht nur männliche Rivalen.

Auf welche Strategie gesetzt wird, hängt von den Möglichkeiten der Weibchen ab, sich den Männchen zu entziehen. Wie schon angedeutet: Bei den Vögeln, wo die Weibchen überallhin entkommen können, ist das gewaltvolle Monopolisieren für Männchen kaum möglich, also bleibt denen nur die Ornamentstrategie. Da sich bei Säugetieren auf dem Boden die Flucht meistens schwieriger gestaltet, steigen die Chancen der Männchen, die Weibchen einzuhegen. Deshalb sind Säugermännchen häufig «bewaffnet» oder zumindest größer als die Weibchen. Dementsprechend geringer ist die Wahlfreiheit für viele Säugetierweibchen. Null ist sie nie, doch der Aufwand, ihre Präferenz durchzusetzen, ist kostspieliger als für das durchschnittliche Vogelweibchen.

Überall dort, wo eine Selektion in Sachen Pracht oder Macht stattfindet, unterscheiden sich die männlichen und weiblichen Lebenswege. Männchen tendieren dazu, sich schneller zu entwickeln und mehr Ressourcen in das Wachstum von Körper, Ornamenten oder Waffen zu stecken. Das hat seinen Preis: Ein schnelleres und größeres Wachstum lässt sie eher verhungern, wenn die Nahrung knapp wird. Weil das körperliche Aufrüsten auf Kosten anderer Lebenserhaltungssysteme geht wie des Immunsystems, sind Männchen anfälliger für Stress und Krankheiten. Testosteron, das die Wachstumsprozesse pusht, schwächt die Immunkompetenz eines Körpers.

Aber das ist nicht alles: Männchen gehen größere Risiken ein, um ihre Rivalen zu bekämpfen. Angesichts der Knappheit empfängnisbereiter Weibchen laufen sie ansonsten Gefahr, leer auszugehen. Gerade für die attraktivsten oder stärksten männlichen Individuen gilt nämlich: Mehr Kopulationen mit mehr Weibchen bedeuten mehr Befruchtungen und damit mehr Fitness. Die Varianz im Fortpflanzungserfolg unter den Männchen ist teils enorm: Während einige von ihnen sehr viele Nachkommen zeugen, gehen viele leer aus. Bei den Weibchen dagegen ist es so, dass sich so gut wie alle reproduzieren. Diese Beobachtung wird als «Bateman-Prinzip» bezeichnet: Zwar können auch Weibchen von zusätzlichen Kopulationen mit verschiedenen Männchen profitieren, indem diese dafür sorgen, dass die Überlebenschancen ihrer Nachkommen steigen (gleich mehr dazu),[5] die grundlegende Asymmetrie in der Anzahl der Nachkommen jedoch, die jedes Geschlecht hervorbringen kann, ist unbestritten.[6]

Auch wenn Menschen nicht ganz in diesen Kontext passen, weil Männer durchaus in den Nachwuchs investieren, gilt das Bateman-Prinzip auch für sie, weshalb wir die unterschiedlichen Reproduktionschancen an ihrem Beispiel illustrieren möchten: Für Frauen liegt die Zahl der Kinder im hohen einstelligen, allenfalls im niedrigen zweistelligen Bereich; das überlieferte Maximum an Kindern einer Frau liegt bei 32. Das sind Zahlen, die von einzelnen Männern insbesondere in patriarchalen Zeiten leicht übertroffen werden; die Anthropologin Laura Betzig hat gezeigt, dass Herrscher durchaus Kinder im dreistelligen Bereich in die Welt setzten. Moulay Ismail (1646–1727), Sultan von Marokko, genannt «der Blutdürstige», soll sagenhafte 888 Kinder gezeugt haben.[7] Da das doch sehr nach Mythos klingt, haben Wissenschaftler nachgerechnet, ob solch eine Zahl überhaupt theoretisch möglich sei (schließlich führt nicht jeder Geschlechtsverkehr zu einer Befruchtung), und konnten zumindest die Möglichkeit bestätigen.[8]

Die Kosten der Konkurrenz auf männlicher Seite sind hoch. Bei vielen nichtmonogamen Arten kommen Männchen häufig im Kampf um Weibchen ums Leben. Männchen unterliegen durch die sexuelle Selektion einem höheren Sterberisiko. Auch das liegt in der evolutionären Logik: Wenn die einzige Chance, Nachwuchs zu zeugen, darin besteht, die Rivalen zu schlagen, gilt es, möglichst groß und stark zu werden, auch wenn damit die Gefahr verbunden ist, jung zu sterben. Je intensiver der Wettbewerb der Männchen, desto kürzer leben sie im Vergleich zu den Weibchen.[9]

Die Theorie der sexuellen Selektion hat gezeigt, dass die Art und Weise, wie die Nachkommen gepflegt werden – auch die innere Befruchtung inklusive Schwangerschaft ist eine Form der Pflege –, dramatische Folgen für das soziale Leben hat. Wir müssen diese Idee sehr ernst nehmen. Sie liefert die einzige plausible Erklärung dafür, warum die Männchen bei vielen Säugetieren, einschließlich praktisch aller großen Tiere und unserer eigenen Spezies, stärker und risikobereiter sind. Ob uns das gefällt oder nicht: Diese Dynamik, auf die wir alle gut verzichten könnten, haben wir geerbt; sie determiniert uns nicht, und sie entschuldigt auch nichts; aber sie ist eine evolutionäre Altlast, derer wir uns bewusst sein sollten, um die Geschlechterverhältnisse zu verstehen.

Konflikt: Sexuelle Selektion zum Zweiten

Nachdem Charles Darwin diese beiden Arten der sexuellen Selektion (Partnerwahl und Wettbewerb um den Zugang zum anderen Geschlecht) identifiziert hatte, hörte er auf, weiter an der Idee zu arbeiten. Für die meisten seiner Zeitgenossen war er schon viel zu weit gegangen. Die sexuelle Selektion, insbesondere die Partnerwahl, wurde auch in der Folge selbst von Biologen nicht sehr ernst genommen – sicher war daran auch der patriarchale Zeitgeist schuld, der dem weiblichen Geschlecht keine aktive Rolle zugestehen wollte. So blieb die Theorie weitgehend ungeprüft; bis sie Anfang der 1970er Jahre wiederbelebt wurde.

Aber es fehlte noch etwas. Die männliche und die weibliche Fortpflanzungsstrategie harmonieren eher selten miteinander. Zum Beispiel schränken jene Optionen, welche die Männchen im Paarungsspiel erfolgreicher machen, die Optionen der Weibchen ein:

Diesen werden dadurch andere, möglicherweise bessere Partner vorenthalten, und sie müssen dadurch eventuell weniger lebensfähigen Nachwuchs austragen. Und selbst wenn Weibchen die volle Freiheit haben, einen Partner auszuwählen, liegt es immer noch im Interesse des erwählten Männchens, mehr Nachwuchs zu produzieren, als für das langfristige Überleben des Weibchens gut ist, und sie zudem daran zu hindern, sich mit anderen Männchen zu paaren. Diese widerstrebenden Interessen werden als sexueller Konflikt bezeichnet, der heute als dritte Komponente der sexuellen Selektion gilt. Er ist zu einem wichtigen Forschungsfeld geworden.[10]

Es mag kurios klingen, aber sexuelle Konflikte äußern sich fast überall in Gestalt eines chemischen Krieges, und zwar zwischen der Samenflüssigkeit der Männchen und dem Milieu in Vagina und Gebärmutter der Weibchen. Bei Fruchtfliegen haben Forscher 149 Samenflüssigkeitsproteine identifiziert, die in dieser Hinsicht eine Funktion haben; sie verringern die Bereitschaft eines Weibchens, nachfolgende Männchen zu akzeptieren, oder führen zur verstärkten Investition in die gerade befruchteten Eier.[11] Ähnliche Prozesse sind bei Säugetieren einschließlich der Menschen zu vermuten. Weil die Selektion auf der anderen Seite weibliche Gegenmaßnahmen fördert, kommt es im Endeffekt zu einem gewissen Gleichgewicht, bei dem beide Geschlechter in Maßnahmen investieren, die ihnen aber bestenfalls einen leichten Vorteil zu hohen Kosten verschaffen. Das ist die Logik der Natur.

Die einzige Situation, in der es praktisch keine sexuellen Konflikte zwischen den Geschlechtern gibt, ist lebenslange Monogamie. Erst dann sind die reproduktiven Interessen beider Geschlechter völlig miteinander verflochten. Tatsächlich zeigte ein Experiment, bei dem Fruchtfliegen über fünfzig Generationen hinweg in eine strenge Monogamie gezwungen wurden, dass viele Aspekte der chemischen Kriegsführung, die ansonsten für ihren sexuellen Konflikt charakteristisch waren, allmählich verschwanden.[12] Die wenigen Vögel und noch wenigeren Säugetiere, die ein ganzes Leben lang streng monogam leben, kommen diesem konfliktfreien Endpunkt am nächsten. Der Sexualdimorphismus verschwindet: Die Geschlechter sehen sich oft so ähnlich, dass man sie fast nicht unterscheiden kann; auch gibt es kaum noch einen Unterschied in der Lebenserwartung.

Sexuelle Konflikte sind leicht zu erkennen, wo sie sich im Verhalten äußern. Als sexueller Zwang definiert die Biologie eine Situation, in der die Männchen die Weibchen zwingen, sich mit ihnen zu paaren – was auf Kosten der weiblichen Interessen geht. Bei Vögeln können die Weibchen ihre Partner im Allgemeinen frei wählen. Bei Säugern sehen wir das Gegenteil: Männchen investieren eher in die Ausbildung von Waffen, mit denen sie die sexuellen Präferenzen der Weibchen effektiv einschränken können. Sexueller Zwang nimmt überhand, wenn die Männchen viel größer als die Weibchen sind, diese leicht ergreifen können oder es den Weibchen an Verbündeten fehlt, die sie beschützen.

Bei den Primaten, insbesondere bei Altweltaffen, zu denen auch der *Homo sapiens* gehört, sind die Grundvoraussetzungen für sexuellen Zwang gegeben. Die Männchen in dieser Linie sind im Verhältnis zu den Weibchen deutlich größer und betreiben bei manchen Arten exzessives «Mate Guarding», das heißt, sie bewachen die Weibchen so vehement, dass sie ihnen mitunter Verletzungen zufügen. Wo Weibchen nicht in zusammenhängenden Gruppen leben, erzwingen die Männchen manchmal Paarungen.[13]

Menschenaffenweibchen sind oft allein unterwegs, was sie besonders verletzlich macht. Männliche Schimpansen greifen regelmäßig Weibchen an, selbst wenn diese nicht fruchtbar sind. Genau diese Männchen sind auch diejenigen, die sich am häufigsten paaren, wenn die Weibchen ihre sexuellen Schwellungen haben und potenziell fruchtbar sind.[14] Männliche Orang-Utans versuchen sich mitunter mit widerwilligen Weibchen zu paaren und greifen bei diesen Versuchen auf Gewalt zurück.[15] Weibliche Gorillas entkommen Übergriffen dadurch, dass sie sich an das dominante Silberrücken-Männchen der Gruppe halten, während weibliche Bonobos der Gewalt starke Allianzen mit anderen Weibchen entgegensetzen.

Auch sind sie über so lange Zeiträume hinweg sexuell aktiv, dass die Männchen sie nicht mehr effektiv monopolisieren können.

Das Bonobo-Beispiel veranschaulicht eine weitere Eigenart der Primaten. Bei vielen Arten – aber wiederum besonders bei den Altweltaffen – haben die Weibchen zu allen möglichen Zeitpunkten Sex, also auch dann, wenn eine Befruchtung eigentlich ausgeschlossen ist: während der Schwangerschaft, des Stillens und innerhalb des Zyklus, wenn sie nicht in der Nähe des Eisprungs sind. Häufig ist zudem dessen Zeitpunkt, die Ovulation, auch noch verborgen, wird also nicht körperlich signalisiert.

Dahinter verbirgt sich ein zweiter Grund: Solch strategisch eingesetzter Sex verringert das Risiko, dass ein Männchen, das nicht der Vater ihres Babys ist, dieses tötet.[16] Bei Primaten können Weibchen erst viele Monate nach einer Geburt wieder schwanger werden, im Gegensatz zum normalen Muster bei Säugern, wo die Weibchen sich direkt nach der Geburt wieder verpaaren und schwanger werden, obwohl sie gerade stillen. Diese Verlangsamung der Reproduktion bei Primaten eröffnet Männchen die Möglichkeit, ihren Reproduktionserfolg zu verbessern, indem sie ein noch abhängiges Baby töten, von dem sie sicher sein können, es nicht selbst gezeugt zu haben. Dann wird die Mutter schneller wieder empfängnisbereit, und der Kindermörder erhält seine Chance.

Das grausame Phänomen Infantizid lässt sich bei sehr vielen Primatenarten beobachten und findet sich auch bei anderen Tierarten mit langsamer Fortpflanzung. Ein Löwe, der ein Rudel übernimmt, tötet die Jungen seines Vorgängers und kann danach die Weibchen schneller wieder befruchten. Zum Glück tritt Infantizid bei Primaten eher selten auf, weil die Selektion viele Gegenmaßnahmen förderte. Und zu diesen gehört, dass sich Weibchen mit vielen Männchen paaren, um zu verhindern, dass diese ihren Nachwuchs umbringen – sie könnten ja der Vater sein.[17]

Die verschiedenen Strategien der Weibchen sind recht effektiv und stellen in gewisser Weise ihre Freiheit wieder her. Aber auch sie haben Kosten, ist doch etwa die Konsequenz eines verborgenen

Eisprungs, dass sie sich ständiger männlicher Aufmerksamkeit ausgesetzt sehen. Auch führt die Strategie der Weibchen, sich mit mehreren Männchen zu paaren, zu Konflikten mit dem ranghöchsten Männchen der Gruppe, das darauf aus ist, ihre Sexualität zu kontrollieren.[18] Die größten Schwierigkeiten bereiten den Weibchen also nicht, wie man erwarten könnte, die schwächeren Männchen, die Gefahr laufen, im Konkurrenzkampf auf der Strecke zu bleiben, und derer sie sich erwehren müssten, wenn es ihnen nur um «gute Gene» ginge. Das Problem ist der Gruppen-Bully.

Bei einigen Primatenarten gewinnen die Weibchen diesen Konflikt dadurch, dass sie sich weigern, sich mit dem Bully zu paaren, und anderen zuwenden. Bei den Altweltaffen allerdings musste die Selektion die Weibchen mit einer Reihe weiterer Taktiken ausstatten, jede aber mit gewissen Kosten verbunden. Die Menstruationszyklen in dieser Linie entwickelten eine lange follikuläre Phase – die Phase des Heranreifens der Eizelle bis zum Eisprung –, und der Zeitpunkt des Eisprungs wurde unvorhersehbar oder sogar verborgen. Dies bedeutet, dass die weiblichen Affen längere Perioden sexueller Aktivität ausüben können, in denen nicht klar ist, wann die Befruchtung stattfindet. Das macht es den Männchen unmöglich, wirksame Gegenmaßnahmen zu entwickeln. In vielen Spezies haben die Weibchen sogar mehrere Menstruationszyklen für jede Empfängnis (normalerweise klappt es in dem ersten Zyklus nach dem Abstillen ihrer Jungen) und paaren sich auch noch während eines Großteils der Schwangerschaft – eine Aktivität, die man als «nicht funktional» bezeichnen würde hinsichtlich der primären Funktion des Sex, nämlich der Befruchtung.

Um es mit Sarah Hrdy auf den Punkt zu bringen: «Darwin hatte angenommen, dass Weibchen ‹keusch› seien und sich für das eine, beste Männchen aufsparten.» Er hätte kaum verkehrter liegen können! «Für jedes Kind, das ein Schimpansenweibchen zur Welt bringt, paart es sich im Durchschnitt 139-mal mit etwa 13 verschiedenen Männchen. Auch Bonoboweibchen paaren sich viel häufiger, als für eine Befruchtung nötig wäre, und dasselbe Phänomen finden wir bei anderen Primaten.» Es ist sogar so, dass bei Arten, wo die Weibchen nicht allzu streng überwacht werden, sie sich, wenn möglich, auch noch mit Männchen aus Nachbargruppen einlassen – um sicherzugehen, dass diese keine Gefahr darstellen, falls diese später in ihre Gruppe einwandern. Deshalb sei es auch fraglich, ob der abwertend klingende Begriff «promiskuitiv» der richtige für dieses Verhalten sei. Aus der Perspektive eines Weibchens, so Hrdy, «lässt sich dessen Verhalten besser als das einer ‹gewissenhaften Mutter› verstehen. Denn genau darum handelt es sich: um eine Mutter, die tut, was sie kann, um das Überleben ihres Kindes sicherzustellen.»[19]

Das Ausmaß, in dem die Selektion diese durchaus kostspieligen Gegenmaßnahmen installiert hat, damit die Weibchen im Informationswettkampf mit den Männchen die Nase vorn behalten, hängt von der Gefahr des Infantizids und dem Ausmaß ab, in dem die Männchen die Wahlmöglichkeiten der Weibchen einschränken können. Bei Arten, in denen die Männchen sehr aggressiv sind, wie Makaken, Pavianen oder Schimpansen, ist bei Weibchen in der Regel das gesamte Spektrum an Gegenstrategien zu finden. Da die Gefahr des Infantizids auch bei unseren Vorfahren bestand, werden wir auf einige dieser Gegenmaßnahmen stoßen, sobald wir über die menschliche Sexualität sprechen.[20]

Der Evolution ist das Geschlecht egal

Die Theorie der sexuellen Selektion entstand in der alles andere als frauenfreundlichen viktorianischen Ära, und Darwin selbst, der sonst so aufmerksam beobachtete, fiel dem zeitgenössischen Denken zum Opfer, als er aufgrund seiner Analyse der sexuellen Selektion behauptete, dass hierdurch «schließlich der Mann dem Weibe überlegen worden» sei.[21] Dennoch ist die sexuelle Selektion heute fest als ein grundlegender biologischer Prozess etabliert, der überall in der Natur zu finden ist. Tatsächlich haben feministische Forscherinnen wichtige Beiträge dazu geleistet, die Theorie der sexuellen Selektion in ihrem Ansatz ausgewogener zu gestalten, insbesondere wenn es um sexuelle Konflikte geht.[22]

Die Stichhaltigkeit der modernen Theorie zeigt sich insbesondere darin, dass der Prozess grundsätzlich nichts mit dem Geschlecht an sich zu tun hat. Er entspringt schlicht aus der Logik unterschiedlicher Investitionen in den Nachwuchs. Das verdeutlichen Arten mit vertauschten Geschlechterrollen: Bei einigen Vogelarten sind die Weibchen farbiger und konkurrieren gewaltvoll um die Männchen, weil diese es sind, welche die Eier ausbrüten und sich um die geschlüpften Jungen kümmern. Und bei den Seepferdchen sind die Weibchen größer, versorgen doch die Männchen den Nachwuchs in einer Brusttasche.[23] Bei Mormonengrillen schließlich präsentiert das Männchen dem Weibchen eine Art Hochzeitsgeschenk, eine Kapsel, die nicht nur Sperma enthält, sondern auch eine nahrhafte Mahlzeit. Entsprechend bevorzugen Weibchen die Männchen mit den größten Kapseln. Infolgedessen sind diese Kapseln so groß geworden, dass das Männchen länger braucht, sie zu fabrizieren, als das Weibchen für seine Eier. Das wiederum lässt die weiblichen Grillen größer und wettbewerbsfähiger werden, konkurrieren sie doch nun um die Männchen, und die Männchen werden wählerisch, weil sie die fruchtbarsten Weibchen bevorzugen.[24] Um es deutlich zu sagen: Wir haben es also nicht mit männlichen oder weiblichen Wesenszügen zu tun, sondern mit Interessenkonflikten, die aus den unterschiedlichen Investitionen im Reproduktionsgeschäft resultieren. Die Evolution ist nicht sexistisch, sie ist fürchterlich ökonomiefixiert.

Sexuelle Selektion beim Menschen

Nun möchten wir einen Blick darauf werfen, wie sich die verschiedenen Prozesse der sexuellen Selektion in unserer Art, dem *Homo sapiens*, ausgewirkt haben. Der erste Befund ist relativ deutlich: Im

Durchschnitt sind Männer in jeder menschlichen Population, in der das untersucht wurde, größer und stärker.[25] Ein durchschnittlicher Mann ist etwa 7 Prozent größer und wiegt rund 20 Prozent mehr als eine durchschnittliche Frau. Betrachtet man nur das fettfreie Gewicht, so beträgt der Unterschied in der Körpermasse sogar über 40 Prozent und kommt dem an Muskelmasse gleich.[26] Diese Werte sind vergleichbar mit denen von Schimpansen.[27] Männer haben sogar noch etwas längere Eckzähne als Frauen, obwohl diese beim Menschen viel kleiner sind als bei anderen Menschenaffen und nicht länger im Kampf eingesetzt werden.

Obwohl Waffen also fehlen, sehen wir klare Evidenz dafür, dass die sexuelle Selektion in unserer Evolutionsgeschichte am Werk war. Ebenso zeigt der Befund, dass wir Menschen keine monogame Vergangenheit haben (mehr im nächsten Kapitel). Das führt zur Vorhersage, dass Männer im Allgemeinen jünger sterben und anfälliger für Krankheiten und Stress sind als Frauen. Und das ist tatsächlich der Fall in allen menschlichen Populationen, egal ob in Zeiten des Überflusses oder von Hungersnöten, Freiheit oder Sklaverei.[28] Frauen sind das robustere Geschlecht!

Männern fehlt es auch an natürlichen Ornamenten, was keine große Überraschung sein sollte, weil das für Primaten im Allgemeinen gilt. Obwohl einige männliche Affen farbenprächtige Gesichter haben – erinnert sei an das rot-blaue Antlitz männlicher Mandrille –, werden diese Ornamente von Waffen wie langen, messerscharfen Eckzähnen begleitet. Sie sollen eher die Aufmerksamkeit männlicher Rivalen auf sich ziehen als von möglichen Paarungspartnerinnen. Die aktuelle Forschungsmeinung geht davon aus, dass sich solche Signale bei Arten entwickeln, wo sich die Männchen wegen der großen Populationen und der hohen Migrationsraten zu wenig kennen, um die Kampfkraft einschätzen zu können. Die sollen die Ornamente visualisieren.

Aber das war nicht unsere Art zu leben. Als die Menschen jedoch nicht mehr in überschaubaren Jäger-und-Sammler-Gruppen herumzogen, in denen jeder jeden kannte, sondern man nach dem

Sesshaftwerden in großen Gesellschaften lebte, setzten die Menschenmänner ebenfalls auf die Strategie Ornamentierung, wenn auch rein kulturell: Prächtiger Kriegsschmuck, glänzende Rüstungen, ordengeschmückte Uniformen sollten Konkurrenten imponieren. Wir sehen nicht nur, wie ähnliche ökologische oder soziale Bedingungen zu ähnlichen Phänomenen führen, sondern wie die Kultur beim Menschen schnell passende Strategien produziert.

Bleiben wir kurz bei den kulturellen Ornamenten. Wie bei den Tieren handelt es sich um kostspielige Signale («Costly Signals»), welche die Fitness ihres Trägers repräsentieren sollen. Es gibt sie bei uns aber in zwei Formen. Die ersten sind Signale des Könnens, sie kommen den biologischen Ornamenten am nächsten. Trägt ein Mann die Federn eines seltenen Vogels, zeigt er, was für ein geschickter Jäger er ist. Wenn er sich mit Bärenkrallen schmückt, signalisiert das Kraft und Mut. Besitzt er jene rituellen Narben, die nur diejenigen tragen dürfen, die Feinde getötet haben, zeichnet ihn das als Krieger aus, der zum Letzten bereit ist. Das sind echte Zeichen von Fähigkeiten, und sie sind in größeren Gesellschaften nützlich, in denen nicht jeder jeden kennt. So beeindruckt ein Mann alle, die ihn sehen, ob Männer oder Frauen (diese hatten schon immer eine Präferenz für gute Jäger).[29] Je komplexer und anonymer Gesellschaften werden, umso größer der Bedarf für kulturelle Ornamente.

Die zweite Form der kulturellen Ornamentierung ist jüngeren Datums: Bei ihr geht es nicht mehr um persönliche Qualitäten wie Kraft oder Wagemut, sondern um Reichtum. Jetzt werden teure Objekte als Ornamente eingesetzt: Gold, Edelsteine, Elfenbeinschnitzereien – Statusobjekte eben. Angefangen hat es mit exotischen Muscheln, importierten Obsidianklingen, später auch kunstvoll gearbeiteten Beilen aus Jadeit. Sie signalisieren die Macht, die der Reichtum ihrem Träger gewährt, weil dieser ihm ermöglicht, Loyalität zu erkaufen (Signal an die Männer) und seine Familie im Überfluss versorgen zu können (Signal an die Frauen). Heute erledigt der Porsche das.

Letzten Endes ist in all diesen Fällen die Absicht dieselbe wie schon bei den Mandrillen: Die Costly Signals sorgen dafür, dass der Träger dieser Ornamente nicht jedem Mann und jeder Frau seine Qualitäten aufs Neue beweisen muss. Gerade jene Reichtum repräsentierenden Ornamente erlebten aber erst dann ihre volle Blüte, als die Zeiten schon so patriarchal verfasst waren, dass die Wahlmöglichkeiten der Frauen begrenzt sind – was die Vermutung nahelegt, dass dieses kulturelle Bling-Bling vor allem an männliche Rivalen seine nicht gerade subtile Botschaft senden soll.

Männer haben also allenfalls eher dezent ausgeprägte sexuell selektierte körperliche Ornamente. Doch wie steht es um das, was heute als typische Marker von Maskulinität gilt: markantes Kinn, athletischer Körperbau, knackiger Po? Diese könnten eher Resultate des Kampfs um Dominanz unter den Männern und deshalb ein Zeichen der Kampfkraft sein. Und wie ist es mit Bärten? Kein Ornament? Spannende Frage: Bärte sind beim Menschen nicht universell, was darauf hindeutet, dass sie sich erst spät entwickelt haben – womöglich um das biologische Geschlecht in Klimazonen anzuzeigen, in denen schwere Kleidung es verbarg.

Anders die Frauen: Sie besitzen markante Ornamente in Gestalt von Brüsten und Gesäß.[30] Aus evolutionsbiologischer Perspektive besitzt das Erklärungsbedarf. Denn das ist ein deutlicher Hinweis darauf, dass beim *Homo sapiens* eben nicht nur Frauen, sondern auch Männer wählerisch sind – im Gegensatz zu unserer Primatenverwandtschaft.

Widmen wir uns also zunächst der unteren Rückenregion. Bei vielen Primaten signalisieren die Weibchen den bevorstehenden Eisprung (zumindest ungefähr) durch markante Schwellungen oder Färbungen sowie durch auffälliges Verhalten, wie das Schnalzen der Zunge in Richtung der Männchen oder das Präsentieren des Hinterteils. Damit geben sie den Männchen den Hinweis, dass sich jetzt die Paarung lohnen könnte. Auch die Weibchen unserer engsten Menschenaffenverwandten, Schimpansen und Bonobos, zeigen Genitalschwellungen als Aufforderung an die Männchen. Streng genommen handelt es sich dabei aber um keine Ornamente. Sie kommen und gehen und signalisieren eher aktuelle Fruchtbarkeit denn langfristige Gesundheit oder reproduktive Qualität.[31]

Frauen hingegen haben im Vergleich zu weiblichen Menschenaffen einen ausgeprägten Po, und dessen Größe ist unabhängig von der Aktivität der Eierstöcke immer etwa gleich. Breite Hüften bilden sich mit der Geschlechtsreife aus. Es handelt sich also um biologische Signale und nicht um Lifestyle-Entscheidungen, die unter dem Einfluss der Kultur getroffen werden (diese kann das aber verstärken). Sie lassen die Sanduhr-Silhouette entstehen, die Männer ansprechend finden. Neuere Forschungen legen eine breite kulturelle Überschneidung in dieser Präferenz nahe.[32] Die Chancen stehen also gut, dass wir es mit einer biologischen Funktion zu tun haben. Tatsächlich bevorzugen selbst blind geborene Männer Frauenkörper von sanduhrförmiger Gestalt (sie durften Puppen ertasten),[33] und je geringer das Verhältnis von Taille zur Hüfte ist, desto wahrscheinlicher wird eine Frau schwanger (das zeigen zumindest Daten aus Reproduktionskliniken), was ein weiterer Beleg zu sein scheint, dass eine solche Figur für die Fruchtbarkeit ihrer Besitzerin wirbt.[34]

Ähnliches gilt für die Brüste. Bei weiblichen Affen sind diese eher unauffällig ausgeprägt, am stärksten während der Stillzeit, also zu dem Zeitpunkt, an dem eine Empfängnis am unwahrscheinlichsten ist. Bei Menschenfrauen hingegen wachsen sie während der Pubertät als Reaktion auf zirkulierende Östrogene und bleiben danach dauerhaft präsent – und nicht nur, wenn ihre Trägerin stillt (obwohl sie in dieser Zeit stärker ausgeprägt sind). Sie signalisieren damit eher das Potenzial zur Laktation als die tatsächliche Milchproduktion. Einige Forschungsarbeiten deuten darauf hin, dass unter knappen Nahrungsbedingungen die Brustgröße erwachsener Frauen durch den Östrogenspiegel im Menstruationszyklus beeinflusst wird – was dafür spricht, dass Brüste Fruchtbarkeit anzeigen. Das wiederum bestätigt die These, dass sie die Funktion von Ornamenten haben.[35] Es sollte jedoch darauf hingewiesen werden, dass die Brustgröße einer Frau unter heutigen Ernährungsbedingungen wenig mit ihrer Fähigkeit zu tun hat, einen Säugling mit Milch zu versorgen.

Mit anderen Worten: Brüste und breite Hüften im Verhältnis zur Taille entwickelten sich als Indikatoren des weiblichen Reproduktionspotenzials, Ornamente im biologischen Sinn eben. Das erklärt die männliche Faszination für diese Bereiche der weiblichen Anatomie – und das eher stiefmütterliche Dasein, das Ohren, Nasen oder Ellenbogen beschieden ist. Es macht auch Maßnahmen verständlich, die Wirkung dieser Ornamente kulturell zu verstärken – durch Mode, aber auch Korsetts, BHs, hohe Absätze, oder neuerdings auch plastische Chirurgie.

Da wir der Thematik bereits in Gestalt der Tirade Tertullians gegen die weibliche «Putz- und Schminksucht» begegnet sind und der Vorwurf der Eitelkeit einer der beständigsten in Sachen Eva sein wird, aber auch feministische Kreise zuweilen diskutieren, ob Lippenstift legitim sei: Das, was wir hier «kulturelle Ornamentierung» der Frauen nennen, liegt seit jeher im weiblichen Eigeninteresse. Bei deren Verbot handelt es sich um ein typisches Phänomen patriarchaler Herrschaft, der es um die Kontrolle weiblicher Sexualität geht. Das Ziel ist, zu verhindern, dass Frauen auch auf andere Männer attraktiv wirken und dadurch, wie wir noch sehen werden, Macht gewinnen. Die Femme fatale wird eines der Schreckgespenster der Patrix sein.

Aber warum haben sich diese anatomischen Merkmale bei Menschenfrauen entwickelt, während andere Menschenaffen bestens ohne sie auskamen? Die Antwort ist uns im Ansatz bereits begegnet: Während Menschenaffenweibchen alleinerziehende Mütter sind, benötigen menschliche Mütter Hilfe bei der Aufzucht ihrer Kinder, insbesondere wenn sie mehrere Kinder unterschiedlichen Alters versorgen. Ein großer Teil dieser Hilfe kommt von den Vätern: Ungewöhnlich für Säugetiere und für die meisten Primaten, engagieren sich menschliche Väter für ihre Kinder – und die richtige Partnerin kann einen Mann viel erfolgreicher in der Fortpflanzung machen (was natürlich umgekehrt genauso gilt). Entsprechend stehen auch Menschenmänner, um an den Anfang des Kapitels anzuknüpfen, nicht die ganze Zeit dem Paarungsmarkt zur Verfügung. Und auch sie müssen genau darauf achten, mit wem sie sich einlassen.

Dass auch Männchen wählerisch sind – einer der neueren Zweige der Theorie der sexuellen Selektion bei Tieren –, gilt also ebenso für den Menschen. Das erklärt, warum die Selektion das Vorhandensein von Indikatoren für die langfristige Fruchtbarkeit bei Frauen begünstigte – echte Ornamente – und nicht nur Signale eines bevorstehenden Eisprungs wie bei anderen Primaten. Männer sind wählerisch! Natürlich bleiben die Frauen es auch. Gute Väter sind wertvoll.

Sexuelle Konflikte: Frau versus Mann

Damit stellt sich als Nächstes die Frage, wie es mit sexuellen Konflikten beim *Homo sapiens* aussieht. Der typische Konflikt um die Befruchtung tritt bei unzähligen Säugetierarten auf. Man könnte nun annehmen, dass die Paarbindung in unserer Spezies diesen Konflikt verringern konnte: Wenn tendenziell jede Frau einen Mann hat und vice versa, sollten doch alle zufrieden sein. Trotzdem bleibt die Konkurrenz bestehen, auch wenn sie weniger offensichtlich sein mag. Die menschliche Sexualität besitzt eben für beide Geschlechter durchaus eine gewisse Tendenz in Richtung Promiskuität. Ein Mann kann also nicht einfach davon ausgehen, dass er das nächste Kind seiner Frau zeugt.

In extremen Fällen führt das zu Gewalt: Die größte Gefahr für Vergewaltigung stellen nicht Fremde dar, sondern die Partner. Im Englischen spricht man von «Intimate Partner Violence», Gewalt in der Partnerschaft.[36] Bei dieser Form der Unterdrückung geht es nicht nur um Sex, sondern ebenso, mitunter sogar noch mehr, um Kontrolle und Macht. Die Biologie will das in keiner Weise naturalisieren: Menschen sind keine Sklaven ihrer Natur (selbst Männer nicht). Es geht allein darum, die Zusammenhänge zu erkennen, um solche Gewalt so effektiv wie möglich zu unterbinden.

Der Konflikt um die Befruchtung entsteht mitunter schon, wenn die Beziehung gerade erst beginnt. Wie er ausgetragen wird, hängt von zwei Elementen ab: der geschlechtsspezifischen Motivationsdifferenz und der Größe des Machtgefälles. In beiden Fällen spielen kulturelle, also gesellschaftliche Faktoren eine bedeutende Rolle. Die größere männliche Motivation geht im Allgemeinen auf das bereits behandelte Bateman-Prinzip zurück, das besagt, dass Männer mehr von der Paarung mit zusätzlichen Partnern profitieren als Frauen und die Selektion sie daher mit einer höheren Libido ausgestattet hat. Dieser Unterschied lässt sich leicht nachweisen: Befragen Sie eine Gruppe junger Männer und Frauen, in welcher Phase des Kennenlernens sie bereit wären, mit ihrem Partner intim zu werden. Generell werden Männer einen früheren Zeitpunkt nennen als Frauen. Sicher variiert das von Kultur zu Kultur, und es mag Orte geben, an denen der Unterschied recht gering ist, schließlich üben soziale Normen und spezifische Rollenerwartungen einen großen Einfluss aus.[37] Aber die Kultur wird nie so weit gehen, dass sich der Befund in sein Gegenteil verkehrt und Frauen generell schneller zum Sex bereit wären als Männer.

Auf jeden Fall gibt es hier eine Diskrepanz. Ob sie zur Konfliktzone zwischen Frauen und Männern wird, ob im schlimmsten Fall sogar Gewalt ins Spiel kommt, hängt davon ab, ob eine gesellschaftliche Ungleichheit zwischen Frauen und Männern vorhanden ist – und damit sind wir wieder bei der Kultur. Wo Frauen nein sagen können, wird der Konflikt im Keim erstickt. Wo dies aber nicht möglich ist – oder eine patriarchale Kultur herrscht, in der ein Nein nicht ernst genommen wird –, kann es im Extremfall zur Vergewaltigung kommen.

Vergewaltigung durch Fremde dagegen sind evolutionär betrachtet eher jüngeren Datums. In jenen langen Zeiten, als wir als Jäger und Sammler auf der Suche nach Nahrung waren, trafen wir nur selten auf echte Fremde. Erst das Sesshaftwerden, die Erfindung der Landwirtschaft und das daraus resultierende Auftauchen von anonymen Großgesellschaften, Krieg und einem radikalen Machtgefälle zwischen Männern und Frauen sollten den traurigen Rahmen dafür geben.

Es gibt noch einen zweiten Kontext, in dem sexueller Zwang auftauchen kann: Wenn es darum geht, sicherzustellen, dass die Kinder, für die ein Mann sorgt, seine eigenen sind und nicht die eines anderen. Deshalb versuchen Männer die sexuelle Aktivität der Frauen zu kontrollieren. Es ist ja nicht nur so, dass väterliche Sorge das Wohlergehen des Nachwuchses und damit beider zukünftige Fitness stark beeinflusst. Ein Mann, der sich um Kinder kümmert, kann sich zudem kaum um Sex mit anderen Frauen bemühen. Bringt er sich also voll in die Betreuung ein, will er so sicher wie möglich sein, dass sich sein Engagement für ihn auch lohnt. Dafür sorgt eine starke Emotion: Eifersucht.

Natürlich verschont Eifersucht auch Frauen nicht. Schließlich ist ihre Fitness genauso in Gefahr, wenn ihr Partner sie in der Kinderbetreuung im Stich lässt. Frauen sorgen sich jedoch mehr darüber, dass ihre Männer ihnen emotional untreu werden; während Männer eher die sexuelle Untreue ihrer Frauen fürchten. Dieser oft replizierte Unterschied ist biologisch sinnvoll.[38] Die Fitness der Frau und ihrer Kinder hängt von der Investition des Mannes ab, die eng mit seiner emotionalen Bindung an sie verknüpft ist, während die Fitness des Mannes davon abhängt, ob er der biologische Vater der Kinder ist, für die er sorgt.

Dies alles ist nicht einzigartig – schließlich kommt die Kombination von Monogamie und Betreuung des Nachwuchses durch beide Elternteile auch bei vielen Vögeln und einigen Säugetieren vor. Doch bei unserer Spezies leben Paare eingebettet in Gruppen und sind oft getrennt voneinander, was die Wahrscheinlichkeit für Seitensprünge erhöht. Und anders als bei den meisten Arten, bei denen Väter sich an der Jungenaufzucht beteiligen, sind Menschenmänner größer und gewaltbereiter, und so schlagen ihre Versuche, die Sexualität der Frauen zu kontrollieren, eher in Gewalt um. Das soll nicht heißen, dass Frauen nie sexuellen Zwang ausüben oder mit Gewalt versuchen, ihren Mann sexuell auf Linie zu bringen. Doch Männer sind stärker und ohne externe Einschränkungen wie soziale Kontrolle eher geneigt, den Konflikt mit Gewalt zu lösen.

Bei den nomadischen Jägern und Sammlern, wo die Geschlechter oft unabhängig voneinander unterwegs waren, bestand kaum die Möglichkeit, den Bewegungsradius von Frauen einzuschränken. Das sollte sich unter sesshaften Bedingungen ändern – mit potenziell negativen Konsequenzen für Frauen. Diese Entwicklungen werden uns noch beschäftigen. Männliche Vertreter der Spezies *Homo sapiens* besitzen also tendenziell eine Neigung zu sexuellem Zwang, wie weit diese sich aber realisiert, ist eine Frage der spezifischen Kultur und hängt davon ab, wie sehr sich in dieser eine soziale Ungleichheit von Frauen und Männern etabliert hat.

Geschlechtsunterschiede: Von Natur aus anders?

Aus alldem folgt die Annahme, dass die sexuelle Selektion bei jenen Arten einige grundlegende Geschlechtsunterschiede installiert hat, bei denen ein Geschlecht über größere Möglichkeiten verfügt, seine Fitness durch die Paarung mit zusätzlichen Partnern zu erhöhen, als das andere. Die Ergebnisse sind ziemlich eindeutig: Studien an zahlreichen nicht monogamen Arten, darunter auch an unserer engsten Primatenverwandtschaft, unterstützen das Vorhandensein geschlechtsspezifischer Unterschiede.[39] Schon als Babys neigen Männchen dazu, mehr Milch zu trinken, mehr zu weinen, mehr bestraft, aber auch mehr gewiegt zu werden, womöglich weil sie unternehmungslustiger oder schlicht zappeliger sind. Sobald männliche Jungtiere ohne Mutter unterwegs sind, werden sie aggressiver, spielen ausgelassener, sind mehr daran interessiert, mit erwachsenen Männchen als mit erwachsenen Weibchen Zeit zu verbringen, und interessieren sich weit weniger für Babys – und das alles, bevor sie in die Pubertät kommen. Junge Affenmännchen tendieren sogar dazu, der Ernährungsweise ihrer Mütter weniger Aufmerksamkeit zu schenken und stattdessen andere Ernährungsgewohnheiten zu pflegen. Biologisch ist das sinnvoll: Jedes Geschlecht bereitet sich auf seine zukünftige Geschlechtsrolle vor.

Wenn wir unser biologisches Erbe ernst nehmen, sollten wir solche Unterschiede auch bei Menschen erwarten. Als wir noch nomadische Forager waren, müssen die Vorteile in Sachen Reproduktion für Männer eher bescheiden gewesen sein, jedoch selbst unter diesen Bedingungen neigen erfolgreiche Männer dazu, mehr Nachkommen zu haben als Frauen[40] – ein sicheres Zeichen dafür, dass Männer eher auf zusätzliche Paarungsgelegenheiten reagieren als Frauen.

Angesichts unserer evolutionären Geschichte wäre es überraschend, gäbe es keine Spuren von geschlechtsspezifischen Verhaltensunterschieden bei Menschen, unabhängig davon, wie wir versuchen, unsere Kinder aufzuziehen. Dieses Thema hat die Psychologie in der Vergangenheit sehr umgetrieben; dabei konzentrieren sich die Forschungen auf Kleinkinder, um die Effekte des Lernens und damit der Kultur weitgehend zu minimieren. Das Urteil ist deutlich: Geschlechtsunterschiede sind allgegenwärtig.[41] Einige sind bereits bei der Geburt sichtbar: Neugeborene Mädchen lächeln im Durchschnitt etwas mehr und betrachten Gesichter etwas öfter als männliche Babys, während Jungen mehr weinen. Bei Kindern ist es genauso: Mädchen sind körperlich weniger aggressiv, weniger konkurrenzbetont, imaginieren sich weniger Waffen und spielen nicht ganz so ungestüm; sie ziehen die Gesellschaft von Mädchen oder Frauen der von Jungen oder Männern vor, sind weniger besessen von Regeln und Klassifizierungen und im Allgemeinen fürsorglicher, empathischer und sozialer. Vielleicht überrascht es, dass all das lange vor der Pubertät geschieht, was aber bestätigt, dass sich Menschenkinder, genau wie die Jungen anderer nicht streng monogamer Säugetiere, auf ihre zukünftigen Geschlechtsrollen vorbereiten. Dass dies zudem von spezifischen Rollenerwartungen beeinflusst wird, versteht sich von selbst, aber diese sind nicht allein für die Unterschiede verantwortlich. Und natürlich gibt es immer Ausnahmen.

Diese Ergebnisse passen zu den Erwartungen, die aus der Annahme der sexuellen Selektion resultieren. Sie spiegeln aber auch die Wirkung bekannter zu beobachtender Mechanismen wider, die auf der Hormonebene operieren – vorgeburtlich wie in der Pubertät. Wir wollen hier nicht ins Detail gehen, aber die klaren Effekte der Hormone auf Verhalten sowie auf Körpergröße und -zusammensetzung untermauern die Idee, dass es biologische Faktoren gibt, und eben nicht allein kulturelle Einflüsse.[42] Die Schlussfolgerung, dass Jungen in der Regel unabhängiger und risikofreudiger sind, Mädchen unterstützender und sozialer, mag platt klingen, sie wurde indes vielfach und an vielen Orten bestätigt – ein Muster, das man in der Anthropologie als kulturelle Universalie bezeichnet.[43]

Wir sollten diese Geschlechtsunterschiede keinesfalls überbewerten. Die meisten Verhaltensunterschiede sind statistisch gesehen relativ bescheiden. Das heißt, dass es große Überlappungen zwischen den Gruppen gibt, und so kann das Verhalten eines Jungen durchaus näher an dem eines Mädchens liegen als an dem eines anderen Jungen. Aber wir sollten die Unterschiede auch nicht völlig unterschätzen: Ein willkürlich ausgewählter Mann wird zum Beispiel mit höherer Wahrscheinlichkeit anders auf eine Kränkung reagieren als eine willkürlich ausgewählte Frau, und er wird Gewalt eher eskalieren lassen als sie. Oder wie es der Anthropologe Melvin Konner formuliert: «Es gibt nichts im menschlichen Verhalten, das nicht variabel ist. Es gibt sehr gewalttätige Frauen, die andere Frauen oder Männer umbringen.» Trotzdem gelte über alle Zeiten hinweg: «Männer erledigen in jeder Kultur den Hauptteil des Tötens.»[44]

Noch wichtiger womöglich: Diese Unterschiede treten beim Menschen nie in Reinform auf, sie sind immer kulturell eingebettet – und in aller Regel erweist sich die Kultur als mächtiger als die Biologie. Wie wir in der Einleitung formulierten, sind wir ohnehin der Ansicht, dass die Frage nach den Geschlechtsunterschieden durch das Eva-Tabu, also die Vermeidung, sich mit evolutionären Zusammenhängen auseinanderzusetzen, eine solche Brisanz erhielt, die das Thema nicht wirklich verdient hat. Denn die Unterschiede taugen nicht dazu, die soziale Ungleichheit von Frauen und Männern in unserer Zeit herzuleiten, geschweige denn sie zu begründen. Sie geraten nur aufgrund der Unkenntnis der eigentlichen Ungleichheitsfaktoren in Verdacht.

Kulturelle Einflüsse können einen ausgleichenden Einfluss ausüben. Viele Geschlechtsunterschiede, die in dem einen oder anderen Land festgestellt wurden, haben sich als nicht kulturübergreifend stabil erwiesen oder sind im Laufe der Zeit innerhalb eines Landes schwächer geworden. So stellte sich beispielsweise heraus, dass die angeblich besseren räumlichen Gedächtnis- und Orientierungsfähigkeiten der Jungen, die in früheren Arbeiten gefunden wurden, einfach mit den kulturell bedingten unterschiedlichen Möglichkeiten der Geschlechter zusammenhingen, durch die Gegend zu streifen.[45] Nun, da sich im Westen Mädchen genauso frei bewegen können wie Jungen, schmelzen auch die kognitiven Geschlechtsunterschiede hinweg. Ein eindrücklicher Beleg dafür, wie hochgradig plastisch das menschliche Gehirn ist und dass sich die Vorbereitungen auf zukünftige Geschlechterrollen lokalen Bedingungen anpassen. Diese Plastizität ist eine erfolgreiche biologische Strategie, flexibel auf variable Umweltbedingungen zu reagieren.

Oder ist doch alles nur Kultur?

Wir haben gerade darauf hingewiesen, dass die Kultur biologisch verankerte Geschlechtsunterschiede verstärken oder abschwächen kann. Manche behaupten aber, sie könne diese Unterschiede sogar von alleine hervorrufen. Tatsächlich muss man, egal wie schlüssig Hinweise auf Geschlechtsunterschiede auch unter Tieren zu sein scheinen, immer vorsichtig bleiben. Werden die Jungtiere mancher

Arten vielleicht von ihren Eltern zu diesem oder jenem Verhalten angehalten? Auch wenn uns keine Beobachtungen in diesem Sinne bekannt sind, ist selbst bei Tieren schwer auszuschließen, dass Erwachsene das Verhalten von Heranwachsenden jeglichen Geschlechts subtil beeinflussen – ein Prozess, den wir beim Menschen Sozialisation nennen. Einige wenige Studien legen zumindest nahe, dass Affenmütter ihre sozialen Kontakte so organisieren, dass ihre Söhne oder Töchter geeignete gleichgeschlechtliche Gesellschaft finden,[46] obwohl Sozialisation wohl ein zu starkes Wort dafür wäre.

Beim Menschen hingegen sind sozialisierende Effekte überall vorhanden. Und mögen sie auch allgegenwärtig sein, werden sie doch sehr leicht übersehen, nicht zuletzt, weil wir selbst in Stereotypen gefangen und uns dessen viel zu selten bewusst sind. Die meisten psychologischen Studien zum Thema basieren auf Experimenten mit westlichen Kindern oder Studierenden und beziehen keine älteren Erwachsenen ein, keine Menschen, die in kleinen, nichtstaatlichen Gesellschaften leben, oder solche, die in anderen sozialen Arrangements als Kernfamilien aufgewachsen sind. Die Frage bleibt berechtigt, ob das auffällige Muster, das wir sehen, nicht doch vor allem bedeutet, dass die meisten Gesellschaften Jungen in Männerrollen und Mädchen in Frauenrollen drängen. Das hat für die Mehrheit geringe Konsequenzen, wenn die meisten Jungen und Mädchen ohnehin schon die Neigung haben, in diese Richtung zu gehen. Aber es kann einen großen Unterschied machen, wenn die oder der Einzelne eben nicht so geneigt ist.

Das, was wir aus traditionellen Gesellschaften kennen, bestätigt die wichtigsten Schlussfolgerungen, die aus modernen Gesellschaften in Bezug auf den Einfluss von Geschlechtsunterschieden gezogen werden.[47] Um nur ein Beispiel zu geben: Elizabeth Marshall Thomas hat zwei Jahre mit einer Gruppe nomadischer Ju/wasi-Forager in Namibia verbracht, als diese noch an dem festhielten, was sie den «alten Weg» zu leben nannten: «Kinder beiderlei Geschlechts spielten mit Babys, meist mit den kleinen Jungen. Bei den kleinen

Mädchen war die Wahrscheinlichkeit geringer, dass sie ihre Mütter verließen, um mit anderen Kindern zu spielen. Aber sobald sich die kleinen Jungen von ihren Müttern wegbewegen konnten, fanden sie eine Menge älterer Spielkameraden, die bereit waren, sie zu unterhalten. Die Mädchen trugen sie herum und spielten ‹Mutter›, und die Jungen setzten sie auf einen Umhang und zogen diesen durchs Lager, während die Knirpse vor Vergnügen jauchzten.»[48]

Ein geeigneter Vergleichsfall wären matrilineare Gesellschaften, in denen Besitz, aber auch soziale Eigenschaften in der weiblichen Linie vererbt werden. In vielen von diesen gebärden sich Männer kaum machohaft, und Frauen sind nicht unterwürfig, wie es in vielen patriarchalen Gesellschaften der Fall ist. Wir werden uns mit ihnen beschäftigen. Was wir aufgrund fehlender Studien nicht wissen, ist, wann und wie in matrilinearen Gesellschaften Einfluss auf die Geschlechtsidentitäten genommen wird. Manche bleiben indes auch dort bestehen: Männer sind immer noch anfälliger für Gewaltausbrüche, die auf sexueller Eifersucht beruhen, als Frauen.[49]

Wir können also folgern: Die mitunter vertretene Hypothese, das soziale Umfeld eines Kindes sei allein und ausschließlich für die Konstruktion der sexuellen Identität und der Geschlechterrollen verantwortlich, erscheint nicht nur angesichts der langen Geschichte der sexuellen Selektion bei unseren Vorfahren unplausibel. Sie ist es auch angesichts dessen, was wir über die hormonellen Mechanismen der sexuellen Entwicklung wissen. Natur und Erziehung interagieren intensiv, und die Kultur, die immer normativ ist, bringt Menschen dazu, Kindern ihre Verhaltensnormen auf sehr subtile Weise aufzuzwingen, ohne dass sie es überhaupt bemerken. Die Kultur kann biologisch verankerte Geschlechtsunterschiede also maximieren; sie kann sie ebenso minimieren. Was ihr aber allenfalls im Einzelfall gelingt, dass sie Unterschiede etabliert, die den biologischen Veranlagungen entgegenstehen. Und selbst dann wird das nicht über den Rahmen des individuellen Lebens hinausreichen, wenn überhaupt.

Trotzdem: Die Macht der Kultur ist enorm. Warum kamen im

19. Jahrhundert die «großen Wissenschaftler» ihrer Zeit fast alle auf die Idee, die intellektuellen Leistungen der Frauen seien geringer als die der Männer? Charles Darwin haben wir in dieser Hinsicht bereits zweimal zitiert. Für Sigmund Freud war die Frau ein defizitäres Wesen, dem ein Penis fehlte und dessen Psychologie durch die Versuche geprägt sei, diesen Makel zu kompensieren – weshalb die weibliche «Anatomie» den Frauen zum «Schicksal» geworden sei.[50] Und der Soziologe Max Weber spricht ganz en passant über «die normale Überlegenheit der physischen und geistigen Spannkraft des Mannes» gegenüber dem «Weib».[51] Wie konnten sie sich so täuschen? Nun, die Antwort ist so offensichtlich wie aufschlussreich: Wenn Mädchen vom Tag der Geburt an wertvolle Inputs vorenthalten und systematisch von höherer Bildung ausgeschlossen werden, ist es kein Wunder, dass in einer Spezies, in der die Quantität und Qualität des sozialen Inputs die intellektuellen Fähigkeiten entscheidend bestimmen, Frauen geringere Leistungen erbringen. Ein auffälliges Geschlechtergefälle ist dann unvermeidlich. Die «großen Geister» des 19. Jahrhunderts übersahen also die kulturelle Bedingtheit ihrer Wirklichkeit (was nicht gerade für sie spricht). Heute dürfte keiner mehr von ihnen auf solche Ideen kommen.

Oder hatten sie es sich doch zu bequem gemacht in ihrer patriarchalen Weltsicht? Schließlich gab es auch «große Männer», welche die Situation treffend analysierten. John Stuart Mill, einer der Protagonisten des Liberalismus, hatte gemeinsam mit einer «großen Frau», seiner späteren Frau, der Frauenrechtlerin Harriet Taylor Mill, den Essay *Die Hörigkeit der Frau* (1869) geschrieben, der zunächst nur in seinem Namen erscheinen konnte, in dem die Problematik glasklar benannt wird:

> Aufgrund des gesunden Menschenverstandes und indem ich die Beschaffenheit des menschlichen Geistes in Betracht ziehe, leugne ich, dass irgendjemand die Natur der beiden Geschlechter kennen kann, solange dieselben in ihren jetzigen Beziehungen zueinander verharren. Hätte es jemals eine

> Gesellschaft gegeben, die aus lauter Männern, oder umgekehrt eine solche, die nur aus Frauen bestand, oder hätten wir schon das Beispiel einer aus Männern und Frauen zusammengesetzten Gesellschaft gehabt, in welcher die Frauen nicht unter der Kontrolle der Männer gestanden hätten, so ließe sich vielleicht etwas Positives über die zwischen den beiden Geschlechtern von Natur aus existierenden geistigen und sittlichen Unterschiede wissen. Was man aber jetzt die Natur der Frauen nennt, ist etwas durch und durch künstlich Erzeugtes – das Resultat erzwungener Niederhaltung nach der einen, unnatürlicher Anreizung nach der andern Richtung. Bei keiner andern Klasse von Abhängigen, das darf man dreist behaupten, ist der Charakter der Unterdrückten durch die Beziehung zu ihren Gebietern so gänzlich seiner ursprünglichen Anlage entfremdet worden, wie dies bei den Frauen der Fall ist.[52]

Spannende Frage: Stand es um John Stuart Mills analytische Fähigkeiten besser als um die der meisten Männer seiner Zeit? Oder verhalf ihm Harriet Taylor Mill zum Durchblick? Seine Stieftochter Helen war übrigens auch an dem Buch beteiligt.

Doch auch in unserer Zeit besteht immer noch die Gefahr, dass aktuell zu beobachtende Geschlechtsunterschiede naturalisiert werden. Um auf das Beispiel aus der Einleitung zurückzukommen, in dem Harari die Spekulation in den Raum stellt, Frauen könnten weniger kooperativ sein. Das ist ein Punkt, der durch Medien und Arbeitswelt geistert, begleitet von Stichworten wie Stutenbissigkeit, mangelndes Talent zum Netzwerken, fehlendes Verhandlungsgeschick. Auch hier wird die Rolle der Kultur nicht gewürdigt: Es wird verkannt, dass die moderne Arbeitswelt männlich verzerrt ist, dass Frauen in größerer Anzahl erst seit vielleicht zwanzig Jahren dort annähernd gleichberechtigt unterwegs sind, dass aber die Spielregeln immer noch männlich geprägt sind und Frauen sich demzufolge auf fremdem Terrain behaupten müssen. Manche von ihnen sind noch stärker im Improvisationsmodus unterwegs, ihnen fehlt mitunter die Sicherheit, die etablierte Netzwerke geben. Außerdem sind sie stärker mit widersprüchlichen Rollenerwartungen (auch durch andere Frauen) konfrontiert, haben vielleicht selbst noch Vorstellungen verinnerlicht, was sich für eine Frau gehört und was nicht. Kurz, es grassiert immer noch eine weitverbreitete Blindheit dafür, dass es sich bei den behaupteten Beobachtungen allenfalls um kulturelle Übergangsphänomene handelt, die nichts mit Biologie zu tun haben (wenn sie denn überhaupt in den Maßen zutreffen und es sich nicht um bloße Klischees handelt) und bald verschwunden sein werden.

Vom Sex zu Gender

Bei einer Spezies wie der menschlichen, bei der die Kultur so dominant und so variabel ist, hat diese gründliche Vermischung von Natur und Kultur enorme Konsequenzen. Weil uns im Deutschen nur der Begriff Geschlecht zur Verfügung steht, verbreiten sich die englischen Bezeichnungen «Sex» und «Gender». «Sex» ist das, was sich biologisch entwickelt, während «Gender» die Art und Weise ist, wie sich das Geschlecht aufgrund kultureller Einflüsse oder sogar unter Zwang ausdrückt: Tiere haben Sex, Menschen haben zusätzlich Gender. Gender kann also als das entwicklungsmäßig konstruierte Selbstbild eines Individuums über seine Geschlechterrolle unter dem Einfluss interner Triebkräfte und externer, also soziokultureller Faktoren gesehen werden. Die Diskussion, wie die beiden zusammenhängen und ob überhaupt und ob nicht vielleicht auch das biologische Geschlecht nur eine Konstruktion ist, werden rund um die Gender Studies breit geführt.

Dass wir davon ausgehen, dass das biologische Geschlecht keine reine Konstruktion ist, dürfte nicht überraschen. Aber ebenso wenig nehmen wir an, das sollte mittlerweile deutlich geworden sein, dass das biologische Geschlecht (Sex) das kulturelle (Gender) irgendwie festschreibe. Wenn wir diesen Begriffen bisher weitgehend aus dem Weg gegangen sind, hängt das vor allem mit ihrer sprachlichen Sperrigkeit zusammen und dem Umstand, dass wir den Eindruck haben, dass in unseren Kontexten keine Verwechslungsgefahr besteht. Trotzdem sind wir von der Notwendigkeit dieser Kategorien überzeugt.

Warum brauchen wir also das Konzept von Sex und Gender, und warum nur für Menschen? Zunächst, weil Menschen als eine hypersoziale Art sehr normative Wesen sind. Einmal etablierte Gendervorstellungen erweisen sich als robust und bieten oft wenig Spielraum für Abweichungen, sie besitzen eine gewaltige Beharrungskraft gegenüber kulturellen Veränderungen: Sie sind ihren Trägern zur zweiten Natur geworden. Und wir werden in diesem Buch sehen, wie breit das Spektrum an Genderrollen durch Zeiten und Gesellschaften ist.

Zweitens, und das ist aus einer vergleichenden Perspektive am auffälligsten, ist Sex zwar weitgehend binär (mit den eher seltenen Ausnahme von intersexuellen Individuen), aber die sexuelle Orientierung von Menschen ist viel diverser und kontinuierlicher als bei allen anderen bekannten Arten. Die meisten Menschen, in heutigen westlichen Gesellschaften etwa 90 Prozent der Männer und etwa 80 Prozent der Frauen, geben an, dass sie völlig heterosexuell seien. Der Rest zeigt jedoch alle möglichen Abstufungen von Bisexualität bis hin zur vollständigen Homosexualität und reagiert auch entsprechend physiologisch auf sexuelle Stimuli.[53] Auch Asexualität gehört in dieses Spektrum und jene, die sich keiner der Kategorien zugehörig fühlen. Zudem sind alle diese Orientierungen fließend, insbesondere bei Frauen.[54] So kann jemand, der heute erklärt, vollständig homosexuell zu sein, ein Jahrzehnt später bisexuell sein oder mit einem Partner des anderen Geschlechts verheiratet sein – und umgekehrt.

Soweit wir das beurteilen können, stehen diese Tendenzen nicht in Zusammenhang mit bestimmten Chromosomenanordnungen oder Hormonspiegeln. Zusätzlich sind viele weitere Optionen möglich, Transgender ist eines der großen Themen. Wie und ob überhaupt all diese Aspekte der menschlichen Sexualität in Bezug auf genetische und entwicklungsbedingte Einflüsse zusammenhängen, bleibt weitgehend rätselhaft. Alles, was wir an diesem Punkt sagen können: Es ist kompliziert. Aber es ist eben die Kultur, in der wir leben, die bestimmt, ob und wie diese schwirrende Vielfalt in der menschlichen Sexualität zum Ausdruck kommt. Und das heißt meistens, dass die Kultur diese Diversität einschränkt – nicht die Biologie.

In der Tat ist die Ethnographie mit Beschreibungen weiterer Genderformen, die das binäre Frau-Mann-Muster transzendieren, übersät, wie z.B. die «Two Spirit People» unter einigen indigenen Kulturen Amerikas, die Hijras auf dem indischen Subkontinent oder die gut studierten Fa'afafines auf Samoa.[55] Einige Gesellschaften erkennen sogar mehrere Alternativkategorien an: Die Bugis, die von der indonesischen Insel Sulawesi stammen, verfügen neben Mann und Frau noch über drei weitere Kategorien.[56] Wichtig für uns ist dabei, dass es ohne den Gender-Begriff schwierig ist, dieser Fülle sexueller Orientierungen gerecht zu werden.

Daraus folge aber nicht, sagt der Anthropologe Melvin Konner, dass man aufgrund solcher alternativer Genderkategorien zu dem derzeit populären Schluss gelangen dürfe, auch die Einteilung der Menschen in die beiden biologischen Geschlechter männlich und weiblich sei «willkürlich». Dagegen spreche allein der «einfache Grund, dass alle Kulturen zwei sehr große Kategorien haben, männlich und weiblich», und es jeweils allenfalls kleine Kategorien für Menschen gebe, die nicht in das generelle Muster passen. Wäre es rein kulturell, müssten wir viel mehr Variationen vorfinden und dürften nicht überall immer wieder auf die beiden Hauptkategorien männlich und weiblich stoßen. Der ethnographische Befund illustriere jedoch die Notwendigkeit, «uns der Subtilität der Geschlechter besser zu stellen als bisher».[57]

Warum das Thema Sexualität überhaupt zu einem werden konnte, das von den Gesellschaften – und hier interessieren uns die des Westens – die längste Zeit der Geschichte streng reguliert und insbesondere auf die ausschließliche Männer-Frauen-Dichotomie eingeschränkt wurde, das ist eine Frage, der wir in diesem Buch noch nachgehen werden. Hier möchten wir uns jetzt auf die beiden aus einer biologischen Perspektive wichtigen Folgefragen beschränken: Warum hat sich sexuelle Flexibilität entwickelt, das heißt, gibt oder gab es eine Anpassungsfunktion, und wenn ja, welche? Und die zweite lautet: Wie wichtig sind äußere soziale oder kulturelle Faktoren für die Entwicklung der sexuellen Orientierung?

Beginnen wir mit der ersten Frage: Menschen sind unter den Primaten einzigartig, weil sie auf zuvor unbekannte Weise völlig voneinander abhängig sind: Mobile Jäger und Sammler konnten nur deshalb überleben, weil sie Nahrung untereinander teilten und Notleidende unterstützten, um in Zwangslagen selbst versorgt zu werden. Wir haben bereits auf unsere hypersoziale Psychologie aufmerksam gemacht. Und die bietet uns auch eine Erklärung, warum wir sexuell anders ticken als fast alle anderen Arten.

Homosexuelles Verhalten ist für praktisch alle sich sexuell fortpflanzenden Tierarten beschrieben worden, die man längere Zeit untersuchte,[58] doch bei keiner Art ist es so häufig anzutreffen wie beim Menschen. Aber auch keine andere Art ist so bereit, mit Nichtverwandten zu teilen, wie der Mensch. Der gegenseitige Austausch funktioniert umso besser, je enger die Beziehungen, je emotionaler das Band zwischen den Individuen ist. Eine wichtige Funktion der romantischen Liebe, die für Paarbeziehungen charakteristisch ist, liegt, biologisch gesagt, darin, dass der Geschlechtsverkehr, den sie ermöglicht, dazu beiträgt, den gegenseitigen Austausch von Nahrung und Hilfe aufrechtzuerhalten. Mit anderen Worten: Die Paarung ist nicht nur psychologisch lohnend – was zweifellos für andere Arten auch gilt –, sondern sie hat beim Menschen auch eine starke soziale Bindungsfunktion.

In diesem Kontext wird verständlich, warum die Evolution uns nicht zu allzu exklusiven Heterosexuellen machte (anders als der biblische Gott es gerne gehabt hätte, dem Homosexualität ein Graus war[59]). Wenn die enge Bindung der Männer überlebenswichtig war, etwa weil sie die gegenseitige Unterstützung in lebensgefährlichen Situationen wie der Jagd auf Großwild oder der Bekämpfung feindlicher Nachbarn begünstigte, könnte das die sexuelle Orientierung unserer Spezies verschoben haben. Sex unter Männern kann daher mit jenem Male Bonding korrespondieren, das durch die Evolutionsgeschichte hinweg für alle menschlichen Gesellschaften typisch war.[60] Dass Männer oft auf langen Jagdexpeditionen mit anderen Männern fernab ihrer Familien unterwegs waren, wird seinen Teil dazu beigetragen haben, dass homosexuelle Handlungen möglich (und üblich[61]) waren.

Für weibliche Homosexualität gilt dasselbe Argument: Die sexuelle Arbeitsteilung bedeutete, dass auch sie viel Zeit unter Frauen verbrachten. Und das Teilen und die gegenseitige Hilfe sind bei ihnen nicht weniger lebenswichtig – auch sie gerieten dabei in lebensgefährliche Situationen. Tatsächlich sind die geschlechtlichen Identitäten bei Frauen noch fließender, sind sie noch offener für gleichgeschlechtlichen Sex als Männer;[62] eventuell hängt das damit zusammen, dass für sie das Risiko, sich überhaupt nicht zu reproduzieren, geringer ist. Diese Fluidität in der Sexualität bei Männern und Frauen produzierte möglicherweise die Diversität in Sachen Gender. Die sogenannte Heteronormativität, die Behauptung, dass allein Heterosexualität «natürlich» sei und alles andere «wider die Natur», kann sich also definitiv nicht auf die Biologie berufen! Sie ist ein Kulturprodukt.

Diese Zusammenhänge sind nicht ganz ohne biologische Parallelen. Ebenso wie wir haben Bonobos bekanntlich Sex in allen Geschlechterkombinationen und einer Vielzahl von Stellungen zu mehr als nur zu Reproduktionszwecken. Für sie mag der Sex indes eine etwas andere Funktion erfüllen als die Sicherung des gegenseitigen Teilens und der gegenseitigen Fürsorge. Sie sind nicht im gleichen Maße voneinander abhängig, wie es unsere Vorfahren waren. Bei ihnen führt Sex zur Toleranz an einer begehrten Nahrungsquelle, zur Versöhnung nach einem Konflikt und zur Aufrechterhaltung der Allianzen.[63] Auch bei den gerne als Flower-Power-Affen apostrophierten Bonobos hat Sex also eine zusätzliche Funktion erhalten.

Obwohl unsere überaus komplizierte Sexualität noch lange nicht erklärt ist, lässt sich zumindest schon einmal ein altes Rätsel lösen. Es kursiert die Annahme: Wenn Homosexualität exklusiv sei, pflanzten sich Menschen mit dieser Tendenz nicht fort. Angenommen, sie unterstützten ihre Verwandten nicht darin, mehr Nachwuchs zu bekommen – diese These wird heute weitgehend verworfen –, dann bedeutet das, dass jede genetische Grundlage, die zu Homosexualität führt, aussortiert würde, weil diese Gene sich nicht verbreiten werden. Genetisch bedingte Homosexualität erscheint dann als evolutionäre Sackgasse mit Aussterben als Konsequenz. Wieso existiert sie dann heute noch?

Die Lösung des Rätsels besteht darin, dass Homosexualität nur selten exklusiv war; weitaus häufiger ist die Fluidität der sexuellen Identität, die beim Menschen aufgrund ihrer Bindungsfunktion sehr wohl Überlebenswert besaß. Wie alle Merkmale wird die Position eines Individuums auf dem heterosexuellen-homosexuellen Kontinuum eine gewisse Variation aufweisen, die auf der genetischen Veranlagung und einer Vielzahl von externen, meist kulturellen Faktoren beruht. In dieser Perspektive ist eine dauerhafte ausschließlich homosexuelle Orientierung ein eher seltenes Nebenprodukt der anpassungsfähigen hohen sexuellen Motivation und der Notwendigkeit gewesen, sich mit Freunden und Verbündeten zu verbinden. In den Kleingruppen unserer Vergangenheit hätte es jeder Mensch mit einer ausschließlich homosexuellen Veranlagung vermutlich nicht leicht gehabt, einen entsprechenden Partner zu finden, die Auswahl war ja nicht gerade groß.

Wenn heute der Anteil exklusiv Homosexueller stark zugenommen hat, ist dafür vermutlich der kulturelle Druck verantwortlich, die weitgehende, oft homophobe Ausgrenzung durch die Mehrheitsgesellschaft, die zu einem Abschluss der schwulen Community nach außen führte. Konflikte führen immer zu einer Polarisierung der Positionen, der Zwischenpositionen zum Opfer fallen. Außerdem geht der sogenannte Prozess der Zivilisation nun einmal mit der Tendenz einher, Fluiditäten welcher Art auch immer durch starre Entweder-oder-Kategorien zu ersetzen.

Betrachten wir nun noch zumindest kurz die zweite Frage, die sich auf die Entwicklung der sexuellen Orientierung bezog. Kleinkinder sind ziemlich aktiv auf der Suche nach Vorbildern, meist sind das ältere Kinder oder Erwachsene des gleichen Geschlechts, die sie dann imitieren.[64] Das geschieht auch bei nichtmenschlichen Primaten. Typisch menschlich ist aber, dass Erwachsene in vielen Kulturen, zumindest in der heutigen Zeit, Kinder in die Standard-Genderrollen drängen. Eine solche Beeinflussung wird Kinder, die sich ohnehin in diese Richtung entwickeln, bestärken, aber sie verunsichert (oder Schlimmeres) diejenigen, die ansonsten einen Entwicklungsweg nähmen, der vom typischen heterosexuellen männlichen oder weiblichen Verlauf abweicht. Zudem reproduziert solch ein elterlich-gesellschaftlicher Druck die binäre Ordnung von akzeptabler und nichtakzeptabler Sexualität, die mal als gottgefällig versus sündhaft, mal als natürlich versus unnatürlich verkauft wird. Es ist dies, was oft verhindert, dass Menschen ihr Leben so leben, wie es sich für sie selbst richtig anfühlt.[65]

Halten wir so weit fest: Wir haben gesehen, dass die Geschlechtsunterschiede, die bei nichtmonogamen Tierarten festgestellt wurden, auch beim Menschen auftreten und dass die Erklärung – die Theorie der sexuellen Selektion – einen soliden theoretischen Rahmen mit hohem Vorhersagewert für die menschliche Spezies bietet. Doch unsere große Fähigkeit, auf kulturelle Einflüsse zu reagieren, impliziert, dass diese Geschlechtsunterschiede modifiziert werden können. Die empirische Evidenz deutet darauf hin, dass die Unterschiede deutlich reduziert werden können, wenngleich es schwierig bis kaum möglich ist, sie dauerhaft in ihr Gegenteil umzukehren.

Aber daran ist auch gar kein Bedarf! Biologische Geschlechtsunterschiede sind in der Vergangenheit systematisch überbewertet worden, weil sie im Verdacht standen, die Ursache für die Schlechterstellung der Frauen darzustellen oder wenigstens die Kraft zu besitzen, diese zu legitimieren. Beides aber ist falsch! Es ist nicht die Biologie, welche die Frauen ins Unglück stürzte (und schon gar nicht, die sie dort so lange festhielt). Bevor wir aber versuchen zu rekonstruieren, was die tatsächlichen Kräfte waren, die zur Erfindung der sozialen Ungleichheit von Frauen und Männern führten, müssen wir uns in Schritt drei zur Erkenntnis der patriarchalen Matrix noch zwei Mythen vorknöpfen, die wir in ihrer bis heute kontaminierenden Wirkung auf die Geschlechterbeziehungen der Geschichte von Adam und Eva zu verdanken haben.

SCHRITT 3: MYTHENDÄMMERUNG

Zweitausend Jahre lang begründete die Geschichte von Adam und Eva zwei zentrale patriarchale Mythen: jenen der ewigen Treue von Mann und Frau und den der männlichen Überlegenheit – und etablierte sie damit als göttlich gewollte Normalität. In beiden Fällen fehlt es auch heute noch an Gewissheit, wie es sich wirklich damit verhält. Ist Monogamie unser Schicksal? Und sind Männer tatsächlich das starke Geschlecht? Wäre es so, ruhte männliche Dominanz dann nicht auf felsenfesten Fundamenten? Ist Emanzipation etwa «unnatürlich»? In den beiden nächsten Kapiteln werden wir uns an den evolutionären Antworten versuchen, wie sich die Dinge in diesen delikaten Angelegenheiten entwickelten. Die Antworten gehen durchaus zugunsten der Frauen aus.

5 Der Mythos der Monogamie

Bereits im vergangenen Kapitel klang es hier und dort an, dass unsere Vergangenheit nicht im Einklang mit dem steht, was das Christentum zweitausend Jahre zum verpflichtenden Ideal erhob: ein Mann und eine Frau, ein Leben lang zu Treue verpflichtet, bis der Tod sie scheidet. Nun sollte es angesichts der aktuellen Scheidungsraten in der westlichen Welt keine zu große Überraschung sein, dass es sich bei der lebenslangen Monogamie eher um einen frommen Wunsch handelte denn um die Realität des *Homo sapiens*. Schlimmer noch, wie sich im Laufe dieses Buches herausstellen wird, war dieser Wunsch, der die längste Zeit als Gesetz daherkam, alles andere als fromm, dafür patriarchal kontaminiert.

Umso dringlicher stellt sich die Frage, wie das mit Treue und Untreue in unserer Evolution tatsächlich war. Eine Frage, die von Brisanz ist, weil erstens die Sexualität schon immer eines der Hauptschlachtfelder war, auf denen der Geschlechterkrieg tobte, weil zweitens der Versuch, die weibliche Sexualität zu kontrollieren, das Charakteristikum Nummer eins patriarchaler Herrschaft ist und weil drittens die Frage der Treue auch heute noch jede Beziehung beschäftigt. Wie sollen wir all das einschätzen können, wenn wir nicht wissen, wie es die längste Zeit einmal war?

Deshalb müssen wir uns nun dem zuwenden, was die Biologen in ihrer trockenen Terminologie das «Paarungssystem» des *Homo sapiens* nennen. Dabei reicht das Spektrum möglicher Antworten von strikter Monogamie bis hin zu zügelloser Promiskuität. Das ist keine ganz leichte Aufgabe – und damit meinen wir nicht nur, dass wir es, wie bei Treue und Untreue, mit moralisch aufgeladenen

Begriffen zu tun haben, sondern dass in diesen Punkten auch auf wissenschaftlicher Seite Missverständnisse vorliegen und es eine Reihe von Wissenslücken gibt. Wie sollte es anders sein? Sex versteinert nun mal nicht. Insofern sind wir bei unseren Rekonstruktionsversuchen auf Indizienbeweise angewiesen. Das gilt es immer im Hinterkopf zu haben; trotzdem weisen die hier versammelten, zuweilen durchaus intimen Details alle in dieselbe Richtung.

Das Thema kann in seiner Relevanz nicht überschätzt werden, denn das Paarungssystem einer Art bestimmt nicht nur die Charakteristika der Fortpflanzungsphysiologie, das heißt die Details des Menstruationszyklus und den Zeitpunkt der Paarung der Weibchen und die Reaktion der männlichen Physiologie darauf. Es bringt auch eine spezifische, dazu passende Psychologie hervor, die mit starken Emotionen einhergeht. Schließlich haben wir es mit einer existenziellen Kardinalfrage zu tun, die zumindest evolutionär betrachtet über Sein oder Nichtsein entscheidet.

Kurz zu den Begriffen: Der Terminus Promiskuität hat eine negative Konnotation, sodass Wissenschaftler den Fachbegriff Polygynandrie geprägt haben, doch das ist ein solcher Zungenbrecher, dass wir hier an Promiskuität festhalten werden, ihn aber in einem rein deskriptiven Sinn verwenden. Die kürzlich geprägte Alternative Polyamorie bezieht sich auf eine spezielle Form der Promiskuität innerhalb einer klar definierten Gruppe und hilft uns an dieser Stelle also auch nicht weiter. Im Alltagsgebrauch dominiert auch der Begriff Polygamie, der in der Biologie aber einfach meint, mit mehr als einem Partner Sex zu haben, unabhängig davon, über welches Geschlecht wir sprechen. Hier verwenden wir die präzisieren Termini Polygynie (ein Mann hat mehr als eine Frau) und Polyandrie (eine Frau hat mehr als einen Mann). Genug der Theorie, versuchen wir zu rekonstruieren, wer einst mit wem Sex hatte, ohne ein schlechtes Gewissen zu haben oder um sein Leben fürchten zu müssen.

Dass es mit dem Ewigkeitswert der heterosexuellen Monogamie nicht zum Besten steht, liegt heutzutage auf der Hand. Zwar herrscht sie im Westen vor: ein Mann und eine Frau bilden ein dauerhaftes, weitgehend exklusives soziales Band. Das ist nicht nur anerkannt und privilegiert, sondern oft sogar von der Gesellschaft verlangt. Aber die eherechtlichen Bestimmungen deuten bereits an, dass wir es hier nicht unbedingt mit etwas zu tun haben, was in «unserer Natur» liegt. Außerehelicher Geschlechtsverkehr ist für alle Gesellschaften dokumentiert, über die uns Daten vorliegen. In der Regel ist er sozial geächtet, mitunter unter Strafe gestellt.[1] Besonders drakonisch ist die Bibel: «Wenn jemand die Ehe bricht mit der Frau seines Nächsten, so sollen beide des Todes sterben, Ehebrecher und Ehebrecherin, weil er mit der Frau seines Nächsten die Ehe gebrochen hat.»[2]

Wo immer die Individualisierung der Gesellschaft voranschreitet, liberalisieren und pluralisieren sich die Lebensformen. Aktuell erleben wir vielerorts die Öffnung der Ehe für gleichgeschlechtliche Partnerschaften. «Heute sind Dinge machbar und lebbar, die vor kurzem noch kaum denkbar waren», bringt es die Archäologin Brigitte Röder auf den Punkt.[3]

Die ethnographische Bestandsaufnahme bestätigt ebenfalls: Monogamie ist keine Universalie. Die meisten großen, modernen Gesellschaften sind zwar monogam organisiert, oft ist dort Polygynie sogar per Gesetz verboten. Die Daten kulturübergreifender Erhebungen besagen allerdings, dass die Polygynie weit verbreitet ist, dass es also vielerorts akzeptiert wird, wenn ein Ehemann eine zweite oder sogar mehrere Ehefrauen hat. Das gilt immerhin für 85 Prozent aller je untersuchten, also oft historischen und eher kleinen Gesellschaften.[4] Unter mobilen Jägern und Sammlern ist Polygynie selten, was dafür spricht, dass die von Ethnographen so häufig beobachtete Polygynie ein Produkt späterer Entwicklungen sein muss. Weniger überraschen dürfte, dass weniger als ein Prozent der Gesellschaften die polyandrische Ehe praktizieren, in der eine Frau zwei oder mehr Ehemänner hat. Oft treffen wir auf das, was sich auch unter modernen Gesellschaften wieder verbreitet: serielle Monogamie, also mehrere aufeinanderfolgende, zumindest temporär mehr oder minder exklusive Paarbeziehungen.

Der ethnographische Befund gibt also leider wenig Hinweise darauf, wie das Paarungssystem unserer Vorfahren «ursprünglich» aussah, was hier nur heißt, dass es typisch für die längste Zeit ihrer uns hier interessierenden Evolutionsgeschichte war. Trotzdem ist er aufschlussreich, belegt er einmal mehr die Plastizität menschlicher Kultur: Dass eine Frau mehrere Männer heiraten darf, ist zwar selten, aber eben kein Ding der Unmöglichkeit. Außerdem zeigt es, dass, wie auch immer das Paarungssystem unserer Vorfahren einmal ausgesehen haben mag, es nicht determiniert, wie wir später leben.

Blicken wir also weiter zurück in die Vergangenheit und summieren das, was bisher als sicher gelten darf: Menschen bilden überall in den meisten Fällen heterosexuelle Paarbeziehungen (auf die wir uns hier beschränken werden). Wie wir bereits gesehen haben, wurden die Frauen-Männer-Freundschaften in den großen, promiskuitiven *Homo erectus*-Gruppen vor etwa zwei Millionen Jahren ganz allmählich enger und exklusiver. Die Männer begannen, sich aktiver zu engagieren, als nur mit der Partnerin und den Kindern zu essen. Diese Tendenz hätte Partnerschaften hervorbringen können, die vorübergehend und offen blieben. Ebenso wäre eine Entwicklung zu einer strikten lebenslangen Monogamie denkbar gewesen, schließlich entstand damals vermutlich auch das, was wir heute als romantische Liebe charakterisieren würden, die emotional stark aufgeladene Bindung zu einem Partner. Das scheint aber nicht passiert zu sein: Auch der Blick auf die Berichte über nomadische Jäger und Sammler liefert uns in dieser Hinsicht kein klares Bild. Dort finden wir zwar Paarbindungen, diese variieren jedoch in Exklusivität, Dauer und der erlaubten Anzahl der Ehefrauen pro Mann (und ganz selten auch umgekehrt). In den Familien werden die Kinder oft von beiden Elternteilen, aber in der Regel auch von verschiedenen anderen Personen betreut, nicht zuletzt den Großmüttern.[5]

Die Männer unserer Spezies zeigen deutliche Zeichen echter väterlicher Fürsorge; sie haben also ein biologisch verankertes Bedürfnis, sich um Kinder zu kümmern. Sie sind sogar biologisch auf die Vaterschaft vorbereitet: Sobald Väter Kinder betreuen, reduzieren sich ihre Testosteronwerte. Und ein niedrigerer Testosteronspiegel schränkt einen Mann in jener Konkurrenz um Partner ein, die bei den frühen *Homo*-Arten herrschte. Es ist bekannt, dass die Väter unter den Foragern, wenn deren Frauen kleine Kinder haben, die fehlende Menge gesammelter Nahrung kompensieren.[6]

Um es in der Logik der Evolution zu formulieren: Damit sich ein größeres väterliches Engagement entwickeln konnte, musste die Rechnung stimmen. Die Wahrscheinlichkeit, dass die väterlichen Bemühungen das Schicksal seiner Kinder verbessern und nicht der Kinder eines anderen, muss hoch genug sein. Wenn die Exklusivität der Paarung und damit ein ausreichendes Maß an Vaterschaftssicherheit nicht gegeben ist, zahlt es sich für Männer nicht aus, Fürsorge zu leisten (oder, wie wir sahen, nur als Paarungsanstrengung). Die Selektion bestraft nun mal jene, die sich intensiv um Nachkommen kümmern, die sie nicht gezeugt haben – zumindest, wenn dieses Engagement verhindert, mehr eigene Kinder zu zeugen. Leider war das zwangsläufig der Fall. Die Evolution hat kein Herz für Selbstlosigkeit.

Die natürliche Auslese hätte die Bindung des Paares völlig exklusiv machen können, mit ständiger väterlicher Fürsorge, sodass die Kinder nicht überleben können ohne die Einbindung des Vaters. Aber das ist nicht geschehen. Bei den modernen Jägern und Sammlern sehen wir große Variabilität bezüglich des Umfangs der Betreuung. Auch in den modernen Agrar- und Industriegesellschaften schwankt die Beteiligung der Väter an der Kinderbetreuung von abwesend über punktuell bis zu völliger Hingabe.

Zusammengefasst: Als im Lauf der Evolution die Kinder mehr

Hilfe brauchten und die männliche Bereitschaft wuchs, diese zu übernehmen, entwickelten sich die Paarbindungen hin zu Exklusivität und beiderseitiger elterlicher Sorge. Trotzdem wurde der Endpunkt, also strikte Monogamie und verbindliches männliches Engagement, nicht erreicht. Vermutlich spielte die jeweilige Einschätzung, für wie wahrscheinlich Männer ihre Vaterschaft hielten, eine zentrale Rolle. Es kann aber auch bedeuten, dass einige Männer immer darauf setzten, nach weiteren Paarungsgelegenheiten Ausschau zu halten, was natürlich impliziert, dass genügend Frauen dazu bereit waren, für die das ebenfalls eine attraktive Option war. Es scheint, als hätten auch Frauen davon profitiert, einen Plan B zu verfolgen. All das stützt die These, dass wir biologisch nicht für die exklusive Monogamie vorbereitet sind, beide Geschlechter halten sich immer ein Hintertürchen offen. Schauen wir uns an, welche Indizien wir finden, um diese These zu stützen.

Spurensuche

Tatsächlich ist der Umstand, dass wir heute meist in monogamen Paarbeziehungen leben, für Biologen überraschend, steht das doch in Spannung zu manchen unserer Eigenheiten. Keine andere monogame Spezies zeigt so deutliche Anzeichen von Sexualdimorphismus wie wir: Die universellen Unterschiede zwischen Frauen und Männern in Bezug auf Größe und Stärke haben wir bereits erwähnt; sie deuten klar auf eine nichtmonogame Vergangenheit hin. Darüber hinaus leben alle anderen monogamen Säugetierarten, die wir kennen, zu zweit in Territorien, die von den Paaren vehement gegen andere Paare verteidigt werden. Wir hingegen leben in Gruppen, später Dörfern, heute vor allem Städten, was zur Folge hat, dass jede und jeder Einzelne ständig von anderen Männern und Frauen umgeben ist und sich einer Vielzahl von Situationen ausgesetzt sieht, die der Monogamie abträglich sein können. Schon bei den nomadischen Jägern und Sammlern sind die Ehepartner den Großteil des Tages, manchmal sogar tagelang voneinander getrennt.

Nun gibt es auch überraschend anmutende Belege: die männliche Hodengröße etwa. Größere Hoden liefern mehr Spermien pro Ejakulat, und daher ist die Hodengröße (im Verhältnis zur Körpergröße) ein gutes Maß für die Promiskuität einer Art. Der Grund ist einfach: Wer in einer promiskuitiven Art mehr Spermien produziert, hat eine größere Chance, der Vater eines Kindes zu werden, weil sich Spermien mehrerer Männchen im Geschlechtstrakt eines Weibchens Konkurrenz machen.

Die Hoden des Menschen sind deutlich kleiner als die der sehr promiskuitiven Schimpansen oder Bonobos. Das ist ein deutliches Argument gegen die seit dem 19. Jahrhundert grassierende Idee, dass unsere Vorfahren auch in Bonobo-ähnlichen Gesellschaften mit großer Promiskuität lebten. Autoren wie Lewis Henry Morgan, Johann Jakob Bachofen, John Lubbock und Friedrich Engels diskutierten Stadien, nach denen zunächst im «Urzustand» der Menschen «unbeschränkter» und «regelloser Geschlechtsverkehr» herrschte, sodass «jede Frau jedem Mann, und jeder Mann jeder Frau gleichmäßig gehörte». Dieser sei dann auf einer ersten Stufe durch die «Gruppenehe» ersetzt worden, «worin ganze Gruppen von Männern und ganze Gruppen von Frauen einander gegenseitig besitzen».[7] Diese Ideen wurden durch Engels' Buch *Der Ursprung der Familie, des Privateigenthums und des Staats*, aus dem wir hier zitieren, sehr populär und finden sich noch in aktuellen Publikationen.[8] Wir werden auf weitere Belege stoßen, dass die Sexualität unserer Vorfahren weniger hochfrequent war als die der Bonobos.[9]

Die geringere Hodengröße, kombiniert mit der Tatsache, dass Männer immer noch größer und stärker als Frauen sind, ließe also eher vermuten, dass wir zu Polygynie neigten, also den Gorillas ähnelten, wo ein Männchen einen «Harem» von wenigen Weibchen sein Eigen nennt. Aber die Hoden der Menschenmänner sind dann eben doch in Relation größer als die der Gorillamännchen (die in ihrem Harem keine Spermienkonkurrenz zu fürchten haben). Eine eventuelle Polygynie könnte also nicht immer exklusiv gewesen sein, das heißt, eine gewisse Promiskuität muss es gegeben haben. Die Menschenhoden sind sogar etwas größer als die der Orang-Utan-Männchen,[10] obwohl sich weibliche Orang-Utans im Vorfeld jeder Empfängnis mit vielen verschiedenen Männchen paaren,[11] wobei Paarungen dort nicht so zeitlich dicht gedrängt sind, wie wir das von anderen Primatenarten kennen. Deshalb brauchen die Männchen dort keine größeren Hoden.

Das könnte der Situation der Menschen gut entsprechen, das heißt, wir haben mit dem bereits thematisierten Friends-with-Benefits-Szenario zu rechnen und nicht mit einem, das von exklusiven polygynen oder gar monogamen Paarbindungen dominiert war. Das passt auch bestens zu dem Umstand, dass wir schon immer in großen gemischtgeschlechtlichen Gruppen gelebt haben, in denen es unmöglich war, dass ein Mann eine Frau dauerhaft kontrollieren konnte, geschweige denn mehrere.

Auf weiblicher Seite deutet einiges darauf hin, dass der weibliche Orgasmus ein Relikt unserer promiskuitiven Vergangenheit ist. Unter Primaten ist der nämlich keine Selbstverständlichkeit: Dort ist der Orgasmus nur bei Arten nachgewiesen, bei denen sich Weibchen während des Zyklus mit mehr als einem Männchen paaren. Ihm könnte also eine Funktion bei der weiblichen Partnerwahl zukommen.[12] Im Augenblick fehlt es aber noch an genügend Vergleichsdaten; wir wissen zu wenig über jene Arten, bei denen sich die Weibchen nur mit einem einzigen Männchen paaren. Sicher ist zumindest, dass der Orgasmus einen Ausbruch von Oxytocin freisetzt, der den Transport von Spermien zum Eileiter stimuliert. Wenn sich also mehrere Partner am selben Tag mit demselben Weibchen paaren, kann ihr Orgasmus die Vaterschaftschancen des entsprechenden Männchens beeinflussen.[13]

Sehen wir uns einmal an, was die Evolutionspsychologen, die sich besonders für unser Sexualverhalten interessieren, an Material für unsere Argumentation zu bieten haben, dass die menschliche Vergangenheit nicht von ewiger Treue geprägt war. Sie haben in diversen Studien gezeigt, dass heterosexuelle Frauen und Männer jeweils unterschiedliche Ansprüche an Langzeit- und an Kurzzeitpartner stellen.[14] Das spricht dafür, dass einvernehmliche, also von beiden Seiten aus initiierte Promiskuität in unserer evolutionären Vergangenheit häufig genug war, um charakteristische Präferenzen für Partner herauszubilden, mit denen man eine Familie gründen möchte, und jene für eine Kurzzeitbeziehung.

Wir wissen auch, dass Frauen einen geringen, aber registrierbaren Anstieg der sexuellen Motivation, der Libido, um den Zeitpunkt des Eisprungs zeigen, was als eine Erhöhung der Chancen auf eine Paarung zu diesem Zeitpunkt interpretiert werden kann. Die Evolutionäre Psychologie postuliert hier gerne eine weibliche Doppelstrategie: Frauen suchten zu dieser Zeit nach besonders maskulinen Partnern, um sich die besten Gene für ihre Kinder zu sichern, deren Betreuung sie dann den weniger männlichen, dafür umso verlässlicheren Partnern überlassen würden.[15] Diese Theorie verkennt jedoch die Effektivität der Selektion, welche «gehörnte» Männer, die sich auf solch eine Pflege einließen, anstatt ihre Partnerin zu verlassen, rasch zu einem genetischen Auslaufmodell gemacht hätte. Überdies sind die Belege für diese Theorie bisher hauchdünn: Jüngste Metaanalysen zeigen, dass Frauen in der Nähe des Eisprungs einfach sexuell aktiver sind und daher auch eher mit anderen Männern Sex haben als mit ihren üblichen Partnern.[16] Dabei handelt es sich um eine Tendenz, die ein Überbleibsel unserer promiskuitiven Vergangenheit zu sein scheint und uns bereits aus unserer Primatenverwandtschaft bekannt ist: Durch solche Seitensprünge erkauften sich Frauen in der Vergangenheit Zugang zu Ressourcen und Schutz durch andere Männer, sicherten sich also zusätzliche Unterstützung für ihre Kinder und senkten damit nicht zuletzt das Infantizidrisiko.

Evolutionspsychologen weisen in diesem Kontext gerne auf den Geschlechtsunterschied in Sachen Eifersucht hin. Ohnehin würde diese so starke Emotion nicht existieren, wäre die Monogamie unser ewiges Schicksal gewesen. Wir sagten es schon: Frauen sorgen sich mehr darüber, dass sie das emotionale Engagement und die Unterstützung ihres Partners verlieren, während Männer eher alternativen Sex ihrer Frau fürchten.[17] Machen wir uns bewusst, dass heute Treue als der Normalzustand und Untreue als Abweichung erscheinen mag. Aus evolutionärer Perspektive ist der Ausgangspunkt nun einmal die Nicht-Treue, die Paarbindungen entwickelten sich ja erst. Insofern ist es für Frauen nun erst mal keine Überraschung gewesen, dass Männer sich für andere Frauen interessieren – tun sie ja im umgekehrten Fall auch. Die Eifersucht nahm in dem Maße zu, in dem die Notwendigkeit väterlicher Hilfe wuchs. Und so fokussierte sie im Fall der Frauen zunächst auf die eigentliche Bedrohung: auf die Gefahr, die männliche Unterstützung für die eigene Familie zu verlieren, was angesichts der immer komplexer werdenden Kinderaufzucht zu einem existenziellen Problem avancieren konnte. Dagegen hat sich die sich entwickelnde Eifersucht der Männer darauf konzentriert, sie davor zu schützen, in die Kinder fremder Männer zu investieren.

Da es für Seitensprünge nun einmal immer zwei geben muss, ist davon auszugehen, dass beide Geschlechter eine gewisse Neigung dazu besaßen und jeweils davon profitierten. Wir werden in späteren Kapiteln beobachten, warum sich die Treue als kulturelle Innovation verbreitete – und den Menschen mehr schlecht als recht zur zweiten Natur geworden ist. Insofern dürfte es kein Zufall sein, dass es auch heute noch sowohl bei Frauen als auch bei Männern leichter zu alternativem Sex kommt, wenn Alkohol oder andere Drogen im Spiel sind und unsere rationale Erste-Natur-Kontrolle vernebeln. Der Bereich der Sexualität gehört sicher zu jenen, in denen die widerstrebenden Neigungen unserer drei Naturen – des evolutionären Erbes, der kulturellen Normen und der rationalen Einsicht – am vehementesten zu erfahren sind.

Auch bei Jägern und Sammlern differiert die Stabilität der Ehen enorm, Untreue ist dort der Haupttrennungsgrund. Die weibliche Sexualität steht noch nicht unter patriarchaler Kontrolle, ihre Brüste bedecken Frauen im Allgemeinen nur aus klimatischen

Gründen.[18] In einigen Gruppen werden gute Jäger mitunter mit Sex belohnt, was Frauen, die nicht mit dem Jäger verheiratet sind, einen zusätzlichen Anteil verschafft.[19] Da überrascht es nicht, wenn Männer mehr jagen als nötig, insbesondere wenn es gilt, Frauen zu beeindrucken – das wird als eine der Wurzeln der Angeberei gehandelt.[20]

Es spricht einiges dafür, dass dies in einem Zusammenhang mit einem Phänomen steht, das in nicht wenigen Gesellschaften von mobilen Foragern und jenen, die neben Jagen und Sammeln einfache Formen von Gartenbau betreiben, sogenannten «Horticulturalists», zu finden ist: dem Konzept der «Partible Paternity», der geteilten Vaterschaft.[21] In solchen Gesellschaften haben Kinder einen Haupt- und einen Zweitvater (manchmal auch einen dritten), um abgesichert zu sein, wenn der tatsächliche Vater ausfällt (Unfall, Tiger, andere Frau).[22] Um dies zu erreichen, erzählten Frauen Ethnographen, dass sie, wenn sie merken, dass sie schwanger sind, mit mehreren Männern schlafen, sodass jeder von ihnen dem neuen Baby gegenüber positiv eingestellt ist.[23] Mitunter tauchen auch Vorstellungen auf, «dass der Samen jedes Mannes, mit dem eine Frau in den Monaten vor der Geburt Geschlechtsverkehr hat, zum Wachstum ihres Fötus beiträgt … Von jedem möglichen Vater wird erwartet, dass er der Schwangeren Nahrungsgeschenke macht und das Kind später mit versorgt.»[24] Gerade in matrilinearen Gesellschaften sind Ehen besonders offen (später mehr).

Einige Jäger und Sammler praktizieren auch Polyamorie. Unter den |Gui und ||Gana, zwei nah miteinander verbundenen Gruppen, die zu den San-Foragern Südwestafrikas gehören, leben zwei oder manchmal drei Paare als eine kleine promiskuitive Gruppe namens *zaa-ku* zusammen, offenbar ohne von Eifersucht zerfressen zu werden. Sie leben unter harschen Umweltbedingungen, die das Teilen überlebenswichtig machen, und diese sozial anerkannte Regelung gewährleistet die gleichmäßige Verteilung aller Nahrungsmittel. Etwa ein Viertel der Babys wird innerhalb solcher *zaa-ku* geboren[25]. Wo beträchtliche Unterstützung durch andere Männern überlebensnotwendig ist, kann es in einigen wenigen Kulturen sogar dazu kommen, dass Männer den sexuellen Zugang zu ihren Frauen als Gegenleistung offerieren. Das ist nicht allzu häufig, doch all diese Beispiele zeigen, dass männliche und weibliche Eifersucht zumindest in die Schranken gewiesen werden können, wenn das Überleben nur durch intensive gegenseitige Hilfe zu gewährleisten ist.[26]

Kommen wir zum Fazit: Die biologische, durch ethnographische Vergleiche unterstützte Analyse legt die Hypothese nahe, dass unsere Vorfahren lange in einem System lockerer Paarbindungen, Friends with Benefits, lebten, das sich allmählich zu einem System entwickelte, in dem das elterliche Investment der Väter stärker zunahm. Eventuell koexistierten diese beiden Systeme – also starke, exklusive Bindungen mit intensivem väterlichem Beitrag und eher lockerere Bindungen – auch lange Zeit. Die Evolution ist keine Einbahnstraße. Kurzum: Noch heute haben wir sowohl die weibliche und männliche Fortpflanzungsphysiologie als auch die häufige Paarungsfrequenz eines gemäßigt promiskuitiven Menschenaffen.

Warum machen wir solch ein Geheimnis um den Sex?

Mit diesem Wissen werden auch weitere Merkwürdigkeiten der menschlichen Sexualität verständlich, unsere Tendenz, ein Geheimnis daraus zu machen, zum Beispiel. Im vorigen Kapitel haben wir gesehen, dass die Sexualität der Primaten ungewöhnlich ist: Viele weibliche Primaten sind aktiv promiskuitiv; vor allem dort, wo das Risiko von Infantizid hoch ist. Außerdem entwickelten die Weibchen bei Altweltaffen wie uns eine ganze Reihe von Strategien, sich gegen dominante Männchen zu wehren und ihre sexuelle Autonomie zu behaupten.

Einer dieser Strategien sind wir schon kurz begegnet. Es ist der verborgene Eisprung, das Verheimlichen der fruchtbaren Momente. Sehen wir uns an, wie das funktioniert: Haben die Weibchen die Kontrolle über ihre Sexualität, können sie sich mit mehreren Männchen in durchaus rascher Folge paaren – ganz wie sie möchten. Das ermöglicht es ihnen, jeden Infantizid aus der Gruppe heraus zu verhindern, weil für jedes Männchen eine gewisse Wahrscheinlichkeit besteht, der Vater zu sein. Ist aber die Gefahr gegeben, dass dominante Männchen die Weibchen tagelang absondern können, werden zusätzliche Maßnahmen nötig. Ist nämlich der Eisprung deutlich ausgeprägt, wäre das für den Bully ein Signal seiner Vaterschaft oder, schlimmer noch, das Fehlen einer solchen. Und sogar wenn es im Nachhinein klar wird, dass das Weibchen seinen Eisprung hatte, kann die Selektion dazu führen, dass ein Männchen eine Verbindung herstellt zwischen dieser Erfahrung und seiner Vaterschaftswahrscheinlichkeit. Die perfekte Lösung ist, den Eisprung völlig zu verbergen. Und in der Tat ist das bei allen Primatenarten der Fall, in denen das Kindermordrisiko hoch ist und die Weibchen Gefahr laufen, von einzelnen Männchen massiv in ihrer Autonomie eingeschränkt zu werden.

Eine umfassende Diskussion würde zu weit führen.[27] Hier genügt es festzustellen, dass wir diese Verheimlichungsstrategie, um die eigene Autonomie zu behaupten, auch bei Menschfrauen finden: den verborgenen Eisprung und menstrualen Zyklus mit einer langen Follikel-Phase von großer, aber unregelmäßiger Länge. Nicht einmal die Frauen selbst wissen genau, wann es so weit ist, weshalb sie einen gewissen Aufwand betreiben müssen, ihre fruchtbaren Tage zu ermitteln.

Ein großes Geheimnis machen die Vertreter der Spezies *Homo sapiens* auch um den Akt an sich: Menschen vollziehen den Geschlechtsverkehr nicht öffentlich – das ist eine kulturelle Universalie.[28] Sie vermeiden es (zumindest in aller Regel), dabei gesehen oder gehört zu werden. Das scheint so normal zu sein, dass es uns nicht wundert. Doch dieses Verhalten ist biologisch äußerst ungewöhnlich.[29] Vermutlich würden sich unsere Primatenverwandten verwundern, wenn sie über die menschliche Sexualität Bescheid wüssten: Ein dominantes Männchen in einer Gruppe von Pavianen oder Makaken paart sich ganz ungeniert, auch wenn er von der ganzen Truppe aufmerksam beobachtet wird. Was also hat den Sex für Menschen zu einer intimen Angelegenheit gemacht?

Einen ersten Hinweis liefern zumindest einige Primatenarten, die bei manchen Gelegenheiten ihre Paarungsaktivität verbergen. Die versteckte Kopulation ist bei den Altweltaffen am stärksten ausgeprägt, also jenen Arten, in denen sich Weibchen gegen Versuche dominanter Männchen zur Wehr setzen müssen, die versuchen, ihre Sexualität zu monopolisieren. Dadurch versuchen sie, anderen Männchen zumindest die Chance auf eine Vaterschaft zu geben (und so zu verhindern, dass sich dieses Männchen, falls es einmal eine mächtige Position erringt, ihr nächstes Baby angreift).

Wie beim verborgenen Eisprung haben wir es mit einer Strategie zu tun, mit der die Weibchen versuchen, die Informationen, die ihre Sexualität betreffen, zu manipulieren. Sie verfolgen dazu eine bemerkenswerte Doppelstrategie: Wenn sich Weibchen mit hochrangigen Männchen paaren, tun sie das demonstrativ – für alle sichtbar. Und meist laut: Sie stoßen gegen Ende einer Paarung Kopulationsrufe aus. Paart sich dagegen ein Weibchen mit einem rangniedrigen Männchen, versucht sie das im Verborgenen zu tun und dabei ganz leise zu sein.[30] Um zu verhindern, dass die beiden den Unmut des Alphamännchens auf sich ziehen. Auf diese Weise bleibt die Chance ihres rangniedrigen Freundes auf Vaterschaft bestehen, während das ahnungslose Spitzenmännchen seine für ungefährdet hält. Natürlich stellt keiner der Primatenmänner aktive Berechnungen an, doch hat die natürliche Selektion emotionale Mechanismen installiert, die in der Summe die bestmögliche Einschätzung der Vaterschaftschancen liefern – zumindest nach den ihnen zur Verfügung stehenden Informationen. Deshalb versuchen die Weibchen – natürlich ebenso unbewusst –, diese wahrlich intimen Informationen geheim zu halten.

Solche Strategien wurden vermutlich verfeinert, als unsere Vorfahrinnen ihr System von Friends with Benefits etablierten. Das führte zu einem Paarungsverhalten, das so sehr im Dunkeln blieb, dass alle Männer uninformiert waren. Jener eine, der im Laufe der Zeit die Rolle des Ehemanns übernahm, sorgte für die Pflege, während die anderen freundlich genug blieben, keinem Baby etwas zuleide taten und sogar nebenbei etwas Hilfe oder Nahrung lieferten. Noch heute, wo unter Menschen das System der Partible Paternity, der geteilten Vaterschaft, gepflegt wird, gilt: «Aus Vorsicht und Höflichkeit gegenüber dem Ehemann wird von zusätzlichen Vätern, die ihr eigenes komplexes Beziehungsnetz unterhalten, gleichwohl eine gewisse Diskretion erwartet.»[31]

Die diskrete Paarung erlaubte es sowohl Frauen als auch Männern, ihre sexuellen Aktivitäten vor anderen potenziellen Partnern, aber auch Konkurrenten zu verbergen. Die Frauen konnten die Verteilung der Vaterschaftschancen optimieren, sodass die Sicherheit und Unterstützung der Kinder erhöht wurde. Vor allem: Beide Geschlechter profitierten davon, dass sie die äußerst wichtige Zusammenarbeit innerhalb der Gruppen nicht durch Eifersüchteleien in Gefahr brachten. Der Ehemann war zwar noch in den meisten Fällen der Vater, aber eben nicht immer – so reduzierte die Selektion das Infantizidrisiko, bescherte den Frauen zusätzliche Unterstützung für ihre Kinder und sorgte selbst für den Fall vor, dass der Ehemann starb oder sich doch einer anderen Frau zuwandte. Das ist der Grund, warum Hrdy eben empfiehlt, dieses weibliche Verhalten nicht als «promiskuitiv» zu bezeichnen, sondern als «mütterlich beflissen».[32] Der einzige Verlierer war der Obermacho, der Alpha der Gruppe. Die Idee, alle weibliche Sexualität kontrollieren zu können, erwies sich als evolutionäres Auslaufmodell – bis es in historischen Zeiten ein Revival erlebte.

Dieser Punkt ist so wichtig, dass wir sicherstellen sollten, keine besseren Alternativerklärungen übersehen zu haben. Mitunter wird folgender Gedankengang in Betracht gezogenen: Die Sorge der Männchen um die Familie startete als bloße Paarungsanstrengung. Wie aber bei promiskuitiven Arten zu erwarten, besaßen die Männchen einen starken Geschlechtstrieb. Da ihnen die fruchtbaren Tage des Weibchens verborgen waren, blieben sie bei diesen, aus Angst, die Gelegenheit zur Befruchtung zu verpassen.[33] In dieser Logik verschmolzen die männliche Fürsorge als Paarungsanstrengung und die als elterliches Investment allmählich miteinander, und die Paarbeziehung wurde praktisch exklusiv. Eine zweite Alternative geht so: Der verdeckte Eisprung und die diskrete Paarung ließen die Paare ganz und gar treu werden – weil dies das Aufkommen jeglicher Eifersucht unter den Männchen verhindert, die ja intensiv kooperieren müssen.

Beide Alternativen kranken daran, dass es einen ganzen Stapel Studienergebnisse gibt, die zeigen, dass die Paarbindungen in der Praxis nicht sexuell exklusiv waren und es immer noch nicht sind. Man kann sich der Schlussfolgerung nicht entziehen, dass ein gewisses Maß an Untreue – oder moralfrei: an «Extra Pair Copulations» (EPC) – ein wesentlicher Bestandteil unseres menschlichen Erbes ist, der nur dort reduziert werden konnte, wo Gesellschaften Sanktionen verhängten. Auch deshalb muss in der Bibel über Eva ausdrücklich verfügt werden: «Und dein Verlangen soll nach deinem Mann sein, aber er soll dein Herr sein.»[34] Keine anderen Männer, keine EPCs mehr! Wo es aber ein explizites religiöses Gebot braucht, um sicherzustellen, dass wir uns in einer bestimmten Weise verhalten, können wir davon ausgehen, dass die menschliche Natur uns in die entgegengesetzte Richtung zieht.

Einmal mehr: Vorteil Flexibilität

Halten wir also fest, was wir bisher herausgefunden haben: Der frühe *Homo* war erst promiskuitiv. Mit der Zeit entstanden Freundschaften, die sich nach und nach zu starken Paarbindungen verdichteten. Die bei beiden Geschlechtern zu findende sexuelle Eifersucht, das Entstehen romantischer Liebe, die Abhängigkeit der väterlichen Sorge um die Kinder von der Vaterschaftswahrscheinlichkeit: all das zeigt, dass unsere Spezies weit über reine Friends-with-Benefits-Verhältnisse hinausgegangen ist. Das war äußerst sinnvoll: Denn die Kinderbetreuung erwies sich als Hauptfaktor für positive Lebensaussichten eines Kindes. Solche, denen es an Zuwendung fehlte, deren Überlebenschancen sanken rapide. Außerdem ermöglichte die Unterstützung bei der Kindererziehung es Frauen, ihr nächstes Kind in kürzerem Abstand zu bekommen und so ihre Fitness zu verbessern.[35] Damit begannen beide Geschlechter von exklusiveren Paarbeziehungen zu profitieren. Trotzdem blieb unsere physiologische wie psychologische Grundausstattung, die aus Zeiten hoher Promiskuität stammte, weitgehend erhalten. So blieb der Übergang zur ausschließlichen und lebenslangen Monogamie mit hundertprozentigem väterlichem Engagement unvollständig – was dazu führte, dass unser Verhalten in beide Richtungen von einer gewissen Plastizität ist und die Paarbeziehungen meist nur für einen bestimmten Zeitraum monogam waren. Die serielle Monogamie ist älter, als die meisten von uns ahnen.

Eine Metaanalyse zu den Auswirkungen von Betreuung auf Wachstum und Lebenschancen von Kindern in kleinen traditionellen Gesellschaften zeigte: Die Anwesenheit der Mutter ist obligatorisch, die des Vaters optional.[36] Um Missverständnisse zu vermeiden: Dieses Ergebnis impliziert nicht, dass Frauen leicht ihre Kinder aufziehen können. Das können sie nicht. Stattdessen unterstreicht es, dass Menschen Cooperative Breeders sind, also ihren Nachwuchs gemeinsam aufziehen. Manchmal können Väter ersetzt werden, insbesondere durch großmütterliches Engagement, oder sie sind nicht der Hauptversorger, weil Frauen mit Hilfe anderer genug Nahrung für ihre Kinder erhalten.

Frauen waren Männern also nicht ausgeliefert; es stand meist alternative Hilfe zur Verfügung in Gestalt von älteren Kindern, Schwestern, Großmüttern, anderen Frauen. Das sicherte die sexuelle Autonomie von Frauen. Diese wussten sie für sich zu nutzen, und sei es, von Fall zu Fall, um benötigte Unterstützung zu erhalten. In einigen Forager-Kulturen sind Männer gar nicht so wichtig, weil Frauen selbst den Großteil der Nahrung sammeln und die Männer teilweise ernähren. Scheidungen sind dementsprechend häufig.[37]

Die Vermutung liegt auf der Hand, dass diese Flexibilität in

Sachen Sexualität zu den menschlichen Erfolgsfaktoren gehörte, die es ermöglichte, auf aktuelle Herausforderungen zu reagieren, weil sie ein dichtes Netz intimer Beziehungen webte. Im Laufe der Evolutionsgeschichte konnten die Frauen ihre Fortpflanzungsphysiologie, das Geheimhalten ihrer sexuellen Aktivitäten effektiv nutzen, um ihre Paarungsstrategien zu optimieren. Und es standen immer mögliche männliche Partner zur Verfügung, was zeigt, dass Männer ebenso flexibel waren, schließlich profitierten auch sie.

Das hatte eine Schattenseite: Das Potenzial für sexuelle Konflikte zwischen Frauen und Männern ist groß. Schon immer drohte Eifersucht zu eskalieren, insbesondere wo männliche Fürsorge eine große Rolle spielt und die Ehen dauerhafter sind. Das Risiko steigt, dass Männer gewalttätig oder übergriffig werden, um die weibliche Sexualität zu kontrollieren oder die sozialen Spielregeln zu ihren Gunsten zu drehen.[38] Etwa, wenn in patriarchalen Zeiten eine Doppelmoral in Sachen Treue etabliert wird, die «natürlichen Ornamente» der Frauen verborgen werden müssen und die «kulturelle Ornamentierung» verboten wird, damit sie keine anderen Männer faszinieren können.

Trotzdem sei betont – um die späteren, kulturellen Entwicklungen besser verstehen zu können –, dass das Feld der Sexualität zwar immer ein heikles, durchaus gefährliches Terrain war; dass es aber lange ein Lebensbereich unter vielen war, aufs engste verwoben mit anderen existenziellen Entscheidungen. Es war noch nicht das dunkle Mysterium, der Sumpf der Sünde, das Verbotene schlechthin, zu dem es in den letzten zweitausend Jahren mutierte.

Was heißt das für uns?

Bereits am Ende des letzten Kapitels konstatierten wir, dass die menschliche Sexualität diverser ist als jene zwei Genderrollen, welche die längste Zeit die einzigen waren, die von der westlichen Kultur akzeptiert wurden. Und jetzt müssen wir erneut registrieren, dass es die Kultur war, welche die ursprüngliche Pluralität menschlicher Paarungssysteme massiv einschränkte und in der christlichen Welt allein das Adam-und-Eva-Modell billigte und alles andere sanktionierte. Das war so erfolgreich, dass die längste Zeit der Vergangenheit die lebenslange Monogamie als der Normalzustand und alles andere als «unnatürlich» und moralisch verwerflich galt.

Diese Beobachtung wirft Fragen auf, die für den Rest dieses Buches zentral sein werden: Wenn die strikte Monogamie eine kulturelle Erfindung ist, wann ist sie erfunden worden und vor allem aus welchen Gründen? Und nicht zuletzt: Wenn unsere biologische Grundausstattung sich im Zuge der Evolution unter anderen Bedingungen entwickelt hat: Passt die lebenslange Monogamie wirklich zu uns? Immerhin ist Untreue ein Standardthema moderner Beziehungen. Ging es dabei lange nur um männliche Seitensprünge, ist längst auch die weibliche Seite in den Blick geraten.[39] Der Kontext, in dem sie auf Beziehungsebene diskutiert wird, ist aber oft noch von biblischen Kategorien wie Schuld, Sünde und moralischem Versagen geprägt. Traditionell wird das Problem individualisiert und allein in den Verantwortungsbereich der Einzelnen, der Paare geschoben. Dabei handelt es sich eher um ein generelles Problem, weil die meisten von uns heute in Paarungsarrangements leben, für die uns «Mutter Natur» nicht optimal ausgestattet hat. Es sollte keine zu wagemutige These sein, zu behaupten, dass Paare eine bessere Chancen haben, eine wie auch immer gelingende Beziehung zu führen, wenn sie wissen, mit welchen biologischen und kulturellen Altlasten sie konfrontiert sind, als wenn sie weiter allein den traditionellen Verheißungen des ewigen Glücks ewiger Liebe ausgesetzt sind.

Die spannendste Frage aber ist jene der guten alten Ideologiekritik: *cui bono?* Wem nützt die Fiktion lebenslanger Monogamie? Wir werden versuchen, in diesem Buch die Antwort darauf zu geben. Die erste Spur haben wir aber bereits. Bisher sind uns drei Faktoren weiblicher Stärke begegnet: sexuelle Autonomie, ökonomische Unabhängigkeit, belastbare weibliche Netzwerke. Wie wir auch im nächsten Kapitel sehen werden, waren sie die Grundlage für die Unabhängigkeit der Frauen. Alle diese drei Faktoren werden durch das Monogamie-Gebot der absoluten Treue zerstört!

Umgekehrt lehrt die Erfahrung der Frauenbewegung der letzten hundert, hundertfünfzig Jahre, dass der Erfolg der Emanzipation darin gründet, diese drei Faktoren wieder zu etablieren: sexuelle Autonomie, ökonomische Unabhängigkeit, belastbare weibliche Netzwerke. Deshalb sei hier schon die Frage gestellt: Wie patriarchal kontaminiert ist die Institution der auf dem Ideal lebenslanger Treue basierenden monogamen Ehe?

6 Der Mythos männlicher Überlegenheit

Es ist der Evolutionstheorie wiederholt vorgeworfen worden, sie schreibe nur das alte Adam und Eva-Narrativ von der Überlegenheit der Männer fort. Dabei geriet vor allem die Paläoanthropologie in den Fokus, die nach den fossilen Wurzeln des Menschseins fahndet. Unrecht hatten die Kritikerinnen und Kritiker damit lange nicht. *African Genesis* heißt das einflussreichste Buch dieser Sparte, 1961 erschienen. *Adam kam aus Afrika* lautet der deutsche Titel und lässt damit Eva gleich ganz verschwinden. Robert Ardrey, Oscar-nominierter Drehbuchautor und Anthropologe, griff darin die «Killer Ape»-These Raymond Darts auf, nach der Aggression und Krieg die treibenden Kräfte der menschlichen Evolution gewesen seien. Damit trug Ardrey seinen Teil zur Man-the-Hunter-Theorie bei, die in den 1960ern und 1970ern zum zentralen Paradigma der menschlichen Evolutionsgeschichte aufstieg. Allein männlicher Stärke und männlichem Wagemut als Jäger und Krieger verdanke die Menschheit ihr Sein.[1] Das packend geschriebene Buch war ein Welterfolg und inspirierte Stanley Kubrick zur berühmten Eröffnungsszene von *2001: Odyssee im Weltraum* – die Entdeckung, dass ein Knochen als tödliche Waffe taugt, verwandelt eine Horde wildbehaarter Primaten in Urmenschen, die als Erstes ihren Nachbarn hinmetzeln. Das war die Geburtsstunde menschlichen, sprich, männlichen Genies.

«Die Legende vom Erbe des Dschungels und von der Evolution des Mannes als jagender Fleischfresser hat sich im Geist des Mannes heute ebenso fest eingewurzelt, wie es die Schöpfungsgeschichte der Bibel früher getan hatte», beklagte Elaine Morgan

1972 in ihrem Bestseller *The Descent of Woman.*[2] Der Riesenerfolg, den die Man-the-Hunter-These in der breiten Öffentlichkeit feierte, verdankte sich tatsächlich dem Umstand, dass sie perfekt in die Lücke passte, welche der Glaubwürdigkeitsverlust der Geschichte von Adam und Eva hinterlassen hatte. Die bestehende, männlich dominierte Geschlechterordnung fand sich damit auf neue, wissenschaftliche Füße gestellt. Damals war die patriarchale Welt ja noch in Ordnung! Erst zwei Jahre nach *African Genesis* erschien Betty Friedans *The Feminine Mystique,* das als der eigentliche Auftakt zur zweiten Welle des Feminismus gilt und die Festlegung der Frauen auf Kinder und Haushalt kritisierte.[3]

Ardreys These, dass männliche Stärke und Aggressivität der Motor des menschlichen Fortschritts seien, passte nicht nur perfekt in die heiße Phase des Kalten Kriegs (Kuba-Krise, Mauerbau, Vietnamkrieg); sie lieferte jene Antwort, die den meisten Menschen ohnehin intuitiv in den Sinn kam: Warum sind die Frauen das schwache Geschlecht und sitzen zu Hause bei den Kindern? Weil die Männer nun mal das starke Geschlecht sind. Sie müssen sich in einer feindlichen Welt behaupten, um ihre Familie mit einer ordentlichen Portion Fleisch zu versorgen.

So viel über Geschlechtsunterschiede debattiert wird, ist jener in Sachen physischer Überlegenheit schließlich viel zu offensichtlich, als dass man ihn in Frage stellen könnte. Auf die Größen- und Gewichtsunterschiede haben wir hingewiesen. Studien besagen, dass Frauen im Schnitt weit über ein Drittel weniger Muskelmasse haben.[4] Der Unterschied ist nicht zu leugnen. Sollte er denn keine Auswirkung auf das soziale Miteinander der Geschlechter haben?

Um die Man-the-Hunter-Theorie zur Strecke zu bringen, ist von feministischer Seite viel Forschungsarbeit investiert worden, die in den 1970ern dann in der «Woman the Gatherer»-These kulminierte, die völlig zu Recht den essenziellen weiblichen Beitrag zum Überleben der Gruppen herausstellte.[5] Mitunter wurde sogar gemutmaßt, der Größenunterschied zwischen den Geschlechtern könnte einst geringer gewesen sein,[6] ebenso wurde viel geforscht, um zu zeigen, dass auch Frauen auf die Jagd gingen.

Doch ohne Zweifel gab es schon immer einen ausgeprägten Größendimorphismus: Wir sehen ihn global in allen heutigen Gesellschaften, er ist für die letzten vier Millionen Jahre durch die Fossilien unserer Vorfahren dokumentiert und findet sich auch bei unseren engsten Verwandten, Schimpansen, Bonobos und Gorillas. Das Einzige, was mangels genügender Fossilien diskutiert wird, ist, inwieweit der Dimorphismus während der letzten zwei Millionen Jahre allmählich geringer geworden ist.

Und ja, auch Frauen jagten; doch in anderen Dimensionen als Männer (später mehr dazu). Hier spricht der physiologische Befund eine klare Sprache: Die Geschlechtsunterschiede in Sachen Werfen, einer Schlüsseltechnik für die Jagd, sind überdeutlich: In keiner anderen sportlichen Disziplin sind Jungen Mädchen so überlegen wie in Wurfgeschwindigkeit und Wurfweite.[7] Um den kulturellen Einfluss zu minimieren, führte man entsprechende Experimente unter jugendlichen Aborigines durch: Aber auch dort erreichten Mädchen nur 78,3 Prozent der Wurfgeschwindigkeit von Jungen.[8] Und selbst, wo das Werfen professionell betrieben wird, lassen die Resultate keinen Zweifel: Der Rekord unter männlichen Baseball-Profi-Werfern liegt bei 169,14 km/h, der weiblicher Profis beträgt 111,5 km/h.[9] Die Relevanz? Je schneller ein Geschoss beschleunigt wird, umso tödlicher seine Wirkung.[10]

Hat sich die Angelegenheit damit nicht schon erledigt? Beruht die männliche Überlegenheit nicht allein auf Muskelkraft? Hat also Jordan B. Peterson recht mit seiner These, dass wir «schon ewig in einer Dominanzhierarchie» leben, die zu den «quasi ewigen Funktionsprinzipien» der Natur gehöre?[11] Ist das Problem der Ungleichheit also bereits in der «Physiologie der Geschlechter» angelegt? Um es mit dem Soziologen Günter Dux zu sagen: «Wenn man deren Differenz auf den elementarsten Grund zurückführen will, dann liegt er in dem schieren Umstand, dass Frauen ihre körperliche Eigensphäre und ihre Ansprüche gegen Männer nicht mit ihrer physischen Präsenz, notfalls durch Brachialgewalt durchsetzen können.»[12] Wenn also schon nicht der Herrgott den Männern die Macht verliehen hat, stammt sie dann aus der Hand von Mutter Natur?

Nein. Die Quellen solcher Überlegungen sind uns schon begegnet: der naturalistische Fehlschluss, der fälschlicherweise von einem isolierten Befund in der Wirklichkeit auf ein «So-soll-es-sein» schließt. Und der Umstand, dass Kinder auf diese Weise finalistisch denken: Die starken Männer sind «gemacht, um» zu herrschen. Und sicher steckt auch simple Ideologie dahinter: Die männliche Ordnung soll mit Hilfe quasiwissenschaftlicher Argumente stabilisiert, die feministischen Ansprüche zurückgewiesen werden und die Frau doch bitte am Herd bleiben oder endlich dorthin zurückkehren.

Aber allein weil Männer stärker sind und eher Gewalt anwenden, um ihre Ziele zu erreichen, führt das erstens nicht automatisch zu einer Gesellschaft, in der sie dauerhaft dominieren, und zweitens schon gar nicht zu einer, die Frauen erdulden müssten. Auch wenn patriarchale Verhältnisse die jüngere Vergangenheit bestimmten, sind sie keine Universalie. In diesem Kapitel werden wir also zeigen, dass eine unzulässige Biologisierung der Geschlechterverhältnisse sowohl die Komplexität des Sozialverhaltens der Tiere als auch die kulturelle Plastizität des menschlichen Verhaltens gewaltig unterschätzt. Physische Stärke allein reicht nicht, um Herrschaft herbeizuführen, geschweige denn sie dauerhaft zu begründen. Das sehen auch Soziologen so.[13] Der Konflikt zwischen den Geschlechtern, der auf unterschiedlichen Fortpflanzungsinteressen beruht, führt zu einer dynamischen Interaktion zwischen Strategien und Gegenstrategien. In diesem Wettrüsten wird in der Regel ein gewisses Gleichgewicht erreicht.

Warum Stärke nicht Macht ist

Starten wir mit der Verhaltens- und Evolutionsbiologie, um das Verhältnis von Kraft und Macht zu inspizieren. Wie die Anthropologin Rebecca Lewis aufzeigte, kann Macht unter Tieren drei Quellen haben: Kraft, Hebelwirkung und Allianzen.[14] Kraft basiert auf simpler Muskelstärke. Geschlechtsspezifische Unterschiede sind, wie wir gesehen haben, auf die sexuelle Selektion zurückzuführen. Stärke ist aber nun mal auch unter Tieren nicht alles. Verhaltensbiologen haben Belege für eine Art Hebelwirkung gefunden («Leverage»), also für die Fähigkeit, das Verhalten der anderen mit gewaltlosen Mitteln, die als Hebel funktionieren, zu beeinflussen. Etwa, weil man über etwas verfügt, das begehrenswert ist, sich aber kaum mit Gewalt nehmen lässt. Bei vielen Affenarten kommt es beispielsweise zu einer markanten Veränderung des Machtverhältnisses, wenn die Weibchen paarungsbereit sind. Plötzlich sind es die Männchen, die das Fell der Weibchen pflegen, obwohl sie sich normalerweise kaum darum kümmern.[15] Das Machtgleichgewicht verschiebt sich auch, sobald ein alternativer Partner auf der Bühne erscheint: Dann muss das angestammte Männchen sich ins Zeug legen, das Weibchen zu halten.[16] Dieser Leverage-Effekt, der die eigene Position stärkt, sobald man über etwas verfügt, von dem andere profitieren möchten, lässt sich in Experimenten bestätigen. Trainiert man zum Beispiel einen rangniedrigen Affen, für den sich zuvor niemand interessierte, darauf, einen Futterspender zu bedienen, kommt dieser Nobody fortan in den Genuss bester Fellpflege von allen Seiten.[17]

Die dritte Quelle tierischer Macht sind Allianzen: Das schwächere Geschlecht gewinnt die Oberhand, indem es sich mit seinesgleichen verbündet. Bei vielen Primaten erhalten Weibchen, die von Männchen ungewollt behelligt werden, Unterstützung von anderen Weibchen. Und zwar nicht nur, weil diese Weibchen häufig miteinander verwandt und daher geneigt sind, sich gegenseitig zu helfen. Alle Weibchen haben schließlich ein gemeinsames Interesse daran,

Machos in die Schranken zu weisen, sodass sie bereit sind, dafür ein Risiko in Kauf zu nehmen, und sich gegenseitig unterstützen. Zuweilen gelingt es einer weiblichen Koalition sogar, die Männchen zu dominieren. Denen bleibt dann nichts, als sich zu unterwerfen. Von wegen unkooperativ! Frauenpower ist alles andere als eine neue Erfindung.

Welches Geschlecht mächtiger ist, hängt also vom Verhältnis der drei Faktoren zueinander ab: Der Stärke der Männchen stehen Hebeleffekte der Weibchen gegenüber, die meist auf der Sexualität beruhen, sowie jene Macht, die aus Allianzen entspringt. Das daraus resultierende delikate Gleichgewicht stellt auch für menschliche Geschlechterbeziehungen gewissermaßen die biologische Ausgangssituation dar, auf die dann kulturelle Einflüsse einwirken.

Es dürfte jetzt keine große Überraschung mehr sein: Bei paarweise lebenden Tierarten, bei denen Männchen und Weibchen etwa gleich groß sind, und das gilt auch für viele Primaten, dominieren oft die Weibchen. Sie verdrängen die Männchen von den Futterquellen und zwingen diese dazu, ein unterwürfiges Verhalten zu zeigen. Sie sind eifriger auf Nahrung aus und eher bereit, dafür zu kämpfen. Schließlich müssen sie ihre Babys ernähren.[18]

Doch selbst dort, wo die Männchen größer sind, können Weibchen dominant sein, indem sie auf Hebelwirkungen und Allianzen setzen. Artvergleiche zeigen, dass auch dann, wenn Männchen deutlich größer sind als Weibchen, es passieren kann, dass sich das Gleichgewicht zu ihren Ungunsten verschiebt.[19] Es gibt keine eindeutige Obergrenze, erst wenn der Unterschied bei über fünfzig Prozent liegt, haben die Weibchen kaum noch eine Chance. Zur Erinnerung: Bei uns sind Männer zwanzig Prozent schwerer, aber ihre Körper sind bedeutend muskulöser, manche von ihnen können also in Reichweite der kritischen Schwelle kommen.

Ein gut dokumentiertes Beispiel für das delikate Spiel der Mächte, das wir aus eigener Forschung kennen: Einer von uns studierte mit seinem Team Grüne Meerkatzen in Südafrika, wo diese in Gruppen von bis zu fünfzig Tieren leben. In dieser Art sind die Männchen um etwa fünfzig Prozent größer als die Weibchen. Trotzdem dominieren die Schwächeren die Stärkeren. Der Grund dafür ist klar: Sobald Weibchen Koalitionen bilden, spielen sie ihre Macht gegenüber Männchen aus! Dann verweigern sie – wie in der antiken Komödie «Lysistrata» des Aristophanes – den Sex oder greifen die Männchen an, beispielsweise wenn diese sich vor einem Konflikt mit der Nachbargruppe drücken.[20]

Warum bilden Weibchen dann nicht innerhalb aller Affenarten Koalitionen? Der Clou: Bei den Weibchen der Grünen Meerkatzen ist der Eisprung verborgen.[21] Die Männchen sind ahnungslos, was die fruchtbaren Zeiten der Weibchen angeht. Da also die Chancen bei jeder Paarung gering stehen, kontrollieren die Männchen die Weibchen nicht so, wie das bei Arten der Fall ist, bei denen zu erkennen ist, wann die sensiblen Momente nahen. Mehr noch: Sie profitieren davon, wenn sie die Weibchen in allen Belangen unterstützen, um keinesfalls abgewiesen zu werden.[22]

Bonobos, die mit den Schimpansen zu unseren engsten Verwandten gehören, haben diesen Prozess bis zum Ende getrieben. Der Sexualdimorphismus ist in den beiden Arten ungefähr gleich: Männchen können über ein Drittel schwerer sein als die Weibchen.[23] Bonoboweibchen haben aber einen verborgenen Eisprung,[24] erleben pro Empfängnis viele Menstruationszyklen (oder das, was von außen wie solche Zyklen aussieht) und paaren sich auch während Schwangerschaft und Stillzeit, also in Zeiten, in denen eine Befruchtung nicht oder nur sehr unwahrscheinlich möglich ist. Feldstudien zeigen, dass erwachsene weibliche Bonobos mehr als ein Viertel der Zeit sexuell aktiv sind – viel länger also als die meisten anderen Primatenarten – und sich viele Male am Tag paaren, sodass jede Empfängnis von rund tausend Kopulationen begleitet wird.[25] Ein Männchen kann sich für eine bestimmte Empfängnis Hunderte Male mit einem bestimmten Weibchen gepaart haben. Da also die Befruchtungschancen bei jeder Paarung so minimal sind, kämpfen die Männchen viel weniger um die Weibchen als bei ihrer Schwesterart, den Schimpansen. Weil sich Bonoboweibchen bei Konflikten mit Männchen gegenseitig unterstützen, können diese die Weibchen nicht gegen ihren Willen bewachen, und da sie keine Ahnung vom Zeitpunkt des Eisprungs und damit vom besten Moment haben, gibt es auch keinen Anreiz, das zu versuchen.

Die Folge: In den Bonobo-Gesellschaften dominieren die kleineren Weibchen durch ihre Koalitionsmacht die körperlich stärkeren Männchen und verdrängen diese von den Nahrungsquellen. Wenn ein Männchen einen Affen erbeutet, landet der bei einem Weibchen, das die Verteilung des Fleisches vornimmt – das Gegenteil von dem, was wir bei Schimpansen sehen. Tatsächlich sind manche Bonoboweibchen so mächtig, dass dominante Mütter ihren Söhnen einen massiven Vorteil im Paarungsspiel verschaffen, indem sie die sexuell attraktiven Weibchen für sie bedrängen und mögliche männliche Konkurrenten ihrer Söhne schikanieren. Mütter spielen bei Schimpansen keine solche Rolle.[26]

Und wie geht es bei denen zu? Schimpansenmännchen sind alles andere als friedlich. Sie jagen häufig gemeinsam Affen und bekämpfen benachbarte Gruppen, wobei sie auch fremde Schimpansen töten, sobald sie das Überraschungsmoment auf ihrer Seite haben und zahlenmäßig deutlich überlegen sind. Jane Goodalls Bericht vom «Schimpansenkrieg» in Gombe, in der sich zwei Gruppen jahrelang befehdeten, bis eine am Ende ausgelöscht war, hat nicht nur die Fachwelt schockiert.[27]

Wir sahen schon, dass die natürliche Auslese die weiblichen Schimpansen nicht mit einem verdeckten Eisprung ausgestattet hat, zudem sind sie auch nur an etwa fünf Prozent der Tage sexuell aktiv. Der Grund? Sie leben in Regionen, in denen es schlicht nicht genug Nahrung gibt, um es sich leisten zu können, zu viel Zeit mit den Männchen zu verbringen.[28] Deshalb ist die weibliche Sexualität bei den Schimpansen ein viel knapperes «Gut» als bei den Bonobos, was wiederum die Konkurrenz anheizt. Die Konsequenz? Gewalt. Schimpansenmännchen sind sowohl untereinander als auch gegenüber den Weibchen deutlich brutaler als Bonobos, obwohl der Größenunterschied zwischen Männchen und Weibchen ungefähr der gleiche ist. Bei Schimpansen dominieren daher die Männchen und schüchtern die Weibchen ein. Wir sehen, der ausschlaggebende Faktor für Dominanz ist nicht die körperliche Überlegenheit.

Die beschriebenen Fälle liefern die folgenden Regeln für Weibchen, um Macht über Männchen zu gewinnen, selbst wenn Letztere deutlich stärker sind. Erstens ist da der verdeckte Eisprung, der zur Folge hat, dass die Geschlechter viel Zeit miteinander verbringen und die Weibchen ihren «Hebel» Sexualität einsetzen können. Zweitens verbünden sich die Weibchen und bilden Koalitionen. Beides verhindert, dass Männchen das tun, was sie bei promiskuitiven Altweltaffen sonst stets tun: die Weibchen dominieren und sexuellen Zwang ausüben.

Viele Forscher gehen davon aus, dass die ersten unserer zweibeinigen Vorfahren eher Schimpansen ähnelten als Bonobos.[29] Dennoch nähern sich heutige Menschen sehr den Bedingungen für die Aufhebung männlicher Dominanz an: Menschenmänner sind zwar individuell stärker und größer als Frauen, aber der Unterschied liegt eher im Bereich der Meerkatzen oder Bonobos als jenem der Gorillas oder Orang-Utans, wo die Männchen rund doppelt so groß sind und deutlich dominieren. Menschenfrauen indes haben eine Reproduktionsphysiologie, welche der der Bonobos ähnelt, verborgener Eisprung inklusive. Und auf zusätzliche weibliche Hebelwirkung durch die Entwicklung der Arbeitsteilung kommen wir bald zu sprechen. Leider können wir nichts Definitives darüber sagen, ob Frauen in unserer evolutionären Vergangenheit effektive Allianzen zu schmieden vermochten, die Fähigkeit dazu besaßen sie auf jeden Fall. Hätten unsere Vorfahren die strenge Monogamie erreicht, die bei einigen Primaten wie Gibbons zu beobachten ist, wären die Geschlechterkonflikte noch deutlich geringer geworden, und es hätte sich womöglich eine Tendenz zu weiblicher Dominanz herausgebildet, wie bei den meisten monogamen Spezies heute.[30]

So weit die Biologie: Wahrhaft ausgewogene Machtverhältnisse mögen in unserer Spezies vielleicht nicht angelegt und nur mit Hilfe von weiblichen Koalitionen zu erreichen sein, aber diese Logik zeigt doch, dass die Biologie uns auf weitaus harmonischere Machtverhältnisse vorbereitet hat, als wir aufgrund der Geschlechterdiskrepanz in Größe und Stärke und vor allem der patriarchalen Verhältnisse der letzten Jahrhunderte erwarten würden. Das Klischee des Steinzeitmachos, der seine Frau an den Haaren in die Höhle schleppte, könnte also verkehrter nicht sein.

Zugleich bedeutet das: Wo Frauen effektive Allianzen bilden und die Paarbindungen schwächer sind, führt das in Richtung weiblicher Macht. Mag diese Prognose auch überraschen, können wir konstatieren: solche Gesellschaften existieren tatsächlich. Ethnographen haben seit langem gezeigt, dass schon die nomadischen Forager sehr ausgewogene Machtverhältnisse zwischen den Geschlechtern besaßen. Vor allem aber haben sie gezeigt, dass eine bestimmte Form der Subsistenzwirtschaft – die der Horticulturalists, jene Kulturen, die eine einfache Form des Gartenbaus betrieben – mit matrilinearen Gesellschaften einherging, in denen Frauen bedeutendere Positionen innehatten als Männer. Das sollten wir uns nicht entgehen lassen. Beginnen wir bei den Jägern und Sammlern.

Geschlechter im Gleichgewicht

Selbst wenn man die Prämisse nicht teilt, dass uns die nomadischen Jäger und Sammler der letzten zweihundert Jahre Hinweise geben können, wie wir vor der Erfindung der Landwirtschaft lebten und unser soziales Leben organisierten, so beweist deren Existenz doch, wie viele Lebensformen unter Menschen grundsätzlich möglich sind. Und damit eben auch: Patriarchat ist kein Schicksal.

Wie also gestaltet sich das Verhältnis von Frauen und Männern bei Jägern und Sammlern? Wir müssen zwei Sphären betrachten, in denen das Spiel der Macht ausgetragen wird. Zunächst jene des privaten Bereichs, in dem die direkten Interaktionen stattfinden. Die zweite ist der öffentliche Bereich, in dem nicht zuletzt die politischen Entscheidungen der Gemeinschaften stattfinden. Völlig getrennt sind die beiden Sphären nicht, im Gegenteil.

Innerhalb der Paare gibt es eine gewisse Symmetrie. Männer sorgen als Jäger für besonders geschätzte Nahrung – und das macht sie populär in der Gruppe –, aber sie tun das angesichts wechselnden Jagdglücks eher unzuverlässig. Frauen hingegen schaffen jeden Tag Nahrung heran. Es gibt also keinen offensichtlichen Ernährer (es sei denn, man geht nach Verlässlichkeit, dann sind es die Frauen). Beide Partner leisten ihren Beitrag und stehen damit in gegenseitiger Abhängigkeit voneinander. Der Leverage-Effekt, also die Hebelwirkung, den diese sexuelle Arbeitsteilung bietet, weil ihr Beitrag unersetzlich ist, gewährt den Frauen ein gehöriges Maß an wirtschaftlicher Autonomie: Sie sind den Männern nicht ausgeliefert, insbesondere wenn sie in der Nähe von Verwandten leben, die aushelfen können. Die Anthropologin Eleanor Leacock bemerkte dazu, dass unter Jägern und Sammlern nichts existiere, das «eine besondere Achtung Männern gegenüber notwendig machte».[31]

Die ethnographischen Berichte stützen das. Karen Endicott fand viele Beispiele für ein nahezu ausgeglichenes Machtverhältnis zwischen den Geschlechtern.[32] Patricia Draper bemerkte, dass «die !Kung-Gesellschaft vielleicht die am wenigsten sexistische ist, die wir je erlebt haben».[33] Obwohl die Hadza als nomadische Forager leben, heiraten Hadza-Frauen manchmal Bauern aus der Nähe. Doch das geht meistens schief, weil «Hadza-Frauen zu unabhängig sind, um die Art von Behandlung zu ertragen, die ihnen von Nicht-Hadza-Männern zuteilwird».[34] Solche Beobachtungen zeigen sich nicht nur bei heutigen Jägern und Sammlern, die von dominanten Kulturen umgeben sind und von diesen beeinflusst worden sein könnten: Einer der frühesten Berichte über die kanadischen Montagnais-Naskapi stammt von einem Jesuitenpater aus dem 17. Jahrhundert, der feststellte, dass diese so durch und durch egalitär waren, dass Männer nie versuchten, ihre Frauen zum Gehorsam zu bewegen, oder gar sexuelle Treue von ihnen forderten. Der Kleriker romantisierte sich hier keine edlen Wilden: Im Gegenteil, er machte deutlich, dass er solche Gewohnheiten zutiefst beargwöhnte.[35]

Gegen diese Argumentation ließe sich einwenden: Auch bei den nomadischen Jägern und Sammlern trete doch Polygynie auf – ein sicheres Zeichen männlicher Dominanz! Das stimmt, doch der Prozentsatz variiert und liegt im Durchschnitt bei niedrigen fünf Prozent der Männer, die eine zweite (in ganz seltenen Fällen eine dritte) Ehefrau haben.[36] Das Dominanz-Argument schwächt sich zudem erheblich ab, sobald man die Situationen genauer betrachtet, in denen es zu Polygynie kommt. Einmal nämlich dort, wo Männer Mangelware geworden sind, etwa durch Jagdunfälle oder Nachbarschaftskonflikte.[37] Und zweitens, und das ist sehr spannend: in Gesellschaften, in denen die Frauen größtenteils ihren eigenen Lebensunterhalt bestreiten, wo sie also am wenigsten abhängig von einem Mann sind. Dann können sie ihre Gatten aufgrund anderer Kriterien wählen als nach der Fähigkeit, sie und die Kinder mit Fleisch und Honig zu unterstützen.[38] Der Kontrast zu Bauern oder Viehhaltern könnte größer nicht sein. Dort sind es die reichsten Männer, die mehrere Ehefrauen haben, weil sie Ressourcen kontrollieren und damit auch Frauen monopolisieren, die keine Wahl haben. Die flexiblen Muster bei den Jägern und Sammlern unterstreichen einmal mehr, dass Polygynie die Ausnahme und nicht unser angestammtes Paarungssystem war (dieses aber durchaus viele Optionen offenhielt).

Es überrascht nicht, dass unter den komplexen Foragern, die sesshaft lebten und Hierarchien ausbildeten, die Männer die Frauen viel eher dominierten und auch häufiger polygyn verheiratet waren. Als Regel lässt sich festhalten: Wo die wirtschaftliche Ungleichheit zunimmt, steigt die männliche Dominanz. Unter egalitären Verhältnissen dagegen waren die ökonomischen Rollen von Frauen und Männern auf Gegenseitigkeit angelegt, was die sogenannte Hebelwirkung der Frauen verstärkte. Dadurch waren sie ebenso unersetzlich wie ebenbürtig.[39]

Wie bereits erwähnt, bleibt auch bei Jägern und Sammlern ein

Risiko des Missbrauchs oder anderer Formen von Zwang aufgrund der größeren männlichen Stärke gegeben. Aber selbst hier ist die Machtbalance zwischen den Geschlechtern ausgeglichener, als man erwarten würde. Heirats- und Scheidungsentscheidungen eines Paares können durch die jeweiligen Eltern beeinflusst werden, doch ließ sich deren Rat in den allermeisten Forager-Gesellschaften auch ignorieren.[40] Den Mann zu verlassen, ist daher immer eine Option für die Frau; insbesondere bei Misshandlungen. Infolgedessen ist das Machtgleichgewicht vielleicht nie in perfekter Harmonie, aber es neigt sich eben auch nicht zu sehr auf die Seite des Mannes.

Wenn wir uns der zweiten, der politischen Ebene zuwenden, stellen wir fest, dass die Dinge nicht so anders gelagert sind. Wie auch? Der private Bereich ist vom öffentlichen Bereich kaum zu unterscheiden; die Gruppen sind klein, und die dünnen Wände der einfachen Unterkünfte – wenn es die überhaupt gibt – bedeuten, dass jeder über jeden alles weiß.[41] Gesellschaften von nomadischen Foragern mögen «akephal», also ohne politisches Haupt, und damit egalitär organisiert sein, auch werden ihre Entscheidungen oft nach endlos langen Beratungen auf durch und durch demokratische Weise getroffen, aber das bedeutet auch nicht, dass jedes Individuum denselben Einfluss besäße – die Meinungen angesehener Personen haben mehr Gewicht. Reputation ist es, was zählt. Und Reputation verdankt sich der Erfahrung und des vorbildlichen Einsatzes, als guter Jäger, erfolgreiche Heilerin, gerechte Schiedsrichterin, inspirierter Schamane. Sie repräsentieren das überlebenswichtige Wissen, sie sind das lebende kollektive Gedächtnis. Im Durchschnitt wird Männern tendenziell zwar mehr Reputation eingeräumt, aber es gibt genügend Fälle, in denen die prestigeträchtigste Person einer Gruppe eine Frau ist.[42]

Wichtig: Prestige ist nicht gleichbedeutend mit Dominanz und Stärke. Im Gegenteil, der Anthropologe Christopher Boehm hat gezeigt, dass Jäger und Sammler jene Individuen, die in dieser Hinsicht über die Stränge schlugen, sich also noch als alte Primaten-Bullys aufzuspielen versuchten, von den anderen Gruppenmitgliedern diszipliniert, mitunter sogar ausgeschlossen wurden, wenn nicht Schlimmeres.[43] Um es auf den Punkt zu bringen: Menschen stehen nicht deshalb hoch im Ansehen der anderen, weil sie mit Gewaltanwendung drohen können. Sondern weil sie etwas haben, von dem die anderen profitieren: überlegenes Wissen, reiche Erfahrung, besondere Talente. Das verschafft ihnen Macht, Einfluss, das macht sie attraktiv. Auch das ist der Leverage-Effekt, die Hebelwirkung – und der hängt weder an Sex noch Gender.

Natürlich ist es für moderne Städte- und Staatsbewohner wie uns praktisch unmöglich, sich in die Köpfe mobiler Jäger und Sammler zu versetzen; doch ein für uns relevanter Punkt lässt sich herausstellen: Sie alle teilen den Respekt vor der Autonomie des anderen. Das bedeutet, dass es ihnen einfach nicht in den Sinn kommt, zu versuchen, jemanden zu dominieren oder zu bestimmten Handlungen zu zwingen. «In bemerkenswertem Maße können die Einzelnen machen, was sie wollen», stellt der Anthropologe Frank Marlowe fest.[44] Diese Haltung gilt sogar für Kinder. Jared Diamond berichtet von Enu, der im Alter von fünf Jahren seine Familie verließ und zu einem anderen Stamm in Neuguinea wechselte. Dort «ging man davon aus, dass auch kleine Kinder für ihr Handeln selbst verantwortlich sind, und sie durften mehr oder weniger tun, was sie wollten. Wenn beispielsweise ein Baby neben einem Feuer spielte, griffen die Eltern nicht ein.» Entsprechend viele Brandnarben besaßen Erwachsene.[45] Kinder werden ermutigt, manchmal von den Eltern gescholten, aber im Wesentlichen als autonome Wesen respektiert; wenn sie bestraft werden, dann meist von Gleichaltrigen.[46]

Der Grund für diesen gegenseitigen Respekt liegt in der fundamentalen Bedeutung des Teilens: alle sind voneinander abhängig; das Netz des gegenseitigen Gebens und Nehmens ist die Lebensversicherung aller. Je tragfähiger es ist, umso besser werden auch schwierigste Zeiten überstanden. Verschwindet diese Interdependenz, das Sharing and Caring, ändern sich auch die Geschlechterbeziehungen. Das geht oft auf Kosten der Frauen, aber das muss nicht zwangsläufig der Fall sein. Um diese These zu untermauern, wenden wir uns nun Beispielen zu, in denen sich die Waagschale deutlich zugunsten der Frauen neigte. Die Plastizität menschlicher Kultur mag nicht unbegrenzt sein, enorm ist sie immerhin.

Wo Männer das schwache Geschlecht sind

Wir greifen hier zwar ein wenig vor, denn dem wohl größten Einschnitt in der Geschichte der Menschheit, dem Übergang vom nomadischen zum sesshaften Leben und dessen Auswirkungen auf das Geschlechterverhältnis, werden wir uns später genauer, dann auf die archäologischen Befunde gestützt, widmen. Da wir hier aber noch aus einer biologisch-ethnographisch fundierten Perspektive den Mythos der männlichen Überlegenheit dekonstruieren möchten, um zu zeigen, dass starke Männer mitnichten untergeordnete Frauen implizieren, wollen wir kurz auf eine der neuen Formen des Lebensunterhalts fokussieren.

Wie des Öfteren in diesem Feld gibt es auch hier keinen guten deutschen Begriff: Im Englischen spricht man von Horticulturalists, «Gartenbaukulturen» oder «Gartenwirtschaft» klingen im Deutschen immer seltsam nach Schrebergarten. Gemeint ist dabei eine Form des Wanderfeldbaus, bei dem mit einfachen Hacken kleine Parzellen bearbeitet werden, um verschiedene Pflanzen zu kultivieren, auch Früchte tragende Bäume werden gezielt gepflegt; gesammelt und vor allem gejagt wird weiterhin. Die Erträge sind niedrig, die meisten Produkte werden nach Bedarf geerntet, sodass es nur wenig zu lagern gibt. Handelbare Überschüsse werden keine erwirtschaftet, das Land befindet sich im Besitz aller. Klingt nach dem Paradies heutiger Selbstversorger.

Unter den Horticulturalists finden sich die wenigen noch verbliebenen matrilinearen Gesellschaften.[47] Deren Hauptmerkmal ist, dass der geringe Besitz in der weiblichen Linie weitergegeben wird. Die Kinder erben von ihren Müttern. Was auch immer ein Vater geleistet hat – seine Kinder gehen leer aus, alles geht an den Nachwuchs seiner Schwester. In diesen kleinräumigen Gesellschaften gibt es keine Häuptlinge und keine Elite. Wir müssen hier leider auf eine genauere Analyse der sozialen und ökologischen Bedingungen verzichten, wie es zu diesen matrilinearen Gesellschaften kam;[48] immerhin machen sie ein Zehntel der weltweit bekannten Kulturen aus, früher könnten sie viel häufiger gewesen sein.[49]

Dieses aus westlicher Perspektive ungewöhnliche System, das oft zum «Avunkulat» führt, bei dem der Bruder der Mutter, der Onkel, die soziale Vaterschaft der Kinder übernimmt,[50] geht mitunter sogar mit einer «Besuchsehe» («Walking Marriage») einher, in der Männer weiter bei ihren weiblichen Verwandten leben und ihre Frauen nur über Nacht besuchen. Das macht es ihnen praktisch unmöglich, sich stark in die Erziehung ihrer Kinder einzubringen – geschweige denn die Sexualität der Frauen zu kontrollieren.[51]

Die Gemeinschaften sind weitgehend sesshaft, allenfalls die Anbauflächen werden alle paar Jahre gewechselt. Da aber, anders als bei den komplexen Foragern, keine nennenswerten Reichtümer angehäuft werden, es folglich auch nichts zu verteidigen gibt, gehen die Männer weiter auf die Jagd, müssen sich dafür aber auf längere Expeditionen begeben, um Beute zu finden – in der Nähe der Dörfer sind die Wildbestände bald erschöpft. Das eröffnet den Frauen weitere Spielräume. Zumal sie den Großteil der Nahrungsmittel produzieren und wirtschaftlich weitgehend unabhängig von den Männern sind. Die Frauen arbeiten eng zusammen und teilen sich die Ernte. Gerade weibliche Verwandte sind hilfreich, was die Matrilokalität – erwachsene Töchter bleiben bei ihren Müttern, statt für die Heirat wegzuziehen – stark begünstigt.[52]

Die ethnographischen Daten sprechen eine deutliche Sprache: In matrilinearen Gesellschaften ist die Gleichberechtigung der Geschlechter und damit die Gleichheit überhaupt am stärksten ausgeprägt: keine Person oder kein Geschlecht trifft alle Entscheidungen.[53] Ehen sind leicht zu schließen und zu lösen. Oft sind sie so offen, dass Ethnographen sie als völlig unsicher in Bezug auf die Vaterschaft einstufen.[54] Es ist nicht überraschend, dass einige matrilineare Kulturen Abstammungsvorstellungen entwickelten, welche die männliche Rolle bei der Empfängnis herunterspielten oder sogar leugneten.[55] Auch das bereits vorgestellte Konzept der geteilten Vaterschaft, Partible Paternity, taucht in diesem Kontext auf. Auch vorehelicher Geschlechtsverkehr ist üblich und wird toleriert,[56] aber das war schon bei den nomadischen Jägern und Sammlern die Regel. Kurz: Die wirtschaftliche Autonomie der Frauen schlägt sich in sexueller Autonomie nieder.

Alle die Gesellschaft betreffenden Entscheidungen werden kollektiv getroffen, sodass das System grundsätzlich egalitär war, weiter galt das Reputationsprinzip. Das mitunter verwendete Etikett «matriarchal» im Sinne von Frauenherrschaft ist also fehl am Platz. Auch der sexuelle Zwang durch Männer ist in matrilinearen Sozialsystemen stark reduziert. Wie sehr, darüber streitet die Forschung: Wo die einen die Situation als schwarz weiß sehen und postulieren, Vergewaltigung komme niemals vor, erkennen andere Grautöne und lehnen solch pauschale Urteile ab. Trotzdem ist die Ethnographie sich einig, dass Vergewaltigung in matrilinearen Gesellschaften viel seltener vorkommt als in jeder anderen agrarischen Gesellschaft.[57]

Zweifellos gibt es auch in matrilinearen Gesellschaften gewalttätige Männer, meist ist Eifersucht im Spiel;[58] doch sie kommen damit nicht durch: Die Frau wird sich von einem solchen Mann scheiden lassen, oder die Abstammungslinie der Frau wird ihn fortschicken – was er akzeptieren muss, da ihm männliche Verbündete fehlen und Männer als Söhne und Brüder wichtiger sind denn als Ehemänner.[59] Bemerkenswerterweise geht in matrilinearen Gesellschaften auch der Größendimorphismus tendenziell zurück, also die Differenz zwischen männlicher und weiblicher Körpergröße.[60] Hier schlägt die kulturell veränderte ökologische Situation auf die Biologie zurück.

Ohneeinander geht es nicht

Die Lehre der Biologie lautet also: Von einer immerwährenden Überlegenheit der Männer aufgrund physischer Stärke kann keine Rede sein. Das ist ein Mythos. Männer sind stärker und die Frauen deshalb das schwache Geschlecht? Nein, das ist Kinderdenken, das sich fehlenden biologischen Kenntnissen verdankt.

Die Machtverhältnisse werden viel stärker durch Faktoren der Ökologie, des Lebensunterhalts und der damit einhergehenden sozialen Organisation bestimmt. Wo immer Frauen wirtschaftlich autonom sind, und vor allem, wo sie Allianzen schließen, unterbinden sie Macho-Gehabe in Familie und Öffentlichkeit. Das Resultat war in der Vergangenheit ein delikates Gleichgewicht, das stets einigen Aufwand erforderte, um erhalten zu bleiben. Dazu brauchte es Geschick, List, auch Streit, doch immer war das Bewusstsein dafür vorhanden, dass die gegenseitige Abhängigkeit entscheidend war. Zerbrach nämlich diese Interdependenz des Sharing and Caring, liefen die Gesellschaften Gefahr, auf der Strecke zu bleiben. Ohneeinander geht es nicht.

Die auf Gleichheit basierende Balance der Geschlechter, die auch die Grundlage bildete für das Cooperative Breeding, war das Erfolgsrezept des *Homo sapiens.* Auf diese Weise lebten unsere Vorfahren mindestens zwei, drei Jahrhunderttausende lang (vielleicht auch schon bedeutend länger) – und eroberten damit noch die unwirtlichsten Regionen des Planeten.

Warum nur gaben sie das auf? Was geschah, dass sie bestens bewährte Verhaltensstrategien über den Haufen warfen und auf eine Weise zu leben begannen, die für Frauen miserabel, aber auch für viele, wenn nicht sogar die meisten Männer eine Qual war? Das ist die Frage, der wir uns in den nächsten Schritten zuwenden werden, um das Entstehen der patriarchalen Matrix nachzuvollziehen. Dort werden wir uns weniger auf Biologie und Ethnographie stützen, dafür mehr auf die Archäologie. Spannend bleibt es trotzdem.

Halten wir an dieser Stelle fest: Das Leben als Jäger und Sammler war sicher auch nicht das erstrebenswerteste – aber was die Beziehung von Frauen und Männern anging, war es im Vergleich zu dem, was kommen sollte, ein Paradies.

SCHRITT 4: DER TATSÄCHLICHE SÜNDENFALL

Einmal zur falschen Frucht gegriffen? Nein, so einfach war das nicht. Um zu verstehen, was wirklich zur Ungleichheit von Frauen und Männern führte, müssen wir zunächst einige ideologische Altlasten wie die Ideen von Matriarchat oder Fortschritt aus dem Weg räumen. Danach haben wir freie Sicht auf die fundamentalste Verhaltensänderung in der Menschheitsgeschichte und können beobachten, wie uns die Frauen durch schwierige Zeiten brachten, dafür aber einen hohen Preis bezahlen mussten. Anschließend machen wir uns daran, ein ebenso mysteriöses wie durchaus makabres Steinzeitpanorama zu inspizieren und zu rekonstruieren, was die Männer beim Versuch, die neuen Herausforderungen zu meistern, auf gefährliche Strategien setzen ließ. Schließlich zeigen wir, wie die zentrifugalen Kräfte, welche die Geschlechter erfassten, dafür sorgten, dass Frauen und Männer religiös in verschiedene Sphären abdrifteten.

7 Fortschritt? Matriarchat? Große Göttin?

Nette Ironie unseres Ausflugs in die Biologie: Die patriarchalen Verhältnisse der letzten Jahrtausende und der weibliche Widerstand dagegen sind der beste Beweis, dass die Biologie nicht deterministisch wirkt. Ansonsten müsste es unter unseren Vorfahren zugegangen sein wie bei den Gorillas, wo ein Silberrücken sich einen Harem hält. Oder wie bei Mantelpavianen mit ihren Paschas, die sich die Weibchen mit einem Biss in den Nacken gefügig machen.[1] Doch haben wir in den vergangenen Kapiteln gesehen, dass die Umstände, unter denen sich die Evolution unserer Gattung für eine, vielleicht auch zwei Millionen Jahre vollzog, ganz andere waren. Und zwar so sehr, dass die jüngste Episode männlicher Dominanz, diese kaum eine Handvoll an Jahrtausenden, die als menschliche Zivilisation gefeiert werden, als «Anomalie»[2] erscheint.

Schon hier können wir die bereits mehrfach verheißene gute Botschaft bestätigen: Die Biologie ist nicht schuld! Es kann nur die Kultur sein, welche die Frauen für lange Zeit ins Elend stürzte. Und Kultur ist veränderbar, wenn auch nicht ganz so leicht, wie es viele gerne hätten. Das evolutionäre Erfolgsrezept des *Homo sapiens* war ein Gleichgewicht der Geschlechter, getragen vom Sharing and Caring in unterschiedlichen Variationen. Keine Frage: War diese Balance bedroht, hatte vermutlich eher ein Mann als eine Frau seine Finger im Spiel (aber sicher nicht immer) – doch weder Frauen noch die Gruppen als Ganzes waren wehrlos und mussten das einfach hinnehmen.

Wäre es anders, wären die Männer «von Natur aus» das herrschende Geschlecht, sähe die Welt entsprechend aus. Seit eh und je regierte allerorten das Patriarchat, und die Bibel hätte nicht bereits auf ihren ersten Seiten eine Apologie männlicher Macht liefern müssen. Denn das ist ja das Bemerkenswerte: Selbst in der männerdominierten Welt, in der die Bibelautoren lebten, brauchte es noch eine göttliche Legitimation, um die Frauen in der Defensive zu halten. Wäre es dagegen bei Menschen schon immer so gewesen wie bei den Mantelpavianen, hätten die Bibelautoren lediglich kurz vermerkt: «Am sechsten Tag schuf Gott den Mann zu seinem Bilde und gesellte ihm die Frauen als Sklaven bei», und sich die Apfel-Geschichte geschenkt. Auch gäbe es keine Frauenbewegung, kein bohrendes Gefühl, dass es eine himmelschreiende Ungerechtigkeit ist, wie sich das mit den Geschlechtern verhält.

Die evolutionäre Analyse kommt also zum selben Ergebnis wie die des Feminismus unverdächtige Bibel: Die Unterordnung der Frauen ist das Ergebnis eines historischen Prozesses. Was also ist da geschehen? Was ließ ein Gleichgewicht, das stabil genug war, auch den widrigsten Umständen zu trotzen, plötzlich kippen – und zwar so sehr, dass es noch heute großer Anstrengungen bedarf, es wieder in die Balance zu bringen?

Die Antwort der Bibel lautet bekanntlich: Es handle sich um die Strafe für den Sündenfall. Und damit liegt sie aus einer evolutionären Perspektive nicht einmal so verkehrt: Lassen wir nämlich einmal Gott aus der Geschichte heraus, ergibt sich folgendes Geschehen: Zunächst lebten die Menschen im Garten Eden recht unbeschwert und gleichberechtigt an einem Ort, der ihnen gemäß war. Dann probierte Eva eine Frucht aus, die bisher keine Option für sie war. In der Konsequenz führte das dazu, dass sie und all ihre Nachkommen jenseits von Eden leben mussten unter Bedingungen, für die sie nicht gemacht waren. Dort plagten sich die Menschen damit ab, mühevoll den Acker zu bestellen, im Schweiße ihres Angesichts aßen sie das Brot, und die Frauen waren den Männern untertan und litten unter vielen schmerzhaften Geburten.

Das Buch der Bücher stellt damit die Anfänge der weiblichen Misere in eine Reihe negativer Konsequenzen, die es mit der Landwirtschaft verknüpft. Und damit hat es alles andere als unrecht. Es gab einen Sündenfall in der Geschichte des *Homo sapiens*, infolgedessen die Menschen unter anderen Umständen leben müssen als jenen, an die sich ihre Körper und ihre Psychologie als Anpassungen entwickelt hatten. Nun ist der Begriff «Sündenfall» nicht unbedingt das passende Wort, aber es ist wirklich so, dass wir alle metaphorisch gesprochen jenseits von Eden leben. Und das hängt mit der Innovation der Landwirtschaft zusammen, damit, dass Eva die Initiative übernahm. Bloß gesündigt hat sie nicht – im Gegenteil. Wie Eva tatsächlich die Freiheit verlor, ist Gegenstand dieses vierten Schritts zur Erkenntnis der patriarchalen Matrix.

Bevor wir aber rekonstruieren, wie sich die Machtverhältnisse zuungunsten der Vertreterinnen der Spezies *Homo sapiens* verschoben haben, müssen wir zunächst einige kulturelle Altlasten beiseiteräumen, die verhindern, dass wir die tatsächlichen Geschehnisse in den Blick nehmen können. Als ideologische Produkte der patriarchalen Matrix liefern sie nämlich einen verkehrten Wahrnehmungs- und Interpretationsrahmen und sorgen dafür, um es mit Bourdieu zu sagen, dass «die bestehende Ordnung mit ihren Herrschaftsverhältnissen, ihren Rechten und Bevorzugungen, ihren Privilegien und Ungerechtigkeiten» als selbstverständlich, folgerichtig, ja «sogar natürlich» erscheint.[3]

Es handelt sich dabei um Mythen der Moderne, die bis heute herumspuken. Sie gründen in der Konkursmasse der Genesis-Geschichte, als diese im 19. Jahrhundert an Glaubwürdigkeit verlor. Es entstand ein Vakuum, das mit neuen sinnstiftenden Geschichten gefüllt werden musste, welche nicht zuletzt die herrschenden, das heißt bürgerlich-patriarchalen Verhältnisse stützten.

Das eine ist der Fortschrittsglaube, das andere die Idee des Matriarchats, einer in der Tiefe der Vergangenheit zu verortenden Frauenherrschaft. Sie sind eng miteinander verbunden und reproduzieren die Vorstellung der Zwangsläufigkeit männlicher Vormacht, genau genommen sind es also nur Metamorphosen der Lüge über Eva. Schließlich wenden wir uns in diesem Kapitel auch der Großen Göttin zu und haben das Glück, der patriarchalen Matrix dabei zusehen zu können, wie sie gerade erneut versucht, ihre Nebel aufsteigen zu lassen, als sei es der giftige Odem des Schlangengotts Horon.

Der Glauben an den Fortschritt

Die durch die Aufklärung forcierte Säkularisierung, die Professionalisierung der Wissenschaften, wie auch das, was Forscher aus den neu entdeckten, bald schon kolonialisierten Weltgegenden berichteten, machten es im 19. Jahrhundert immer schwerer, der Bibel zu glauben, dass die Menschheitsgeschichte mit Adam und Eva erst vor gut 6000 Jahren begonnen haben sollte. Aber bis in die 1860er Jahre hinein, so berichtet Friedrich Engels, stand die «historische Wissenschaft ... noch ganz unter dem Einflusse der fünf Bücher Mosis». In Sachen Geschlechterbeziehungen sei man überzeugt gewesen, dass die in der Bibel «ausführlicher als anderswo geschilderte patriarchalische Familienform» die älteste sei und im Prinzip mit der bürgerlichen Familie identisch, «sodass eigentlich die Familie überhaupt keine geschichtliche Entwicklung durchgemacht hatte».[4]

Mit dem Bröckeln des biblischen Weltbildes brauchte es zeitgemäße nichtreligiöse Antworten auf die alten Ursprungsfragen nach der Entstehung der Welt und ihrer Bewohner mit all ihren Merkwürdigkeiten. Nur dass sich dank der neuen geologischen, archäologischen und paläontologischen Erkenntnisse eine Vergangenheit auftat, die schier unermesslich schien. Zugleich präsentierte die sich gerade etablierende Ethnographie eine enorme Vielfalt an Kulturen mit den erstaunlichsten Lebens- und Gesellschaftsentwürfen. Wie war das in den Griff zu bekommen?

Was die nichtgöttliche Herkunft des Menschen anging, war man spätestens seit Charles Darwins *Über die Entstehung der Arten* (1859) auf der richtigen Fährte. Doch die Idee der Evolution war prädestiniert, zu einer Lehre vom stetigen Fortschritt trivialisiert zu werden; wir haben das schon berührt. Es entstand jenes Weltbild, das heute mit dem Terminus «evolutionistisch» bezeichnet wird, der Lehre der ständigen Höherentwicklung des Menschengeschlechts. Besonders folgenreich waren Entwicklungsmodelle wie die des britischen Anthropologen Edward B. Tylor und das seines amerikanischen Kollegen Lewis Henry Morgan: Sie postulierten, dass alle Kulturen Entwicklungsstufen durchlaufen müssen: die der Wildheit, in der die Menschen als Jäger und Sammler lebten, die der Barbarei, in der sie Ackerbau und Viehzucht betrieben, und schließlich die der Zivilisation mit ihren Städten, Staaten und der Schrift.[5] Während in der Wildheit eine schrankenlose Promiskuität herrschte, habe sich in der Barbarei die Polygamie etabliert, bis schließlich als große Kulturleistung der Zivilisation die patriarchale Monogamie in die Welt trat.[6] Deutlich leben hier jüdisch-christliche Vorstellungen weiter: Die Annahme, die Geschichte folge teleologisch einem göttlichen Heilsplan, wandelte sich in säkularisierten Zeiten zum wissenschaftlich gestützten Fortschrittsglauben.

Der Evolutionismus war eine perfekte Legitimation für die westliche «Zivilisation», den für «primitiv» erklärten Rest der Welt zu kolonialisieren; galten in seiner Perspektive doch die neu entdeckten «Wilden» oft gerade der Stufe des Tierseins entwachsen und allenfalls auf jener der menschlichen Kindheit angelangt. Weil alle nichtpatriarchalen Gesellschaften, von denen die Ethnologen berichteten, auch nichtstaatlich waren, konnte es sich bei diesen folglich um nichts anderes als unterentwickelte Stadien der Menschheit handeln.

Der kulturelle Evolutionismus bestimmte auch die Wahrnehmung und Bewertung der Landwirtschaft, teils tut er das als kulturelle Altlast bis heute. Die «Erfindung von Ackerbau und Viehzucht» galt als heroischer Fortschritt, der die Menschen aus der primitiven Wildheit befreit habe. Der Archäologe Vere Gordon Childe (1892–1957) hielt dieses Geschehen für ebenso bedeutsam wie die industrielle Revolution, weshalb er die Einführung von

Ackerbau und Viehzucht als «Neolithische Revolution» bezeichnete: Nach seiner Ansicht waren die Menschen aus der «Ausweglosigkeit der Wildheit» durch «eine ökonomische und wissenschaftliche Revolution» zu «aktiven Partnern der Natur» geworden, während sie vorher nichts als «Parasiten der Natur» gewesen seien.[7] «Parasiten der Natur» – damit sind alle nicht agrarischen Gesellschaften diskreditiert, ihre gesellschaftlichen Entwürfe per se als indiskutabel erklärt.

In den wachstumskritischen 1970er Jahren geriet dieses Modell zunehmend unter Beschuss. Auch dem Anthropologen Marshall Sahlins sind wir schon begegnet. Er erklärte es für falsch, die Jäger und Sammler als «arm» zu bezeichnen, nur weil sie über keine materiellen Besitztümer verfügten. Schließlich besaßen sie genug, um ihre Bedürfnisse zu erfüllen. Vor allem mussten sie nur wenige Stunden am Tag arbeiten, um den Lebensunterhalt zu sichern. Das sei die «ursprüngliche Wohlstandsgesellschaft» gewesen.[8] Jared Diamond spitzte das 1987 zu und bezeichnete die Erfindung der Landwirtschaft als «schlimmsten Fehler der Menschheit», er sei in vielen Wegen «eine Katastrophe gewesen, von der wir uns nie erholt haben».[9] Mit der Landwirtschaft entstand krasse soziale Ungleichheit, von den domestizierten Tieren sprangen Krankheitserreger auf die Menschen über und entwickelten sich zu Seuchen. Sklaverei, Kriege und menschengemachte Katastrophen wie Hungersnöte breiteten sich aus. Harari verbuchte die Vorstellung, der «Übergang zur Landwirtschaft» sei eine «Geschichte von Fortschritt und Intelligenz», unter der Rubrik «Ammenmärchen».[10] Und wir selbst lasen die Bibel als ein *Tagebuch der Menschheit*, welches jene Versuche dokumentiert, mit all den Problemen fertigzuwerden, die durch den so fundamentalen Verhaltenswandel in die Welt gesetzt worden waren. Über weite Teile des Alten und des Neuen Testaments ist die Bibel reines Krisenmanagement. Kurz: die Erfindung von Landwirtschaft und Viehzucht – ein Fortschritt? Eher nicht.

Doch wenn die Folgen von Sesshaftigkeit und Landwirtschaft negativ waren, wenn diese neue Lebensweise nicht erstrebenwert war, wenn es also kein Fortschritt war, den Acker zu bestellen, erst dann tritt die entscheidende Frage in den Vordergrund: Wieso haben sich die Menschen überhaupt darauf eingelassen? Insbesondere die Frauen, deren Schicksal Erniedrigung und Schlimmeres sein würde? Aber auch den meisten Männern erging es nicht sonderlich gut dabei.

So gesehen geraten auch viele sogenannte zivilisatorische Errungenschaften auf den Prüfstand; sie erscheinen nicht mehr als Innovationen, sondern als Improvisationen, das Beste aus einer unbekannten Situation zu machen, ohne abschätzen zu können, wo die Reise hingeht. In einer fortschrittsgläubigen Perspektive dagegen stellen sich die wirklich wichtigen Fragen erst gar nicht! Letztlich legitimierte diese nur den patriarchalen Status quo und die angebliche Überlegenheit des Westens. Die Schlechterstellung der Frauen wird da im besten Fall als Kollateralschaden wahrgenommen, im schlimmsten Fall sogar als Indiz für Zivilisation gewertet. Die Fortschrittsidee gehört also zu jenen kulturellen Altlasten, die verhindern, überhaupt wahrzunehmen, dass da etwas massiv schiefgelaufen ist.

Männerphantasie Matriarchat

Der zweite Mythos, den wir beiseiteräumen müssen, ist einer, der eng mit der Fortschrittsidee verwoben ist, ironischerweise aber in der feministischen Bewegung lange ebenso populär wie umstritten war: Die Rede ist vom Matriarchat, der Frauenherrschaft. «Es ist ein Phänomen, dass Gespräche schlagartig eine neue Wendung annehmen, sobald das Wort ‹Matriarchat› fällt», beginnt die Archäologin Brigitte Röder das Buch *Göttinnendämmerung*. «Konnte man zuvor noch diverse Meinungen nebeneinander stehenlassen, polarisieren sich jetzt die Standpunkte. Sie werden mit einer Verbissenheit verteidigt, als ginge es plötzlich um die eigene Haut, ums Seelenheil – eben ums Ganze.»[11] Wir müssen diesen Mythos gleich aus drei

Gründen ins Visier nehmen: Erstens stellt er eine Transformation des Adam und Eva-Mythos dar. Zweitens verfälscht er die Sicht auf die frühe Landwirtschaft. Drittens ist er maßgeblich für jenes Eva-Tabu verantwortlich, das so lange die Suche nach der Wahrheit über Eva blockierte.

Es ist schon kurios, dass der Name Johann Jakob Bachofen (1815–1887) unauflöslich mit dem Begriff Matriarchat verknüpft ist, obwohl der Schweizer Rechtshistoriker und Altertumswissenschaftler ihn nie verwendet hat. Bachofen sprach von «Gynaikokratie», um jene «Frauenherrschaft» zu beschreiben, die er als frühe Kulturstufe der Menschheit rekonstruieren zu können glaubte. Bachofen gehört zwar nicht, was den Ruhm angeht, zu den «Diskurs-Patriarchen» vom Schlage eines Sigmund Freud, Karl Marx oder Friedrich Nietzsche, trotzdem hat sein Werk eine kaum weniger breite Wirkung entfaltet.[12] Sein 1861 erschienenes Opus magnum *Das Mutterrecht* ist eines der berühmtesten Bücher des 19. Jahrhunderts, obwohl es, wie der Rechtshistoriker Uwe Wesel spottete, von den wenigsten je tatsächlich gelesen worden ist. Die über tausend Seiten sind, so Wesel, ebenso imponierend wie ermüdend.[13]

Das Fundament, auf dem der Altertumsforscher seine These vom Matriarchat als einer allgemeinen Kulturstufe der Menschheit entfaltete, war die romantisch inspirierte, auf Intuition basierende Analyse ägyptischer, vor allem aber griechischer und römischer Mythen. Dort fahndete er nach Belegen für die einstige Frauenmacht, die der Zensur des späteren Patriarchats entgangen seien. Er war überzeugt, dass es die Frauen waren, die zuerst Kultur geschaffen hatten.

Auch Bachofen geht von einer dreistufigen Entwicklungsgeschichte aus, für die der Dualismus der Geschlechter prägend war: Männer und Frauen befinden sich in einem ewigen Widerstreit.[14] Die ursprüngliche Stufe nennt Bachofen «Hetärismus», ein roher und wilder Zustand, der kein Privateigentum kannte: «Auf der tiefsten Stufe des Daseins zeigt der Mensch neben völlig freier Geschlechtsmischung auch Öffentlichkeit der Begattung. Gleich dem Tiere befriedigt er den Trieb der Natur ohne Verbindung mit einem Weibe und vor aller Augen.»[15] Die Männer dominierten aufgrund ihrer physischen Stärke, die Frauen waren der Promiskuität, dem «regellosen Geschlechtsumgang» ausgeliefert – zumindest so lange, bis sie dagegen revoltierten. Die Amazonenkriege führten zur Gynaikokratie, der Frauenherrschaft, die auf dem «Mutterrecht» basierte. Die Ehe mit nur einem Mann schützte die Frau gegen Übergriffe. Das war der erste Schritt aus dem rohen Naturzustand auf eine höhere Stufe der Kultur, oder um es mit Bachofen zu sagen, «ein Fortschritt des Menschengeschlechts», «eine Emanzipation aus den Banden des rohsinnlichen tierischen Lebens».[16] Wie sehr das alles Phantasievorstellungen sind, sollte nach unserem Crashkurs in Sachen Paarungssystem des *Homo sapiens* klar sein. Umso bemerkenswerter, dass manche dieser Ideen bis heute kursieren, etwa die einer grenzenlosen Promiskuität zu Urzeiten.

Erst im Staat, dann in der Familie gelingt es den Männern, den Frauen die Macht zu entreißen. Die Stunde des Patriarchats hat geschlagen. Für Bachofen ist das ein Triumph. Er sieht hier den Übergang «vom Weiblich-Stofflichen zum Männlich-Geistigen, von der weiblichen Natur zur männlichen Kultur, vom Stoff zum Geist».[17] Bachofens Position ist klar: Ohne die Überwindung des Mutterrechts sei die Vorherrschaft des Mannes und des Geistes nicht möglich gewesen. Er lässt, schreibt die Literaturwissenschaftlerin Meret Fehlmann, keine «Zweifel aufkommen, dass der Abschluss und die Krönung der Menschheit im durch die Vorherrschaft des Geistes geadelten Vaterrecht kulminierte».[18]

Wir sehen, Bachofen war als Kind des 19. Jahrhunderts in Sachen Fortschritt ein Gläubiger.[19] Und er gab den traditionellen «Geschlechtscharakteren» ein neues Fundament: «Auf den tiefsten, düstersten Stufen des menschlichen Daseins bildet die Liebe, welche die Mutter mit den Geburten ihres Leibes verbindet, den Lichtpunkt des Lebens, die einzige Erhellung der moralischen Finsternis ... In der Pflege der Leibesfrucht lernt das Weib früher als der Mann seine liebende Sorge über die Grenzen des eigenen Ich auf andere Wesen erstrecken und alle Erfindungsgabe, die sein Geist besitzt, auf die Erhaltung und Verschönerung fremden Daseins richten. Von ihm geht jetzt jede Erhebung der Gesittung aus, von ihm jede Wohltat im Leben, jede Hingebung, jede Pflege und jede Totenklage.»[20]

Bachofen verleiht dem alten Essenzialismus von Wesen und Bestimmung der Frau ein neues, nur scheinbar historisches Gewand. Für ihn war die «biologische Reproduktion … das Ideal im Leben einer Frau und nicht ein Sichbehaupten (oder gar Seinen-Mann-Stehen)», resümiert Fehlmann. Liebe, Ehe und Muttersein seien «des Weibes natürliche Bestimmung». Doch: «Die Frau als Verkörperung des Stofflichen fungierte dabei als eine ständige Bedrohung des Geistigen.»[21]

Entscheidend – und bisher zu wenig gesehen: Bachofens Theorie reproduziert die alte biblische Aussage für die neue, sich säkularisierende Zeit. Denn die Eva-Episode besagt im Prinzip nichts anderes: Die Frauen verlieren die Macht, werden den Männern unterworfen und ganz aufs Muttersein reduziert. Die weibliche Geschlechterrolle wird mit Bachofen nicht mehr göttlich begründet, sondern historisch-biologisch – und lebt im angeblich wissenschaftlichen Gewand fort. Die Frau muss fortan nicht mehr mit Gottes, wohl aber mit historischem Segen am Herd bleiben. Das ist die Lüge über Eva, Version 2.0!

Bachofens Metamorphosen

Das *Mutterrecht* inspirierte Schriftsteller wie Gerhart Hauptmann, Hermann Hesse, Rainer Maria Rilke, Thomas Mann und Walter Benjamin. Das Matriarchat wird zum Teil des allgemeinen Bildungsguts. Der Rekurs auf ein mythisches Weibliches ging einher mit einer Kritik an der herrschenden Moderne, bot aber auch Munition für den sich formierenden «Geschlechterkampf». Den befeuerte die erste Welle der bürgerlichen Frauenbewegung,[22] aber auch die

Revolution der Arbeitswelt infolge der Industrialisierung, welche, so Friedrich Engels, «die Frau aus dem Hause auf den Arbeitsmarkt und in die Fabrik versetzt hat und sie oft genug zur Ernährerin der Familie macht», was «dem letzten Rest der Männerherrschaft» den Boden zu entziehen drohte.[23]

Besonders wirkmächtig werden Bachofens Ideen im Bereich von Psychologie und Psychoanalyse; Sigmund Freud war zwar eher skeptisch, aber Wilhelm Reich und Erich Fromm folgten ihnen. Vor allem inspirierten sie Carl Gustav Jung zur Ausgestaltung des Archetypus der Großen Mutter, der Urmutter, einer der Kernideen seiner analytischen Psychologie vom kollektiven Unbewussten der Menschheit.[24]

Doch auch Karl Marx und Friedrich Engels hatten mit großem Interesse Bachofens Arbeit rezipiert, wie sie auch das Buch *Ancient Society* des Anthropologen Morgan, der ähnliche Vorstellungen vertrat, genau gelesen hatten. Engels – seinem Buch über den *Ursprung der Familie, des Privateigenthums und des Staats* sind wir schon begegnet – wird mit seinen Schlüssen daraus weit über die marxistischen Strömungen des 20. Jahrhunderts hinaus prägend sein. Wie Bachofen geht er von einer Zeit aus, in der «Männer in Vielweiberei, und ihre Weiber gleichzeitig in Vielmännerei leben, und die gemeinsamen Kinder daher auch als ihnen allen gemeinsam gelten»[25]. Die Grundlage dieses «kommunistischen Gemeinwesens» sei die Armut der Jäger und Sammler gewesen.[26] Dann übernimmt Engels Bachofens Mutterrecht-These: «Kommunistischer Haushalt bedeutet aber Herrschaft der Weiber im Hause, wie ausschließliche Anerkennung einer leiblichen Mutter bei Unmöglichkeit, einen leiblichen Vater mit Gewissheit zu kennen, hohe Achtung der Weiber, d.h. der Mütter, bedeutet.» Aber anders als Bachofen ist das Patriarchat für ihn nichts Positives, bereitet doch eine fatale Innovation der Frauenherrschaft das Ende: die Erfindung des Privateigentums. Ohne die Zusammenhänge im Detail zu erklären, vertritt Engels die These, dass es die Viehzucht war, die dazu geführt habe, dass sich männliche Familienoberhäupter den Reichtum sichern konnten. Um das Privateigentum an die eigenen Erben weiterzugeben, etablierten sie die «männliche Abstammungslinie und väterliches Erbrecht» – der «einfache Beschluss genügte». Die Entstehung des Klassenstaates habe das patriarchale System dann endgültig betoniert. Das berühmteste Zitat des Buchs lautet: «Der Umsturz des Mutterrechts war die *weltgeschichtliche Niederlage des weiblichen Geschlechts*. Der Mann ergriff das Steuer auch im Hause, die Frau wurde entwürdigt, geknechtet, Sklavin seiner Lust und bloßes Werkzeug der Kinderzeugung.»[27]

Unschwer erkennen wir auch hier das Eden-Narrativ im neuen, säkularisierten Gewand: Die Erfindung des Privateigentums ist für Engels der Griff zur verbotenen Frucht. Damit habe die Unterdrückung der Frauen begonnen, die der erste Schritt in die ausbeuterische Klassengesellschaft gewesen sei. Einzig die Abschaffung des Privateigentums eröffne den Weg zurück ins Paradies des Kommunismus, in dem auch die Frauen wieder frei sein werden. Das wird zu einer der großen Erzählungen des 20. Jahrhunderts.

Der Kampf um die Große Göttin

Die Vorstellung, dass es Zeiten gab, in denen die Frauen über die Männer herrschten, wurde in der Frauenbewegung schon früh als hoffnungsspendend rezipiert. Auch wenn die Matriarchatsthese auf Kritik stieß – Simone de Beauvoir schreibt: «In Wahrheit ist dieses Goldene Zeitalter der Frau nur ein Mythos»[28] –, entfaltete sie spätestens in der zweiten Welle des Feminismus eine große Dynamik.[29]

Die Arbeiten der Archäologin Marija Gimbutas (1921–1994) befeuerten die Debatten, schien sie doch handfeste Beweise zu liefern: Gimbutas vertrat die These, dass die als Venusfigurinen bekannten Frauendarstellungen des Jüngeren Paläolithikums, von denen die gut 30 000 Jahre alte Venus von Willendorf die bekannteste ist, in eine Reihe zu stellen seien mit den Abertausenden weiblicher Tonfiguren, wie sie in frühen landwirtschaftlichen Siedlungen zu finden sind. Für Gimbutas belegten sie die Existenz eines nahezu universal verbreiteten Glaubens an die Große Göttin. Unter deren Fittichen hätten die Menschen friedlich und Fruchtbarkeitsrituale praktizierend in einem Matriarchat gelebt – bis vor gut 5000 Jahren aus den Steppen Eurasiens einfallende indoeuropäische Reiterhorden den matriarchalen Gesellschaften ein Ende bereiteten. Sie brachten das Patriarchat und zerstörten die Macht der Großen Göttin. Fortan durften nur noch kleinere Göttinnen existieren, die etwa für das Getreide oder das Spinnen zuständig waren und unter der Fuchtel männlicher Gottheiten standen wie dem «unverschämt sexistischen Zeus», wie Olga Soffer und James Adovasio resümieren, während «die Männer die wirtschaftliche, politische, religiöse und soziale Macht in den aufstrebenden städtischen Gesellschaften übernahmen».[30]

Populäre Bücher huldigten der Großen Göttin.[31] Dem Patriarchat wurde die Schuld für alle Missstände zugeschrieben.[32] Um die Welt zu retten, konnte es nur eine Devise geben: «Zurück zu den Müttern!» Vor allem der Öko-Feminismus propagierte die Ansicht, dass die Männer den Planeten an den Rand des Untergangs gebracht hatten. «Nur Frauen könnten die drohende Katastrophe abwenden: durch die Rückkehr zu einer weiblich bestimmten Kultur und zur Natur, die trotz allem in weiblicher Obhut über Jahrtausende hinweg bewahrt wurde.» Die weibliche Spiritualität galt als Gegenpol zur männlichen Rationalität, als das Rezept, die Welt zu retten.[33]

Der spirituelle Feminismus fokussierte auf als typisch weiblich angesehene Eigenschaften wie Emotionalität, Intuition und Naturverbundenheit, aber auch auf die spezifischen Erfahrungen des weiblichen Körpers. Das Spektrum reichte von Menstruationsritualen über kultische Praktiken rund um Mond, Magie und neue Hexen bis zur überaus bunten New-Age-Kultur.[34] Die Feier der weiblichen Spiritualität, das Anbeten der Großen Göttin, der Hang zur Esoterik verliehen dem Thema jedoch bald einen Hautgout; auf intellektueller Ebene wurde die Beschäftigung damit zum Nischenphänomen.

Ohnehin hatten einige Feministinnen schon früh kritisiert, dass der Matriarchatsmythos der Emanzipation nicht wirklich dienlich sei, fessle dieses Phantasiegebilde die Frauen der Gegenwart doch nur weiter an ihren unerfreulichen Zustand: «Um sie zu befreien, müssen wir diesen Mythos zerstören», lautete bereits 1974 das Diktum der Anthropologin Joan Bamberger.[35] Schließlich werde die angebliche Herrschaft der Frauen auf einer infantilen Stufe der Geschichte verortet und die Frauen als diejenigen vorgeführt, die nicht in der Lage waren, mit der Macht umzugehen. Schlimmer noch: Letztlich würden die Frauen wieder nur auf die alte Mutterrolle festgelegt, auf ihre oft beschworenen lebensspendenden Kräfte. Zwar gab es versöhnliche Stimmen wie die Historikerin Nicole Loraux: «Für mich ist die Große Mutter-Göttin ein Phantasma, ein sehr mächtiges Phantasma, das sich erstaunlich hartnäckig gegen alle Formen der Kritik behauptet. Es vereint die Anhängerinnen eines Matriarchats und die Bewunderer einer ursprünglichen Trösterin.»[36] Andere schimpften: Die Frauen würden mal wieder als diejenigen definiert, die gebären und ernähren «und die eng mit dem Körper, der Natur und dem Geschlecht verbunden sind». Damit zeichne der Mythos, schreibt Cynthia Eller, ein ebenso konventionelles wie essenzialistisches Frauenbild und habe «einen exzellenten Job getan, patriarchalen Interessen zu dienen».[37]

Endlose Definitionsstreitereien, was denn überhaupt unter Matriarchat zu verstehen sei, waren der Sache erst recht abträglich.[38] Auch widersprach die Archäologie dem Glauben an die Allgegenwart der Großen Göttin: man könne nicht einfach alle weiblichen Darstellungen aus den unterschiedlichsten Zeiten und Kulturen auf eine einzige Deutung reduzieren. Und überhaupt besagten weibliche Abbildungen nichts über die gesellschaftliche Organisationsform: Ansonsten müsste angesichts der Vielzahl von Mariendarstellungen Europa doch in den letzten tausend Jahren durchgehend Päpstinnen besessen haben.[39] Der wohl wichtigste Einwand gegen die Matriarchatsthese lautete: Nirgends finden sich konkrete Beispiele für Gesellschaften, in denen Frauen je dauerhaft über

Männer herrschten.[40] Zu guter Letzt ist von feministischer Seite wiederholt kritisiert worden, dass hier schlicht ein männliches Herrschaftsmodell ins Gegenteil umgekehrt wird. Ganz so, als herrsche tatsächlich seit Anbeginn aller Zeiten ein ewiger Krieg zwischen Männern und Frauen, der nur die Möglichkeit zulasse, dass ein Geschlecht über das andere regiere.[41]

Die Konsequenz aus alldem? Das, was wir das Eva-Tabu nennen. Die vehement ausgetragenen Debatten um das Matriarchat sorgten für einen «Krach», der geradezu «ohrenbetäubend» gewesen sei.[42] Das Esoterische, Irrationale öffnete Spekulationen Tür und Tor, oft ging es allein um individuelle Selbsterfahrung. Also schüttete man das Kind mit dem Bade aus und verabschiedete sich nicht nur von der Suche nach dem Matriarchat, sondern gleich ganz von der tiefen Vergangenheit jenseits schriftlicher Quellen.

Der letzte Spuk

Ist damit der Mythos tot? Mitnichten; er spukt weiter. Seine neuste Aktualisierung verdankt er einem Mann: Jordan B. Peterson, der in den letzten Jahren unter anderem mit seinem Bestseller *12 Rules for Life* ein Riesenecho verursachte. Das sollten wir uns ansehen. Wir können hier einiges über die Funktionsweise der patriarchalen Matrix und ihre derzeitige Verfassung lernen. Es steht nicht gut um sie.

Petersons Programm klingt vertraut: Er predigt den alten Dualismus von männlich und weiblich. Für ihn ist das eine Urkategorie menschlichen Denkens, so alt wie die geschlechtliche Fortpflanzung: «Daher stammt vermutlich auch die Grundidee vom schöpferischen Gegensatz, der Dichotomie, einer fundamentalen Zweiteilung, der wir seither fast alles unterwerfen», schreibt Peterson (wir ersparen uns die Verweise auf die naturalistischen Fehlschlüsse, die typisch für seine Argumentation sind). Die Zweiteilung der Welt manifestiert sich für ihn im universalen Gegensatz von «Ordnung» und «Chaos». Ordnung ist für ihn das Bekannte, symbolisch verbunden mit dem Männlichen. «Chaos» dagegen das Unbekannte, es ist für ihn «symbolisch verbunden mit dem Weiblichen». Auf der Seite der Ordnung steht die Rationalität, das System, die Disziplin; auf der Seite des Chaos das Stoffliche, die Materie, die Mutter. Ordnung ist die Kultur, das Chaos die Natur. Da Petersons Buch im Untertitel «An Antidote to Chaos» heißt, ist klar, für welche Seite er Partei ergreift.[43]

Tatsächlich bezieht sich der kanadische Psychologieprofessor auf Bachofen, wobei er aber C.G. Jung zustimmt, Bachofens Matriarchatsthese beschreibe keine historische Realität, sondern eine psychische. Mit diesem Argument sicherte Jung der Urmutter einen Platz in den archetypischen Gefilden (und macht sie unangreifbar gegen alle archäologischen Gegenbelege). Peterson empfiehlt seinen Lesern ausdrücklich das 1956 erschienene Buch des Jung-Schülers Erich Neumann mit dem vielsagenden Titel: *Die große Mutter. Der Archetyp des großen Weiblichen.*[44] Der Mutterrecht-Mythos hat damit die Seiten gewechselt – und kehrt zu seinen patriarchalen Ursprüngen zurück. Petersons neuer alter Weiblichkeitsfimmel begeistert gerade junge Männer, die sich durch die Auflösung traditioneller Genderrollen und die daraus resultierende neue Vielfalt bedroht fühlen. Und zwar just aus jenem Grund, aus dem große Teile der Frauenbewegung den Mythos aufgegeben haben: weil er ein ewig Weibliches konstruiert, weil er den alten Geschlechterkampf beschwört, Männern und Frauen feste Rollen zuweist und diese Ordnung in Zeiten gesellschaftlichen Wandels Sicherheit spendet.

Zu den «quasi ewigen Funktionsprinzipien» gehöre die «Dominanzhierarchie», der sich kein Mann entziehen dürfe. Das haben wir schon gehört, weshalb wir hier Petersons Heroen, die Hummer, links liegenlassen. Seine Botschaft wiederholt er zur Genüge: «Männer müssen hart sein oder werden. Männer fordern dies von ihren Geschlechtsgenossen, und Frauen wollen es, auch wenn sie womöglich nicht die derbe und verächtliche Einstellung goutieren, die mit dem gesellschaftlich anstrengenden Prozess einhergeht, der solche Härte fördert.» Oder: «Wenn sie gesund sind, wünschen Frauen sich keine Jungen. Sie wollen einen Mann ... Wenn sie hart im Nehmen sind, wollen sie jemanden, der noch härter ist. Wenn sie klug sind, wollen sie jemanden, der noch klüger ist.» [45]

Peterson beschwört die alte Geschlechterhierarchie. Die Methode, mit der er sie legitimiert, gleicht der Bachofens. Es ist die Idee der Romantik, dass Mythen und Märchen Weisheiten konservierten, dass man in ihnen auf gleichsam ewige Wahrheiten stoßen könne. Das Vorgehen ist assoziativ, intuitiv. Petersons Fundus reicht von der Bibel bis zum Taoismus, von Isis und Osiris bis zu Hänsel und Gretel, vom babylonischen Weltschöpfungsepos Enuma Elisch bis zu – tatsächlich – Arielle der Meerjungfrau.

Doch alte Mythen transportieren keine Wahrheiten, sie reflektieren keine ungefilterten ethnographischen Beobachtungen. Es handelt sich meist um kontaminiertes Material, das eher Ideologie widerspiegelt als Wirklichkeit. Was Bachofen und Peterson eigentlich tun: Sie recyceln patriarchal geprägte Relikte und basteln sich daraus ihre Wirklichkeit. Historiker haben längst darauf hingewiesen, dass die für Bachofen so wichtigen Ursprungsmythen, in denen starke Frauen wie Amazonen auftauchen, für die männlichen Autoren des Altertums lediglich «eine Möglichkeit darstellten, mit den eigenen Widersprüchlichkeiten im Hinblick auf Frauen in der eigenen Lebenswelt fertigzuwerden ... Wenn Frauen am Anfang vorkamen, starben sie häufig eines gewaltsamen Todes, sodass sich eine angemessene, männliche Zivilisation entwickeln konnte», erklärt der Historiker Patrick J. Geary und fügt süffisant an, die Welt der Texte sei schließlich die einzige Welt gewesen, in der die Männer die Frauen ganz unter Kontrolle halten konnten.[46] Auch die Althistorikerin Mary Beard sieht das so: Der Kern solcher Geschichten sei Ideologie, sie sollten klarstellen, «dass es die Pflicht der Männer sei, die Gesellschaft vor der Herrschaft der Frauen zu bewahren».[47]

Die Mythenanalyse à la Bachofen und Peterson ist nichts anderes als Reproduktion alter Stereotype, intellektuelle Wiederkäuerei, wobei das bereits kontaminierte Material zuweilen assoziativ mit zeitgenössischen Ideen angereichert wird. Bachofen griff auf damals neue Erkenntnisse der Paläoanthropologie über «Troglodyten», höhlenbewohnende Urmenschen, zurück;[48] Peterson garniert seine Theorien gerne mit Analogien aus Evolutionspsychologie und Hirnforschung. An die Stelle kausaler Beziehung setzt er das «vielleicht»: «Die Dualität als erstes Ordnungsprinzip, vielleicht kommt die bereits in der Struktur unseres Gehirns zum Ausdruck, noch vor aller Mann-Frau-Symbolik. Das zweigeteilte Hirn war Anpassung an eine Realität von Darwin'scher Macht.»[49]

Solch eine Methode war schon vor über 150 Jahren durchaus abenteuerlich – und trotzdem ist Peterson erfolgreich. Warum? An ihm läge es nicht unbedingt, sagt er selbst. Sein erstes, 1999 erschienenes Buch *Maps of Meaning* blieb ohne Resonanz. Erst als er 2012 auf der Website *Quora*, wo jeder Fragen stellen und beantworten darf, eine Liste mit Lebensmaximen postete, kam der Durchbruch. Heute erreicht Peterson ein Millionenpublikum. «Mit meiner Quora-Schreiberei ... hatte ich irgendwie einen Nerv getroffen.»[50] Es ist wie in der realen Evolution: Plötzlich ändern sich die Umweltbedingungen, und etwas avanciert zur Erfolgsstory, das kurz zuvor chancenlos schien. Es waren die Jahre nach der globalen Finanzkrise, in denen Peterson durchstartete. Viele junge Männer trieb die Angst um die Zukunft um. Sie sahen sich der Konkurrenz junger, bestens ausgebildeter, engagierter Frauen ausgesetzt, die deutlich besser für die Zukunft gerüstet schienen. Zugleich formierte sich nicht zuletzt in den boomenden sozialen Netzwerken ein neuer selbstbewusster, durchaus lauter Feminismus. Genderthemen rund um LGBTQIA+ waren in der Öffentlichkeit allgegenwärtig. Viele Männer bangten um Anerkennung, fürchteten Benachteiligung, Identitätsverlust und sehnten sich nach den guten alten Zeiten zurück, in denen «ein Mann noch ein Mann war».

Einmal mehr stoßen wir auf ein Cultural-Lag-Phänomen. Während die Emanzipation den Frauen das Selbstverständnis vermittelte, ihnen stünde die Welt offen (zumindest bis sie mit den klebrigen Spinnweben der Patrix in Kontakt kommen), tragen viele Männer noch den alten Glauben «hegemonialer Männlichkeit»[51] als zweite Natur mit sich herum. Und dann entdecken sie Jordan Peterson – ein Erweckungserlebnis! Viele verehren ihn wie einen Guru, Charisma besitzt er durchaus. Warum er für unsere Thematik wichtig ist? Diese Männer finden nichts Besseres! Nichts, das ihr Bedürfnis nach Legitimation traditioneller Geschlechterrollen stillen könnte. Und das ist eine mehr als gute Nachricht.

Jahrtausende lieferte die Religion die Legitimation für die Geschlechterhierarchie. Dann trat zumindest in Europa für 150, vielleicht 200 Jahre die Wissenschaft in ihre Fußstapfen. Doch damit ist es heute vorbei. Der patriarchalen Matrix geht die ideologische Unterstützung aus. Es kursieren keine besseren Legitimationsstrategien mehr, um die angebliche Stärke der Männer zu stützen, als vorgestrige, zum wiederholten Mal recycelte Mythen. Was das bedeutet? Die Patrix pfeift, zumindest ideologisch, auf dem letzten Loch.

Damit fühlen wir uns einmal mehr bestärkt, die Wahrheit über Eva freizulegen: Es ist wichtig, die aktuellen wissenschaftlichen Zusammenhänge zu präsentieren, um Wissenslücken so weit wie möglich zu schließen. Ansonsten kriechen nur wieder die ewig gleichen Märchengeschichten aus ihren dunklen Ecken hervor, oder es wird fröhlich dem naturalistischen Fehlschluss gefrönt (nein, Hummer haben für uns wirklich nicht die geringste Relevanz). Deshalb geben wir uns die Mühe, noch kursierende Mythen zu dekonstruieren. Solange sie als Untote herumgeistern, halten sie das Phantasma des ewigen Geschlechterkampfs am Leben. Treiben wir ihnen den Pflock ins Herz und schenken ihnen die ewige Ruhe. Dann können wir uns den tatsächlichen Geschehnissen zuwenden, welche die Frauen in die Bredouille brachten.

8 Evas Griff zur Frucht

Nun wird es ernst. Wir haben in Schritt zwei und drei dieses Buchs versucht zu zeigen, dass die Unterordnung der Frauen nicht in der Biologie angelegt ist. Zu Jäger-Sammler-Zeiten war das Verhältnis von Männern und Frauen zwar nicht immer spannungsfrei, und zuweilen neigten die Männer zur Dominanz; aber die Frauen hielten dagegen und besaßen eine Vielzahl an Strategien, um ihre Interessen durchzusetzen. In jenen Gesellschaften aber, in denen sich in den letzten Jahrtausenden die Landwirtschaft etablierte, war es auf Dauer gesehen aus mit der Gleichberechtigung. Was kostete die Frauen die Freiheit?

Die Landwirtschaft? Als Erklärung ist das etwas arg pauschal; auch haben wir gesehen, dass in den ebenfalls agrarischen Gartenbaukulturen durchaus die Frauen die Hosen anhatten. Ansonsten kursieren monokausale Erklärungen: Auf Bachofens Amazonenkriege wollen wir hier genauso wenig eingehen wie auf geäußerte Vermutungen, der Untergang von Atlantis oder veränderte Sternenkonstellationen könnten die Frauen ins Unglück gestürzt haben.[1] Manchen Erklärungen sind wir schon begegnet: Für Engels war es der Viehbesitz, für Gimbutas die indogermanischen Hirtennomaden, für den Anthropologen Jack Goody oder die Archäologin Margaret Ehrenberg die Intensivierung der Landwirtschaft, die sich der Erfindung des Pflugs verdankte.[2] Immerhin hat die Agrarökonomin Ester Boserup in ihren Analysen landwirtschaftlicher Kulturen zeigen können, dass dort, wo für den Landbau schweres Gerät eingesetzt wird, die Männer das gesellschaftliche Ruder innehaben.[3]

Bei solchen Thesen drängen sich zwei Fragen auf: Reicht solch ein einzelner «patriarchaler Unfall»,[4] um ein Jahrhunderttausende austariertes Gleichgewicht zu zerstören? Und wieso entfaltete er eine so dauerhafte Wirkung, dass sich die Frauen bis heute nicht davon erholten? Immerhin verfügten die Frauen über genügend Widerstandspotenzial und mehr als reichlich Erfahrung, sich zu wehren. Warum sollten sie sich plötzlich fügen, und zwar für immer?

Nun haben Menschen eine Schwäche für einfache, monokausale Erklärungsmuster. Auch das ist ein kognitiver Kurzschluss, der uns in frühen Umwelten handlungsfähig machte. Immer lockt der Apfel als das *eine* Corpus Delicti: Wir lieben Sündenfall-Narrative, die lediglich eine Ursache kennen. Es muss einen Grund geben, einen Auslöser, jemand trägt die Schuld.

Letztlich basieren solche Vorstellungen auf der Annahme eines ewigen Geschlechterkampfes, in dem die Männer nur darauf warteten, endlich die Gunst der Stunde zu nutzen. Doch das ist nicht nur ein patriarchaler Mythos von überraschender Virulenz, das kann auch nicht erklären, warum ausgerechnet dieser eine Grund zur menschheitsgeschichtlich einmaligen Wende führte und die Frauen für Jahrtausende ins Unglück stürzte. Was sollte zum Beispiel den Pflug zum ultimativen Herrschaftsinstrument gemacht haben, der die Frauen auf ewig unters Joch zwang? Wir kommen darauf zurück.

Auch die Historikerin Gerda Lerner berichtet in ihrer *Entstehung des Patriarchats*, dass sie selbst zunächst an «eine Art von revolutionärem ‹Umsturz›» gedacht habe, «der die bestehenden Machtverhältnisse deutlich sichtbar verändert hätte». Als sie aber die historische Situation analysierte, fand sie keine Hinweise auf ein umstürzendes Ereignis und kam zu dem Schluss, dass die «Durchsetzung des Patriarchats» nur als Prozess zu verstehen sei, der sich «in einem Zeitraum von 2500 Jahren, ungefähr von 3100 bis 600 v. Chr. vollzogen» habe. Als dessen Ausgangspunkt benannte sie die «Entstehung der archaischen Staaten» im Vorderen Orient.[5]

Wie wir zeigen werden, muss der zeitliche Rahmen erheblich erweitert werden, möchte man wirklich verstehen, wie sich die männliche Dominanz entwickeln und die ebenso penetrante wie dauerhafte patriarchale Matrix formieren konnte. Keine Frage: Das Privateigentum, die Intensivierung der Landwirtschaft, die Staatsbildung sind wesentliche Stationen auf dem Passionsweg der Frauen. Doch in keinem Fall haben wir es mit dem *einen* verhängnisvollen Griff zur verbotenen Frucht zu tun, der alles erklärte. Eine monokausale Erklärung mag noch so eingängig und verlockend sein, hilft aber nicht, die tatsächlichen Mechanismen zu identifizieren. Und überhaupt: Die Annahme, ein Anlass würde hinreichen, die Frauen auf Jahrtausende in die Defensive zu drängen, stellt sich nicht nur die Zusammenhänge viel zu einfach vor, sie unterschätzt die Widerstandskraft der Frauen.

Zu Missverständnissen führt auch die Idee der Neolithischen Revolution, die meist auf das folgende Narrativ verkürzt wird: Im Fruchtbaren Halbmond, der sich von der Levante (in der Hauptsache den heutigen Ländern Israel, Libanon und Syrien) über die Ausläufer des Taurusgebirges in der Südosttürkei durch Nordmesopotamien zum im Westen des Irans gelegenen Zagrosgebirge erstreckt, tauschten die Menschen vor 12 000 Jahren das Herumziehen als Jäger und Sammler gegen das Dasein als sesshafte Bauern ein. Das klingt, als habe sich mit einem Schlag alles geändert, weil angesichts der neuen, überlegenen Lebensweise niemand nur eine Minute zögerte, das ewige Herumziehen aufzugeben, und alle nun begeistert den Acker bestellten und Ziegen und Schafe züchteten. Aber das ist wieder der Fortschrittsmythos. Um eine halbwegs erfolgreiche Genealogie männlicher Dominanz zu betreiben, müssen wir uns stattdessen auf die eigentlichen, teils widersprüchlichen Prozesse einlassen, welche die Archäologen in den letzten Jahren rekonstruierten. Sie sprechen dem Begriff einer Revolution Hohn: Mittlerweile ist von einer gut 15 000 Jahre währenden Transformationsphase die Rede.[6] Die Menschen sind da sehr, sehr langsam in etwas hineingeschlittert, über dessen Folgen sie sich nicht im Geringsten bewusst sein konnten. Faszinierend ist es trotzdem, und die Frauen spielten eine prominente Rolle dabei.

Deshalb führt auch die von uns gern benutzte Metapher des Sündenfalls in die Irre. Zumindest solange man sich den Fall so rasant wie Luzifers Himmelssturz vorstellt. Denkt man ihn sich jedoch als das langsame Herabsinken einer Feder, die ein launiger Wind immer und immer wieder in die Höhe hebt, dann darf die Metapher weiter in Verwendung bleiben. Sie ist einfach zu gut, zumindest wenn es um die Wahrheit über Eva geht.

Während wir uns bisher auf die Erkenntnisse der Evolutionsbiologie, der Anthropologie und der Ethnographie stützten, um die grundlegenden Dynamiken aufzuzeigen, verlegen wir uns nun auf die konkreten Befunde der Archäologie. Die neuen genetischen Untersuchungen alter DNA können das hier und da ergänzen.[7] Auch wenn alles zusammengenommen ein überzeugendes, sich ergänzendes Bild ergibt, dürfen wir nicht vergessen: Der Wissenszuwachs ist in den letzten Jahren zwar immens gewesen, und wir sehen vieles bedeutend klarer als jene, die sich am Ende des 20. Jahrhunderts an diesen Fragen versuchten. Trotzdem klaffen immer noch Kenntnislücken, sodass wir auch hier nur einen Indizienbeweis führen können. Reisen wir also zunächst gut 30 000 Jahre zurück, ins Zeitalter des ausgehenden Pleistozäns, ins Jungpaläolithikum, und sehen uns im eiszeitlichen Europa um, dem Reich der geheimnisvollen Frauen.

Venus im Überfluss

Menschen besitzen ein ganzes Set an Strategien, um flexibel auf die jeweiligen ökologischen und klimatischen Bedingungen zu reagieren, letztlich steckt aber meist eine simple Kosten-Nutzen-Rechnung dahinter. Für Jäger und Sammler galt: Je länger man an einem Ort blieb, umso mehr schrumpften die lokal vorhandenen Ressourcen. «Ein Lagerplatzwechsel ist spätestens dann erforderlich, wenn der energetische Aufwand der Nahrungsbeschaffung nicht mehr durch den Ertrag gedeckt werden kann.»[8] Befand man sich jedoch an einem Ort, der durch Ressourcenreichtum gesegnet war, gab es keinen Grund, das Lager voreilig abzubrechen. Insofern finden sich auch im sogenannten Jungpaläolithikum, der Zeit von vor 40 000 bis vor 12 000 Jahren etwa, immer wieder Hinweise auf längere sesshafte Phasen – an besonders fischreichen Gewässern etwa, dort wo saisonal große Herden von Huftieren auftauchten, oder in Jahren mit üppiger Nuss-Ernte. Die Quartiere wurden dann allenfalls saisonal gewechselt. Zumindest so lange, bis das Klima sich wieder verschlechterte.

Davon zeugen auch viele der Venusfigurinen, von denen die gut 30 000 Jahre alte Venus von Willendorf die berühmteste ist. Wir sind ihnen schon im vergangenen Kapitel begegnet, als mögliche Gewährsfrauen eines urzeitlichen Matriarchats. Mehr als zweihundert von ihnen sind bisher gefunden worden. Typisch für diese Plastiken ist, dass ihnen individuelle Gesichtszüge fehlen, mitunter sogar die Köpfe selbst. Die Figuren «stellen keine bestimmten Frauen dar, sondern sind repräsentativ für alle Frauen, bzw. konzentrieren den Bildinhalt auf das Geschlecht», konstatiert die Archäologin Stefanie Kölbl, deren Beschreibung wir hier folgen: «Die Beine sind sehr verkürzt und laufen stumpf aus. Arme und Hände sind zwar meist detaillierter ausgearbeitet, jedoch eher verkümmert und linienförmig. Es überwiegt die Geste der auf dem Oberbauch oder den Brüsten ruhenden Hände.» Den Figuren geht jedes dynamische Moment ab, sie strahlen «vielmehr Ruhe und Geschlossenheit aus. Ganz deutlich wurden hingegen die Geschlechtsmerkmale der Frau herausgestellt. Übergroße Brüste, eine deutlich ausgearbeitete Vulva sowie ein betontes Gesäß fallen sofort ins Auge.»[9]

Die eiszeitlichen Frauenfiguren stammen aus dem riesigen Gebiet zwischen den Pyrenäen und dem Ural und aus einem Zeitraum von weit über 20 000 Jahren, insofern sind Versuche umstritten, sie auf eine einzige Bedeutung oder Funktion festzulegen.[10] Auch gibt es vielgestaltige Variationen. Sie bestechen längst nicht alle mit Körperfülle, in späteren Zeiten ist eine Entwicklung zu abstrakten Darstellungen zu beobachten.[11] Kaum thematisiert wird, dass es zeitgleich auch männliche Figuren gab (um auf die vielen Tiere gar nicht erst zu sprechen zu kommen) wie auch plastische Phallusdarstellungen; sie sind deutlich seltener – und noch seltener hat die Wissenschaft sich mit ihnen auseinandergesetzt. Faszinierenderweise existieren eine ganze Reihe Figuren, welche die Geschlechtergrenzen transzendieren: Da entpuppen sich phallusförmige Plastiken bei näherer Betrachtung als Frauenkörper.[12]

Ihren populären Namen verdanken die Figuren dem ersten Finder, einem französischen Marquis, der im 19. Jahrhundert angesichts ihrer üppigen Nacktheit süffisant von einer «Venus impudique», einer «unzüchtigen Venus», sprach.[13] Den Prähistoriker Friedrich Behn verführten sie 1963 dann zu einer Äußerung, die zeigt, wie patriarchal kontaminiert die Wissenschaft war: «Die altsteinzeitliche Kunst kennt im Grunde nur zwei Motive, die Pole, um die das ganze Denken dieser Menschen kreiste: das Jagdwild und das Weib. Und sie stellten sie dar, nicht nur um sich des gelungenen Abbildes zu erfreuen, sondern um sie in ihren Besitz zu zwingen.»[14] Die Anthropologin Olga Soffer spottete, dass über keine Frage der Urgeschichte «Forscher mehr Tinte verspritzt haben als über jene nach den Brüsten und Hintern» der Venusstatuetten.[15] Auch ist der Venus-Begriff selbst kritisiert worden, doch vermutlich ist er kaum mehr aus der Welt zu schaffen.[16]

Traditionell wurden – und werden – die Figuren als Fruchtbarkeitsidole gedeutet, wobei unbeachtet blieb, dass große Fruchtbarkeit unter mobilen Jägern und Sammlern alles andere als erstrebenswert war. Bis zum Abstillen im Alter von drei bis fünf Jahren ist keine weitere Geburt erwünscht.[17] Wir haben darauf hingewiesen, wie lange es dauerte, bis Heranwachsende selbst für ihren Unterhalt sorgen konnten. Zu viele hungrige Mäuler waren deshalb eine Bedrohung, insbesondere im noch eiszeitlich geprägten Europa, auf das wir uns hier konzentrieren.

«Statuetten mit eindeutigen Schwangerschaftsanzeichen sind seltener als allgemein angenommen», stellt auch Stefanie Kölbl fest, «auch gibt es so gut wie keine eindeutigen Mutter-Kind-Darstellungen.» Die aktuelle Forschung verortet sie im Kontext von Schwangerschaft, Geburt und Geburtshilfe und dem Schutz stillender Mütter. Mitunter besitzen die Figuren eine Öse, damit sie als Amulett getragen werden konnten.[18] Das passt in den von uns im dritten Kapitel skizzierten Cooperative-Breeding-Kontext: Schwangerschaft und Geburt sind Zeiten, in denen es für werdende Mütter ganz entscheidend ist, sich jeder möglichen Unterstützung zu versichern – und das gilt auch für spirituellen Beistand durch Ahnen oder Geister.

Die französische Prähistorikerin Claudine Cohen betont zu Recht, dass die Figurinen sehr oft reife Frauen zeigen; Frauen, welche Geburten bereits hinter sich haben, vermutlich sogar postmenopausale Frauen. «Es mag also sein, dass die Gesellschaften des Jungpaläolithikums Großmütter (und ältere Frauen im Generellen) verehrten als Verkörperung der Weisheit, für ihre Rollen im Beschützen und Vereinigen der familiären Generationen und durch ihren Beitrag zum Erfolg der sozialen Gruppe, ja mehr noch der Spezies.»[19] Auch das passt zu den evolutionären Erkenntnissen: Die zentrale Rolle der Großmütter für die menschliche Evolution haben wir thematisiert, und dass alte Frauen durch ihren Erfahrungsschatz große Reputation besaßen, liegt auf der Hand.

Es verbietet sich, aufgrund der isolierten Betrachtung der Frauenfiguren Rückschlüsse auf die gesellschaftlichen Verhältnisse zu ziehen, also etwa einen allumfassenden Kult der Großen Göttin oder gar ein Matriarchat zu postulieren; davon hat sich die Forschung heute verabschiedet. Uns ist deshalb ein offensichtliches Faktum wichtig: Die wohlbeleibten Frauen werden in realistischer Manier dargestellt. Da sitzt jede Falte an der richtigen Stelle. Wer immer diese Figuren gestaltete, hatte übergewichtige Frauen mit eigenen Augen gesehen. Nun aber ist derartige körperliche Opulenz für mobile Jäger und Sammler undenkbar, sie ist allein bei üppiger Ernährungslage unter sesshaften Bedingungen möglich.[20] Ohne die anderen Bedeutungen auszuschließen, mögen die Frauenfiguren deshalb auch Zeiten des Überflusses repräsentiert und die Hoffnung auf deren baldige Wiederkehr beschworen haben. Sie erfüllten damit womöglich die Funktion eines «kulturellen Ornaments», das symbolisieren sollte: «Seht her, so gut geht es uns! So viel Nahrung können wir herbeischaffen.» Man denke nur an die Wirtschaftswunderzeiten nach den Entbehrungen von Krieg und Nachkrieg: Da war der Wohlstandsbauch ein Statussymbol.

Damit erscheinen die Frauenfiguren als Indizien, dass auch im eiszeitlichen Europa die Menschen zumindest zeitweilig als komplexe Forager, also sesshafte Jäger und Sammler, lebten. Unter Bedingungen des lokalen Überflusses kommt es zu sozialen Veränderungen, die wir normalerweise erst mit Landwirten assoziieren, die aber eben auch bei den komplexen Jägern und Sammlern nachgewiesen sind: das Anlegen von Nahrungsreserven, das Entstehen von Hierarchien, aber auch gesteigerte Gewalt. Tatsächlich stießen Archäologen lange vor Erfindung der Landwirtschaft auf Phänomene wie Reichtum und an Kinder vererbbaren Status. Berühmt sind die rund 30 000 Jahre alten Gräber von Sungir, nordöstlich Moskaus. Das Grab eines Mannes enthielt fast 3000 Elfenbeinperlen, die sein Totenkleid schmückten, dazu 25 Armringe. Die gemeinsame Bestattung eines 12–14 Jahre alten Jungen und eines 9–12 Jahre alten Mädchens bestach ebenfalls durch Opulenz. Ihnen waren Lanzen aus Mammutelfenbein mitgegeben, und ihre Totenkleider trugen jeweils 5000 Elfenbeinperlen. Die Arbeitsleistung dafür betrug Tausende von Stunden.[21]

Auch unter mobilen Jägern und Sammlern kam es zu Gewalt, doch meist gingen sie einem Konflikt aus dem Weg. Es gab ja keinen nennenswerten Besitz zu verteidigen. Entsprechend selten sind im Paläolithikum Funde, die auf Gewalt hinweisen. Sobald aber an einem Ort Ressourcen im Überfluss vorhanden waren, die Menschen sesshaft wurden, weckte das Begehrlichkeiten anderer Gruppen.[22] Es mag Zufall sein, dass der erwachsene Mann aus dem reichen Sungirgrab ausgerechnet an einer gewaltsamen Halsverletzung starb.[23] Aber es passt bestens ins Bild.

Schwanden die Ressourcen oder wandelte sich das Klima, kehrte man zur mobilen Lebensweise zurück und zog weiter. Bei prekärer Versorgungslage spalteten sich Verbände in kleinere Gruppen auf, um unter besseren Bedingungen wieder zusammenzukommen.[24] Und im Eiszeitalter war das Klima selten länger stabil. Warum das für uns wichtig ist? Erstens: Wir haben es hier nicht mit einem linearen Fortschrittsprozess zu tun, mit keinen aufeinanderfolgenden Entwicklungsstufen. Die Jäger und Sammler verfügten über adaptive Praktiken verschiedenen Komplexitätsgrads, die den jeweils ökologischen und klimatischen Bedingungen entsprachen. Die Funde bezeugen die hohen Anpassungsleistungen an spezielle Situationen und die große Flexibilität der Organisationsformen, mal komplex, mal mobil, kurz: das enorm breite Spektrum kultureller Möglichkeiten des *Homo sapiens*.[25] Und zweitens deutet es an: Sobald sich die Lebensgrundlage ändert, hat das Konsequenzen für die Menschen. Wie wir noch sehen werden, nicht immer zum Besten.

Jagende Frauen, Eiszeit-Mona-Lisa, Schamaninnen

Anzeichen von Männerdominanz finden sich im Jungpaläolithikum keine. Das Sungirmädchen ist ebenso reich bestattet worden wie der Junge. Auch bei der Bekleidung existierten kaum genderspezifische Unterschiede. «Bemerkenswert ist im Hinblick auf die Geschlechterrollen auch die Beobachtung, dass es in der Totenbehandlung und Beigabenausstattung von Männern und Frauen offenbar keine wesentlichen Unterschiede gab», stellt der Archäologe Hermann Parzinger fest.[26]

Angesichts größerer Schwangerschaftsintervalle waren die Frauen keinesfalls so immobil, wie es das lange herrschende Klischee vom Man the Hunter transportierte, der allein die Mammutsteaks nach Hause brachte. Auf den fundamentalen Beitrag, den Frauen durchs Sammeln leisteten, haben wir hingewiesen. Aber sie konnten durchaus an der Jagd beteiligt sein, und die Versorgung der Kinder währenddessen war leicht zu regeln. Der ethnographische

Befund zeigt ein großes Spektrum an Optionen. Die Jagd auf Großwild war zwar in fast allen Fällen allein Männersache, doch gerade an Netz- und Treibjagden beteiligten sich auch Frauen. Und vor allem dominierten sie die in der Nähe der Lager stattfindende Jagd auf Kleintiere wie Füchse, Hasen, Vögel und Reptilien – die einen verlässlicheren Nahrungsbeitrag lieferte als die Großwildjagd. Wie immer: Flexibilität steht über allem – wo es weniger zu sammeln gab, etwa im hohen Norden, jagten auch die Frauen mehr.[27]

Dabei spielte eine der am meisten unterschätzten Innovationen der Menschheitsgeschichte eine Rolle: die «String Revolution», die Erfindung von Fäden, Schnüren und Seilen. Da diese aus organischen Stoffen gefertigt sind, haben sie sich nur selten erhalten. Wo sie aber, etwa dank der Konservierung unter Wasser oder in trockenen Höhlen, erhalten blieben, tauchen sie im Überfluss auf. Nicht nur, dass sie entscheidend waren für Körbe, Taschen und andere Behältnisse, ohne die effektives Sammeln schwer möglich ist, um von der Kleidung gar nicht erst zu sprechen, dienten sie auch dazu, Steinklingen an Holzschäften zu befestigen. Außerdem ließen sich daraus Schlingenfallen herstellen und Netze, die zu den effektivsten Jagdmethoden gehörten.[28]

Auch hier eröffnen die Venusfigurinen eine neue Perspektive: Sie sind ja gerade nicht wegen ihrer Nacktheit spektakulär, sondern durch das, was sie anhaben und was den männlichen Archäologenblicken lange verborgen geblieben ist. Fast alle Figuren tragen Gürtel, Bänder oder Textilien. Die Haare sind nicht selten aufwendig geknotet, oft auch von einem Netz oder einer Haube bedeckt. Die Venus von Willendorf trägt eine so kunstvoll gewebte Mütze, dass der Skulpteur für diese mehr Zeit aufwenden musste als für den Rest der Figur. Handelte es sich vielleicht um eine Künstlerin? Angesichts des ethnographischen Befunds, dass textile Arbeiten in aller Regel von Frauen betrieben werden, werden diese auch als Protagonistinnen der String Revolution gehandelt. Aber gewiss ist auch das nicht, denn wie immer ist in Geschlechterdingen kaum etwas unmöglich. In matrilinearen Gesellschaften wie den Hopi-

Indianern im Norden Arizonas etwa sind Weben und Stricken Männersache.[29]

Auch in den symbolischen Sphären wird den Frauen eine wichtige Rolle beigemessen. Mitunter werden sie als die Künstlerinnen gehandelt, denen wir die grandiosen Höhlenmalereien, wie wir sie aus Chauvet und Lascaux kennen, zumindest in Teilen verdanken. Dabei beruft man sich auf die Analysen von Handabdrücken, die sich an vielen Höhlenwänden finden. Doch die Befunde sind immer noch umstritten und erlauben bisher keine sichere Geschlechtszuordnung.[30] Der Fokus auf die oft sehr realistisch dargestellte Großwildfauna lässt traditionell eher Männer vermuten. Doch auch hier: Die Vorstellung, dass nur das eine oder das andere Geschlecht dafür verantwortlich gewesen sein sollte, sagt mehr über heutige Gendervorstellungen aus als über die paläolithische Realität: Warum sollten nicht auch Frauen gemalt haben?

Individuell anmutende Menschenbildnisse sind im Paläolithikum eine absolute Seltenheit, deshalb ist es bemerkenswert, dass das älteste bisher gefundene Abbild eines konkreten Individuums eine Frau zeigt: es handelt sich dabei um einen mitunter als «Ice Age Mona Lisa» titulierten, kaum fünf Zentimeter großen Frauenkopf aus Mammutelfenbein, gefunden im tschechischen Dolní Věstonice, ca. 27000 bis 29000 Jahre alt. Da eine am selben Siedlungsplatz ausgegrabene Maske wohl ebenfalls diese Frau abbildet, beide besitzen eine deformierte Mundpartie, gehen die Archäologen davon aus, dass sie eine dort auch bestattete Frau zeigen könnten. Welche Gründe es waren, die sie zu einer Ikone ihrer Zeit machten, wissen wir nicht.[31]

Beigabenreiche Bestattungen deuten darauf hin, dass Frauen die Rolle einer Vermittlerin zur Anderswelt einnehmen konnten: Als Schamaninnen werden etwa eine gut 12000 Jahre alte Bestattung im israelischen Hilazon Tachtit und eine gut 8000 Jahre alte im deutschen Bad Dürrenberg gehandelt.[32] Gerade das breite Spektrum an tierischen, durchaus okkulten Beigaben, wie ein einzelner menschlicher Fuß, erstaunt. Die in beiden Gräbern reichlich gefundenen Schildkrötenpanzer könnten als Schamanentrommeln oder Rasselkörper zur Geisterbeschwörung gedient haben.[33] Auch zum Heilerinnen-Dasein waren Frauen prädestiniert, schließlich waren sie als Sammlerinnen die botanischen Expertinnen schlechthin, sie kannten sich mit bewusstseinserweiternden Substanzen aus.

Wir sehen also, die Menschen des ausgehenden Pleistozäns zeichneten sich durch hohe Flexibilität aus, sie waren bestens angepasst an die alles andere als einfachen Umwelten der Eiszeiten. Dafür, dass Frauen das benachteiligte Geschlecht gewesen sein könnten, finden sich keine Hinweise – wohl aber genügend Indizien, die auf eine starke Rolle von Frauen hindeuten. Der archäologische Befund harmoniert sehr gut mit den evolutionären Überlegungen und den ethnographischen Beobachtungen, die wir im zweiten und dritten Schritt dieses Buchs vorgestellt haben.

Wenn wir also konstatieren können, dass es den Frauen in der alten Welt der Jäger und Sammler gutging, sie eine vermutlich mindestens gleichberechtigte Rolle spielten, warum sollten ausgerechnet sie die neue von Ackerbau und Viehzucht geprägte Lebensweise erfinden, in der sie die Freiheit verloren. Denn dass die Frauen die Landwirtschaft erfanden, davon sind viele Wissenschaftler überzeugt.[34] Ist Eva also doch schuld an ihrer Misere? Sehen wir uns in Eden um.

Was tatsächlich im Paradies geschah

Das Szenario, das sich den Menschen vor 23 000 Jahren an der von Archäologen Ohalo II genannten Fundstätte bot,[35] ist durchaus paradiesisch zu nennen. Just als die Eiszeit zu ihrem letzten Höhepunkt ansetzte und auch weite Regionen der südlichen Levante kaum mehr als eine baumlose Steppe waren, bildete das Tal des Jordans ein warmes Refugium. Ein besonders privilegierter Ort war der See Genezareth, an dessen umliegenden Hängen Eichen, Pistazien-, Feigen-, Mandel- und Olivenbäume wuchsen. Am Südwestrand des Sees, nicht unweit der Stelle, wo 21 000 Jahre später ein Mann übers Wasser gelaufen sein soll, stießen die Archäologen bei einem Rekordniedrigwasser 1989 auf die Reste einer Siedlung. Die Erhaltungsbedingungen für organisches Material waren unter Wasser vorzüglich gewesen. Die Menschen hatten hier in Hütten gelebt und auf Betten aus Gras geschlafen. Über 140 verschiedene Pflanzenarten identifizierten die Archäologen, Früchte und kalorienreiche Nüsse standen weit oben auf dem Speiseplan. Die Archäologen stießen auch auf einen erstaunlich großen Anteil von Samen von Wildgräsern, die mittels eines Mahlsteins zu Mehl zermahlen wurden. Geerntet wurden sie mit den ältesten bisher gefundenen Sicheln. Die Menschen lebten hier vermutlich den Großteil des Jahres, wenn nicht sogar durchgehend.[36]

Die Siedlung war abgebrannt, ob versehentlich oder mit Absicht, bleibt offen. Ähnliche Funde machten die Archäologen in der Levante über einen Zeitraum von einigen Jahrtausenden[37] und wiesen auch dort äußerst flexible Strategien nach, den Lebensunterhalt zu sichern, auf längere Phasen der Sesshaftigkeit folgte immer wieder die Rückkehr zur nomadischen Lebensweise. Die klimatischen Bedingungen gaben den Takt vor. Dass die Anfänge der Landwirtschaft eine Vorlaufzeit von zwei-, dreitausend Jahren hatte, damit war zu rechnen, schreibt der Archäologe Stephen Shennan, dass man diese Vorlaufzeit aber auf rund 10 000 Jahre weiten musste, sei dann doch eine Überraschung gewesen.[38]

Andererseits auch keine zu große – zumindest, wenn man berücksichtigt, was wir über das Jungpaläolithikum berichteten. Dort hat man Pflanzenverarbeitung mit Mahlsteinen an verschiedenen Orten bereits vor 30 000 Jahren nachgewiesen.[39] Mittlerweile wissen wir auch, dass Eiszeitjäger gezielt Feuer legten, um die Landschaft offen zu halten und große Grasfresser anzulocken.[40] Warum sollten die Samen nicht genutzt worden sein, wenn andere Nahrung knapp wurde?

Archäologen, die zumindest terminologisch ein Faible für Revolutionen haben, sprechen in diesem Fall von der «Broad Spectrum

Revolution».[41] Dahinter verbirgt sich eine simple ökonomische Logik: Ob vorhandene Ressourcen genutzt werden, hängt von ihrem Ertrag und der Arbeit ab, die in Gewinnung und Verarbeitung gesteckt werden muss. Ist vor allem Letztere zu hoch, werden sie nicht berücksichtigt, solange lohnenswertere Alternativen vorhanden sind. Werden diese aber knapp, etwa wegen Übernutzung oder klimatischer Krisen, steht die Kostenabwägung an, ob eine Gruppe weiterziehen soll oder auf arbeitsintensivere Nahrungsmittel zurückgreift, für deren Suche aber weniger Zeit investiert werden muss. Spätestens wenn diese aufgebraucht sind, bleibt nur das Weiterziehen; sonst droht der Hungertod. Spannend wird es jedoch, sobald sich eine bisher ungenutzte Ressource als nachhaltig nutzbar erweist; das führt zwar zu größerem Arbeitsaufwand, der aber aufgrund der stabilen Nahrungsversorgung an einem Ort zu einem Bevölkerungswachstum führt. Das Sesshaftwerden resultiert damit aus einer effektiveren Nutzung lokal vorhandener Ressourcen, um ökologische Herausforderungen zu meistern. In unserem Fall der pflanzlichen Ressourcen, insbesondere der Samen wilder Gräser.[42] Auch die kulturelle Evolution hat wie ihre biologische Schwester eine ausgesprochen ökonomische Ader.

Da wir es jedoch mit krisenhaften Zeiten instabilen Klimas zu tun hatten und die Nutzung von Wildpflanzen so arbeitsaufwendig war, dass man sich die Plackerei gerne ersparte, wenn es möglich war, führte das zu einem häufigen Wechsel der Lebensweisen. Das ging Jahrtausende hin und her. Trotzdem wuchs die Bevölkerung. Was auf lange Sicht zu einer Überjagung der Bestände an großem Wild führte.[43] Entsprechend avancierte die Nutzung der Wildsamen zu einem immer selbstverständlicheren und wichtigeren Bestandteil des Speiseplans. Archäologen stießen in der vor gut 15000 Jahren einsetzenden Kultur des Natufien[44] auf eine Zunahme an Mahlsteinen und Mörsern. Weil die vor Ort zu produzierende Nahrung begrenzt war, kam es immer wieder zu Abspaltungen kleiner Gruppen, die wiederum anderswo begannen, das Land zu kolonialisieren.[45] Einerseits verbreitete das die neue Lebensweise, andererseits beschnitt es die Möglichkeiten, zum alten mobilen Jäger-und-Sammlertum zurückzukehren.

Dann wurde das Wetter schlecht: Vor gut 12750 Jahren führte vermutlich ein Abbrechen des Golfstroms zur dramatischen Klimaverschlechterung in der Jüngeren Dryaszeit. In der Levante zogen sich die Wälder zurück, Nüsse wurden rar, die Wildgräser der größer werdenden Steppen mussten noch stärker genutzt werden, was wieder zu mehr Sesshaftigkeit führte und zu einem starken, kontinuierlichen Bevölkerungswachstum, denn unter sesshaften Bedingungen sanken die Abstände zwischen den Geburten. Und dann geschah etwas Schicksalhaftes. Das Klima verbesserte sich rapide, und zwar dauerhaft. Das Erdzeitalter des Holozäns brach an.[46]

Die Erwärmung führte zu einem Boom der Pflanzenproduktion; das wärmere Klima kam gerade wärmetoleranten Arten wie wildem Emmer und wilder Gerste zugute, jetzt konnten sich die Menschen auf die großsamigen Vorläufer der später domestizierten Getreidesorten konzentrieren. Die Ernte- und Verarbeitungstechniken wurden immer effektiver.[47]

Es ist wichtig, sich vor Augen zu führen: Wir haben es mit keiner schlagartigen Revolution zu tun, sondern einem langen, sich selbst verstärkenden Prozess. Die Menschen waren angesichts wachsender Population so abhängig von den Pflanzen, dass es kein Zurück mehr gab.[48] Sicher werden manche wieder Jäger und Sammler geworden sein; doch die Möglichkeiten dazu schwanden zusehends. Das Klima war jetzt so lange so stabil genug, dass sich die Pflanzen durch die kontinuierliche Nutzung veränderten. Lange nahm die Wissenschaft an, die Menschen hätten damals bestimmte Getreidesorten gezielt gezüchtet; entsprechend gingen Archäologen davon aus, dass die Domestizierung der Wildgräser ein recht schneller Prozess gewesen sei. Beides stimmt nicht. Die Erkenntnisse der Archäobotaniker zeigen: Die Domestizierung war kein zielgerichteter Prozess. Es brauchte zwei bis drei Jahrtausende, bis sich typische Domestizierungsmerkmale der Pflanzen voll etabliert hatten.[49]

Damit lautet die Antwort auf die Frage, warum es vor gut 12000

Jahren im Fruchtbaren Halbmond zum Takeoff der Landwirtschaft kam, schlicht: Das Klima war stabil genug geworden! Wäre eine solche klimatische Gunstphase schon einige Jahrtausende zuvor eingetreten, hätte die aktive Nahrungsproduktion entsprechend früher einsetzen können.[50] Die Landwirtschaft ist also keine geniale Erfindung einer weitsichtigen Menschheit; sie ist das Ergebnis eines letztlich ebenso zufälligen wie krisenhaften Zusammenspiels von flexiblen Subsistenztechniken, Bevölkerungswachstum und klimatischen sowie ökologischen Rahmenbedingungen.[51] Wie in der Evolution allerorten zu beobachten, sind es Letztere, die zu Neuerungen führen, welche dann ihrerseits eine Eigendynamik entfalten. Es braucht aber eine gewisse Konstanz, bis die kulturelle Evolution genügend neue Techniken und Strategien etabliert hat, die einen sich selbst erhaltenden Prozess ermöglichen, zu dem es auf Dauer kaum noch Alternativen gibt. Entsprechend zeitlich verschoben vollzogen sich die Prozesse in den verschiedenen Regionen des Fruchtbaren Halbmonds und fanden später auf fast allen Kontinenten in ähnlicher Weise statt – ungeplant, aber derselben Logik folgend.

Wir haben es mit einem gigantischen Freilandexperiment zu tun, das je nach lokalen Bedingungen zu unterschiedlichen Ergebnissen führte. Letztlich sind die Anfänge der Landwirtschaft das Resultat der Versuche, unter instabilen Verhältnissen das Überleben zu sichern. Das soll hier nicht im Geringsten schlechtgeredet werden. Es zeugt einmal mehr von der großen kulturellen Anpassungsfähigkeit des *Homo sapiens*, wir sind nicht durch die Biologie festgelegt. Anderen Tierarten wäre nur das Abwandern geblieben oder das Aussterben. Auch unsere biologischen Evas trifft also keine Schuld; sie haben aus der Not zu unbekannten Früchten (und Samen) gegriffen und uns damit gerettet.

Was bedeutete das für die Geschlechter?

Und damit sind wir bei einer entscheidenden Frage: Welche Konsequenzen hatten diese Entwicklungen für Frauen, für Männer und für deren Verhältnis zueinander? Der Ausgangspunkt ist klar: Wenn in krisenhaften Situationen die Nahrungsgrundlage prekär wird, mussten alle ihr Engagement verstärken, Männer, Frauen, aber auch Kinder. Die Männer intensivierten die Jagd und unternahmen immer ausgedehntere Beutezüge. Die Frauen intensivierten ihre Sammeltätigkeit und weiteten das Spektrum auf Pflanzen aus, deren Verarbeitung bisher zu arbeitsaufwendig war. Anfangs wurden noch keine Felder angelegt, sondern einfach die wilden Bestände genutzt; durch Ernte und Transport kam es dann zu einer verstärkten Selbstaussaat, mit der Zeit auch zu gezielter Förderung bestimmter Arten. All diese Versuche, die Krisensituationen zu meistern, blieben nicht ohne Konsequenzen für Frauen und Männer – mit durchaus paradoxen Effekten.

Die archäologische Bestandsaufname für die in dieser Hinsicht am besten erforschte Levante ergibt eine ständige Abnahme der großen Jagdbeutetiere wie Auerochsen, Rotwild und Steinböcke. Gleichzeitig aber nehmen kleine Tiere, die sich durch schnelle Reproduktionsraten auszeichnen, einen immer größeren Anteil an der Beute ein.[52] Das bedeutet jedoch nicht automatisch, dass die Männer nun vermehrt Hasen, Füchse oder gar Schildkröten nachstellten. Mitnichten, denn die Jagd auf großes Wild versorgte die Gruppen eben nicht nur mit Fleisch, sondern die erfolgreichen Jäger auch mit der wichtigsten Währung der Vorgeschichte: Reputation. Deshalb war die Großwildjagd nicht etwas, das man einfach so aufgab.[53] Sie war, was Biologen ein Costly Signal nennen, ein teures, fälschungssicheres Signal, das über die Qualität eines Mannes Auskunft gab: Einen Auerochsen erlegen lässt sich nicht faken – und wenn die erfolgreichen Jäger dann noch das Fleisch in der Gruppe an alle verteilten und Begeisterung dafür ernteten, war das beste Eigenwerbung. Dass die Frauen eine Vorliebe für gute Jäger hatten, haben wir bereits erwähnt, es stimmt mit den Prinzipien der sexuellen Selektion überein, nach der die Frauen sehr auf die Qualität ihrer möglichen Partner achteten.[54] Also gingen die Männer auf immer weitere Jagdexpeditionen, von denen sie aber immer öfter mit leeren Händen zurückkamen. Da die Kleintierjagd in Siedlungsnähe traditionell auch von Frauen und Kindern betrieben wurde, ist zu vermuten, dass das Engagement der Männer auf diesem Gebiet eher in geringem Maße zunahm. Spannende Frage, was hier entscheidend war: das «heroische» Selbstverständnis der Männer oder die Weigerung der Frauen, sich mit einem Hasenjäger zu begnügen?

Oft wurde die Vermutung geäußert, die Männer hätten aus diesen Gründen die Domestizierung von Tieren wie Ziegen, Schafen, Schweinen und Rindern vorangetrieben; doch die archäologischen Befunde bestätigen das nicht. Erstens wurden diese Tiere erst Jahrtausende später domestiziert; zweitens geschah das in ganz anderen Regionen, nämlich an den Hängen des Zagrosgebirges, das sich von Anatolien zum Persischen Golf hinzog. Und drittens deutet viel darauf hin, dass es auch dort nicht die Männer waren, welche die Tierdomestizierung vorantrieben, sondern die Frauen. Die Männer blieben ihrem Lebensstil treu und suchten, wie wir noch sehen werden, nach neuen Reputationsquellen.[55]

Das führt zu einer gegenläufigen Entwicklung: Der männliche Beitrag zur Ernährung der Gruppen nimmt ab, was eine Schwächung ihrer Position zur Folge hat. Das wird dadurch forciert, dass Männer angesichts des immer öfter hinzunehmenden Misserfolgs in Sachen Jagd Reputationsverluste erlebten. Mit den Frauen verhält es sich umgekehrt: Ihr ökonomischer Beitrag wächst – und zwar massiv. Sie sind es, die das Überleben der Gruppen sichern. Da sie ortstreu waren, ist zu vermuten, dass die Gruppen sich allmählich matrilinear organisierten, also die Abstammung über die Mutterlinie definierten. Was ja auch angesichts der längeren Abwesenheit der Väter sinnvoll war. Die Frauen dominierten die Gruppen zwar politisch nicht allein, an ihnen führte aber in dieser Zeit kaum ein Weg vorbei.

Was diese Argumentation stützt: Wir haben schon in Kapitel 6 ausgeführt, dass viele aus der Ethnographie bekannte Horticulturalists, also Garten- oder Hackbau betreibende Kulturen, matrilinear organisiert waren. Die Anfänge der Landwirtschaft kann man sich auch als Formen des zunehmenden Gartenbaus vorstellen. In der Levante finden wir auch keine Hinweise auf das Entstehen sozialer Hierarchien, die männlich dominiert wären, wie sie für komplexe Forager typisch sind. Bei den Männern, das zeigen anthropologische Untersuchungen, ging die Zahl der Schädelverletzungen zurück, was auf einen Rückgang des Großwilds hindeutet, aber auch auf ein Ausbleiben sozialer Gewalt. Auch finden sich keine Hinweise auf gewalttätige Konflikte, geschweige denn Krieg.[56] Und nicht zuletzt zeigt die anthropologische Bestandsaufnahme in der Levante, dass der Größendimorphismus, also der Größenunterschied zwischen den Geschlechtern, zurückgeht, was ein Hinweis auf egalitärere Verhältnisse ist.[57] Wer weiß, wo sich das hätte hin entwickeln können! Aber die Frauen wurden Opfer ihres eigenen Erfolgs.

Was die Frauen in die Defensive brachte

Die Frauen hatten einen hohen Preis zu zahlen: Da ist auf der einen Seite das Ansteigen der Arbeitsbelastung. Das Ernten, das Verarbeiten, vor allem das Mahlen der Wildsamen ist nicht nur extrem zeitaufwendig, es ist ein Knochenjob! Untersuchungen gerade an weiblichen Skeletten des Neolithikums, der agrarisch geprägten Jungsteinzeit, belegen Spuren ebenso starker wie monotoner Belastungen, wie sie die Folge von täglichem, jeweils stundenlangem Getreidemahlen sind.[58] Eine Untersuchung der ersten Bauern in Europa ergab: Die Frauen waren so muskulös, wie es heute halbprofessionelle Rudersportlerinnen sind.[59] Skelettuntersuchungen bei Männern dagegen zeigen: Deren körperliche Belastung wächst nicht im gleichen Maße wie bei den Frauen. Was sich aber zeigt, ist, dass die männlichen Körper symmetrischer wurden: Die Erklärung der Anthropologen? Die Männer warfen nicht mehr so viel; das kann der Abnahme der Jagd auf Großwild wie auch der Zunahme der Verwendung von Pfeil und Bogen geschuldet sein.[60]

Was aber die größte Belastung für die Frauen darstellte: Die Zahl der Schwangerschaften stieg, und zwar immens. In Jäger-und-Sammler-Kulturen findet man charakteristischerweise einen Geburtenabstand von drei bis fünf Jahren. Das passte bestens zur nomadischen Lebensweise, bei der eine Frau nicht mehr als ein kleines Kind herumtragen konnte. Die Frauen waren sehr mobil; das eher geringe Fettgewebe und das lange Stillen reduzierten die Fruchtbarkeit. Manche Gruppen besaßen sogar Tabus, das den Geschlechtsverkehr auf lange Zeit nach der Geburt untersagte. Wurden Kinder zu früh geboren, konnte es sein, dass die Mutter das Baby aufgab. Auch das ist ein Grund, warum viele Jäger-und-Sammler-Frauen auch heute noch ihr Kind alleine zur Welt bringen. So bewahren sie sich in Sachen Reproduktion Autonomie.[61]

Die von Marjorie Shostak aufgezeichnete Lebensgeschichte der !Kung-Frau Nisa illustriert jene Entscheidungslogik, die wir bereits im Kapitel über Cooperative Breeding thematisierten. Die ersten Seiten von Nisas Biographie drehen sich um das unablässige Weinen der Vier-, vielleicht Fünfjährigen, weil sie nicht mehr an der Brust ihrer schwangeren Mutter trinken durfte. Die hatte sich sogar, um sich die Tochter vom Leib zu halten, die Brustwarzen mit einer bitteren Salbe eingerieben. Aber es half nichts. Nisa weinte und weinte. Dann kam der Tag der Geburt, ihre Mutter verließ das Dorf und brachte alleine in der Wildnis Nisas Bruder zur Welt. Nisa erinnert sich, wie sie hinzukam:

> Nachdem er geboren war, lag er da und weinte. Ich begrüßte ihn. «Ho ho, mein kleines Brüderchen. Ho ho, ich habe einen kleinen Bruder! Eines Tages werden wir zusammen spielen.» Aber meine Mutter sagte: «Was glaubst du, was dieses Ding ist? Warum redest du so mit ihm? Steh auf, geh zurück ins

> Dorf und bring mir meinen Grabstock.» Ich fragte: «Was willst du graben?» Sie antwortete: «Ein Loch. Ich grabe ein Loch, damit ich das Baby begraben kann. Dann kann ich dich wieder stillen, Nisa.» Ich weigerte mich: «Mein Brüderchen? Mein kleines Brüderchen? Mami, er ist mein Bruder. Nimm ihn und trag ihn ins Dorf. Ich möchte nicht mehr gestillt werden!» Dann sagte ich: «Ich werde es Papa sagen, wenn er nach Hause kommt!» Sie sagte: «Das wirst du nicht tun. Lauf jetzt ins Dorf und bring meinen Grabstock. Ich werde ihn begraben, damit du wieder an meiner Brust trinken kannst. Du bist viel zu dünn.»

Nisa rannte weinend ins Dorf und kehrte mit ihrer Tante zurück, was dazu führte, dass Nisas Mutter nachgab: «Weil du so geweint hast, Nisa, werde ich das Kind behalten und ins Dorf bringen.» Die Unterstützung der Schwester und die Bereitschaft der Tochter, ihre Ansprüche zurückzustellen, signalisierten der Mutter, dass ihr Netzwerk intakt war und gute Chancen bestanden, beide Kinder aufzuziehen.[62]

Mit der Durchsetzung der Sesshaftigkeit änderte sich vieles: Die Frauen waren weniger mobil, und die stärkedominierte Kalorienzufuhr erhöhte den Körperfettanteil. Genetische Veränderungen unter den Bauern ließen vermutlich die Amylase-Produktion und damit die Verwertung der Stärke effektiver werden.[63] Die Kinder wurden früher abgestillt, die Frauen brachten nun alle zwei Jahre oder sogar schneller Kinder zur Welt. Mit schwerwiegenden Folgen. Ohnehin zeigen viele Studien, dass mit der Sesshaftigkeit, der Arbeitsbelastung und der einseitigeren Ernährung die Körpergröße der frühen Farmer zurückging und sich ihr Gesundheitszustand im Vergleich zu dem der Jäger und Sammler verschlechterte.[64] Die Frauen traf es noch schlimmer. Die Umstellung von einer fleisch-, fisch-, aber auch nussreichen auf eine getreidebasierte Ernährung führte zu Mangelerscheinungen, welche die Frauen viel härter traf als die Männer: «Schwangere und stillende Mütter sind besonders anfällig für Mangelernährung, besonders was eine unzureichende Eisen- und Calcium-Versorgung angeht», sagt die Archäologin Carol Meyers. «Physisch aktive Frauen brauchen typischerweise dreimal mehr Eisen als Männer, ansonsten werden sie anämisch.» Und schwangere wie stillende Frauen benötigen doppelt so viel Calcium. Zur Erinnerung: Noch standen keine milchgebenden Tiere zur Verfügung. Müdigkeit, Schwäche, weichere Knochen, Bluthochdruck und allgemeines Unwohlsein waren die Folge.[65] Die Geburten wurden also nicht nur zahlreicher, sondern auch immer problematischer und gefährlicher. Kinder- und Müttersterblichkeit stiegen massiv: Die Sterberaten rund um die Geburt lagen schätzungsweise fünf- bis zehnmal höher als bei Jägern und Sammlern. Anthropologische Untersuchungen zeigen, dass vielerorts kaum eine Frau ein Alter von dreißig Jahren erreichte.[66]

Die Frauen mussten also nicht nur härter arbeiten, sagt der Anthropologe Melvin Konner, sie hatten sich in «Baby-Making Machines» verwandelt, und fügt treffend an: «Es war fast, als hätte Adams Fluch Eva genauso getroffen wie ihr eigener: im Schweiße ihres Angesichts musste sie den Acker bestellen, um ihr Brot zu essen, *und* viel Mühsal ertragen, wenn sie schwanger war und unter Mühen Kinder gebar.»[67]

Auch die Kinder litten und damit wiederum die Mütter. Die anthropologischen Untersuchungen zeigen: Das Abstillen der Kinder begann nun schon mit rund 18 Monaten, wie es typisch für traditionelle landwirtschaftliche Gesellschaften auf der ganzen Welt ist, zu einem Zeitpunkt also, an dem das Immunsystem der Kinder noch nicht voll ausgebildet ist.[68] Der Anthropologe Richard Lee berichtet davon, wie manche der !Kung sesshaft wurden und die Geburtenzahlen hochgingen: «Die unglücklichsten Kinder, die ich bei den !Kung gesehen habe, sind manche Eineinhalb- bis Zweijährige, bei denen ein kleines Geschwisterchen unterwegs ist. Ihr Elend beginnt mit der Entwöhnung und erstreckt sich über die sechs bis acht Monate bis zur Geburt des Geschwisters und noch darüber hinaus. Was die Mutter angeht, muss sie sich nicht nur um ein anstrengendes Neugeborenes kümmern, sondern auch noch mit den dauerhaften Störungen eines zornigen und missmutigen Zweijährigen fertigwerden.»[69]

Was die Situation im Neolithikum noch verschärfte: Wir haben es mit Zeiten zu tun, in denen nicht nur milchgebende Tiere fehlten, sondern auch die hygienischen Bedingungen prekär wurden. Noch fehlte es an kulturellen Anpassungen an die Sesshaftigkeit; nomadische Jäger und Sammler mussten sich keine Gedanken um ihre Fäkalien machen; jetzt ging die Zahl der Parasitenbefälle hoch.[70] Als eine neue Geißel kam die Karies über die Menschen. Die einseitige, stärkehaltige Ernährung veränderte die Mundflora und bescherte den Kariesbakterien ein perfektes Habitat. Besonders für Frauen werden Zahnschmerzen zur ständigen Tortur. Das liegt einmal daran, dass Frauen mehr Kohlenhydrate als Männer zu sich nahmen, aber auch daran, dass Mütter, da sie ihre Kinder nun früher abstillen mussten, für diese oft Essen vorkauten.[71]

All das, vor allem die Geburtsrisiken, ließ die weibliche Lebenserwartung sinken. Natürlich sind die anthropologischen Befunde angesichts der oft geringen Fallzahlen mit Vorsicht zu genießen, doch die Daten hinsichtlich des Sterbealters passen erschreckend gut ins Bild. Obwohl die meiste Zeit der Menschheitsgeschichte die Lebenserwartung der Frauen höher war und Studien zeigen, dass Frauen Hungersnöte und andere Katastrophen generell besser überleben können als Männer,[72] verkehrte sich das hier ins Gegenteil: Die Frauen starben im Schnitt jetzt früher als die Männer. Bei den Männern dagegen stieg die Lebenserwartung. Von den komplexen, sesshaften Jägern und Sammlern des Natufien, die verstärkt Wildgetreide nutzten, bis hin zum bäuerlichen Neolithikum bedeutete das: Das durchschnittliche Sterbealter der Männer nahm zu – und zwar um zwei Jahre von 35,5 auf 37,6 Jahre. Das Sterbealter der Frauen dagegen nahm ab – und zwar um zwei Jahre von 32,2 Jahre auf 30,1 Jahre.[73] Wie gesagt, solche Zahlen sind mit Vorsicht zu genießen, aber die Tendenz ist offensichtlich.

Was für eine paradoxe, gegenläufige Entwicklung! Bei den Frauen gingen also ökonomischer Beitrag und soziale Stellung hoch; aber der Gesundheitszustand und die Lebenserwartung sanken aufgrund steigender Arbeitsbelastung und höherer Geburtenzahlen. Bei den Männern verhielt es sich umgekehrt. Ihr ökonomischer Beitrag zum Gruppeneinkommen und ihre Reputation nahmen ab, aber ihre Lebenserwartung stieg, weil die Gefahren und Belastungen sanken. Natürlich halfen die Männer beim Roden, beim Hüttenbau, wohl auch bei der Ernte oder gingen auch auf Kleintierjagd. Aber sie waren auch viel unterwegs, auf der Jagd, ohne etwas zu fangen. Halten wir fest: Mit der gesundheitlichen Schwächung der Frauen durch die erhöhte Arbeitsbelastung und die vielen Geburten war der erste Schritt auf dem langen Weg getan, der sie zum schwachen Geschlecht werden lassen sollte.

Jenseits von Eden

Das Sesshaftwerden, der Übergang zur Landwirtschaft, entfachte drei Dynamiken, die eng miteinander verbunden waren; sie nahmen erst langsam, dann immer schneller Fahrt auf. Für die einzelnen Individuen waren sie nicht fassbar, wie diese auch nie die Chance besaßen, sie zu stoppen. Die Dynamiken waren nicht nur maßgeblich daran beteiligt, das Verhältnis der Geschlechter auf den Kopf zu stellen, sie haben uns bis heute fest im Griff.

Erstens: Was die Bevölkerungszahlen angeht, stellt das Neolithikum tatsächlich eine Revolution dar. Sie explodieren. Die Wachstumsrate vervielfachte sich.[74] Damit war jener sich immer mehr verstärkende Prozess in Gang gesetzt, der aus einer Weltbevölkerung von damals geschätzten 5 bis 20 Millionen Menschen innerhalb von nur gut 10 000 Jahren die fast acht Milliarden unserer Tage werden ließ.

Zweitens: Damals setzte die Menschheit zu jenem kulturellen Quantensprung an, dem wir die heutige Welt mit all ihren Annehmlichkeiten zu verdanken haben, die keiner missen mag. Dabei darf aber nicht vergessen werden, dass diese schöne neue Welt erst seit kaum mehr als zwei, drei Generationen existiert und nur ein ebenso kleiner, wie überaus glücklich zu schätzender Teil der Weltbevölkerung deren Annehmlichkeiten genießen darf. Von den Kosten hingegen, die der sogenannte Fortschrittsprozess für das Gros der Menschheit, vor allem für den weiblichen Teil hatte, wird viel zu selten geredet. Und erst langsam entsteht ein Bewusstsein für die geradezu apokalyptischen Konsequenzen, die dieser Prozess für all die anderen Lebewesen auf diesem Planeten hat und für zukünftige Generationen haben wird.

Der Fortschrittsprozess ist genau betrachtet ein fortwährendes Krisenmanagement, eine Reaktion auf die Probleme und Herausforderungen, die aus der neuen Lebensweise und der damit einhergehenden Bevölkerungsexplosion resultierten (und die immer neue, noch größere Probleme schuf). Keine Frage, dieser Prozess zeugt von unserem wahrlich großartigen kulturellen Talent. Wir betreiben deshalb hier keinen Kulturpessimismus. Wir versuchen uns in Kulturrealismus.

Es ist paradox: Für die Art *Homo sapiens* mag das Sesshaftwerden ein demographischer Erfolg gewesen sein, was aber die Lebensqualität der einzelnen Menschen angeht, war das, von ganz wenigen Ausnahmen abgesehen, definitiv kein Erfolg. Hohes Bevölkerungswachstum ging einher mit einseitiger Ernährung und miserabler Hygiene, schlechterer Gesundheit und höherer Arbeitsbelastung. Wie wir gesehen haben, trifft es die Frauen schon früh besonders hart. Von den bald domestizierten Tieren sprangen Bakterien, Viren und Pilze auf die Menschen über, und nicht wenige entpuppten sich als wahre Seuchenbringer. Krankheiten, Kriege, Konkurrenz und Katastrophen werden unser Schicksal. Menschliches Wohlergehen ist kein Ziel der Evolution, das konstatiert auch Stephen Shennan, was allein zähle, sei «der kurzsichtige evolutionäre Prozess, unter den vorherrschenden Bedingungen reproduktiv erfolgreich zu sein».[75] Wenn es noch eines letzten Grundes bedurfte, um zu verstehen, warum die Evolution nicht als normative Quelle taugte und der Fortschrittsbegriff eine irreführende Kategorie ist, stünden wir ihm jetzt gegenüber.

Drittens: Die neuen Entwicklungen haben radikal unterschiedliche Auswirkungen auf die Geschlechter. Die Konsequenzen für die Frauen sind enorm: Hohe Kinder- und Müttersterblichkeit, die Zunahme von Schwangerschaften, die Gesundheitsbelastungen und die höhere Arbeitslast brachten sie in die Defensive und schränkten ihren öffentlichen Wirkungsgrad ein. Auch die Männer gerieten in eine Krise, aber diese betraf eher ihre Reputation, ihre soziale Stellung – nicht die Gesundheit.

Die Konsequenz: Das alte Gleichgewicht der Geschlechter geriet durch die divergierenden Entwicklungen unter Druck. Es war zentrifugalen Kräften ausgesetzt, welche die alte Solidargemeinschaft zwischen Männern und Frauen strapazierten und zu zerreißen drohten. Und angesichts der bald größer werdenden Siedlungen verlor auch die Gruppe als korrigierendes und stabilisierendes Element an Bedeutung.

Damals also stieß ein für Jahrhunderttausende schier unverwüstliches System an seine Grenzen, das so flexibel war, dass unsere Vorfahren damit so gut wie jeden Winkel der Erde eroberten und noch den härtesten ökologischen und klimatischen Herausforderungen trotzten. Nun entwickelten sich die Geschlechter auseinander, die Genderrollen polarisierten sich. Anders als die Geschichte von Adam und Eva haben diese evolutionären Ereignisse aber bisher keinen Schuldigen zu bieten. Und es ist auch kein plötzlicher dramatischer Event gewesen wie der Rauswurf aus dem Paradies. Die Dinge nahmen schlicht ihren Lauf. Dramatisch waren die Konsequenzen trotzdem.

9 Adam auf Sinnsuche

Das frühe Neolithikum, die Jungsteinzeit, in der die Menschen Bauern geworden waren, gehörte einmal zu den Lieblingsepochen der Frauenbewegung. Was der britische Archäologe James Mellaart in den 1960er Jahren im türkischen Çatalhöyük ausgrub, schien der Beweis für eine friedliche Gesellschaft, vereint in der Anbetung der Großen Göttin. Eine rund 8000 Jahre alte Skulptur zeigt sie, thronend, stark, majestätisch, links und rechts stehen Leoparden, auf deren Häuptern ihre Hände ruhen.

Doch spätestens als sich herausstellte, dass viele der Deutungen und Illustrationen Mellaarts nicht von der Archäologie bestätigt werden konnten, verlor sich das Interesse – und auch das Neolithikum geriet mit dem allgemeinen Abgesang aufs Matriarchat in den Sog des Eva-Tabus. Deshalb sind die neuen Ergebnisse außerhalb der Expertenschaft nicht auf das verdiente Interesse gestoßen. Dabei ist das, was Archäologinnen und Archäologen in den letzten Jahren zutage förderten, mehr als spektakulär.

Und nicht nur das: Wir haben es hier mit jener Phase zu tun, in der die Beziehung von Frauen und Männern auf die schiefe Bahn geriet. Wer immer auf der Suche nach den Wurzeln der Ungleichheit zwischen den Geschlechtern ist, kommt nicht umhin, zu verstehen, was hier geschah. Damals fing das Gleichgewicht an zu kippen! Damals beschworen die Menschen erstmals Geister, um der neuen Probleme Herr zu werden, die wir bis heute nicht wieder losgeworden sind. Goethes Zauberlehrling lässt grüßen! Wir haben im letzten Kapitel gesehen, welchen Preis die Frauen im Nahen Osten dafür zahlen mussten, dass sie mit ihrer Innovativität die Menschheit durch schwierige Zeiten bugsierten. Fortan litten sie unter den vielen Geburten und der Arbeitsbelastung. Das erwies sich auf Dauer als eine Hypothek, die nur schwer zu bewältigen war. Evas Fluch lastete tatsächlich schwer auf ihren Töchtern.

Nun wenden wir uns den weiteren Entwicklungen zu und achten dabei vor allem auf die Männer, die damit fertigwerden mussten, dass sie unter den neuen Lebensbedingungen an Relevanz verloren. Sie rangen um ein neues Selbstverständnis, darum, ihren Reputationsverlust zu kompensieren, den sie angesichts des Rückgangs der Jagd erlitten hatten. Die Hauptquelle, aus der ein Mann sein Prestige bezog, drohte zu versiegen. Adam steckte in der Sinnkrise.

Zunächst werden wir uns in diesem Kapitel auf den neuen Stand bringen, was zu solchen neolithischen Megasiedlungen wie Çatalhöyük führte, in denen erstmals Menschen zu Tausenden dauerhaft zusammenlebten, um dann eine der weltweit spektakulärsten archäologischen Entdeckungen der letzten Jahre zu besichtigen, das rund 3000 Jahre ältere Steinzeit-Heiligtum von Göbekli Tepe. Zumindest wir finden: Stonehenge ist nichts dagegen! So rätselhaft es bis heute erscheint, hat es das Potenzial, sich in der Genderperspektive als ein Schlüsselfund der Menschheitsgeschichte zu erweisen.

Wir inspizieren damit jene Region, die in den letzten Jahren immer wieder als der eigentliche «Garten Eden» tituliert wurde, befindet sie sich doch im Epizentrum der Neolithisierung, also der Etablierung der Landwirtschaft.[1] Göbekli Tepe liegt im Herzen des «Goldenen Dreiecks», der auf die modernen Staaten Türkei, Irak und Syrien verteilten Region, die den oberen und mittleren Lauf von Euphrat und Tigris umfasst und in der die beiden Flügel des Fruchtbaren Halbmonds zusammentreffen: Sie wird traditionell als «Wiege des Neolithikums» bezeichnet, weil in der sehr abwechslungsreichen Landschaft auch die Wildformen jener Pflanzenarten vorkommen, die bis heute einen Großteil unseres Speiseplans ausmachen.[2]

Erfolgreiche Innovationen konnten sich von hier aus schnell in alle Himmelsrichtungen verbreiten: Wie Funde von Muscheln und des wegen seiner Schärfe begehrten, aber nur an wenigen Orten vorkommenden Obsidians belegen, existierten schon damals Austauschnetzwerke, die über Hunderte von Kilometern und lange Zeiten hinweg Bestand hatten.[3] Von hier aus, werden die Menschen aufbrechen, die neue Lebensweise auch nach Europa und Mesopotamien zu bringen. Viele von uns tragen Spuren ihres Erbguts mit sich herum; alle aber haben noch mit den damals in die Welt gesetzten Geistern zu kämpfen.

Mega!

Die Dinge nahmen ihren Lauf, so haben wir das letzte Kapitel beendet, die Bevölkerung wuchs und wuchs, was die Menschen mit neuartigen Problemen konfrontierte. Schließlich hatten sie bisher in weit übers Land verstreuten Gruppen von zwei, drei Dutzend Mitgliedern gelebt. Große Ansammlungen aber führten zu sozialen Spannungen, zu versorgungstechnischen, hygienischen und gesundheitlichen Problemen. Aufspalten und Wegziehen war die traditionelle Reaktion, Dichtestress zu entgehen; sie stand nun nicht mehr zur Verfügung. Schon bald waren die meisten für die neue Lebensweise geeigneten Plätze besetzt, zudem ließ das Bevölkerungswachstum die Wildbestände einbrechen. Was folgte, war eine Art Freilandexperiment, indem die Menschen verschiedene Überlebensstrategien erprobten. Viele scheiterten, manche funktionierten – und diese werden die Geschlechter auseinandertreiben.

Die Entwicklungen vollzogen sich graduell und waren damit für die Individuen kaum je direkt bemerkbar. Die kulturelle Evolution wird nur in den seltensten Fällen von bewussten Entscheidungen vorangetrieben. Dinge entwickeln sich, Prozesse überlagern, stärken oder schwächen einander, reichern sich so lange an, bis zuweilen ein Tipping Point erreicht ist, an dem die Dinge umschlagen und es kein Zurück mehr gibt. Die Konsequenzen hätte niemand vorhersagen können.

Vieles, was in der Rückschau spektakulär erscheint, war damals das Produkt solch gradueller Entwicklung. Die «Städte der Steinzeit» gehören dazu. Zumindest titulierte man sie früher gerne so; heute spricht man von «Mega-Sites», um deutlich zu machen, dass es sich bei diesen Großsiedlungen, zu denen auch Çatalhöyük gehört, in den ersten Jahrtausenden des Neolithikums doch um ein andersgeartetes Phänomen handelte als bei den ersten Städten, die Jahrtausende später auftauchten. Die Mega-Sites erreichten zwar Größen von zehn Hektar und mehr, wohl lebten hier Menschen zu einigen tausend, und das teils für Jahrhunderte. Doch es fehlte diesen Siedlungen an der für Städte typischen Differenzierung nach Funktionen, oft besaßen sie nicht einmal Straßen, auch Hinweise auf hierarchische Strukturen finden sich nur vereinzelt.

Auch die Mega-Sites gehören zu dem Set von Experimenten, mit denen die Konsequenzen des Sesshaftwerdens – und das heißt vor allem der Bevölkerungsexplosion – bewältigt werden sollten. Letzten Endes erweisen sie sich jedoch als Sackgasse; als eine Art Turmbau von Babel, in dessen Folge die Menschen über die Welt verstreut werden. Trotzdem passieren hier Dinge, die das Gesicht der Zukunft bestimmen werden.

Jericho im Jordantal ist die berühmteste dieser frühen Großsiedlungen, über 10 000 Jahre alt. Ob es sich bei dem massiven Mauern und dem neun Meter dicken Turm wirklich um Befestigungswerke handelte, wie es nicht zuletzt die Bibelgeschichte von Josua und den Posaunen nahelegt, ist bis heute umstritten.[4] Ain Ghazal, im heutigen Jordanien gelegen, war mit 15 Hektar Ausdehnung noch deutlich größer. Wie in Jericho stieß man dort auf aus Gips geformte Menschenfiguren, sie beeindruckten mit ihrer imposanten Statur von bis zu einem Meter Größe. In kleinen Gemeinschaften standen sie in eigens für sie angelegten Erdgruben. Von den markant mandelförmigen Augen geht bis heute eine magische Eindringlichkeit aus. Ebenso fanden sich Schädel, die mit Gips oder Lehm übermodelliert waren, ganz so als ob man ihnen ewiges Leben schenken wollte. Muscheln oder Kaurischnecken fungierten als Augen. Sie gelten als Hinweise auf einen verstärkten Ahnenkult.[5]

Man muss sich das vorstellen: Plötzlich lebten die Menschen an einzelnen Orten in Dichten von weit über tausend Personen pro Quadratkilometer zusammen, dabei hatte sich zuvor statistisch betrachtet nicht einmal ein Mensch auf einen Quadratkilometer verloren.[6] Keiner anderen Tierart gelang es je, so plötzlich und so radikal die Art und Weise ihres Zusammenlebens zu verändern. Wie kam es dazu? Zumal solche Menschenansammlungen nicht nur Herausforderungen in Sachen Versorgung und Hygiene mit sich brachten, sondern auch besonders anfällig waren für Dürren und Seuchen. Deshalb wird oft vermutet, dass die Menschen zu dieser Lebensform gezwungen wurden – um sich gegen Feinde zu schützen. Aus ethnographischen Vergleichen weiß man: Wo der Bevölkerungsdruck steigt und es an einem Ort begehrenswerte Ressourcen gibt, steigt das Risiko kriegerischer Auseinandersetzungen. Manche Archäologen betonen, konkrete Konfliktspuren seien Mangelware; andere beanstanden, dass es bisher zu wenig Forschungen zum Thema Krieg im vorderasiatischen Neolithikum gegeben habe. Auch seien die Großsiedlungen kaum irgendwo in Gänze ausgegraben; überdies dürften eher gezielte Überfälle stattgefunden haben und keine groß angelegten Militäraktionen. Mit Kämpfen im kleinen Maßstab und Fehden zumindest sei aber immer zu rechnen gewesen.[7]

Die Kirche der Großen Göttin

Die wundersamste dieser Metropolen, bevor es überhaupt Städte gab, ist Çatalhöyük. Gelegen auf dem breiten Schwemmfächer eines Flusses in der zentralanatolischen Konya-Hochebene, umfasste sie eine bebaute Grundfläche von 13,5 Hektar. Angesichts der dicht an dicht gedrängten Häuser geht man davon aus, dass hier zwischen 4000 und 8000 Menschen lebten. Und das von 7100 bis 5950 v. Chr.

Nicht viele moderne Städte können auf eine fast 1200 Jahre lange Geschichte zurückblicken.[8]

Doch auch hier: Wir haben es mit einem allmählichen Anwachsen zu tun. Die anthropologischen Untersuchungen bestätigen: Çatalhöyük wuchs aus sich heraus und nicht durch Zuzug, das gilt auch für andere Orte Anatoliens.[9] Das mag einer der Gründe sein, warum es keine Straßen gab und die Häuser mit wachsendem Bedarf Mauer an Mauer gebaut wurden – wie die Waben eines Bienenstocks. Die Experten sprechen von einer agglutinierenden Bauweise (*agglutinatio,* ankleben). Der Eingang war nur über die Flachdächer möglich.[10]

Die Funde, die der Archäologe James Mellaart bei seinen Ausgrabungen von 1961 bis 1965 machte, begeisterten die Welt, insbesondere die phantastisch anmutenden Malereien und Reliefs, auf die er in einzelnen Häusern stieß. Sie zeigten Jagdszenen, Geier, die kopflose Leichen fressen, oder paarweise auftretende Leoparden. Imposant waren die mit Ton oder Gips übermodellierten Schädel wilder Stiere (Bukranien) an den Wänden. Eine «bemerkenswerte Blüte früher Kunst» zeige sich in Çatalhöyük, kommentiert auch der aktuelle Ausgrabungsleiter Ian Hodder.[11]

Mellaart war überzeugt, dass die Menschen in Çatalhöyük einst die Große Göttin verehrten. Dafür sprachen weibliche Darstellungen, er interpretierte sie alle als Göttin. Auch schienen die in den Häusern gefundenen Bestattungen darauf hinzudeuten, dass es gerade Frauen waren, die an privilegierten Plätzen begraben wurden. Legendär wurde jene bereits erwähnte Leopardendame. Diese «Thronende Göttin» hielt er für die «Schützerin des Wilds», die «Herrin der Jagd». Und sie gebar ein Kind, da war er sicher. So deutete er auch Reliefs, die Figuren mit nach oben angewinkelten Armen und Beinen zeigten, als emblematische Darstellung der gebärenden Göttin.[12] Buckel, die aus in die Wände eingemauerten Geierschnäbeln oder Fuchsschädeln bestanden, welche mit Kalk übermodelliert waren, identifizierte er als Brüste der Göttin. Manche seiner Anhängerinnen gingen später noch weiter: Selbst die Bukranien, die Mellaart als Symbole des Männlichen gedeutet hatte, schlugen sie der Sphäre des Weiblichen zu: «Der Kuh- oder Stierkopf symbolisiert als Ganzes den Leben hervorbringenden Uterus der Göttin».[13]

Mellaart sah in der «jungsteinzeitlichen Frau die Schöpferin der jungsteinzeitlichen Religion». Weil Frauen in der neuen Landwirtschaft mehr Tätigkeiten übernahmen, resultiere daraus auch ihre «soziale Überlegenheit». Er skizziert ein eindrückliches Panorama: «Als einzige Lebensquelle wurde die Frau mit dem Arbeitsvorgang des Ackerbaus in Verbindung gebracht, mit der Zähmung und Aufzucht der Haustiere, mit den Vorstellungen von Wachstum, Überfluss und Fruchtbarkeit. Eine Religion, die ihrerseits auf Erhaltung des Lebens in all seinen Formen zielte, die Verbreitung einer solchen Religion und die Mysterien ihrer Kulte, die mit dem Leben und Tod, Geburt und Auferstehung verknüpft waren, gehörten daher offensichtlich eher zu ihrem Bereich als zu dem des Mannes.» Deshalb sei davon auszugehen, dass mit «außerordentlich hoher Wahrscheinlichkeit ... der Kult der Göttin hauptsächlich in den Händen der Frauen gelegen habe». Männliche Priester jedoch wollte er nicht ausschließen. Wenn er hinzufügt: «so seltene Objekte wie Obsidianspiegel, Leopardenhäute und feingearbeitete Gürtelschließen können Teil des rituellen Zubehörs der weiblichen und männlichen Priesterschaft gewesen sein», illustriert das, welch suggestives Potenzial Mellaarts Thesen besaßen.[14] Eine abschließende Publikation seiner Forschungsergebnisse legte er aber nie vor, zumal ihm die türkischen Autoritäten die Grabungserlaubnis entzogen.

Trotzdem befeuerten seine Ausgrabungen in den 1970ern die Matriarchatstheorien. Çatalhöyük avancierte zum Fels, auf dem die Kirche der Großen Göttin errichtet wurde, und Zentralanatolien zum Pilgerort des Feminismus.[15] Selbst eine matriarchatsskeptische Autorin wie Margaret Ehrenberg konstatierte in den 1990ern, dass es sich hier um eines der wenigen Gebiete handelte, «in dem Fruchtbarkeitskulte und eine ‹Muttergöttin› in einer späteren Periode historisch nachgewiesen sind».[16]

Seit aber der Archäologe Ian Hodder sich mit einem großen interdisziplinären Team darangemacht hat, die Ausgrabungen Mellaarts fortzuführen, konnte er kaum eine der Thesen bestätigen[17]. Die Bilderwelt Çatalhöyüks drehe sich so gar nicht um Landwirtschaft, sondern im «krassen Gegensatz» um Jagd und «wilde Natur».[18] Die nicht allzu große «Thronende Göttin» sei ein isolierter Fund, der aus einem Getreidebehälter stamme.[19] Sie sei in ihrer Weise einzigartig, und die von Mellaart für sie bemühten Vorstellungen einer «Herrin der Tiere» tauche erst Jahrtausende später in der frühen Bronzezeit auf.[20]

Eine Analyse aller mittlerweile in Çatalhöyük gefundenen über 2000 Figuren ergab, dass lediglich drei Prozent von ihnen definitiv weibliche Körper darstellten. Die überwiegende Anzahl der Objekte liefert keinen Hinweis auf das Geschlecht.[21] Dann stießen die Ausgräber auch noch auf einen vollständig erhaltenen Stempel, der bestens zu jener häufig auftretenden Gestalt mit den abgespreizten Armen und Beinen passte, die Mellaart als gebärende Göttin interpretiert hatte. Bloß zeigte der Stempel keine Frau, sondern unverkennbar ein Tier, vermutlich einen Bären.[22]

Die Theorie der in Çatalhöyük allseits verehrten Großen Göttin ist zumindest von der Wissenschaft ad acta gelegt worden. In der Folge entfaltete wieder das von uns diagnostizierte Eva-Tabu seine Wirkung: Da sich die Idee einer Frauenherrschaft als Illusion entpuppt hatte, schien die weitere Beschäftigung mit dem Neolithikum in Hinblick auf Genderfragen nur noch ein Fall für Fachleute. An hier zu gewinnende Erkenntnisse, die von allgemeinem Interesse für die Transformationen der Geschlechterbeziehungen sein könnten, schienen zumindest von feministischer Seite nur wenige noch zu glauben.

Das ist mehr als schade: Die neuen Befunde aus dem anatolischen Neolithikum sind wahrlich spektakulär! Und sie dokumentieren auf unvergleichliche Weise jenen Prozess, in dem die Sache mit Männern und Frauen anfing, aus dem Lot zu geraten.

Ur-Adams ganzer Stolz

Lange hatte sich die Archäologie auf die Levante konzentriert, auf das, was als Heiliges Land der Bibel galt. Das in der heutigen Türkei gelegene Anatolien dagegen erfuhr kaum Aufmerksamkeit, daran änderte selbst Mellaarts Entdeckung von Çatalhöyük wenig. Heute wissen wir: ein Riesenversäumnis! Nicht nur, dass sich dank des wissenschaftlichen Fortschritts bei der Erforschung prähistorischen Erbguts zeigte: Es waren Migranten aus Anatolien, welche die Landwirtschaft nach Europa brachten. Ihr markantes Sigel ist noch in der DNA heutiger Europäer zu entdecken.[23] Für uns noch wichtiger: Hier formt sich ein neues männliches Selbstverständnis, das für die patriarchale Matrix prägend sein wird.

Bis in die 1990er Jahre hinein fanden Ausgrabungen im Goldenen Dreieck meist nur als Rettungsgrabungen statt, wenn ein Staudamm ganze Täler unter Wasser setzte. Das Archäologische Museum in Urfa machte aus der Not eine Tugend und verkaufte T-Shirts, auf denen Ruinen zu sehen sind, die von Fischen bewundert werden. Darunter stand: «Es ist zu spät, Nevali Çori zu besichtigen. Kommen Sie ins Urfa-Museum». Die einstige an einer Furt des Euphrat gelegene Siedlung Nevali Çori liegt seit 1992 auf dem Grund des Atatürk-Stausees.

Bei der Rettungsgrabung in dieser sagenhafte zehn bis elf Jahrtausende alten Siedlung waren die Ausgräber auf Erstaunliches gestoßen: Etwas von den Wohnhäusern abgelegen, fand sich ein quadratisches Steingebäude, das wegen seiner Monumentalität und Ausstattung – es besaß einen Terrazzoboden (eine Technik, die wir eigentlich erst aus der griechisch-römischen Antike kennen) und eine innen umlaufende Steinbank – als Kultgebäude interpretiert wurde. Vor allem die wie ein T geformten Steinpfeiler beeindruckten. Dreizehn von ihnen gliederten die Innenseite. Zwei besonders große Stelen standen sich in der Mitte des Raums gegenüber. Eine von beiden zeigte an den Seiten dünne Arme und Hände, das verbreiterte Oberteil deutete ein Gesicht und einen Hinterkopf an.

In dem Gebäude waren auch Fragmente von Skulpturen verbaut, die Mischwesen aus Mensch und Vogel zeigten. Am spektakulärsten war jenes Gebilde, das die Archäologen zu einer Art Totempfahl zusammenpuzzelten. Ein geierartiger Raubvogel thronte auf zwei kauernden Figuren, die zwar vogelartige Körper besaßen, aber allem Anschein nach Frauenköpfe hatten.[24] In einer auffälligen Nische des Gebäudes könnte einst ein Kultbild gestanden haben.

Etwa eines wie jener Ur-Adam, der im Urfa-Museum zu bestaunen ist. «Urfa Adami» ist die älteste bisher bekannte menschliche Großplastik, stolze 1,93 Meter groß. Er wurde bei Bauarbeiten in der Altstadt von Urfa gefunden, gehört aber zweifelsohne in den Zeithorizont von Nevali Çori. Sein markantestes Merkmal ist etwas, was die Wissenschaft «ithyphallisch» nennt: Er präsentiert stolz seinen erigierten Penis.[25]

Das Mysterium

Keine 15 Kilometer Luftlinie von diesem Ur-Adam im Archäologischen Museum Urfa entfernt, liegt auf einem langgezogenen Höhenrücken ein Hügel, der als gewaltige Landmarke weithin sichtbar ist: Göbekli Tepe. Herumliegende Steinbrocken hatten lange als Reste eines Friedhofs gegolten. Doch als der Archäologe Klaus Schmidt sie auf der Suche nach neolithischen Siedlungsplätzen im Jahr 1994 inspizierte, steigerte sich seine Begeisterung «fast ins Unermessliche». Ein besonders großer Stein «war allseitig von Menschenhand sorgfältig zugerichtet und hatte eine Form, die wir leicht wiedererkannten. Es war unzweifelhaft das T-förmige Kopfstück eines Pfeilers vom Typ Nevali Çori.» Je mehr er suchte, umso mehr solcher Bruchstücke konnte er identifizieren.[26]

Bald schon startete die Ausgrabung. Das Erste, worauf die Archäologen stießen, war ein Stein, auf dem ein Tier als Hochrelief platziert war. Es maß 81 cm in der Länge, seine Extremitäten streckte es in ebenjener Weise von sich, wie es die Figuren taten, die

James Mellaart im 450 Kilometer weiter westlich gelegenen Çatalhöyük als gebärende Göttin interpretiert hatte. Dieses hier war aber mindestens zwei Jahrtausende älter; Schmidt hielt es eher für ein Reptil denn einen Bären.[27]

Die ältesten und zugleich gewaltigsten Bauten am Göbekli Tepe stammen aus dem 10. vorchristlichen Jahrtausend, sind also fast 12 000 Jahre alt. Im Prinzip ähneln die Anlagen dem eben beschriebenen jüngeren Gebäude in Nevali Çori – nur dass sie nicht rechteckig, sondern rund oder oval waren. Und dass sie nicht bloß eins, sondern viele waren. Auch nach mehr als zwanzig Jahren ist erst ein Bruchteil der Anlage ausgegraben. Wieder bildeten monolithische T-Pfeiler die Grundstruktur der Steinkreise, dazwischen waren Steine zu Mauern geschichtet. Wieder befand sich im Inneren eine umlaufende Bank. Wieder standen sich je zwei, die anderen überragende Pfeiler im Zentrum der Anlage gegenüber. Wieder fiel deren anthropomorphe Gestaltung auf. Zuweilen im Relief dargestellte Arme und Hände machten die Stelen zu «steinernen Wesen», schreibt Klaus Schmidt, «die angesichts der starken Stilisierung, die ihre Körperlichkeit auf rein kubische Formen reduziert, ganz offensichtlich einer anderen Welt zugehören als der diesseitigen».[28] Wichtig: Diese Pfeiler hatten keine architektonische Funktion, sie dienten nicht etwa dazu, ein Dach zu tragen, waren aber reich mit Reliefs verziert.[29]

Bisher wurden vier solcher Steinkreise ausgegraben, ihre Durchmesser reichen von 10 bis 30 Meter. Geophysikalische Untersuchungen zeigen, dass auf dem Göbekli Tepe noch mindestens 16 weitere solcher Anlagen im Boden ruhen, mit insgesamt etwa 200 Pfeilern. Und diese Pfeiler erreichen Höhen von über fünf Metern. Im nahe gelegenen Steinbruch fand sich noch eine Stele, die sogar sieben Meter maß und 50 Tonnen schwer war. Über 500 Menschen sollen nötig gewesen sein, solch einen Koloss über eine längere Strecke zu transportieren.[30]

Was jeden Besucher von Göbekli Tepe sofort in den Bann zieht, sind der Reichtum und die Detailtreue der Reliefs und Skulpturen.

In großer Zahl fanden sich Schlangen, Füchse, Wildschweinkeiler, Geier und weitere Greifvögel, Kraniche, aber auch Löwen und Leoparden, immer wieder tauchen Auerochsen auf, manchmal Wildesel oder Gazellen. Sogar kleines Getier wie Skorpione, Spinnen und Tausendfüßler betrachteten die Bildhauer als verewigungswürdig. Anders als die monolithischen Steinpfeilerwesen sind sie zumeist sehr realistisch und detailfreudig gearbeitet. Dieser «Steinzeitzoo» ist nicht bevölkert von Phantasiewesen.[31] Es finden sich auch Motive wie Bukranien, also Rinderschädel, rätselhafte Steinringe und «aus Stein gehauene Menschenköpfe oder Männerfiguren mit aufgerichtetem Penis, aber ohne Gliedmaßen; die menschlichen Köpfe und Figuren mit in der Regel männlichem Habitus erreichen teilweise sogar Überlebensgröße».[32] Was jedoch völlig fehlt, sind erkennbare weibliche Motive oder Frauendarstellungen.

Göbekli Tepe ist nicht zerstört oder von Wind und Wetter zu Ruinen verschliffen worden. Die Menschen haben es damals sorgfältig bestattet. Die Anlagen wurden mit Steinen aufgefüllt, was den hervorragenden Zustand der archäologischen Funde erklärt. Manche Kreise wurden bereits verfüllt, während andere noch benutzt wurden. Ab etwa 8000 v. Chr. wurde die Bautätigkeit ganz eingestellt und die Anlage langsam aufgegeben, nachdem sie gut zwei Jahrtausende in Betrieb war.[33] Diese geradezu pietätvolle Beerdigung war selbst eine gewaltige Arbeitsleistung; noch ist unklar, wo die Massen an Füllmaterial dafür herbeigeschafft wurden.[34] Göbekli Tepe mutet wie eine Fata Morgana an: Konnte eine solch gewaltige megalithische Anlage über viele Jahrtausende vor Stonehenge existieren? Zumal sie mit einer künstlerischen Raffinesse bestach, dass es sich kaum um ein Erstlingswerk gehandelt haben kann. Da die Archäologen keine Hinweise auf domestizierte Pflanzen oder Tiere entdeckten, hielt man die Erbauer zunächst für Jäger und Sammler – was die Angelegenheit noch unvorstellbarer machte.

Schon kursierten Theorien, dass es eine sich hier manifestierende Religion war, welche die Menschen erst zur Landwirtschaft geführt hatte. Bereits der französische Historiker Jacques Cauvin vermutete grundlegende Veränderungen der menschlichen Mentalität, die für das Aufkommen neuerer Göttervorstellungen verantwortlich seien, die dann ihrerseits die gewaltigen Innovationen des Neolithikums auslösten oder zumindest massiv beeinflussten.[35] «Es ist durchaus denkbar, dass die Jäger und Sammler nicht vom Weizensammeln zum Weizenanbau übergingen, um ihren üblichen Kalorienbedarf zu decken, sondern um einen Tempel zu bauen», schreibt auch Harari und fügt an: «Sollte das stimmen, dann könnten religiöse Überzeugungen die Menschen veranlasst haben, den hohen Preis zu bezahlen, den der Weizen verlangte. Früher ging man davon aus, dass sich die Siedler erst in einem Dorf niederließen und dann in der Mitte einen Tempel errichteten. Göbekli Tepe lässt vermuten, dass erst der Tempel kam und dann das Dorf.»[36]

Mittlerweile zeigt sich: Die Erbauer und Nutzer von Göbekli Tepe lebten in viel sesshafteren Kontexten als zunächst angenommen. Die Anzahl massenhaft gefundener Mühlen belegt, wie sehr die Ernährung bereits von Wildgetreiden bestimmt war.[37] Schon ein Jahrtausend lang war die Bevölkerung gewachsen, bevor man den ersten Steinpfeiler aufrichtete. Die Anfänge dörflicher Siedlungen reichen ebenso lange zurück.[38] Das neue Dasein und die damit einhergehenden Herausforderungen standen also am Anfang und keine rituellen oder symbolischen Praktiken, die wie ein *Deus ex Machina* aus dem Nichts aufgetreten wären.[39]

Aber mit was haben wir es hier überhaupt zu tun? Kultanlage? Heiligtum? Dem «ersten Tempel der Welt»?[40] Uns scheinen solche Begriffe schwierig, weil sie Dinge implizieren, die wir zu diesem Zeitpunkt nicht einfach voraussetzen können. Populär sind Vorstellungen eines Heiligtums: War hier vielleicht das tierische «Pantheon» einer schamanistischen Vorstellungswelt in Stein gemeißelt worden?[41] Deuteten nicht die Unmengen an Tierknochen auf rituelle Feste und große Gelage hin, an denen möglicherweise sogar das erste Bier floss?[42] Der 2014 verstorbene Ausgräber Klaus Schmidt hatte vermutet, ein dem Totenkult gewidmetes Steinzeitheiligtum ausgegraben zu haben – auch wenn er keine Bestattungen entdecken konnte. Sein Argument dafür baut auf einer essenzialistisch anmutenden Spekulation auf: Es haben sich keine Spuren des Weiblichen in Göbekli Tepe gefunden, wie man sie vor allem in Form von Tonfiguren aus frühen neolithischen Siedlungen kennt. «Verbindet man die Tonfigurinen und weiblichen Objekte im weitesten Sinn mit Fruchtbarkeit und konsequenterweise letztlich mit ‹Leben›, so rückt ihr Ausbleiben am Göbekli Tepe möglicherweise das elementare Pendant, den ‹Tod›, und den Umgang der Zeitgenossen mit dieser elementaren Größe ins Zentrum, das wir für ein Verständnis dieses Platzes erfassen müssen.»[43]

Toxische Männlichkeit

Bevor wir unsere eigene Analyse beginnen, in der es auch um die Absenz des Weiblichen gehen wird, dürfen wir es nicht versäumen, einen genaueren Blick auf die so eigentümliche Bilderwelt zu werfen, die in Göbekli Tepe monumental Gestalt angenommen hat. Lynn Meskell, Stanford-Professorin für Archäologie, ist nicht zuletzt dafür bekannt, dass sie das archäologische Material von Çatalhöyük einer kritischen Analyse unterzog und zu dem Schluss kam, dass dieses nicht dazu taugt, Matriarchatstheorien welcher Spielart auch immer zu unterstützen.[44] Gemeinsam mit Ian Hodder, dem Ausgrabungsleiter von Çatalhöyük, machte sie sich daran, das ikonographische Programm des anatolischen Neolithikums systematisch zu untersuchen, das aus einem Zeitraum von drei- bis viertausend Jahren stammte. Den bildgewaltigen Steinkreisen von Göbekli Tepe maßen die beiden Archäologen eine Schlüsselrolle dabei zu.[45] Ihre Ergebnisse sind ebenso spektakulär wie verstörend und scheinen zumindest auf den ersten Blick die traditionelle Sicht auf das frühe Neolithikum komplett auf den Kopf zu stellen. Hodder und Meskell haben in der Hauptsache drei verschiedene Motivwelten identifiziert. Folgen wir ihnen, sie nehmen kein Blatt vor den Mund: «Die erste betrifft eine allgemeine Beschäftigung mit dem Penis, dem menschlichen wie auch dem tierischen, die es uns erlaubt, von einem Phallozentrismus zu sprechen, im Gegensatz zu der weitverbreiteten Annahme, dass die frühen Landwirte im Nahen Osten die weibliche Form, Fruchtbarkeit und Empfängnis betonten.»[46]

Phallozentrismus! Die tierische Bilderwelt auf den Steinstelen des Göbekli Tepe ist schon erschreckend eindeutig. Es ist ja nicht nur das Faible der Steinzeitkünstler für gefährliche fleischfressende Spezies wie Löwen, Leoparden, Füchse, Schlangen, Spinnen, Skorpione und Greifvögel; es fällt auf, dass diese, wo immer möglich, mit erigierten Penissen dargestellt wurden. Es ging also darum, männliche Raubtiere, männliche Aggressoren darzustellen. Hodder und Meskell verweisen darauf, dass auch die an sich schon erstaunliche Formgebung der T-förmigen Säulen selbst etwas Phallisches habe: Sie erscheinen als «Evokationen des Phallus, mit einem langgestreckten Schaft und einem ausgeprägten Kopf». Göbekli Tepe wird damit zu einer – Pardon! – steingewordenen Erektion.

Das geht einher mit dem bereits diagnostizierten Fehlen als weiblich erkennbarer Formen oder Symbole. Die aber existierten in den neolithischen Siedlungen Anatoliens ansonsten reichlich. Die Archäologen stießen in über zwanzig Jahren Ausgrabungen am Göbekli Tepe nur auf eine einzige Darstellung einer Frau, die berühmte Ausnahme der Regel. Bestechen die Tiere durch die hohe Qualität ihrer künstlerischen Darstellungen, handelt es sich in diesem Fall um eine primitive Zeichnung einer nackten Frau, die nicht zum offiziellen Bildprogramm gehört, sondern später in die Steinplatte einer Sitzbank eingeritzt wurde. Wir ersparen uns die Details, die nächste kunsthistorische Parallele zu dieser Ritzzeichnung sind jene Graffiti, die auf Bahnhofklos die Wände zieren.[47]

Der Phallozentrismus ist keine alleinige Besonderheit Göbekli Tepes. Den etwa gleichaltrigen ithyphallischen Urfa-Adam haben wir vorgestellt, auch ansonsten finden sich eine Vielzahl phallischer Skulpturen. Noch im jüngeren Çatalhöyük zeigen gemalte Jagdszenen große Wildtiere wie Bullen, Keiler und Hirsche mit erigiertem Penis. Dass Schlangen allerorten zu den häufigsten Tieren gehören, sollte in diesem Kontext zumindest angemerkt werden. Phallozentrismus bedeutet für die Archäologen «die Privilegierung von Männlichkeit als vorrangigem kulturellen Zeichen und die zentrale Bedeutung der Maskulinität (sowohl der menschlichen als auch der tierischen) als eine der Quellen von Macht und Autorität».

Das zweite Thema, das Hodder und Meskell identifizieren, umfasst «wilde und gefährliche Tiere», und zwar selbst an Orten, die von domestizierten Pflanzen und Tieren geprägt waren, dabei ging es insbesondere um «die harten und spitzen Teile von Wildtieren, wie Krallen, Klauen, Hörner und Stoßzähne». Schon der Archäologe Klaus Schmidt befand, dass selbst die späteren Bewohner Çatalhöyüks, die bereits Schafe und Ziege hielten und Felder bestellten, «nicht so ganz in ihrer neuen Realität angekommen» waren. «Legen wir die überlieferten Wandbilder zugrunde, so waren sie jedenfalls nicht (ausschließlich) mit Haus und Hof beschäftigt. Sie träumten noch die alten Träume der Jäger.»[48]

Man denke nur an die Menge der Schädel von Wildrindern mit ihren gewaltigen Hörnern, die in die Wände eingemauert waren, die übermodellierten Geierschnäbel und Fuchsschädel, die wohl doch nicht die Brüste der Großen Göttin darstellen. Auch schon am Göbekli Tepe wurde große Sorgfalt auf die spitzen Waffen der Tiere verwendet. Jedes Zähnefletschen setzten die Bildhauer bedrohlich in Szene, Keiler präsentieren ihre Hauer, und Skorpione recken den Stachel in die Höhe.

Als dritten Motivkreis führen Hodder und Meskell ein nicht minder dunkles Thema an: Es geht um «das Durchstechen und Manipulieren des Fleisches, das in Verbindung steht mit der Gewinnung und Weitergabe von menschlichen und tierischen Schädeln». Dass diesen zuweilen mittels Gipsmodellierung das Fleisch gewissermaßen wiedergegeben wurde, haben wir bereits beobachtet. Im gut 10 000 Jahre alten Schädelgebäude von Çayönü fanden sich die Überreste von Hunderten von Menschen, oft als Einzelknochen oder Skelettfragmente; die wohl in Regalen separat aufgestellten Schädel gaben dem Gebäude seinen Namen.[49] Indizien sprechen dafür, dass hier «entsprechende Rituale, wie z. B. Entfleischung, Abtrennung des Kopfes vom Körper und möglicherweise auch Tieropfer praktiziert» wurden.[50] Auch auf Darstellungen, die Vögel, insbesondere Geier, mit Schädeln oder Toten kombinierten, sind wir bereits gestoßen, erinnert sei an den Totempfahl aus Nevali Çori. Zutiefst mysteriös ist die Szene, die Pfeiler 43 in Göbekli Tepe zeigt: In Gesellschaft von Geiern, Schlangen und Skorpionen liegt ein toter Mann, der Penis ist erigiert, der Kopf fehlt.[51] Hinweise auf die Praxis, dass Leichen auf Gerüsten den Vögeln zur Entfleischung dargeboten wurden, gibt es bisher keine. Zwei Kontexte drängen sich als mögliche Deutungsrahmen für den Schädelkult auf: die Ahnenverehrung und die Kopfjagd. Beides muss sich nicht ausschließen. Wir werden das thematisieren.

Folgt man also den Archäologen Hodder und Meskell, dann haben wir es im frühen Neolithikum mit einer ebenso beeindruckenden wie bedrohlichen Mischung zu tun. Zwar halten wir den in heutigen Geschlechterdebatten mitunter kursierenden Begriff der «toxischen Männlichkeit» für wenig hilfreich (weil er ebenso essenzialistisch-klischeehaft ist wie die «holde Weiblichkeit»), doch hier drängt er sich, wenn auch noch ohne frauenfeindliche Implikationen, auf: für ein düster-bedrohliches Gemisch aus Potenz, Aggression und Tod.

Das Rätsel entschlüsseln

Wir müssen realisieren: Göbekli Tepe ist gut 2000 Jahre besucht worden, und selbst danach gaben die Menschen die Anlage nicht einfach auf, sondern «bestatteten» sie so pietätvoll, dass viele der Tierskulpturen heute noch geradezu lebendig wirken. In dieser Zeit ist Steinkreis um Steinkreis errichtet worden. Die Anlage war also extrem erfolgreich. Wir gehen davon aus, dass es einen ersten Impuls gab, der hier Menschen ihr Monumentalwerk beginnen ließ, dass dieses dann eine Sogwirkung entfaltete und über die Jahrhunderte hinweg weitere Steinkreise erbaut wurden. Die Vorgehensweise ist genauso agglutinierend, wie wir das von den Mega-Sites kennen, wo auch über die Zeiten hinweg Haus an Haus gesetzt wurde. Mit den Jahrhunderten übernahm der Göbekli Tepe neue zusätzliche Funktionen, entfaltete weitere Wirkungen, denen er seinen dauerhaften Erfolg verdankte. Wir haben es mit einem typischen Produkt der sich anreichernden kulturellen Evolution zu tun.

Auch wenn wir immer bedenken müssen, dass noch vier Fünftel der Anlage im Boden schlummern und es vielleicht nie möglich sein wird, die phantastische Bilderwelt im Detail zu entschlüsseln, halten wir sie in Verbindung mit der monumentalen Architektur in unserer evolutionären Perspektive für extrem aussagekräftig – gerade für die Entwicklung des Geschlechterverhältnisses. Erinnern wir uns an die Bilderwelt des Jungpaläolithikums, wie ganz und gar anders diese war: Frauendarstellungen, wie die Venusfigurinen, spielten eine große Rolle, ebenso eine Tierwelt in der Höhlenmalerei und den Kleinplastiken, die nicht nur aus männlich markierten Beutegreifern bestand. Dann wird klar, was für ein ebenso innovatives wie tendenziöses Bild- und Architekturprogramm wir vor uns haben.

Wir konzentrieren uns auf den Göbekli Tepe also nicht allein deshalb, weil er die früheste bisher entdeckte Manifestation solcher Monumentalität darstellt. Hier lässt sich beobachten, wie sich ein höchst brisantes, nämlich toxisches Gemisch zusammenbraut, das für Jahrtausende die Geschichte prägen und später auch und vor allem das Schicksal der Frauen bestimmen wird.

Suchen wir also zunächst nach dem Grund, der die Menschen vor fast 12 000 Jahren dazu brachte, viele Tonnen schwere Steine auf einem einsamen Bergrücken zu errichten. Anschließend wenden wir uns den Effekten zu, die dieses gewaltige Monument entfaltete. Wir sind guter Dinge, auf manchen Schlüssel zum Verständnis des steingewordenen Rätsels Göbekli Tepe zu stoßen.

Die Ausgangslage ist klar: Wir haben es am Übergang vom Pleistozän zum Holozän in Anatolien mit einem dramatischen Bevölkerungswachstum zu tun: zwischen 11 400 und 9700 v. Chr. verzehnfachte sich die Bevölkerung in der Region, in den folgenden zweihundert Jahren verdoppelte sie sich noch einmal.[52] In dieser Zeit nimmt nicht nur die Sesshaftigkeit zu (der Bevölkerungsdruck erlaubte es kaum noch, mobil zu bleiben),[53] es finden sich auch die ersten Hinweise auf Kultivierung der Wildformen späterer Getreidesorten. Am Endpunkt dieser Entwicklung macht man sich ans Werk, auf dem Bergrücken des Göbekli Tepe Stein um Stein zu errichten. Wir haben es hier also mit einer Reaktion auf die sich radikal verändernde Lebenswelt zu tun.[54]

Stellt sich angesichts des von Hodder und Meskell vorgestellten Bildprogramms überhaupt noch die Frage nach dem Geschlecht der Erbauer? Den Frauen fehlte es ohnehin schlicht an Kapazitäten: Sie waren zu beschäftigt mit dem Sammeln und Verarbeiten der Getreidesamen, sie litten unter den körperlichen Belastungen durch die steigende Zahl von Schwangerschaften und Geburten, von all den Kindern ganz zu schweigen. Bei den Männern sah das anders aus. Durch Bevölkerungsexplosion und die steigende Zahl an Siedlungen nahm der Jagdertrag ab, zumindest was das große Wild anbetraf. Sie halfen natürlich in der frühen Landwirtschaft. Aber das waren Tätigkeiten, die wenig Prestige boten. Kurz, die Männer hatten also eher die Zeit, Kraft, Gesundheit und ein Motiv.

Der Aspekt der Jagd ist auf dem Göbekli Tepe unübersehbar. Nirgends sind Pflanzen dargestellt, immer handelt es sich um wilde Tiere. In fast allen Fällen wiederum um Tiere, die selber Jäger oder zumindest lebensgefährlich sind. Ebenso richtet sich der Fokus auf die tödlichen Waffen dieser Tiere: auf ihre Reißzähne, Hauer, Hörner, Krallen, Schnäbel und Stachel. Und diese Tiere sind deutlich als männlich markiert, also als diejenigen, die eine Erektion haben. Es spricht viel dafür, dass es hier zu einer graduellen Identifizierung menschlicher und tierischer Jäger kam. Fast könnte man behaupten: Das Male Bonding überspringt die Artgrenze.

Das ist unser erster Schlüssel zum Verständnis des Rätsels Göbekli Tepe: Wenn je die Mächte der Jagd beschworen wurden, dann hier! Und das geschieht in jenem historischen Augenblick, an dem die Jagd und damit die Jäger an Bedeutung verloren. Für den Ausgräber Klaus Schmidt handelte es sich um einen Akt der Nostalgie: «Die Jäger des Göbekli Tepe jedenfalls erklimmen nicht die Stufen hinauf zu einer glänzenden Zukunft, sie stehen am Abgrund, am Abschluss ihrer großen Zeit.»[55] Wir sehen den Göbekli Tepe als den grandiosen Versuch, diese «große Zeit» der Jagd vor dem Verschwinden zu bewahren.

Die Vielzahl vor Ort gefundener Gazellenknochen legen nahe, dass auf dem Bergrücken schon immer Jäger zusammenkamen, um den zwischen Mittsommer und Herbst in großen Herden auftauchenden Gazellen aufzulauern. Der reiche Jagderfolg könnte gleich vor Ort gefeiert worden sein.[56] Doch die steigenden Menschenzahlen in der Region führten zu abnehmenden Tierbeständen, insbesondere der großen, prestigeträchtigen Beute wie Auerochsen. Hatte man es den Seelen der Tiere, den Mächten der Jagd, den Göttern gegenüber an Achtung fehlen lassen oder sie sogar beleidigt? Jetzt rächten sie sich und ließen das Wild verschwinden (die dahinterstehende Psychologie erklären wir im nächsten Kapitel). Was also tun, um ihre Gunst wiederzuerringen? Ihnen an der höchsten Stelle eines weithin sichtbaren Höhenrückens ein Monument zu setzen, erscheint als geeignetes Mittel, sie sich wieder gewogen zu machen. Das begann mit einem, vielleicht auch schon zwei oder drei Steinkreisen, denen im Laufe der Jahre immer mehr hinzugefügt wurden.[57] Das ist ein Investment in die Zukunft: Je größer der Aufwand, die eigene Gabe, umso größer muss die Gegengabe ausfallen, zu der die Gegenseite verpflichtet wird.[58] Die Gesetze des Gabentauschs gelten auch im Verkehr mit nichtmenschlichen Akteuren, ob sie nun realer oder irrealer Natur sind. Insofern könnte der Göbekli Tepe eine gewaltige Investition in die Rückkehr der großen Tiere und der großen Jäger gewesen sein.

In dieser Perspektive müssen die Unmengen an Tierknochen, auf welche die Archäologen stießen, nicht allein von menschlichen Festen stammen. Wer sich die Skulpturen und Reliefs ansieht, all das Zähnefletschen, der ist sicher: auch die tierischen Jäger waren überaus hungrig. Die überirdischen Mächte mit Opfern zu versorgen, insbesondere mit Fleisch, ist eine Strategie, der die Zukunft gehören wird. Das Sharing and Caring macht auch vor der anderen Welt nicht halt.

Reputationsverlust kompensieren

Das also könnte die Ursprungsidee gewesen sein, die am Anfang von Göbekli Tepe stand: die Mächte, die das Geschick der Welt bestimmen, zu besänftigen, die Verhältnisse wieder in Ordnung zu bringen. Mit der Zeit zeigte sich aber: Die Arbeit selbst entfaltete einen Effekt, der in dem Maße wuchs, wie auch die Anlage größer und größer wurde. Sie verschaffte ihren Erbauern Reputation.

Weil es sehr oft übersehen wird, kann man es nicht oft genug betonen: Bei der Jagd ging es nicht allein um Nahrungsbeschaffung. Die Jagd stellte seit jeher die wichtigste Reputationsquelle der Männer dar – und zwar die Jagd auf große und gefährliche Tiere. Sie brachte Prestige (und tut das noch heute). Das erlegte und in der Gruppe verteilte Fleisch war zugleich die Währung, mit der die Jäger ihre Netzwerke schufen. Mitunter gingen sie allein deshalb auf Beutefang. Reputation entschied damit über die Stellung innerhalb der Gruppe. Anthropologische Studien belegen zudem: Erfolgreiche Jäger haben einen größeren Reproduktionserfolg.[59]

Da aber angesichts des massiven Bevölkerungswachstums der Jagderfolg abnahm, versiegte diese altbewährte Reputationsquelle der Männer zusehends. Da damit auch ihr ökonomischer Gruppenbeitrag zurückging, verloren sie an Ansehen und Einfluss. Sie gerieten gesellschaftlich in die Defensive, wir haben das thematisiert. Modern gesprochen steckten sie in einer Sinnkrise. Das musste kompensiert werden, Reputationsverlust bedroht die persönliche Fitness. Sich fortan Ruhm und Ehre als besonders erfolgreiche Sammler von Getreidesamen oder Meister des Mehlmahlens zu erwerben, war für die Männer am Anfang des Neolithikums keine sonderlich verlockende Option – und wäre vermutlich von den Frauen nicht allzu sehr goutiert worden (obwohl Arbeitshilfe immer willkommen war). Genderrollen waren auch in der Steinzeit erstaunlich hartnäckig. Zweifellos halfen Männer mit, wie auch Jäger immer schon, wenn sie kein Beuteglück hatten, mit Wurzeln oder Brennholz ins Lager zurückkamen. Trotzdem blieben sie ihrem Selbstverständnis als Jäger erstaunlich lange treu. Gazellen gab es meist immer noch zu erlegen.[60]

Und erbeutete man dann doch einmal einen Auerochsen, dann musste man das Beste daraus machen: Die prominente Verwendung der Schädel wilder Stiere in Gebäuden, wie sie durch das gesamte frühe Neolithikum hindurch zu beobachten ist, Çatalhöyük inklusive, belegt das. Auerochsen waren schließlich das größte und gefährlichste Wild.[61] Wer einen tötete, dem war Ruhm gewiss. Da das immer seltener gelang, stieg die Bedeutung der Trophäen. Die in die Häuser integrierten Schädel spendeten dauerhaft Reputation, avancierten zum Statussymbol. Fortan handelte es sich um das Haus eines Auerochsenjägers, das versorgte noch nachkommende Generationen mit Prestige.

Das Errichten einer monumentalen Anlage wie Göbekli Tepe bot nun eine neue Möglichkeit, den Hunger nach Reputation zu stillen. Es war kein schlechtes Surrogat: Der Transport und das Aufrichten tonnenschwerer Fels-Monstren, die gewaltige Arbeitsleistung, die ein Steinkreis repräsentierte, und die künstlerische Virtuosität, mit der die tierische Bestialität in Szene gesetzt wurde, waren beste, fälschungssichere Costly Signals, grandiose kulturelle Ornamente, welche die Qualität der Erbauer anzeigten.

Auch das ist ein Grund, warum sich in der vorgeschichtlichen Welt Megalithbauten von den Hünengräbern bis Stonehenge größter Popularität erfreuten. Der ethnographische Befund ist voll davon: Man denke nur an die Moai, die Steinkolosse der Osterinsel. Und im indischen Assam praktizierten die Angami Naga, wie wir gleich sehen werden, das *chisü* oder «Stone Pulling» noch im 19. Jahrhundert.[62]

Die Steinkreise am Göbekli Tepe sind also vermutlich zunächst teure Investitionen in die Wiederkehr des Jagderfolgs gewesen, sicher aber entpuppten sie sich bald als Reputationsquellen für ihre Erbauer. Auch weil sie diesen das Privileg gaben, in engem Kontakt mit den höheren Mächten zu stehen. Das avancierte mehr und mehr zum Hauptgrund, warum sich auch spätere Generationen mit gewaltigen Steinen herumplagten – ganz so, als schleppten sie große Beute heim.

Prähistorische Identitätspolitik

Haben wir bisher versucht, die Motive der Erbauer zu ergründen, kommen wir nun zu den Effekten, welche die Arbeit am Göbekli Tepe entfaltete, die auch ein kooperatives und logistisches Meisterwerk war. Wie wir sehen werden, hat das anatolische Neolithikum einen Platz in jedem Grundkurs der Gender Studies verdient.

Der Rückgang der Wildtiere und damit des Jagderfolgs ließ die Identität der Männer prekär werden. Sie setzten die tödlich gefährliche Welt der Jagd in einer fabelhaften Bilderwelt in Szene, in die sie sich selbst einreihten, wenn sie in den Kreisen ihre Riten und Opfer begingen, Feste feierten oder sich zur Beratung auf den Bänken im Inneren versammelten. Aus Gründen der Patrix sind wir sensibel für Simulationen: Tatsächlich schufen sich in dem Augenblick, in dem die alte Welt der wilden Tiere verschwand, die Jäger außer Dienst eine künstliche Ersatzwelt, ein gigantisches 3-D-Panorama. Göbekli Tepe ist eine grandiose Evokation der Jagd. Wird hier nicht eine neue, alte Gemeinschaft inszeniert? Alles, was einen Penis besitzt, ist ein Jäger. Göbekli Tepe ist die gigantische Bühne, auf der die bedrohte Männlichkeit trotzig ihren großen Auftritt feiert, performativ vollzogen wird – unter Ausschluss des Weiblichen und des Vegetabilen. In Sachen Gender ist Göbekli Tepe die erste Identitätsfabrik.

Es ist eine kulturwissenschaftliche Binsenweisheit, dass Identitäten immer dann beschworen und in Szene gesetzt werden, wenn sie nicht mehr selbstverständlich sind. Je größer die Kluft zwischen Anspruch und Wirklichkeit, umso aggressiver treten sie auf. Ein geradezu theatralisch akzentuiertes Selbstverständnis nimmt gewaltige Form an: Potenz, Gefährlichkeit und die Kernkompetenz des Tötens definieren die Maskulinität und verschmelzen zu einer «Quelle der Macht und Autorität», wie das Hodder und Meskell nennen. Eine ebenso toxische wie zukunftsträchtige Mischung.

Was hier ebenfalls erstmals – zumindest für uns identifizierbar – passiert und damit den Göbekli Tepe zu einer entscheidenden Wegmarke sowohl der kulturellen Evolution wie der Gendergeschichte macht: Hier wird in zuvor unbekannt monumentaler Weise männliche Identität nicht nur konstruiert, sondern auch auf Jahrtausende festgeschrieben. Männlichkeit war vorher etwas, das sich in konkreten Praktiken realisierte – im Jagen, freizügigen Teilen der Beute, aber auch in Dingen wie dem Tanz oder Erzählen von Geschichten. Immer aber war es flexibel: Wo das Jagdglück ausblieb, grub sich auch ein Mann nach Wurzeln die Finger wund.

Nun aber wurde die Männlichkeit tatsächlich in Stein gemeißelt. Und diese zum Bild erstarrte Identität überdauerte Generation für Generation. Hier werden Genderrollen verfestigt und erhalten in dieser überwältigenden Inszenierung eine ganz neue Überzeugungsmacht. Um es noch einmal zu sagen: Göbekli Tepe stand fast 2000 Jahre in Gebrauch, seine Motive finden sich in einer riesigen Region wieder und dominieren noch Çatalhöyük.

Waren also Geschlechterrollen vorher deutlich fluider – ohne völlig frei zu sein –, werden sie nun petrifiziert, versteinert. Es ist ein erster Schritt der Institutionalisierung. Das ist es, was Kultur in sesshaften, größer werdenden Gesellschaften macht: Sie nimmt die Dinge aus den je subjektiven, also konkret-verhandelbaren Face-to-Face-Lebenssituationen heraus und objektiviert sie. Das monumentale Bild zementiert die Geschlechterrolle und verleiht ihnen Normativität: Dass in den Steinkreisen Initiationsriten geschahen, in denen junge Männer in den Kreis der richtigen Männer, der Jäger, aufgenommen wurden, darf als sicher gelten. Und je älter Göbekli Tepe wurde, umso größer seine Aura, umso gewaltiger das Charisma, das er spendet. Selbst als seine Zeit gekommen war, überließen ihn die Menschen nicht dem Verfall, sondern bestatteten ihn ehrenvoll. Welches andere Monument der Vorzeit kann das von sich behaupten?

Die Formulierung der eigenen, prekär gewordenen Identität geht stets einher mit Abgrenzung, mit der Konstruktion der Anderen. Oft werden die Anderen in diesem Prozess negativ dargestellt oder zumindest im Verhältnis zur Eigengruppe abgewertet. Wo Männlichkeit konstruiert wird, wird Weiblichkeit ausgegrenzt. Formulieren wir es vorsichtig: Göbekli Tepe wird nicht unbedingt daran mitgewirkt haben, das alte unter den neuen Bedingungen strapazierte Gleichgewicht der Geschlechter zu stabilisieren. Wir wollen den Fund einer einzigen weiblichen Ritzzeichnung sicherlich nicht überbewerten. Aber dass wir ausgerechnet hier die wohl erste deutlich als solche erkennbare misogyne Frauendarstellung der Weltgeschichte finden, passt nun einmal wie die Faust aufs Auge. Insofern repräsentiert Göbekli Tepe für uns jenen Prozess, der zur weiteren Polarisierung der Geschlechterrollen führt – und damit das ehemalige Gleichgewicht noch weiter unter Druck geraten lässt.

Neue Beute

Wer die Bildwelten von Göbekli Tepe betrachtet, hat womöglich ein Déjà-vu. Die Herrscher Ägyptens und Mesopotamiens werden sich mit Vorliebe als gewaltige Jäger inszenieren. Grandiose Bildwerke feiern sie, wie sie ihre Gegner durchbohren und hinmetzeln. Sie lassen sich als wilde Stiere abbilden, die Feinde unter die Hörner nehmen, oder als Löwen, die Menschen zerfleischen. Bis in die Bibel hinein findet sich solche Metaphorik. Erschlagene Feinde werden wie eine Strecke Wild dargeboten, die abgeschlagenen Köpfe zwischen den Beinen. Nun müssen wir hier nicht einmal Kontinuitäten über Jahrtausende hinweg behaupten (wir halten sie aber für überaus wahrscheinlich), die Motivik liegt ja gewissermaßen auf der Hand, sodass sie auch selbständig neu erfunden worden sein könnte. Doch zumindest lässt sich hier in Anatolien beobachten, wie eine der tödlichsten Transformationen in Gang kam, jene vom Jäger zum Krieger, von der Jagd auf Tiere zur Jagd auf Menschen.

Auch die kulturelle Evolution ist konservativ; sie erfindet eigentlich nie etwas komplett Neues. Ohnehin ergab sich alles fast von selbst: Wo es immer mehr Jäger gibt, aber immer weniger Beute, nimmt die Konkurrenz unter den Jägern zu – und es kommt zu Gewalt unter den Gruppen. Allzu schnell nur wird der Konflikt zwischen diesen zur neuen Reputationsquelle; allein die Art der Beute wechselt. Da die Menschenjagd gefährlicher ist, wird sie mit Bedacht und nur im günstigen Fall betrieben; doch gerade das größere Risiko steigert noch einmal die Reputation. Von Gilgamesch bis Achill, von Herakles bis David: Ein großer Krieger zu sein, der seine Gegner hinmetzelt, wird für eine schreckliche lange Zeit das wohl mächtigste männliche Rollenmodell sein. Das ist das, was wir als toxische, weil wirklich tödliche Männlichkeit bezeichnen.

Der Blick in die Ethnographie ist einmal mehr aufschlussreich. Dort, wo es zu jener einfachen, extensiven Form der Landwirtschaft kommt, die wir hier als Horticulture bezeichnen, tritt oft das Phänomen der Kopfjagd auf. Während sich die Frauen um die Felder kümmern, bleiben die Männer Jäger. Indem sie die Männer anderer Dörfer überfallen und die Schädel ihrer Opfer als Trophäen nehmen, schüchtern sie gezielt die Nachbarn ein, um diese aus ihren Jagdrevieren fernzuhalten. Mit der Zeit wird die Kopfjagd zum Beweis von Männlichkeit und Mut und deshalb enorm prestigeträchtig. Gruppen, wie die Iban auf Borneo, die ihren Ruf als gefährliche Kopfjäger kultivierten und bei denen Männer erst ernst genommen werden, nachdem sie einen Kopf erbeutet haben, konnten ihre Nachbarn ganz vertreiben und produktivere Gebiete erobern.[63]

Anpirschen, schnelle Überfälle aus dem Hinterhalt, zahlenmäßige Überlegenheit nutzen, so hatten auch schon Jäger und Sammler ihre Konflikte betrieben, ja, so machen sich selbst Schimpansen über ihre Nachbarn her. Nur dass nun unter sesshaften Bedingungen die Option wegfällt, einem Konflikt aus dem Weg zu gehen, und über Rache und Gegenrache leicht eine Gewaltspirale in Gang kommt.

Gibt es Belege für diesen Beutewechsel? Immerhin finden wir sicher identifizierbare Darstellungen von Gewalt gegen Menschen erst ab dem 4. Jahrtausend v. Chr.[64] Auf den Schädelkult haben wir bereits hingewiesen; es muss sich da eben keinesfalls, oder zumindest nicht ausschließlich, um Ahnenverehrung handeln. Ein Forscherteam um Jonathan Santana hat Schädeldepots aus dem heutigen Syrien untersucht, die ebenfalls ins frühe Neolithikum gehören, und nachgewiesen, dass die Schädel absichtlich zugefügte Verstümmelungen im Gesichtsbereich aufwiesen. Die Anthropologen folgerten, dass man bisher die damaligen Verhältnisse zu sehr idealisiert habe, indem man solche Schädelfunde unter Ahnenkult verbuchte, ohne sie genau zu untersuchen. Es könne sich eben auch um Kriegstrophäen, Gewaltopfer oder verurteilte Delinquenten handeln.[65] Wir sagten es schon, man geht mittlerweile eher davon aus, dass wir es mit Zeiten zu tun haben, in denen es immer wieder zu gewalttätigen Konflikten oder Fehden kam, wenn auch diese noch eher in kleineren Dimensionen stattfanden.

Für uns entscheidend: Tatsächlich ist man erst kürzlich am Göbekli Tepe auf eine beträchtliche Menge menschlicher Knochenfragmente gestoßen, die Mehrzahl stammt von Schädeln. Ein bedeutender Anteil davon weist Schnittspuren auf, die auf das Entfleischen hindeuten, aber nicht auf Skalpieren. Sie passen also bestens zu der von Hodder und Meskell diagnostizierten Bildmotivik. Die Schädelfragmente von drei Individuen – eines vermutlich weiblich, die beiden anderen nicht zu identifizieren – wiesen bisher unbekannte Manipulationen auf: Vermutlich waren die Schädel mit «dekorativen Elementen» versehen und ausgestellt worden – alles deutet darauf hin, dass man sie aufgehängt hatte. Auch hier: Es könnte sich um Ahnenverehrung handeln oder um die Zurschaustellung besiegter Feinde.[66]

Krieg wird in jedem Fall zur verhängnisvollsten Innovation des Neolithikums. Dort, wo die Gesellschaften ansässig werden und die Bevölkerung wächst, komplexere Gesellschaften entstehen, kommt es mit fast naturgesetzlicher Konsequenz zu organisierten Konflikten in völlig neuen Dimensionen: Konkurrenz, knappe Ressourcen, aber auch Aussicht auf materielle, territoriale und menschliche Eroberungen befeuern das. Das ist in den letzten Jahren von Archäologen immer überzeugender herausgearbeitet worden.[67]

Aus evolutionärer Perspektive ist ein nicht zu unterschätzender Schlüsselfaktor dabei zu ergänzen: Der Krieg avanciert zu einem Mittel, das Reputationsdefizit der Männer zu kompensieren. Wir gehen davon aus, dass sich in jener Welt des frühen Neolithikums, deren eindrucksvollstes Zeugnis der Göbekli Tepe ist, eine der fatalsten Transformationen der kulturellen Evolution vollzog. Wenigstens temporär stand in den kommenden Zeiten die Option offen, dass Jäger zu Kriegern wurden, die Männer zur Strecke brachten und bald auch, wie wir sehen werden, Frauen als Beute betrachteten. Adam hatte eine neue Bestimmung gefunden.

10 Die zwei Sphären der Religion

Wir haben in den vergangenen beiden Kapiteln beobachten können, wie sich die Lebenswirklichkeiten von Frauen und Männern unter den neuen Bedingungen des sesshaften Lebens auseinanderbewegten. Als eine erste Konsequenz daraus zeichnet sich eine große Ungerechtigkeit der Menschheitsgeschichte ab. Obwohl wir es noch mit egalitären Verhältnissen zu tun haben, werden die Frauen in ihren materiellen Hinterlassenschaften unsichtbarer im Vergleich zu den Männern. Auch wenn sie vermutlich eine starke soziale Position innehatten, mussten sie mehr und schwerer arbeiten. Sie wurden häufiger schwanger und versorgten immer mehr Kinder. Gesundheitszustand und Lebenserwartung verschlechterten sich. Ihre Möglichkeiten waren deshalb geringer, heute noch archäologisch identifizierbare Spuren zu produzieren. Das ist gewissermaßen der Ursprung des «Gender Data Gap», den Caroline Criado-Perez in ihrem Bestseller *Unsichtbare Frauen* diagnostiziert, jener allgemeinen Datenlücke in weiblichen Belangen heute.[1]

Die verzerrte Überlieferung, die sich wie ein roter Faden durch die Menschheitsgeschichte zieht, führt dazu, dass jede Geschichtsschreibung eine männliche Schlagseite bekommt. Der gleiche Effekt wird übrigens später für Armut und Reichtum gelten. Die kleine Elite ist in der archäologischen wie der historischen Überlieferung maßlos überrepräsentiert; den Reichen gelingt es sogar, die Vergangenheit zu monopolisieren.[2] Das Phänomen der Unsichtbarkeit hängt also nicht am Geschlecht selbst, sondern schlicht an den Begrenztheiten der jeweiligen Lebenssituation und den damit einhergehenden materiellen Möglichkeiten.

Das Ungleichgewicht erschwert uns die Arbeit, zu zeigen, wie die polarisierten Lebenswirklichkeiten der Geschlechter dazu führten, dass sich eine männliche und eine weibliche Sphäre der Religion herausbildeten. Die eine gestaltet sich grandios, die andere ist fast unsichtbar. Beginnen wir mit der männlichen, der offensichtlichsten. Aber nicht, weil wir sie damit zum Normalfall erklären und die weibliche Sphäre im Sinne de Beauvoirs zum «Anderen», zur Abweichung degradieren wollten.[3] Im Gegenteil.

Die Wurzeln der männlichen Spielart der Religion haben wir im letzten Kapitel begutachtet, in den gewaltigen Inszenierungen des Göbekli Tepe. Die hier erstmals auftretenden Phänomene werden die folgenden Jahrtausende prägen; ihr Nachwirken spüren wir bis heute. Ian Hodder und Lynn Meskell kamen in ihrer Analyse der Bilderwelt des frühen Neolithikums zum Schluss, dass «in jener Zeit, in der die Menschen sich in größeren Dörfern oder Siedlungen niederließen und die Landwirtschaft übernahmen», ein klar umrissenes Motivbündel entstanden sei, das «über riesige Gebiete des Nahen Ostens zirkulierte». Die Ähnlichkeiten zwischen Göbekli Tepe, Çatalhöyük und der materiellen Kultur anderer Orte seien so groß, dass von der Annahme eines «sehr dauerhaften und sehr weitreichenden Sets von Mythen, Ideen und Vorstellungen» auszugehen sei, «auch wenn es viele lokale Variationen gab».[4]

Der Archäologe Hermann Parzinger spricht ebenfalls davon, dass im Zentrum des Fruchtbaren Halbmonds eine «zusammengehörige Kultgemeinschaft – eine kulturell-religiöse Koine» hervorgetreten sei.[5] Und die, bei allen Unterschieden, mindestens 4000 Jahre währte, womöglich sogar noch länger, denn die ersten Siedlungen, in denen sich entsprechende Charakteristika finden, reichen in das 11. und 12. Jahrtausend v. Chr. zurück. Das bezeugen auch die «bemerkenswerte handwerkliche Qualität und auffallende stilistische Qualität, die sowohl Skulptur wie Relief eigen ist». Ein deutliches Indiz, dass ein mehr oder minder fest umrissenes Set an religiösen Vorstellungen mit einer langen Tradition existierte.[6]

Entscheidend dabei: Weil die Bevölkerung in dieser Region weiterhin wuchs, blieb den Menschen angesichts des Bevölkerungsdrucks nichts übrig, als ihr Glück in allen Himmelsrichtungen zu versuchen. Sie folgten dabei den Flussläufen von Euphrat und Tigris nach Südosten ins eigentliche Mesopotamien, oder sie wanderten der Küstenlinie folgend nach Westen über die Ägäis nach Europa. Sie haben dabei nicht nur landwirtschaftliche Innovationen im Gepäck, sondern auch ihr Set religiöser Vorstellungen. Es wird ihnen gute Dienste leisten in Zeiten, in denen sie sich mit immer mehr Konkurrenz, Krankheiten, Krieg und Katastrophen herumschlagen müssen, und es wird den entstehenden Gesellschaften seinen Stempel aufdrücken, sehr zum Nachteil der Frauen.

Doch stopp! Wir lassen uns mitreißen. Bisher haben wir uns mit dem Begriff Religion zurückgehalten, weil er unserer Ansicht nach in seiner traditionellen Auffassung die Erkenntnis der dahinterstehenden Phänomene erschwert, wenn nicht verhindert. Deshalb möchten wir zunächst unser evolutionäres Verständnis von Religion vorstellen; ihm wohnt ein nicht zu unterschätzendes Provokationspotenzial inne, das sich im weiteren Verlauf des Buchs entfalten wird. Vor allem ist das die Grundlage, um nachzuvollziehen, warum sich zwei sehr verschiedenartige Formen der Religion entwickelten, von der die eine die mächtigste Säule der patriarchalen Matrix werden wird.

Evolution der Religion

Ein evolutionärer Ansatz, dem es um Entwicklungen geht, um die vielfältigen Zwischenstufen, Anreicherungen und gleitenden Übergänge, aber auch um Brüche und Sackgassen, hat immer Schwierigkeiten mit Begriffen, die den Eindruck erwecken, sie repräsentierten feste Kategorien, mit denen sich die Wirklichkeit schubladisieren ließe. Zu den besonders schwierigen Begriffen in dieser Hinsicht gehört jener der Religion. Allgemein suggeriert er, dass es sich dabei um einen separaten, abgrenzbaren Lebensbereich handelt, der sich mit spezifischen Themen beschäftigt, bestimmte Funktionen erfüllt, und das über alle Zeiten hinweg.

Wir dagegen gehen davon aus, dass das, was wir heute als Religion verstehen, das schillernde, enorm mannigfaltige, mitunter auch zutiefst widersprüchliche Endprodukt eines langen und abenteuerlichen Prozesses der kumulativen kulturellen Evolution ist. Seine evolutionären Wurzeln liegen in der Art und Weise, wie unsere Vorfahren die Welt wahrnahmen, wie sie diese interpretierten und zu bewältigen versuchten. Dazu müssen wir uns in aller Kürze das in unserer ersten Natur verwurzelte Substrat ansehen, unsere psychologische Grundausstattung zur Weltwahrnehmung.[7]

Dass wir der Evolution eine ganze Reihe kognitiver Heuristiken als Erbstücke verdanken, thematisierten wir bereits.[8] Sie haben uns das Leben in Zeiten gerettet, in denen es uns an Wissen und Einsichten in die tatsächlichen Zusammenhänge fehlte, weil sie uns trotzdem zu funktionierenden Lösungen verhalfen. Sie müssen eben nicht stimmen, bloß helfen! Mitunter sind sie auch schlicht das Nebenprodukt anderer Prozesse.

Für das evolutionäre Verständnis von Religion ist zunächst dies wichtig: Menschen sind geborene Dualisten. Wir gehen intuitiv von der unabhängigen Existenz von Körper und Geist aus. Stirbt ein Mensch, ist das für den Körper das Ende, nicht aber für die Seele. Tote sind letztlich nichts anderes als «körperlose Geister».[9] Entweder sie suchen sich einen neuen Körper, oder sie leben als unsichtbarer Geist weiter. Unser alltägliches Erleben spricht nicht dagegen. Wir haben außerkörperliche Erfahrungen, und wer wurde in seinen Träumen nicht schon von Toten besucht? Viele von uns sprechen sogar mit ihnen, zumindest auf dem Friedhof. Sich den Tod als das absolute Nichtsein vorzustellen, widerspräche dagegen unseren Intuitionen, sagt der Psychologe Jesse Bering, weil uns die Erfahrung abgehe, «wie es sich anfühlen würde, tot zu sein».[10]

Tatsächlich ist der Glaube an Reinkarnation oder das Weiterleben der Seelen als Ahnen in so gut wie allen Kulturen nachgewiesen worden. Geistsein ist einfach die «postmortale Existenzform des Menschen».[11] Deshalb sind auch Religionen nicht entstanden, um den Menschen die Angst vorm Tod zu nehmen, wie es oft heißt. Auch wenn Menschen immer das Sterben mieden, besaß der Tod an sich nicht schon immer diesen Schrecken. Er war nicht das Ende, er war der Beginn des Lebens in einem anderen Aggregatzustand, ein Übergang also. Wie die Angst vorm Tod als ein kulturelles Artefakt entstanden ist, haben wir an anderer Stelle erklärt.[12]

Eng damit verbunden ist eine zweite Heuristik, die wir die animistische nennen möchten, wobei wir damit nicht die Vorstellung des Animismus vertreten, der im evolutionistischen Denken des 19. Jahrhunderts die «primitive» Form von Religion darstellt. Uns geht es um die Neigung, nicht nur Mitmenschen Absichten oder gar einen Willen zuzuschreiben, sondern auch Tieren, ja selbst natürlichen Objekten und Phänomen wie Bergen, dem Wald, einem Fluss oder dem Wind.

Die kognitive Religionswissenschaft spricht von einem «Hyperactive Agency Detection Device» (HADD), das Menschen besitzen: Wir neigen auf geradezu hyperaktive Weise dazu, überall Akteure am Werk zu sehen, also auch dort, wo schlicht physikalische Prozesse ablaufen. Das hyperaktive Akteurserkennungssystem sicherte uns das Überleben: Lieber einmal zu viel das Rascheln im Gras für eine Schlange halten als einmal zu wenig. Das kennen auch Agnostiker: Jedes Knacken, jede undeutliche Bewegung im Wald wird zunächst als Tier oder anderes Wesen wahrgenommen.

Das erwies sich auch darüber hinaus als überaus nützlich. Der *Homo sapiens* verfügte schließlich die längste Zeit kaum über die Möglichkeit zu erkennen, was hinter dem Geschehen der Welt steckte. Die Menschen damals wussten nichts von Viren und Bakterien, von Plattentektonik oder Klimaschwankungen, besaßen weder physikalische noch chemische Einsichten und keine Kenntnis von biologischer Evolution und Naturgesetzen. Insofern ermöglichte diese animistische Heuristik es trotzdem, die zu beobachtenden Phänomene als Charaktereigenschaften eines Wesens zu bündeln, sie zu typisieren und Prognosen für die Zukunft anzustellen.

Ereignisse unserer Umwelt interpretieren wir entsprechend spontan als Handlungen von Akteuren, die bewusste Intentionen verfolgen. «Da steckt doch jemand dahinter! Das kann doch kein Zufall sein!», ist die typische Reaktion unserer ersten Natur – dass es auch andere Gründe haben kann, muss erst erlernt werden. Wo wir keine Verdächtigen sehen, geraten unsichtbare, wenn nicht gänzlich übersinnliche Akteure ins Visier: Geister und Ahnen, die gut, böse oder beides sein können, je nachdem. Es fällt uns schwer, «in natürlichem Geschehen *keine* verborgenen Botschaften zu sehen».[13] Das befeuert noch die Verschwörungstheorien unserer Tage.

Hunderttausende von Jahren lang nahmen wir die Welt auf diese Weise wahr. Alle Kausalität war eine soziale. Das ist auch der Kontext, in den der schon beschriebene Finalismus gehört, die Annahme, dass die Dinge alle zu einem bestimmten Zweck existieren oder gemacht wurden, um eine bestimmte Funktion zu erfüllen, und deshalb alles aus bestimmten Gründen geschieht. Entsprechend versuchten die Menschen schon immer herauszufinden, was die nicht fassbaren Wesen umtrieb. Durch Tanz oder Drogen versetzten sie sich in andere Sphären, suchten Orte auf, an denen ein Austausch möglich schien, Berge zum Beispiel, oder sie sicherten sich die Dienste talentierter Experten, Schamaninnen etwa.

Die Menschen suchten auch nach Wegen, mit den übersinnlichen Akteuren zu kommunizieren, sie für sich zu gewinnen oder sie zumindest nicht gegen sich aufzubringen. Sie redeten nie schlecht über diese und versorgten selbst körperlose Wesen mit Nahrung. Wir sagten es schon, das Sharing and Caring macht auch vor der anderen Welt nicht halt. Das ist auch gut so, denn wie bei den Lebenden gilt: Ahnen und Geister nehmen nicht abgeleisteten Dank oder Vernachlässigung übel und rächen sich, indem sie eine Krankheit schicken, das Wild vertreiben oder jemanden von einem Felsen stürzen. Tatsächlich war alles Unheil das Werk von Akteuren, entweder unsichtbaren oder sichtbaren, die sich magischer Praktiken wie Zauberei oder des bösen Blicks bedienten.

Götter helfen trotzdem

Als sich die sesshaft gewordenen Menschen neuen Herausforderungen gegenübergestellt sahen, passten sie auch ihr Lebensbewältigungssystem an. Oft ist dabei gar nicht genau festzustellen, was die treibende Kraft war: Viele Funde sprechen dafür, dass die Ahnen eine immer größere Rolle spielten. Primär hängt das damit zusammen, dass die Menschen nun an einem Ort lebten. Jäger und Sammler ließen die Toten einfach zurück und kamen vielleicht im Jahreslauf einmal wieder zu einem Grab (wenn es denn überhaupt eines gab; gestorben war ja nur der Körper). Sobald man jedoch fest an einem Ort lebt, stellt sich die Frage mit ganz neuer Dringlichkeit, was mit den Toten geschehen soll. Während sich zunächst Gräber neben den Siedlungen oder in bereits aufgegebenen Behausungen fanden, werden die Toten zunehmend in den Häusern selbst bestattet, direkt unter dem Fußboden. Die Lebenden und die Verstorbenen leben vereint unter einem Dach, so auch noch in Çatalhöyük.[14] Auch der Schädelkult, dem wir wiederholt begegnet sind, hängt in der Regel mit einer Form des Ahnenglaubens zusammen. Manche Schädel sind mehrfach übermodelliert worden, sie sind also in welcher Form auch immer präsentiert und benutzt worden. Einen berührenden Fund machten die Ausgräber in Çatalhöyük: In einem Grab stießen sie auf eine Frau, die einen vielfach übermodellierten Schädel in den Armen hielt.[15] Die Ahnen spendeten Schutz, stifteten Zusammenhalt, weil sich mit ihrer Hilfe komplexe Verwandtschaftsnetzwerke konstruieren ließen. Indem sie über Generationen hinausgreifende Traditionen schufen, schenkten sie den größer werdenden Gesellschaften Stabilität.

Als entscheidender Faktor für die Entwicklung der Religion aber erwiesen sich die vielen Probleme, die das neue Dasein mit sich brachte. Unheil prasselte nun auf die Menschen in zuvor unbekanntem Ausmaß ein. Ansässige Gesellschaften, die von lokalen Ressourcen abhängen, sind viel anfälliger für Dürren, Hungersnöte, Überschwemmungen, Plagen wie Heuschrecken oder das Ausbleiben des Wildes. Auch sind die hygienischen Bedingungen viel prekärer, als wenn man ständig sein Lager wechselt. Und von den domestizierten Tieren, mit denen die Menschen anfingen erstmals eng zusammenzuleben, sprangen Krankheitserreger über, die Seuchen auslösen konnten.

Die grundlegende Wahrnehmung und Interpretation solcher Geschehnisse blieben die gleichen: Es steckten Akteure dahinter. Doch je größer die Katastrophen, umso größer mussten auch die Verursacher sein, das ist das Proportionalitätsprinzip, das menschlichem Denken innewohnt.[16] Damit gewann die Sphäre potenzieller Verursacher einen enormen Bedeutungsschub. Das verschaffte einzelnen der nichtmenschlichen Akteure einen Karrieresprung – aus Geistern wurden Götter. Bei Jägern und Sammlern finden sich Wesen, die man in die (wieder einmal nur schwer zu definierende) Kategorie Gottheit stecken kann, allenfalls wenn es um die Frage geht, wer die Welt oder das Universum erschaffen hat. Doch dabei kann es sich auch um Importe aus agrarischen Nachbarkulturen handeln.[17] Das Aufkommen der Götter bringt nicht alle Geister, Ahnen und Dämonen zum Verschwinden. Es bedarf auch weiterhin Personals für die Kleinarbeit. Brach sich eine Frau ein Bein, konnte dies das Werk ihres verstorbenen, als Geist weiterlebenden Mannes sein, dem es missfiel, dass sie wenig trauerte. Raffte dagegen eine Seuche die Bevölkerung eines ganzen Landstrichs hin, steckte eine Göttin dahinter, die über einen Frevel oder zu geringe Opfer erzürnt war.

Um den neuen existenziellen Herausforderungen zu trotzen, musste mehr Arbeit in dieses akteurbasierte Krisenmanagement investiert werden. Es galt herauszufinden, warum die übernatürlichen Akteure Unheil schickten. Es brauchte Strategien, um sie zu besänftigen und künftiges Leid zu verhindern. Das führte zur genauen Beobachtung der Umwelt und zur Formulierung von Hypothesen über mögliche Zusammenhänge (Götter mögen keine Unreinheit) und praktikablen Lösungen (Waschungen werden mit

Gesundheit belohnt). Götter mag es nicht geben, helfen tun sie trotzdem.

Hier entsteht aus der Notwendigkeit der Krisenbewältigung heraus eine Form der Religion (sie ist aber nicht die einzige), die wir als kulturelles Schutzsystem beschrieben haben. Sie soll die Menschen vor Unheil beschützen. Dem «erlöse uns von dem Bösen» wird eine lange Karriere beschieden sein. Katastrophen werden durch alle Kulturen und Zeiten hinweg als Akte der Götter angesehen, sie sind der Hauptmotor, der die kulturelle Evolution der Religion vorantreibt.[18]

Orte der Macht

Was heißt das für Göbekli Tepe und die anderen Orte im Herzen des Fruchtbaren Halbmonds? Zunächst, dass wir es mit einer neuen Spielart der Religion zu tun haben, die sich in einer Weise institutionalisierte, wie das unter herumziehenden Jägern und Sammlern nicht möglich war. Während dort Religion an die Individuen gebunden war und im Alltag durch Geschichten, Rituale, Tanz und Gesang immer wieder ganz konkret reproduziert wurde, veräußerlicht sich Religion hier. Sie wird zu einer Institution, die in einem bedeutend größeren Maße außerhalb der Menschen steht, die ihrerseits eine Eigendynamik entfaltet und spezifische Diskurse hervorbringt. Sie besitzt fest umrissene Inhalte, die erst in Stein gemeißelt, später schriftlich fixiert die Zeiten überdauern. Sie hat feste Plätze mit einer kanonischen Architektur. Und sie wird auf Dauer immer mehr religiöse Experten hervorbringen. Ging es anfangs primär um das Ausbleiben des Wilds, wird später an diesen Orten versucht, auf all jene Probleme einzuwirken, welche die Gesellschaften bedrohten. Schließlich glaubte man sich hier im privilegierten Kontakt mit den übernatürlichen Mächten.

Ist Göbekli Tepe also ein zentrales Heiligtum, sind die rechteckigen Pfeilergebäude in den anatolischen Siedlungen Tempel? Die

Archäologen Kent Flannery und Joyce Marcus stellen Göbekli Tepe und die Kultgebäude des frühen Neolithikums in einen Zusammenhang mit den aus der Ethnographie bekannten Männer- oder Clanhäusern. Diese boten einen Versammlungsraum, mitunter sogar Schlafmöglichkeiten. In ihnen wurden Waffen aufbewahrt, aber auch Masken und anderes rituelles Gerät. Oft wurden hier Ahnenfiguren besonders erfolgreicher Jäger aufgestellt, mitunter sogar ihre Schädel ausgestellt. Frauen und Kindern war der Zutritt in aller Regel verwehrt. Hervorgegangen waren sie vermutlich aus den «Bachelor's Huts», Hütten, in denen bei Jägern und Sammlern unverheiratete Männer wohnten.[19] Tatsächlich sind die an den Wänden verlaufenden Steinbänke für die neolithischen Architekturen typisch; das Versammeln einer Gemeinschaft von Männern gehört zu ihren unverzichtbaren Charakteristika.

Die Idee des Männerhauses, eines exklusiv Männern vorbehaltenen Ortes, verschmilzt nun, wie wir beschrieben haben, mit der Idee eines charismatischen Ortes, an dem der Kontakt mit den großen, die Geschicke der Welt beeinflussenden Mächten, sagen wir ruhig: den Göttern gepflegt wird – und einen besonderen architektonischen Rahmen erhält. Deshalb führen Flannery und Marcus die Traditionslinie von hier aus weiter zu den großartigen Tempeln, die in Mesopotamien die Keimzellen der Städte und Staaten werden. Nennen wir Göbekli Tepe und die Kultgebäude in den Siedlungen also Prototempel.

Uns geht es insbesondere darum zu verstehen, wie gesellschaftliche Ungleichheit entsteht, denn diese führt in aller Regel zu Nachteilen für die Frauen. Wir sehen hier erstmals die Möglichkeit, Macht in bisher unbekannter Weise zu akkumulieren, und zwar lange bevor Eigentum diese Option offerierte. Um das zu illustrieren, wenden wir uns einem ethnographischen Beispiel zu, in dem es auch um das Aufrichten großer Steine geht: das bereits erwähnte Stone Pulling bei den Angami Naga im Nordosten Indiens. Noch im 19. Jahrhundert gab es für Männer zwei Wege zum Ruhm: sich entweder als *pehuma*, als Kriegsführer bei der Kopfjagd, auszuzeichnen oder als *kemovo*, als heiliger Mann. Wer sich zu Letzterem entschied, musste zuerst genügend Überschüsse anhäufen, um eine Reihe aufwendiger Rituale zu finanzieren. War er damit erfolgreich, stand ihm das *chisü*, das Stone Pulling, als finaler Schritt zum Ruhm offen. Dem voraus ging ein großes Fest, das darin gipfelte, dass er die Männer seines Clans, wenn möglich sogar alle Männer seines Dorfs, rekrutierte, die er entsprechend belohnen musste. So konnten mehrere hundert Menschen zusammenkommen. Je größer der Stein, je ferner der Steinbruch, aus dem er hergeschleppt werden musste, umso größer das Prestige, das er brachte. Im Dorf gruben dann die Männer der Stone-Pulling-Expedition ein Loch, in das sie den Stein setzten, damit er in all seiner Pracht aufrecht stand. Er wurde zum Wohnsitz mächtiger Geister und kündete dauerhaft von dem großen Ereignis. Der Initiator des Steineschleppens galt fortan als heiliger Mann, Privilegien inklusive.[20]

Wir haben es in Göbekli Tepe noch mit egalitären Gesellschaften zu tun; bisher gibt es keine Hinweise auf Hierarchien, wie sie mit solchen Big Men wie bei den Angami Naga einhergingen oder Chiefs, Häuptlingen. Trotzdem wird deutlich, dass auch die gewaltigen Steinkreise gespeicherte Macht darstellen. Das im Prinzip sinnlose Herumschleppen riesiger Felsbrocken an Orte, an denen sie von anderen als absichtlich aufgestellt erkannt werden, schafft Monumente der Macht. Diese verkörpern ganz real die Leistungsfähigkeit und Kooperationsfähigkeit jener sozialen Einheit, die es sich leisten kann, genügend Männer – und hier geht es um Hunderte – auf die Beine zu stellen. Wir haben es mit einem kulturellen Ornament, einem Costly Signal zu tun, das, einzigartig im Tierreich, von einer Gemeinschaft statt einem Individuum produziert wird.

Das beeindruckte die eigenen Leute; das signalisierte aber auch jedem Fremden, dass es womöglich angebracht wäre, sich sehr demütig zu nähern. Kein unwichtiger Faktor: Das Bevölkerungswachstum führte mit geradezu naturgesetzlicher Logik zu Konkurrenz und Auseinandersetzung um das Land, bald waren alle vorteilhaften Plätze besetzt (noch gab es ja keine Bewässerungsmöglichkeiten, was die Wahl der Plätze einschränkte).[21]

Wichtig aber: Diese Bauwerke verdankten sich zunächst nicht – anders als die aufgerichteten Steine der Angami Naga – den übersteigerten Ambitionen Einzelner. Es handelte sich beim Prestigegewinn um einen Nebeneffekt, den diese Architekturen mit sich brachten. Ein weiterer Nebeneffekt: Diese Machtspeicher, die zudem einen privilegierten Zugang zu den göttlichen Kräften offerierten, verliehen jenen, die sie benutzten, Reputation. Wie bei Männerhäusern hat sicher längst nicht jeder Zutritt. Damit bot sich die Chance, eine religiöse Überlegenheit über die Ausgeschlossenen zu gewinnen – etwa die Frauen. An diesen Orten, die ja für Jahrhunderte, wenn nicht länger genutzt wurden, verselbständigte sich die Macht gewissermaßen. Wer immer hier dominierte, war in einer privilegierten Position.

Die in den Steinen gespeicherte und visualisierte Macht konnte also ihrerseits angezapft werden. Allein durch die Nutzung der Anlage. Jene auf den Steinbänken innerhalb des tiergeschmückten Pfeilerrunds bilden den Inner Circle – alle hatten dort schließlich keinen Platz. Hier im Auge der Macht wurden Entscheidungen getroffen, Geheimnisse verhandelt, Pläne geschmiedet, neue Mitglieder initiiert. Alles an der privilegierten Schnittstelle zwischen der diesseitigen und jenseitigen Welt, wo der Kontakt zu den höheren Mächten besteht. Das spendet Charisma, umso mehr, je älter und ehrwürdiger der Ort ist. Das hat auf Dauer gesehen das Potenzial, Eliten entstehen zu lassen: jene, die eingeweiht sind, die geheimes und überlegenes Wissen besitzen. Und es werden in der Hauptsache Männer sein, die daran partizipieren.

Wir sehen, wie sich die Chancen zu einer Hierarchisierung der Gesellschaft schon zu einem sehr frühen Zeitpunkt der Sesshaftigkeit auftun. Auch in den Siedlungen wird es solche Prototempel geben, alle mit den umlaufenden Bänken im Inneren für den Inner Circle. Die archäologischen Hinweise zeigen aber, sie werden allenfalls ganz allmählich genutzt, um Ungleichheit zu produzieren:

Noch gut zwei, drei Jahrtausende später in Çatalhöyük folgt die Architektur der Häuser einer Einheitskollektion, und die Bestattungen sind egalitär, Frauen werden wie Männer bestattet. Nur einzelne Häuser sind rituell reich ausgestattet mit dem teils schon aus Göbekli Tepe bekannten Bildrepertoire mit Stieren, Geiern und Leoparden. Das zeigt, wie stark die in der Jäger-und-Sammler-Natur verankerten Schutzmechanismen gegen Ungleichheit waren, wie schwer es diese hatte, sich durchzusetzen. Außerdem dürfen wir die Rechnung nicht ohne die Frauen machen! Sie hatten in diesen Gesellschaften noch eine starke Position inne und erwirtschafteten vermutlich auch den größeren ökonomischen Ertrag.

Trotzdem sind wir überzeugt, dass auf einem Höhenrücken im südöstlichen Anatolien vor 12000 Jahren eine Saat gelegt wurde, die zwar nur sehr langsam aufzugehen begann, aber eine umso größere Ernte einbringen würde. Von hier führt ein Weg über einige weitere Veränderungen zu den polytheistischen Religionen, die das Altertum dominierten, und auch zum jüdisch-christlichen Monotheismus. Der privilegierte Zugang zu höheren Mächten wird die wichtigste Legitimationsquelle irdischer Herrschaft. Wir werden zeigen, dass diese männliche Variante der Religion eben vor allem das ist: Herrschaftsreligion. Der kulturellen Erfindung, Macht in monumentalen Bauwerken zu speichern und zu visualisieren, wird die Zukunft gehören; zumal sie in ihrer Großartigkeit Glaubwürdigkeit spenden. Joseph Henrich spricht von «CREDs», «Credibility Enhancing Displays»:[22] Für wen oder was die Menschen ein solches Denkmal errichteten – das muss den Aufwand ja wert sein. Von den Pyramiden bis zu den größenwahnsinnigen Architekturen totalitärer Herrscher: Die Herrscher der Weltgeschichte werden sich mit megalomanen Bauwerken überbieten, und auch die meisten Religionen setzen auf die Architektur der Überwältigung.

Die weibliche Sphäre der Religion

Wir dürfen keinesfalls den Fehler machen, diese sich neu formierende Religion zu verabsolutieren und sie für die einzige zu halten. Wir ersetzen hier also keinesfalls die Große Göttin durch den Großen Phallus. Das war ja nur die eine Seite der Religion. Da sich die Geschlechter unter den neuen landwirtschaftlichen Verhältnissen stärker polarisierten und sich mit je spezifischen existenziellen Herausforderungen konfrontiert sahen, entwickelten sich ihre kulturellen Lebensbewältigungsstrategien auf unterschiedliche Weise. Wenn wir nun die weibliche Sphäre der Religion betrachten, haben wir mit dem eingangs geschilderten Problem der verzerrten Überlieferung zu kämpfen, die sie tendenziell unsichtbar werden ließ.

Das Eva-Tabu verschlimmerte die ohnehin schon schwierige Situation: Die Vorstellung eines friedlich von Frauen religiös dominierten Neolithikums hatte lange so sehr dominiert, dass man blind war für jeden Hinweis, der in eine andere Richtung deutete. In den letzten Jahren ist nun das Gegenteil der Fall: Der Archäologe Richard G. Lesure scherzt, es sei wie bei Agatha Christies *Mord im Orientexpress*, wo jeder der zwölf Verdächtigen dem Opfer einen Messerstich versetzt hatte. So müssten in fast jeder Studie zum frühen Neolithikum die Autoren zunächst einmal der Großen Göttin demonstrativ einen Dolch in den Leib stoßen. Was dazu führte, dass sich niemand an einer aktuellen Synthese versuchte, was die wirklich vorhandenen Hinweise auf eine weibliche Sphäre der Religion angeht.[23]

Wir dürfen also nicht den Fehler machen, jetzt Mellaarts These, «die jungsteinzeitliche Frau» sei «die Schöpferin der jungsteinzeitlichen Religion» gewesen, ins Gegenteil zu verkehren und die Männer zu alleinigen Religionsschöpfern zu erklären. Man muss beides zusammendenken! Die Männer schufen Religion, die Frauen auch. Aus einer evolutionären Perspektive ist das auch gar nicht anders vorstellbar, verstehen wir doch Religion in dieser Phase als ein Set an Praktiken der Weltbewältigung – und zwar je abgestimmt auf die jeweiligen Bedürfnisse und Herausforderungen.

Die Frauen mussten sich wenig Sorgen um das Ausbleiben des Großwilds machen. Sie sorgten dank der Landwirtschaft für eine relativ verlässliche Kalorienversorgung, und ihre alltägliche, mit Fallen betriebene Jagd auf kleine, sich schnell reproduzierende Tiere brachte auch Fleisch ein. Frauen bedurften der Jagd nicht als Reputationsquelle. Insofern bestehen dort keine direkten Anknüpfungspunkte an die Bilderwelt Göbekli Tepes. Die Herausforderungen für sie drehten sich um das Gelingen der Ernte, die hohe Arbeits- und Gesundheitsbelastung, die vielen Schwangerschaften, die Geburten, die sich immer öfter als Kampf um Leben und Tod darstellten, Krankheiten, Seuchen, sterbende Kinder. Das führte dazu, dass entsprechende Erklärungs- und Schutzmechanismen aktiviert wurden, also geschlechtsspezifische Krisenbewältigungsstrategien entstanden, die natürlich die Sphäre der Geister und Ahnen, Naturkräfte und Gottheiten miteinbezogen.

Da sich die Geschlechter mit verschiedenartigen Schwierigkeiten konfrontiert sahen, entwickelten sie je spezifische religiöse Systeme, die, mit der Zeit ihrer jeweiligen Eigendynamik folgend, sich immer mehr ausdifferenzierten und polarisierten. Auch bei Jägern und Sammlern gab es immer schon neben den vielen gemeinsamen Ritualen einige, die nur den Frauen oder den Männern vorbehalten waren. Das verstärkte sich nun. Zumal wir es zu dieser Zeit noch mit egalitären Verhältnissen in Sachen Gender zu tun haben und kein Geschlecht das andere in religiöser Hinsicht auf seine Linie bringen wollte und konnte (das wird sich ändern!). Selbstverständlich überschnitten sich die Sphären: Die Männer waren ebenso interessiert an einer Abwehr böser Geister, um Krankheiten zu verhindern, wie die Frauen. Ebenso betrafen Liebeszauber oder Trauerrituale alle Geschlechter.

Den weiblichen Herausforderungen entsprechend, ist davon auszugehen, dass sich die Frauen besonders um übersinnliche Unterstützung in den Bereichen Gesundheit, Schwangerschaft, Geburt und soziale Netzwerke welcher Natur auch immer bemühten; sicher wird es dabei auch um das Wachsen und Werden der Natur gegangen sein, lag in der weiblichen Verantwortung doch zunächst die Landwirtschaft. Fast klischeehaft werden Fruchtbarkeitskulte für die Frühzeit angeführt. Zumindest war die weibliche Fruchtbarkeit für die Frauen kein Thema, das sie forcieren wollten. Im Gegenteil, sie hatten enorm unter der zunehmenden Geburtenzahl zu leiden. Das Ideal weiblicher Fruchtbarkeit ist – abgesehen von den Fällen, in denen einer Frau der Kinderwunsch versagt blieb – ein patriarchales Phantasma vor allem reicher Männer. Nur die waren erpicht auf möglichst viel Nachwuchs. Fruchtbarkeitskulte betrafen also allenfalls die Natur, nicht die Frauen.

Die gar nicht so neue religiöse Sphäre der Frauen ist aufs engste mit der Alltagswelt verknüpft, im Fokus steht das Individuum, die Familie. Der Ort ist eher der des Haushalts, der Nachbarschaft – auch wenn es, wie wir aus der Ethnographie wissen, durchaus Frauen vorbehaltene Ritualhäuser gegeben haben kann.[24] Sie dreht sich um das Leben, das Wachsen, das Heilen; es gibt, zumindest soweit wir sehen, keinen Bedarf an heroischen oder gar aggressiven Gesten und auch nicht an großartigen öffentlichen Auftritten oder Abgrenzungen gegenüber anderen Gruppen. Solidarität steht im Zentrum. Welche Belege haben wir dafür?

Wir kämpfen mit dem typischen Überlieferungsproblem der Archäologie. Massive, monumentale Architekturen überdauern besser die Zeiten, außerdem versprechen sie ihren Ausgräbern mehr Ruhm als die unscheinbaren Dinge des Alltags. Natürlich geraten die kleinen Figuren in den Fokus, kaum je größer als zehn Zentimeter; Zehntausende von ihnen wurden in den Siedlungen gefunden, wohlbemerkt aber keine am Göbekli Tepe.[25] Leider fehlt es an einer Gesamtbestandsaufnahme der neolithischen Kleinplastiken. Die meisten von ihnen sind aus Lehm oder Ton geformt, oft direkt neben dem Ofen gehärtet (also nicht gebrannt). Auffällig, dass sie häufig nicht in einem Stück gefertigt, sondern etwa die einzelnen Körperteile separat geformt und dann zusammengesetzt wurden.[26]

Vereinzelt gibt es wunderbare Stücke, aber vieles ist sehr einfach gearbeitet. Archäologinnen wie Lynn Meskell betonen deshalb das Prozesshafte: Nicht die fertige Figur sei die Hauptsache, sondern ihre Produktion. Dazu könnte passen, dass diese Figuren nicht in Gräbern zu finden sind, dafür erstaunlich regelmäßig im Abfall, oft bewusst zerbrochen. Sie waren Hilfsmittel, keine verehrungspflichtigen Objekte, die auf einen Sockel oder Altar gehörten.[27]

Eine Vielzahl der Figuren zeigt Tiere, ein Großteil ist menschengestaltig; erstaunlich wenige sind – zumindest für uns heute – eindeutig als weiblich oder männlich zu erkennen. Eventuell wurde das Geschlecht durch vergängliche Materialien wie Fell, Federn oder Stoffe markiert oder Gender war schlicht in diesen Kontexten nicht von Interesse. Das alles lässt den Phallozentrismus am Göbekli Tepe umso deutlicher hervorstechen.

Wozu diese Figuren dienten? Wir wissen es nicht. Aller Wahrscheinlichkeit nach fanden sie bei Ritualen Verwendung, dienten dazu, Geschichten oder Mythen vorzuführen oder zu illustrieren. Manches kann Kinderspielzeug gewesen sein. Sicher handelte es sich in vielen Fällen um Talismane, Amulette. Ebenso verliehen sie helfenden Ahnen oder Schutzgeistern Gestalt. Wir haben wieder opulente, nackte Frauenfiguren, die aber kaum die künstlerische Virtuosität der alten Venusfigurinen erreichen. Das Spektrum ist enorm vielgestaltig. Es gibt Figuren, die Schwangere zeigen und Frauen mit Säuglingen.[28] Schwangerschaft und Geburt benötigten alle Unterstützung. Erste Götterdarstellungen dürften dabei sein.

Und ganz klar: Die berühmte Leopardendame aus Çatalhöyük ist die erste Kandidatin für eine große Matrone oder eine mächtige Göttin. Warum denn nicht? Wir haben es noch mit keinen patriarchalen Verhältnissen zu tun, und die späteren Polytheismen kennen alle außerordentliche Göttinnen. Warum sollten diese keine «ältere Schwester» gehabt haben? Die Archäologinnen Lucy Goodison und Christine Morris kritisieren, man habe es mit der Eliminierung der Großen Göttin auch in der feministischen Archäologie übertrieben und einen «blinden Fleck geschaffen im Bereich Biologie,

Reproduktion und dem M-Wort, Mutterschaft». Das sei bedenklich, führe es doch zu einer Vernachlässigung elementarer Erfahrungsbereiche.[29]

Zentral ist also: Die weibliche Sphäre operiert in der Regel nicht mit dem Religiösen als etwas, das Ehrfurcht, Respekt oder Unterwerfung verlangt, wie das bei der männlichen Sphäre nur zu schnell der Fall sein wird. Das Heilige ist das Alltägliche, nicht das Schreckliche. Kurz: Es ist menschlich. Hier geht es nicht um Macht und Legitimation. Hier wird auch nicht ausgeschlossen: Männer, die von solchen existenziellen Sorgen betroffen sind, können selbstverständlich an dieser Religionssphäre partizipieren. Hier bietet sich auch kein Potenzial für gesellschaftliche Ungleichheit, nur für individuelle Reputation, die sich religiöse Virtuosinnen jeglichen Geschlechts verdienen können.

Dass dem so ist, hat nichts mit einer tieferen weiblichen Frömmigkeit, mit einer besonderen weiblichen Spiritualität oder gar einem Hang zum Aberglauben zu tun, wie das gar nicht so selten behauptet wird. Dabei handelte es sich um die adäquaten kulturellen Bewältigungsstrategien, mit denen Frauen auf die neuen Herausforderungen ihrer Lebenswelt reagierten. Aus einer evolutionären Perspektive ist allenfalls anzunehmen, dass die Themen Schwangerschaft und Geburt stärker weiblich konnotiert waren und im Allgemeinen aus diesen Gründen – Cooperative Breeding! – hier auch ein höherer Solidaritätsbedarf von Frauen existierte, der ganz selbstverständlich übersinnliche Mächte einbezog.

Die Wege trennen sich

Wenn es um den Übergang von den Jägern und Sammlern zu den Bauern ging, drehen sich die meisten Darstellungen um Fragen der Domestizierung von Getreide und Tieren oder die Erfindung der Keramik. Mit welch großen sozialen Herausforderungen diese Entwicklung verknüpft war, erfährt weit weniger Beachtung. Stephen Shennan ist deshalb beizupflichten, wenn er schreibt, dass es «tatsächlich genauso problematisch gewesen sei», die neuen Herausforderungen sozial zu bewältigen, wie erfolgreiche Praktiken der Tierhaltung oder des Getreideanbaus zu entwickeln, wahrscheinlich war es «sogar noch problematischer».[30] Gerade was das Verhältnis der Geschlechter zueinander anging, haben wir es mit einem wegweisenden Prozess zu tun. Wie wir in den letzten Kapiteln beschrieben haben, strapazierte die neue Lebensweise das altbewährte Gleichgewicht. Unter normalen Umständen spricht nichts dagegen, warum ein momentanes Ungleichgewicht nicht mit der Zeit wieder ins alte Äquilibrium zurückgefunden hätte.

Tatsächlich aber brachte die Bevölkerungsexplosion, die gesundheitlich zulasten der Frauen ging, diese nachhaltig in die Defensive. Entscheidend war – und das haben wir in diesem Kapitel rekonstruiert –, dass auch die Weltwahrnehmung und Welterklärung und die daraus resultierenden Bewältigungsstrategien von den zentrifugalen Kräften erfasst und in unterschiedliche Richtungen getrieben wurden. Weil Frauen und Männer sich unterschiedlichen Herausforderungen gegenübergestellt sahen, bildeten sich je eigene Sphären aus. Auch die Glaubenswelt divergierte und polarisierte sich gendermäßig. Das sind kulturelle Entwicklungen, die nicht zuletzt zu einer normativen Verfestigung der Genderrollen führten.[31]

In der religiösen Sphäre der Männer drehte sich alles darum, zornige Geister oder Götter zu beschwichtigen, es drehte sich um Schutz, aber auch um Reputation und mit der Zeit immer mehr um Legitimation von Macht und Territorialität. Diese Sphäre wird in den kommenden Jahrtausenden einen Rahmen für Gewalt, Krieg und Unterwerfung geben; sie zielte auf die Gesellschaft und setzte auf monumentale Wirkung, auf eigene Architekturen und Spezialisten, Frauen werden in ihr eher ausnahmsweise eine Rolle spielen.

Die religiöse Sphäre der Frauen hingegen fokussierte auf die Individuen, es ging um Schutz und Beistand bei Krankheiten, Schwangerschaft und Geburten, soziale Netzwerke, welche die

Sphäre der Ahnen als unmittelbare Verwandtschaft einschlossen, und die eher alltäglichen Probleme des Zusammenlebens. Der Ort war der Haushalt, das Dorf, doch gab es sicher bald auch regional wichtige Plätze der Heilung und besondere Kraftorte, an denen der Zugang zu den Mächten der Natur und anderem überirdischen Personal gesucht wurde. Diese Sphäre war den Männern nicht verschlossen, sie setzte auf den kleinen Schrein, den Altar im Haus anstatt auf große Tempel. Auch hier gab es Spezialistinnen, aber sie brauchten keinen Hokuspokus, um zu überzeugen. Für Jahrtausende werden beide Sphären nebeneinander bestehen, sich ergänzen, austauschen und vermischen, aber eher selten bis gar nicht in Konflikt kommen. Doch das wird keinesfalls immer so bleiben.

Fatal in der Genderperspektive ist auf Dauer, dass die männliche Sphäre der Religion stärker von einer Innovation der kulturellen Evolution erfasst wird als die weibliche: nämlich von der Institutionalisierung. Ihre Inhalte wurden außerhalb der Menschen festgeschrieben, in Stein gemeißelt. Damit entfalteten sie ein Eigenleben, waren nicht mehr verhandelbar und zeitigten über Generationen hinweg ihre Wirkung. Sie legten Genderrollen wie soziale Beziehungen fest: «Durch die bloße Tatsache ihres Vorhandenseins halten Institutionen menschliches Verhalten unter Kontrolle. Sie stellen Verhaltensmuster auf, welche es in eine Richtung lenken, ohne ‹Rücksicht› auf die Richtungen, die theoretisch möglich wären.»[32] Durch die enge Verquickung mit der religiösen Sphäre, später dann noch mit Macht und Herrschaft erhielten sie eine bisher völlig unbekannte normative Gewalt. Und sie besaßen eine enorme Beharrungskraft, die gesellschaftliche Veränderungen erschwerte. Am Göbekli Tepe hat sich die männlich geprägte Sphäre der Religion erstmals als Institution formiert. Sie erhielt ihre Dominanz durch ihre Bildermacht, mehr aber noch durch ihre Fähigkeit, Macht und auch Gewalt zu legitimieren. Damit deutete sich auch auf religiöser Ebene an: Die Frauen drohen auf dieser symbolischen Ebene ins Hintertreffen zu geraten. Doch noch stand dem auf sehr lange Zeit die enorme Vitalität ihrer eigenen religiösen Sphäre entgegen.

Dass sich damit auch die für die zukünftigen Geschlechterbeziehungen ebenso typische wie negative Zuschreibung der Frauen zur privaten Sphäre des Haushalts und die der Männer zur öffentlichen Sphäre der Gesellschaft erstmals andeuten, sei nur angemerkt. Der Archäologe Mehmet Özdoğan spricht von einem «Dualismus», bei dem die männliche Motivwelt die tempelähnlichen Gemeinschaftsbauten dominiere, während die weiblichen Figuren auf die Haushalte begrenzt seien. Wichtig aber: In Çatalhöyük wiederum ist beides doch recht gleichmäßig verteilt anzutreffen.[33] Wir haben es eben mit einem großen Experimentierfeld zu tun, nicht überall kommt es zu den gleichen Ergebnissen. Die Gesellschaften des frühen Neolithikums sind noch weitgehend egalitär – auch was die Geschlechter angeht. Das ist keine Überraschung. *Homo sapiens* hatte in seiner langen Geschichte ein ganzes Bündel an Strategien entwickelt, die Ungleichheit verhindern sollten. Da brauchte es schon weitere Faktoren, um auf Dauer ungleiche und hierarchische Gesellschaften zu etablieren und die Frauen zum zweiten Geschlecht zu machen.

SCHRITT 5:
DIE ERFINDUNG DER UNGLEICHHEIT

Geht es um Ungleichheit, drängt sich die Frage nach Arm und Reich in den Vordergrund. Was vielen nicht bewusst ist: Privateigentum ist eine menschheitsgeschichtlich junge Erfindung und deshalb alles andere als eine Selbstverständlichkeit. Allein deshalb hat Eva für ihr kleines Eigentumsdelikt Absolution verdient. Ebenso wichtig ist zu verstehen, wie der Reichtum uns sozial verarmen ließ und die Frauen in die Isolation führte. Es gilt zu erkennen, welche Dynamiken er entfaltete, die nicht nur, aber vor allem auf Kosten weiblicher Freiheiten gingen. Wir zeigen, wie übergroße soziale Hierarchien entstanden, die zu ihrer Absicherung eine Form von Herrschaftsreligion brauchten, die so erfolgreich sein wird, dass sie heute noch für die einzig wahre Religion gehalten wird. Schließlich gilt es zu enthüllen, was der tatsächliche Zweck der Ehe ist und was es mit ebenso perfiden wie langlebigen patriarchalen Phantasmen wie der Erfindung der Treue oder dem Kult um die Jungfräulichkeit auf sich hat. Wir werden aber auch Keltenfürstinnen, Königinnen, die ihr Gefolge mit ins Grab nahmen, und der Hohepriesterin der Göttin Inanna begegnen. Schließlich zeigen wir, welche fatalen Auswirkungen das für viele Männer hatte und warum das wiederum zulasten der Frauen ging,

11 Das Problem mit dem Eigentum

In den letzten Kapiteln haben wir beobachtet, wie die neuen Verhältnisse einen Keil in das solidarische Geschlechterverhältnis trieben und den Frauen gesundheitliche Lasten aufbürdeten. Wir sahen, wie sich die entstehende Kluft verbreiterte, weil die Geschlechter religiös divergierende Wege einschlugen. Trotzdem zeichnete sich noch keine männliche Dominanz ab; die Gesellschaften bewahrten jahrtausendelang ein erstaunliches Maß an Egalitarität. Aus welch dunklem Loch also kroch die Ungleichheit hervor?

Leider aus keinem. Das eine Ungeheuer gibt es nicht. Wir haben es mit einem typischen Anreicherungsprozess der kulturellen Evolution zu tun. Deshalb werden wir in diesem und den nächsten Kapiteln die weiteren Entwicklungen vorstellen, die zur sozialen Ungleichheit von Frauen und Männern führten. Dabei interessiert uns besonders jene Erfindung, der Friedrich Engels die Hauptrolle für die Entrechtung der Frauen beimaß: das Privateigentum.

Wer die Schleier der Patrix lüften will, muss den Dingen ihre Normalität nehmen. Da ist das Eigentum ein besonders lohnendes Objekt. Die Idee des persönlichen Besitzes erscheint uns selbstverständlich; ihn in Frage zu stellen, kommt für viele einem Tabu gleich. Menschheitsgeschichtlich haben wir es indes mit einer jungen Innovation zu tun – und zwar einer, die massiv zulasten der meisten Frauen ging.

Dazu kehren wir zunächst zu Eva zurück. Schließlich versprachen wir, dass sie eine vorzügliche Führerin durch die Gespinste der patriarchalen Matrix sein wird. Es ist schon bemerkenswert, welch erstaunliches Gespür die Bibelautoren für die eigentlichen Zusammenhänge besaßen, als sie das Unglück der Frauen ausgerechnet mit einem Eigentumsdelikt beginnen ließen. Deshalb rehabilitieren wir zuallererst Eva im Namen der Evolution; ihre Sünde war keine. Dann geben wir einen ersten Überblick über die Effekte, die das Eigentum für Evas Töchterstöchter hatte. Wer sich wundert, warum wir dafür zum Buch der Bücher greifen: Es ist einfach eine hervorragende Quelle, um die fatalen Konsequenzen zu illustrieren. Als die biblischen Geschichten niedergeschrieben wurden, standen Israel und Juda fast durchweg unter fremder Herrschaft. Sie besaßen keine eigenen Könige, weshalb die Bibelautoren überzogene Macht und zu großen Reichtum in einer Weise kritisieren konnten, wie das andernorts nicht möglich war. Nach dieser Einstimmung sehen wir uns an, wie das mit dem Eigentum tatsächlich seinen Anfang nahm, um dann in den nächsten Kapiteln dessen beachtliche Auswirkungen unter je besonderen Bedingungen zu beobachten.

Absolution für Eva

Natürlich ist den Bibelautoren nicht im Geringsten bewusst gewesen, dass sie den Nagel auf den Kopf trafen, als sie ein Eigentumsdelikt zum Auslöser der menschlichen Misere machten. Was die alte Welt der Jäger und Sammler von der neuen Welt der Bauern scheidet, ist tatsächlich die Frage, ob dem Gebot «Von diesem Baum aber darfst du nicht essen!» Folge geleistet wird oder nicht. Das ist eine Wegscheide, an der sich das Schicksal der Menschen, insbesondere der Frauen entscheidet.

Gruppenlebende Primaten wie wir kennen nämlich keinen dauerhaften Privatbesitz. Zwar versuchen dominante Tiere in unserer Affenverwandtschaft futterreiche Plätze zumindest für den Augenblick zu verteidigen, aber Eigentum ist bei Affen nur das, was man gerade in den Händen hält. Allenfalls Territorien ähneln dem, was wir unter Besitz verstehen. Das Land, das andere für sich beanspruchen, wird gemieden, betreten fremde Affen es doch, laufen sie Gefahr, angegriffen oder sogar getötet zu werden. Doch das ist Gruppen-, kein individueller Landbesitz. Bei unseren homininen Vorfahren war das sogar noch sozialistischer: Nahrung musste geteilt werden! Die gesammelten Früchte, Nüsse und Wurzeln vor allem in der Familie, das erjagte Fleisch in der Gruppe. Wer sich verweigerte, hatte mit deftigen Sanktionen zu rechnen.

Nun ließe sich einwenden, dass Primatenarten wie Gorillas doch eine Art Privateigentum entwickelten, nämlich in Gestalt der Weibchen, die sich ein Silberrücken zum Harem nimmt. Aber selbst bei denen laufen diese manchmal fort, und falls es je solche Tendenzen in der Linie der menschlichen Vorfahren gab (was sehr fraglich ist), war es gerade das Erfolgsgeheimnis unserer Spezies, ihnen einen Riegel vorgeschoben und eine Vorstellung des «Wir» entgegengestellt zu haben. Insbesondere die Reputation eines Mannes hing davon ab, wie sehr er der Maxime «Sei großzügig!» verpflichtet war. Wer dem nicht folgte, wurde zunächst halb scherzend darauf hingewiesen, schnell aber für seinen Geiz abgestraft.[1]

Mobile Jäger und Sammler verfügten kaum über individuellen Besitz: Kleidung, Schmuck, einige Werkzeuge, Waffen. Es war immer möglich, andere um Nahrung zu bitten. Mitunter begannen manche, Pflanzen anzubauen, gaben das aber bald auf, weil andere sich hemmungslos bedienten.[2] Auch bei ihnen existierte ein Territorium, das der Gruppe, dem Stamm, gehörte. Doch dort hatten alle die gleichen Nutzungsrechte. Jeder, der beansprucht hätte: «Das ist mein Baum! Von den Früchten dürft ihr nicht essen!», wäre aus dem Wald gelacht worden.

Entsprechend gehört der Respekt vor dem Eigentum anderer nicht zu unserer moralischen Grundausstattung. Das muss gelernt werden. Kleine Kinder fangen an wie Affen: Nur was sich in der Hand befindet, ist Besitz, und nicht einmal das gilt in jedem Fall. Dass ein herumliegendes Objekt jemand anderem gehört, begreift ein kleines Kind nur schwer.[3]

Eva ist folglich nicht das Geringste vorzuwerfen. Evolutionär betrachtet können wir ihr die Absolution erteilen. Sie hat gehandelt, wie es die längste Zeit der Menschheitsgeschichte jedes Individuum getan hätte. Sie überlegte kurz und ließ sich dann die verlockende Frucht nicht entgehen. Vor allem teilte sie diese mit ihrem Mann. Eva reichte Adam die Frucht – «und er aß». Kurz, sie verhielt sich wie ein ganz normaler Mensch. Aus Perspektive des *Homo sapiens* war es das Natürlichste auf der Welt, gegen Gottes Verbot zu verstoßen.

«Er ist ihr Stier, und sie sind die Kühe!»

Das ändert sich in der sesshaften Welt. Die Landwirtschaft wird erst dort richtig erfolgreich, wo das fundamentale Gesetz menschlichen Zusammenlebens, die Maxime, Ressourcen zu teilen, ausgehebelt wird. Die galt es fortan zu horten, was dazu führte, dass Konkurrenz an die Stelle der Kooperation trat. Und diese kulturelle Innovation des Privateigentums brachte Unheil über Eva und ihre Nachfahrinnen.[4]

Dass das durchaus gegen die Intuitionen unserer ersten Natur ist, belegt die Bibel. Ihre Autoren erweisen sich dabei als begabte Historiker. Sie führen ihren Leserinnen und Lesern vor Augen, welche fatale Dynamik die Welt erfasste. In den ersten Büchern des Alten Testaments, der hebräischen Bibel, geben sie einen geschichtlichen Abriss vom Sündenfall bis zu ihrer Gegenwart – und sparen dabei jene Entwicklung nicht aus, die den Frauen die Freiheit nahm. Die Bibelautoren heißen das nicht gut. In kaum etwas sind das Alte und auch das Neue Testament so deutlich wie in der Kritik des Reichtums. Wir werden uns das nun im Schnelldurchlauf einmal ansehen, gibt die Bibel doch einen erstaunlich prägnanten Überblick über die patriarchalen Entwicklungen im Gefolge des Eigentums. Nach dieser ersten Orientierung wird es leichter fallen, die eigentlichen Ursachen und Zusammenhänge mit dem nötigen Aufwand zu analysieren.

Was passiert als Erstes, nachdem Gott Adam und Eva aus dem

Paradies vertrieben und beschlossen hatte, sein Eigentum durch die Cherubim mit dem flammenden Schwert zu schützen? Kain und Abel werden zu Todfeinden. Und das obwohl Brüder bei den Jägern und Sammlern noch beste Partner waren. Der Grund? Konkurrenz ums Erbe. Sobald Menschen als Bauern mit privatem Landbesitz leben, taucht das Problem auf, dass sich knapp werdendes Land beim besten Willen nicht endlos teilen lässt. Gesellschaften müssen effektive Wege finden, Eigentum in möglichst konzentrierter Form zu vererben. Sehr oft setzt sich die Primogenitur durch: der männliche Erstgeborene erbt alles oder zumindest den Löwenanteil. Das führt zur radikal ungleichen Verteilung der Lebenschancen unter den Kindern.

Trotzdem ist das die erste Wahl der Bibel. Da die Genesis keinen Grund anführt, warum Gott das Opfer Abels dem des älteren Bruders Kain vorzieht und damit den Erstgeborenen zurückweist, versteht sich zumindest dessen Wut über diese Ungerechtigkeit als normale Regung der menschlichen Natur. Er fürchtet, um sein Recht gebracht zu werden. Dass er dann aber seinen Bruder tötet, signalisiert die existenzielle Dringlichkeit: Der Besitz beschert dem Erben einen immensen Überlebensvorteil. In der erbitterten Konkurrenz wird Gewalt das Mittel der Wahl, Erben produziert nun mal Ungerechtigkeit am laufenden Band. Quer durch die hebräische Bibel werden sich Brüder an die Gurgel gehen. Die kulturelle Erfindung des Eigentums an Grund und Boden führt fast zwangsläufig zu Mord und Totschlag; das in den Griff zu bekommen, wird zu einer großen Herausforderung des Zivilisationsprozesses.

Kain muss zwar fliehen, aber seinen Nachfahren gehört die Zukunft: Sie bauen Städte und erfinden die Metallurgie. Vor allem kurbeln sie die Spirale der Gewalt an. «Kain soll siebenmal gerächt werden», heißt es in der Bibel, aber sein Nachkomme Lamech «siebenundsiebzigmal». Er wird sich rühmen: «Einen Mann erschlug ich für meine Wunde und einen Jüngling für meine Beule». Und dieser Lamech ist auch der erste Mann, der sich zwei Ehefrauen nimmt.[5]

Gleich darauf erzählt die Bibel eine Geschichte, die heute für Verwunderung sorgt, wartet sie doch mit Personal auf, das für einen monotheistischen Gott heikel ist: «Als aber die Menschen sich zu mehren begannen auf Erden und ihnen Töchter geboren wurden, da sahen die Gottessöhne, wie schön die Töchter der Menschen waren, und nahmen sich zu Frauen, welche sie wollten. ... Denn als die Gottessöhne zu den Töchtern der Menschen eingingen und sie ihnen Kinder gebaren, wurden daraus die Riesen. Das sind die Helden der Vorzeit, die hochberühmten.»[6]

Nun sahen wir in Kapitel 1, wie kreativ die Genesis-Autoren Geschichten ihrer polytheistischen Umwelt integrierten. Dass die kanaanitischen Gottheiten El und Atiratu siebzig Söhne hatten, haben wir erwähnt. Und auf den zahllosen Nachwuchs des griechischen Zeus, der sich die Frauen «nahm», «welche er wollte», müssen wir gar nicht erst eingehen. Entscheidend ist das dahinterstehende Widerspiegelungsprinzip: Die himmlischen Verhältnisse werden nach dem irdischen Vorbild geformt.[7] Götter, die sich einfach nach Lust und Laune Frauen *nahmen*, sind historische Produkte, die nach dem Bilde der jeweiligen Herrscher gestaltet wurden. Insofern lässt sich die Genesis-Passage auch als kritische Anspielung auf jene Könige lesen, die ringsherum herrschten, sich als Göttersöhne inszenierten und ohne Zögern die Frauen nahmen, die ihnen gefielen. Womöglich spielt die Passage auch auf eines der berühmtesten Epen des Altertums an, auf das des legendären Königs von Uruk: Zwei Drittel an Gilgamesch sind Gott, ein Drittel ist menschlich. Seine Untertanen beschweren sich bei den Göttern, dass alle Frauen ihm zu Diensten sein müssen: «Er ist ihr Stier, und sie sind die Kühe!»[8]

Nicht nur die Bewohner von Uruk verdross das maßlose Verhalten solcher Gottessöhne, auch dem biblischen Gott ist deren Treiben Anlass, die Sintflut zu schicken. Den Bibelautoren missfiel die despotische, Frauen erniedrigende Praxis. Schließlich hatte ihr Gott die Menschen als Paar geschaffen, er gab Adam keinesfalls mehrere Frauen zu eigen. Die Sintflut ist als Neustart gedacht: Noah besteigt mit seiner Ehefrau die Arche, seine drei Söhne haben alle auch nur je eine Frau dabei, und zu guter Letzt durfte von allen Tieren lediglich «je ein Paar, Männchen und Weibchen», an Bord.[9] Monogamie ist laut Bibel die göttlich intendierte Ordnung der Welt.

Umso erstaunlicher, dass kurz danach Patriarchen wie Abraham oder Jakob schon wieder mehrere Frauen haben. Doch das sollte deren Reichtum illustrieren – ein begüterter Mann hatte nun einmal mehr als eine Frau. Zwar haben nicht nur feministische Theologinnen wiederholt betont, dass angesichts so starker Frauenfiguren wie Sara, Rebekka, Rahel und Lea von «Erzmüttern» die Rede sein müsste, die an der Seite der «Erzväter» stehen.[10] Doch verkennt das, dass sie ihre Stärke nur als Akteurinnen innerhalb des fest umrissenen patriarchalen Systems erhalten. Sie setzen alles daran, ihren eigenen Söhnen in der Konkurrenz mit jenen der anderen Frauen zum Erfolg zu verhelfen. Dabei schrecken sie nicht vor Betrug und versuchtem Mord zurück. Frauensolidarität unter patriarchalen Bedingungen? Fehlanzeige.

Nun sind das alles fiktive Geschichten wie auch die der Könige David und Salomon, beides erklärte Lieblinge Gottes. Weite Teile der Forschung sind überzeugt, in der prachtvollen Weise, in der die Bibel ihre Reiche schildert, existierten beide nie.[11] Gerade aber die Fiktion verleiht ihnen Aussagekraft: Weil die Autoren für die eigene Vergangenheit Könige imaginierten, die jenen der Nachbarreiche in nichts nachstanden, musste deren Schilderung glaubwürdig ausfallen. Im Hinblick auf Frauen stellen die Bibelautoren die Verhältnisse so dar, wie sie für die herrschenden Kreise der Zeit typisch waren.

So wächst parallel zum Aufstieg des Warlords David zum König Israels die Anzahl seiner Frauen. Frauen sind die Währung, in der jeder seiner Erfolge honoriert wird: «Und David erkannte, dass der Herr ihn zum König über Israel bestätigt und sein Königtum erhöht hatte um seines Volkes Israel willen.» Und was war die Folge? «David nahm noch mehr Frauen und Nebenfrauen». Es entspricht der evolutionären Logik, Macht in reproduktives Kapital umzumünzen, das zum Fitnessgewinn führt: «und es wurden ihm noch mehr Söhne und Kinder geboren».[12]

David ist zwar nur ein Gotteslliebling und kein Gottessohn, verhält sich aber wie diese: Als er Batseba nackt im Bade erspäht, lässt er sie, obwohl sie mit einem seiner besten Offiziere verheiratet ist, zu sich führen – «und er schlief mit ihr». Als David erfährt, dass sie schwanger ist, lässt er ihren Mann umbringen.[13] Batsebas weiteres Schicksal zeigt, dass Frauen kaum anders können, als sich den despotischen Bedingungen zu fügen und das Beste daraus zu machen: Mit Geschick verschafft sie ihrem Sohn Salomo den Königsthron, obwohl David ältere Söhne hatte. Um Salomo als großen König erscheinen zu lassen, dichten ihm die Bibelautoren nicht nur Weisheit und die Bewunderung der Königin von Saba an, sondern auch einen Harem von 700 Hauptfrauen und 300 Nebenfrauen. Er darf dann Gott den prächtigen Jerusalemer Tempel bauen.

Für uns entscheidend: Die Bibel schildert diese Dinge zwar als Praxis mächtiger Männer, doch sie billigt sie nicht. Salomos «Vielweiberei» ist der Grund, warum sein Reich nach seinem Tod zerfällt. Und die Tora ordnet an: Ein König soll sich nicht zu viele Frauen nehmen (und auch nicht zu viel Silber und Gold).[14] Die Praxis einzelner Männer, Frauen zu monopolisieren, wurde zwar als zeittypisch beschrieben, nicht aber als akzeptabel hingenommen.

Nur Fiktion? Keineswegs. Die Anthropologin Laura L. Betzig hat für ihre Studie *Despotism and Differential Reproduction* 104 Gesellschaften untersucht, die archaische Staaten ebenso umfasste wie zeitgenössische Jäger-und-Sammler-Kulturen und industrielle Gesellschaften. Ihr Fazit: Die Belege seien «überwältigend, dass reiche und mächtige Männer kulturübergreifend den größten Grad an Polygynie genießen». In acht der vierzehn despotischen Gesellschaften ihrer Stichprobe nannte der Herrscher an der Spitze der gesellschaftlichen Pyramide mehr als hundert Frauen «sein Eigen», in vier weiteren waren es zwischen elf und einhundert. Bei den restlichen Gesellschaften fand sich nur die Angabe, ihre Anführer besäßen «große Harems».[15]

Aus heutiger Sicht mag das skandalös erscheinen, wird aber allgemein registriert als: «So war das eben früher.» Doch das ist falsch. Die Ausnahmefälle unter Jägern und Sammlern, in denen ein Mann mit einer zweiten oder gar dritten Frau zusammenlebte, haben wir beschrieben; auch dass die Frauen in diesen Fällen nicht selten selbst ein Interesse daran hatten. Außerdem war es unseren Vorfahren stets gelungen, Bullys und Alphas im Zaum zu halten – oder sie sogar zu eliminieren. Das hat uns das Überleben gesichert. Die Frage muss also lauten: Wie kam es zu dieser vor allem für die Frauen verhängnisvollen Verirrung? Die auch vielen Männern Unglück brachte. Nicht zuletzt, weil das Monopolisieren von Frauen das Frauendefizit verschärfte.

Wir vertreten hier die These, dass für diese Prozesse drei Faktoren entscheidend sind: Erstens der Verlust der gruppenbasierten Kontrollmechanismen, die einst die Egoismen einzelner Individuen in Schach hielten. Zweitens das Überschießen des neuen Eigentumsprinzips, das keine Grenzen kennt. Und drittens die Möglichkeit, dank übernatürlicher Unterstützung, Dinge und Menschen in bisher unbekanntem Ausmaß zu monopolisieren. Wie es so weit kommen konnte, werden wir nun und in den nächsten Kapiteln zeigen.

Wie das mit dem Eigentum seinen Anfang nahm

Es ist schon so, dass sich Landwirtschaft nur dann betreiben lässt, wenn nicht jeder nach Lust und Laune nach den Früchten greift. Deshalb war hier ein Mentalitätswandel vonnöten. Die «für Jäger und Sammler typische Reziprozität, das Prinzip zu teilen», musste eingeschränkt werden, damit Anbau und vor allem Ernte möglich wurden.[16] Wie also entstand das neue Besitzkonzept?

Bedenkt man, wie allmählich das Kultivieren von Pflanzen vonstattenging, stellt sich das Problem zunächst gar nicht. Wir sahen, wie es in der südlichen Levante vor rund zwanzigtausend Jahren damit begann, dass verstärkt Wildgetreide gesammelt wurde. Das geschah im angestammten Streifgebiet der Gruppe. Auch als in den Jahrtausenden danach Wildgetreide gezielt angesät wurde, war dies ein Gemeinschaftswerk. Vor gut 15 000 Jahren tauchen erstmals verputzte Gruben auf, die Archäologen als Speicher identifizierten. Doch das waren Gemeinschaftsspeicher. So wie die Menschen gemeinsam anbauten, ernteten sie gemeinsam und schützten den Ertrag gemeinsam gegen vier- und zweibeinige Räuber.[17]

Nun führte der Verzicht auf das Herumziehen und auf das ständige Auf- und Abbauen des Lagers zu einer engeren Bindung an Land und Häuser. Insbesondere wenn unter deren Fußböden Verstorbene bestattet wurden, entwickelte sich ein intergenerationelles «Das ist unser Haus»-Bewusstsein. Trotzdem sind die Behausungen in den Megasiedlungen erstaunlich uniform. Einerseits waren die materiellen Grundlagen der Bewohner eben sehr gleichartig, es gab keine nennenswerten Reichtumsunterschiede. Andererseits dominierte noch die alte Jäger-und-Sammler-Mentalität, die es verbot, sich über andere zu erheben. Keinen Fußbreit dem Individualismus!

Es ist faszinierend, wie sich das Konzept des gemeinsamen Besitzes Jahrtausende halten konnte. Die Menschen kannten es auch nicht anders, insbesondere was Nahrung und Land anging. Irgendwann jedoch gelangte das an seine Grenzen. Die steigende Bevölkerung erzwang Veränderungen. Zwar gibt es zumindest bisher keine Hinweise darauf, dass die um die Großsiedlungen herum angelegten Felder kein Gemeineigentum gewesen wären; aber dort, wo die Bewohnerzahl in die Tausende ging, waren Kollektivspeicher nicht mehr praktikabel. Die Archäologen stießen in den Häusern Çatalhöyüks auf Speicher, die den jeweiligen Bewohnern gehörten.[18] Nicht zuletzt, weil in den großen Siedlungen längst nicht mehr jeder jeden kannte und damit nicht mehr gewährleistet war, dass jedes Teilen auch durch Gegengaben honoriert wurde. Das Land dagegen blieb vermutlich noch lange Gemeinbesitz.

Entsprechend finden sich in Çatalhöyük Tonstempel mit unterschiedlichen geometrischen Mustern, die wohl zur Kennzeichnung von Eigentum dienten. «Tonstempel traten dort wie an anderen Orten ... mit der Etablierung offenbar eigenständig wirtschaftender Haushalte auf», schreibt der Archäologe Hermann Parzinger. Sie dokumentieren die Existenz erster Besitzvorstellungen und Rechtsnormen.[19]

Bemerkenswerterweise finden sich in Çatalhöyük auch die ersten Hinweise auf patrilokale Verhältnisse: Die anthropologischen Analysen der Zähne sprechen dafür, dass Männer am Ort ihrer Geburt, also bei ihrer Familie blieben, während Frauen von außerhalb kamen. In der Regel impliziert das eine Verschlechterung ihrer Position, weil ihnen am neuen Ort die Unterstützung der eigenen Verwandtschaft fehlte. Aus der Ethnographie wissen wir, dass Patrilokalität mit dem Entstehen privaten Eigentums auftrat – etwa, weil gutgefüllte Vorratskammern Begehrlichkeiten weckten. Deshalb hielt man die Söhne zum Schutz zu Hause. Tatsächlich zeigt die Analyse von 93 in Çatalhöyük gefundenen Schädeln, dass rund ein Viertel von ihnen Kopfverletzungen aufwies, die wieder verheilt waren. Vermutlich stammten sie von mit Schleudern verschossenen Tonkugeln. Soweit sicher zu identifizieren, waren Frauen davon sogar etwas häufiger betroffen. Die Spuren deuten darauf hin, dass die Opfer vor allem von hinten attackiert wurden. Das spricht eher für überfallartige Situationen als für direkte Gewaltkonflikte von Angesicht zu Angesicht. Ein weiterer möglicher Faktor für Patrilokalität: Neolithische Gesellschaften wiesen wegen der höheren Frauensterblichkeit oft ein Frauendefizit auf, das durch Zuzug von außerhalb ausgeglichen wurde. Aber weder der Ernährungszustand noch die Bestattungen in Çatalhöyük deuten auf soziale Ungleichheit zwischen den Geschlechtern hin.[20]

Das entscheidende Ergebnis dieser Innovationen in Sachen Eigentum: Die einzelnen Haushalte wurden autark. Der Bezugsrahmen der Menschen reduzierte sich auf den eigenen Haushalt. Zugleich änderte sich die Zukunftsvorsorge: War es einst auf die Vielzahl zwischenmenschlicher Beziehungen angekommen, um gegen jegliche Unbill geschützt zu sein, zählte nun die materielle Vorsorge. Dinge traten an die Stelle von Menschen.

Warum die großen Siedlungen verlassen wurden, ist noch Gegenstand von Debatten. Klimatische Gründe mochten eine Rolle spielen; aber auch die Versorgung wurde auf Dauer immer schwerer, der Weg zu den Feldern weiter. Zudem waren die nahe gelegenen Böden irgendwann ausgelaugt (das Düngen war noch nicht erfunden), die Anonymität sorgte für soziale Spannungen, die Gewalt stieg, und von den in der Endphase der Mega-Sites domestizierten Rindern sprangen neue Krankheiterreger auf die Menschen über. Auch bedrohten die innovativen Eigentumsvorstellungen die alten Formen der Kooperation; man fügte sich jetzt nicht einfach mehr so der Allgemeinheit. Das bot Anlass für Streit ohne Ende. Unzufriedene Familien verließen die Siedlung. Vermutlich spielte jeder dieser Faktoren eine Rolle, ein abrupter Kollaps ist in den seltensten Fällen nachweisbar.

«In jedem Fall scheint es, dass diese Faktoren zu einem wachsenden Druck zugunsten unabhängiger wirtschaftlicher Entscheidungen der einzelnen Haushalte geführt haben», beschreibt auch Stephen Shennan die Entwicklung. Wer die Produktion, das Speichern und das Verteilen selbst in die Hand nahm, war besser dran. Die Zukunft gehörte jenen, die auf das Konzept Privateigentum setzten.[21] Den Menschen eröffnete sich damit eine neue Option, auf das anhaltende Bevölkerungswachstum und die Übernutzung der lokalen Ressourcen zu reagieren: Expansion! Andernorts sein Glück zu versuchen – auch das ist Jäger-Sammler-Erbe. Was den Landhunger verschärfte: Die neu domestizierten Rinder verlangten nach mehr Weidegründen als die bisher vor allem gehaltenen Schafe und Ziegen. Aber die Welt stand ja noch offen.

Sozial verarmt

Gerade weil Eigentum heute eine Selbstverständlichkeit ist, müssen wir uns zwei anthropologische Zusammenhänge vergegenwärtigen, bevor wir die unaufhaltsame Expansion der neuen Gewinner (und Verlierer-)Strategie verfolgen. Zunächst dies: Angesichts fehlender materieller Möglichkeiten bestand die längste Zeit der menschlichen Evolution keine dauerhafte Ungleichheit. Erinnern wir uns: Für Statusunterschiede innerhalb der Gruppen sorgte die jeweils erworbene Reputation, die sich individuellen Leistungen verdankte. Kind einer angesehenen Mutter oder eines angesehenen Vaters zu sein, war von Vorteil. Der konnte aber schnell verlorengehen, verhielt man sich nicht entsprechend. Ungleichheit über Generationen hinweg wird erst unter sesshaften Bedingungen möglich, wo es Einzelnen gelingt, Ressourcen zu monopolisieren und an die Kinder zu vererben. Wie in vielen Dingen besitzen wir da eine Doppelmoral: Zwar empört uns Ungleichheit, profitieren wir jedoch selbst davon, sind wir bereit, in Sachen Gerechtigkeit ein Auge zuzudrücken.

Es dauerte lange, bis sich eine eigentumsbasierte Stratifizierung der Gesellschaft durchsetzte – und vielen Kulturen gelang es, sich dagegen zu wehren, indem sie effektive Strategien entwickelten, zu große Unterschiede von Rang und Besitz zu nivellieren. Vor allem, was die Vererbung angeht, waren die Widerstände groß.[22] Das heißt, die Entwicklung Richtung Reichtum war keine Einbahnstraße.

Die zweite Konsequenz betrifft uns heute stärker, als den meisten bewusst ist. Dass Dinge an die Stelle von Menschen traten, ist an Bedeutung kaum zu überschätzen: Für Jahrhunderttausende waren wir aufeinander angewiesen. Sharing and Caring lautete die Devise, war doch das gegenseitige Geben und Nehmen die Lebensversicherung aller. Wir sind deshalb höchst sensibel, ob sich unsere sozialen Beziehungen im Lot befinden. Wir wissen sehr wohl, wer uns einen Gefallen schuldet und wem wir endlich einmal wieder etwas Gutes tun müssten. Die Erfindung des «Wir» war unser Erfolgsgeheimnis. Nie fühlen wir uns wohler als inmitten verlässlicher Freunde.

In der neuen agrarischen Welt gilt: Wo früher gegenseitige Hilfe die Versicherung für Notlagen war, müssen nun Vorräte oder andere Formen von Besitz herhalten. Das sorgt für psychische Probleme: Weil unsere evolvierte erste Natur eine hypersoziale ist, befriedigen uns materielle Güter nicht gleichermaßen. Uns fehlen soziale Beziehungen. Der Volksmund weiß es längst: Geld, also Besitz, macht nicht glücklich. Dafür haben wir kein Sensorium, es ist eine zu junge Erfindung.

So besteht weiterhin ein Gefühl der Unsicherheit, des Nichtgenügens, das zu einer Überkompensation führt. Unsere Vorfahren haben in den langen Zeiten der Evolution ein Gespür entwickelt, ob ihr soziales Netz tragfähig ist. Aber keines, das uns sagt, wann es in Sachen Besitz genug ist. In der Savanne drohte nie die Gefahr, sich mit dem Problem des materiellen Overkills herumzuschlagen. Das Eigentum ist ein Surrogat, eine Ersatzdroge, die den Entzug sozialer Bindungen mehr schlecht als recht kompensiert – ohne aber unseren sozialen Hunger, unser Bedürfnis nach zwischenmenschlichen Kontakten, zu stillen.

Was die Angelegenheit verschärft: Eigentum erweckt Begehrlichkeiten! Unser Nächster, bisher eine verlässliche Stütze, wird nun verdächtig, es auf unseren Besitz abgesehen zu haben. Entsprechend wachsam müssen die Menschen sein. Gerade weil man nun nicht einfach mehr nach Jäger-Sammler-Manier fortziehen konnte, um einem Konflikt zu entgehen. Man gibt sein Hab und Gut nur im äußersten Notfall auf. Das muss verteidigt werden! An die Stelle solidarischer Beziehungen treten abstoßende Kräfte – auch das treibt eigentumsbasierte Gesellschaften auseinander. Kein Wunder, dass der biblische Gott den Menschen wieder einbläuen muss: Liebe deinen Nächsten! Unter Jägern und Sammlern war das eine Selbstverständlichkeit.

Jared Diamond hat den Unterschied zwischen der voragrarischen Welt und jener, in der wir heute leben, auf die prägnante Formel gebracht: Früher waren Menschen materiell arm, aber sozial reich. Heute ist es umgekehrt: Materiell leben wir im Überfluss, sozial sind wir Hungerleider.[23] Kein Wunder, dass aktuell die «sozialen Netzwerke» boomen – digitaler Ersatz für die zwischenmenschlichen Defizite moderner Massengesellschaften.

Es ist wichtig zu realisieren, dass das Eigentum – Nahrung, bald auch Land und Vieh – keine Erfindung gewesen ist, welche die Menschen gezielt betrieben haben. Wir haben es mit einem sozioökonomischen Prozess zu tun, dem sie sich nicht entziehen konnten und der auf Dauer zu Phänomenen führte, die heute unter Begriffen wie Entfremdung, Unbehagen in der Kultur oder fehlender Resonanz debattiert werden.[24] Nichts von der ganzen Malaise war damals abzusehen.

Kurzum, materielle Reichtümer bescherten den Menschen einen Haufen Probleme. Auch das zeigt die Bibel: Kaum spricht Gott das Verbot aus, von seinen Bäumen zu essen, geht es mit der Schöpfung den Bach runter. Seine Geschöpfe gehorchen ihm nicht, er muss Wachen aufstellen, nicht einmal die Sintflut hilft. Die Welt wird dominiert von Mord und Totschlag, Sodom und Gomorra. Aber hätte er das nicht absehen können, als Gott den Baum im Paradies zu seinem Eigentum erklärte?

12 Zwischen Isolation und Barbarenglück

Wir haben nun das Glück, auf ein natürliches Experiment zurückgreifen zu können, das demonstriert, wie unterschiedliche geographische und klimatische Bedingungen je andere Gesellschaften hervorrufen und auch die Geschlechterbeziehungen nicht unberührt lassen.

Schon mit Siedlungen wie Çatalhöyük hatte die Landwirtschaft über die Kerngebiete des Fruchtbaren Halbmonds hinausgegriffen. Dank autonom gewordener Haushalte breitete sie sich immer weiter aus. Für uns sind zwei der damals eingeschlagenen Wege wichtig: jener nach Europa und der den Strömen von Euphrat und Tigris folgend ins mesopotamische Schwemmland. Den ersten Weg, der in die Weite eines wenig bewohnten Kontinents führte, sehen wir uns in diesem Kapitel an. Der zweite, der schon bald in einer von Wüste und Meer eingegrenzten Sackgasse endete, wird uns im nächsten Kapitel beschäftigen.

Gemeinsame Ausgangsbasis, aber verschiedene Rahmenbedingungen – das macht das natürliche Experiment so aufschlussreich.[1] Wir betreiben ja keine Geschichtsschreibung. Uns interessiert das Big Picture, die großen Entwicklungen, um die typischen Mechanismen zu identifizieren, die Ungleichheit zwischen den Geschlechtern produzierten. Nicht zuletzt führt uns dieses Experiment vor Augen, warum die kulturelle Evolution keine Einbahnstraße ist.

Auf nach Europa!

Die Genetik hat in den letzten Jahren die Beweise präsentiert, dass es tatsächlich Auswanderer aus Anatolien und den südlich angrenzenden Regionen des Fruchtbaren Halbmonds waren, welche die Landwirtschaft nach Europa brachten – und es sich nicht, wie lange diskutiert, um die Übernahme einer neuen Lebensweise durch europäische Jäger und Sammler handelte.[2] Auf zwei Wegen kolonialisierten die Siedler ab etwa 7000 v. Chr. Europa: auf der Balkanroute die Donau entlang und am Nordrand des Mittelmeers dem Küstenverlauf nach Westen folgend. Warum? Flohen sie vor Klimawandel, Katastrophen, Seuchen, Gewalt, dem Kollaps der Mega-Sites? Die Gründe werden noch diskutiert, einig aber ist man sich, dass der Bevölkerungsdruck ein entscheidender Faktor war.[3]

Die neue Strategie lautete: größtmögliche Verstreuung. Nicht allein, weil man aus den Schwächen des dicht auf dicht in den Megasiedlungen und der damit verbundenen Übernutzung der Ressourcen, den hygienischen Problemen und der Seuchenanfälligkeit Lehren gezogen hatte. Sondern weil das eben beschriebene Set an kulturellen Veränderungen in Sachen Eigentum ihr Potenzial entfaltete und einen Landhunger entfachte, der bis heute anhält.

Trecks von Pionieren machten sich auf. Die Individualisierung der Vorräte ermöglichte eine familienbasierte Wirtschaftsweise, die auf einer Mischung aus Getreideanbau, Tierhaltung und Milchwirtschaft basierte. Relativ kleine Landareale reichten dafür. Sie erforderten zwar hohen Arbeitseinsatz – der Pflug war noch nicht erfunden –, ließen sich aber von kleinen Einheiten bewirtschaften.[4] Die Frauen waren, wie Skelettuntersuchungen und prähistorische Felszeichnungen zeigen, mit großem Körpereinsatz dabei.[5]

Eine erstaunlich schnelle Kolonialisierung Europas war die Folge. Die nach ihren Gefäßverzierungen benannte agrarische Kultur der Linearbandkeramik dominierte Mitteleuropa bereits im Laufe des 6. Jahrtausends v. Chr. von den Karpaten bis zum Pariser Becken.[6] Die Neuankömmlinge stießen auf wenig Widerstand. Seit der letzten Eiszeit war Europa dicht bewaldet und die Zahl der großen Säugetiere gering – kein ideales Revier für Jäger und Sammler. Entsprechend niedrig waren die Bevölkerungsdichten. Da die Kolonialisten nur auf dem außerordentlich fruchtbaren Lössboden siedelten, lebten Alteingesessene und Neuankömmlinge lange mosaikartig nebenher; viele Jäger und Sammler wanderten auch in den Norden ab.

Kaum war ein Ort besetzt, zogen die Ersten schon weiter, obwohl genügend Platz für weitere Höfe vorhanden gewesen wäre. Tatsächlich bestanden manche Siedlungen zunächst nur aus einem einzigen der markanten Langhäuser. Wie viele Menschen in diesen 20 bis 50 Meter langen Häusern lebten, ist umstritten. Früher ging man davon aus, dass in ihnen nur acht bis zehn Menschen wohnten; doch zeigt die Ethnographie, in solchen Bauten konnten bis zu fünfzig Personen leben, was vermutlich auch für Europa realistischer ist.[7]

Obwohl das Vorgehen riskant war – die ersten Siedlungen erlebten oft Fehlschläge –, handelte es sich um die Gewinnerstrategie. Wer zuerst einen Ort besiedelte, hatte den größten Erfolg. Tatsächlich belegen die Funde: Die ersten Siedler erweisen sich als die dominantesten. Die Weiler umfassen kaum mehr als ein, zwei Dutzend Häuser, können aber für Jahrhunderte bestehen.[8]

Verdinglichung und Isolation

Wir befinden uns hier in jenem Kontext, in dem die Gravitation zwischen den Geschlechtern nachhaltige Veränderungen erlebte. Wir sagten, dass die frühen, noch auf Gemeineigentum setzenden landwirtschaftlichen Gesellschaften vermutlich eher matrilinear organisiert waren und zur Ortstreue tendierten, um ihre gartenwirtschaftlichen Kulturen zu betreuen. Wir sahen aber auch, dass es in Çatalhöyük bereits erste Indizien für Patrilokalität gab. Vermutlich existierten beide Gesellschaftsformen an verschiedenen Orten noch lange nebeneinander, durchaus in Variationen. Zum

Aufbruch aber waren wohl eher jene Gemeinschaften bereit, die auf starke Männerbindungen und die relativ neue Erfindung der Rinderzucht setzten. «Die Kuh ist der Feind der Matrilinearität», schrieb bereits der Anthropologe David Aberle. Der ethnographische Vergleich bestätigte in seinen Augen die alte Engels-These, dass Rinderbesitz zu Männerdominanz führe. Für matrilineare Gesellschaften jedenfalls ist der Impuls geringer, ihre Agrarkulturen zu verlassen.[9] Auch die Genetik unterstützt die These: Die Bauern kamen mit ihren Kühen aus Anatolien nach Europa.[10]

Unter expansiven Bedingungen waren patrilinear organisierte Gruppen im Vorteil: Beim Aufbruch ins Ungewisse galt es für die Pioniere, nicht nur die Gefahren der Reise und jene beim Finden und Roden eines neuen Platzes auf sich zu nehmen. Man musste das neue Heim gegen Nachzügler ebenso verteidigen wie gegen Jäger und Sammler, die womöglich ein Auge auf das Vieh oder die Vorräte geworfen hatten. Dafür setzte man auf die Söhne, die man in den eigenen Reihen hielt.

Matrilineare Gesellschaften besitzen ohnehin einen strukturellen Nachteil: Da die Verbindungen über die Linie der Mütter laufen, gehören die Ehefrau und die Kinder zu einer anderen sozialen Einheit als der Mann. Das heißt, in dieser Verwandtschaftskonstruktion können sich Männer nicht für ihre eigenen Kinder engagieren – versuchen es aber trotzdem. Das ist in matrilinearen Gesellschaften ein ständiges Unruhemoment – und destabilisiert sie.[11]

Die prähistorischen Zähne bestätigen, dass sich schon unter den ersten Bauern Europas die Weichen Richtung Männerdominanz stellten. Die Strontium-Isotopenanalyse des Zahnschmelzes zeigt, wo die Menschen aufgewachsen sind. Der anthropologische Befund bestätigt: Die Frauen kommen oft von woandersher, während die Männer dort leben, wo sie geboren wurden. Frauen sind also zu den Familien der Männer gezogen, was die logische Konsequenz ist, wenn die Söhne in den Familien bleiben. Wir sehen also Patrilokalität. Entsprechend ist davon auszugehen, dass Besitz an Land und Vieh auch durch die männliche Linie, also patrilinear, vererbt wurde.[12] Das legt der ethnographische Vergleich nahe: «Überall führte die Entwicklung der Landwirtschaft offenbar dazu, dass sich Familienverbände durch verstärkte Beziehungen zwischen Männern festigten und Strukturen ausbildeten, ein Phänomen, das sich mit dem Neologismus *Patrilinearisierung* bezeichnen lässt», konstatiert der Soziologe Emmanuel Todd.[13]

Ein weiterer Punkt kommt hinzu: Unter den expansiven Bedingungen handelte es sich bei den Frauen um den kritischen Faktor. Angesichts hoher Müttersterblichkeit und hoher weiblicher Gesundheitsbelastung ist mit einem Frauendefizit zu rechnen – was das Schicksal jeder Siedlung besiegeln konnte. Auch waren die Bauern auf viele Kinder angewiesen, es gab so viel Arbeit. Umso wichtiger war der Frauenaustausch zwischen den Familienverbänden, das lag im gegenseitigen Interesse. Wo Frauen eine Gruppe verließen, bedeutete das immer einen Verlust an Arbeitskraft. Der musste von der aufnehmenden Gruppe oder Familie kompensiert werden, was allmählich zur Herausbildung des Brautpreises führte.[14] Anders als der Anthropologe Claude Lévi-Strauss, der den «Frauentausch» als eine Reaktion auf das Inzestverbot interpretierte, sehen wir hier eine ökonomische Logik am Werk, die aus der Patrilinearität resultiert. Doch Lévi-Strauss hat sicher nicht unrecht, wenn er diese Vorgänge als einen Prozess interpretiert, der Frauen in der Tendenz zur «Ware» werden ließ.[15]

Machen wir uns bewusst, was für ein fundamentaler Schritt hinter dem begrifflichen Monstrum «Patrilinearisierung» steckt. Wir haben bereits in den biologischen Grundsatzkapiteln beschrieben, dass Menschen Cooperative Breeders sind und wir unseren Erfolg dem Umstand verdankten, dass es unseren Vorfahren gelang, für die Mütter so viel Unterstützung wie möglich zu sichern. Die weibliche Verwandtschaft spielte dabei eine zentrale Rolle, die wichtigste die eigene Mutter. Historische Analysen aus verschiedenen Kulturen belegen: Ist diese vor Ort, erhöhen sich die Überlebenschancen für Mutter und Kinder deutlich.[16]

Wenn nun Frauen ihre eigene Familie verlassen und in die ihnen fremde Familie ihres Mannes ziehen, verlieren sie die altbewährte Unterstützung; die so wichtigen weiblichen Netzwerke werden zerrissen. Die Frauen finden sich in Haushalte – oder sogar Dörfer – versetzt, wo sie mit Menschen zusammenleben, mit denen sie nicht verwandt sind. Als «Fremde» geraten sie leicht in Verdacht, es an Solidarität mit der neuen Familie mangeln zu lassen.

Hier hat das Klischee der bösen Schwiegermutter seine Wurzeln: Das Interesse der Mutter des Mannes liegt darin, dass ihr Sohn möglichst viele Kinder bekommt – und nicht im Wohlbefinden ihrer Schwiegertochter, die mit ihr nicht blutsverwandt ist. Auch kann sich die Schwiegermutter nie sicher sein, dass es sich bei den Kindern der Schwiegertochter tatsächlich um ihre Enkel handelt. Insofern ist oft die Schwiegermutter schuld, dass eine Frau hart arbeiten muss oder weniger Ressourcen erhält, als sie benötigt. Dieser Interessenkonflikt zwischen Schwiegermutter und Schwiegertochter zeigt auch, dass mit Solidarität unter Frauen im Allgemeinen kaum zu rechnen ist. Die böse Stiefmutter ist ein Phänomen der neuen Bauernwelt, ein Produkt der Patrilokalität.[17]

Noch ist aber von einer recht starken Position der Frauen auszugehen. In den kleinen Siedlergemeinschaften kam schließlich all jenen eine bedeutende Stellung zu, die einen substanziellen Beitrag zum Lebensunterhalt lieferten. Angesichts der oft geringen Gemeinschaftsgrößen war Solidarität zentral: Hier zählte jede Hand. Und ohne Frauen gab es keine Zukunft.

Aber auch dort, wo sich stabile Gesellschaften etablierten, blieben die Beziehungen zur Familie der Frauen in der Regel noch wichtig. Wir haben es mit langsam ablaufenden Prozessen zu tun. So liefern uns die Bestattungen der Zeit in Europa noch keine erkennbaren Hinweise auf Statusunterschiede zwischen den Geschlechtern; es finden sich auch reiche Gräber von Frauen. Die Toten erhalten jedoch schon genderspezifische Beigaben: Frauen haben oft Schmuckgegenstände aus Muscheln, Schnecken, besonderen Steinen oder Knochen im Grab, während Männern eher Beile oder Pfeilspitzen beigegeben wurden.[18]

Wieder liefert die Isotopenanalyse spannende Einsichten. Sie zeigt, dass jene Männer, die mit einem kostbaren, feinpolierten Beil, dessen Rohmaterial aus Hunderten von Kilometern entfernten Lagerstätten kommen konnte, begraben wurden, privilegierten Zugang zu den besten Lössböden besaßen. Es handelte sich also um die Siedlungspioniere und ihre Nachkommen.[19] Hier etablierte sich Ungleichheit – jedoch in einem bedeutend geringeren Ausmaß, als das an anderen Orten der Welt der Fall sein wird.

Trotzdem können wir festhalten: Wir sehen in Europa bereits zwei weitere Kernfaktoren am Werk, die für die Schlechterstellung der Frauen entscheidend sein werden: ihre tendenzielle Verdinglichung als Ware und ihre Isolierung durch ihre Verheiratung in fremde Familien. Das sind nach der erhöhten Arbeits- und Gesundheitsbelastung der Frauen infolge der aus der Landwirtschaft resultierenden Bevölkerungsexplosion die nächsten beiden fundamentalen Schritte, die ihnen massiv zusetzten.

Die Verdinglichung resultiert daraus, dass Väter in Heiratsfragen über Töchter entschieden und diese geradezu mit einem Preisschild versahen oder Heiraten aus strategischen Gründen arrangierten. Und die Isolierung war das Ergebnis der Beraubung ihrer verwandtschaftlichen Unterstützung. Auch sie wird bis in unsere Tage die Patrix an der Macht halten. «Die Frauen sagen nicht ‹wir›», beschreibt es Simone de Beauvoir. «Sie leben verstreut unter den Männern, sind durch Wohnung, Arbeit, ökonomische Interessen und die soziale Stellung enger mit bestimmten Männern – sei es der Vater oder der Ehemann – verbunden als mit den anderen Frauen.»[20] Die perfide Folge der Isolation ist, um es mit der Frauenrechtlerin Betty Friedan zu sagen: Jede Frau «kämpfte für sich allein»,[21] jede Frau empfand die Misere als ihr individuelles Schicksal.

Die Tragweite wird in der evolutionären Perspektive besonders deutlich: Wir haben bereits beschrieben, welche psychischen Belastungen das Gefühl mangelnder Unterstützung für werdende Mütter nach sich zieht. Und wir haben ausgeführt, dass die Existenz belastbarer weiblicher Netzwerke eines der Hauptinstrumente darstellte, um männliche Dominanz zu brechen. Auch das bestätigt sich heute. Von *#aufschrei* bis *#MeToo*: Die Bedeutung der sozialen Netzwerke für die Überwindung weiblicher Isolierung ist einer der zentralen Gründe für die Stärke des aktuellen Feminismus.

Der Pflug hat ein Alibi

Leider gehörte nicht nur die Genderthematik, sondern auch die Frage der politischen Differenzierung des europäischen Neolithikums bisher nicht gerade zu den bevorzugten Forschungsobjekten der Archäologie. Was wir wissen: Wo seit Mitte des 6. Jahrtausends v. Chr. sich Bauernkulturen etablierten, scheinen ältere Männer die soziale und politische Dominanz ausgeübt zu haben, es kam mancherorts zu dem, was die Ethnographie «Big Man»-Gesellschaften nennt. Auch wenn es Hinweise auf Erblichkeit sozialen Rangs gibt, entfalten sich keine permanenten Herrschaftsformen. Für steile soziale Hierarchien fehlte es schlicht an der materiellen Grundlage, außerdem stand gerade der jüngeren Generation angesichts der Weite des Landes noch immer die Möglichkeit offen, weiterzuziehen und andernorts ihr Glück zu suchen.[22]

Nach einigen Jahrhunderten indes waren die besten Plätze besetzt. Eine Klimaverschlechterung mit zunehmender Trockenheit und Ernteausfällen verschärfte die Lage.[23] Wenig überraschend waren ab etwa 5200 v. Chr. Konflikte die Folge. Die Siedlungen befestigten sich mit Palisaden und Gräben. Die Archäologen stießen auf Hinweise kriegerischer Konflikte, vor allem entdeckten sie an verschiedenen Orten Massengräber – mit grausigen Befunden. Die Schädel waren von hinten eingeschlagen, mitunter den Männern die Schienbeine gebrochen. «Dabei dürfte ein Hauptmotiv der Frauenraub gewesen sein», konstatiert der Archäologe Harald Meller. Einige der Massengräber weisen ein Defizit an jungen Frauen auf. Insbesondere bei expansiven Ackerbauerkulturen sind diese einer der wichtigsten Faktoren, das Überleben zu sichern.[24]

Sklaverei wird auch im prähistorischen Europa keine Ausnahme gewesen sein. Zwar stoßen Archäologen immer wieder auf Gräber, in denen sie durch Isotopenanalyse der Zähne oder Knochen ortsfremde Frauen nachweisen können, doch wurde bisher eher selten die Frage gestellt, ob es sich nicht auch um geraubte oder entführte Frauen handeln könnte. Die Archäologinnen Christin Keller und Katja Winger sehen hier ein gendertypisches Defizit: «In der prähistorischen Forschung wird das Phänomen der ‹Fremden Frau› nach wie vor zumeist völlig unkritisch zur Kenntnis genommen und als ‹Mobilität von Frauen› gar positiv besetzt (Modernität, Weltoffenheit etc.).» Viel zu selten würde über alternative Interpretationen wie «Flucht, Vertreibung und Versklavung» nachgedacht.[25]

Uns geht es darum, die Dynamik aufzuzeigen, die aus der kulturellen Innovation des Eigentums entspringt; auch um eine Folie zu haben, um die menschheitsgeschichtlich noch folgenreicheren Entwicklungen im Nahen Osten zu verstehen. Deshalb reicht uns für die Geschichte Zentraleuropas der Zeitraffer: Es wird ein ständiges Kommen und Gehen verschiedener Kulturen gewesen sein, kaum je geschah das friedlich. Kriege waren an der Tagesordnung. Doch auch wenn im 4. Jahrtausend v. Chr. die «Secondary Products Revolution» die Produktivität erhöhen wird, geht sie doch mit Neuerungen wie Rad und Wagen, Wollschaf und dem ochsengezogenen Pflug einher,[26] bleibt es nördlich der Alpen in der Hauptsache bei Clans, Stämmen und Häuptlingstümern. Die sozialen Hierarchien werden nicht zu groß und steil.

Apropos Pflug: Dass er es war, der die Frauen ins Unglück stürzte, ist eine Theorie, die heutzutage wieder populär ist.[27] Wie erwähnt, hat bereits Ester Boserup gezeigt, dass dort, wo Landwirtschaft mit schwerem Gerät betrieben wurde, die Gesellschaften patriarchaler und sexistischer waren als dort, wo Hackbau und Handarbeit dominierten. Das ist von diversen Studien bestätigt worden.[28] Dabei handelt es sich allerdings nur um eine Korrelation, nicht um einen Kausalzusammenhang. Der Pflug ist nämlich eine zu späte Erfindung: Er taucht regelmäßig erst im 4. Jahrtausend v. Chr. auf.[29] Wie wir gesehen haben, waren da die Weichen Richtung patriarchaler Lebensverhältnisse längst gestellt. Der Pflug hat ein Alibi.

In der Pflugthese tritt uns übrigens einmal mehr der Mythos der körperlichen Überlegenheit der Männer entgegen und die alte Behauptung, Frauen seien ihren Kindern ausgeliefert. Das Argument lautet in Kurzform so: Da Frauen die anstrengende Pflugarbeit nicht leisten und schon gar nicht dabei ihre Kinder betreuen konnten, seien sie aus der Primärproduktion verdrängt und an den Herd verbannt worden.[30] Beides trifft nicht zu: Neolithische Frauen wuchteten ganz andere Dinge, und Kinder ließen sich immer anderweitig versorgen, zumal sie bei den Bauern früh abgestillt wurden.

Wir wollen uns gar nicht als Besserwisser aufspielen, nur verstellt wieder ein Mythos die Sicht auf die wirklichen Zusammenhänge. Sicher ist der Pflug eine bedeutende Innovation gewesen: «Zur Zusammenlegung der Ackerflächen kam es erst im Verlauf des 4. Jahrtausends v. Chr., als der Einsatz des von Rindern gezogenen Hakenpflugs die Beackerung größerer Flächen effizienter erscheinen ließ»[31], erklärt Hermann Parzinger. Negativ für die Frauen ist aber die damit einhergehende Produktivitätssteigerung. Denn die Überschüsse weckten Begehrlichkeiten, schürten Konkurrenz und steigerten die soziale Ungleichheit, die zusätzlich zu den ohnehin im Gang befindlichen Prozessen die Situation der Frauen verschlechterten. Die ungleiche Verteilung des Eigentums ist das Problem, nicht der Pflug.

Insbesondere im Vorderen Orient wird das seine Wirkung entfalten. Indizien sehen wir aber auch in Europa: Aufschlussreich sind die Erkenntnisse der Genetik in Kombination mit der Strontium-Isotopenanalyse: Im bayerischen Lechtal wurden Gräber aus der Übergangszeit vom Neolithikum zur Bronzezeit, also zwischen 2500 und 1700 v. Chr., analysiert. Von 28 Frauen stammten 17 aus der Fremde, sie waren im späten Teenageralter zugezogen, von 27 Männern hingegen kam nur ein einziger nicht aus dem Lechtal. In manchen Familiengräbern konnte die DNA-Analyse Männer aus fünf aufeinanderfolgenden Generationen nachweisen. «Die Söhne erbten offenbar die Gehöfte ihrer Väter», berichtet der Archäogenetiker Johannes Krause. «Ob diese an die Erstgeborenen gingen, ist genetisch nicht nachvollziehbar. Es fanden sich jedenfalls mehrere Brüder in den Gräbern.» Insofern handelte es sich um eine patriarchale Oberschicht. Der Gesamtbefund aller Gräber belegt eine deutliche Zweiteilung der Gesellschaft in Arm und Reich.[32]

Erst um 2000 v. Chr. mit Anbrechen der Bronzezeit treten an einigen Orten in Spanien, England oder Mitteldeutschland staatsähnliche Gesellschaften auf. Da das für die Bronzeherstellung nötige Zinn nur an wenigen Orten Europas verfügbar war, entstanden internationale Handelsnetze, die an den Knotenpunkten zu großen Reichtümern führten. Einer von uns beiden hat die Genese des «Reichs von Nebra», dessen prominentestes Artefakt die Himmelsscheibe ist, gemeinsam mit dem Archäologen Harald Meller beschrieben. Die unter kolossalen Grabhügeln begrabenen Herrscher sind männlich; sie dominierten eine Gesellschaft, die deutlich in soziale Schichten gegliedert war. Ob die Herrscherelite womöglich mehrere Frauen heiratete, wissen wir bisher nicht. Reich ausgestattete Frauengräber existieren.[33]

Doch diese frühstaatlichen Gebilde werden nicht von Dauer sein. Es fehlte an institutionellen Stützen, an der Schrift, an Bürokratie – und da es ein Kontinent offener Grenzen war, hatten Unzufriedene immer die Möglichkeit, sich der Kontrolle zu entziehen und in der Fremde ihr Glück zu versuchen. Wir werden die andersgearteten Grundbedingungen archaischer Staaten gleich betrachten. In Mitteleuropa jedoch passiert in übergroßer sozialer Ungleichheit wenig, was den Vergleich mit Mesopotamien oder dem alten Ägypten auf sich nehmen könnte.

«All das Unglück brachte ein Weib über die Römer»

Nach den frühstaatlichen Experimenten sinken die politischen Strukturen wieder auf das Niveau von Clans und Stämmen herab; noch die schriftlosen Kelten und Germanen werden sich vor allem so organisieren. Über deren Lebenswirklichkeit in Hinsicht auf die Geschlechterverhältnisse «haben wir kaum mehr als Beobachtungen römischer Autoren wie Tacitus», konstatiert der Sozialanthropologe Jack Goody, «die häufig – teils aus Unwissenheit, teils um politische Aussagen in Rom zu treffen – nicht von wirklichen Menschen, sondern von Idealtypen zu sprechen scheinen».[34] So berichten römische und griechische Autoren, die vorrangig über Kriege schreiben, dass Frauen auf dem Schlachtfeld anwesend gewesen sein sollen, ihre Männer anfeuerten und die Verwundeten versorgten. Im äußersten Fall, so schreibt Plutarch vom Stamm der Ambronen, griffen Frauen auch zu Äxten und Schwertern.[35] Offen bleibt, wie verlässlich solche Aussagen sind oder ob es den Autoren darum ging, zu zeigen, wie «barbarisch» es außerhalb der männerdominierten Kultur des Römischen Reichs zuging.

Es ist schwierig, tragfähige Aussagen über das Schicksal der Frauen im schriftlosen Europa zu machen. Daran ist nicht zuletzt das Desinteresse einer lange männlich dominierten Archäologie schuld. So beklagt ein aktueller Tagungsband über die Eisenzeit Mitteleuropas, also das 1. vorchristliche Jahrtausend, dass zwar immer wieder «äußerst reiche Gräber eisenzeitlicher Frauen entdeckt» worden seien, aber die Forschung kaum nach deren Rolle im Alltag gefragt habe. Dabei standen manche keltische Prunkgräber von Frauen in ihrem Reichtum denen von Männern in nichts nach. Schlimmer noch: Mitunter seien sogar «anthropologische Geschlechtszugehörigkeit ignoriert oder geleugnet» worden, lautet die Kritik feministischer Archäologinnen. «Frei nach dem Motto: ‹Was nicht passt, wird passend gemacht.›»[36]

Etwa galt die «Fürstin von Vix» manchem Archäologen als «gestandenes Mannsbild», weil das 1953 ausgegrabene Grab mit solch einem Reichtum bestach, dass man sich keine Frau als Besitzerin vorstellen konnte. Dabei hatte die anthropologische Analyse die um 490 v. Chr. verstorbene Person klar als gut 30-jährige Frau identifiziert. Neben einem vierrädrigen Wagen und einem fast ein Pfund schweren Halsring aus Gold war ihr das größte Metallgefäß der gesamten Antike beigegeben: 1,64 Meter hoch, fasste der Krater 1100 Liter. Hergestellt in den griechischen Kolonien in Unteritalien, kam er wohl als diplomatisches Geschenk nach Burgund.[37]

Ein weiteres ungemein reiches Frauengrab im saarländischen Reinheim übertrifft vom Rang der Ausstattung nicht nur so gut wie alle Männergräber der Zeit; es verfügt auch über ein Set an Amuletten und magischen Objekten, weshalb diskutiert wird, ob diese reiche Keltin nicht nur eine politische, sondern auch eine herausragende religiöse Funktion besaß. Ähnliches gilt für die Frau vom Bettelbühl, jene 2010 unweit der Heuneburg entdeckten «Keltenfürstin» mit ihren wunderbaren Beigaben.[38] Auch bei den Germanen finden sich unter den prächtigen «Fürstengräbern» Bestattungen von Frauen, die durch immensen Reichtum bestechen.[39]

Besaßen die frühkeltischen Stämme womöglich eine matrilineare Gesellschaftsstruktur? Zumindest zeigt sich mitunter, dass die zentrale Erstbestattung in einem Grabhügel eine Frau war, auf die hin die später dort beerdigten Männer und Frauen ausgerichtet waren.[40] Auch als sich klar männlich dominierte Kriegergesellschaften herausgebildet hatten, wie wir sie aus der Zeit des Gallischen Kriegs kennen, blieb es immer möglich, dass Frauen hohe politische oder sogar militärische Positionen bekleideten. Das berühmteste Beispiel findet sich bei den Keltisch sprechenden Britanniern: Boudicca war die Frau eines Icener-Königs, die nach dessen Tod die Führung ihres Stamms übernahmen. Als die Römer ihre Herrschaft nicht anerkannten, sie sogar auspeitschten und ihre Töchter vergewaltigten, entfachte Boudicca 60/61 n. Chr. einen Aufstand, dem sich weite Teile Britanniens anschlossen. Die antiken Geschichtsschreiber Tacitus und Cassius Dio berichten darüber. Letzterer seufzte angesichts ihrer großen Siege: «All das Unglück aber brachte ein Weib über die Römer, was an sich schon ärgste Schmach für sie bedeutete.» Die entscheidende Schlacht jedoch verlor Boudicca. Sie soll sich daraufhin entweder vergiftet haben (Tacitus) oder erst krank geworden und dann gestorben sein (Cassius Dio). Ihr Denkmal in London zeigt die Keltenkönigin im Streitwagen, den Speer in der Rechten, ihre Töchter im Rücken, Big Ben und Houses of Parliament fest im Blick.[41]

Als Herakles Frauenkleider trug

Hier drängt sich eine Frage auf: Und was ist mit den Amazonen? Die griechische Mythologie ist voll kriegerischer Frauen. Verliebte sich nicht der große Achill in die sterbende Amazonenkönigin Penthesilea, nachdem er sie im Kampf besiegt hatte? Mary Beards Urteil ist an Deutlichkeit kaum zu übertreffen: «Enorm viel moderne feministische Energie wird noch immer mit dem Versuch vergeudet, die einstige Existenz dieser Amazonen zu beweisen, verbunden mit all den verführerischen Möglichkeiten einer historischen Gesellschaft, die tatsächlich von und für Frauen regiert wurde. Ein schöner Traum! Denn die bittere Wahrheit ist: Die Amazonen waren ein griechischer männlicher Mythos. Die einzig gute Amazone, so lautete die Grundbotschaft, war eine tote.»[42]

Nun hat die Althistorikerin natürlich recht, wie wir schon im Kontext des Matriarchats feststellten: Es gibt keine Nachweise einer Gesellschaft, in der Frauen dauerhaft herrschten oder die reine Frauenarmeen unterhielten. Und wie auch bereits thematisiert, diente der Amazonenmythos den männlichen Griechen dazu, ihren hohen zivilisatorischen Rang zu unterstreichen, wie auch die römischen Berichte über Frauen auf dem Kriegsschauplatz den Lesern zeigen sollten, wie barbarisch es in der Fremde zuging. Die Geschichten von den besiegten Amazonen haben stets die moralische Botschaft, dass Frauen, sobald sie sich über die traditionelle Ordnung der Dinge erhoben, stets für solchen Hochmut bestraft wurden.[43] Ebenso fungierten sie als Warnung an die Männer, auf der Hut zu bleiben vor der weiblichen Gefahr: «Selbst die Männlichkeit des größten aller griechischen Heroen, Herakles, dachte man sich als durch Frauenherrschaft gefährdet», schreibt die Althistorikerin Tanja S. Scheer. «Im Dienst der barbarischen Königin Omphale von Lydien degeneriert ... auch seine Männlichkeit: Er übergibt Omphale seine Waffen und sein Löwenfell, trägt selbst Frauenkleider und beginnt weibliche Arbeiten zu verrichten.»[44]

Trotzdem ist davon auszugehen, dass die Amazonen keine reinen Phantasiegespinste sind, sondern sich dahinter Erfahrungen mit nomadischen Kulturen aus der eurasischen Steppe verbergen, «bei denen Frauen nach griechischen Vorstellungen weibliche Geschlechtergrenzen hinter sich ließen».[45] Schon lange wird spekuliert, inwieweit die Mythen von den Skythen inspiriert wurden, Reiternomaden, die vor gut zweieinhalb Jahrtausenden nördlich des Schwarzen Meeres lebten. Oder von den Sauromaten, einer weiter östlichen Kultur von Steppennomaden, die, so berichtete schon Herodot im 5. vorchristlichen Jahrhundert, Nachfahren der Skythen und Amazonen seien.[46] Da aber Geschichten über Amazonen bereits vor der Existenz von Skythen und Sauromaten existierten, scheiden diese als Vorbilder aus.[47]

Trotzdem sind sie für uns von Interesse. Archäologen stießen dort immer wieder auf Gräber von Frauen, die von deren hoher gesellschaftlicher Stellung zeugen und belegen, dass zumindest einige Frauen bereits früh den Umgang mit Waffen erlernten.[48] 2020 erst berichtete ein Archäologen-Team der Russischen Akademie der Wissenschaften von der Ausgrabung eines Kurgans in der Nähe des Dons, in dem vier weibliche Individuen bestattet waren: «Es handelt sich um zwei junge erwachsene Frauen, ein 12 bis 13 Jahre altes Mädchen und eine Frau im Alter von 45 bis 50 Jahren. Aus den Strukturen der Grabanlage aus Holz und Lehm geht hervor, dass sie alle zur gleichen Zeit bestattet wurden – den Datierungen zufolge im 4. Jh. v. Chr. Neben den menschlichen Überresten stießen die Archäologen auf zahlreiche Grabbeigaben mit martialischem Charakter: 30 Eisenpfeilspitzen, Speere, Messer, Fragmente eines Pferdegeschirrs und Eisenhaken zum Aufhängen der Reitausrüstung.» Besonders spektakulär: die ältere Frau trug einen prächtigen Kopfschmuck, dessen reiche Verzierungen einen Goldgehalt von 65 bis 70 Prozent besaßen.[49]

Die kriegerischen Frauen der Skythen belegen einmal mehr, wie sehr die gesellschaftliche Rolle der Frauen von der Subsistenz abhängt: Bei viehzüchtenden Reiternomaden in den Weiten der Steppe waren die Herden und nicht das Land entscheidend. Deshalb galt keine Primogenitur, also die Praxis, dass der älteste Sohn (fast) alles erbte. Im Gegensatz zum Land lassen sich Herden nämlich aufteilen und vermehren, sobald man in neue Weidegründe ausweichen konnte. Hier waren weniger patriarchale Gesellschaften möglich.[50] Dabei waren jene am erfolgreichsten, welche die meisten Krieger auf die Pferde brachten. Da eine Frau als Reiterin mit Bogen oder Lanze eine taugliche Kriegerin abgab, hatten Stämme einen Vorteil, die in Sachen Geschlecht und Krieg keine Vorurteile kannten.

Eigentum allein reicht nicht

Nehmen wir also die Erkenntnis aus dem vorgeschichtlichen Europa mit: Frauen in starken Positionen sind möglich! Es sind die Verhältnisse. Kulturelle Erfindungen (Reiten sowie Pfeil und Bogen) können Frauen den Männern sogar dort an die Seite stellen, wo wirklich einmal von Natur aus physische Kraft entscheidend war. Die archäologische Forschung nimmt enorm an Fahrt auf – und zeigt, dass in früheren Jahrzehnten viel zu oft Geschlechterklischees die Forschung dominierten. Ein weiteres bemerkenswertes Beispiel für starke Frauen liefert ausgerechnet der Inbegriff der wilden und gewalttätigen Männer: die Wikinger. Die genetische Analyse einer Bestattung im schwedischen Birka wies eine Frau mit voller Kriegsausstattung nach. Ihr waren zwei Pferde, Reitutensilien und

Spielsteine beigegeben. Aber auch ein Schwert, Hiebmesser, zwei Speerspitzen, Pfeile und zwei Schilde. Über hundert Jahre hatte das Grab – mal wieder! – als das eines hochrangigen Kriegers gegolten. Jetzt wird über die Rolle der «Kriegerin von Birka» als möglicher Heerführerin diskutiert.[51]

Auch zeigten allgemeine Analysen des Zahnschmelzes, des Gesundheits- und Ernährungszustands von Männern und Frauen in Skandinavien, dass es in Sachen Geschlechtergleichgewicht für Frauen im Norden bis ins Mittelalter deutlich besser bestellt war als im restlichen Europa.[52] Aus unserer Perspektive spielen drei Gründe dafür eine Rolle: Die Landwirtschaft hat erstens in Skandinavien wegen fehlender Lössböden und kürzerer Vegetationsperiode erst spät Fuß gefasst und nie die Bedeutung gewonnen wie in Kontinentaleuropa. Da die Männer oft auf See waren, war zweitens der weibliche Freiraum in ökonomischer wie sexueller Hinsicht bedeutend größer. Warum drittens auch die späte Christianisierung eine entscheidende Rolle für die starke Position der Frauen spielte, werden wir gegen Ende dieses Buchs erkennen.

Wichtig für unsere Argumentation ist Folgendes: Das Leben im prähistorischen Europa war sicher für die Frauen kein Paradies. Doch übergroße Hierarchien, wie wir sie gleich kennenlernen werden, die ihren despotischen Herrschern Eskapaden bisher unbekannten Ausmaßes ermöglichten, finden sich bei den «Barbaren» nicht, ebenso wenig Hinweise auf Harems. Auch sind keine Unterdrückungsmechanismen zu erkennen, die bis heute besonders perfide ihre Macht entfalteten. Eigentum allein reichte also nicht, um die Frauen für Jahrtausende ins Unglück zu stürzen. Was es noch brauchte, zeigt sich im Fruchtbaren Halbmond.

13 Die Macht der Götter

Experiment eins – Auf nach Europa! – zeichnete sich durch Auswanderung in einen weiten, wenn auch nicht unendlichen Kontinent aus. In Experiment zwei nun stößt die Expansion der Bauern schnell an Grenzen. Das wird deutlich andere Konsequenzen haben, insbesondere was Eigentum, Macht und die Lebenswirklichkeit von Frauen angeht. Und diese Konsequenzen betreffen uns alle, haben wir es hier doch mit der «Wiege der Zivilisation» zu tun. Das muss nichts Gutes verheißen.

Startpunkt ist wieder das Goldene Dreieck, das Herzland des Fruchtbaren Halbmonds. Die neue Lebensweise breitete sich auch nach Osten und Süden aus. Von den Gebirgsflanken ging es über das Hügelvorland den Strömen des Euphrat und Tigris folgend ins Schwemmland. Doch je weiter südlich, umso größer die Schwierigkeiten: Es gab nicht mehr genügend Niederschlag, um Getreide anzubauen. Bald schon, ab rund 6000 v. Chr., fanden die Menschen eine Lösung: Sie zogen Kanäle, um das Getreide künstlich zu bewässern, legten Bassins an, um Wasser für die Vegetationsphasen vorrätig zu halten. Anders als der aus dem Süden kommende Nil in Ägypten führten die aus dem Norden heranströmenden Euphrat und Tigris die Fluten nämlich nicht im landwirtschaftlich günstigsten Moment.

Das war eine Plackerei: Deiche mussten überwacht und ausgebessert werden, die Kanäle verschlammten, die Becken waren Brutstätten für Parasiten, und schon das nächste Hochwasser konnte alles zerstören. Auch versalzte die ständige Bewässerung die Böden. Im Süden Mesopotamiens kam eine weitere Schwierigkeit hinzu:

Rohstoffe und Baumaterial wie Holz oder Steine fehlten fast völlig, so musste man sich mit Schilf und Lehm behelfen: Aus Lehmziegeln erwuchsen später Städte mit gewaltigen Mauern und Tempeln.[1]

Hier haben wir es bereits mit einem fundamentalen Unterschied zum ersten Experiment zu tun: Während in Europa kleine Gruppen selbständig für sich Landwirtschaft betreiben konnten – der Lössboden war äußerst fruchtbar, an Wasser herrschte kein Mangel, und Holz gab es im Überfluss –, brauchte es in Mesopotamien Kooperation im großen Maßstab. Nach bescheidenen Anfängen ging ohne den kollektiven Einsatz von Arbeitskräften nichts mehr. Doch es lohnte sich: Die Ernteerträge explodierten. Überschüsse wie diese hatte die Welt noch nicht gesehen.[2]

Ohne Zwangsarbeit war das jedoch nicht möglich.[3] Wie gelang es, so viele Menschen zur Plackerei zu zwingen; sie zu beherrschen, ohne dass sie revoltierten? Aus der heutigen Rückschau, mit einigen Jahrtausenden Herrschaftserfahrung im Rücken, mag das keine große Frage sein. Doch aus der Perspektive der Evolution, die Jahrhunderttausende ohne Hierarchien auskam und verhinderte, dass Einzelne dauerhaft Gewalt über andere ausübten, ist das erklärungsbedürftig. Pierre Bourdieu bringt es auf den Punkt, wenn er den schottischen Philosophen David Hume zitiert: «Nichts erscheint denen, die die menschlichen Angelegenheiten mit philosophischem Blick betrachten, erstaunlicher als die Leichtigkeit, mit der die vielen von den wenigen regiert werden, und die stillschweigende Unterwerfung, mit der die Menschen auf ihre eigenen Gefühle und Leidenschaften zugunsten derjenigen ihrer Führer verzichten.»[4]

Wie also ist Herrschaft möglich? Eine Frage, die für uns von zentraler Bedeutung ist, wird die institutionalisierte Ungleichheit doch massiv zulasten der Frauen gehen. Hier erreicht ihre Schlechterstellung neue Dimensionen, es entsteht eine gesellschaftliche Wirklichkeit, in der Frauen systematisch, das heißt nicht allein auf der Ebene der individuellen oder familiären Beziehungen, diskriminiert werden. Hier formieren sich zentrale Stützen der patriarchalen Matrix.

Unheil macht groß

Verschiedene Antworten auf die Frage, wie es zu Herrschaft und auf Dauer dann zu den ersten Staaten kam, kursieren: Autoren wie Jared Diamond und Steven Pinker vertraten die Ansicht, es habe damit begonnen, dass kleine Gruppen sich mafiamäßig mit blanker Gewalt an die Spitze der vielen stellten und sich die Überschüsse unter den Nagel rissen.[5] Der Soziologe Karl August Wittfogel postulierte, dass in «hydraulischen Gesellschaften», also Kulturen, die an großen Strömen auf Bewässerung beruhten, der große Verwaltungs- und Arbeitsaufwand zu einem bürokratischen Zentralstaat geführt habe mit einem Alleinherrscher an der Spitze – der «orientalischen Despotie».[6] Und der Anthropologe Robert L. Carneiro betonte die Rolle natürlicher Grenzen: Wo Menschen in Flusstälern durch Wüste, Berge oder Meer an der Flucht gehindert wurden, führte steigender Bevölkerungsdruck automatisch zu Herrschaft und Staat.[7] Im Gefängnis setzt sich der Stärkste durch und unterjocht die anderen.

Jeder dieser Faktoren wird seinen Teil dazu beigetragen haben. Doch nach unseren Ausführungen in Kapitel 6, dass physische Überlegenheit nicht hinreicht, um dauerhafte Herrschaft zu etablieren (weil nicht nur Frauen, sondern Menschen überhaupt über ein ganzes Spektrum an Strategien verfügen, sich dem zu entziehen), spricht viel dafür, Bourdieu zu folgen, der in seiner Theorie des Staates ausführt, dass weder physische noch wirtschaftliche Stärke allein reichen, um Menschen über Generationen hinweg zu unterdrücken. Es bedarf dessen, was er das «Monopol der legitimen symbolischen Gewalt» nennt. Die Beherrschten müssen die Legitimität jener Ordnung anerkennen, die ihnen eine untergeordnete Stellung zuweist. Erst das lässt sie gehorchen.[8] Was konnte das sein?

Doch wir laufen Gefahr, das Pferd von hinten aufzuzäumen. Als lieferten wir eine funktionalistische Erklärung nach dem Motto: Die Menschen hatten ein Problem, und – voilà! – schon erfanden sie die Lösung. Das aber überschätzt die menschliche Einsicht in die Zusammenhänge sowie die Möglichkeit gezielter Gesellschaftsgestaltung. Vertrauen wir lieber auf unser natürliches Experiment: Was lief im Zweistromland anders ab als in Europa?

Die Probleme nahmen zu! Das brachte die kulturelle Evolution auf Touren. Es brauchte nicht nur technologische und soziale Innovationen, um die Schwierigkeiten in den Griff zu bekommen. Hier erhielt jenes Krisenbewältigungssystem, als das wir die Religion beschrieben haben, einen enormen Schub. Im Vorderen Orient prasselten Krisen, Krankheiten und Katastrophen auf die Menschen ein, und zwar in einem viel größeren Maßstab als in Europa.

Zunächst sind da die Zoonosen zu nennen, Krankheitserreger, die durch das enge Zusammenleben mit den domestizierten Tieren auf die Menschen überspringen und verhängnisvolle Epidemien auslösten. Die meisten Infektionskrankheiten – Pocken, Grippe, Pest, Masern oder Cholera – haben irgendwann diesen Weg genommen. Während sich in Europa die Menschen vor allem in kleinen, vereinzelten Weilern über den Kontinent verbreiteten, drängten sich in Mesopotamien immer mehr Menschen dichter und dichter aufeinander. Genügend große Populationen entstanden an einzelnen Orten, sodass bestimmte Erreger sich dauerhaft halten konnten.[9]

Wasserbecken und Kanäle mit ihrem stehenden oder langsam fließenden Wasser waren ideale Brutstätten für Parasiten aller Art. Zwar ist eine Archäologie der Infektionskrankheiten schwierig, doch Malaria ist schon an ägyptischen Mumien nachgewiesen worden.[10] Da sich viele dieser Krankheiten erstmals über die Menschen hermachten, denen es an Hygieneerfahrung sowie Immunität fehlte, trafen sie diese mit größter Vehemenz. Auch die Fachwissenschaft spricht in Gestalt des Assyriologen Dietz Otto Edzard von «verheerenden Epidemien», die das Zweistromland immer und immer wieder heimsuchten.[11] Ob James C. Scott recht hat und wir es mit der «tödlichsten Periode der Menschheit» zu tun haben,[12] mag dahingestellt sein; grundsätzlich liegt er aber sicherlich nicht falsch. Damit war es jedoch nicht getan: Im Vergleich zu Europa hatten die

Bauern hier auch viel häufiger mit kleinen und großen Katastrophen wie Deichbrüchen, Überschwemmungen, Verlagerungen der Flussbetten, Versalzung der Böden, Dürren, Hungersnöten oder Heuschreckenplagen zu kämpfen'.[13]

Hinter all diesen Übeln steckten übernatürliche Verursacher, so die damalige Standardvermutung. Wissenschaftliche Erklärungen existierten nun mal noch nicht. Die Menschen glaubten sich in einer «völligen Abhängigkeit ... von höheren göttlichen – und dämonischen – Mächten».[14] Entsprechend versuchten sie Schutzmaßnahmen zu entwickeln. Zunächst musste eine Diagnose gestellt, das heißt herausgefunden werden, wer diese Not oder jenes Unheil geschickt hatte und weshalb. Dann galt es, über die beste Reaktion zu entscheiden: Mittels Opfer oder Sühneleistungen waren die Götter gnädig zu stimmen. Schließlich übte man sich in Prävention: Mesopotamien wird dafür berühmt werden, raffinierte Techniken zu entwickeln, die Absichten der Götter zu erkunden und sich von Vogelflug über Eingeweideschau hin zur Sternenkunde kein unheilverkündendes Zeichen entgehen zu lassen. Diese Form der Religion, die wir als kulturelles Schutzsystem verstehen, erfüllte die Aufgaben der Wissenschaft, bevor es sie gab.[15]

Die Zunahme des Unheils führte zu einer Vermehrung und Stärkung der angeblichen Verursacher. Sie gewannen an Zahl und Statur. In Mesopotamien werden später Abertausende von Göttern und Dämonen verehrt und gefürchtet. Hier machte jene Spielart der vor allem männlich institutionalisierten Religion einen entscheidenden Karriereschritt und mit ihr jene Experten, die glaubhaft machen konnten, einen privilegierten Zugang zu den göttlichen Sphären zu besitzen.

Sie werden in den Siedlungen jener Inner Circle sein, welcher die Arbeiten rund um Bewässerungssysteme und Feldbau koordinierte. Schließlich waren das die prekären Bereiche, in denen Interventionen höherer Mächte – Dürren, Überflutungen, Seuchen – jederzeit als möglich und am bedrohlichsten erschienen. Auch wenn man von den falschen Urhebern ausging – Göttern oder Dämonen –, waren die Gegenmaßnahmen oft erfolgreich und reduzierten das Unheil, beruhten sie doch auf einer genauen Beobachtung der jeweiligen Bedingungen. Wo das gelang, sahen sich die Experten bestätigt, in der Gnade der übernatürlichen Gewalten zu stehen. Verschwand das Unheil jedoch nicht, lautete die Erklärung: Es brauche noch größere Anstrengungen, um die Götter zu besänftigen. All das führte zu einem Bedeutungszuwachs der Experten. Da sie die Arbeiten koordinierten, kontrollierten sie auch die Überschüsse. Damit konnten sie Aufseher finanzieren und die Zwangsarbeit durchsetzen. Man agierte ja im höheren Auftrag: Himmlische und irdische Macht gaben sich die Hand.

Einmal mehr: Orte der Macht

Evolutionäre Spekulation? Die Archäologie passt dazu. Wieder sehen wir besondere Gebäude – Prototempel – in den Siedlungen, wie wir ihnen schon als Kulthäusern in den anatolischen Siedlungen begegnet sind. «Über einen langen Zeitraum hinweg lässt sich verfolgen, wie sich in vorgeschichtlichen Siedlungen durch Lage, Größe und Architektur herausgehobene Bauformen entwickeln», führt der Altorientalist Manfred Krebernik aus. «Sie sind aber nicht ohne weiteres als ‹Tempel› im Sinne reiner Kultbauten anzusprechen, denn es ist damit zu rechnen, dass soziale und kultische Funktionen nicht scharf getrennt waren.»[16] Diese Religion war niemals nur Kult, sie war das Mittel der Wahl, die Welt in den Griff zu bekommen.

Aus solch bescheidenen Anfängen entwickeln sich die großen Tempel. «Ausgrabungen mesopotamischer Siedlungen haben gezeigt, dass die Tempel oft auf eine sehr alte Bautradition zurückblicken: Die Gebäude wurden renoviert, umgestaltet oder an derselben Stelle und mit ähnlichem Grundriss neu errichtet», berichtet Krebernik. «Für den Tempel des Gottes *Enki/Ea* in der südsumerischen Stadt Eridu lässt sich eine Sequenz von 16 übereinanderliegenden Bauten bis in das 6. Jahrtausend v. Chr. zurückverfolgen; von Schicht XI an stehen die Bauwerke auf einer Terrasse, worin man den Entwicklungsbeginn der später für Mesopotamien typischen Zikkurat (Stufentempel) sehen kann.»[17]

Um diese Tempel herum wachsen sich die Siedlungen dank des Bevölkerungswachstums, das eben nicht in andere Regionen abfließen konnte, zu Städten aus. Die Tempel gelten als Wohnstatt eines Gottes. Und sie werden viel mehr sein als nur Tempel, verfügen sie doch über Ländereien, Vieh und Personal. Von hier aus werden Arbeiten organisiert, die Erträge verteilt, hier werden Überschüsse und Tempelschätze gehortet. Tempel avancieren zu Knotenpunkten im Fernhandelsnetz. In früher Zeit sind Stadtstaat und göttlicher Haushalt identisch,[18] bilden «Stadt und Stadtgott eine kaum aufzulösende Einheit».[19]

Wir vermeiden bisher bewusst den Begriff «Priester», suggeriert er doch eine rein religiöse, nichtweltliche Zuständigkeit. Altorientalisten verwenden Begriffe wie «politisch-kultische Führerschaft», um jene Elite zu bezeichnen, welche die Geschicke von Tempel und Stadt lenkte.[20] Die Quellen berichten mehr über Verwaltungstätigkeiten und Kreditgeschäfte als über kultischen Aufgaben – der Begriff Tempelverwalter trifft es besser als Priester.[21] Diese Elite entwickelte sich aus bescheidenen Anfängen, fungierte dann als Entscheidungsinstanz, welche die Bewässerungsarbeiten organisierte, Anbau und Ernte kontrollierte und das Getreide verteilte. Und sie kontrollierte die Überschüsse und akkumulierte Reichtum! Keine der Aufgaben war eine rein weltliche Angelegenheit, alles stand unter dem Einfluss höherer Kräfte. Entsprechend gewann die Elite als Schnittstelle zur göttlichen Sphäre an Macht: Dank ihrer Vertrautheit mit den Göttern sollte sie Unbill von den Menschen fernhalten. In Dienst und Gunst des jeweiligen Tempel-Gottes zu stehen, das war die Quelle ihrer Legitimation, das ist jene «symbolische Gewalt», von der Bourdieu spricht, die zur unerschütterlichen Basis der sich herausbildenden Herrschaft wird.

Den Prinzipien der kulturellen Evolution entsprechend, dass

sich die Dinge sukzessive entwickeln, haben wir es zunächst mit oligarchischen Strukturen zu tun. Das heißt, die Macht wird eben nicht von einzelnen «starken», «großen» Individuen usurpiert, wie ja auch im Alten Orient vielerorts Ältestenräte lange eine entscheidende Rolle spielten. Dafür sprechen eine Reihe von Indizien aus späteren Zeiten: «Bildliche Darstellungen von Herrscherfiguren verzichten auf individualisierende Züge», schreibt Selz, es fehlen in den Texten auch lange Zeit Herrschernamen. Die Funktion und das Amt waren anfangs wichtiger als der individuelle Amtsträger.[22]

Dazu passen die Beobachtungen des Archäologen Thorkild Jacobsen: In den frühen Mythen halten die Götter Ratsversammlungen ab, beratschlagten, stritten sich, wählten ihre Anführer und rebellierten gegen diese. Damit spiegelte die Mythologie die Anfänge der irdischen mesopotamischen Verhältnisse. Als die sich in Richtung einzelner autokratischer Herrscher wandelten, ging damit eine entsprechende Hierarchisierung und Zentralisierung im göttlichen Pantheon einher. Jacobsen benannte dieses Prinzip, nach dem die Organisation des Himmels jener der Erde folge, als «Politicomorphismus».[23]

Wenn man dem, was wir zungenfreundlicher das Widerspiegelungsprinzip nennen,[24] folgt, können wir in den Anfängen noch nicht von exklusiv-männlichen Organisationen ausgehen: Eine der schillerndsten Gottheiten der mesopotamischen Götterwelten ist Inanna, später auch akkadisch als Ischtar verehrt. Sie ist die Stadtgöttin Uruks, das die Anfänge der sumerischen Hochkultur prägen wird, und die kapriziöse Göttin der Sexualität und des Kriegs: Die Schlacht gilt als der «Tanz der Inanna», schreibt Jacobsen, eine «Aura von Tod und Desaster» umgebe sie, nie wird sie als Ehefrau und Mutter dargestellt. Als Gilgamesch Inannas Avancen verschmäht (er will nicht das wenig glückliche Schicksal ihrer früheren Liebhaber teilen), versucht sie ihn zu vernichten. Spannend, die leider nicht zu beantwortende Frage, ob Göttinnen wie Inanna oder auch Ninhursaga, die als Herrin des Wildes, Geburtshelferin der Götter und

Gebärerin der Könige galt, Relikte früherer matrilinearer Gesellschaften sind oder sich dem simplen Umstand verdanken, dass die Götterwelt nun einmal wie die menschliche von Geschlechtern und familiär geprägt ist.[25] Konkrete Belege für eine politische Rolle der Frauen in dieser Frühzeit Mesopotamiens fehlen bisher.

Wir haben es also in den rasant wachsenden Städten mit einem immer komplexer werdenden Machtgefüge zu tun. Umso größere Einkünfte, umso größere Aufgaben, umso größere Bauwerke, umso stärker differenzierte sich die Elite aus. Eine Vielfalt von Professionen je nach Verwaltungsbereich entstand, streng organisiert und Hierarchien ausbildend, die zu ihren Verwaltungszwecken Schrift und Kalender erfanden – die Geburtsstunde der Bürokratie.

Günstlinge der Götter

Wie aber kam es dann zu einzelnen Herrschern? Wir müssen uns vergegenwärtigen, dass wir es mit der damals «am intensivsten und effizientesten genutzten Region der ganzen Welt» zu tun haben, formuliert es die Althistorikerin Karen Radner. Innovationen wie der Saatpflug sorgten für deutliche Ertragssteigerungen. Siedlungen über Siedlungen entstanden. Doch diese Erfolgsgeschichte hatte einen Schönheitsfehler: Das Land war begrenzt.[26]

Überfälle, Plünderungen waren nichts Ungewöhnliches, bald standen auch Kriege auf der Tagesordnung. Anlässe gab es viele: Streit um Wasser und Land gehörte zu den häufigsten, Überschüsse lockten immer. Als sich im 4. Jahrtausend v. Chr. das Klima verschlechterte und Trockenheit ausbreitete, forcierte das die Landflucht. Die kleinen Siedlungen verschwanden, die Bevölkerung konzentrierte sich in den um die Tempel wachsenden Städten, die Sicherheit boten. Gegen die übermächtige, bestens organisierte Tempelwirtschaft hatten alternative Konzepte kaum eine Chance. Um 3000 v. Chr. hatte sich im Gebiet der Stadt Uruk die Bevölkerung innerhalb weniger Jahrhunderte verzehnfacht. Schätzungen gehen von 25 000 bis 50 000 Bewohnern aus. Berühmt ist Uruk für seine gewaltige Stadtmauer, fast zehn Kilometer lang, mit Türmen bewehrt. Erbaut haben soll sie der mythische Gilgamesch.[27]

Ohne Mauer wird kein Gemeinwesen die Zeiten überstehen. Manchmal lagen die Städte in Sichtweite zueinander. Profiteure der ständigen Auseinandersetzungen waren jene, die in den Städten Ämter innehatten, wie das des «Herrn der Keule» oder des «Vorstehers der Milizen».[28] Kriegerische Zeiten verhalfen ihnen zu einem immensen Karrieresprung. Sie waren es, die im Auftrag des Stadtgottes Krieg führten; im Erfolgsfall galten sie als dessen Günstling. In den zahlreichen Auseinandersetzungen – man geht von etwa 35 mesopotamischen Stadtstaaten aus[29] – gerieten die Sieger quasi automatisch in die Herrschaftsrolle, die ihnen als Heerführer bestens zupasskam. An der Spitze der größten, reichsten, aber immer von Feinden bedrohten Gesellschaften, welche die Menschheitsgeschichte bis dahin gesehen hatte, prägten sie diese bis ins Herz.

Der Krieg ist also der Ursprung des mesopotamischen Königtums.[30] Bald verbreitete sich für die erfolgreichen Heerführer der Königstitel, auf Sumerisch etwa *lugal*, «großer Mann». Ihre Autorität beruhte auf der intimen Beziehung zum jeweiligen Gott oder zur jeweiligen Göttin der Stadt. Sie bezeichneten sich als von den Göttern berufen, als deren Lieblinge, als in die göttlichen Geheimnisse eingeweiht, als von ihnen adoptiert oder später auch gezeugt. Und immer als mit übermenschlichen Kräften ausgestattet. Bald versuchten sie die Macht an ihren Sohn weiterzugeben.[31]

Die Herrscher sollten sich als Mittler zwischen den Menschen und den Göttern inszenieren. Die berühmte, rund einen Meter hohe Uruk-Vase aus Alabaster zeigt eine lange Prozession, die von einem «Mann im Netzrock» angeführt wird, der der Stadtgöttin Inanna die überreichen Erträge der Landwirtschaft entgegenbringt, getragen von unzähligen nackten Dienern. Ob «Priesterkönig» oder schlicht Herrscher von Uruk, die Botschaft ist deutlich: Die Menschen arbeiteten unter der Führung ihres Herrn zum Wohl der Göttin. Sie würde es ihnen danken.[32]

Die Herrscher ehrten die Götter in ihren gewaltigen Tempeln: Etwa im Eanna, im «Haus des Himmels», der gewaltigen Tempelanlage Inannas im Herzen Uruks. Um ihnen die gebührende Ehre zuteilwerden zu lassen, um ihnen zu danken oder sie zu Gegengaben zu verpflichten, und nicht zuletzt, um allen die Größe der Gottheit und damit die der eigenen Macht vor Augen zu führen. Diese intime Beziehung zum Stadtgott ließ sich bestens instrumentalisieren, barg aber auch Gefahren. Eine Niederlage im Krieg setzte den König dem Verdacht aus, das göttliche Vertrauen verloren zu haben. Kaum eine der Dynastien Mesopotamiens sollte es schaffen, sich länger als zwei, drei Generationen an der Macht zu halten. Jeder Emporkömmling, der über die nötigen Mittel verfügte, konnte sich als Liebling dieser oder jener Gottheit inszenieren.

Die Geschichte Sargons von Akkad, der um 2325 v. Chr. die sumerischen Stadtstaaten eroberte und so das erste Großreich schuf, ist so gut, dass die Bibel sie später plagiierte. Sargon ließ sich rühmen, 34 Schlachten geschlagen und 50 Stadtfürsten besiegt zu haben; wichtiger indes war, dass er es mit Hilfe Ischtars zum König gebracht hatte. Sie erwählte ihn, obwohl seine Mutter, eine zur Keuschheit verpflichtete Priesterin, ihn als Baby dem Fluss Euphrat in einem mit Bitumen abgedichteten Weidenkorb anvertraut hatte. Die Bibelautoren dichteten dieses Schicksal Mose an – um ihn als von Gott auserwählten Führer des Volkes Israel zu präsentieren.[33]

Immer bedurfte es der göttlichen Legitimation, immer ging es darum, Willkür und damit jeden Zweifel zu zerstreuen. Es dürfte keine Überraschung sein, dass sich die Quellen ausschweigen, wie es überhaupt dazu gekommen war, dass einzelne Personen über Abertausende andere Menschen herrschen durften. «‹Als das Königtum vom Himmel herabkam› – so beginnt die ‹Sumerische Königsliste› und macht damit unmissverständlich klar, dass das Königtum keine soziale Errungenschaft des Menschen ist, die er nach Belieben wieder beseitigen kann», schreibt der Archäologe Mirko Novák.

Es handle sich «um eine Gabe der Götter an die Menschen, die diese mit Dankbarkeit zu goutieren und als Teil der Weltordnung zu akzeptieren haben».[34]

War dieser Weg erst einmal beschritten, begann die Idee der innigen Beziehung zwischen König und Göttern Blüten zu treiben. Solche Eigendynamik liegt in der Natur der Kultur. Wenn man schon Liebling einer Göttin sein kann, wie Sargon von sich behauptete, warum sich nicht selbst zum Gott erklären lassen und die Göttin Ischtar zur Frau nehmen? Das wird Sargons Enkel Naram-Sin (um 2200 v. Chr.) unternehmen – und eine Hörnerkrone, das Kennzeichen der Götter, legt er sich auch zu, zumindest auf einer Stele, die ihn als Sieger über einen durchbohrten Feind zeigt.[35]

Was das für die Normalsterblichen bedeuten konnte, wenn die Herrscher in die Nähe der Götter rückten, wird in den Königsgräbern von Ur *in extremis* deutlich: Den in der ersten Hälfte des 3. Jahrtausends Bestatteten – Frauen wie Männern – wurden nicht nur wunderbare Beigaben aus Gold und Silber, Lapislazuli und Karneol beigegeben,[36] sie erhielten ein Gefolge. In einem Schachtgrab fanden sich sechs bewaffnete Männer und «nicht weniger als 68 aufwendig geschmückte Mädchen und Frauen». Lange wurde spekuliert, ob sie den Königen und deren Frauen nicht freiwillig in den Tod gefolgt seien. Neue anthropologische Analysen sprechen für Menschenopfer. Man hatte ihnen die Schädel eingeschlagen und ihre Körper anschließend durch Erhitzen oder mittels Quecksilber haltbar für das Grab gemacht.[37]

Die Könige monopolisierten das Gemeinwesen und verwandelten die Untertanen in ihr Eigentum. Dass ihnen das kaum je ganz gelang, muss uns hier nicht interessieren. Doch im babylonischen Reich, das Mesopotamien vom 19. bis ins 17. Jahrhundert v. Chr. beherrschte, bezeichneten sich die Menschen selbst als «Sklaven», wenn sie sich an den König wandten. In einer Despotie gab es kein anderes «Denkmodell für die Existenzberechtigung des Menschen».[38]

In Kriegen konnten die Könige ihre göttliche Erwählung beweisen, mitunter wurde der jährliche Kriegszug zur Regel.[39] Feinde vernichten, Land und Schätze rauben, Beute machen eben. Und zur Beute gehörten Menschen: Sklaven. Frauen wie Männer. Der Krieg war eine Quelle für Reichtum und der Reichtum wieder zum Beweis der Göttergunst. Das Eigentumsprinzip kennt keine Grenzen. Wer kann, und vor allem die Macht besitzt, häuft an und häuft weiter an. Egal, was als begehrenswertes Gut erscheint. Dass das auch und vor allem Frauen sind, wird in manchen Geschichten Mesopotamiens eher verklausuliert angedeutet: «Polygamie war außerhalb königlicher Harems eher unüblich».[40]

Wir haben es schon in der Bibel gesehen, die ihre Könige David und Salomo nach dem Vorbild orientalischer Herrscher gestaltete: Jeder Krieg brachte den Königen neue Frauen ein. Die 700 Frauen und 300 Nebenfrauen Salomos waren nichts, was zeitgenössische Leser für völlig unrealistisch gehalten hätten. Sondern nur das Signal: Er ist ein wahrhaft großer König, der den Vergleich mit seinesgleichen aus dem Zweistromland oder Ägypten nicht scheuen muss. Wir kommen im nächsten Kapitel darauf zurück.

Das Erbe der Despoten

Zum Abschluss dieses Kapitels sei herausgestellt, was uns die Eskapaden altorientalischer Potentaten angehen. Zu ihrer Legitimation perfektionierten sie ein Instrumentarium, das die Geschichte der Religion inklusive des Christentums prägen wird wie kaum ein zweites. Vor allem wird es maßgeblich für die Etablierung von Ungleichheit zwischen den Geschlechtern wie in der Gesellschaft verantwortlich sein. Vier Punkte sind zu vergegenwärtigen:

Herrschaftsreligion

Wie wir durch den Vergleich mit der Neolithisierung Europas gesehen haben, ist die Tendenz Richtung Patriarchat nicht dem Nahen Osten vorbehalten. Sie liegt schon in der Logik des Eigentums begründet, das die alten Sozialbeziehungen erodieren lässt und, weil Besitz verteidigt werden muss, jene Gesellschaften stärkt, die das Eigentum durch die männliche Linie vererben. Das forciert die Isolierung der Frauen, da sie in andere Familien verheiratet werden, was sie zugleich der Gefahr der Verdinglichung aussetzt, zur Ware zu werden, die oft gehandelt, gekauft oder im schlimmsten Fall geraubt wird.

Trotzdem sehen wir, dass sich in Mesopotamien ein System an Vorstellungen etabliert, welches bis zu den Anfängen der Sesshaftigkeit zurückreicht. Dabei handelt es sich um ein Amalgam aus Welterklärung und Katastrophenschutz, Herrschaftslegitimation und Kriegsideologie. Es wurzelt insofern in unserer ersten Natur, als es mit der Annahme unsichtbarer Wirkkräfte operiert, ansonsten ist es aber ein durchaus intellektuelles Produkt, weil es Erklärungen lieferte, warum die Welt aus den Fugen geraten war, und Strategien produzierte, die Probleme unter Kontrolle zu bringen. In Mesopotamien – Ähnliches gilt auch für das alte Ägypten – wird dieses System durch Katastrophen, Epidemien und kriegerische Konkurrenz auf engstem Raum auf Hochtouren gebracht – und entfaltete sich, von diesen angetrieben, in einem viel umfassenderen Maße als in Europa.

Diese Spielart der Religion (wenn man sie überhaupt so nennen möchte) entwickelt sich zur Religion der Herrschaft und des Krieges. Sie ist Religion von oben. Da sie uns durch die Quellen der Mächtigen, ihre Triumphinschriften, Epen und monumentalen Tempel übermittelt wurde, kam es zum verbreiteten Missverständnis, es handele sich um die Religion schlechthin. Dabei geht es dieser intellektuell-institutionellen Religion, wie wir sie in unserem letzten Buch etwas sperrig nannten, nicht um den persönlichen

Glauben und das, was man spirituelle Bedürfnisse der Individuen nennen könnte (es sei denn jene des Potentaten). Da sich dieser religiöse Sonderfall, wie wir noch sehen werden, tief in die biblischen Religionen einschreiben wird, korrumpiert das bis heute unser Verständnis davon, was Religion eigentlich ist.

Toxische Männlichkeit 2.0

Die Herrschaftsreligion ist männlich dominiert (auch wenn sie, wie gleich zu zeigen sein wird, mitunter Hohepriesterinnen kennt); sie wurzelt ohne jeden Zweifel in jener männlichen Sphäre der Religion, die wir im Kapitel 10 beschrieben haben. Das heißt aber auch, dass sie nicht die einzige Religion ist. Wie Kent Flannery und Joyce Marcus sind wir überzeugt, dass sich eine Entstehungslinie von den Tempeln Mesopotamiens zurück ziehen lässt zu den Männerhäusern und Kultstätten, denen wir am Anbeginn des Neolithikums begegnet sind. Noch könnte die archäologische Beweislage dafür deutlicher sein. Aber Archäologen gehen im Fall des Bilder- und Mythenkanons von Göbekli Tepe bis zu Çatalhöyük von einer sagenhaften Kontinuität von 4000 Jahren aus.[41] Das würde dann fast bis in die Zeit 6000 v. Chr. reichen. Der Tempel von Eridu wiederum lässt sich in seinen Ursprüngen bis ins 6. Jahrtausend v. Chr. zurückverfolgen. Von dort sehen wir eine gut zweitausendjährige kontinuierliche Entwicklung zu den Städten und frühen Staaten Mesopotamiens.

Nichts deutet also auf unüberbrückbare Brüche hin. Vor allem sprechen die erstaunlichen Parallelen in der Bildmotivik für Kontinuität: Von Göbekli Tepe bis Çatalhöyük haben wir eine Bilderwelt beobachtet, die man als grandiose Inszenierung der Jagd und Jäger beschreiben kann, in der männliche Potenz, das Töten und Beutemachen in prägnanter Weise gefeiert wurden, verbunden mit einem Phallozentrismus. Wir staunten über die Vorliebe für Stiere und ihre hörnerbewehrten Schädel, für Löwen, Leoparden und Bären, für Geier und andere Raubvögel, für Schlangen und Skorpione. Wir registrierten das Faible für Hauer, Schnäbel, Krallen und Reißzähne und sind immer wieder toten, nackten Körpern von Menschen und insbesondere deren Schädeln begegnet.

All das wird auch die Bilderwelt der Hochkulturen an Euphrat, Tigris und Nil beherrschen. Nicht nur die berühmte aus der Uruk-Zeit stammende Löwenjagdstele zeigt den Herrscher als gewaltigen Jäger, das ist ein Lieblingsmotiv aller Potentaten. Oft stellen sich diese nun als jene dar, welche das Gemeinwesen und die Herden gegen wilde Tiere und wilde Menschen schützen.[42] Ebenso lassen sie sich selbst als Löwe, riesiger Skorpion oder wilder Stier porträtieren. Mit Vorliebe beim Töten oder Durchbohren von Feinden, deren Leichen wie erlegtes Wild präsentiert werden, oft die abgeschlagenen Köpfe zwischen den Beinen.

Besonders prägnant ist die Geierstele, die einen Sieg des Königs Eanatum aus der Stadt Lagasch über den Erzfeind Umma verherrlicht (ca. 2450 v. Chr.). Die eine Seite zeigt den König auf seinem Streitwagen, einen Speer in der Hand, hinter ihm marschiert eine Phalanx von Kriegern über gefallene Feinde; Geier fliegen mit deren Schädeln davon. Die andere Seite der Stele zeigt Lagaschs Stadtgott Ningirsu, auch er ein Gott der Jagd und des Krieges. In der Hand hält er ein riesiges Netz, in dem die nackten Feinde zappeln, die er einen nach dem anderen mit einer Keule erschlägt.[43] Die Botschaft ist unmissverständlich: Der Herrscher massakriert als Stellvertreter des Stadtgottes die Feinde. So steht es auch in der Stelen-Inschrift. Mehr noch: Im Traum, heißt es da, habe ihn der Gott Ningirsu beauftragt, in den Krieg zu ziehen. Diese Religion verschafft der Gewalt, dem Krieg Legitimation.[44]

Dann ist da die Vorliebe für Stiere – wir erinnern uns an die Bukranien der Auerochsen. Die Hörnerkrone wird in Mesopotamien zum Kennzeichen der Götter. Die gerieren sich gerne als gewaltige Bullen, etwa An, der Himmelsgott, der Vater und Ahne aller Götter, aber auch unzähliger Dämonen. Ebenso die zentrale Gottheit des alten Kanaans, El, der uns im Ugarit-Mythos von Adam begegnet ist. Die im Vorderen Orient waagerecht am Himmel liegende Mondsichel wird als Hörnerpaar des Himmelsstiers gedeutet. Und als Stier kommt der Wetter- und Kriegsgott Baal ebenso daher wie zumindest in den Anfängen sein biblischer Konkurrent Jahwe. In den Heiligtümern von Bethel und Dan standen Stierbilder als Repräsentationen Jahwes. Das nahm seinen Eingang, kritisch-karikierend, in den biblischen Tanz ums Goldene Kalb. Auf all die raubvogelartigen Götter des Nahen Ostens oder jene in Schlangengestalt (Horon oder Evas Schlange in Eden) müssen wir nicht mehr eingehen.[45]

In idealtypischer Weise findet sich diese Ikonographie der Macht auf der in der Eingangshalle des Ägyptischen Museums in Kairo zu bestaunenden Narmer-Palette: Sie zeigt den ersten König des vereinten Ägyptens, der 2950 v. Chr. den Thron bestieg, wie er mit einer Keule einen Feind erschlägt, den er beim Schopf gepackt hat. Ein Horusfalke hält in seiner Kralle ein Seil, an dem der Schädel eines Feindes hängt. Auf der anderen Seite tritt Narmer als wilder Stier auf, der mit seinen Hörnern die Mauern einer Festung einreißt und den Feind mit seinen Hufen zertrampelt. Darüber schreitet der König die Reihen enthaupteter Leichen ab, «denen die Genitalien abgetrennt wurden: Ihre Köpfe und Penisse liegen zwischen ihren Beinen.»[46] Die geraubte Potenz erst macht den Sieg perfekt.

Die Bilderwelten von Göbekli Tepe bis zu den Staaten des Alten Orients weisen so markante Parallelen auf, dass es schwerfällt, diese «toxische Männlichkeit» als unabhängige Erfindungen zu betrachten. Das Zweistromland feiert den Herrscher als gewaltigen, brutalen Jäger, der erbarmungslos seine Feinde vernichtet, mit immer denselben Motiven entmenschlichender Brutalität. Mitunter zeigen die Bildwerke, wie Frauen und Kinder als Beute heimgeführt werden.

Zumindest das lässt sich feststellen: Die kulturelle Evolution geht sparsam mit ihren Ressourcen um. In Sachen Krieg greift sie auf längst vorhandene, bestens erprobte psychologische Adaptionen zurück, die sich in Jahrhunderttausenden der Jagd bewährt haben und immer schon zuweilen auf Menschen angewendet wurden. Und den leidigen Umstand, dass es uns nicht schwerfällt, unsere Gegner zu entmenschlichen, haben wir bereits als Primatenerbe beschrieben. Ebenso das durch das Sesshaftwerden entstandene Reputationsvakuum auf Männerseite, das dringend gefüllt werden musste.

Das macht es so gefährlich: Ein altes biologisches Erbe findet in einem komplett anderen kulturellen Setting ein neues Betätigungsfeld. In einem Setting, das Gewalt und Aggression keine Grenzen setzt; im Gegenteil, in dem dieses Erbe nicht zuletzt dank göttlicher Bestätigung zu höchstem Ruhm, vor allem aber zu allergrößten Gewinnen in Form von Beute führt. Und noch der biblische Gott wird ein Herr des Krieges sein.[47]

Die Größe des Sieges spiegelt das Ausmaß göttlichen Beistands wider, daher auch der Stolz über die hingemetzelten Feinde. Für Jahrtausende avanciert der Krieg zum bewährten Mittel der Führer, ihre göttliche Erwählung unter Beweis zu stellen. Ein Gedanke, der sich immer wieder im Alten Testament findet. Um nur ein Beispiel zu nennen: Weil Israel unter Josua endlich Gottes Gesetze befolgt, wird es bei der Inbesitznahme des Gelobten Landes ein Volk nach dem anderen hinmetzeln dürfen; immer aber steht außer Frage, dass Jahwe es war, der den Israeliten den Sieg bescherte. «Der Staatsgott ist Kriegsgott», konstatiert der Theologe Bernhard Lang. Seine Aufgabe ist es, «dem Herrscher im Kampf den Sieg zu gewähren». Diese schon für Mesopotamien wie Ägypten charakteristische Auffassung «lebt in Israel ... ungebrochen weiter».[48]

Und noch dem Christentum wird das zum Durchbruch verhelfen: Warum ergriff der römische Kaiser Konstantin für dieses Partei? Weil Jesus ihm im Traum (wie Gott Ningirsu dem König Eanatum) versprochen haben soll: *In hoc signo vinces* und Konstantin im Zeichen Christi dann tatsächlich seinen Rivalen besiegt haben will.[49] Solche mit toxischer Männlichkeit verseuchte Herrschaftsreligion zeichnet sich durch ihren geradezu obszön zu nennenden Hang zur Gewalt aus; sie wird immer bereit sein, alle Feinde zur Strecke zu bringen.

Drittens ist da ein Aspekt, der uns, die wir an der Wahrheit über Eva interessiert sind, besonders angeht: Es ist offensichtlich, dass die Herrschaftsreligion die Begründung liefert, warum die vielen den wenigen folgen müssen, indem sie den Herrschern eine göttliche Legitimation verschafft. Umgekehrt erklärt sie, warum es dem Rest der Menschheit, den Beherrschten also, miserabel ergeht. Wir sahen es auf der Uruk-Vase: Die vielen Menschen schleppen die Erträge ihrer Arbeit heran, damit ihr Herr sie seiner Göttin übergeben darf. Auf den Punkt gebracht wird diese Idee im um 1800 v. Chr. niedergeschriebenen babylonischen Atramhasis-Mythos, aus dem die Genesis schon die Geschichte mit der Sintflut übernommen hatte. Dort heißt es, dass die Götter einst eigenhändig die Kanäle graben mussten und selbst die Bewässerungsarbeiten erledigten. Sie schimpften über die erbärmliche Plackerei, die sie fast umbrachte, und kamen auf die Idee, Menschen zu machen, die fortan die Arbeit erledigen sollten.[50] Die Menschen sind also erschaffen worden, um den Göttern als Sklaven zu dienen und damit dem Herrscher, ihrem irdischen Stellvertreter.

Das ist eine der Quellen, aus denen das biblische Motiv stammt, das Leben der Menschen sei jenseits von Eden nur Schufterei. Da den Bibelautoren aber nur ein einziger Gott zur Verfügung stand, dessen Schöpfung gerühmt werden musste, konnten sie nicht anders, als in perfider Weise den Menschen selbst die Schuld zu geben, dass die Welt zum Jammertal wurde. Diese Form von Religion legitimiert also Herrschaft und das Schicksal der Unterdrückten, Frauen wie Männer. Die Idee, dass das menschliche Leben allein Schufterei sei, ist also keine Erfindung der Bibel; wohl aber, dass die Frauen einen großen Teil Schuld am menschlichen Elend tragen. Der Frage, warum das so war, werden wir noch nachgehen.

Schließlich: Diese Religion wird den Menschen vorschreiben, wie sie sich zu verhalten haben – das ist der Herrschaft eigen. Sie avanciert damit zu einer öffentlichen Angelegenheit und kolonialisiert die Lebenswelt. Die Könige werden im Auftrag der Götter Gesetze erlassen. Gesetzeswerke wie der Codex Hammurapi entstehen (18. Jh. v. Chr.). Das Bildfeld der Gesetzesstele aus schwarzem Diorit zeigt den babylonischen König Hammurapi im trauten Gegenüber mit dem über das Recht wachenden Sonnengott Schamasch. Zwar wird mitunter darüber diskutiert, wie verbindlich die dort verzeichneten Gesetze waren. An Bedeutung aber sind sie keinesfalls zu unterschätzen. Erstmals regulieren Herrscher das Verhalten ihrer Untertanen – und zwar bis in die Bereiche der Sexualität hinein. Solche Gesetzessammlungen werden Schule machen. Ohne sie wäre die Tora, die 613 Gebote und Verbote der fünf Bücher Mose nicht denkbar. Dort wird Gott es selbst sein, der die Gesetze erlässt, wohl aber im trauten Gegenüber mit Mose, und auch Jahwe schreibt wie Hammurapi die Zehn Gebote auf Felstafeln. Die Götter verleihen dem Recht die absolute Legitimation. Es wird unumstößlich.

Das ist ein Meilenstein der kulturellen Evolution. Ab jetzt werden Regeln des menschlichen Verhaltens in Stein gemeißelt sein, petrifiziert. Dank der neuen Erfindung der Schrift verselbständigt sich Kultur, hier emanzipiert sie sich von den Menschen und wird ein Eigenleben über die Zeiten hinweg führen. Zuvor war Recht an Menschen gebunden, an direkte Kommunikation und blieb damit prinzipiell verhandelbar. In den ursprünglichen Face-to-Face-Gesellschaften war Recht stets konkret, am Einzelfall orientiert, menschlich (auch wenn Ahnen oder Götter darüber wachten). Nun wird das Recht abstrakt und objektiv (was hier nur heißt, dass es unabhängig von Subjekten Bestand hat). Es wird unerbittlich, weil nachgesehen werden kann, was genau das Gesetz «sagt». In Zukunft soll gelten: Ein Verstoß gegen ein Gesetz zieht eine vorher definierte Strafe nach sich. Das ist uns längst zur zweiten Natur geworden. Es ist der Preis, den wir dafür zahlen, in großen, anonymen Gesellschaften zu leben.

Mit der göttlich legitimierten Rechtsordnung entsteht eine institutionalisierte Wirklichkeit, die das Spektrum der erlaubten Handlungsmöglichkeiten und Genderrollen normativ eingrenzt – und sie hat einen «Male Bias». Sie erschafft also eine männlich verzerrte Welt; Beispiele dafür behandeln wir im nächsten Kapitel. Wir haben hier eine erste und zwar gleich sehr radikale Ausformung dessen vor Augen, was wir Patrix nennen. Von Anfang an wird sie ihrer menschlich-männlichen Produziertheit entkleidet: «Im mesopotamischen Selbstverständnis ist nicht nur der Mensch von den Göttern erschaffen worden, sondern auch die hierarchische Struktur seiner Gesellschaft.»[51] Die Patrix ist ein Werk der Götter. Blasphemie, sie in Frage zu stellen!

Was hier geschieht, ist entscheidend dafür, dass Unterdrückung, aber auch die Genderrollen so dauerhaft werden können. Das passiert in einer vollkommen neuen Qualität. Es entstehen Diskurse, die nicht mehr an Menschen gebunden sind. Gesetzgeber werden zu allen Zeiten auf ältere Gesetzessammlungen zurückgreifen. Die biblische Tora weist teils bis in den Wortlaut reichende Übereinstimmungen mit altorientalischen Rechtstexten auf.[52]

Dank der Schrift entfaltet die Kultur ein enormes Beharrungspotenzial. Sie konserviert, wird konservativ, versteinert eben – und transportiert damit Überkommenes in die Jetztzeit und prägt die Zukunft. Das niedergeschriebene Recht liefert der männlichen Ordnung jenes Fundament aus Beton, das sie so schrecklich unverbrüchlich werden ließ. Wenig überraschend führt noch die moderne Frauenbewegung ihre größten Kämpfe um Gesetze: vom Wahlrecht über das Eherecht bis zum Abtreibungsparagraphen 218.

Um auf unser natürliches Experiment zurückzukommen: Die Unterschiede zu Europa sind offensichtlich. Aufgrund der besonderen Gegebenheiten entstehen im Vorderen Orient frühe Staaten, die Ungleichheit in bisher unbekannten Ausmaßen institutionalisieren. Ohne das, was wir als Herrschaftsreligion beschrieben haben, wäre das unmöglich gewesen. Sie bietet jenes «Monopol der legitimen symbolischen Gewalt», das Herrschaft ebenso dauerhaft wie unantastbar macht. Nun sollten wir uns ansehen, was es für Frauen bedeutete, wenn Männer sich zu Günstlingen der Götter oder gar zu Gottessöhnen aufschwangen.

14 Treue, Jungfräulichkeit und andere Ungeheuerlichkeiten

«En-hedu-Ana bin ich – ein Gebet will ich nun zu dir sprechen! Meine Tränenklage, wie gesüßtes Bier, lasse ich hier für dich, schicksalbestimmende Göttin Inanna, nun frei fließen: ‹Das Urteil für Dich!› will ich nun zu dir sagen.»[1] Solch beschwörende Zeilen stammen von der ersten namentlich bekannten Dichterin der Weltgeschichte (Männer sind mitgemeint): En-hedu-Ana. Sie lebte im 23. Jahrhundert v. Chr.

Ihr sumerischer Name ist Programm: «En» bedeutet hier so viel wie Hohepriesterin, «hedu» ist ein Wort für «Zierde, Schmuck», «An» heißt «Himmel» und ist zugleich Name des Himmelsgottes. En-hedu-Ana amtierte als Hohepriesterin des Mondgottes Nanna in Ur, dessen Stadtgott er war. In ihren Tempelliedern aber wendete sie sich an Inanna, die älteste Tochter des Mondgottes (in anderen Überlieferungen ist der Himmelsgott Inannas Vater). En-hedu-Ana: mächtig, talentiert, nicht nur literarisch, auch politisch. Doch sie musste keusch leben; sie war dem Mondgott zur Frau gegeben.[2]

En-hedu-Ana war die Tochter Sargons von Akkad, der das erste Großreich des Alten Orients geschaffen hatte und Herrscher über sumerische Stadtstaaten wie Ur, Uruk und Lagasch geworden war. Sargon war kein Sohn eines Königs, er war von zweifelhafter Geburt. Er beanspruchte – wir erinnern uns – von der Göttin Inanna, die auf Akkadisch Ischtar heißt, erwählt worden zu sein, als sie ihn aus dem Binsenkörbchen im Euphrat rettete und auf den Thron führte.

Um Ur unter Kontrolle zu bringen, setzte Sargon seine Tochter als Hohepriesterin im Tempel des Stadtgottes ein. Zugleich versuchte er Inanna als neue Reichsgöttin zu installieren.[3] Immer wieder aber kam es zu Aufständen in den eroberten Regionen. En-hedu-Anas Dichtungen berichten auf subtile Weise von ihrem Konflikt mit dem ursprünglichen Fürsten von Ur, Lugal-Ane, der sich weigerte, den Primat der Hohepriesterin anzuerkennen. Er vertrieb sie aus dem Tempel. Doch am Ende widerfuhr ihr, wie ihrer Dichtung zu entnehmen ist, Recht. Dank der Intervention Inannas? Sicher dank En-hedu-Anas politischen Geschicks – und der militärischen Macht ihres Vaters.[4]

Beispiele wie En-hedu-Ana galten vielen Feministinnen in den letzten Jahrzehnten als Beleg, dass auch Frauen Großes leisten können. Es ist ein wichtiges Verdienst der feministischen Forschung, faszinierende Frauenschicksale vor dem Vergessen gerettet zu haben. Die Betonung der Rolle «starker» oder auch «großer Frauen» resultiert jedoch nicht zuletzt aus dem Eva-Tabu. Sie wurzelt, zumindest ansatzweise, in der Furcht, die Biologie könne schuld sein, dass die Geschichte als reine Männerveranstaltung erscheint. Insofern war man froh über jeden Gegenbeweis.

Heute jedoch sollte kein Zweifel daran bestehen, dass der historische Gender Data Gap, also die weitgehende Unsichtbarkeit von Frauen in Sachen Geschichte, nicht im Geringsten in der Verantwortung von Frauen liegt. Sie ist dem patriarchalen System geschuldet, das Männern die sichtbaren Rollen zumaß, und den Geschichtsschreibern, die sich kaum je um Ausnahmen von der männlichen Ordnung kümmerten.

Deshalb dürfen wir uns nicht blenden lassen: En-hedu-Ana ist ein Geschöpf der patriarchalen Matrix. Das soll weder ihre Leistungen noch ihren Heldenmut oder ihr strategisches Genie schmälern. Aber sie ist ein Instrument ihres Vaters; allein als Statthalterin seiner Macht steht sie dem Tempel vor. Aufgrund ihrer verwandtschaftlichen Bande ist sie absolut loyal, muss aber einen enormen Preis bezahlen, nämlich auf ihre Sexualität verzichten.[5] Ihre Keuschheit stellt sicher, dass weder ein Ehemann noch ein Sohn sie dazu verleiten könnten, es ihrem Vater gegenüber an Treue vermissen zu lassen. Jungfrauen sind die Traumfrauen des Patriarchats.

Die patriarchale Matrix ist für uns jene verkehrte Welt, in der von Männern geschaffene Regeln herrschen und Frauen nur ein bestimmtes Set an Rollen zur Verfügung steht. Es ist wie in einem Computerspiel, in dem lediglich eine Reihe von Avataren, von Spielcharakteren, vorgegeben ist: die Tochter, die Mutter, die Ehefrau, die Geliebte, die Sklavin, die Femme fatale oder eben die Jungfrau. Jede dieser Rollen definiert sich über den Mann. Jede dieser Rollen geht einher mit einer Kontrolle weiblicher Sexualität. Alle anderen Möglichkeiten sind eliminiert oder gelten als illegitim.

Die patriarchale Matrix entfaltete erstmals in den sogenannten Hochkulturen des Nahen Ostens, der «Wiege der Zivilisation», ihre gesellschaftliche Wirkung – und zwar gleich in extremer Weise. Ihre Existenz verdankte sie monströser Ungleichheit. Die soziale Schere klaffte vermutlich nie weiter auseinander als zwischen Sklaven und gottgleichen Herrschern. Viele der «zivilisatorischen Errungenschaften» schrieben sich via Juden- und Christentum in die Kultur des Westens ein und hatten großen Anteil daran, dass das «christliche Abendland» zum Paradies der Patrix wurde.

Sehen wir uns nun an, wie hier – der Schrift und dem Recht sei Dank – äußerst dauerhafte Institutionen und Phantasmen der Patrix entstehen. Eines darf dabei nicht vergessen gehen: Das alles resultiert daraus, dass einzelne Individuen die gesellschaftlichen Überschüsse monopolisieren – auf Kosten der allermeisten Frauen, aber auch auf Kosten der meisten Männer. Wandeln wir nun durch diese Gefilde, um das Zustandekommen einiger leider nur allzu unvergänglicher Ungeheuerlichkeiten nachzuvollziehen.

Komplizinnen der Macht?

En-hedu-Anas Geschichte illustriert das, was schon Gerda Lerner in ihrer *Entstehung des Patriarchats* konstatierte: Für Frauen der Elite existierte in den alten Gesellschaften die Möglichkeit, «ökonomische oder politische Macht mit Männern ihrer sozialen Schicht zu teilen oder an ihrer Stelle wahrzunehmen». Doch das war ein «Privileg», das die Frauen «umso enger an das Patriarchat band». Genau genommen war es nur eine Funktion der patriarchalen Matrix, eine Rolle, die sie einigen wenigen offerierte: Sie duldete Frauen an prominenter Position, wo diese als «Stellvertreterin» der Macht fungierten.[6] Bis in unsere Tage stützt Macht sich mit Vorliebe auf Familienbande. Dahinter steckt simple Biologie: Verwandte teilen nun einmal die gleichen Fitnessinteressen.

Prinzessinnen wurden nicht nur als Hohepriesterinnen eingesetzt; noch häufiger dienten sie dazu, diplomatische Heiraten mit anderen Fürsten abzuschließen. Dafür erhielten Königstöchter eine vorzügliche Bildung – auch das belegen die sprachgewaltigen Tempelhymnen En-hedu-Anas. Nicht zuletzt konnten Königstöchter dadurch «als Informantinnen und diplomatische Repräsentantinnen im Interesse ihrer Herkunftsfamilien» dienen.[7] Das patriarchale System benutzte sie als Instrumente der Herrschaft. «Ehefrauen, Konkubinen oder Töchter» waren «die ersten Lehnsleute ihres Mannes/Königs/Vaters».[8] Auf diese sich durch die Geschichte wie ein roter Faden ziehende Logik ist von feministischer Seite oft hingewiesen worden. Kate Millett schrieb in ihrem Klassiker *Sexus und Herrschaft*, es sei der «magische und dynastische Blutkult» der den Adelsherrschaften eigen sei, der «Frauen gelegentlich erlaubt, Macht auszuüben».[9]

Wo es möglich war, füllten sie diese Funktion bestens aus. Folgt man der Analyse der Althistorikerin Frauke Weiershäuser besaßen die königlichen Frauen der dritten Dynastie von Ur im 21. Jahrhundert v. Chr. große Handlungsspielräume. Sie verfügten über Ländereien, Vieh und spielten in der Textilindustrie eine wesentliche Rolle. Königinnen oblag auch der Kult der großen Götter; sie waren wie ihre Männer als Mittler zu den göttlichen Sphären für das Wohl des Landes verantwortlich. Noch die Nebenfrauen eines Königs nahmen aktiv am höfischen Leben teil, führten Opfer durch und waren im wirtschaftlichen Bereich aktiv.[10]

Dass Frauen der Herrscherelite große Macht ausübten, gilt für die meisten Hochkulturen des Altertums. Gerade in Abwesenheit des Königs erfüllten sie wichtige Funktionen. Und wenn der Herrscher starb, der Thronfolger noch zu jung war, übernahmen sie als Regentin die Macht. Manche wollten sie dann nicht mehr aufgeben. Tatsächlich verzeichnet die sumerische Königsliste eine Königin. Ku-Baba wird als Herrscherin und Begründerin einer Dynastie in der Stadt Kisch geführt. Doch nicht zuletzt der Umstand, dass sie eine Schankwirtin gewesen sein soll, lässt die Forschung an ihrer Existenz zweifeln.[11] Trotzdem: Das Faktum, dass die Königsliste ihren Namen verzeichnet, belegt, dass die Vorstellung einer alleinigen Königin keine Unmöglichkeit war.

Belegt ist die neuassyrische Königin Sammu-ramat aus dem achten vorchristlichen Jahrhundert, besser bekannt als Semiramis. Sie war Königstochter, Königsgemahlin und Königsmutter und soll einige Jahre in Vertretung ihres Sohnes das mächtige assyrische Reich regiert haben. Doch auch bei ihr ist sich die Geschichtswissenschaft uneins, wie weit sie die politische Macht in Händen hielt.[12]

Solche Frauen standen immer ihre Frau, waren nie bloß willenlos herumschiebbare Schachfiguren. Letzten Endes aber füllten sie eben doch nur eine gerade vakante männliche Position innerhalb des patriarchalen Systems aus. «Zwar gab es immer wieder Frauen, die über beträchtliche politische Macht verfügten», schreibt der Assyriologe Eckart Frahm, «doch verdankten diese ihre Stellung fast ausnahmslos ihrer Position als Mutter, Gattin oder Tochter eines männlichen Herrschers.»[13]

Ein berühmter Fall, in dem eine Frau zur Macht griff, ist Hatschepsut, die von 1479 bis 1458 v. Chr. Ägypten regierte. Sie war die Halbschwester und Gemahlin des Pharaos Thutmosis II. «Als Tochter Thutmosis' I. mit dessen Hauptfrau hielt sie ihren Anspruch auf den Thron sogar für legitimer als den ihres Ehemanns, der von einer Nebenfrau abstammte», berichtet der Ägyptologe Toby Wilkinson. «Als Thutmosis II. nach nur drei Jahren auf dem Thron einer Krankheit erlag, ergriff sie die Gelegenheit beim Schopf. Nicht mehr bereit, eine Nebenrolle zu spielen, nahm sie die Spitzenposition fest ins Visier.» Da die Ideologie des Königtums einen männlichen Herrscher verlangte, verbreitete Hatschepsut die Legende ihrer göttlichen Geburt und ließ sich als Mann darstellen.[14] Sie war «Pharaonin», ein Wort, dass es ebenso wenig wie Königin in Ägypten gab. Von geschätzten dreihundert ägyptischen Herrschern war kaum ein halbes Dutzend weiblich.[15]

Mitunter wird diesen Frauen «Komplizenschaft» unterstellt, weil sie das Patriarchat stabilisierten und andere Frauen ausbeuteten.[16] Den königlichen Frauen aus dem Ur der dritten Dynastie mussten viele Dienerinnen ins Grab folgen. Nun haben wir es mit einem System zu tun, das sich allen Akteuren jederlei Geschlechts fest eingeschrieben hatte, ihnen längst zur zweiten Natur geworden war. Es offerierte im Gegensatz zu vielen modernen Gesellschaften kaum bis keine Handlungsalternativen. Dass Menschen noch unter den widrigsten Bedingungen versuchen, das Beste aus ihrer Lage zu machen, ist Teil unseres evolutionären Erbes. Mehr noch: Die menschliche Solidarität gilt eben nicht dem eigenen Geschlecht, sondern den eigenen Nachkommen und Verwandten, der eigenen Gruppe. Das sind tief in unserer ersten Natur verankerte Präferenzen: Verwandtschaft sticht Geschlechtersolidarität aus! Diese Frauen haben getan, was sie tun mussten, um ihre biologische Fitness zu maximieren in einem System, das fest etabliert und nicht zu ändern war. Es geht um den kurzfristigen Fitnesserfolg – die eigenen Nachkommen und Verwandten –, nie um Geschlechtergerechtigkeit oder Allgemeinwohl.

Die Emanzipation aus solchen biologischen Egoismen, das Engagement für alle Frauen, ja, das Engagement für die Menschheit, das ist eine späte, aber umso größere kulturelle Errungenschaft, eine der tatsächlichen Sternstunden der Menschheit. Bis heute aber ist sie keine absolute Selbstverständlichkeit, noch muss das immer wieder eingeübt werden. Bisher ist Gleichberechtigung noch oft Sache unserer dritten Natur: Wir wissen, dass sie richtig und vernünftig ist, handeln aber nicht immer danach. Vielen ist sie noch nicht zur zweiten Natur geworden.

Wichtig also: Das patriarchale System gibt bestimmte Rollen für Frauen vor, in dem diese dominanten Männern von Nutzen sind. Die Rollen werden ideologisch aufgeladen, verselbständigen sich und avancieren zu patriarchalen Phantasmen, welche die Zeiten überdauern. Sie gehen mit Kontrolle und Einschränkung weiblicher Sexualität einher.

Der sich für den Vater aufopfernden Tochter sind wir bereits begegnet: Auch Sargons Nachfolger werden die Praxis pflegen, zum Zölibat verpflichtete Töchter als Hohepriesterinnen einzusetzen, um die großen Tempel zu kontrollieren. Von dieser Praxis könnten sich die *nadîtu* Babylons herleiten: aus der Oberschicht stammende Priesterinnen, Nonnen, die keine eigenen Kinder haben durften. Sie erhielten dafür ihre Mitgift ausbezahlt und «waren oft ökonomisch außerordentlich aktiv und erfolgreich bei ihrem Bemühen, ihre Mitgiften gewinnbringend zu verwerten». Wenn sie starben, fiel ihr Besitz jedoch wieder an ihre männlichen Verwandten zurück und verhinderte, dass der Familienbesitz zersplitterte.[17] Auch hier: Jungfrauen sind die Traumfrauen des Patriarchats.

Weil uns das Thema noch beschäftigen wird, insbesondere, wenn es um die Verteufelung der Sexualität geht: Die patriarchale Obsession in Sachen Jungfräulichkeit speist sich aus verschiedenen Quellen. Vor allem haben wir es mit einem Produkt der neuen eigentumsbasierten Welt zu tun. Das Konzept des Verbots von vorehelichem (oder sogar lebenslangem) Sex ist etwas, das Jägern und Sammlern, aber auch den matrilinearen Horticulturalists unbekannt ist.[18]

Traditionell wird der patriarchale Kult um die Jungfrau damit erklärt, dass eine Frau ohne sexuelle Erfahrung den höchsten Brautpreis für ihre Familie erzielt, weil so sichergestellt sei, dass die Erben, die sie ihrem Mann «schenken» wird, auch wirklich die seinen sind. Aber es spielen weitere Aspekte eine Rolle. Damit ist auch die Hoffnung auf ihr «keusches Wesen» verbunden. Ihr niedriges Heiratsalter, das ein Charakteristikum patriarchaler Gesellschaften ist, soll sicherstellen, dass sie ihrem deutlich älteren Ehemann gehorchen. Denn, wir haben das im evolutionären Teil unseres Buchs gezeigt: die sexuelle Autonomie der Frauen, das Pflegen von Beziehungen meist sexueller Natur zu verschiedenen Männern, ist seit Urzeiten eine der weiblichen Hauptstrategien, sich der Dominanz eines Mannes zu entziehen. Die männliche Besessenheit, die weibliche Sexualität einzuschränken, ist also nicht nur vom Willen bestimmt, die eigene Vaterschaft sicherzustellen. Es geht immer darum, die Macht der Frauen zu brechen.

Von Müttern und Ehefrauen

Auch der Rolle der Mutter, der zweifelsohne seit jeher eine zentrale Bedeutung beikam, sind wir bereits begegnet. Unter den geschilderten Verhältnissen erfährt sie als Mutter eines Herrschers eine ideologische Aufwertung ohnegleichen. Da diese sich immer auf ihr intimes Verhältnis zu den Göttern berufen, wenn sie nicht gar selbst göttliche Qualitäten für sich beanspruchen, müssen ja auch ihre Mütter über entsprechende Qualitäten verfügen. Manche Herrscher, die sich selbst zu Göttern erklärten, richteten einen Kult für ihre eigene Mutter ein (die dahinterstehende Logik wird auch Maria zur anbetungswürdigen Mutter Gottes befördern). Die Königsmutter avanciert zur wichtigsten Frau des Reichs – sie steht noch vor der Königin.[19] Batseba saß auf einem eigenen Thron zur Rechten ihres Sohns, des Königs Salomo.[20] Aus biologischer Perspektive ist das keine Überraschung: Die Loyalität der Mutter ist absolut, hängt ihr Schicksal, auch und vor allem in Sachen Fitnesserfolg, ganz von ihrem Sohn ab.

Aber nicht nur das macht den Mutterkult zu einer zentralen Stütze der patriarchalen Matrix. Er geht mit der Reduzierung der Frauen auf ihre Reproduktionsfunktion einher. Ihrem Mann einen legitimen Erben zu schenken und damit die Weitergabe von Besitz und gegebenenfalls Herrschaft zu gewährleisten – das ist im patriarchalen Setting die Hauptaufgabe der Ehefrauen. Dank Schrift und Gesetzen avanciert die Ehe dann zum patriarchalen Rechtsinstitut schlechthin. Und dessen Funktion ist keinesfalls das Arrangement der Paarbeziehung von Mann und Frau; das funktionierte ja bereits seit Jahrhunderttausenden ohne gesetzliche Regelung. Das Rechtsinstitut der Ehe wurde erfunden, damit die Weitergabe des Eigentums in der männlichen Linie an die legitimen Erben sichergestellt werden kann. Dazu beschneidet sie die weibliche Freiheit auf das äußerste.

Die Vorgänge im babylonischen Reich am Anfang des zweiten vorchristlichen Jahrtausends sind typisch für frühe Staaten. Die Familien waren patrilokal und patrilinear organisiert: «Der Erbgang verlief primär nach der männlichen Linie, und Familien wohnten im Haus des Mannes», schreibt der Professor für Altorientalistik Michael Jursa.[21] Die Frauen waren zwischen 14 und 20 Jahre alt, wenn sie verheiratet wurden, die Männer zwischen 26 und 30 (antike römische und griechische Quellen machen, wie wir sehen werden, ähnliche Altersangaben).[22] Nur ausnahmsweise, etwa bei Witwen, kam es vor, «dass eine Frau nicht im Haushalt bzw. unter der Autorität eines Mannes lebte».[23] Trotzdem galten Frauen grundsätzlich als geschäftsfähig und konnten durchaus wirtschaftlich aktiv sein.[24]

Der niederländische Assyriologieprofessor Marten Stol bringt es auf den Punkt: «In der babylonischen patriarchalen Gesellschaft wurde eine Frau aus der Autorität eines Mannes in die eines anderen transferiert, von der des Vaters in die des Ehemannes.» Dadurch werde die Frau zum Gegenstand einer Heiratstransaktion, «und das Bezahlen eines Brautpreises macht die Ehe zu einer kommerziellen Veranstaltung».[25]

Die Erfindung der Treue

Wenn die Ehe ein Institut zur legitimen Weitergabe des Erbes in der männlichen Linie ist, hat das Konsequenzen. Sie führen zu jener Doppelmoral in Sachen Treue, deren Auswirkungen wir bis in unsere Tage spüren. Zunächst muss die absolute Treue der Ehefrau sichergestellt sein. Das Erbe soll ja an die Kinder des Mannes weitergegeben werden; nichts schlimmer, als wenn er sich für den Nachwuchs eines anderen engagierte und dieser noch erben würde.

Umgekehrt gilt das nicht, geht es hier doch nicht um ewige, exklusive Liebe, sondern eben um die Weitergabe des Erbes. Und die ist im patriarchalen System nicht gefährdet, wenn der Mann Geschlechtsverkehr mit weiteren Frauen hat. Zumindest solange diese Frauen nicht verheiratet sind. Denn dann kommt es zu Konflikten mit den Interessen eines anderen Mannes. In der Konsequenz heißt das: Ehebruch ist allein etwas, das Frauen angelastet wird. «Im Alten Orient ist dabei die verheiratete Frau, die Verkehr mit einem anderen Mann hat, immer eine Ehebrecherin; sie bricht ihre eigene Ehe. Der Mann ist nur dann ein Ehebrecher, wenn er Verkehr mit einer verheirateten Frau hat; er bricht dann die Ehe des anderen Mannes.» Sexuelle Kontakte des verheirateten Mannes mit Prostituierten, Sklavinnen oder anderen unverheirateten Frauen «fallen demgegenüber nicht unter Ehebruch».[26] Und das wird sich bis in die Gesetze der Bibel hinein niederschlagen, die vom alten mesopotamischen Recht geprägt sind.[27] Ehebruch wird in der Tora mit Todesstrafe belegt: «Wenn jemand die Ehe bricht mit der Frau seines Nächsten, so sollen beide des Todes sterben, Ehebrecher und Ehebrecherin, weil er mit der Frau seines Nächsten die Ehe gebrochen hat.»[28]

In der patriarchalen Welt geht es um Besitz! Wie heißt es in den Zehn Geboten? «Du sollst nicht begehren deines Nächsten Haus. Du sollst nicht begehren deines Nächsten Frau, Knecht, Magd, Rind, Esel noch alles, was dein Nächster hat.»[29] Entsprechend ist es in aller Regel nur der Mann, der sich von seiner Frau scheiden lassen kann. Diese Doppelmoral wird im Recht objektiviert.[30]

Auf den Punkt gebracht: Die Idee der Treue ist hier allein eine Verpflichtung der Frauen. Sie entspringt der Vorstellung, dass die Frau das Eigentum des Mannes sei, der sie durch Heirat erworben hat – und es ihre Aufgabe ist, ihm legitime Erben zu schenken. Ist es übertrieben zu behaupten: Das Eigentum versklavte die Frauen?

Wir sprachen bereits davon, wie wir es hier mit einer Entmenschlichung, einer Verdinglichung der Frau im Zeichen des Eigentums zu tun haben. In Zusammenhang mit der Machtverschiebung zugunsten der Männer kontaminierte diese Logik auch die Sexualität: Der Beischlaf degenerierte zum einseitigen Eigentumsakt. Bourdieu schreibt, dass noch in der Gegenwart der Geschlechtsverkehr bei vielen Männern «als eine Form von Herrschaft, von Aneignung, von ‹Besitz›» gelte.[31] Das «Vollziehen der Ehe» wird als jener «Akt» verstanden, der den Besitzerwerb besiegelt. Diese verdinglichende Logik verhinderte lange, dass Vergewaltigungen in der Ehe als Straftat gewertet wurden, schien es doch vielen Männern «ihr Recht» zu sein, das sie mit der Heirat «erworben» hatten und sich «nehmen» konnten, wann immer es ihnen danach gelüstete. Hier trägt nicht die «Natur des Mannes» die Schuld, sondern jene in der Eigentumsidee wurzelnde Logik, die Frauen zum Besitz degradiert. Eine Sache der Kultur also, nicht der Biologie.

Aus evolutionärer Perspektive ist beachtlich, wie die Verschiebung der Machtbalance zuungunsten der Frauen dazu führt, dass das Gesetz die biologischen Interessen des Mannes festschreibt. Wir haben das in Kapitel 4 im Kontext der geschlechtsspezifischen Ausprägungen der Eifersucht diskutiert. Die weibliche Sexualität ist nun etwas, das dem Mann gehört. Aus dem evolutionären Normalzustand der tendenziellen weiblichen Nicht-Treue wird die moralisch verdammenswerte Untreue.

In dieser Logik liegt auch, dass die Männer ihr «Eigentum» zu schützen versuchen. Tatsächlich taucht in diesem Kontext erstmals nachweisbar die Praktik des Schleiertragens auf. Was wohl erst als

Teil der Hochzeitszeremonie begonnen hat, wird zur Verpflichtung der verheirateten Frau.[32] Paragraph 40 des mittelassyrischen Rechts macht das dann zum Gesetz. Damit «übernahm der Staat die Kontrolle über die weibliche Sexualität», schreibt Gerda Lerner und fügt an: «Seit 1250 v. Chr., von der Verschleierung der Frau in der Öffentlichkeit bis zur staatlichen Regelung der Geburtenkontrolle und Abtreibung, ist die Kontrolle der weiblichen Sexualität ein wesentlicher Faktor der patriarchalen Machtausübung».[33]

Die biologische Logik ist offensichtlich: Es gilt, die Frauen der Macht ihrer «Ornamente» zu berauben, ihres erotischen Kapitals, das ihnen half, ihre sexuelle Autonomie zu wahren. Wie immer gewinnen Innovationen neue Bedeutungskontexte: Bald schon avancierte der Schleier als Signal an andere Männer, auf Abstand zu bleiben, um keinen Konflikt mit dem Ehemann heraufzubeschwören. Umgekehrt wird es im Altertum Praxis sein, dass Prostituierte, Dienerinnen und Sklavinnen keinen Schleier tragen dürfen.

Wenn eine Frau nicht genügt

Die Aufgabe der Ehefrau ist also, einen Erben zu produzieren. Was aber, wenn sie diese Aufgabe nicht erfüllt? Was, wenn eine Frau keine Kinder bekommt? Im Altertum ist das angesichts des oft prekären Gesundheitszustands kein seltenes Phänomen.[34] Die babylonische Lösung, die auch für viele andere patriarchale Gesellschaften der alten Welt (und der Bibel) gilt: Wenn eine Frau keine Kinder gebären kann, darf sich der Mann eine zweite Frau nehmen. Das Eigentum verlangt nun einmal einen Erben. Mitunter darf der Mann sich in diesem Fall auch von der Frau scheiden, was er aber eher ungern tut, da er meist die Mitgift zurückzahlen müsste.[35]

Wie in den biblischen Patriarchenfamilien im Fall von Sara, Rahel und Lea, die ihren Männern ihre «Mägde» Hagar, Bilha und Silpa zuführen, sind auch in Mesopotamien die Zweitfrauen oft Sklavinnen, und es sind nicht selten wie in der Bibel die «Erstfrauen», die ihre «Co-Frauen» auswählen.[36] Auch die leichte Verfügbarkeit von Sklavinnen ist ein Produkt der eigentumsbasierten Welt. Schulden zwangen Menschen in die Sklaverei. In Not geratene Familien verkauften zuerst die Töchter. Kriege brachten Menschen als Beute, weibliche wie männliche.

Das könnte einer der Gründe sein, der zur Polygynie führte, der Praxis, dass ein Mann mit mehr als einer Frau verheiratet ist. Entscheidender dürfte aber das Vorbild der Herrscher an der Spitze gewesen sein, die sich als Gottessöhne, als die sie sich inszenierten, nun mal die Frauen «nahmen», die ihnen gefielen. Mit der Zeit wird es im Alten Orient «erlaubt und akzeptabel» sein, «dass ein verheirateter Mann eine weitere Frau oder Nebenfrau hatte, vorausgesetzt, er konnte sie alle unterhalten». Auch im alten Israel werden es begüterte Männer sein, «die mehrere Frauen hatten».[37]

Erst in einer Kultur, in der die Macht der Frauen gebrochen und Männerdominanz zementiert war, konnten sich die Männer der Elite daranmachen, ihren biologischen Interessen völlig freien Lauf zu lassen: Die Innovation des Reichtums ermöglicht es den materiell Erfolgreichsten, ihren Reproduktionserfolg zu maximieren. Weil sie die Macht haben, weil verschuldete Familien ihre einzige Chance darin sehen, ihre Töchter zu verkaufen, weil die Kriege recht- und schutzlose Sklavinnen ins Land bringen. Jene an der Spitze der sozialen Pyramide werden das hemmungslos ausnutzen: Gottgleiche Potentaten erschaffen sich eine Welt, die zum Schlaraffenland ihrer Potenzgelüste wird.

Im dritten Jahrtausend v. Chr. hatten die Könige der dritten Dynastie von Ur meist eine Hauptfrau und vier, vielleicht fünf Nebenfrauen.[38] Von all den anderen Frauen im Palast wie etwa Musikerinnen oder Sklavinnen wissen wir wenig, auch nicht, wieweit sie ihrem Herrn sexuell zu Diensten sein mussten. Aber so wie Sklavinnen und auch Sklaven in allen Belangen Eigentum ihrer Besitzer waren und diese entsprechend über sie verfügen konnten, ist davon auszugehen.

Weil ein Harem immer auch ein königliches Prestigeobjekt war und niemand den mit den Göttern aufs engste vertrauten Herrschern Grenzen setzte, wurden diese größer und größer.[39] Fremde Prinzessinnen kamen als diplomatische Geschenke, ein Krieg brachte mitunter den kompletten Harem eines besiegten Herrschers, ein neuer König übernahm die Frauen seines Vorgängers. Bei den Herrschern von Mari im frühen zweiten Jahrtausend v. Chr. ging die Zahl der Frauen in die Hunderte. Manche der neuassyrischen Könige, berüchtigt für ihre brutalen Eroberungsfeldzüge, besaßen ein Jahrtausend später gut zwei Dutzend auf mehrere Städte verteilte Harems.[40]

Hat die kulturelle Evolution erst einmal einen Weg eingeschlagen, entfaltet sie eine schwer zu stoppende Eigendynamik. Verstärkt wurde diese durch jenen Mechanismus, der dem Eigentum inhärent zu sein scheint, weil es von sich aus jeder Selbstbeschränkung abhold ist: Es kann nie genug sein. Die Zahl der Frauen wurde zum Statussymbol. Sie bemaß die Macht und den Reichtum eines Herrschers, war also, wir erinnern uns, ein Costly Signal, ein kulturelles Ornament. Es lässt sich auch mit der Theorie der «Conspicuous Consumption» des amerikanischen Soziologen Thorstein Veblen erklären: Um aus Besitz einen Prestigegewinn zu ziehen, muss er demonstrativ zur Schau gestellt werden – was zwangsläufig die Konkurrenz anheizt. Ein Mittel, das vor allem für Emporkömmlinge attraktiv ist.[41]

Das gilt auch für Mesopotamien; wo sich die Dynastien und Reiche oft in kürzester Zeit abwechselten, wo «Könige und Stammesfürsten häufig Usurpatoren der Macht waren, deren Legitimität sie durch ein Zurschaustellen ihres Reichtums zu beweisen trachteten – etwa durch die Zahl ihrer Sklavinnen und Konkubinen».[42] Veblens Theorie erklärt auch, wieso die Herrscher nie genug hatten: Sie standen in ständiger Konkurrenz zu anderen Herrschern. Mehr war deshalb einfach immer besser, auch wenn die Herrscher viele dieser Frauen womöglich nie zu Gesicht bekamen. Das ist der Grund, warum die Bibel ihrem König Salomo einen 1000-köpfigen Harem andichtete.

Die patriarchale Matrix ermöglicht hier den größtmöglichen Fitnessgewinn der männlichen Top-Elite. Wir haben das schon bei der Biologie thematisiert: Einzelne Männer setzen voll auf das Bateman-Prinzip. Weil sie die Macht, den Reichtum und jetzt sogar das Recht auf ihrer Seite haben, steigern sie ihren Reproduktionserfolg ins Unermessliche. Dazu forcieren sie die Kontrolle der weiblichen Sexualität: Im Fall des Harems versteht sich das schon aus der Eigentumslogik. Die Frauen müssen als Besitz des Königs geschützt werden. Es muss zudem alles unternommen werden, um zu verhindern, dass diese Wege finden, ihre eigenen sexuellen Bedürfnisse zu befriedigen. Dafür ist auch die Sexualität der Wächter unter Kontrolle zu bringen: Eunuchen kümmern sich um die Frauen des Herrschers. Es werden strenge Regeln des gegenseitigen Kontakts aufgestellt.[43]

Ein zweiter Grund für polygyne Herrscher, die Sexualität der Frauen zu kontrollieren: sich vor Geschlechtskrankheiten schützen. Von denen waren die promiskuitivsten Individuen einer Gesellschaft am stärksten bedroht.[44] Da Krankheiten als Werk von Dämonen, als Strafen der Götter galten, mussten die Herrscher zudem besonders auf der Hut sein: Eine Krankheit galt als Zeichen, dass der Stadtgott mit seinem Stellvertreter unzufrieden war. In einem Brief berichtet ein Haremswächter, dass der Körper einer Frau vom «Zorn des Gottes» bedeckt gewesen sei, woraufhin er sie sofort des Palastes verwiesen und den Klagepriester herbestellt habe, um den Palast zu reinigen.[45]

Auch deshalb lag es im Interesse der patriarchalen Elite, dafür zu sorgen, die Treue ihrer Frauen sicherzustellen. Ohne die Zusammenhänge zu kennen, war das Krankheitsprävention – und der abgeschlossene Harem, ohne dass das zynisch klingen soll, eine Form der Quarantäne. Wieder werden Jungfrauen die ideale Wahl sein, sie sind rein – im Sinne von sicher nicht infiziert. Ein weiteres Charakteristikum der kulturellen Evolution: Ihre erfolgreichsten Produkte, wie in diesem Fall das patriarchale Phantasma «Jungfrau», speisen sich aus einer Vielzahl von Quellen und sind multifunktional.

Die Folgen sind katastrophal. Die ungerechte Besitzverteilung führt zu enormer Konkurrenz und in ihrer Folge zu Gewalt in zuvor unbekannten Ausmaßen. In polygynen Familien ist eine doppelte Konkurrenz die Folge: Erst kämpfen mehrere Frauen um einen Mann (in der Bibel Sarah und Hagar, und die Schwestern Lea und Rahel); dann kämpfen die Söhne um das Erbe (Kain und Abel, Jakob und Esau). Der Gewinnerin, dem Sieger winken solch immense Vorteile, dass alle alles daransetzen, zu obsiegen. Die Konkurrenz um ein knappes Gut zerstört jede Solidarität und produziert Gewalt. Die Sieger tragen den Konflikt in die nächste Generation. Das ist das Kain-und-Abel-Prinzip.

Was wir aus der Theorie (der Evolutionsbiologie, der Bibel) rekonstruieren, bestätigen uns die Quellen: Auch Schwestern werden zu Todfeindinnen. Im 18. Jahrhundert v. Chr. klagte die Prinzessin Kirum in Briefen an ihren Vater, den König von Mari, wie es ihr im Harem des Königs Haya-Sumu erging, der bereits ihre ältere Schwester zur Frau erhalten hatte, nämlich fürchterlich. Kirum stellte ihre Schwester als Hexe dar und drohte mit Selbstmord, wenn ihr Vater sie nicht zurückholen würde.[46]

Jede neue, und das meinte meist jüngere Frau avancierte zur Gefahr für die Hauptfrau. Für Nebenfrauen bestand stets die Chance, sich durch einen Sohn an die erste Stelle zu setzen.[47] Selbst dann, wenn bereits ein offizieller Erbe geboren war. Laut den Archiven des Stadtstaats Ebla zeugte der König über einen Zeitraum von vier, fünf Jahren mit seinen Konkubinen zehn Söhne und mit der Königin einen.[48] Was, wenn diesem etwas zustieß? Eine Hauptfrau konnte sich ihrer Position nie sicher sein.

Solche deformierten Bedingungen glichen Menschenexperimenten. Die Situation in den riesigen Harems war derart, dass die assyrischen Könige spezielle Harem-Edikte erließen, um ihre Frauen unter Kontrolle zu halten.[49] Für den Haremsherrn konnte das gefährlich werden. Haremsverschwörungen zielten darauf, die

Hauptfrau, die Königin, zu beseitigen – oder den König selbst. Als Forscher die Mumie des Pharaos Ramses III. untersuchten, stellten sie fest, dass die Kehle durchgeschnitten war. Seine Nebenfrau Tij hatte den Mord in Auftrag gegeben, um ihrem Sohn Pentawere den Thron zu sichern.[50]

Unter solchen Bedingungen gehen sich eben auch Brüder, die in der Regel nur Halbbrüder sind, an die Gurgel. Quellen berichten, dass ein König «bei seinem Amtsantritt sämtliche seiner Brüder umbringen ließ, und mehrfach scheinen die Söhne mesopotamischer Herrscher ihre Väter getötet zu haben, um selbst den Thron zu besteigen».[51] Auch das ist ein Thema der Bibel.

Sexualität als Gefahr: Femme fatale

Da uns die Dämonisierung der Sexualität noch umtreiben wird: Hier sehen wir eine der Wurzeln. Die sexuelle Autonomie der Frauen, die Inszenierung dessen, was Biologen Ornamente nennen, gehören zum Arsenal weiblicher Strategien, sich den Monopolisierungsversuchen eines Mannes zu entziehen. Aber sie dienen gleichzeitig auch dazu, sich im Wettbewerb mit anderen Frauen durchzusetzen. Dass das unter patriarchalen Bedingungen an Bedeutung gewinnt, wo Frauen in erbitterter Konkurrenz um den Patriarchen stehen, liegt auf der Hand.

Um es neutral zu formulieren: «Die Rangfolge unter den Damen war abhängig von der Stellung jeder einzelnen Frau zum König».[52] Für diesen waren politische Gründe (die Tochter eines befreundeten Königs sollte man nicht schlecht behandeln) entscheidend und die Abfolge seiner Heiraten. Doch das erotische Kapital einer Frau besaß stets das Potenzial, die Hierarchien zu sprengen; das schürte vor allem im Umfeld eines Herrschers Ängste. Die hebräische Bibel liefert dafür eine ganze Reihe von Beispielen. Einmal die erwähnte Batseba. Von ihrem Anblick beim Bade hatte sich König David so hinreißen lassen, dass es Batseba als seiner achten Frau gelang, ihren Sohn Salomo an vielen Aspiranten mit älteren Rechten vorbei auf den Thron zu hieven. Diese Geschichte, berichtet die Theologieprofessorin Ilse Müllner, löst deshalb «immer wieder Diskussionen über die Beteiligung Batsebas am Geschehen aus». Könnte sie ihr Bad nicht absichtlich in seinem Blickfeld genommen haben? «Hat sie die Liaison mit dem König gewollt, vielleicht sogar gezielt für ihre politischen Zwecke genutzt? Die Erzählung selbst gibt darüber keine Auskunft.»[53]

Hier entsteht ein weiteres patriarchales Phantasma: die Femme fatale, ebenso verführerisch wie gefährlich. In der Bibel begegnet sie uns immer wieder. Da ist zum Beispiel Delila: In deren Armen wurde Simson, der Heros, der tausend Philister mit einer Eselskinnbacke erschlug, schwach und verriet ihr das Geheimnis seiner Kraft (die Haare!), woraufhin sie ihn an seine Feinde verriet. Und dann ist da Judith, die qua enormen Muts und erotischer Macht Zugang zum Zelt des assyrischen Generals Holofernes erhält und ihm dann eigenhändig den Kopf abschneidet. Die ungehemmte Lüsternheit der Herrscher ist die Achillesferse des Patriarchats.

Nur allzu leicht führt das zur umgekehrten Schuldzuweisung: Die Frauen sind es, die verführen. Sie sind verhängnisvoll, sie werden verteufelt, im besten Fall machen sie einen Mann nur lächerlich. Der «Weibermacht»-Topos wird populär. Wir sind ihm schon begegnet: Herakles in Diensten der Königin Omphale trägt Frauenkleider. Im Mittelalter kursiert die Geschichte von Aristoteles und Phyllis: Die wunderschöne Phyllis habe den alten Philosophen becirct, ihm einen Sattel aufzuschnallen und auf seinem Rücken durch den Garten herumzureiten.[54]

Das erklärt die schillernde Ambivalenz der Femme fatale: begehrt, gefürchtet, verhasst. Die Dämonisierung der weiblichen Sexualität wird uns noch sehr interessieren. Hier wird sie einerseits betrieben, um weibliche Macht zu brechen. Andererseits dient sie im patriarchalen Kontext der Rechtfertigung des übergriffigen Mannes: «Ich bin unschuldig, sie hat mich verführt …» «Victim Blaming» heißt das heute. Eva, die Adam verführt haben soll und die Menschheit damit ins Unglück stürzte, wird das erste Opfer sein.

Halten wir also fest: Wir konnten in diesem Kapitel beobachten, wie die despotischen Verhältnisse zwei der uralten weiblichen Strategien gegen Männerdominanz außer Kraft setzen: Die sexuelle Autonomie der Frauen wird aufgehoben und die Ausbildung weiblicher Solidarität und Unterstützungsnetzwerke fast bis zur Unmöglichkeit erschwert. Das Recht wird das fixieren und die individuellen Spielräume auf Dauer beschneiden. In der Alltagswelt aber werden sich Frauen im Rahmen der Möglichkeiten behaupten. Über die Lebenswirklichkeit der Frauen aus den untersten Schichten jedoch, geschweige denn der Sklavinnen, wissen wir fast nichts. Ungleichheit reproduziert sich eben selbst bis in die Geschichte hinein. Die archäologische wie die historische Überlieferung ist (be)trügerisch. Auch das ein Werk der Patrix: Das schlimmste Leid lässt sie undokumentiert. Daran sollten wir uns immer erinnern.

15 Zwang, Gewalt und Männermord

Es ist eine Frage simpler Mathematik. Wo einige wenige Männer Frauen und Überschüsse monopolisieren, gehen viele andere leer aus. Das setzt eine Dynamik in Schwung, die sich schwerlich anders als verhängnisvoll bezeichnen lässt. Für Frauen, aber auch für Männer – und damit wieder für Frauen.

Im Fruchtbaren Halbmond, wie in den frühen archaischen Staaten rund um den Globus, erreicht die Ungleichheit Dimensionen, wie sie nie zuvor und kaum je danach auftraten.[1] Jene an der Spitze der gesellschaftlichen Hierarchien lebten in einer komplett anderen Welt als die da unten. Für die Männer klaffte die Schere nicht nur in Sachen Reichtum enorm auseinander, sondern auch im Reproduktionserfolg. Da oben setzten wenige Männer jeweils Dutzende, wenn nicht noch mehr Kinder in die Welt. Da unten besaßen viele Männer kaum eine Chance, sich fortzupflanzen.

Die Genetik liefert nun Hinweise auf die massive Ungleichheit der Reproduktionschancen: Unter der Leitung Monika Karmins analysierte ein Forscherteam die genetische Diversität des Y-Chromosoms, über das nur Männer verfügen. Dazu untersuchten sie das Erbmaterial von mehreren hundert Männern weltweit, um die Entwicklung der Vielfalt durch die Zeiten zu rekonstruieren. Die Ergebnisse verglichen sie mit Daten einer entsprechenden Analyse mitochondrialer DNA, die nur in der weiblichen Linie vererbt wird und deshalb die Rekonstruktion der historischen Entwicklung der genetischen Diversität der Frauen erlaubt.

Der Vergleich zeigte eine Zunahme der Diversität über die letzten 60 000 Jahre in beiden Geschlechtern, welche bestens zur damals einsetzenden Eroberung des Planeten passt, und einen deutlichen Anstieg nach der Einführung der Landwirtschaft, der die damit einhergehende Bevölkerungsexplosion widerspiegelte. Doch erstaunlicherweise war dieser zweite steile Diversitätsanstieg nur bei den Frauen zu beobachten. Bei den Männern dagegen war eine Abnahme zu verzeichnen: Es zeigte sich ein massiver Einbruch in der Diversität der männlichen Y-Chromosomen zwischen der Etablierung der Landwirtschaft und den Jahren um Christi Geburt. Viele Männer haben damals nie Kinder gezeugt! Während fast alle fruchtbaren Frauen in diesen Zeiten Kinder in die Welt setzten, gelang das nur einem Bruchteil der Männer.[2]

Für diesen sehr markanten Unterschied im Reproduktionserfolg ist die Polygynie keineswegs allein verantwortlich, trotzdem spielt sie eine wichtige, vor allem auslösende Rolle. Wir haben es mit einem neuen Mismatch-Phänomen zu tun, das infolge des Übergangs zur intensiven Landwirtschaft und den Möglichkeiten einzelner Individuen, Ressourcen anzuhäufen, dazu führt, dass die Diskrepanz in Sachen Kindern zwischen Männern dramatisch steigt.[3]

Die Folgen kennen wir aus der Biologie: Innerhalb von Arten, bei denen ein Geschlecht eine höhere Varianz im Fortpflanzungserfolg aufzeigt, kommt es zu einer erhöhten Konkurrenz innerhalb des betroffenen Geschlechts. Und das sehen wir auch in der Geschichte: Die neue, also kulturell bedingte Ungleichheit in despotischen Gesellschaften führt zu einer enorm erhöhten Konkurrenz unter Männern. Mit fatalen Konsequenzen: einem massiven Anstieg von Zwang und Gewalt.

Auf der einen Seite steht also jene kleine Elite, der wir uns bisher gewidmet haben, die in der Lage ist, mehrere Frauen zu «besitzen», und alles daransetzt, «ihre» Frauen zu verteidigen. Sie ist es, der es, wie die Genetik zeigt, in der Hauptsache gelingt, sich fortzupflanzen. Auf der anderen Seite läuft die Vielzahl der Männer der unteren sozialen Schichten Gefahr, sich nicht reproduzieren zu können, schließlich führte die despotische Praxis zu einer weiteren Zunahme des Frauendefizits. Insofern maximierte das die Wahrscheinlichkeit, dass Männer zu Zwang und Gewalt griffen: Die Bibel hat nicht allzu sehr übertrieben, mit Sodom und Gomorra Städte als Sammelbecken der Verlierer dieser Prozesse zu zeigen, die zu Gewalt und Vergewaltigung neigten und es so arg trieben, dass Gott keine andere Option sah, als sie mit Schwefel und Feuer zu vertilgen.[4]

Studien belegen, dass im Allgemeinen junge, unverheiratete Männer risikobereiter sind und eher zu Gewalt greifen, um Mittel oder Macht zu erwerben, die ihnen einen Zugang zu Frauen gewähren. Insbesondere dann, wenn das angestammte Gleichgewicht der Geschlechter massiv gestört ist und die gesellschaftlichen Verhältnisse solchem Verhalten keine Grenzen setzen.[5]

Krieg als Chance

Hier kommt es zu einer unheilschwangeren Interessengemeinschaft zwischen denen da oben und denen da unten. Für die Elite ist der Krieg ein Mittel, Ruhm und Reichtümer zu gewinnen; außerdem bot er Karrierechancen für jene Vertreter der «Elite Overproduction», wie sie Peter Turchin nennt, also für jene Königssöhne, die keinen Anspruch auf den Thron hatten, die aber hofften, als Heerführer doch noch eine Herrschaft zu erobern.[6] Für viele Habenichtse dagegen stellt der Krieg die einzige Chance zum sozialen Aufstieg dar und – leider im wahrsten Wortsinn – eine Frau zu «erbeuten». Wir haben es also mit einem sich selbst verstärkenden Prozess zu tun: Initiiert durch die Machtgelüste der Herrscher, wird die Gewaltspirale durch jene angetrieben, denen Gewalt und Krieg die einzige Chance bieten, ihre Situation zu verbessern. Dauerhafter Frieden ist so unmöglich: Die Kulturen des Altertums durchlaufen Zyklen, in denen auf starke Machtkonzentrationen der gewaltsam von außen oder innen ausgelöste Zusammenbruch folgt.[7]

Wir haben schon im Europa-Kapitel Hinweise auf Frauenraub diskutiert. Auch die Bibel berichtet davon.[8] Noch öfter erzählt sie aber von jener Praxis, über die uns auch Homer oder Historiker wie Herodot und Thukydides berichten: Nach einem Sieg werden die unterlegenen Männer getötet (manchmal auch versklavt), die Frauen und Kinder dagegen als Kriegsbeute nach Hause verschleppt, wo sie in aller Regel ein Leben in Sklaverei erwartet.

Das, was wir als «toxische Männlichkeit» beschrieben haben, setzt den Rahmen für die Grausamkeiten des Krieges – für das Hinmetzeln der Feinde und die Vergewaltigungen von Frauen. Die Feinde werden nicht als Menschen wahrgenommen; ein Rausch der Gewalt, der Macht ist die Folge – gefeiert in den heroischen Kulturen des Altertums. Auch der Kriegsheld gehört ins Arsenal verhängnisvoller patriarchaler Phantasmen.

Die Historikerin Kathy L. Gaca weist zu Recht darauf hin, dass die traditionelle Definition von Krieg sich zu ausschließlich auf das Töten von Männern bezieht: Vergewaltigung und Versklavung von Frauen sind sehr oft nicht nur ein grundlegendes Ziel der Kriegsführung, sondern geradezu ihr integraler Bestandteil.[9] Der Anthropologe James C. Scott sieht kriegsgefangene Frauen für die frühen Staaten als unverzichtbar an; nicht nur als Arbeitskräfte, sondern um die hohe Müttersterblichkeit wie auch die ungesunden Effekte der Konzentration großer Menschenmengen in den Städten zu kompensieren.[10]

Männermord

Die despotische Kultur reproduziert die Gewalt in vielerlei Formen. Welche Ausmaße dies haben konnte, auch das zeigt wieder die Genetik. Wir haben es mit einem zweiten Faktor zu tun, der dafür sorgte, dass sich längst nicht alle Männer fortpflanzten. Das lag eben nicht nur an der Haremspolitik der Potentaten. Sobald die Landwirtschaft erfolgreich betrieben wird, führt sie lokal zu Überbevölkerung, worauf vor allem die nichterbenden Söhne mit Abwanderung reagieren. Forschung, die alte DNA, also aus prähistorischen Knochen gewonnenes Erbmaterial, analysiert, zeigt, dass es immer wieder zu ethnischen Fluktuationen, ja sogar partiellem Bevölkerungsaustausch kam. Auch das ist ein Szenario: Marodierende Banden, die hauptsächlich aus Männern bestanden, überfielen Bauern, töteten diese und verschleppten die Frauen.

Da heißes Klima menschliches Erbmaterial schlecht konserviert, stammen die aussagekräftigsten Untersuchungen leider nicht aus dem Nahen Osten. Deshalb hier ein Beispiel aus Europa, das in diesen Ausmaßen zuvor kaum für möglich gehalten wurde. Genetische Analysen belegen, dass vor rund 5000 Jahren eine massive Immigration von eurasischen Steppennomaden aus der Jamnaja-Kultur nach Europa erfolgte. Sie ersetzten vielerorts bis zu drei Viertel der Bevölkerung. Es waren zu gut achtzig Prozent Männer, die da kamen. Sie nahmen sich – und das ist typisch für Eroberer aller Zeiten – Frauen aus der lokalen Bevölkerung, gewaltsam. Was mit den Männern geschah? Vermutlich getötet. Noch heute dominieren die aus der Steppe mitgebrachten Y-Chromosomen das männliche Erbgut Europas.[11]

Deshalb, und das soll angesichts des Fokus unserer Analysen keinesfalls vergessen werden: despotische Verhältnisse, ob in Europa oder im Vorderen Orient, haben auch für die Mehrheit der Männer die allerschlimmsten Konsequenzen. Vielen von ihnen brachten sie nichts als den Tod – wenn nicht Schlimmeres.

Opfer, die zu Tätern werden

Eine verhängnisvolle Dynamik war die Folge: Während die Männer an der Spitze dem Prinzip der Status- und Profitmaximierung folgten und ausbeuteten, was auszubeuten war, waren die Männer am unteren Ende der sozialen Hierarchie selbst Unterdrückte, Ausgebeutete, endeten oft genug auch in der Sklaverei. Viele sahen in der Gewalt die einzige Chance auf Reproduktion. Für Frauen ist das eine schreckliche Entwicklung: Die Männer aus den obersten wie den untersten Sphären standen eigentlich in einer erbitterten Konkurrenz zueinander. Aber in der Unterdrückung und Ausbeutung von Frauen fanden sie zusammen. Statt dass sich die vielen gegen die wenigen verbündeten, um David Hume zu zitieren, ließen sie sich von diesen korrumpieren, indem sie in der Herrschaft über die Frauen zusammenfanden. Wieder begegnen wir dem Phänomen: Menschen sind sich selbst die Nächsten. In einer Situation, in der die Gesellschaftsstruktur unabänderlich erscheint, verfolgt ein jeder die eigenen Interessen – so auch marginalisierte Männer. Solidarität mit anderen Opfern ist kaum zu erwarten.

Wie es für das ganze Buch gilt: Natürlich gab es Ausnahmen. Aber uns geht es darum, die allgemeinen Mechanismen zu verstehen. Ohne etwas entschuldigen zu wollen, ist es unser Ziel, die kulturellen Zusammenhänge aufzuzeigen. Gerade weil der Eindruck entstehen könnte, *alle* Männer unterdrückten *alle* Frauen, und Misogynie sei tatsächlich ein männlicher Erbdefekt, ist es wichtig zu differenzieren: Wieder ist es ein kulturelles, kein biologisch motiviertes Phänomen.

Für die unterdrückten, gequälten Frauen ist das kein Trost. Dennoch ist es für die Analyse wichtig, dass die Männer da unten oftmals selbst Opfer waren, die dann zu Täter wurden. Die fatale Macht der sozialen Verhältnisse. Ohne die Eskapaden, die grenzenlose Gier der Despoten, die fatale Eigentumslogik hätten sie sich wahrscheinlich nicht zu Zwang und Gewalt getrieben gesehen. Und die Frauen wären ihnen nicht so hilflos ausgeliefert gewesen. Für Jahrhunderttausende ging es anders. Was wir hier sehen, ist gewissermaßen der *Woyzeck*-Effekt: So wie der Protagonist in Georg Büchners Drama selbst eine ausgebeutete, gequälte Kreatur ist, die sich aber nicht gegen seine Peiniger auflehnt, sondern mit Marie ausgerechnet jene Person tötet, für die er alles Leid auf sich nahm. Unmenschliche Verhältnisse produzieren unmenschliches Verhalten! Die einen missbrauchten Frauen, weil sie es konnten. Die anderen, weil sie keine andere Chance sahen. Das ist die patriarchale Logik in ihrer ebenso grausamen wie perversen Vollendung.

Vergegenwärtigen wir uns noch einmal die kulturellen Entwicklungen: In der neuen Welt der Landwirtschaft war die alte Solidarität zwischen den Geschlechtern zentrifugalen Kräften ausgesetzt, die Genderidentitäten polarisierten sich. In den patriarchalen Gesellschaften dann wurden Frauen isoliert, wurden gezwungen, die Familien zu wechseln – was sie oft zu schutzlosen Fremden machte. Zugespitzt formuliert: Frauen wurden Eigentum, Handelsware, Brutmaschinen. Das verschärfte sich, wo es zu enormer Ungleichheit in puncto Macht und Reichtum kam und eine kleine männliche Elite alles beherrschte. Kriege machten sie erst zu Kriegsbeute, dann zu Sklavinnen. Das ließ Frauen vermehrt zu denen werden, die «nicht zu uns gehören», zum «anderen Geschlecht» eben.[12] Und damit wird es brandgefährlich! Dann greift die tief in der menschlichen Psychologie verortete Freund-Feind-Dichotomie. Sie steigert das Risiko, dass Männer Frauen entmenschlichen, wie es sonst mit Feinden im Krieg der Fall ist. Das ist das kulturelle Setting, welches den Rahmen für schlimmste Misogynie bieten wird.

Da diese Entwicklungen innerhalb weniger Jahrtausende abliefen, verhalf die Evolution Frauen zu keinen effektiven Gegenstrategien. Schlimmer noch: Die altbewährten weiblichen Strategien gegen männliche Dominanz waren außer Kraft gesetzt. Es entstand das, was wir heute als strukturelle Gewalt bezeichnen, also die den Verhältnissen jenseits konkreter Individuen innewohnende Gewalt. Schrift, Gesetze, Institutionen wirken daran mit, dass sich despotisches Verhalten reproduziert. Ebenso die vorgestellten patriarchalen Phantasmen und Diskurse. Ungleichheit wird institutionalisiert; nach gesundheitlichen Belastungen, Verdinglichung und Isolierung ist das der nächste Schritt der weiblichen Schlechterstellung.

Das unterscheidet sich vom staaten- und schriftlosen Europa: In den frühen Staaten an Euphrat, Tigris und auch am Nil schreibt sich die Ungleichheit der Geschlechter tiefer und auf perfidere Weise in die Kultur ein. Recht und Schrift stabilisieren das. Sie stützen damit nicht nur die despotische Ordnung; jede Institution entwickelt ihre spezifische Eigendynamik. Unterdrückung von Frauen realisiert sich in den ausdifferenzierenden Gesellschaftsbereichen damit auf je eigene Weise. Die Patrix entsteht als kulturell konstruierte Wirklichkeit, welche die Diskriminierung der Frauen als Normalzustand simuliert. So groß und bewundernswürdig viele Errungenschaften der frühen Zivilisation auch sein mögen, so hochgradig chauvinistisch kontaminiert sind sie auch. Das alles gibt und verstärkt den Rahmen, in dem schrecklich konkrete Gewaltakte gegen Frauen möglich und sozial akzeptabel wurden, schlimmer noch: normal erschienen.

Auch damals stieß das auf Widerstände oder führte zumindest zu Korrekturen – Menschen haben durchaus ein Sensorium für Ungerechtigkeiten (solange sie selbst nicht davon profitieren). Die mesopotamische Königspropaganda beschwor das Bild der Herrscher als Hirten, die sich um das Wohl ihres Volkes, nicht zuletzt der Witwen und Waisen sorgten.[13] Die Bürger Uruks beschwerten sich bei den Göttern, dass ihr König Gilgamesch sich einfach alle Frauen nahm. Und nun nähern wir uns sogar einem Gott, der für solches Treiben die Sintflut schickte und den Königen auftrug, Maß zu halten. Der einen zumindest für das Altertum relativ humanen Umgang mit weiblichen Kriegsgefangenen vorschrieb: «Sie soll in deinem Haus wohnen und einen Monat lang ihren Vater und ihre Mutter beweinen. Danach darfst du mit ihr Verkehr haben, du darfst ihr Mann werden und sie deine Frau.»[14] Trotzdem wird dieser Gott es sein, der die Unterdrückung der Frauen auf nachhaltigste Weise festschreiben und Eva verdammen wird.

SCHRITT 6: WARUM GOTT SCHWIERIGKEITEN MIT FRAUEN HAT

Wir sind bisher starken Göttinnen begegnet und nicht darüber gestolpert, dass die himmlischen Mächte eine allzu dezidierte Auffassung in Geschlechterfragen besaßen. Das ändert sich mit dem biblischen Monotheismus. Er führt zur religiösen Enteignung der Frauen. Hier erwächst der patriarchalen Matrix eine weitere Dimension, die sie in den nächsten Jahrtausenden unangreifbar machen wird. Hier gründet aber auch das große Missverständnis, was Religion überhaupt ist. Wir werden zunächst der Frage nachgehen, warum Eva tatsächlich bestraft wurde. Das hängt nämlich nicht mit ihrer Weiblichkeit an sich zusammen, sondern mit einer bisher in diesem Kontext wenig berücksichtigten Eigenart göttlicher Macht. Diese ist durchaus verstörender Herkunft und hat für Frauen, wie wir in einem zweiten Kapitel zeigen werden, üble Konsequenzen. Sie geraten unter Generalverdacht und verlieren spirituelle Unterstützung. Auch wenn damit die schwache Position der Frauen zunehmend besiegelt wird, belegen die Geschehnisse doch vor allem eins: ihre Stärke.

16 Evas Geheimnis, Gottes Eifersucht

Nun kommen wir zur eigentlich entscheidenden Frage in Sachen Eva: Warum verdammte Gott sie gleich am Anfang des Buchs der Bücher? Warum stellt ausgerechnet der jüdisch-christliche Gott die «Legitimationsurkunde der Frauenunterdrückung»[1] aus? «Welche Frage!», lautete die längste Zeit in feministischen Kreisen die Antwort. «Religion ist patriarchalisch», sie ist geradezu «die Apotheose des Patriarchats», so bringt die Religionssoziologin Linda Woodhead das Credo vieler Feministinnen auf den Punkt.[2] Da ist es doch das Normalste auf der Welt, dass ein patriarchaler Gott die Frauen verdammt. Aber das ist ein Irrtum.

Schlimmer noch, dieser Annahme zu folgen, bedeutet, der Patrix auf den Leim zu gehen. Religion an sich ist nicht patriarchalisch. Das gilt nur für die männlich dominierte Spielart der Religion, die behauptet, die einzig wahre zu sein. Zugegeben, damit war sie so erfolgreich, dass ihr die meisten Menschen heute in diesem Punkt folgen. Höchste Zeit also, Evas Geheimnis zu lüften. Wir werden in diesem Kapitel zunächst zeigen, woher die göttliche Eifersucht stammt, die den Frauen Probleme bereiten wird, obwohl der biblische Gott an sich wenig Probleme mit ihnen hatte, um im darauffolgenden Kapitel zu untersuchen, wie das Frauen auf verheerende Weise in die Misere stürzte.[3]

Eine hebräische Pandora?

Wieso erkoren die Autoren der Genesis die erste Frau zum Sündenbock? Pardon für das schiefe Bild, aber es trifft nun einmal zu. Sie bürdeten Eva die Schuld für den desolaten Zustand der Welt auf und entließen sie und ihre Nachkommen in die Trostlosigkeit außerhalb des Paradieses. Dabei hatte das mutmaßliche Ausgangsmaterial aus Ugarit nichts Frauenfeindliches zu bieten: Es war eine weibliche Gottheit, welche die Götterkoalition gegen den bösen Gott Horon schmiedete. Und es war eine Frau, die als Gefährtin des sterblich gewordenen Gottes Adamu zur Mutter alles Lebenden wurde. Hatten die Genesis-Autoren ein Problem mit Frauen?

Wir sagten es schon: In der zweiten Welle des Feminismus vertraten einzelne Stimmen die These, das Patriarchat sei erst mit dem Alten Testament aufgetreten, sei also eine Schöpfung der Bibel – was ihnen Antisemitismusvorwürfe einbrachte.[4] Jahwe zum Erfinder des männlichen Chauvinismus zu machen, basierte auf zwei Missverständnissen: einmal auf der unzutreffenden Annahme, der Gott der hebräischen Bibel habe der ursprünglichen Herrschaft der Göttinnen ein Ende bereitet. Denn Jahwe hatte nicht nur etwas gegen weibliche Gottheiten; bedeutend eifersüchtiger war er auf männliche Kollegen wie den kanaanitischen Wettergott Baal. Er duldete generell keine anderen übernatürlichen Mächte – ganz gleich welchen Geschlechts auch immer. Gebot Nummer eins des Dekalogs: «Du sollst neben mir keine anderen Götter haben.»

Zudem fehlte es damals an sozialgeschichtlichen Kenntnissen: Die Bibelautoren konnten ja nichts erfinden, was schon längst vorhanden war. Die Welt des Alten Orients war seit Jahrhunderten, wenn nicht Jahrtausenden patriarchalisch. Und die Lebenswirklichkeit des alten Israels war in dieser Hinsicht nicht schlimmer als andere Kulturen der Zeit. Dass Hennie J. Marsman in ihrer Studie gezeigt hat, dass die soziale und religiöse Position der Frauen in Ugarit und Israel sich ähnelten, haben wir thematisiert.[5] Und die Bibelwissenschaftlerin Carol Meyers betont in *Rediscovering Eve*, man dürfe die hebräische Bibel nicht als «misogyn» bezeichnen, auch wenn diese extrem männerlastig sei. Es tauchen zwar zwölfmal so viele namentlich genannte Männer wie namentlich genannte Frauen auf, letztere werden aber keinesfalls als an sich unterlegen dargestellt.[6]

Auf die Frage, warum der Gott der hebräischen Bibel sich so patriarchal gebärdete, könnten wir es uns also einfach machen und sagen: ebendeshalb! Weil die Autoren nun einmal in einer patriarchalen Welt lebten. Einmal mehr ist das Widerspiegelungsprinzip am Werk: Die göttlichen Sphären sind in großem Maße Reflexionen der irdischen Verhältnisse. Wenn Pferde Götter hätten, sähen sie aus wie Pferde – das wusste schon der griechische Philosoph Xenophanes, ein ungefährer Zeitgenosse der Genesis-Autoren.[7] In unserem Fall bedeutet das: Die Götter einer patriarchalen Gesellschaft sehen aus wie Patriarchen und legitimieren damit die patriarchalen Verhältnisse auf Erden.

Für die These, dass Evas Verdammung ein Produkt des Zeitgeists war, spräche, dass auch bereits der griechische Dichter Hesiod, der zwischen 740 und 670 v. Chr. lebte, den Frauen die Schuld am Übel der Welt zuschob – und das gleich zweimal. In seiner *Theogonie* berichtet er, wie sich Zeus an Prometheus rächte, der den Menschen verbotenerweise das Feuer gebracht hatte. Dafür gab der Göttervater beim Schmiedegott Hephaistos «das Bild einer züchtigen Jungfrau» in Auftrag. In *Werke und Tage* wird Hesiod ihr den Namen Pandora geben und sie mit der legendären Büchse voller Ungemach ausstatten (die eigentlich ein Vorratskrug war) und zu den Menschen schicken. In der *Theogonie* genügt Zeus die junge Frau selbst als Strafe – denn von diesem «schönen Übel» stammt das «Geschlecht der Frauen und Weiber» ab. Hesiod formuliert es so: Von Pandora «kommt das schlimme Geschlecht und die Scharen der Weiber, ein großes Leid für die Menschen; sie wohnen bei den Männern, Gefährtinnen nicht in verderblicher Armut, sondern nur im Überfluss».[8] In *Werke und Tage* wird Pandora den Deckel der Büchse, die keine ist, öffnen und der «Menschheit leidvolle

Schmerzen» bescheren, weil Plagen und Krankheiten aus ihr hervorquellen.[9] Dagegen ist die Genesis geradezu frauenfreundlich!

Angesichts der Parallelen mutmaßten Forscher, ob die Geschichte von der «griechischen Eva» nicht die Genesis-Autoren inspiriert haben könnte. Die Mittelmeerwelt stand schließlich im regen Austausch und die Eden-Geschichte der Genesis ist in ihrer finalen Form recht spät fixiert worden.[10] Ist Eva also eigentlich eine hebräische Pandora? Selbst wenn das der Fall wäre (wogegen unsere in Kapitel 1 dargestellte Ugarit-Verbindung spricht), ändert das nichts an der Besonderheit der Genesis-Geschichte. Wie wir sehen, waren die Verhältnisse allerorten patriarchal. Aber Pandora ist eben nur eine Geschichte unter unendlich vielen Mythen des alten Griechenlands; sie erlangt nie die Autorität der Genesis-Geschichte.

Also: Warum finden wir nur in der Bibel eine Geschichte von solcher Grundsätzlichkeit? Die patriarchalen Verhältnisse können nicht die Antwort sein, denn dann müssten wir überall ähnliche Texte finden, die mit entsprechendem Nachdruck die Frauenunterdrückung göttlich festschreiben. Die Eva-Episode ist also auch keine Ätiologie; das heißt, sie dient nicht als Geschichte, die erklären soll, warum die Genderrollen nun einmal so verteilt sind, wie sie das in einer patriarchalen Welt sind. Im Gegenteil: Wir werden zeigen, dass Eva eben gerade nicht verdammt wurde, weil die Verhältnisse patriarchaler als andernorts waren. Ihr wird zum Verhängnis, dass Frauen in der Alltagswelt des alten Israels eben doch noch eine bemerkenswert starke Rolle spielten. In der Bibel ist nämlich vieles eher frommer Wunsch denn Realitätsbeschreibung.

Mit Stephen Greenblatt haben wir von der radioaktiven Kraft der Adam und Eva-Geschichte gesprochen. Insofern lässt sich hier behaupten, Eva markiere den GAU, den größten anzunehmenden Unfall der Geschlechtergeschichte. Und damit meinen wir eben nicht den Umstand, dass es die höchste, von Menschen nicht in Zweifel zu ziehende Autorität war, welche die Frauen als das untertänige Geschlecht bestimmte. Nein, der GAU, der die in der biblischen Tradition gründenden Kulturen auf Jahrtausende hinweg verstrahlen wird, geht einher mit etwas, das wir als religiöse Enteignung und Dämonisierung der Frauen beschreiben werden, die wir in diesem und dem nächsten Kapitel untersuchen.

Doch stopp! Ein Unfall? Wirklich?

Ja. Zumindest, was die dahinterstehende Motivation angeht. Die Intention, die den Frauen zum Verhängnis wurde, war keine misogyne. Sie war religiöser Natur. Religionen, auch das sollte deutlich geworden sein, sind nicht ausschließlich Widerspiegelung. Als kulturelle Produkte folgen sie ihren eigenen Dynamiken und Kohärenzzwängen. Dass hier die Entmachtung der Frauen eine neue Dimension erreicht, liegt in etwas begründet, das gewöhnlich als großer Zivilisationsschritt betrachtet wird: in der Erfindung des Monotheismus. Dessen Logik führt zu einer feindlichen Übernahme der weiblichen Religionssphäre. Was hier geschieht? Ein Segment der Religion wird total – und totalitär.

Religion von oben – Religion von unten

Das wohl mächtigste Instrument der patriarchalen Matrix: eine Welt geschaffen zu haben, in welcher Männer als Normalfall gelten und Frauen höchstens als Ausnahme oder Abweichung wahrgenommen werden. Dass dieser Prozess der Marginalisierung und Abwertungen des Weiblichen auch die Religion betrifft – und zwar nicht nur, was deren Inhalte angeht, sondern auch das, was überhaupt als Religion gilt –, ist bisher viel zu wenig thematisiert worden. Der Monotheismus erscheint uns als Normalfall, alles andere gilt als mal mehr, mal weniger einfache Vorstufe; vieles wird als Aberglaube verunglimpft. Aber das ist die monotheistische Strategie, sich die Macht zu sichern. Warum muss er denn sonst alle anderen Formen des Glaubens, der Spiritualität verteufeln?

Der Ägyptologe Jan Assmann hat mit seiner These von der «mosaischen Unterscheidung», die mit dem Monotheismus in die Welt getreten sei, mit der Unterscheidung also «zwischen wahrem

Gott und falschen Göttern, wahrer Religion und falschen Religionen» für viel Wirbel gesorgt.[11] Wir würden das gerne zuspitzen: Der Monotheismus ist alles andere als die wahre oder gar die einzige Religion. Nicht nur steckt er voller patriarchaler Ideologie; es ist fraglich, ob ihn die Bezeichnung «Religion» im modernen Sinn überhaupt treffend charakterisiert.

Um uns keinem falschen Verdacht auszusetzen – nichts liegt uns ferner als eine Religionskritik à la Richard Dawkins.[12] In unserem letzten Buch haben wir ausgeführt, warum wir die Bibel für ein außerordentliches Meisterwerk halten. Wir betonten, welche Kulturleistung es war, Recht und Moral aus der Verfügungsgewalt irdischer Despoten in die eines Gottes zu überführen. Wir zeigten, welche Anstrengungen die Bibelautoren auf sich nahmen, um dem Unheil, das ihre Welt bestimmte, ein Ende zu bereiten und dafür zu sorgen, dass die Menschen in Frieden leben. Wir haben es in einer evolutionären Perspektive auch hier mit einem kulturellen Schutzsystem zu tun, das in Zeiten begrenzten Wissens auf der Annahme beruht, unsichtbare Mächte bestimmten die Geschicke der Welt.

In den vergangenen Kapiteln konnten wir beobachten, wie sich geschlechtsspezifische religiöse Sphären ausdifferenzierten, um die Herausforderung der jeweiligen Lebenswelt zu bewältigen. Wir beobachteten, wie die männlich dominierte Sphäre in dem Maße an Monumentalität gewann, in dem es darum ging, die Herrschaft kleiner Gruppen oder einzelner Individuen zu legitimieren. Im Zuge der Ausdifferenzierung der Gesellschaft entwickelte sich diese Sphäre immer mehr zur Herrschaftsreligion, die auf der Annahme einer privilegierten Beziehung von Herrscher und Gottheit basierte, auf Tempeln und priesterlichen Experten. Es ist eine Religion von oben. Mit den konkreten Bedürfnissen der allermeisten Menschen an der breiten Basis der sozialen Pyramide hatte sie kaum etwas zu tun. Von deren Religion, der Religion von unten, wissen wir wegen der bereits beklagten schlechten Quellenlage viel weniger.

Wir zeigen nun zunächst, wie sehr der Monotheismus seinem Wesen nach Herrschaftsreligion ist, um zu verstehen, warum er als

Religion von oben der Religion von unten den Krieg erklärte und die Frauen religiös enteignete. Dazu müssen wir das tun, was ihm als angeblich von Gott geschickter Offenbarungsreligion am unangenehmsten ist: seine nur allzu weltlichen Ursprünge enthüllen.

Gottes despotisches Erbe

«Es heißt die Einheit der Welt verkennen, wenn man Religion und Politik für grundverschiedene Dinge hält, die nichts miteinander zu schaffen hätten noch haben dürfen», zitiert Jan Assmann aus Thomas Manns Roman *Joseph und seine Brüder*, um hinzuzufügen, dass der römische Gelehrte Varro, dem wir den Begriff der «politischen Theologie» verdanken, festgestellt habe, «dass die Anfänge der staatlichen Einrichtungen mit dem Ursprung der Religion identisch sind».[13] Nun trifft das allein für das zu, was wir hier Herrschaftsreligion nennen. Doch auch wir haben gesehen, welch wichtige Rolle diese Religion von oben bei der Festigung irdischer Macht spielte. Betrachten wir nun, wie sehr das auch das Werden des einen und einzigen Gottes bestimmte.

Die Masse der Bibelwissenschaftler ist überzeugt, dass die glorreiche Vergangenheit der Könige David und Salomo vor allem eines war: prächtig ausgestattete Legende. Tatsächlich sind die beiden kleinen Königreiche Israel und Juda als Staaten Spätlinge, die erst ab dem 10. und 9. Jahrhundert v. Chr. entstanden. Als religiöses Ausgangssubstrat ist dort von «einer bunten Mischung aus städtischen und regionalen Gottheiten, ergänzt durch vielfältige Formen der familiären Frömmigkeit», auszugehen.[14] Die Staatsbildung führt nun, wie andernorts auch, zu einer Aufwertung jenes Gottes, der den Königen als Staatsgott diente und ihre Herrschaft legitimierte. Jahwe hatte sich in der Konkurrenz sowohl des nördlichen Königreichs Israel mit der Hauptstadt Samaria und des südlichen Juda mit der Kapitale Jerusalem durchgesetzt. Es gibt viele Hinweise, dass er anfangs sogar eine Frau besaß: Aschera.[15]

Jahwe, der ehemalige Wettergott aus dem Süden, zeichnete sich jedoch früh durch seine impulsive Eifersucht aus. Er begehrte alle Verehrung für sich allein: «Denn ich, der Herr, dein Gott, bin ein eifernder Gott», wird es im Dekalog heißen. Das war keine göttliche Charakterschwäche, das war einmal mehr dem Widerspiegelungsprinzip geschuldet, also der «Tendenz des Göttlichen, dem Politischen zu folgen».[16] Besonders im Fall Israels und Judas war, dass wir es mit «sekundären Staatsbildungen» zu tun hatten. Das mag trocken klingen, ist aber an Relevanz nicht zu überschätzen.

Primäre Staatsbildungen fanden in Ägypten oder den Stadtstaaten Mesopotamiens statt, wo erstmals Zentralinstanzen entstanden, ohne dass in der Umgebung Vorbilder dafür existierten. Die Ausgestaltung des Götterhimmels vollzog sich dort analog zu den irdischen Verhältnissen – Politicomorphismus lautet das Wortungetüm.[17] Ob irdische oder göttliche Eliten, in beiden Fällen gilt: Es gibt viele mächtige Akteure, oft verwandtschaftlich verbandelt, in jedem Fall innig in Intrigen und Konkurrenz verbunden. Wo einzelne Herrscher oder neue Dynastien sich zur Macht aufschwangen oder ein Stadtstaat den anderen eroberte, hatte das entsprechende Folgen für die korrespondierenden Stadt- oder Staatsgötter.[18] Wir haben das bei Sargon, dem Vater En-hedu-Anas, gestreift. Als er im 3. Jahrtausend v. Chr. das erste imperiale Reich, das der Akkader, schuf, versuchte er Inanna/Ischtar zur Reichsgöttin zu machen, um so auch die Götter der von ihm besiegten Stadtstaaten unter Kontrolle zu bekommen.

Als in den Jahrhunderten danach erst die Babylonier, dann die Assyrer ihre Großreiche errichteten, ist das gleiche Phänomen zu konstatieren: Da erleben die jeweiligen Stadtgötter Marduk und Assur den Karrieresprung zum Obergott eines Pantheons fortan untergeordneter Götter. Das Entstehen imperialer Reiche zieht imperiale Götter nach sich. Wo ein Gott beansprucht, der höchste aller Götter zu sein (deren Existenz aber nicht leugnet), spricht die Religionswissenschaft von Henotheismus.[19] Das bedeutet: In der polytheistischen Konkurrenz der Götter spiegelt sich die Konkurrenz um die Macht in den frühen archaischen Staaten. Veränderungen im Himmel vollzogen sich indes nur langsam, haben wir es doch mit einem sehr konservativen Bereich der Kultur zu tun.[20] Unter Göttern ist es besonders schwer, *tabula rasa* zu machen.

Anders in Israel und Juda: Hier vollzog sich die Staatsbildung im Umfeld bereits bestehender Staaten. Als Emporkömmlinge orientierte man sich an diesen als Vorbild,[21] besonders beim königlichen Staatskult, bei dem man aufgrund der Neugestaltung größere Freiheiten als andernorts genoss. Dabei fand eine Zuspitzung auf Jahwe in bisher unbekanntem Ausmaß statt. Was theoretisch klingen mag, birgt Zündstoff. Denn in dieser Zeit gab es vor allem ein Vorbild: das Reich der Assyrer. Deren Großkönige – wir erinnern uns, die mit den vielen Harems – betrieben einen unvorstellbaren Aufwand, um ihre ebenso absolute wie imperiale Herrschaftsidee umzusetzen. Der Einsatz von Gewalt in brutalstem Ausmaß gehörte dazu. Man sehe sich nur die Aufzählung an Strafgerichten für Feinde an, die sich in Inschriften des Königs Assurnasirpals (883–859 v. Chr.) finden. Der Assyriologe Dietz Otto Edzard nennt: «Schinden der Gegner (ihre Haut wird über die Stadtmauer gebreitet); Abschlagen von Gliedmaßen, Ohren, Nasen; Blenden, Pfählen, Verbrennen von Gefangenen, selbst junger Männer und Mädchen.»[22] Im Jahr 722 v. Chr. eroberten die assyrischen Truppen das nördlich gelegene Israel, viele Menschen flüchteten ins Südreich Juda, den Rest deportierten die Assyrer. 701 verwüstete Sanherib, der assyrische König, Juda, verschonte aber Jerusalem, vermutlich weil das kleine Königreich als Vasall endlich Tribute zahlte.

Tatsächlich beeinflussten diese Erfahrungen die Ausgestaltung des biblischen Gottesbildes massiv. Das ist längst Common Sense in der Bibelwissenschaft.[23] In der Öffentlichkeit sind diese Erkenntnisse noch nicht angekommen. Was keine Überraschung ist, haben sie doch das Potenzial, die Fundamente des vielbeschworenen jüdisch-christlichen Selbstverständnisses ins Tiefste zu erschüttern: «Für die Entstehung eines gelebten Monotheismus ist vor allem von Bedeutung, dass Juda und Jerusalem unter der assyrischen

Besatzung mit der Institution der Vasallitätsverpflichtung bekannt wurden», schreibt der katholische Theologe und Religionswissenschaftler Othmar Keel. Verträge fixierten die absolute Treue der Vasallen gegenüber dem assyrischen König: Sie mussten sich unter «schwersten Drohungen» dazu verpflichten, «keinen anderen Herrn als den assyrischen Großkönig ins Auge zu fassen, ihm allein loyal zu sein, ‹ihn zu lieben›, jeden Versuch, sie von diesem exklusiven Verhältnis abzubringen und etwa zu einer Hinwendung zum Pharao zu motivieren, erbarmungslos zu denunzieren und zu bestrafen, handle es sich auch um die eigene Frau oder die eigenen Kinder.»[24]

Und diese Vorstellung wird nun auf den eigenen Gott übertragen: «Höre, Israel, der Herr ist unser Gott, der Herr ist einer. Und du sollst den Herrn, deinen Gott, liebhaben von ganzem Herzen, von ganzer Seele und mit all deiner Kraft.»[25] Das Motiv der Liebe stammt aus dem «altorientalischen Vertragsrecht zur Bezeichnung politischer Loyalität», und auch das «von ganzem Herzen» gehört in diesen Kontext.[26] Das Volk Israel bindet sich also an Jahwe wie Vasallen an den Großkönig. Es geht um Politik, nicht um Liebe.

Im fünften Buch Mose, dem Deuteronomium, finden sich Texte, die wörtlich von den Vasallenverträgen abhängen, wie sie etwa der judäische König Manasse hatte schwören müssen. Dort heißt es: «Wenn dich dein Bruder, deiner Mutter Sohn, oder dein Sohn oder deine Tochter oder deine Frau in deinen Armen oder dein Freund, der dir so lieb ist wie dein Leben, heimlich überreden würde und sagen: Lasst uns hingehen und andern Göttern dienen, ... so willige nicht ein und gehorche ihm nicht. Auch soll dein Auge ihn nicht schonen, und du sollst dich seiner nicht erbarmen und seine Schuld nicht verheimlichen, sondern sollst ihn zum Tode bringen. Deine Hand soll die erste wider ihn sein, ihn zu töten, und danach die Hand des ganzen Volks. Du sollst ihn zu Tode steinigen, denn er hat dich abbringen wollen von dem Herrn, deinem Gott.»[27]

«Der Machtanspruch ist von Haus aus der des assyrischen Großkönigs», konstatiert Keel, dieser sei «kritiklos» auf Jahwe übertragen worden, «der so mit Zügen eines altorientalischen Despoten ausgestattet» worden sei.[28] Daher stammt Jahwes Eifersucht! Seine angebliche Rachsucht ist ausgeborgt von den Assyrern. Um es mit Eckart Frahm auf den Punkt zu bringen: Das «Bild des allmächtig erscheinenden assyrischen Regenten, dieses Beherrschers der Welt» hat «unmittelbar das biblische Gottesbild beeinflusst». Das Ergebnis sei «die ins Religiöse gewendete Idee einer absoluten Herrschaft, wie sie sich im assyrischen Königtum manifestierte». Der «monokratische Charakter des assyrischen Königtums» ist damit eine der «Wurzeln des biblischen Monotheismus». In der «gleichermaßen absoluten wie imperialen Herrschaftsauffassung» der Assyrer sahen die Bibelautoren eine «wichtige Inspirationsquelle». Die Sache habe, so der Assyriologe Frahm, «theologische Brisanz».[29] Wir glauben, Frahm untertreibt. Die Brisanz geht weit über die Theologie hinaus. Wir kommen darauf zurück.

Gottes Zorn bändigen

587 v. Chr. ereilt Jerusalem doch der Untergang. Nicht in Gestalt der Assyrer, sondern des neubabylonischen Reichs, das die Macht im Vorderen Orient übernommen hatte. Die Babylonier zerstörten Jerusalem mitsamt Tempel, verschleppten große Teile der Elite und der Mittelschicht. Im babylonischen Exil zerbrachen sich Jahwes Gefolgsleute den Kopf: Wieso nur hatte es zu den Katastrophen kommen können? Hatten sie sich geirrt und es gab doch andere Götter, die mächtiger als Jahwe waren? Undenkbar! Ansonsten wäre alles verloren, und Jahwes Gefolgsleute müssten sich vor den fremden Göttern im Staub wälzen. Doch wenn es nur einen Gott gab, warum hatte der zugelassen, dass die Feinde sein Reich, seine Stadt, seinen Tempel verwüsteten? War er doch schwach?

Wir haben bereits über den Confirmation Bias und den Kohärenzzwang menschlichen Denkens gesprochen: Einmal eingeschlagene Wege werden kaum jemals verlassen. Es sollte daher keine Überraschung sein, dass die Elite, anstatt ihre religiösen Überzeugungen zu revidieren (und damit ihre Glaubwürdigkeit zu verlieren), diese konsequent zu Ende dachte. Wenn Israels Gott Jahwe der einzig existierende Gott war, konnte die Erklärung nicht fehlende Stärke lauten. Dann musste er auch für alle Katastrophen und Niederlagen verantwortlich sein – und folglich sein eigenes Volk bestrafen! Er hatte sich dazu erst der Assyrer, dann der Babylonier bedient. Warum? Weil er eifersüchtig war! Weil ihm die Israeliten untreu waren! Weil sie ihm nicht die verlangte absolute Loyalität entgegenbrachten! Das Volk hatte längst nicht allen Göttern entsagt und pflegte weiterhin den Umgang mit Hexen und Zauberern, betrieb Magie und Geisterbeschwörung. Gottes Zorn darüber kannte keine Grenzen. Wenn die Israeliten endlich von Unheil verschont bleiben wollten, musste das ganze Volk Jahwe treu sein und seinem Willen noch in den kleinsten Kleinigkeiten folgen. Um das zu erreichen, machten sich die Bibelautoren ans Werk. Sie verfolgten dabei zwei Strategien.[30]

Hausordnung der Schöpfung

Während andere Kulturen versuchten, die Götter und Geister mit Opfern zu besänftigen, setzten die Bibelautoren auf eine innovative Lösung: Weil sie überzeugt waren, ein einziger Gott steckte hinter allem Unheil, müsste sich doch durch genaue Beobachtung der Welt herausfinden lassen, was ihn zornig machte und zum Strafen brachte. Das eröffnete eine einmalige Chance, dann ließ sich sein Willen rekonstruieren. Das gehäufte Auftreten göttlicher Strafen in bestimmten Lebensbereichen zeigt, dass er dort besonders leicht reizbar ist, also gilt es, das entsprechende Verhalten zu identifizieren, das ihn erzürnt, und es zukünftig zu unterlassen, dann straft Gott auch nicht mehr – und alles ist gut. Bei vielen Göttern hingegen ist auf Erden nie restlos zu klären, wer nun dieses oder jenes Unglück geschickt hatte.

Jahwe ist also gewissermaßen die Verkörperung des Übels, das die Menschen plagte. Er hat alles auf sich genommen – und half damit den Menschen, dem Untergang zu trotzen. Kein Wunder erscheint er so schrecklich zornig, an Unheil herrschte wahrlich kein Mangel. Deshalb gelten auch die Menschen so schrecklich sündig. Gott durfte ja nie ohne Grund strafen.

Das Gesetzessystem der Tora beruht damit auf einer erstaunlich rationalen Logik. Theologen sprechen vom Tun-Ergehen-Zusammenhang.[31] Max Weber sprach prägnanter vom «Gott der gerechten Vergeltung».[32] Dieser Gott ist berechenbar. Das mutet heute überraschend an, weil doch die Annahme, Gottes Wege seien unerforschlich, längst religiöses Allgemeingut ist. Das sind sie in der Tora aber noch nicht. Sein Wille manifestiert sich im Hier und Jetzt. Das Jenseits als Ort, an dem sich die göttliche Gerechtigkeit erfüllt, ist noch nicht erfunden.[33]

In Gottes Namen ließ sich also ein Gesetzeswerk formulieren, welches es den Menschen ermöglichte, sich ohne Kenntnis der realen Zusammenhänge gegen Epidemien, Ausbeutung oder Gewalt zur Wehr zu setzen. Das ist der Hintergrund des gewaltigen Gesetzeswerks der Tora: die 613 Gebote und Verbote Gottes, die alles umfassten, was ihm genehm war und was nicht. Dazu gehören die Zehn Gebote, wie auch die Vielzahl der Speisegesetze und die Verordnungen in Sachen Ehe, Reinheit und Gesundheit, aber auch der Umgang mit Sklaven, Schulden und Haustieren. Wenn diese alle eingehalten werden, so die Überzeugung, verhindern sie, dass Gottes Zorn in Form von Krankheiten oder Gewalt entbrannte.

Die Gesetze sind die Grundlage jenes Bundes, den Jahwe mit dem Volk am Berg Sinai schließt. Sie sind das Kleingedruckte des Bundesvertrages. Wird diese Hausordnung der Schöpfung von ganz Israel befolgt, wird das Leben wieder zum Paradies – das stellt Gott unmissverständlich klar. Lassen wir ihn einmal etwas ausführlicher zu Wort kommen, damit wir ein Gespür für den Geist antiker Despoten bekommen:

> Werdet ihr in meinen Satzungen wandeln und meine Gebote halten und tun, so will ich euch Regen geben zur rechten

> Zeit und das Land soll sein Gewächs geben und die Bäume auf dem Felde ihre Früchte bringen. Und die Dreschzeit soll reichen bis zur Weinernte, und die Weinernte soll reichen bis zur Zeit der Saat. Und ihr sollt Brot die Fülle haben und sollt sicher in eurem Lande wohnen. Ich will Frieden geben in eurem Lande, dass ihr schlaft und euch niemand aufschrecke. Ich will die wilden Tiere aus eurem Lande wegschaffen, und kein Schwert soll durch euer Land gehen. Ihr sollt eure Feinde jagen, und sie sollen vor euch her dem Schwert verfallen. Fünf von euch sollen hundert jagen, und hundert von euch sollen zehntausend jagen; denn eure Feinde sollen vor euch her dem Schwert verfallen. Und ich will mich zu euch wenden und will euch fruchtbar machen und euch mehren und will meinen Bund mit euch halten.[34]

Wehe aber, das Volk Israel hält sich nicht an die Gesetze, dann schickt Gott Unheil. Dies ist, was Gott spricht:

> Werdet ihr mir aber nicht gehorchen und nicht alle diese Gebote tun und werdet ihr meine Satzungen verachten und meine Rechte verwerfen, dass ihr nicht tut alle meine Gebote, und werdet ihr meinen Bund brechen, so will auch ich euch dieses tun: Ich will euch heimsuchen mit Schrecken, mit Auszehrung und Fieber, dass euch die Augen erlöschen und das Leben hinschwindet. Ihr sollt umsonst euren Samen säen und eure Feinde sollen ihn essen. Und ich will mein Antlitz gegen euch richten und ihr sollt geschlagen werden vor euren Feinden, und die euch hassen, sollen über euch herrschen, und ihr sollt fliehen, ohne dass euch einer jagt. Wenn ihr mir aber auch dann noch nicht gehorcht, so will ich euch noch weiter strafen, siebenfältig, um eurer Sünden willen, dass ich euren Stolz und eure Halsstarrigkeit breche, und will euren Himmel wie Eisen und eure Erde wie Erz machen. Und eure Mühe und Arbeit soll verloren sein, dass euer Land sein

Gewächs nicht gebe und die Bäume im Lande ihre Früchte nicht bringen. Und wenn ihr mir zuwiderhandelt und mich nicht hören wollt, so will ich euch noch weiter schlagen, siebenfältig, um eurer Sünden willen. Und ich will wilde Tiere unter euch senden, die sollen eure Kinder fressen und euer Vieh zerreißen und euch vermindern, und eure Straßen sollen verlassen sein.

Brechen wir ab, die Flüche gehen noch eine Weile so weiter. Am Ende des fünften Buch Mose, zum Abschluss der Tora, ergießt sich eine weitere Eloge von «Segen und Fluch»; auch sie kann Albträume betreuen.[35] All das soll eines deutlich machen: Gott ist es todernst mit seinem Gesetz.

Treue entscheidet

Die zweite Strategie der Bibelautoren, um den Monotheismus so glaubwürdig wie möglich zu machen: die Geschichte Israels erzählen, und zwar von den ersten Tagen der Welt an, um allen die Wahrhaftigkeit des zentralen Narrativs vor Augen zu führen: Einzig Jahwe bestimmt den Lauf der Welt. Ihm untreu zu sein, wurde in der Geschichte stets bestraft! Treue aber belohnte Gott! Den Schriftgelehrten dient die eigene, zum Teil imaginierte Geschichte Israels als Propagandamittel: Die Menschen sollen überzeugt werden, dass ihr Schicksal einzig von ihrem Gehorsam abhängt.

Die Gesetze erhalten die Israeliten auf dem Exodus aus Ägypten, nachdem Jahwe sie aus ihrem Sklavenschicksal befreit hatte. Obwohl Mose alles unternahm, den Menschen diesen strengen und regulierungswütigen Gott nahezubringen mit seinen unzähligen Regeln, sehnen sie sich zurück an die Fleischtöpfe Ägyptens und umtanzen lieber ein Goldenes Kalb, als einen Gott zu verehren, von dem sie sich nicht einmal ein Bildnis machen dürfen. Und das ist kein Einzelfall. Ein gutes Dutzend Geschichten gibt es, in denen sie gegen Gott protestieren.[36]

Für solche Sturheit musste das Volk Israel vierzig Jahre durch die Wüste ziehen – bis alle gestorben waren. Erst eine neue, in Jahwes Geist erzogene Generation darf ins Gelobte Land, in dem Milch und Honig fließen. Ihrem Anführer Josua erklärt Gott einmal mehr die Regeln: «Sei nur getrost und ganz unverzagt, dass du hältst und tust in allen Dingen nach dem Gesetz, das dir Mose, mein Knecht, geboten hat. Weiche nicht davon, weder zur Rechten noch zur Linken, auf dass du es recht ausrichten kannst, wohin du auch gehst. Und lass das Buch dieses Gesetzes nicht von deinem Munde kommen, sondern betrachte es Tag und Nacht, dass du hältst und tust in allen Dingen nach dem, was darin geschrieben steht. Dann wird es dir auf deinen Wegen gelingen, und du wirst es recht ausrichten.»[37] Josua befolgt treu Gottes Wort – und wird belohnt. Ein Volk nach dem anderen metzeln die Israeliten bei ihrer Landnahme hin. Am Ende umfasst die Liste der Könige, die Josua mit Gottes Hilfe besiegt hat, 31 Namen. So geht es die ganze Historie Israels hindurch: Ist das Volk folgsam (selten), wird es belohnt, ist es ungehorsam (meistens), wird es bestraft.

Die ganze Wahrheit

Das ist der doppelte Kontext für Eva! Und Adam! Ohne ihn ist die Geschichte der beiden nicht zu verstehen. Sie läutet die Tora, die fünf Bücher Mose mit all den Gesetzen, ein. Sie gibt unmissverständlich das Leitmotiv vor: Es gibt nichts Wichtigeres als Gottes Gesetz. Ihr müsst seine Regeln befolgen! Ihm absolut treu sein. Ansonsten wird er euch bestrafen. Das gilt seit Anbeginn aller Tage. Gott hatte seinen Geschöpfen das Paradies bestimmt. Weil diese sich aber nicht einmal an die eine simple Regel mit dem Baum halten konnten, weil sie ihm nicht treu waren, sondern auf die Einflüsterungen einer Schlange hörten, mussten sie es mit dem Verlust ihres Gelobten Landes bezahlen.

Dieser Kontext kommt in christlicher Perspektive nicht in den

Blick. Die Christen definierten sich schließlich dadurch, dass sie sich vom «jüdischen Gesetz» emanzipiert hatten. Sie arbeiteten sich damit an einer amputierten, ihres Kontextes beraubten Version von Adam und Eva ab. Das eröffnete den Raum für Fehldeutungen, gewollte wie ungewollte.

Adam und Eva – das ist die Ouvertüre, die das zentrale Thema der Tora intoniert: Gott ist nichts wichtiger, als dass die Menschen ihm treu sind und seine Gesetze befolgen. Da kennt er kein Pardon! Nicht einmal bei seinen allerersten Geschöpfen, dem Werk der eigenen Hände. Adam und Eva übertreten ein Gebot, konsequenterweise werden sie bestraft! Das ist das göttliche Grundgesetz, es gilt vom Anfang aller Tage.

Jene, die diese Geschichte komponierten, besaßen außerordentliches Talent: Sie nutzten den desolaten Zustand ihrer Realität, die alltägliche Plackerei und die patriarchale Unterordnung der Frau als Gottesbeweis! «Seht her», behaupten sie, «die Welt ist schlecht, weil Gott unsere Ureltern bestrafen musste, die sich nicht einmal an eine einzige simple Regel halten konnten.» Generation um Generation werden ihnen das glauben.

Zweifel?

Die Tora endet mit dem gleichen Motiv. Das ist kein Zufall. Sondern eine sorgsam komponierte Ellipse. Gott bestraft auch Mose, den größten aller Propheten. Und zwar ebenso für einen Regelverstoß. Er darf nicht ins Gelobte Land. Er darf einen Blick hineinwerfen, dann muss er nach Gottes Willen sterben. Warum? Wegen der Geschichte am Haderwasser. Im Prinzip genauso eine Lappalie wie Evas Griff zur verbotenen Frucht. Mose hatte einen Moment gezögert, ob ein Felsen, wie Gott gesagt hatte, wirklich Wasser geben würde, und den Stein dann zweimal mit dem Stock geschlagen (anstatt nur zu ihm zu sprechen, wie Gott ihm aufgetragen hatte).[38]

Das reichte! Deshalb wird Mose der Zutritt zum neuen Paradies der Israeliten verwehrt. Die Bibel betont, dass Mose nicht etwa aus Altersgründen gestorben sei. Auch zeigt Gott diese seltsame

Mischung aus absoluter Strenge und Fürsorge, die bei Adam und Eva überraschte. Nachdem er die beiden bestraft hatte, machte er ihnen Röcke aus Fellen. Nachdem Gott Mose sterben ließ, wird er ihn höchstselbst begraben.[39]

Die Botschaft ist überdeutlich: Sogar jene Menschen, denen Gott nahestand wie sonst niemandem (die ersten Menschen aus seiner Hand; der größte Prophet, zu dem Gott ein geradezu freundschaftliches Verhältnis pflegte[40]), bestraft er für Ungehorsam. Die göttliche Gerechtigkeit ist unbestechlich. Diese beiden Geschichten geben den Rahmen für die Hauptsache: die 613 Gebote und Verbote der Hausordnung der Schöpfung. Deutlicher lässt sich nicht betonen: Ihr müsst Gottes Gebot befolgen! Adam und Evas Verlust des Paradieses und Moses verwehrter Zutritt zum Gelobten Land: Das ist das Alpha und Omega der Tora. Die Geschichte von Adam und Eva allein für sich genommen ist nicht einmal die halbe Wahrheit.

Gottes mächtige Konkurrenz

Damit ist die entscheidende Frage immer noch nicht beantwortet: Wieso Eva? Warum ergreift sie die Initiative? Und wieso wird sie bestraft, Adam untertan zu sein? Dass die Genesis die Frau so ins Scheinwerferlicht stellt, ist bemerkenswert: Wäre die Bibel nämlich so misogyn, wie ihr in der Regel unterstellt wird, hätte sie Eva nicht diese Rolle zugewiesen. Dann hätte jeder gedacht: «Na ja, eine Frau. Das musste schiefgehen!» Auch wenn es seltsam klingen mag – und angesichts der Folgen noch mehr: Man muss es als biblische Wertschätzung der Frauen verstehen, dass eine Frau das Schicksal der Menschheit in der Hand hatte. Entscheidend ist also, dass von Eva die Initiative ausging und ihr der Mann widerspruchslos folgte. Das spricht für die Wichtigkeit der Frauen. Deshalb der Aufwand: Es geht darum, mächtige Konkurrenz in die Schranken zu weisen.

Die Archäologie hat in den letzten Jahrzehnten enthüllt, dass die

Alltagswelt des alten Israels alles andere als monotheistisch war. Wir sehen eine schillernde Vielfalt dessen, was in der Bibelwissenschaft oft Alltagsfrömmigkeit, Volksglaube oder «Household Religion» genannt wird.[41] Es ist die altbekannte, äußerst diverse Sphäre der Ahnen, Dämonen, Naturkräfte und vielen Gottheiten, Religion von unten. Neben einer Vielzahl an Amuletten, Bildsiegeln und verschiedensten Figuren stießen die Archäologen in den Siedlungen bisher auf über 3000 kleine Terrakotta-Statuetten nackter Frauen, sogenannte Säulenfiguren, die eine weibliche Gestalt zeigen, «die ihre Brüste als Symbole erotischer Lust ... und göttlichen Segens ... präsentiert». Sie werden als Verkörperungen der Göttin Aschera gedeutet, von der ursprünglich auch ein Kultbild im Tempel von Jerusalem gestanden haben könnte.[42]

Archäologen sind vorsichtig, Kontinuitäten über Kulturen und Jahrtausende hinweg anzunehmen. Doch was diese weiblichen Figuren angeht, bestehen wenig Zweifel. Die Bibelwissenschaftlerin Silvia Schroer schreibt, dass «über große Zeiträume, in einigen Fällen über Jahrtausende, und über große Regionen immer wiederkehrende Gesten, Haltungen und Konstellationen erkennbar» seien; nicht zuletzt, was den «Gestus des Brüstepräsentierens» angehe, der vom Neolithikum bis in die Römerzeit anzutreffen sei.[43] Aus unserer evolutionären Position heraus sind wir überzeugt, dass hier jene weiblich dominierte Sphäre fortlebt, deren besondere Ausgestaltungen wir von den Anfängen des Sesshaftwerdens an beschrieben haben. Sie ist eine angestammte und bestens erprobte Form der Lebensbewältigung, die über die Jahrtausende hinweg ein immer feineres Instrumentarium entwickelte. Und auch für das alte Israel gilt: Frauen waren in diesen Bereichen die eigentlichen Ritualexpertinnen.[44]

Hier stoßen wir endlich auf den Grund, warum Eva die Schuld in die Schuhe geschoben wurde. Die Frauen waren jene, die am weitesten vom Monotheismus entfernt waren. Sie hatten am wenigsten mit dem von einer männlichen Elite betriebenen Kult um Jahwe zu tun (er erlaubte nur männliche Priester). Das war Staatskult,

Herrschaftsreligion von oben, von der sie, wenn sie nicht gerade der Elite angehörten, ausgeschlossen waren. Sie pflegten ihre vielgestaltigen religiösen Praktiken und standen in einem regen Austausch mit übernatürlichen Kräften jeglicher Art. Die ließen sich nicht einfach von Priestern in der Hauptstadt vorschreiben, wen sie wie zu verehren hatten. Zumal die Priester nicht über die Macht ihrer Kollegen in Mesopotamien oder Ägypten verfügten.

In den letzten Kapiteln befanden wir uns vorwiegend im Dunstkreis der staatlichen Elite. Juda aber war lange nur ein kleiner Vasallenstaat, später befand es sich die meiste Zeit unter fremder Herrschaft. Das behinderte die Ausbildung staatlicher und religiöser, also patriarchaler Institutionen im Namen Jahwes, was den Frauen gerade in den ländlichen Regionen größere Handlungsspielräume eröffnete als an einem mesopotamischen Königshof. Zumal die Frauen, wie Carol Meyers überzeugend herausgearbeitet hat, in der vor allem haushaltsbasierten Wirtschaft auf dem Land ein zentraler Faktor waren.[45] Die biblischen Geschichten haben also einen anderen sozialen Bezugsrahmen als jene Quellen, die wir in den letzten Kapiteln für Mesopotamien bemüht haben. Auch bestätigt das den Befund: Je kleiner die gesellschaftlichen Diskrepanzen in Sachen Ungleichheit, umso stärker die Position von Frauen.

Das alles illustriert die Eva-Geschichte: Frauen sind nicht bedingungslos auf Jahwe-Linie und folgen ihrem eigenen Kopf. Sie müssen unter Kontrolle gebracht werden, will man Jahwes Zorn vermeiden. Deshalb führt die Genesis gleich am Anfang allen vor Augen, welche Gefahren vom weiblichen Eigensinn ausgehen. Es ist ja nicht nur, dass Eva zur verbotenen Frucht greift. Nein, sie vertraut eher auf eine sprechende Schlange als auf Gott. Bei dieser handelt es sich kaum um ein zufällig dahergekrochenes Reptil. Ob da noch die Erinnerung an den ugaritischen Gott Horon in Schlangengestalt fortlebt, sei dahingestellt. Schlangen sind jedoch allgegenwärtig in der alltäglichen Religionswelt: Sie repräsentierten Schutzmächte oder fungierten «als Symboltiere für Göttinnen und Götter».[46]

Deshalb ist für den eifersüchtigen Gott in den Augen der männlichen Priester die wirkliche «Ur-Sünde» die Verehrung anderer Götter[47] – und Frauen sind da ganz vorne dabei. Das hat die Menschheit um die paradiesische Existenz gebracht. Um also zu verhindern, dass Frauen noch mehr Unglück über die Menschen bringen, war es der ausdrückliche Befehl Gottes, dass sie fortan in allen Belangen den Männern zu gehorchen haben.

Schwarze Pädagogik

Das ist Evas Geheimnis: Die Genesis bürdet ihr die Hauptschuld auf und stellt sie fortan unter männliche Kontrolle, weil Frauen auf die neue religiöse Linie zu bringen sind und man sich mächtiger religiöser Konkurrenz entledigen möchte. Es mutet grotesk an, dass wir es hier – zumindest im Kern – mit einem Kollateralschaden zu tun haben: Aus Gründen religiöser Eigendynamik wird die Diskriminierung der Frauen in ganz neue Dimensionen gehoben. Der exklusive Monotheismus erzwingt nun mal eine religiöse Monokultur, zielt auf die Eliminierung aller religiösen Diversität ab. Wir nannten das totalitär.

Männergott, Männerpriester, Männergesetze, Männerphantasmen – das ist zutiefst patriarchal. Und die Rede vom Kollateralschaden soll nicht im Geringsten das daraus resultierende Leid relativieren. Im Gegenteil: Wie wir im nächsten Kapitel sehen, machte es dieser Kollateralschaden noch viel schlimmer, als wenn rein patriarchale Motive am Werk gewesen wären. Und es ist perfide: Dass Frauen ihrer alten Religionswelt treu blieben, wurde ihnen nun als Untreue ausgelegt. Zu welchen Konsequenzen das führte – auch das sehen wir noch.

Trotzdem ist wichtig festzuhalten: Evas Diskriminierung und all der Frauen nach ihr ist im Kern ursprünglich keine theologische Aussage über die Frauen an sich! Es geht allein um Gesetzestreue. Jahwe – und die Bibelautoren – haben kein generelles Problem mit den Frauen. Es herrscht hier kein essenzialistischer Frauenhass, der sie als Wesen an sich verdammt. Sind Frauen Jahwe treu, können auch sie Großes leisten. Daran lässt die Bibel keinen Zweifel. Prophetinnen wie Mirjam und Hulda verkünden Jahwes Wort. Die Richterin Debora zieht in den Krieg gegen die Kanaaniter; Jaël tötet den feindlichen Feldherrn Sisera, indem sie ihm einen Zeltpflock durch die Schläfe schlägt; Ester bewahrt als Gemahlin des persischen Königs ihr Volk vor einem Pogrom, und Judith, deren Buch zu den Apokryphen gehört, schneidet Holofernes den Kopf ab. Und die Weisheit wird als Frau personifiziert.[48]

Die Geschichte von Adam und Eva greift das historische Faktum auf, dass Frauen in den patriarchalen Welten des Altertums schlechtergestellt waren, um es als Beweis einzusetzen, dass Gott die Frauen für religiöse Untreue bestraft habe. Hinter der Geschichte steht also eine propagandistische, freundlicher gesagt, eine didaktische Absicht. Es geht darum, das neue Gottes- und Religionskonzept durchzusetzen, indem man demonstriert, welch katastrophale Folgen es hat, dem göttlichen Gesetz nicht treu zu sein.

Im Prinzip also ist die Geschichte von Eva und Adam ein Abschreckungsmittel. Schwarze Pädagogik! Wie sie, wenn auch mit einer ganz anderen Wirkungsgeschichte, der *Struwwelpeter* aus dem 19. Jahrhundert war: Grausame Geschichten sollten Kinder zum Gehorsam bewegen. Die mit Zündhölzern spielende Pauline verbrannte, der Suppenkaspar verhungerte, und dem Daumenlutscher werden die Daumen abgeschnitten. Die Schlangenflüsterin Eva diente den Bibelautoren als Schreckbild, um zu illustrieren, wie gefährlich es ist, Gott nicht noch im kleinsten Detail zu folgen.

Die Genesis hat gleich noch ein zweites Mal schwarze Pädagogik in derselben Absicht zu bieten, nur dieses Mal bewusst gespiegelt: die verstörende Geschichte von Abraham, dem Gott gebietet, seinen Sohn Isaak zu opfern. Hier aber gehorcht Abraham seinem Gott ohne eine einzige Nachfrage, obwohl dessen Gebot das größte Opfer verlangt, das ein Patriarch bringen kann: seinen Sohn töten. Und weil Abraham Gott absolut treu ist, belohnt Gott ihn. Nicht nur, dass er Isaaks Leben rettet; er verspricht Abraham: «Weil du solches getan hast und hast deines einzigen Sohnes nicht verschont, will ich dich segnen und deine Nachkommen mehren wie die Sterne am Himmel und wie den Sand am Ufer des Meeres, und deine Nachkommen sollen die Tore ihrer Feinde besitzen; und durch deine Nachkommen sollen alle Völker auf Erden gesegnet werden, weil du meiner Stimme gehorcht hast.»[49] Das ist die Gegengeschichte zu Eva! Mit derselben Botschaft: Gottes Stimme ist zu gehorchen. Und, für uns viel wichtiger, mit der klaren Unterbotschaft: Seht her, ein Mann gehorcht, ohne zu fragen, und wird belohnt; eine Frau lässt sich von einer Schlange beschwätzen und wird bestraft.

Gleich!

Als wir im ersten Kapitel zeigten, aus welch «heidnischen» Quellen sich die Genesis-Autoren bedienten, kamen wir zum Schluss, dass die Adam und Eva-Geschichte nicht als Basis für eine wie auch immer geartete Argumentation gottgewollter Schlechterstellung von Frauen dienen kann. Nun wird deutlich, dass die Bibelautoren damit nicht einmal theologische Aussagen über das Wesen der Frauen treffen wollten! Die Geschichte ist rein instrumentellen Charakters. Sie ist ein literarisches, ein propagandistisches Mittel, um die Wichtigkeit des göttlichen Gesetzes zu untermauern und starke Konkurrenz in die Schranken zu weisen. Mehr nicht. Die Konsequenz: In Sachen Geschlechter bleibt die theologische Botschaft aus dem ersten Schöpfungsbericht bestehen: «Und Gott schuf den Menschen zu seinem Bilde, zum Bilde Gottes schuf er ihn; und schuf sie als Mann und Frau. Und Gott segnete sie und sprach zu ihnen: Seid fruchtbar und mehret euch und füllet die Erde und machet sie euch untertan.» Er schuf sie: gleich.

Auch wenn das nur auf einer religiösen Ebene relevant ist, handelt es sich doch um eine grundlegende Erkenntnis: Eva taugt nicht dazu, die Schlechterstellung der Frauen zu legitimieren. Deshalb greift auch die hebräische Bibel dafür nie auf Eva zurück.[50] Das ist umso wichtiger, weil das Christentum gerade das tun wird. Da es sich vom «jüdischen Gesetz» emanzipierte, riss es Evas Geschichte aus dem Kontext und amputierte sie ihrer eigentlichen Bedeutungen. Das Christentum wird, wie wir bald sehen werden, die Geschichte zweckentfremden und die schlimmsten Dinge über Eva und die Frauen in die Welt setzen.

Aber wir würden hier nicht so viel Aufwand mit unserer evolutionären Exegese betreiben, ginge es allein um religiöse Zusammenhänge. Nein, dieses Total- und Totalitär-Werden des exklusiven Monotheismus führt zu dem, was wir den GAU der Geschlechtergeschichte nannten. Auch wenn der Monotheismus generell keine Schwierigkeiten mit den Frauen hat, wird er ihnen massiv schaden. Die Folgen sind so bedenklich, dass wir ihnen ein eigenes Kapitel widmen.

17 Untreue hoch zwei: Die religiöse Enteignung der Frauen

Von wegen passiv! Auch das ist eine Wahrheit über Eva. Wir haben im letzten Kapitel gelernt, dass die Bibel nicht im Geringsten an die später so viel beschworene Passivität der Frauen glaubt. Im Gegenteil: Schon Eva ist die Aktive, Adam folgt ihr nur. All der Aufwand, den die Bibel betreibt, die Frauen zu disziplinieren, ist ein eindrucksvolles Indiz dafür, welch aktiven Part die Frauen historisch spielten. Genau das wird ihnen zum Verhängnis. Und damit wären wir beim GAU der Geschlechtergeschichte. Versuchen wir zu rekonstruieren, warum der Monotheismus zur Katastrophe für Frauen wird.

Überlebensstrategie mit Nebenwirkungen

Wir sprechen vom größten anzunehmenden Unfall, weil keine frauenfeindliche Absicht dahintersteckte. Machen wir uns bewusst, was hier geschah. Wir beschrieben den Monotheismus als eine Form der Herrschaftsreligion. Das ist hier vielleicht etwas irreführend, da die Israeliten die meiste Zeit nicht einmal die volle politische Macht im eigenen Land besaßen. Mit William James könnte man sagen, es gehe dieser Form von Religion darum, die Gunst der großen Götter zu gewinnen.[1] Um einerseits eine Legitimation der Herrschaft zu haben, aber andererseits auch, um von Katastrophen, Niederlagen und Seuchen verschont zu bleiben. Dessen Experten waren nun im Fall des sich formierenden Monotheismus zu der Einsicht gekommen (und davon waren sie wirklich überzeugt): Es gebe nur noch eine einzige schicksalsbestimmende Macht (nämlich

Jahwe), und der schicke Katastrophen, weil er sich nicht genügend verehrt fühlte. Wir haben gesehen, wie sie ihr System forcierten, um sich und die Gesellschaft vor Unheil zu schützen und das Joch der Fremdherrschaft abzuschütteln. Das war die grundlegende Intention.

Wichtig vor allem: Bei der Etablierung des Monotheismus haben wir es mit einer Überlebensstrategie eines kleinen, schwachen Volkes zu tun. Das alte Israel wurde schließlich von Unheil besonders schwer heimgesucht, lag es doch zwischen Hammer und Amboss der Großmächte. Von den Assyrern bis zu den Römern: Über tausend Jahre lebten die Menschen hier in einer Dauerkatastrophe. Die Erfindung des Monotheismus war ein Akt der Notwehr.

Es handelt sich um den Versuch der Opfer, all dem Unheil, das über sie kommt, Sinn zu verleihen und, wichtiger noch, Wege zu finden, wie sie ihm in Zukunft entkommen. Es geht um Selbstbehauptung und den Versuch, die eigene Ohnmacht zu überwinden. Nicht ohne Grund werden biblische Geschichten wie der Exodus, dieses großartige Epos der Befreiung der Israeliten aus der Sklaverei in Ägypten, Unterdrückten rund um den Globus Hoffnung auf das Ende ihres Elends spenden.

Außergewöhnlich ist nun, wie die politische Macht eines fremden Großkönigs angezapft wird und dessen imperialer Herrschaftsanspruch, sein Absolutismus und seine Eifersucht auf den eigenen Gott übertragen werden. Seitens der Bibelwissenschaft ist auf das «Revolutionierende», das «Subversive» dieses Aktes hingewiesen worden, er sei einer der «politischen Befreiung». Denn die Bibelautoren versuchten gerade, sich den Ansprüchen der «irdischen Despoten» zu entziehen, indem sie deren despotische Potenz auf ihren Gott übertrugen.[2] Auch wir haben diesen Prozess in unserem letzten Buch als große zivilisatorische Meisterleistung beschrieben: Auf diese Weise haben die Tora-Autoren die in Gesetze gegossene Moral der Willkür der irdischen Herrscher entzogen und sie unverfügbar gemacht, indem sie diese Gott zuschrieben.

Doch die Sache hat mehr als einen Haken. Nicht nur, dass sie damit auch die patriarchalen Gesetze ihrer Zeit zu göttlichem Willen erklären. Das despotische Erbe kontaminiert das monotheistische Konzept bis ins Mark. Weil es auf einem göttlichen Protagonisten basiert, der sich nach dem Vorbild eines «orientalischen Despoten» als absolute Loyalität verlangender Alleinherrscher geriert. Dieser Gott erbt vom assyrischen König, wir haben das bei den angedrohten Strafgerichten gesehen, eine Superdosis dessen, was wir «toxische Männlichkeit» nennen: das Potenzial zum Hinmetzeln von Feinden und Verrätern. Es ist ein Gotteskonzept, das weder Zweifel noch Widerstand duldet, ein Gotteskonzept, in dem, wie der Assyriologe Eckart Frahm es formuliert, «*in nuce* das Konzept einer religiösen Diktatur enthalten» ist.[3]

Das meiste ist anfangs nicht mehr als Propaganda (und schwarze Pädagogik), um endlich alle dazu zu bringen, Gott zu gehorchen und in einer Welt des Friedens zu leben. Wehe aber, wenn dieses despotische Potenzial in die falschen Hände gerät. Die Grundidee, «ein einziger König, eine einzige heilige Stadt, ein einziger Tempel, ein einziger Gott», ist von größter Attraktivität für jeden Potentaten.[4] Sie wird aus den Händen der Schwachen in die Fänge der Macht geraten: als der Monotheismus aus Jerusalem nach Rom wechselte, sich ein römischer Kaiser namens Konstantin dafür begeisterte und in seiner Nachfolge geistliche wie weltliche Herrscher auf den allmächtig gewordenen Gott berufen. Trotzdem entfaltet das despotische Erbe schon zuvor toxische Wirkung. Der Absolutheitsanspruch drängt in einen Bereich vor, in dem er vorher nicht beheimatet war.

Monotheistische Monokultur

Der Kult um Jahwe akzeptiert fortan keine Konkurrenz mehr. Der ehemalige Staatsgott duldet in seiner den Despoten abgeschauten Eifersucht andere Götter ebenso wenig wie übernatürliches Personal welcher Gestalt auch immer. Er verlangt von seinem Volk absolute Treue und stellt alle alternativen religiösen Praktiken unter Strafe. Wie Jan Assmann betont, wird hier erstmals Treue «als höchster Wert ins Zentrum der Religion gestellt» – und damit auch deren Kehrseite: «Verrat».[5]

Deshalb verfemt die Tora Götterbilder, untersagt Geisterbeschwörung, Ahnenkult, Magie und Wahrsagerei. Das ist alles Treuebruch. Die familiären und lokalen Kulte sollen mit Stumpf und Stiel ausgerottet werden. Um nur drei Stellen zu zitieren:

- «Wenn sich jemand zu den Geisterbeschwörern und Zeichendeutern wendet, dass er mit ihnen Abgötterei treibt, so will ich mein Antlitz gegen ihn kehren und will ihn aus seinem Volk ausrotten.»
- «Wenn ein Mann oder eine Frau Geister beschwören oder Zeichen deuten kann, so sollen sie des Todes sterben; man soll sie steinigen.»
- «Eine Zauberin sollst du nicht am Leben lassen.» [6]

Damit wird jene uralte Sphäre der Religion auf den Index gesetzt, die den Alltag der Menschen, ihr Leben von der Wiege bis zur Bahre durchdringt. Wir haben das im letzten Kapitel behandelt. Jene Sphäre, in der die Frauen dominierten, die aber auch für Männer wichtig war, weil diese von den alltäglichen Problemen ebenso betroffen waren. Wir nennen das die Religion von unten. Sie brauchte keine großen Tempel, keine heiligen Schriften.

Die wird nun verboten. Die Menschen werden religiös enteignet. Ihre uralten und vielfältigen kulturellen Praktiken im Umgang mit dem Übernatürlichen, dem Unfassbaren, dem Unverfügbaren werden nun als Abgötterei, Götzendienst, Aberglauben denunziert und unter Strafe gestellt. Auch wenn sich das meiste, was in der hebräischen Bibel postuliert wird, zunächst kaum in die Realität umsetzen ließ, wird hier doch die ideologische Basis für Späteres gelegt. Insbesondere als die christliche Kirche – den römischen Kaisern sei Dank – über Macht und Mittel verfügte, werden die meisten

Dinge durchgesetzt. Zauberinnen verlieren dann tatsächlich ihr Leben, und mit ihnen Ketzerinnen und Häretikerinnen welchen Geschlechts auch immer.

Spitzen wir es noch einmal zu: Die Monotheisierung der Glaubenswelt war ein imperialistischer Akt. Die Alltagswelt wurde (zumindest dem Anspruch nach) von einer fremden und fernen Macht kolonialisiert (viele der Landbewohner schafften es nie in die Hauptstadt Jerusalem), deren männliche Exponenten beanspruchten, alle Lebensbereiche zu regulieren, und behaupteten, im Besitz der absoluten Wahrheit zu sein. Dass dieser Prozess bisher weitgehend positiv wahrgenommen wurde, hängt – der Patrix sei Dank! – mit unserem monolithischen Religionsverständnis zusammen: Die Bibelautoren, vor allem aber die christliche Kirche haben es geschafft, den Monotheismus als einzig wahre Religion erscheinen zu lassen – oder zumindest als gewaltigen Fortschritt. Was diese verdrängt habe, sei eben «primitiv» gewesen, nur naiver Volksglauben, also kaum mehr als von dumpfer Geisterfurcht angetriebener Aberglaube – eben keine Religion! Doch das ist Ideologie, das Produkt der totalitär gewordenen Herrschaftsreligion. Und die ist ein hegemoniales Elitenphänomen, ein Männerprodukt, weshalb von ihren Konsequenzen die Frauen besonders heftig getroffen werden.

Großangriff auf die weibliche Sphäre

Wenn man wie wir Religion als eine Form der Lebensbewältigung versteht, ist klar: Je vielfältiger die Herausforderungen, je vielfältiger die Gesellschaft, umso vielfältiger die religiösen Formen, die sich entwickeln. Dass es zu genderspezifischen Ausgestaltungen kommt, liegt auf der Hand. Es gibt kein Richtig und kein Falsch, Hauptsache, es hilft! Umso massiver der sich hier unter dem Motto «One God fits all» vollziehende Eingriff. Jener religiöse Bereich, der traditionell für die Bewältigung der Staatsprobleme zuständig war, soll nun für alles zuständig sein. Religiöse Einheitskost für alle. Das hat Konsequenzen.

Erstens: Jahwe zerstört eine altbewährte Arbeitsteilung. Er hatte sich lange allein den staatspolitischen Themen gewidmet, während andere übernatürliche Wesen und Mächte sich um die Vielfalt des Alltagslebens kümmerten. Diese Diversität eliminiert der Monotheismus nun und produziert ein Vakuum. Das zu schließen, stellt Jahwe vor Probleme, hat er doch mit dem einen oder anderen Handicap zu kämpfen:

- Als völkerbestrafender und völkervernichtender Staatsgott bietet er den Einzelnen keinen Trost.
- Ein Gott, der Krankheiten als Strafe schickt und für den Kranke Sünder sind, taugt nicht als Heiler.
- Ein Gott, der wie Jahwe als Gott der Lebenden begann, ist nicht zuständig für die Sphären des Todes und der Trauer.
- Ein Gott, der allein in der Hauptstadt Jerusalem verehrt werden und von dem man sich nicht einmal ein Bild machen darf, ist viel zu fern und zu abstrakt für die kleinen Alltagsbedürfnisse.
- Ein durch und durch männlicher Herrschergott verfügt in spezifisch weiblichen Bereichen nicht über die geringste Expertise.

Nun darf man den Gott der Tora nicht mit dem Gott der ganzen hebräischen Bibel verwechseln. Wir haben im *Tagebuch der Menschheit* gezeigt, wie die offizielle Religion im Namen Jahwes nachbessern wird und sich bemüht, auch in den Feldern Krankheiten, Tod und individueller Trost Verantwortung zu übernehmen. Theologen sprechen von der «Kompetenzausweitung» Jahwes.[7] Und das Christentum wird dafür eine Vielzahl zusätzlichen göttlichen Personals rekrutieren: Jesus, Maria, Engel, Heilige, Teufel, Dämonen. Denn die Vorstellung, eine einzige Kraft sei für alles zuständig, widerspricht nicht nur den Intuitionen unserer ersten Natur; sie wirft auch logische Probleme auf, allen voran das der Theodizee, der Frage, was es mit dem Bösen in der Welt eines guten Gottes auf sich hat.

Dass diese Kompetenzausweitung in vielen Fällen mehr schlecht als recht erfolgte, sollte nicht überraschen. Auf metaphorischer Ebene wird Gott an einigen Stellen als Schwangere, als gebärende Frau, als Hebamme oder als Mutter dargestellt, auch wird ihm Frau Weisheit an die Seite gestellt.[8] Doch die Feminisierung war weder allzu erfolgreich noch überzeugend. Mögen auch heute Theologinnen und Theologen beteuern, Gott stünde über den Geschlechtern, erscheint der Gott der Bibel in der Regel noch immer «penetrant männlich».[9]

Zweitens: Folgenschwerer als die Weiblichkeitsdefizite des Herrgotts war, dass nun alles verboten wurde, was die weibliche Religionssphäre bestimmt hatte (die aber keinesfalls exklusiv weiblich war). Dort ging es um Göttinnen wie Aschera, aber auch Götter, um Ahnen, die unfassbar weite Welt des Heilens und die damit verbundene Dämonenkunde, Gegenzauber für den bösen Blick und schwarze Magie, all die Fragen und Geheimnisse rund um Empfängnis und Geburt, aber auch um Verhütung und Abtreibung sowie die Glücks- und Unglücksfälle des alltäglichen Lebens, Liebe inklusive. Frauen verfügten von Magie bis Geisterbeschwörung, von Gebet bis Fluch über ein immenses Repertoire an Praktiken, sich übernatürlicher Hilfe zu versichern, und interagierten mit einem fein abgestuften übersinnlichen Personal, das von Naturkräften bis zur Himmelskönigin reichte. Denn nur in den seltensten Fällen eines Menschenlebens will man für seine eigenen Nöte gleich den Schöpfer des Universums bemühen.

In der Bibel finden sich noch Relikte dieser Sphäre und der Macht ihrer Protagonistinnen: Da wird immer wieder gegen die Kulthöhen gewettert, ab und an werden Ahnenfiguren im Gebrauch von Frauen erwähnt, und dann ist da die Hexe von Endor, zu der sogar König Saul in seiner Not eilt und die den Geist eines so mächtigen Propheten wie Samuel aus dem Grab heraufbeschwören kann.

Zwar wird die religiöse Enteignung der Frauen im Alten Testament zunächst nur als Anspruch formuliert; in the long run jedoch wird dies immer mehr zur bitteren Realität – und die Frauen werden ihrer genuinen Lebensbewältigungsstrategien beraubt, ohne dass Ersatz in Sicht gewesen wäre. Weibliche Kompetenzbereiche werden beseitigt, weibliche Autoritäten und Wissensbestände gesellschaftlich entwertet oder ganz eliminiert, bewährte Netzwerke zerrissen. Frauen, die über einen Status aus sich heraus, etwa als erfolgreiche Heilerinnen, kundige Geburtshelferinnen, mächtige Magierinnen, verfügten, sehen sich in den Untergrund gezwungen. Damit wird auch der gesellschaftliche Wirkungskreis von Frauen – zumindest dem Anspruch nach – eingeschränkt. Kurzum, der absolute Herrschaftsanspruch Jahwes zerstört uralte weibliche Machtpositionen und Solidarbeziehungen, degradiert die Frauen und zwingt sie in die Illegalität.

Frauen werden verdächtig

Deshalb ist es alles andere als eine Überraschung: Frauen – und viele Männer – bleiben der alten, in der ersten Natur wurzelnden Glaubenswelt treu und stehen dem neuen Ausschließlichkeitsanspruch des ehemaligen Staatskults skeptisch gegenüber. Jahwes männlicher Priesterschaft mangelte es an Alternativangeboten; neue Antworten auf die existenziellen Bedürfnisse fehlten.

Was die Bibel zu einem wahrlich großen Buch macht: Sie verschweigt die Widerstände nicht. Es gibt eine ebenso eindrückliche wie authentisch klingende Bibelpassage, in der Männer und Frauen beim Propheten Jeremia gegen den Eingottzwang protestieren:

> Den Worten, die du im Namen des Herrn uns sagst, wollen wir nicht gehorchen, sondern wir wollen all die Worte halten, die aus unserm eigenen Munde gekommen sind, und wollen der Himmelskönigin opfern und ihr Trankopfer darbringen, wie wir und unsere Väter, unsere Könige und Oberen getan haben in den Städten Judas und auf den Gassen Jerusalems. Da hatten wir auch Brot genug und es ging uns gut, und wir

sahen kein Unglück. Seit der Zeit aber, da wir es unterlassen haben, der Himmelskönigin zu opfern und Trankopfer darzubringen, haben wir an allem Mangel gelitten und sind durch Schwert und Hunger umgekommen. Und wenn wir Frauen der Himmelskönigin opfern und Trankopfer darbringen, das tun wir ja nicht ohne den Willen unserer Männer, wenn wir ihr Kuchen backen, um ein Bild von ihr zu machen, und ihr Trankopfer darbringen.[10]

Wir hören, es waren Frauen, die die Rede führten. Welche Göttin sich hinter der Himmelskönigin verbirgt, lässt sich nicht sicher feststellen. Kandidatinnen wären die uns bereits begegneten Inanna/Ischtar, Aschera, aber auch die phönizische Astarte. Sie alle schmückten sich mit dem Beinamen «Königin des Himmels».[11] Wichtiger für uns jedoch: Menschen sind Jahwe gar nicht untreu. Sie bleiben ihrem alten Glauben treu! Frauen und Männer ebenso.

Auch die Konfliktlinie wird deutlich: «Den Worten, die du im Namen des Herrn uns sagst, wollen wir nicht gehorchen» – die Menschen wehren sich gegen das, was man mit dem Religionspsychologen William James Religion «aus zweiter Hand» nennen kann.[12] Stattdessen gilt: «wir wollen all die Worte halten, die aus unserm eigenen Munde gekommen sind». Sie vertrauen ihrer eigenen Erfahrungswelt, den Empfindungen aus erster Hand, sie wollen ihr Schicksal nicht in fremde, zumal männliche Hände legen. Es geht da ja um durchaus intime Bereiche! Geburten waren seit jeher Frauenangelegenheit. Doch das wird geschehen und für über zwei Jahrtausende eine der mächtigsten Stützen der Patrix werden: die Eliminierung weiblicher Kompetenzen und die Unterstellung der Frauen unter männliche Experten. Die von ihnen simulierte Normalität wird männlich sein. Frauen werden sich mit Religion aus zweiter Hand begnügen müssen.

Die Menschen verweigern dem neuen Monotheismus die Gefolgschaft, weil er ihnen nichts zu bieten hat und gerade Frauen über starke, erprobte Alternativen verfügen. Damit aber geraten sie ins Visier der Jahwe-Getreuen: Frauen werden zu einer Gefahr! Nicht zuletzt für die Männer, die sie verführen könnten. Auch das soll die Paradiesgeschichte zeigen. Wir haben nicht gehört, dass Adam protestiert hätte, als Eva der Schlange folgte und ihm den Apfel reichte.

Deshalb sind Frauen wie Eva besonders zu bestrafen. Das zeigt auch der Fall der Prophetin Mirjam. Gemeinsam mit Aaron protestiert sie gegen den Alleinvertretungsanspruch ihres Bruders Mose, der das Volk Israel durch die Wüste führt: «Redet denn der Herr allein durch Mose? Redet er nicht auch durch uns?» Auch hier: Weiblicher Führungsanspruch auf höchster Ebene ist selbst für Bibelautoren nichts Ungewöhnliches. Doch Gott stellt die beiden zur Rede («Da kam der Herr hernieder in der Wolkensäule und trat in den Eingang der Stiftshütte und rief Aaron und Mirjam und die gingen beide hin»). Er führt aus, Mose offenbare er sich in ganz besonderer Weise: «Von Mund zu Mund rede ich mit ihm, offen und nicht in dunklen Worten, und er sieht den Herrn in seiner Gestalt. Warum habt ihr euch denn nicht gefürchtet, gegen meinen Knecht Mose zu reden?» Denn das bedeutete, sich gegen Gottes Wort zu stellen. «Und der Zorn des Herrn entbrannte gegen sie, und er wandte sich weg; auch wich die Wolke von der Stiftshütte. Und siehe, da war Mirjam aussätzig wie Schnee.»[13] Aaron aber nicht! Als Gott der gerechten Vergeltung, der Jahwe in der Tora nun mal ist, kann das nur bedeuten: Jahwe bestraft allein Mirjam, weil er sie als Hauptakteurin sieht.

Die Bibel warnt wiederholt vor der weiblichen Gefahr in Sachen Religion: Selbst den weisen König Salomo verführen Frauen aus seinem Harem zur Verehrung anderer Götter. Immer wieder werden «fremde» Frauen angeklagt, dabei repräsentieren diese nur den alten, bunten Götter- und Geisterkult, wie er typisch für den ganzen Nahen Osten und so auch das alte Israel war. Kaum eine wird mit so viel Hass dargestellt wie die phönizische Prinzessin Isebel, die in Israel Königin wurde und Götter wie Baal und Aschera protegierte. Ihr Ende ist fürchterlich: Sie wird aus dem Fenster gestürzt, von Pferden zertrampelt, von Hunden gefressen.[14] Die oft bemühten «fremden Frauen» fungierten nicht selten als Chiffren für die eigenen, noch nicht zum Monotheismus übergetretenen Bevölkerungsteile.[15]

Auch werden immer wieder Geschichten eingesetzt, die wir analog zur Eva-Episode als schwarze Pädagogik einstufen können. Hier geht es gegen die «Töchter der Moabiter», der Ton jedoch hat sich verschärft:

> Und Israel lagerte in Schittim. Da fing das Volk an zu huren mit den Töchtern der Moabiter; die luden das Volk zu den Opfern ihrer Götter. Und das Volk aß und betete ihre Götter an. Und Israel hängte sich an den Baal-Peor. Da entbrannte des Herrn Zorn über Israel, und er sprach zu Mose: Nimm alle Oberen des Volks und hänge sie vor dem Herrn auf im Angesicht der Sonne, damit sich der grimmige Zorn des Herrn von Israel wende. Mose aber sprach zu den Richtern Israels: Töte ein jeder seine Leute, die sich an den Baal-Peor gehängt haben.[16]

Der Furor, mit dem gegen Frauen agitiert wird, ist ein Beleg für die große weibliche Expertise in jenen alten religiösen Sphären, die auch für Männer eine existenzielle Dringlichkeit besaßen. Die Gefahr schien der Jahwe-Elite so bedrohlich, dass nach der Rückkehr aus dem babylonischen Exil nach Jerusalem am Ende des 6. Jahrhunderts v. Chr. sogar Mischehen verboten wurden.[17] Was das bedeutet? Dem strengen Monotheismus fehlte es an Überzeugungskraft! Der Theologieprofessor und emeritierte Bischof der Schwedischen Kirche, Erik Aurelius, schrieb, im Alten Testament werde man eines Volkes gewahr, «das durch seine ganze Geschichte hindurch in offenem und hingebungsvollem Streit mit seiner eigenen Religion liegt».[18] Aber der Jahwe-Glaube ist eben nicht die ureigene Religion des Volkes Israel. Sie ist ein Elitenprodukt und hat denen da unten nicht viel zu bieten. Insofern dokumentiert die

Bibel, wie sich die Menschen mit Händen und Füßen gegen den neuen Glauben wehren.

Anstatt jedoch die Verantwortung bei sich selbst zu suchen, geben die Jahwe-Priester die Frauen als Schuldige aus: Sie hätten die Männer zur Hurerei mit anderen Göttern verführt! Dabei folgten sie nur weiterhin ihrer angestammten Glaubenswelt. Treue zur Untreue zu erklären – das nannten wir perfide. Victim Blaming findet sich auch in religiösen Dingen.

Untreue hoch zwei

Die monotheistischen Religionen besitzen «zugleich mit der Wahrheit, die sie verkünden, auch ein Gegenüber, das sie bekämpfen», schreibt Assmann. «Nur sie kennen Ketzer und Heiden, Irrlehren, Sekten, Aberglauben, Götzendienst, Idolatrie, Magie, Unwissenheit, Unglauben, Häresie und wie die Begriffe alle heißen mögen für das, was sie als Erscheinungsformen des Unwahren denunzieren, verfolgen und ausgrenzen.» Hier gerät «das Prinzip des ‹tertium non datur› in eine Sphäre», «in der es vorher nicht zu Hause, ja gar nicht denkbar gewesen war».[19] Im Polytheismus waren weibliche Götter, Geister und Ahnen ein selbstverständlicher Bestandteil der gesellschaftlich ausdifferenzierten Glaubenswelt. Statt Ausschließlichkeit herrschte Pluralität. Wir sagten es schon, der Götterkosmos Mesopotamiens umfasste Tausende von Akteuren.

Dass der Monotheismus Feinde kennt, ist politisches Erbe der Despoten, es liegt in der Treue-Verrats-Logik: Wer einem der Herrscher des Altertums nicht folgte, war des Todes. *Tertium non datur*, wo es kein Drittes mehr gibt, wird auch die Moral binär. Auch dafür steht Evas Griff zur Frucht des Baums der Erkenntnis von Gut und Böse. Es gibt nun auch in Glaubensdingen ein Richtig und ein Falsch. Gut ist, wer Gott treu folgt; böse, wer ihm untreu wird. Hier schleicht sich die uralte Freund-Feind-Logik in die Religion ein und setzt sich absolut. Sie ist eine leidige Eigenart unserer ersten

Natur, eine überaus leicht aktivierbare evolutionäre Altlast: Schon Jäger und Sammler sind im Konfliktfall enorm schnell, Menschen gegnerischer Gruppen zu verteufeln. Nun erhält das den Segen des Allerhöchsten.

Allein weil sie ihrer uralten Form der Lebensbewältigung treu blieben, gerieten Frauen besonders leicht in Gefahr, zu Feinden erklärt zu werden. Offenbleiben muss, wie weit auch Männer in großer Zahl der alten Religion von unten folgten (was anzunehmen ist). Zumindest gerieten sie nicht in gleichem Maße in den Fokus der eben männlichen Jahwe-Priesterschaft und Schriftgelehrten. Es gibt jedoch noch einen weiteren Grund, der die Frauen besonders verdächtig machte.

Um auf die kulturelle Evolution zurückzukommen: Ihr Wesen ist Anreicherung, Akkumulation. Das geschieht auch dadurch, dass sich getrennte Entwicklungen und Diskurse verbinden, komplexer und facettenreicher werden, sich so stärker in den Köpfen der Menschen festsetzen und an Penetranz gewinnen. Das ist hier zu beobachten: Die Idee politischer Untreue verschmilzt mit dem patriarchalen Stereotyp der weiblichen, das heißt sexuellen Untreue. Das Ergebnis: Untreue hoch zwei.

Die in der menschlichen Natur verwurzelte Eifersucht über sexuelle Nicht-Treue haben wir thematisiert. Patriarchale Gesellschaften, in denen Frauen zunehmend als Eigentum der Männer betrachtet wurden, institutionalisierten den moralischen Terminus «Untreue» als straf-, oft sogar todeswürdiges Verbrechen allein der Frauen. Andererseits verlangten die Großkönige absolute Gefolgschaftstreue von ihren Untertanen und Vasallen. Wer dagegen verstieß, war ein Verräter und des Todes. Das hybride Produkt religiöser Untreue hat also auch deshalb eine Schlagseite in Richtung Frauen, weil es stets das patriarchale Stereotyp, Frauen seien untreu, mittransportiert.

Zugleich führt das dazu, dass die Thematik religiöser Nichtgefolgschaft immer wieder in Gestalt sexueller Metaphorik daherkommt. Der im Alten Testament wohl am häufigsten verwendete

Begriff für religiöse Nichtgefolgschaft ist der der «Hurerei». Er wird meist so knapp und formelhaft verwendet, als erspare man sich besser die Details.[20] Auch das eine Form patriarchaler Abwertung: Die Männer sind Jahwe eben nur aus niederen Gelüsten untreu geworden, weil sie den weiblichen Verlockungen nicht widerstehen konnten. Wir sind dem Mechanismus schon im Kontext der Femme fatale begegnet. Wieder ist die Frau die Verführerin, die Männer sind ohne Schuld. Hier wird es nun vollends beängstigend.

«Darum, du Hure, höre des Herrn Wort!»

Die sprichwörtlich sprachgewaltigen Propheten als Gottes Propagandisten setzten auf das stärkste Vokabular. Mittlerweile haben wir genügend Einsichten in die patriarchale Logik gewonnen, um nicht überrascht zu sein, dass Propheten vom Kaliber eines Hosea, eines Jeremia, eines Jesaja alle das Bild der Ehe beschworen, um das Verhältnis Gottes zu seinem Volk zu beschreiben. Wir erinnern uns: Jahwe hatte mit Israel einen Bund geschlossen – und Israel mochte diesen Bund nicht halten. Das evoziert bei den Propheten das, was Theologen «Ehemetaphorik» nennen.[21] Israel (mitunter auch Jerusalem) ist Jahwes Ehefrau – und deren angebliche notorische Untreue wird in Termini der Hurerei abgehandelt. Dass eine treulose Ehefrau die schlimmsten Strafen verdient hat, ist in einer patriarchalen Welt eine Selbstverständlichkeit. Das lässt Schlimmstes befürchten – und es kommt noch schlimmer.

Vorneweg: Es geht uns nicht darum, Jahwe zu skandalisieren oder an den Pranger zu stellen. Und die Bibel hat so viele andere Stimmen zu bieten. Wir wollen hier nur vorführen, dass dieses Gottesbild durch das assyrisch-despotische Erbe vergiftet ist, dass die Logik der Herrschaftsreligion zwangsläufig ihr Gewaltpotenzial entfaltete und sich dieses gegen Frauen richtete, allein aus dem Grund, weil diese ihrem alten Glauben treu blieben.

Eine Reihe von Propheten vergriff sich zu einer solch misogynen

Metaphorik, welche die Grenzen zur Obszönität, ja zur Pornographie in einer Weise hinter sich lässt, dass von «Texts of Terror» oder «Pornoprophetics» gesprochen wurde.[22] Viele feministische Theologinnen haben sich daran abgearbeitet.[23] Wir zitieren hier stellvertretend eine Passage Ezechiels, den Luther Hesekiel nannte, in welcher der Prophet ausführt, wie sich Gott der Feinde Israels bedienen will, um dessen Untreue zu bestrafen. Lauschen wir der «Ehemetaphorik» ausführlich. Gott spricht zu seiner Frau Jerusalem:

> Aber du verließest dich auf deine Schönheit. Und weil du so gerühmt wurdest, triebst du Hurerei und botest dich jedem an, der vorüberging, und warst ihm zu Willen. Du nahmst von deinen Kleidern und machtest dir bunte Opferhöhen und triebst auf ihnen deine Hurerei, wie es nie geschehen ist noch geschehen wird. … An jeder Straßenecke bautest du dein Hurenlager und machtest deine Schönheit zum Abscheu. Du spreiztest deine Beine für alle, die vorübergingen, und triebst viel Hurerei. Zuerst triebst du Hurerei mit den Ägyptern, deinen Nachbarn voller Geilheit («mit dem großen Penis» ist die präzisere Übersetzung[24]), und triebst viel Hurerei, um mich zu reizen. … Diese Ehebrecherin! Fremde nimmt sie statt ihres Mannes! … Darum, du Hure, höre des Herrn Wort! So spricht Gott der Herr: Weil du bei deiner Hurerei deine Scham entblößtest und deine Blöße vor deinen Liebhabern aufdecktest und wegen all deiner gräulichen Götzen und wegen des Blutes deiner Kinder, die du ihnen geopfert hast: Darum, siehe, ich will sammeln alle deine Liebhaber, denen du gefallen hast, alle, die du geliebt, samt allen, die du verschmäht hast, und will sie gegen dich versammeln von überall her und will ihnen deine Blöße aufdecken, dass sie deine ganze Blöße sehen sollen. Und ich will dich richten, wie man Ehebrecherinnen und Mörderinnen richtet; ich lasse Grimm und Eifer über dich kommen. Und ich will dich in ihre Hände geben, dass sie deinen Hurenaltar abbrechen und dein Lager einreißen und

dir deine Kleider ausziehen und dein schönes Geschmeide dir nehmen und dich nackt und bloß liegen lassen. Und sie sollen eine Versammlung gegen dich einberufen und dich steinigen und mit ihren Schwertern zerhauen und deine Häuser mit Feuer verbrennen und an dir das Gericht vollstrecken vor den Augen vieler Frauen.[25]

Zum Verständnis: Hinter der Rede, die Scham zu entblößen, «verbirgt sich die alttestamentliche Terminologie für den Geschlechtsverkehr».[26] Was also tut Gott hier in der Phantasie Ezechiels? Ruft er wirklich alle Liebhaber seiner Ehefrau dazu auf, sie öffentlich zu vergewaltigen?

«Gott als Vergewaltiger», so die Theologieprofessorin Gerlinde Baumann, begegnet uns sicher in den Visionen des Propheten Nahum – oder war er das auch schon bei Ezechiel? Diesmal übt er keine sexuelle Gewalt an seiner eigenen Frau, sondern tritt «als Vergewaltiger der weiblich personifizierten Stadt Ninive» auf:[27] «Siehe, ich will an dich, spricht der Herr Zebaoth; ich hebe den Saum deines Gewandes über dein Angesicht und zeige den Völkern deine Blöße und den Königreichen deine Schande. Ich werfe Unrat auf dich, schände dich und mache ein Schauspiel aus dir, dass alle, die dich sehen, vor dir fliehen und sagen: Ninive ist verwüstet; wer will Mitleid mit ihr haben? Und wo soll ich dir Tröster suchen?»[28] Das ist nicht nur eine misogyne, es ist in diesem Fall auch eine megalomane Metaphorik: Ein Prophet des kleinen, gerade von den Assyrern verschonten Reichs Juda malt sich aus, wie sein Zwergstaatengott die mächtigste Kriegsmaschinerie, welche die Welt bis dahin gesehen hatte, vernichtet und sich dann in seinem Triumph über die als Frau vorgestellte assyrische Hauptstadt hermacht, um sein Strafgericht zu vollziehen.

«Kriegs- und Vergewaltigungsmetaphorik» sind hier nicht nur eng miteinander verbunden,[29] sie sind eins. Gott als Vergewaltiger entspringt dem, was wir als «toxische Männlichkeit» bezeichnet haben und als einen inhärenten Bestandteil der Herrschaftsreligion verstehen. Götter – und so auch Jahwe – waren Kriegsherren, und diese Art von Religion «unterstützte» den Krieg und feierte den Sieger in all seiner Brutalität und größtmöglichen Demütigung seines Feindes.[30] Zum Triumph gehörte, das überliefern uns Texte und Ikonographie des gesamten Altertums immer und immer wieder, die absolute Demütigung der Besiegten, die Vernichtung des Feindes (die ja ebenfalls oft genug geschildert und Jahwe angerechnet wird), aber eben auch die Vergewaltigung der Frauen. Was macht Absalom, als er Krieg gegen seinen Vater, den König David, führte und ihn aus der Hauptstadt Jerusalem vertrieben hat? Er schläft «vor den Augen ganz Israels» mit den zurückgelassenen Frauen aus Davids Harem, er vergewaltigt sie.[31] Es geht um Demütigung und größtmögliche Verletzung als Triumph der Macht, nicht um sexuelle Gier.

Wir sehen die bereits thematisierte Ansicht der Historikerin Kathy L. Gaca bestätigt, dass nicht nur das Töten von Männern Krieg ausmacht, sondern auch die Vergewaltigung der Frauen. Und die Bibel taugt als Beleg dafür. Die Theologin Ilse Müllner schreibt, dass «sexualisierte Gewalt» im biblischen Kontext «in engem Zusammenhang mit Macht und Herrschaft» auftritt, dass Gewalt «sich der Sexualität als einer ihrer Waffen» bedient.[32] Mit Bourdieu stellten wir fest, dass der sexuelle Akt in der patriarchalen Logik als jener Akt erscheint, mit dem ein Mann sein Eigentum in Besitz nimmt. Das ist, was entsprechend auch für die Eroberung einer Stadt gilt: Die Vergewaltigung der Frauen wird zum ultimativen Signum der Inbesitznahme, aber auch der Bestrafung der Feinde.

Diese von Propheten evozierten Bilder sind das Äquivalent zu Darstellungen wie der bereits behandelten Narmer-Palette, auf welcher der frühägyptische König Narmer als Stier (mit deutlich erkennbarem Penis) eine Stadt unter seine Hörner nimmt und vernichtet, während er den nackten Feind mit den Hufen zertrampelt. Solche Gewalteskapaden gehören zur politischen Ikonographie des Altertums, wir haben ihre Ursprünge in den vergangenen Kapiteln geschildert. Es mag zynisch klingen, trotzdem trifft es zu: Der

Prophet Nahum malt sich den Gott Jahwe lediglich als normalen Despoten seiner Zeit aus.

Ohne Frage, was die biblischen Pornoprophetics angeht, ist das alles keine reale Gewalt, nur Fiktion, die sich einer «Sprache der Gewalt» bedient.[33] Sicherlich stehen dem jede Menge anderer Gottesbilder gegenüber. Und trotzdem: Für uns ist das ein weiterer Beleg, dass wir es mit Herrschaftsreligion zu tun haben, deren toxische Logik die biblischen Religionen prägen wird. Das schließt nicht aus, dass es in der Bibel noch weitere Formen der Religion gibt.[34]

Verhängnisvoll aber: Ein Gott, der sexuelle Gewalt in der schlimmsten Form gegen Frauen, und seien diese auch nur allegorischer Natur, ausübt, schafft damit eine schrecklich deformierte Normalität. Das ist die Perfidie der Patrix: Untreue Frauen oder besiegte Frauen des Feindes mittels sexueller Gewalt zu bestrafen, ist legitim. Wenn Gott das tut. Es steht in der Bibel.

Noch einmal: Uns geht es nicht um den biblischen Gott (der auch nicht auf diese Episoden reduziert werden soll). Ähnliche Scheußlichkeiten sind vermutlich für ziemlich jeden Gott des Altertums nachzuweisen (die Metapher von Städten als Frau war im Alten Orient weit verbreitet[35]). Wir möchten zeigen, dass jene männlich dominierte Sphäre der Religion, die darauf zielte, die Lebenswelt der Menschen zu usurpieren, und den angestammten religiösen Praktiken den Kampf ansagte, in der Essenz Herrschaftslegitimation und Kriegsideologie ist. Und dass es besonders fatal war, dass hier unter dem Deckmantel der «Untreue» die Phantasmen des politischen «Verrats», der sexuellen «Hurerei», der patriarchalen Eigentums- und der kriegerischen Feindeslogik verschmolzen. Das wird Frauen nicht nur dem Verdacht aussetzen, Gespielinnen des Feindes zu sein, das macht sie zu Sünderinnen, die für ihr angeblich ungehöriges Treiben mit anderen Göttern zu bestrafen sind.

Was sich die Propheten in Sachen «Hurerei» mit fremden Gottheiten ausmalen, wird in den Hexenverfolgungen des Mittelalters und der frühen Neuzeit wieder aufleben. Die Anklage lautet dann nur allzu oft auf sexuelle «Unzucht» mit dem Teufel und dessen Dämonenschar. Das wird die pornographische Phantasie der Inquisitoren so überschäumen lassen, dass selbst die biblischen Propheten vor Scham errötet wären.

Halten wir für unsere große Perspektive fest: Wir haben es mit einem weiteren Schritt auf dem Weg ins Unglück zu tun. Im vorletzten Kapitel sahen wir, wie Frauen zum anderen Geschlecht werden konnten. Das verschärft sich im Monotheismus nun. Frauen werden verdächtig, können zu Feinden erklärt werden! Vermutlich war das im Alltag alles andere als die Regel. Aber als Topos der herrschenden Ideologie nimmt das Gestalt an und wird bald ein Eigenleben entfalten. Zu allem Überfluss ist das Generalisierung, eine essenzialistische Festlegung der Frauen. Sie gelten ihrer Natur nach als untreu, in allen Dingen unzuverlässig; deshalb müssen sie unter Kontrolle gehalten werden. Aus dieser Perspektive des einen Gottes wird mit ganz neuem Gewicht das Wesen der Frauen festgeschrieben.

Spirituell vereinsamt

Vermutlich noch folgenreicher, zumindest was das konkrete Leben von Frauen anging, war die religiöse Enteignung selbst. Die neue monotheistische Monokultur trieb sie weiter in die Isolation. Unter patrilokalen Bedingungen mussten Frauen, wie beschrieben, auf ihre Verwandtschaft verzichten. Indem nun zusätzlich die altbewährte Form der Lebensbewältigung offiziell verboten wird, wird Frauen die traditionelle Möglichkeit genommen, tragfähige Netzwerke der Solidarität zu knüpfen und Reputation als erfolgreiche Mittlerinnen zu den übernatürlichen Sphären zu erwerben. Das schwächt ihre Position massiv, verschärft die Isolierung und liefert sie der patriarchalen Matrix aus.

Sie verloren ihre übersinnliche Unterstützung. Geister, Götter, Ahnen waren schließlich eine unbezweifelte Realität, selbstverständlicher Alltagsbestandteil. Wird der Ahnenkult verboten, wird die Kommunikation mit den in anderen Sphären existierenden Verwandten untersagt. Im sinnlich wie im übersinnlich erfahrbaren Leben werden Frauen ihres Schutzes beraubt.

Erst in der evolutionären Perspektive wird die Tragweite dieser Isolation erkennbar: Das schwächte Frauen nicht nur, weil es sie ihrer Machtpositionen beraubte; das setzte ihnen psychologisch zu. Wir sagten es schon: Menschen haben eine ultrasoziale Natur. Die Kontakte zu anderen waren die längste Zeit unsere Lebensversicherung. Emmanuel Todd bringt es auf den Punkt: Der *Homo sapiens* fürchtet sich «im Grunde mehr vor der Einsamkeit als vor dem Tod».[36] Dass die psychologischen Bedürfnisse der Vertreterinnen unserer Spezies in dieser Hinsicht, zumindest in bestimmten Lebensphasen, tendenziell besonders stark ausgeprägt sind, haben wir bereits im Kontext der Herausforderungen des Cooperative Breeding erläutert. Einsamkeit und Isolation treffen Frauen am vehementesten.

Sie verlieren jetzt auch noch ihre spirituelle Heimat und sind einer männlich dominierten Religion ausgeliefert. In den intimsten Dingen werden Frauen einem männlichen Gott und seinen männlichen Experten unterstellt, die ihnen in ihrer Weiblichkeit nichts zu bieten haben. Die weibliche Sexualität? Wird als Bedrohung wahrgenommen. Fortan beansprucht eine männliche Priesterschaft, später eine männliche Kirche, über das weibliche Seelenheil zu wachen. Wenn Frauen Männern ihre Nöte und «Sünden» beichten müssen, ist die Kontrolle der Patrix perfekt.

Frauen werden sich dem nie ganz beugen; sie werden weiterhin die ihnen genehmen Formen der Lebensbewältigung pflegen. Doch wird das wenn nicht verfolgt, zumindest verspottet. Ein neues Klischee entsteht: der angeblich weibliche Hang zum Aberglauben. Der pejorative Begriff «Aberglauben» verschleiert, dass wir es hierbei mit subversiven Strategien der Selbstbehauptung zu tun haben, des Widerstands gegen eine sich totalitär gebärdende Religion. Bis heute umweht ein Hauch mangelnder Seriosität Begriffe alternativer Religionsformen, und seien sie so neutral wie Spiritualität. Die Kräfte der Patrix sind noch aktiv.

Halten wir fest: Die Innovation des Monotheismus bringt durch ihre despotische Prägung zwei weitere Faktoren mit sich, welche die Lage der Frauen verschlechtern und auf neue Weise zementieren. Erstens verstärkt sich jene Tendenz, die Frauen als Andere, Fremde, Feinde wahrzunehmen, und schreibt weibliche Identität wesenhaft fest: Untreue wird ihnen nun nicht mehr nur im sexuellen Bereich unterstellt. Das führt zur stärkeren Polarisierung, ja zur Frontstellung der Geschlechter und öffnet damit der Gewalt gegen Frauen Tür und Tor. Zweitens wird die Vereinzelung von Frauen in eine neue Dimension gehoben: Seit Jahrtausenden war die alte Geschlechtersolidarität in Erosion begriffen, die Patrilokalität hatte die Frauen sozial isoliert, jetzt wurden sie auch noch spirituell isoliert, männlichen Experten unterstellt und ihrer Stärke beraubt. Aber wie wir in den nächsten Kapiteln sehen werden, war auch das meiste eher noch Anspruch denn Realität. Wirkungsvoll war es trotzdem.

SCHRITT 7: DIE PATRIX ERWACHT ZUM LEBEN

Nichts hat die westliche Kultur stärker geprägt, nichts hat das Schicksal von Frauen mehr bestimmt als das Christentum. Selbst noch in den nichtreligiösen Tagen von heute prägen seine kulturellen Altlasten unser aller Leben. Deshalb müssen wir uns nun mit den christlichen Anfängen auseinandersetzen. Wir haben es mit höchst verblüffenden Phänomenen zu tun, beginnt alles doch mit einem Menschen, der einen Ehrenplatz in der Ahnenhalle des Feminismus verdient hätte: Jesus von Nazareth. Wie konnte das nur so fürchterlich schiefgehen? Wir rekonstruieren die phantastischen Transformationen, in denen die Lehren eines charismatischen jüdischen Wanderpredigers in etwas völlig Neues verwandelt werden. Wir enthüllen, auf welche Weise dabei so Absonderlichkeiten wie die Fiktion des den Männern unterlegenen weiblichen Wesens und die der lebenslangen Monogamie entstanden und die Verteufelung der Sexualität uns alle zu Sündern machte. Und wir zeigen, wie die Lehren der Armen und Unterdrückten in die Fänge der Macht gerieten und sich zum perfekten Herrschaftsinstrument wandelten – mit einem Wort: wie die patriarchale Matrix vollends zum Leben erwachte. Schließlich wollen wir in einem letzten Kapitel das Schicksal der Patrix bis in unsere Tage skizzieren und die Kräfte benennen, die sie zu Fall bringen werden.

18 Freund der Frauen: Jesus von Nazareth

Bevor wir das Neue Testament aufschlagen, sollten wir einen Moment innehalten. Je weiter wir in der Geschichte vordringen, je komplexer die kulturellen Zusammenhänge werden, umso mehr entfaltet jeder Diskurs, jede Institution ihre Eigendynamik. Entwicklungen überlagern einander, verschmelzen oder befruchten sich, sind kaum mehr zu identifizieren. War schon bisher unser Unternehmen, eine Genealogie der patriarchalen Matrix zu betreiben, nur in Holzschnittmanier möglich, wird das Unterfangen nun immer heikler. Umso wichtiger, Evas roten Faden, den sie sich von Ariadne ausgeborgt hat, nicht zu verlieren.

Aber haben wir denn nicht mit den letzten Kapiteln unsere Arbeit erledigt? Die Wahrheit über Eva freigelegt? Immerhin sind wir der schier endlosen Folge der biologischen Evas auf die Spur gekommen (Evalution!), haben halbwegs verstanden, wie das Verhältnis der Geschlechter aus dem Lot geriet und was die Frauen in die Defensive brachte. Dank detektivisch talentierter Bibelwissenschaftler konnten wir zeigen, dass im mythischen Kern der Geschichte von Adam und Eva die erste Frau kein Fluch für die Menschheit, sondern die Rettung war. Wir glauben auch, der Wahrheit über die biblische Eva sehr nahegekommen zu sein, als wir zeigten, dass diese eigensinnige Person, die sich nicht einfach der Stimme der Autorität fügt, von den Genesisautoren als Propagandamittel instrumentalisiert wurde, um die Frauen endlich patriarchal wie religiös auf Linie zu bringen. Mission erfüllt?

Nein. Wir belegten lediglich, dass Eva fälschlicherweise 2000 Jahre lang als Galionsfigur der patriarchalen Matrix missbraucht wurde, als jene, die Schuld an der Misere der Frauen trage. Doch unser eigentliches Ziel lautet: verstehen, wie die Patrix zu ihrer krakenhaften Vielgestalt kam, wie sie sich zur Herrschaft aufschwingen und eine Penetranz sowie Beharrlichkeit entfalten konnte, dass sie selbst dann noch virulent blieb, als kaum jemand mehr an die Geschichte von Eva, Gott und Schlange glaubte. Davon sind wir noch ein ganzes Stück entfernt.

Nehmen wir nur das Phantasma, Gott habe die Frauen verdammt, den Männern untertan zu sein, oder auch die religiöse Enteignung des weiblichen Geschlechts. Beides ist zunächst kaum mehr als Theorie, formuliert von Priestern und Schriftgelehrten. Mochte die Wirklichkeit patriarchal geprägt sein, so verrät doch bereits ein flüchtiger Blick in die Evangelien des Neuen Testaments: Frauen spielten in Palästina noch sehr selbstverständlich selbstbewusste Rollen.

Auch mögen wir vielen patriarchalen Scheußlichkeiten begegnet sein, aber was wir noch nicht im strengen Sinn beobachtet haben, waren negative Aussagen über «die Frau an sich». Sicher begegneten wir Stereotypen, Vorurteilen, gesellschaftlichen Begrenzungen noch und noch; und wir haben das totalitäre Potenzial des Monotheismus gesehen, der versucht, alle Lebensbereiche zu kolonialisieren und den Widerstand von Frauen und anderen Ungetreuen zu brechen. Aber wir sind bisher nicht auf den Diskurs gestoßen, der behauptet, Frauen seien wesenhaft das zweite, von Natur aus minderwertige Geschlecht.

Und überhaupt: Wir haben uns noch gar nicht ausgelassen über die absolute Unwahrscheinlichkeit der Entwicklungen, die wir bisher beschrieben haben. Schließlich handelt es sich um die Fiktionen eines kleinen Volkes, welches nicht einmal über seine eigenen Geschicke bestimmen konnte, geschweige denn über die der Frauen der Welt. Wie konnten hier geborene Ideen in geradezu globalem Maße wirksam werden? Was hatten sie jenen patriarchalen Hirngespinsten voraus, die an anderen eher entlegenen Orten des Römischen Reichs wie etwa Thrakien oder Kappadokien blühten?

Damit müssen wir uns einer der am meisten unterschätzten Kräfte der kulturellen Evolution zuwenden: dem Zufall. Der spielt bei der Genese der Patrix eine nicht unbeträchtliche Rolle. Dadurch, dass wir versuchen, deren Genese chronologisch zu rekonstruieren, laufen wir Gefahr, den Eindruck zu erwecken, dieser wohne eine Zwangsläufigkeit inne, die sie unvermeidlich gemacht habe. Das ist nicht der Fall. Wie in der biologischen Evolution – man denke an den Kometen, der das Schicksal der Dinosaurier besiegelte und den Aufstieg von uns Säugetieren beförderte – spielen auch in der kulturellen Evolution Zufälligkeiten nicht selten eine tragende Rolle. Damit soll die Patrix nicht als Zufallsprodukt abgestempelt werden. Aber in ihrer spezifischen Eigenart hätte sie wohl auch deutlich anders aussehen können. Schlimmer? Weniger schlimm? Wir wissen es nicht.

Tatsächlich sind, wie wir sehen werden, historische Zufälle daran beteiligt, dass es der biblischen Eva erging wie nicht wenig realen Frauen: Sie wird an einen fremden Ort verschleppt, wo man sich über sie das Maul zerreißt und ihr die fürchterlichsten Dinge unterstellt. Am Ende gilt sie gar als Gespielin des Teufels und Feindin der Männer.

Es geschieht dreierlei: Die patriarchale Matrix erhält neue Komponenten, die ihr ein bombenfestes Fundament verleihen. Sie wird mit jener Macht ausgestattet, die es braucht, um den Menschen über zwei Jahrtausende hinweg ein verzerrtes Bild der Geschlechterwirklichkeit vorzugaukeln. Und sie erhält einen Motor, der dafür sorgt, dass ihr allen Widerständen zum Trotz nicht die Kraft ausgeht. Wir werden sehen, wie die Patrix ihre Arbeit aufnimmt.

Beginnen werden wir diesen siebten und finalen Schritt zur Erkenntnis der Patrix mit dem Neuen Testament, das in vielen Aspekten gar nicht so neu ist, sondern tief in den Traditionen der hebräischen Bibel wurzelt. Wir beschäftigen uns mit Jesus von Nazareth und seinen mannigfaltigen Interaktionen mit Frauen, um uns dann einem Rätsel zu widmen, dem eine traurige Ironie innewohnt: Wie um Himmels willen konnte im Namen Jesu, dieses offensichtlichen Frauenfreundes, der nie auch nur ein böses Wort über Eva verlor, jene Institution entstehen, der man nicht zu sehr unrecht tut, wenn man sie als das Fort Knox des Patriarchats bezeichnet? Die Rede ist – müssen wir das wirklich schreiben? – von der katholischen Kirche.

In weiteren Kapiteln nehmen wir uns der Anfänge des Christentums an. Es sei «bestürzend» gewesen, zu realisieren, was mit den Geschichten jener Frauen geschah, ohne die das Christentum keine Erfolgsgeschichte geworden sei, schreibt die Bibelwissenschaftlerin April DeConick. Obwohl Frauen allgegenwärtig und aktiv an der Ausgestaltung der frühen Kirche beteiligt waren, seien sie heute vergessen. Im deutschsprachigen Raum haben sich zwar feministische Theologinnen wie Elisabeth Schüssler Fiorenza, Anne Jensen, Marie-Theres Wacker oder jetzt Irmtraud Fischer und Andrea Taschl-Erber mit der von ihnen herausgegebenen vielbändigen Enzyklopädie *Die Bibel und die Frauen* an die Arbeit gemacht, diesen Frauen endlich den verdienten Platz im kollektiven Gedächtnis zu sichern. Doch im gesellschaftlichen Mainstream angekommen ist das längst noch nicht: Jesus, Petrus, Paulus – die Anfänge des Christentums erscheinen weiterhin ein ebensolcher Männerverein gewesen zu sein wie die katholische Kirche selbst.

Noch «bestürzender», so DeConick, sei die Erkenntnis, dass die Erinnerungen an die Frauen in der frühen Kirche bewusst ersetzt wurden durch «misogyne Narrative». Am «meisten bestürzt» habe sie, dass die Kirche diese als unumstößliche Wahrheiten ausgab. Eine «verfälschte, jedoch geheiligte Darstellung der Vergangenheit» diente seither dazu, die Hälfte der Menschheit bis in unsere Tage unter das Joch der anderen zu zwingen, und zwar bis ins Ehebett hinein. Wie ihr Buch heißt? *Holy Misogyny*.[1]

Der Misogynie, der gezielten Abwertung der Frauen, werden wir uns dann zuwenden. Denn hier kommt eine systematisch zu nennende Verachtung der Frauen als Wesen an sich als neue Zutat hinzu. Wären wir für Verschwörungstheorien offen, würden wir nun munkeln, dass die dunklen Gefilde, in die wir uns dafür zu begeben haben, nicht zufällig mit einem Terminus versehen sind, welcher staubtrockener nicht sein könnte: Kirchenväter. Besser kann man niemanden auf Abstand halten. Gleich im nächsten Schritt würden wir aber wissend darauf verweisen, dass die Wissenschaft, die sich mit jenen heiligen Männern beschäftigt, die in den ersten Jahrhunderten das Christentum erfanden, den Namen «Patristik» trägt. Wen sollte es da noch erstaunen, dass sie den Schlüssel zur Erkenntnis des wahren Wesens der Patrix unter ihren Soutanen verborgen haben.

Nun mag das nur jenen staubtrocken erscheinen, die nie einen Blick in Peter Browns Meisterwerk *Der Schatz im Himmel* warfen: Die Intrigen und Ränkespiele, die er dort *in extenso* ausbreitet, besitzen Netflix-Potenzial. Und nicht nur das: Wir haben es mit jener Wegscheide zu tun, ohne deren Kenntnis die letzten zweitausend Jahre westlicher Geschlechtergeschichte (und vieles mehr) schlicht nicht zu verstehen sind. Warum sonst hätten sich neben Brown so brillante Geister wie Elaine Pagels, Géza Vermes, Paul Veyne, Stephen Greenblatt und Michel Foucault intensiv mit dieser Zeit auseinandergesetzt? Wir können also für unsere Archäologie dessen, was den Frauen zum dauerhaften Verhängnis wurde, aus dem Vollen schöpfen. Wir fragen, woher die Vorstellungen eines ewigen weiblichen Wesens stammen, wie es zur erstaunlichen Innovation der Eheverpflichtung auf Lebenszeit kam und was die Sexualität zu einer teuflischen Angelegenheit machte. Und wie all das die Menschen, und nicht nur die Frauen, der Macht auslieferte.

Wir wenden uns jetzt dem charismatischen jüdischen Wanderprediger Jesus von Nazareth zu, um in den folgenden Kapiteln zu verfolgen, wie durch drei gewaltige Transformationen seiner Lehren nicht nur das Christentum entsteht, sondern auch die patriarchale Matrix zur Macht erwacht. Weil die kulturelle Evolution solch ein phänomenaler Prozess der Anreicherung ist, passt Greenblatts Metaphorik bestens: Bei jedem Transformationsprozess verschmelzen radioaktive Elemente unterschiedlicher Herkunft und reichern dabei ihre Toxizität in einem Ausmaß an, dass sie die Kultur des «christlichen Abendlandes» auf Jahrtausende hin verstrahlen. Selbst die menschliche Sexualität wird üble Schäden davontragen. Es geht hier um viel mehr als nur um Religion.

Revolutionär frauenfreundlich

Werfen wir also einen Blick ins Neue Testament. Dass wir in den Evangelien auf eine Vielzahl weiblicher Akteure treffen, sollte uns nicht überraschen. Die Versuche, die Frauen ganz und gar in die zweite Reihe zu verbannen, war zunächst nichts anderes als Großmannssucht. Formuliert von Priestern und Schriftgelehrten einer Kultur, welche die meiste Zeit der Geschichte nicht einmal Herr über ihre eigenen Geschicke war. Nach Babyloniern und Persern kamen erst die Griechen, dann die Römer. Jener Kreis, der die Glaubensvorschriften formuliert hatte, mit denen die Frauen in die Schranken gewiesen werden sollten, besaß nicht die Macht, sie durchzusetzen. Das Alte Testament ist, sagt der Theologieprofessor Konrad Schmid, weitgehend das «Zeugnis» einer Religion, «die so nie gelebt worden ist, aber eine ungemein starke Wirkungsgeschichte aus sich herausgesetzt hat».[2] Wie sie diese Wirkmacht entfalten konnte, wird uns noch sehr interessieren.

Tatsächlich sehen wir Frauen in den Evangelien eine Vielzahl prominenter Rollen spielen.[3] Jesus von Nazareth wurde nicht nur von zwölf Jüngern begleitet; mit ihm zog eine ganze Schar Menschen, darunter viele Frauen, die auch für den Unterhalt der Gruppe sorgten. Jesus verzieh einer Ehebrecherin, sein ausführlichstes Gespräch führte er mit der samaritischen Frau am Brunnen, und wer salbte ihn in Jerusalem zum Messias? Eine Frau. Anders als die männlichen Jünger halten Frauen Jesus noch im Tod die Treue, sie entdecken sein leeres Grab, und sie werden die Kunde seiner Auferstehung in die Welt tragen.

Zwar ist auch das Neue Testament noch «von androzentrischer Sprache und ungebrochenem Patriarchalismus» geprägt, aber mit den Theologen Annette Merz und Gerd Theißen lässt sich eben doch konstatieren, dass in den Evangelien «eine überraschend vielseitige Einbeziehung von Frauen und weiblichen Lebenszusammenhängen» zu erkennen ist.[4] Dass Frauen zu den Protagonistinnen der Jesus-Bewegung gehörten, schreibt auch der Theologe Jürgen Roloff und betont, dass das «in der damaligen Kultur mit ihrer patriarchalisch geprägten Gesellschaft ungewöhnlich, wenn nicht gar revolutionär» war.[5] Gleichwohl sollte man sich mit Carol Meyers in Erinnerung rufen, dass insbesondere in der ländlichen Lebenswirklichkeit Palästinas Frauen gerade aufgrund ihrer ökonomischen Bedeutung oft starke Rollen spielten und sich niemals in die Position absoluter Unterwürfigkeit pressen ließen.[6]

Revolutionär in jedem Fall ist, dass die Evangelien die Auftritte der Frauen nicht, wie sonst üblich, kaschieren. Das spricht für die Authentizität der Geschehnisse. Männliche Evangelisten hätten sich in den patriarchalen Verhältnissen, in denen sie Jahrzehnte nach dem Tod ihres Heilands schrieben, sicher keine aktiven Frauen ausgedacht und Jesus kaum freiwillig zu einem solchen Frauenfreund stilisiert. Revolutionär ist auch, dass hier das Unterste nach oben gekehrt worden war. Wir haben es in diesen Passagen des Neuen Testaments nicht mit etwas radikal Neuem zu tun. Hier hat nur die andere Seite der Religion ihren großen Auftritt, die Religion von unten.

Der Alltag verlangt sein Recht

Rufen wir uns noch einmal ins Gedächtnis: In der Bibel manifestieren sich jene Strategien, die das Unheil der Welt erklären und in den Griff bekommen sollen. In der Genesis und den vier weiteren Büchern Mose operierten die Bibelautoren mit der Hypothese, für alle Katastrophen, Krankheiten und Kriege sei ein einziger Gott verantwortlich, die dieser als Strafen für Verstöße des Volkes Israel oder seiner Herrscher schickte. Dieses Gotteskonzept war das einer männlich dominierten Herrschaftsreligion – Religion von oben. Ihr geht es um die Gesellschaft, nicht um das Individuum; Trost, Geborgenheit und Gemeinschaft sind kein Thema. Hier ist nicht der Raum, zu zeigen, wie sich dieses Konzept bereits im Verlauf der hebräischen Bibel, des Alten Testaments, veränderte und ergänzt wurde.[7] Das geschah, weil eine monokausale Erklärung, die alles Unheil auf einen Gott zurückführte, nicht zur Komplexität der Welt passte. Außerdem hatte dieses dem Staatskult entsprungene Konzept den Individuen nichts zu bieten, bewegte es sich doch vor allem in Sphären, die wenig mit dem Alltag der Menschen zu tun hatten.

Deshalb – und das ist wichtig – tauchen schon in der hebräischen Bibel Konzepte auf, aus denen das Neue Testament Kapital schlagen wird. Wir haben es mit einem Kontinuum zu tun und keiner klaren Zäsur. Wie «jüdisch» Jesus war, auch das hat die Bibelforschung in den letzten Jahren deutlich herausgearbeitet.[8] Schon im Alten Testament stoßen wir auf «Innovationen», wie die Vorstellung eines persönlichen Gottes, der sich dem Individuum tröstend zuwendet. Vor allem bricht sich bereits in den jüngeren Büchern und anderen nicht in die Bibel aufgenommenen Schriften trotz offiziellem Monotheismus die Vorstellung Bahn, bei Unheil handele es sich um das Werk böser Kräfte wie des Satans, der gefallenen Engel und Dämonen. Irdisches Leid ist damit keine Strafe Gottes mehr, sondern wird zu einer Prüfung, in der sich die Menschen bewähren können.

Das hat zur Folge, dass seit dem dritten Jahrhundert v. Chr. apokalyptische Weltsichten populär werden. Sie basieren auf der Überzeugung, die Welt werde von bösen Kräften, Teufel und Dämonen, beherrscht, die für all das Unheil verantwortlich seien. Es gilt, sich von ihnen zu befreien, sie zu besiegen, damit in der radikal erneuerten Welt die Zeit des Heils anbrechen kann. Und das ist der Kontext für Jesus von Nazareth. Er war ein Apokalyptiker vor dem Herrn, überzeugt, dass das Reich Gottes zum Greifen nahe sei. Dem Bösen sagte er den Kampf an, trotzte dem Teufel und trieb den Menschen die Dämonen im Dutzend aus.

Wir haben oben Innovationen in Anführung gesetzt, weil eigentlich nichts Neues in die Bibel eindringt, sondern uralte Maximen der tief in unserer ersten Natur wurzelnden intuitiven Religion ihr Recht verlangen. Gerade das Beispiel der Krankheiten verdeutlicht das: Nach der Tora-Logik sind Krankheiten Strafen Gottes. Damit ist ein Kranker kein Patient, sondern ein Delinquent. In der Tora hält Jahwe entsprechend keinen Trost für die Kranken parat. Entweder wird Quarantäne oder der dauerhafte Ausschluss der Leidenden angeordnet: Sie sind eines Vergehens schuldig. Niemand soll sie trösten. Kranken nicht helfen? Da protestiert auch heute noch unsere erste Natur, unsere intuitive Moral. Wenn aber die Krankheiten das Werk von Dämonen sind, darf man den Leidenden beistehen. Das tut dann bereits im Alten Testament der Gott der Psalmen, der die Kranken tröstet und heilt.[9]

Aber hier zeigt sich die Bibel als Produkt der kumulativen kulturellen Evolution. Konzepte werden ergänzt, nicht ersetzt. Die Alltagsfrömmigkeit, also die Religion von unten, wird mit ihrem Fokus auf das Individuum in die Bibel integriert. Und am Ende entsteht ein ebenso schillerndes wie multifunktional einsetzbares Produkt, das der Gesellschaft wie den Einzelnen dient.

Das ist ein Beleg für die Beharrungskraft der Alltagssphäre – und damit auch der Frauen. Die in den letzten Kapiteln vorgestellten Versuche, einen exklusiven Monotheismus von oben zu installieren und alles andere als Aberglauben zu diffamieren, waren nicht erfolgreich. Was wir nun in den Evangelien sehen, ist die Sphäre der Alltagsreligion, der intuitiven Religion – der Religion von unten. Die für Männer wichtig war – das zeigt ja Jesus selbst –, weil sie sich um die existenziellen Lebensdinge drehte; in der aber Frauen traditionell stark waren. Keinesfalls, weil sie weniger rational wären, sondern weil Frauen in den patriarchalen Gesellschaften weitgehend von den anderen Religions- und Gesellschaftssphären ausgeschlossen waren. Und weil sich ihre auf den Haushalt und die lokalen Bereiche beschränkte Lebenswelt um die basalen Probleme des Alltags drehte. Was wir heute Religion nennen, war damals

Lebensbewältigung. Dass uns die Evangelien einen Einblick in die Religion von unten gewähren, macht sie revolutionär – und zieht uns noch immer in den Bann.

Jäger-und-Sammler-Moral 2.0

Wenden wir uns Jesus zu. Der zieht als charismatischer Heiler und Exorzist durchs ländliche Galiläa. Wanderprediger wie ihn gab es zu Hunderten.[10] Seine Praktiken sind magisch. Würden sie von jemand anders ausgeführt, wir versähen sie mit Etiketten wie «Aberglauben» oder «Hokuspokus». Ein Beispiel soll genügen: «Und sie brachten zu ihm einen, der taub war und stammelte, und baten ihn, dass er ihm die Hand auflege. Und er nahm ihn aus der Menge beiseite und legte ihm die Finger in die Ohren und spuckte aus und berührte seine Zunge und sah auf zum Himmel und seufzte und sprach zu ihm: Hefata!, das heißt: Tu dich auf! Und sogleich taten sich seine Ohren auf, und die Fessel seiner Zunge wurde gelöst, und er redete richtig.»[11]

Jesus kritisiert immer und immer wieder den Reichtum, verlangt von seinen Anhängern Besitzlosigkeit und Solidarität mit den Schwachen und Armen. Er ist zutiefst egalitär, verweigert sich der Hierarchie. Er wäscht seinen Jüngern die Füße: «Ihr wisst, die als Herrscher gelten, halten ihre Völker nieder, und ihre Mächtigen tun ihnen Gewalt an. Aber so ist es unter euch nicht; sondern wer groß sein will unter euch, der soll euer Diener sein; und wer unter euch der Erste sein will, der soll aller Knecht sein.»[12]

Gemeinschaft zählt, geteilte Mahlzeiten, auch mit den Ausgestoßenen und Marginalisierten. Das bringt ihm den Ruf ein, ein «Fresser und Weinsäufer, ein Freund der Zöllner und Sünder» zu sein.[13] Und wenn er die goldene Regel der Reziprozität predigt – «Du sollst deinen Nächsten lieben wie dich selbst» –, die das Dasein des *Homo sapiens* seit Anfang aller Tage bestimmte, können zumindest wir uns nicht des Eindrucks erwehren, mit Jesus und seinen weiblichen und männlichen Anhängern einer aus der Zeit gefallenen Gruppe von Jägern und Sammlern zu begegnen, die durchs ländliche Galiläa ziehen. «Sorgt nicht um euer Leben, was ihr essen und trinken werdet; auch nicht um euren Leib, was ihr anziehen werdet», sagt Jesus. «Seht die Vögel unter dem Himmel an: sie säen nicht, sie ernten nicht, sie sammeln nicht in die Scheunen; und euer himmlischer Vater ernährt sie doch.»[14] Deutlicher ist die Absage an die landwirtschaftliche Schufterei und Eigentumsfixierung seit Adam und Evas Tagen nicht zu formulieren.

Für Jesus zählt jeder Einzelne. Seine Botschaft ist immer und überall dieselbe: Keiner wird aufgegeben, niemand ist verloren! Er verpackt sie in Gleichnisse wie jenes vom verlorenen Schaf oder dem verlorenen Sohn, der sein Erbteil noch zu Lebzeiten des Vaters in der Fremde verprasste, aber in der Not nach Hause zurückkehrt und Reue zeigend freudig aufgenommen wird.

Die wohl eindrücklichste Episode ist jene von der Ehebrecherin, die vor Jesus gebracht wurde. Das mosaische Gesetz gebot, sie zu steinigen. «Was sagst du?», fragten die Schriftgelehrten. Jesus schwieg, malte mit dem Finger im Sand. Erst als sie ihn drängten, antwortete er: «Wer unter euch ohne Sünde ist, der werfe den ersten Stein auf sie.» Und schrieb weiter im Sand. Nach einer Weile hob Jesus den Blick und wendete sich an die Frau: «Hat dich niemand verdammt?» «Niemand, Herr», gab sie zurück. «So verdamme ich dich auch nicht; geh hin und sündige hinfort nicht mehr.»[15] Die Bereitschaft zur Versöhnung – auch das ist unsere erste Natur. In kleinen Gruppen konnte man es sich nicht leisten, Einzelne vorschnell aufzugeben.

All das ist Jäger-und-Sammler-Moral 2.0. Jesus von Nazareth steht für das, was die längste Zeit das menschliche Dasein bestimmte: materiell arm, aber sozial reich. Deshalb fasziniert er selbst Menschen, die gar nicht an Gott glauben.

Keine Frage, auch Jesus war ein Kind seiner patriarchalen Zeit. Männer sprechen über Frauen das Urteil, selbst wenn es ein Freispruch ist. Und für die Zwölf, die Jesus einsetzte, «die er auch Apostel nannte, dass sie bei ihm sein sollten und dass er sie aussendete zu predigen und dass sie Vollmacht hätten, die Dämonen auszutreiben», wählte er allein Männer.[16] Aber Jesus setzt sich immer wieder über patriarchale Konventionen hinweg. Er kennt Frauen gegenüber keine Berührungsängste, auch nicht bei solchen, die als sozial geächtet und unrein gelten, wie eine Prostituierte oder eine an Blutfluss leidende Frau. Mit großer Vertrautheit führt er mit Frauen Gespräche, lässt sich sogar von der sogenannten Syrophönizierin von seiner Meinung abbringen.[17] Er ist gegen die patriarchale Familie und verbietet Scheidungen (das wird uns noch interessieren), was hier aber heißt: Er schützt die Frauen. Denn wie in vielen traditionellen Gesellschaften konnten im alten Israel allein die Männer ihre Frauen verstoßen. Jesus dagegen verhieß, im bald anbrechenden Reich Gottes werde eine Frau gar nicht mehr an einen Mann gebunden sein.

Seine Verkündigungen richten sich mit größter Selbstverständlichkeit auch an Frauen.[18] Oft hat es den Anschein, als täten diese immer das Rechte. Jesus muss das wiederholt seinen männlichen Jüngern erklären, die sich über die weibliche Initiative verwundern oder entrüsten. Es sind vor allem Frauen, die bis zu seinem letzten Atemzug bei ihm bleiben. Seine männlichen Anhänger waren da längst geflohen und hatten ihn teils verleugnet (so viel zur angeblichen weiblichen Untreue). Frauen waren die Ersten, die entdeckten, dass sein Grab leer ist; die Ersten, die von seiner Auferstehung berichteten.

Viele werden genannt: Johanna, Susanna, Salome, Maria, die Mutter von Jakobus und Joses, Marta. Maria aus Magdala ist die Bekannteste von ihnen. Im Neuen Testament tritt sie uns als Anhängerin Jesu entgegen, sie führt in drei Evangelien die Listen mit Frauennamen an. Als Zeugin von Jesu Kreuzigung, Grablegung und Auferstehung spielt sie die zentrale Rolle im Ostergeschehen. In apokryphen, also nicht in den Kanon aufgenommenen Schriften des frühen Christentums wird sie zur Lieblingsjüngerin Jesu erklärt, die von ihm besondere Offenbarungen empfangen habe und von Petrus, dem Repräsentanten der männlichen Jesus-Anhänger, angefeindet wurde.[19] Wir kommen auf sie zurück, ist sie doch ein Beispiel dafür, wie die patriarchale Matrix Geschichte umdeutet und Frauen denunziert.

Halten wir fest: Die Evangelien dokumentieren, dass es nie gelungen ist, die monotheistischen Ansprüche der Tora in der Praxis durchzusetzen. Wir sehen die Alltagsreligion mit Magie, Dämonen und dem Teufel aber auch ihren solidarischen Netzwerken in voller Blüte. Der Versuch, die Frauen religiös stramm auf Linie zu bringen, war nicht erfolgreich. Sie traten selbstbewusst als aktiv Handelnde in der Öffentlichkeit auf. Sie verfügten über eigene Mittel, da sie den Unterhalt der Jesus-Gruppe bestritten; waren wohl auch Jüngerinnen.[20] Und weil die Evangelien aus männlicher Perspektive geschrieben sind, ist die weibliche Wirklichkeit, die sich hier nur aus wenigen Spuren rekonstruieren lässt, wahrscheinlich noch viel reichhaltiger und vielgestaltiger gewesen.[21] Damit ist einmal mehr zu konstatieren, was für alle Zeiten galt: Frauen fügten sich nie einfach so dem patriarchalen Diktat. Und es gab immer Männer, die das unterstützten wie der Mann aus Nazareth.

Mit umso größerer Vehemenz drängt sich die Frage auf: Wieso reüssierten jene, die sich als Nachfolger Jesu Christi ausgaben, als exklusiver Männerverein, für dessen Exponenten jeder intime Kontakt mit dem weiblichen Geschlecht Sünde war und der Frauen den Zugang zu den wichtigsten Ämtern verbietet – und das selbst noch im 21. Jahrhundert?

«Jesus kündete das Reich Gottes an und gekommen ist die Kirche», bringt es der katholische Theologe Alfred Loisy auf den Punkt.[22] Jesus und seine Anhänger waren überzeugt, dass das Ende der Welt zum Greifen nahe sei – weshalb er nie an die Notwendigkeit einer Kirche gedacht hatte. Das erklärt auch die Radikalität seiner Ethik, die noch heute erstaunt: «Ich aber sage euch: Wer mit seinem Bruder zürnt, der ist des Gerichts schuldig; wer aber zu seinem Bruder sagt: Du Nichtsnutz!, der ist des Hohen Rats schuldig; wer aber sagt: Du Narr!, der ist des höllischen Feuers schuldig.» Es ist eine Ethik der letzten Tage, um die Reihen fest geschlossen zu halten, wenn der apokalyptische Angriff des Bösen naht.[23] Doch Gottes Reich ließ auf sich warten. Jesus starb am Kreuz, und das Leben ging weiter.

Es kam zum Streit um den richtigen Kurs. Welche Position Maria Magdalena einnahm? Wir wissen es nicht; wie gesagt, apokryphe Evangelien berichten von Auseinandersetzungen, in die sie involviert war. Der Evangelist Lukas, der sich gut 60 Jahre nach Jesu Tod ans Werk macht und dadurch auffällt, dass er eine «Herabstufung weiblicher Nachfolge» Jesu betreibt, scheint Maria angedichtet zu haben, dass sie eine jener Frauen gewesen sei, die Jesus von bösen Geistern befreit habe. Ein besonders schlimmer Fall sei sie gewesen, gleich sieben Dämonen seien ihr entfahren.[24] Sollte sie dadurch diskreditiert werden? Hier fängt die Spekulation an. Die feministische Theologie der letzten Jahrzehnte hat zumindest überzeugend herausgearbeitet, dass in der frühen judenchristlichen Jesus-Bewegung von einer «Praxis der Gleichstellung und der Einbeziehung aller» auszugehen sei.[25]

Aus der ebenfalls von Lukas verfassten Apostelgeschichte der Bibel wissen wir, dass sich auf Dauer zwei Positionen gegenüberstanden vor allem in der Frage, für wen die Lehre Jesu bestimmt war: Nur für die Juden? Oder auch für die Nichtjuden, die «Heiden»? Musste sich, wer Jesus folgen wollte, sofern er ein Mann war, beschneiden lassen und die strengen Speisegesetze der Tora befolgen? Oder kam es einzig auf den Glauben an Jesus als Messias an?

Die Urgemeinde war eine «Geschichte geborener Juden», sagt Hans Küng.[26] Und auch Géza Vermes betont, dass die Anführer der Jesus-Bewegung wie Juden dachten, lebten und dem mosaischen Gesetz verbunden blieben: «wenn sie in Jerusalem waren, nahmen sie weiterhin an den Tempelzeremonien teil und nutzten auch den Vorhof des Heiligtums, um zu predigen». So dominierte in Jerusalem die Position, die von Petrus und dem «Herrnbruder» Jakobus vertreten wurde, nach der die jüdischen Traditionen weiterhin Bestand hatten. Man einigte sich aber darauf, dass Nichtjuden von der Pflicht entbunden wurden, «zuerst vollumfänglich das Judentum anzunehmen».[27]

«Zur Finanzierung des gemeinschaftlichen Lebens wurden die Mitglieder aufgefordert, ihren Besitz zu verkaufen, um ihren ärmeren Brüdern in eine Kollektivkasse einzuzahlen, die von den Aposteln verwaltet wurde», schreibt Vermes. Von anderen jüdischen Sektierern unterschied sich die Haltung der Judenchristen in dieser Frage «vor allem dadurch, dass der Besitzverzicht auf freiwilliger Basis stattfand, während der religiöse Kommunismus in Qumran verpflichtend war».[28]

Wiederholt betont die Apostelgeschichte: «Die Menge der Gläubigen aber war ein Herz und eine Seele; auch nicht einer sagte von seinen Gütern, dass sie sein wären, sondern es war ihnen alles gemeinsam.» Die Menschen verkauften ihre Äcker und Häuser und gaben den Erlös den Aposteln, die wiederum allen zuteilten, was sie nötig hatten. Um die Wichtigkeit dieser Praxis zu unterstreichen, berichtet die Apostelgeschichte von Hananias und Saphira, die ihren Acker zwar verkauften, aber heimlich Geld für sich behielten. Von Petrus zur Rede gestellt, fielen beide tot zu Boden.[29] Ähnliche Geschichten kursieren auch in Jäger-Sammler-Kreisen, wo das Teilen oberstes Gebot war und jeder, der etwas von der Jagdbeute zurückhielt, um seine Reputation fürchten musste. Der Anthropologe Colin Turnbull zum Beispiel berichtet über die

Mbuti-Pygmäen, wo der Jäger Cephu seine Gruppenmitglieder betrogen hatte. Die schimpften, sie hofften, Cephu würde in seinen Speer stürzen und sich damit selbst töten wie ein Tier, als das er sich erwiesen hatte. «Denn wer anders als ein Tier würde Fleisch von den anderen stehlen?» Alle schrien sich in Rage, bis Cephu in Tränen ausbrach.[30]

Der Erfolg der Judenchristen? Gering. Das lag vor allem, aber nicht nur, am römisch-jüdischen Krieg (66–70/74 n. Chr.), der zur Belagerung Jerusalems unter Führung des späteren römischen Kaisers Titus führte. «Fünf Monate wehrte sich die Stadt», berichtet der Historiker Werner Dahlheim, dann sprengten die Legionäre die Tore: «Soldaten warfen Brandfackeln in den Tempel, in dem Gott wohnte, und zerstörten den Ort, der untrennbar mit der Existenz des Judentums verbunden war. … Frauen und Kinder, die dem Hunger und den Plünderern entkamen, trieb man auf die Sklavenmärkte, die Männer in die Bergwerke Ägyptens oder als Gladiatoren in die Arenen.»[31]

Zwar hatten Teile der judenchristlichen Gemeinde Jerusalem vor der Katastrophe verlassen, eine wirkliche Zukunft besaßen sie nicht. Innerhalb des Judentums galten sie als Ausgestoßene, wenn nicht als Verräter. Und jenen Christen, die jenseits des Heiligen Landes in den Städten des Römischen Imperiums lebten, waren sie bald suspekt: «Es ist ungebührlich, Christus zu sagen und jüdisch zu leben», wird Ignatius, Bischof von Antiochien, im zweiten Jahrhundert n. Chr. urteilen – und einmal mehr den Fluch des Entweder-oder exekutieren. «Zerrieben zwischen Synagoge und Kirche galten sie bald als Häretiker», schreibt Dahlheim. Die kleine Sekte der Judenchristen, die anfänglich von Personen aus Jesu engstem Umfeld geleitet wurde und wohl am stärksten den Geist des Nazareners repräsentierte, hielt sich noch bis ins vierte nachchristliche Jahrhundert. «Ihr Glaube an die Einheit von mosaischem Gesetz und christlicher Erlösung starb eines einsamen Todes.»[32]

19 «Hier ist nicht Mann noch Frau»

Wir tauchen in die Anfänge des Christentums ein, um zu verstehen, wie die Ungleichheit der Geschlechter unantastbar werden konnte. Nach der Stippvisite bei Jesus von Nazareth ist das ein gutes Stück rätselhafter als zuvor. Um es noch einmal zu sagen: Wie nur konnte in der Nachfolge Jesu, dieses Armut predigenden Frauenfreundes, die hyperreiche christliche Kirche entstehen, die zumindest in ihrer katholischen Variante bis heute eine der letzten Bastionen männlicher Hegemonie darstellt?

Eigentlich gar nicht. Die in seiner Nachfolge stehende Jesus-Gemeinde ist ausgestorben. Und selbst wenn dem anders gewesen wäre, käme das forciert Frauenfeindliche nicht von dort. Das alte Israel war, wie gezeigt, eine Gesellschaft, die nicht patriarchaler war als andere. Im Gegenteil: Infolge fortwährender Fremdherrschaft waren die eigenen Institutionen nie derart ausgeprägt wie andernorts, was Frauen bedeutend größere Optionen offerierte. Und mit Jesus haben wir einen Wanderprediger vor uns, der seinen Erfolg gerade den weiblichen Freiräumen und der Überwindung von Genderschranken zu verdanken hat, von seinem egalitären Armutsethos ganz zu schweigen. Dass das Christentum reich und patriarchal wurde – an Jesus lag es nicht.

Die Kirche hängt die bestehende Traditionslücke verständlicherweise nicht an die große Glocke. Theologen formulieren das vorsichtiger, aber im Prinzip ähnlich: «Was Jesus predigte und was das Christentum glaubt, ist nicht dasselbe», konstatiert etwa der Theologieprofessor Jörg Lauster. «Dazwischen liegt eine beachtliche Metamorphose.» Und: «Tatsächlich ist das Christentum in der

Form, in der es weltgeschichtlich wirksam wurde, nicht von Jesus Christus gestiftet worden».[1]

Von wem dann? In der Vergangenheit ist immer wieder die Frage gestellt worden, ob Paulus von Tarsos nicht der «eigentliche Entdecker der christlichen Religion als einer neuen Religion» gewesen sei, um den einflussreichen protestantischen Kirchenhistoriker Adolf von Harnack (1851–1930) zu zitieren.[2] «Ohne Paulus gäbe es das Christentum nicht», urteilt auch Lauster, «jedenfalls nicht in der Form, in der wir es kennen.»[3] Und wie wir zeigen werden, insbesondere nicht mit diesem patriarchalen Impetus.

Nein, wir werden jetzt nicht, wie schon so oft geschehen, Paulus die Schuld in die Schuhe schieben. Jede und jeder kennt das Zitat, die Frauen sollten in der Kirche schweigen. Dabei stammt es gar nicht von ihm.[4] Wir gehen weiter: Wir zeigen, dass das extrem patriarchale Moment des Christentums der Preis war, mit dem es sich seinen Erfolg erkaufte.

Wir haben es mit der ersten von drei gewaltigen Transformationen zu tun: Die Lehren eines jüdischen Wanderpredigers werden in die zutiefst patriarchale Welt der griechisch-römischen Antike verpflanzt, was nur mit massiven Veränderungen und gewaltigen Anpassungen möglich war, wo sie dann dank eines Aktes «schöpferischer Neu- und Umkonstruktion»[5] zu etwas durchaus anderem heranwachsen. Diese Transformation ist nirgends besser als am paulinischen Verhältnis den Frauen gegenüber zu beobachten. Wie wir zeigen werden, war Paulus ein erstaunlicher Frauenfreund, und trotzdem derjenige, der die Frauen der Patrix auf dem Silbertablett auslieferte. Er erfindet jene Doppelstrategie, welche die katholische Kirche bis heute am Leben erhält: In der Alltagsarbeit der Gemeinden spielen Frauen eine starke, wenn nicht die zentrale Rolle und halten das System am Laufen. Wo es aber wirklich zählt und um das Menschsein an sich geht, diskriminiert Paulus sie auf völlig neue Weise und hebt damit die angebliche Geschlechterdichotomie in ganz neue Sphären.

In unserer areligiösen Perspektive hat die Frage möglicher Kontinuität keine normative Bedeutung. Jesus mag ein außerordentlicher Mensch gewesen sein. Aber für Agnostiker ist die vom Vatikan vertretene Ansicht, dass die Kirche auch heute keine weiblichen Priester zulassen könne, weil Jesus ein Mann war und er nur Männer in den Kreis der zwölf Jünger aufgenommen habe, nichts anderes als ein historistischer Fehlschluss. Ein verwunderlicher zumal. Schließlich war Jesus überzeugt, das Reich Gottes stünde unmittelbar bevor. Eine Kirche, wir sagten es bereits, mit Priestern hatte er niemals im Sinn. Doch das ist nicht unser Feld.

Wir dagegen möchten die Patrix durchschauen, um zu erkennen, wo viele der Hindernisse ihren Ursprung haben, die bis heute einer gerechteren Welt im Wege stehen. Da wir an der vielleicht folgenschwersten Wegscheide stehen – dem Umschlagen einer frauenfreundlichen und frauengetragenen Lehre in bald offene Misogynie –, müssen wir durchaus ins Detail gehen, um zu rekonstruieren, was hier tatsächlich geschah. Dazu besuchen wir zunächst den Friedhof der stummen Zeugen. Nur dort können wir realisieren, wie völlig unwahrscheinlich es war, dass ausgerechnet Paulus von Tarsos es zum erfolgreichsten Apostel brachte.[6]

Auf dem Friedhof der stummen Zeugen

Menschen zeichnen sich durch eine Blindheit gegenüber dem Zufall aus, so lautet die These von Nassim Talebs Bestseller *Der Schwarze Schwan*. Das sollte keine Überraschung mehr sein. Wir haben wiederholt auf die finalistische Neigung menschlichen Denkens hingewiesen, auf die intuitive Annahme, Dinge seien «gemacht, um» einen bestimmten Zweck zu erfüllen. Sie beruht auf der in unserer ersten Natur wurzelnden Annahme, hinter allem Geschehen der Welt steckten Ziele verfolgende Akteure. Deshalb übersehen wir die «Macht höchst unwahrscheinlicher Ereignisse» (so Talebs Untertitel). Deshalb fällt es uns schwer, die Zufälle wahrzunehmen, die hinter dem Erfolg des Christentums stehen. Damit jedoch laufen wir Gefahr, der christlichen Grundannahme zu folgen, hier realisiere sich der ewige, für uns nur nicht erkennbare Heilsplan Gottes. Der Erfolg Paulus' von Tarsos ist eines dieser höchst unwahrscheinlichen Ereignisse – und gerade deshalb überaus aufschlussreich.

Es sei stets eine «narrative Verzerrung», beklagt Taleb, dass sich Menschen meist allein auf die Geschichte jenes Einen konzentrieren, der Erfolg hatte, und ihm das als persönliche Leistung anrechnen. Heraus kommen so immer Heldengeschichten. «Abenteurer, die sich vom Schicksal auserwählt fühlen, gibt es sogar zuhauf, einfach weil die Zahl der Abenteurer groß ist und wir die Geschichten von denen, die das Glück verließ, nicht zu hören bekommen.» Deshalb sei es wichtig, die Zusammenhänge «vom Standpunkt all derer» aus zu betrachten, «die anfangs in der Kohorte waren», die aber keinen Erfolg hatten. Deshalb folgen wir Talebs Ratschlag und suchen den «Friedhof der stummen Zeugen» auf.[7] In diesem Fall jenen Sektor, in dem alle Missionarinnen und Missionare ruhen, die damals die Ideen des Jesus von Nazareth in die Welt hinaustrugen. Wir wissen nicht einmal, wie viele dort liegen. Sicher Dutzende, vielleicht Hunderte, womöglich Tausende. Ihre Geschichten, Lehren und Erfahrungen kennen wir kaum bis gar nicht. Trotzdem ist zu vermuten, dass die meisten von ihnen größeres Recht hatten, sich auf Jesus zu berufen, weil sie über engere Beziehungen zu ihm und seinem Kreis verfügten als ausgerechnet dieser Paulus von Tarsos. Verdeutlichen wir uns, was ihn zum «höchst unwahrscheinlichen Ereignis» machte:

- Paulus kam nicht aus Palästina. Er war ein Griechisch sprechender Jude aus Tarsos. Das liegt in der südöstlichen Ecke Kleinasiens. Zudem besaß er das römische Bürgerrecht. Er entstammte damit «einer Welt, die kaum irgendwo Berührungspunkte mit den Erfahrungen derer aufwies, die in den beengten und explosiven ländlichen Gegenden Palästinas predigten».[8]
- Paulus war Jesus nie begegnet. Er begann zunächst als vehementer Verfolger der Christen und soll sogar Zeuge der Steinigung des Stephanus, des ersten christlichen Märtyrers, gewesen sein.[9]

- Als übereifriger Renegat wurde er in Jerusalem von jenen Aposteln, die Jesus persönlich gekannt hatten, argwöhnisch beäugt. Nicht viele kauften ihm sein Damaskuserlebnis ab, das ihn vom Saulus zum Paulus werden ließ, als ihm «plötzlich ein Licht vom Himmel» erschienen sein soll, er auf die Erde stürzte und eine Stimme hörte: «Saul, Saul, was verfolgst du mich?»[10] Jeder Missionar, der etwas auf sich hielt, hatte ähnliche Episoden auf Lager. Außerdem erinnerte diese doch sehr an die Bekehrungsgeschichte Heliodors, die damals allen Juden bekannt war.[11]
- Unter den Juden blieb Paulus erfolglos, schlimmer noch, er wurde als Unruhestifter angefeindet, inhaftiert, ausgepeitscht und gesteinigt (was er überlebte). Seine Mission dort war ein totaler Reinfall. «Könnte hieraus nicht die Erkenntnis gereift sein, es habe mit den Juden keinen Sinn mehr», fragt der Althistoriker Manfred Clauss, «und es sei besser, sich der Missionierung der Heiden zuzuwenden?»[12] Paulus' «Heidenmission» war demnach nicht freiwillig. Sie war eine Notlösung.
- Was er verbreitete, war ein «Judentum light».[13] Er propagierte, dass Befolgung der jüdischen Speisegesetze und Beschneidung nicht notwendig waren, um Jesus nachzufolgen.
- In der griechischsprachigen Welt des Römischen Imperiums, vor allem in Städten wie Ephesus, Thessaloniki oder Korinth, war Paulus erfolgreich – mit seiner eigenen Version der Geschichte. Da die Menschen wenig über das Judentum wussten, konzentrierte er sich ganz auf Jesus. An die Stelle der sehr menschlichen Botschaft des Nazareners trat die Person des zum universalen Erlöser aufgestiegenen Gottessohns. Stand bei Jesus Gott im Zentrum, stellte Paulus Jesus dorthin. Der konnte sich ja nicht mehr wehren.[14]

Kurzum, auf dem Friedhof der stummen Zeugen wird sich schwerlich jemand finden, der weiter entfernt von Jesus stand. Ist also Paulus' Erfolg nur Zufall, weil Taleb folgend einer von vielen ja übrig bleiben musste, sonst wüssten wir nichts davon? Das trifft es in diesem Fall nicht. Für uns stellt sich hier eine Frage, die innerhalb des Christentums eher wenig diskutiert wird, die aber das Potenzial hat, es mitten ins Herz zu treffen: War Paulus gerade deshalb erfolgreich, weil er Jesus so fern war?

«Definitiv kein Frauenfeind»

Wir möchten weder Paulus' Talent noch sein Charisma und erst recht nicht sein Sendungsbewusstsein in Frage stellen. Es sollte aber deutlich geworden sein, dass für seinen Erfolg die neue Umwelt, in die er seine sehr eigene Version der Lehre Jesu transplantierte, eine alles andere als unmaßgebliche Rolle spielte. In Palästina wollte ihm keiner zuhören, wohl aber in der zutiefst patriarchalen griechisch-römischen Welt.

Sicher trugen der hohe ethische Anspruch, die soziale Ausrichtung, die praktizierte Nächstenliebe und das Zelebrieren der Gemeinschaft zum Erfolg der christlichen Mission bei.[15] Eine wichtige Rolle spielte dabei, dass Paulus vor allem in der unteren Mittelschicht der Städte missionierte; in Kreisen, denen sich nur wenig Aufstiegsmöglichkeiten boten. Hier eröffneten die neuen Ideen bisher unbekannte Spielräume, nicht zuletzt, weil sie «sich über Stand und Geschlecht hinwegsetzten», wie der Historiker Hartmut Leppin betont: «Es war in diesem Rahmen möglich, Autorität durch Verkündigung, Prophetie, Wunderwirken, überhaupt durch gottgefälliges Verhalten zu gewinnen. Das Christentum bot Menschen, die sonst relativ wenige Entfaltungsmöglichkeiten hatten, Gelegenheiten, Anerkennung zu erlangen, die bemerkenswert waren und die auch Frauen bei allen Einschränkungen grundsätzlich offenstanden.»[16] Es spricht viel dafür, dass es die aus der Jesus-Bewegung stammende Frauenfreundlichkeit war, mit der Paulus punktete. Hier öffneten sich Frauen in einem bisher sehr patriarchalen Umfeld vorher unbekannte Handlungsoptionen. Paulus, der Frauenfreund!

Aber stimmt das wirklich? Paulus ist doch für Zitate wie diese berüchtigt: «Wie in allen Gemeinden der Heiligen sollen die Frauen schweigen in den Gemeindeversammlungen; denn es ist ihnen nicht gestattet zu reden, sondern sie sollen sich unterordnen, wie auch das Gesetz sagt. Wollen sie aber etwas lernen, so sollen sie daheim ihre Männer fragen.»[17] Oder mit Bezug auf Eva: «Einer Frau gestatte ich nicht, dass sie lehre, auch nicht, dass sie über den Mann herrsche, sondern sie sei still. Denn Adam wurde zuerst gemacht, danach Eva. Und Adam wurde nicht verführt, die Frau aber wurde verführt und übertrat das Gebot.»[18]

Diese Aussagen galten lange als authentische Paulus-Worte und besaßen damit höchste Autorität. Noch heute werden sie zuweilen bemüht, um die Diskriminierung der Frauen in der katholischen Kirche zu legitimieren.[19] Dabei hat die Bibelwissenschaft längst herausgearbeitet: Die Passagen stammen gar nicht von Paulus. Von den 13 Texten, die im Neuen Testament unter seinem Namen firmieren, sind nur sieben sicher von ihm; die restlichen haben seine Anhänger teils erst Jahrzehnte nach seinem Tod verfasst. Auch sind in echte Briefe nachträglich Sentenzen von fremder Hand eingefügt worden.[20] Alles, um bestimmte Positionen unter der Berufung auf den großen Apostel zu legitimieren. Die zitierten Ausfälle gegen Frauen sind wohl erst gut vierzig Jahre nach Paulus' Tod hineingeflochten worden.[21]

Der katholische Theologe Klaus Dorn konstatiert deshalb: «Paulus ist definitiv kein Frauenfeind.» Frauen seien in den paulinischen Gemeinden «genauso in der Verkündigung tätig wie Männer». Die – authentische! – Paulus-Aussage «Hier ist nicht Jude noch Grieche, hier ist nicht Sklave noch Freier, hier ist nicht Mann noch Frau; denn ihr seid allesamt einer in Christus Jesus» sei auch so gemeint. Paulus habe mit seiner Arbeit, schreibt Dorn, «ethnische, soziale wie auch Geschlechter-Unterschiede in der Gemeinde aufgelöst».[22]

«Besonders im paulinischen Gemeindekreis lässt sich eine erstaunliche Freiheit gegenüber den üblichen Rollenbildern beobachten», befindet der Theologe Christfried Böttrich. «Frauen treten in der Gemeindeöffentlichkeit auf und sind ganz offensichtlich auch an der Verkündigung des Evangeliums beteiligt ... Sie leisten in den Hausgemeinden der Anfangszeit nicht nur rückwärtige Dienste, sondern übernehmen eigenständig Verantwortung.»[23] Auch die Theologin Gabriella Aragione betont die großen Handlungsspielräume christlicher Frauen: Sie reichten «von kultischen bis zu missionarischen Aktivitäten, von der Lehre bis zum Patronat, von sozialen Hilfsleistungen für die Schwachen in der Gemeinde bis zu vielen Tätigkeiten im Bereich der Gastfreundschaft».[24]

Ein gutes Drittel der Personen, denen Paulus im Römerbrief dankt, ist weiblich. Und diese werden von ihm entgegen der Konvention oft zuerst genannt.[25] Da heißt es dann: «Ich empfehle euch unsere Schwester Phöbe, die den Dienst an der Gemeinde von Kenchreä versieht, dass ihr sie aufnehmt in dem Herrn, wie sich's ziemt für die Heiligen, und ihr beisteht in jeder Sache, in der sie euch braucht; denn auch sie hat vielen beigestanden, auch mir selbst. Grüßt die Priska und den Aquila, meine Mitarbeiter in Christus Jesus, die für mein Leben ihren Hals hingehalten haben, denen nicht allein ich danke, sondern alle Gemeinden der Heiden, und die Gemeinde in ihrem Haus.» Und Grüße gehen an «den Andronikus und die Junia, meine Stammverwandten und Mitgefangenen, die berühmt sind unter den Aposteln und vor mir in Christus gewesen sind».[26] Junia? «Irgendein Abschreiber muss über diese Stelle gestolpert sein», berichtet Hartmut Leppin. «Eine Frau so exponiert? Mit einer solchen Nähe zu Aposteln und zu Paulus? ... Das erschien ihm offenbar unglaubhaft.»[27] Und so wurde aus Junia der Junias und blieb es bis ins 20. Jahrhundert hinein.[28] Dem Umstand, dass außerordentliche Frauen von der Nachwelt zu Männern erklärt wurden, begegnen wir nicht zum ersten Mal.

Halten wir fest: Einer der Hauptgründe für den Paulus-Erfolg ist Offenheit für Frauen, das ist das Jesus-Erbe! Aber nun können wir wie durchs Schlüsselloch beobachten, was der Emanzipation zu allen Zeiten das Leben schwermachte: die Verhältnisse! Die Beharrungskraft der patriarchalen Umwelt!

Im Tollhaus

Es braucht nicht viel Phantasie, sich vorzustellen, dass das paulinische «Hier ist nicht Jude noch Grieche, hier ist nicht Sklave noch Freier, hier ist nicht Mann noch Frau» in den griechischen Städten für Furore sorgte. Die neue Lehre brachte, davon ist die Princeton-Professorin für Religionsgeschichte, Elaine Pagels, überzeugt, «höchst gefährliche Unruhe in eine Gesellschaft, die traditionsgemäß jedem einzelnen ihrer Mitglieder die soziale Rangstellung nach Maßgabe von Faktoren wie Klassen- und Familienzugehörigkeit, Reichtum, Bildungsgrad, Geschlecht und Standeszugehörigkeit – bei der die grundlegende Trennung zwischen dem Stand der Freien und den Sklaven verlief – auf das genaueste vorgab».[29]

In der korinthischen Gemeinde kommt es zu Turbulenzen – Peter Brown spricht von einem «Tollhaus»[30] –, gerade die Abendmahlfeiern führen zu Spannungen. Nicht nur, dass oft schon ordentlich gebechert wird, bevor es losgeht. Vor allem die Glossolalie, das ekstatische, meist unverständliche Reden in Zungen jener Gläubigen, die vom Heiligen Geist ergriffen sind, sorgt für Konfusion. Frauen treten hier genauso wie Männer auf und praktizieren diese prophetische Rede. Als Gnadengabe Gottes genießt sie höchste Wertschätzung. Was Paulus aber stört: Die Frauen tragen dabei keine Kopfbedeckung. «Nicht die Verkündigungstätigkeit von Frauen als solche fordert seinen Einspruch heraus, sondern ihr langes, aufgelöstes Haar!»[31]

Nun wird es interessant. Wir können sehen, welche Kräfte die Patrix befördern. Wir erhalten Einblick in eine Fülle an Argumenten, die zeigt: Auch vor 2000 Jahren war das Unterordnen von Frauen kein Selbstläufer. Um sie zu überzeugen, fährt Paulus eine Armada an Argumenten auf.[32] Als ob er keinem recht traute.

Da gibt es das Argument der gesellschaftlichen Konvention: Das unbedeckte weibliche Haupt sei nun einmal eine «Schande». «Ehrbare» Frauen bedecken in der Regel in der griechischen Welt die Haare, wie das auch bei den Juden der Fall ist. Unverschleiert treten in der Öffentlichkeit Sklavinnen oder Prostituierte auf.[33] Gerade für eine neue, argwöhnisch beobachtete Glaubensgemeinschaft sieht es Paulus als wenig ratsam an, Anlass zur Spekulation zu geben, dort ginge es sexuell freizügig her – und solche Unterstellungen kursierten zuhauf.[34]

Dann kommt er mit einem Argument aus der Kategorie naturalistischer Fehlschluss: «Lehrt euch nicht die Natur selbst, dass es für einen Mann eine Unehre ist, wenn er langes Haar trägt, aber für eine Frau eine Ehre, wenn sie langes Haar hat? Das Haar ist ihr als Schleier gegeben.» Ob Paulus bewusst ist, dass dies nicht überzeugt? Wenn ihre Haare sie schon verschleiern: Wozu um Gottes willen benötigen Frauen dann noch einen Schleier?

Sonderbar erscheint zunächst dieses Argument: «Darum soll die Frau eine Macht auf dem Haupt haben um der Engel willen». Dabei handelt es sich um einen Bezug auf jene Episode aus Genesis 6, die uns auch schon beschäftigt hat. Die mit den «Gottessöhnen», die sahen, «wie schön die Töchter der Menschen waren, und nahmen sich zu Frauen, welche sie wollten». Sie diente den Apokalyptikern der Zeit dazu, dem Teufel und dessen Dämonenpack einen biblischen Stammbaum zu verschaffen. Bei den Gottessöhnen handle es sich nämlich um von Gott abgefallene Engel, erzählt etwa das Buch Henoch, die dann die Dämonen zeugten. Die Passage belegt, in den christlichen Gemeinden blühte der Glaube an Engel und Dämonen.[35] Und es unterstellt, Frauen seien es, die deren sexuelle Gier entfachen. Einmal mehr patriarchales Victim Blaming. Beidem werden wir wiederbegegnen.

Paulus' schwerstes Geschütz liefert die Schöpfungsgeschichte: «Ich will aber, dass ihr wisst, dass Christus das Haupt eines jeden Mannes ist; der Mann aber ist das Haupt der Frau; Gott aber ist das Haupt Christi. ... Der Mann aber soll das Haupt nicht bedecken, denn er ist Gottes Bild und Abglanz; die Frau aber ist des Mannes Abglanz. Denn der Mann ist nicht von der Frau, sondern die Frau von dem Mann. Und der Mann wurde nicht geschaffen um der Frau willen, sondern die Frau um des Mannes willen.»

Lassen wir uns das vom Theologen Böttrich erklären: «Obwohl die Namen Adam und Eva gar nicht fallen, geht es doch ausschließlich um ihre Geschichte. Sie wird im Sinne einer Überordnung des Mannes verstanden, die aus einer Ersterschaffung resultiert.» Damit projiziere Paulus zeitgenössische Gendervorstellungen zurück in die Schöpfungsgeschichte – zu Unrecht! «Denn davon, dass Eva in einem größeren Abstand zu ihrem Schöpfer stünde und nur über Adam zu definieren sei, wird dort nichts gesagt.» Auch der erste Schöpfungsbericht spreche den Menschen die Würde als Gottes Ebenbild zu, noch bevor auf die Differenzierung in Frau und Mann eingegangen wird. «Eva fungiert weder als Dienerin für noch als Update auf Adam. Erst mit ihrer Erschaffung kommt es überhaupt zur Vervollständigung des bislang noch unvollständigen Menschenwesens.» Paulus zeige sich hier, so Böttrich, «als Kind seiner Zeit». Zwar lasse er die «unterschiedslose Beteiligung von Frauen an der Verkündigungstätigkeit ... unwidersprochen gelten», aber den «unterschiedlichen Habitus im Gebet ... versucht er mit der Schöpfungsgeschichte zu begründen, wo doch der schlichte Verweis auf zeitbedingte kulturelle Konventionen genügt hätte».[36]

Noch merkwürdiger: Warum hat Paulus nicht das Naheliegende getan und schlicht Gottes Straffluch bemüht, dem zufolge die Frau dem Manne untertan zu sein habe? Das ist die offensichtliche Antwort der Bibel, da hätte er gar nicht so viele Argumente machen müssen. Warum erfindet Paulus eine in der Schöpfung begründete Ungleichheit, nämlich in Gestalt des minderen Abglanzes Gottes, und setzt damit eine Lüge über Eva und die Frauen in die Welt?

Die Erfindung der Ursünde

Was hier als Christentum erste Blüten treibt, sei eine Neuschöpfung, die ein selbsternannter Apostel, der Jesus nie begegnet war, mittels «gewaltiger spiritueller Phantasie» geschaffen hatte, urteilt der Oxford-Religionswissenschaftler Géza Vermes. Weil sich Paulus an ein vorrangig paganes Publikum wandte, konzentrierte er sich mehr auf Jesus denn auf dessen Lehren, was zur «Umformung in etwas Neues» führte. «An die Stelle von Jesu mitreißendem Aufruf an die Juden, ihr Leben zu ändern, trat eine exegetische Fingerübung, die nicht auf Gott den Vater zielte, sondern auf Christus und auf die Bedeutung seines Todes und seiner Auferstehung». Christi Kreuzestod habe Paulus als Sühneleistung für die Sünden der Menschheit und als Quelle universaler Erlösung interpretiert.[37]

Was Paulus tat? Er «schuf ein großartiges Kultdrama über den Mythos vom sterbenden und auferstehenden Gottessohn. Hauptdarsteller sind der erste Adam, der Stammvater der Menschheit, und Jesus Christus, der zweite oder letzte Adam», so Vermes, dem wir hier weiter folgen. Die Geschichte geht so: Adams «Akt des Ungehorsams», nämlich Eva und nicht Gott gefolgt zu sein, habe den Verlust der Unsterblichkeit nach sich gezogen und damit den Tod über alle Menschen gebracht. Das sei die «Ursünde» gewesen, die das Leben aller Menschen beschädigt habe. Diese wurde nun, so Paulus, durch Jesus, also «durch Tod und Auferstehung des letzten Adams», gesühnt. Der Glaube an Jesus werde damit zur Bedingung, dass der «Verlust der Unsterblichkeit, den die Sünde des ersten Menschen über die gesamte Nachwelt gebracht hat, wettgemacht» wird und die Menschen zu neuem Leben wiedergeboren werden.[38] Paulus schreibt: «Denn wie in Adam alle sterben, so werden in Christus alle lebendig gemacht werden.»[39]

Wir haben uns nicht umsonst Mühe gegeben, die Eden-Geschichte in ihrer Genese verständlich zu machen. Damit sollte deutlich sein, mit was für einem Kraftakt «gewaltiger spiritueller

Phantasie» wir es hier zu tun haben. Das alles ist Paulus' genuine Erfindung, bestätigt der Philosoph Kurt Flasch: «Während das übrige Alte Testament nirgendwo auf den Sündenfall zurückkommt, um Tod und Elend zu erklären, erklärte Paulus ihn zum Ursprung aller Not. Während der Jesus der Evangelien nirgends sagt, er sei gekommen, um die Folgen der Sünde der Stammeltern zu beseitigen, schrieb Paulus ihm genau diese Rolle zu.»[40] Paulus braucht die Ursünde, um Jesus zum universalen Erlöser aller Menschen zu machen, eben nicht nur der Juden, sondern auch der Heiden. Ansonsten wäre er mit seiner Mission definitiv am falschen Ort gewesen.

Tatsächlich ist der Tod keine Folge des Sündenfalls. Paulus behauptet zwar im Römerbrief: «Wie durch einen einzigen Menschen die Sünde in die Welt kam und durch die Sünde der Tod und auf diese Weise der Tod zu allen Menschen gelangte, weil alle sündigten».[41] Doch das ist unzutreffend. Die Genesis lässt keine Zweifel daran, «dass der Mensch geschaffen und sterblich ist: Als Geschöpf ist er vom Staub der Erde genommen ..., ist Staub und kehrt wieder zum Staub zurück ... An keiner Stelle wird in Betracht gezogen, dass der Mensch vom Lebensbaum hätte essen und dadurch Unsterblichkeit erlangen können. ... Der Mensch ist also sterblich, mit und ohne Schuld.»[42]

Für Paulus indes hat die Erfindung der Ursünde nicht nur den Vorteil, dass er nun Jesu Tod allen nichtjüdischen Menschen als große Erlösungstat anpreisen kann. Er emanzipiert damit seine Lehre endgültig vom jüdischen Gesetz. Das war wegen der Vielzahl ritueller Vorschriften ein Missionshindernis und hatte den Schönheitsfehler, dass es lediglich den Israeliten offenbart worden war. Dieser den Heiden nur schwer zu erklärenden Vorzugsbehandlung eines kleinen Volkes aus der Levante konnte er sich nun entledigen und seine neue Lehre von allen kulturellen Begrenzungen befreien – und sie damit globalisieren.

Das heißt also: Paulus entkleidete die Geschichte von Adam und Eva ihres jüdischen Kontextes und entband die beiden von ihrer ursprünglichen Aufgabe, als Mahnung zu dienen, die göttlichen Gesetze zu befolgen. Kurzum, Paulus amputierte die Geschichte und reduzierte Adam und Eva auf ihre Eigenschaft, das erste Menschenpaar zu sein. Dadurch kann er sie zum anthropologischen Nullpunkt der gesamten Menschheit umfunktionieren und zum Auslöser seines universalgeschichtlichen Dramas machen, das in der Erfindung Jesu Christi als Erlöser aller Menschen gipfelt.

Bevor wir nun über diese eigenmächtige Zweckentfremdung der Genesis-Episode den Kopf schütteln, darüber, dass sich da jemand seinen Mythos für die Heidenmission zusammenbastelte, sollten wir gewahr werden: Paulus tat damit genau das, was auch die Genesis-Autoren einige Jahrhunderte früher getan hatten, als diese sich den Mythos aus Ugarit vorknöpften, ihn seines alten kanaanitischen Kontextes entkleideten und daraus ihre Geschichte konstruierten, die ein Opus einleitete, das das Volk Israel von seiner kanaanitischen Herkunft befreien sollte. Wir wiederholen uns: Die Strategien der kulturellen Evolution sind begrenzt.

Eine neue Eva-Theologie

Doch Paulus' Vorgehen hat böse Konsequenzen für Eva. Während die Genesis noch ganz ohne Teufel auskommt, beginnt der nun die paradiesische Szenerie zu dominieren. Paulus nennt ihn sogar «Gott dieser Weltzeit». Während also im Alten Testament der Eigensinn der Frauen im Vordergrund stand, rückt nun die angebliche Verführbarkeit des weiblichen Geschlechts in den Vordergrund: Eva hat schließlich auf die Schlange gehört anstatt auf Gott. Die Frauen werden zur «weichen Flanke der Menschheit», konstatiert Kurt Flasch, «von dieser Seite greift der Satan uns an; die Männer sind bedroht und werden zur Überwachung ermahnt».[43] Und weil Eva nun auf die Eigenschaft reduziert wird, die erste Frau zu sein, wird sie zum Urbild der Frau und ihre Anfälligkeit für das Böse zum weiblichen Wesensmerkmal.

Was aber, soweit wir sehen, bisher zu wenig Aufmerksamkeit erfahren hat: Hier liegt der Grund, warum Paulus sich genötigt sieht, die Frauen durch die Schöpfung zum schwächeren Abglanz Gottes und damit zu immer und ewig unterlegenen Wesen zu machen. Paulus' Grundannahme lautet: Die Erlösungstat Jesu hebt den Sündenfall auf und erlöst die Menschheit von Sünde, Tod und Teufelsherrschaft. Das impliziert, dass auch Gottes Straffluch über Eva, dem Mann untertan sein zu müssen, aufgehoben wäre. Die Erlösungstat des Nazareners stellt die Frauen den Männern gleichberechtigt an die Seite. Ein großer weltgeschichtlicher Augenblick der Geistesgeschichte: Paulus hat die Chance, die Frauen metaphysisch zu befreien!

Er nutzt sie nicht.

Diese Option ist für Paulus unvorstellbar. Wir hören die Schlange, die ihr Haupt erhebt und Paulus zuzischt: «Ja, sollte Gott gesagt haben: Die Frau ist dem Mann ebenbürtig?» Nein, mochte Paulus auch Frauen in die Missionsarbeit einbeziehen, so weit kann er es dann doch nicht kommen lassen.

Hier liegt der Grund, warum Paulus die Frauen qua Schöpfung zum nachrangigen Geschlecht macht. Er will sein Erlösungskonzept der Welt durch Jesus Christus retten. Waren Frauen in der Genesis-Geschichte den Männern im Prinzip gleich und nur als Strafe der männlichen Herrschaft unterstellt worden, werden sie nun von Paulus zum zweitrangigen Geschöpf vom Anfang aller Tage an erklärt. Gott hat sie so gemacht; kein Mensch kann das ändern: Der Mann ist Abglanz Gottes, die Frau nur Abglanz des Mannes. Hier sehen wir die Erfindung der Ungleichheit von Frauen und Männern in wesenhafter Vollendung.

Was nur brachte Paulus dazu, sein eigenes Wort – «hier ist nicht Mann noch Frau» – zu brechen, warum ergriff er nicht die Chance, die Frauen, die ihm solch eine verlässliche Hilfe waren, vollends zu emanzipieren? Wieso verriet er sie und verschaffte der Patrix eines der wirkungsvollsten Instrumente zur Unterdrückung der Frauen? Wenn man sich nicht mit der Antwort begnügen möchte, Paulus sei vielleicht doch nur ein misogyner Zyniker gewesen, stehen zwei Optionen zur Auswahl: Es war seine zweite Natur, war die kulturelle Prägung in patriarchalen Zeiten, sicher auch und vor allem der griechische Einfluss seiner Herkunft (mehr im nächsten Kapitel dazu), die es ihm unvorstellbar machten, Frauen und Männer könnten wirklich gleich sein. Oder: Es war reines Kalkül, weil er nur so in einer zutiefst patriarchalen Umwelt eine Erfolgschance für seine neue Heilslehre sah. In jedem Fall sehen wir, was die Patrix leistet: Sie kanalisiert die Weltsicht, macht Alternativen im Wortsinn undenkbar – und reproduziert sich damit immer wieder selbst. Mochte Paulus also auch durch eine große Offenheit Frauen gegenüber auffallen, verewigte er doch deren Unterdrückung, indem er diese in der göttlichen Schöpfungsordnung verankerte.

Schon jene, die Jahrzehnte später das Schweigegebot für Frauen und antiweibliche Restriktionen mehr in seine Schriften hineinschmuggelten, waren überzeugt, in seinem Geiste zu handeln. Sie waren nur konsequent und leiteten aus seiner neuen Eva-Theologie konkrete Handlungsanweisungen für den Alltag ab. Der frauenfreundliche Praktiker Paulus hat gegen den frauenfeindlichen Theoretiker Paulus keine Chance.

Ähnliches mag auch für Jesus gelten, der seinen Inner Circle der zwölf Jünger auf Männer beschränkte, mochte er ansonsten Frauen noch so viel Wertschätzung zuteilwerden lassen. Wobei anzumerken ist: Die zwölf Jünger waren nur eine Reminiszenz an die zwölf Stämme Israels, die auf die zwölf Söhne Jakobs zurückgingen. Da passte eine Frau nicht recht ins Bild. Doch auch hier gilt: Die Welt lässt sich nicht binär in Frauenfreund hier, Frauenfeind dort, Gut und Böse aufteilen. Gerade die Janusköpfigkeit ihrer Protagonisten in dieser Hinsicht war ein Erfolgsfaktor des Christentums: Sie lockte einerseits Frauen an, schreckte aber Männer nicht ab.

Nun könnte man die Tragik beklagen, dass Paulus wie Jesus ihre eigene patriarchale Prägung, obwohl sie selbst diese in für ihre Zeit ungewöhnlicher Weise transzendierten, wieder in ihre eigenen Systeme einschrieben (Paulus mehr als Jesus) und ihnen dadurch ein neues Leben bescherten, das nun schon ewige 2000 Jahre währt. Aber die Wahrheit ist diese: In einer patriarchalen Welt setzen sich auf Dauer nur patriarchale Strömungen durch! Jedenfalls werden die Christen die paulinische Einschätzung der Frauen als zweitrangiges Geschlecht bald gewaltig ausschmücken. Und die zwölf Jünger, die Jesus als seine Apostel einsetzte, dienen dem Vatikan als Begründung dafür, dass die katholische Kirche lediglich Männer als Priester akzeptieren könne. Was Papst Johannes Paul II. 1994 im apostolischen Schreiben *Ordinatio Sacerdotalis* unmissverständlich festhielt, gilt bis zum heutigen Tag als katholische Letztbegründung, warum Frauen hinter den Männern zurückstehen müssen: Weil Jesus nur Männer zu seinen Aposteln berief, habe «die Kirche keinerlei Vollmacht …, Frauen die Priesterweihe zu spenden», und deshalb erklärte der Papst «kraft meines Amtes», «dass sich alle Gläubigen der Kirche endgültig an diese Entscheidung zu halten haben».[44]

Das Reich Gottes bleibt aus

Hatten Jesus und Paulus noch geglaubt, der Anbruch des Gottesreichs stünde unmittelbar bevor – und deshalb nicht die irdischen Konsequenzen ihrer Aussagen in Betracht gezogen –, bedurfte es, je länger das Reich Gottes auf sich warten ließ, umso mehr apologetischen Aufwands, dessen Ausbleiben zu erklären und die eschatologischen Hoffnungen in neue Richtungen zu lenken. Prosaische Fragen, wie die der Festlegung und Weitergabe der Glaubensinhalte sowie die Institutionalisierung der Gemeinden rückten in den Vordergrund. Wir haben es mit einem Normalisierungsprozess zu tun, in dem der ursprünglich revolutionäre Glauben dauerhaft und alltagstauglich gemacht werden musste. Deshalb wird die wachsende Tendenz der frühen Kirche, die Frauen zum Schweigen zu bringen, wie sie sich auch in den später erfundenen Paulus-Briefen niederschlägt, gerne als Akkulturation, als Anpassung an die Mehrheitskultur der griechisch-römischen Welt, interpretiert. Aber das bedeutet, die Angelegenheit gehörig zu unterschätzen. Hier geschah mehr, als nur eine neue Religion salonfähig zu machen.

20 Die eigentliche Misogynie

Folgt man der offiziellen Version vom Aufstieg des Christentums, jener Heldengeschichte, nach der die Christen, allen Verfolgungen trotzend, dank Glaubenstreue, Todesmut und vorbildlichem Lebensstil das Römische Reich eroberten, bleibt letzten Endes unklar, wie die Misogynie überhandnehmen konnte. Dann erscheint der Verlust der Frauenfreundlichkeit allenfalls als eine Kontamination durch die heidnische Umwelt – wenn er nicht dem Apostel Paulus in die Schuhe geschoben wird.

Doch Heldengeschichten stimmen selten. Nicht nur hat die Forschung gezeigt, dass die Christenverfolgungen nie die gewaltigen und systematischen Dimensionen besaßen, wie sie die Kirchentradition mit ihrem opulenten Märtyrerkult suggerierte (der auch immer ein Märtyrerinnenkult war).[1] Die Angelegenheit ist auch bedeutend komplizierter, zumal es das eine Christentum ebenso wenig gab wie das eine Judentum. Wir haben es vielmehr mit kumulativen Prozessen zu tun, die das Wesen des Christentums zutiefst verändern. Ein neues Amalgam entsteht, angereichert mit patriarchal kontaminiertem Material unterschiedlichster Herkunft, die Patrix wird komplett.

Die erste der drei zentralen Transformationen haben wir eben behandelt: Die Jesus-Bewegung selbst starb aus. Was überlebte, war eine Lehre, die Paulus zunächst reduzierte und isolierte, indem er sie weitgehend vom jüdischen Gesetz befreite, Adam und Eva zu menschlichen Urtypen und Jesus zum Heros eines universalen Erlösungsmythos machte. Das lieferte die Basis für die nächsten Transformationen.

Erst in die griechisch geprägte Welt verpflanzt, begann das Christentum zu prosperieren. Schon der Evangelist Johannes hatte Jesus um das Jahr 100 in griechischem Geist als Mensch gewordenen göttlichen Logos gefeiert. Jene frühen Protagonisten, die das Christentum in den nächsten drei, vier Jahrhunderten in der neuen paganen Umgebung ausgestalteten und gegen alle Angriffe verteidigten, waren selbst griechisch Gebildete. Die Einflüsse griechischer Philosophie, Rhetorik und Wissenschaft auf die christliche Theologie waren massiv. Beide Kulturen gingen eine «Symbiose» ein, ebenso «spannungsreich» wie «produktiv».[2]

Die «Hellenisierung des Christentums» ist ein vieldiskutiertes, von protestantischer Seite auch als Verfälschung der eigentlichen Botschaft Jesu kritisiertes Phänomen.[3] In der allgemeinen Rezeption erscheint das aber als durchaus positiver Vorgang, der das Christentum intellektualisiert und damit auch universalisiert habe. Schließlich gilt die griechisch-römische Antike bis heute als vorbildlich, und die humanistische Bildung war die längste Zeit das quasi sakrosankte Herzstück der abendländischen Kultur, der Heilige Gral der bürgerlichen Gesellschaft. Die athenische Polis gilt als Wurzel moderner Demokratie, und die griechischen Philosophen erfreuen sich noch immer größter Verehrung. Ihre misogynen Altlasten werden kaum thematisiert.

Wir wollen uns in diesem und den nächsten Kapiteln christlich-griechischen Hybriden widmen, die aus unterschiedlichen Wurzeln zu wichtigen Stützen der patriarchalen Matrix heranwuchsen. Das ist für uns die zweite Transformation der Ideen des jüdischen Wanderpredigers Jesus von Nazareth. Keines dieser Hybride ist bis heute völlig seiner Virulenz beraubt. Es handelt sich um das Phantasma des mangelhaften weiblichen Wesens, jenes der lebenslangen Monogamie und die Dämonisierung der Sexualität.

Weil aber der griechische Beitrag in allen drei Fällen gravierend ist, schauen wir zunächst genauer hin, um zu verstehen, was für dessen Eigenart verantwortlich ist. Immerhin haben wir es mit einem Kontrollfall zu tun, der hilft, unsere Argumentation im Vergleich zu den bisher geschilderten Entwicklungen im Nahen Osten, aber auch im Europa jenseits der griechisch-römischen Sphären zu überprüfen und die jeweils treibenden Kräfte zu identifizieren, die zur Phantasmagorie männlicher Überlegenheit führten. Wieder spielen geographische und klimatische Faktoren eine wesentliche Rolle.

Philosophie mit Beigeschmack

Dem Pandora-Mythos sind wir bereits begegnet. Für Jack Holland markiert er den «Ursprung» der Misogynie überhaupt.[4] Das ist nicht untypisch für eine weitverbreitete Geschichtsauffassung, die in der Regel alles mit den Griechen beginnen lässt. Dass die Wurzeln für die weibliche Schlechterstellung bedeutend weiter zurückreichen, haben wir thematisiert. Versteht man jedoch Misogynie im engen Wortsinn als einen von allgemeiner Frauenverachtung getragenen Diskurs, der auf der Annahme eines minderwertigen weiblichen Wesens beruht, dann sind die Griechen bei dessen Ausformulierung ganz vorne dabei.

Mit «bemerkenswerter Kohärenz» sprachen Philosophen, Dichter und Ärzte in der griechischen Antike von der «Frau als Objekt», schreibt die Philosophiehistorikerin Giulia Sissa. «Die Frau ist passiv und unterlegen, im Vergleich zu dem anatomischen, physiologischen und psychologischen Urmaß: dem Mann.» Und das stößt ihr sauer auf: «Dieses einhellige Festhalten an der Vorstellung einer minderen Qualität des Weiblichen, gekennzeichnet durch Unfähigkeiten, Mängel, Verstümmelung, Unvollkommenheit, verleiht dem Wissen der Griechen einen schlimmen Beigeschmack von Geringschätzung und Herablassung, der bei heutigen Historikerinnen und Philosophinnen noch schlimmere Empfindungen auslöst. Wie sollte einer bei der Lektüre dieser Texte nicht abwechselnd das Herz stillstehen, die Galle hochkommen oder schlicht die Wut packen?» Ob man wolle oder nicht, so Sissa, gelte es, sich einzugestehen: «Die großen Männer reden schlecht über die Frauen, die großen Philosophen und die angesehensten Wissenssysteme haben haarsträubende und verächtliche Vorstellungen über das Weibliche hervorgebracht.» Dabei geht es um Diskurse, «die als das Beste und Überlegteste gelten, was in der abendländischen Tradition über den Menschen gedacht worden ist».[5] Das macht sie so brisant, prägen sie noch heute westliches Denken.

Selbst ein Platon, der im Ruf steht, der frauenfreundlichste unter den griechischen Philosophen zu sein, ist überzeugt, dass Frauen zwar mitunter die gleichen Dinge tun können wie Männer, aber ihnen das niemals so gut gelingen wird wie diesen.[6] Und in einem seiner einflussreichsten Texte, dem *Timaios*-Dialog, führt Platon über die Entstehung der Frauen aus: «Unter den als Männern Geborenen gingen die Feiglinge und die während ihres Lebens Unrecht übten, der Wahrscheinlichkeit nach, bei ihrer zweiten Geburt in Frauen über.»[7]

Über den großartigen kulturellen Errungenschaften vergessen wir nur zu leicht, dass Griechenland und auch Rom zuallererst Kriegergesellschaften waren, beklagte schon Sarah Pomeroy in ihrem Klassiker *Goddesses, Whores, Wives, and Slaves*: «Was wirklich zählte, selbst für die Athener, die Intellektuellsten von allen, war das Gewinnen von Kriegen und das Aufrechterhalten von Reichen.» Außer in ihrer Rolle als Gebärerin zukünftiger Soldaten hätten Frauen kaum mehr als eine periphere Rolle gespielt.[8]

Die Mächte des Krieges

Wie konnte es also zur Misogynie, der systematischen Abwertung des Weiblichen, am Ursprung abendländischer Philosophie und Wissenschaft kommen? Ist die männliche Verachtung von Frauen also doch eine biologische Universalie, die über kurz oder lang überall zum Ausbruch kommt? Nein, auch hier handelt es sich um ein kulturelles Produkt. So negativ die Geschehnisse, denen wir uns nun zuwenden, für Frauen sind, so aufschlussreich sind sie auch. Sie helfen uns, einen fundamentalen Denkfehler zu erkennen, der uns heute noch zu schaffen macht. Werfen wir also zunächst einen Blick auf die Subsistenz, auf die Umwelt und den damit einhergehenden Lebensunterhalt im alten Griechenland. Wir haben bereits im Fall Europas und Mesopotamiens gesehen, wie sehr die sozialen Entwicklungen, namentlich die der Geschlechterverhältnisse, von den lokalen Rahmenbedingungen abhängen.

Auch die griechische Welt ist eine, die seit dem Neolithikum von Landwirtschaft und Privateigentum geprägt war. Aber wir haben am Beispiel des restlichen Europas gesehen, dass allein das nicht ausreicht, um Genderungleichheit in übergroßem Maß zu produzieren. Was in der griechischen Welt anders war, auch anders als in Mesopotamien: Zerklüftetes Land vom Meer umspült, endlose Küsten und unzählige Inseln führten zu einer sehr kleinteiligen Entwicklung sozialer Einheiten. Das gilt von der Bronzezeit, von den mykenischen Palästen und Burgen bis ins archaische und klassische Griechenland mit den vielen Poleis (Polis bedeutet Burg, Stadt, Bürgerschaft, später dann Stadtstaat). Hier wurde keine Landwirtschaft mit aufwendigen Bewässerungssystemen betrieben, hier drängte sich nicht alles an große Ströme. «Die Landesnatur verwies die Bewohner auf das Meer, um miteinander zu verkehren und angesichts der begrenzten Ressourcen des gebirgigen Landes ihren Unterhalt durch Handel und Piraterie zu sichern – oder neues Land in Übersee zur Ansiedlung zu gewinnen», schreibt der Historiker Klaus Bringmann. Bei Überfällen wurde in aller Regel das küstennahe Land geplündert: «Die Beute bestand neben Gegenständen und Tieren vor allem aus geraubten Menschen, die Lösegeld einbrachten oder als Sklaven verkauft werden konnten.» Raubzüge aber führten zu Gegenschlägen; Rache wollte geübt, Güter und Menschen mussten zurückgeholt werden.[9]

Die Landwirtschaft war hier nicht produktiv genug, um Überschüsse in jenen Dimensionen zu erwirtschaften, die allzu dauerhafte Herrschaften oder große Reiche ermöglicht hätten. So kam es über Jahrhunderte zu einer permanenten Abfolge von Überfällen und Kleinkriegen. Die gebirgige Landschaft machte Ausweichen kaum möglich. In solch einer Situation waren die Männer entscheidend – für die Verteidigung, für den Angriff, als Ruderer auf den Langschiffen. Wo es angesichts knapper Ressourcen zu Kinderaussetzungen kam, was in Griechenland wie in Rom praktiziert wurde, traf dies Mädchen häufiger. Jeder Mann zählte.

All das ist typisch für Gefilde, in denen die Landwirtschaft nicht ertragreich genug und das Überfallen der Nachbarn eine erfolgreiche Nebenerwerbsstrategie war. In der Anthropologie wird schon lange argumentiert, dass unter solchen Bedingungen die dauerhafte Kriegsführung jene Gesellschaften belohnt, die vor allem auf Männer setzen, was zu einer Abwertung der Frauen führte. Wer das anders handhabte und Frauen stärkere Positionen einräumte, blieb auf der Strecke. «Solche Gesellschaften hätten im Krieg wenig Erfolgsaussichten gegen Feinde, bei denen aggressive, kräftige Männer die militärischen Spezialisten wären», so formulierte das bereits Marvin Harris, der überzeugt war, dass sich männliche Vormachtstellung und die damit einhergehenden «Institutionen des männlichen Supremats ... als Nebenprodukt aus der Kriegsführung» entwickelt hatten.[10]

Weinende Männer

Wir haben auf den Krieg als alternative Reputationsquelle für Männer in der sesshaften Welt hingewiesen. Auch darauf, dass zwischen der Pirsch auf Tiere und der Pirsch auf Menschen nur ein gradueller Unterschied bestand. Ebenso thematisierten wir das Entmenschlichende jenes Prozesses, der Menschen zu Beute machte. Tatsächlich finden wir im antiken Griechenland diese Logik ausdrücklich formuliert. Aristoteles schreibt in seiner *Politeia*: «Darum ist auch die Kriegskunst von Natur aus eine Art Erwerbskunst (die Jagdkunst ist ein Teil von ihr), die man anwenden muss gegen Tiere und gegen Menschen, die von Natur aus zum Sklavendienst bestimmt sind.»[11] Krieg als «Erwerbskunst» von Menschen – hier sehen wir die Eigentumslogik Amok laufen.

Die Könige, von denen die homerischen Epen erzählen, waren kaum mehr als Häuptlinge, Anführer im Krieg, deren Macht auf einem treuen Gefolge basierte.[12] Zwar etablierten sich mancherorts despotisch anmutende Herrschaften Einzelner, der «Tyrannen». Aber von den Adelsherrschaften bis zur Demokratie war der Männerbund das Erfolgsmodell, der das Überleben in einer Welt epidemischer Gewalt sicherte. Und dieser ging einher mit dem, was Anthropologie und Ethnographie nahelegen: mit starkem Male Bonding, also möglichst engen, egalitären und auf Gegenseitigkeit beruhenden Bindungen von Männern untereinander, die sich in Überfällen und Raubzügen immer aufs Neue bewähren mussten. Diese Lebenspraxis mündete in jenem heroischen Kriegerideal, wie wir es aus der *Ilias* und der *Odyssee* kennen. *Status Warriors* heißt das Buch Hans van Wees' über die homerische Welt.[13]

Zum Male Bonding passt die hohe Emotionalität der Männerbeziehungen. Moderne Leser staunen zuweilen bei der Lektüre der homerischen Epen: «Männer weinen – spontan und affektgeladen! Dies tun sie, ohne dass es ihnen als Zeichen einer Effeminierung angelastet wird», berichtet die Altphilologin Sabine Föllinger. «Sie weinen allein für sich, aber auch vor anderen und zusammen mit anderen. Und immer wieder können die Tränen ein Katalysator sein, nicht nur, um Erleichterung zu finden, sondern auch um eine schwierige Situation zu bewältigen.» Selbst der größte aller Helden, Achilleus, ist «über den Tod seines geliebten Gefährten Patroklos untröstlich: Er weint und stöhnt, überschüttet sein Haar mit Staub, entstellt sein Gesicht, wirft sich in den Schmutz – ja, sein Mitkämpfer Antilochos hält seine Hand, weil er einen Suizid befürchtet».[14] Die Plastizität von Genderrollen ist enorm.

Im Kontext des Male Bonding ist in evolutionärer Perspektive die bei den Griechen praktizierte Päderastie, die «Knabenliebe», keine große Überraschung. Wir haben in Kapitel 4 ausgeführt, dass

Homosexualität als adaptive Eigenschaft entstanden sein kann. Auf der Jagd wie im Kampf: Hohe Emotionalität, Liebe unter Männern schweißt zusammen. Insofern ist sie auch in solchen Situationen zu erwarten, solange sie nicht kulturell geächtet oder verboten wird. Tatsächlich ist die Verbindung gezogen worden, dass «die Päderastie im Umfeld einer kriegerischen Männerkameradschaft im ‹homerischen Zeitalter› entstanden» sein könnte.[15]

Die *Ilias* schildert, wie Männer sich ins Getümmel werfen, «um einen verwundeten Kameraden zu retten oder um zu verhindern, dass die Leiche eines Freundes in die Hände des Feindes fällt», schreibt van Wees. Auch zeigen Gefäße «vergleichbare Kämpfe über den Körpern von Gefallenen und Verletzten».[16] Selbstverständlich sind Epen wie bildliche Darstellungen von heiklem Quellenwert, wohl aber reflektieren sie soziale Logiken. Und eine hohe affektive Bindung unter Jägern und später Kriegern war nun einmal von Vorteil. Noch die «Tyrannenmörder» Harmodios und Aristogeiton, die unter Einsatz ihres Lebens versuchten, 514 v. Chr. Athen von der Tyrannis zu befreien, waren *«erómenos»* (Geliebter) und *«erastés»* (älterer Liebhaber). Die Athener setzten dem Männerpaar auf der Agora ein Denkmal, das an Maskulinität nicht zu übertreffen war. Und die «Heilige Schar» der Thebaner, eine militärische Eliteeinheit, bestand ausschließlich aus männlichen Liebespaaren.[17] Doch das Thema ist so umfassend und die Forschungslage so disparat, dass wir es bei diesen Gedanken belassen und es als einen weiteren Beleg werten: In Sachen Gender ist nichts unmöglich.[18]

Auch wenn die Wurzeln der Demokratie schon bei den egalitären Jägern und Sammlern zu verorten sind, wird trotzdem die griechische Polis dafür gefeiert. Jener Stadtstaat, der «als eine der kulturspezifischen Besonderheiten der antiken griechischen Welt gilt, ohne Palast, Gottkönige und entrückte Herrscher, sondern stattdessen mit einem freien Platz im Zentrum, den man Agora nannte». Dort versammelte sich die Gemeinschaft der Bürger, beschloss unter Anwendung des Mehrheitsprinzips die Gesetze.[19] Dass aber diese Bürgergemeinschaft die Minderheit war, weil sie den Großteil der Stadtbevölkerung in Gestalt von Frauen, Fremden und Sklaven ausschloss, fällt nicht selten unter den Tisch. Die griechische Polis ist ein exklusiver Männerbund – das gilt ähnlich für die römischen Verhältnisse.[20]

Die Egalität innerhalb der eigenen Gruppe und die Diskriminierung jener, die als «fremd» gelten, sind zwei Seiten derselben Medaille. Da greift schnell die alte Freund-Feind-Logik, die inhärenter Bestandteil des Ingroup-Outgroup-Denkens ist. Der Soziologe Emmanuel Todd hat darauf hingewiesen, dass den Anfängen der Demokratie als Staatsform nur allzu oft ein zutiefst diskriminierender und xenophober, wenn nicht gar rassistischer Impuls innewohnt. Das antike Athen sei «ein gutes Beispiel für die Entstehung einer Demokratie ..., die ihr starkes Selbstbewusstsein auf die Ablehnung des Anderen stützte oder – in diesem Fall – auf die Ablehnung aller anderen».[21] Also Ablehnung aller außerhalb des Männerbundes Stehenden – zuallererst sind das die Frauen.

Auf den Punkt gebracht wird das im chauvinistischen Glaubensbekenntnis der Zeit, das dem im 6. Jahrhundert v. Chr. lebenden Naturphilosophen, Astronomen und Mathematiker Thales von Milet zugeschrieben wird. Drei Gründe habe er, den Göttern dankbar zu sein: «Erstens weil ich als Mensch und nicht als Tier zur Welt gekommen bin, zweitens, weil ich ein Mann bin und keine Frau, schließlich weil ich ein Grieche und kein Barbar bin.»[22] Anthropozentrismus, Androzentrismus und Ethnozentrismus gehen hier eine unheilige Allianz ein, der leider eine große Zukunft beschieden sein wird.

Resümieren wir: In einer seit Jahrhunderten von der Allgegenwart kriegerischer Konflikte geprägten Gesellschaft führt die Kultivierung der Männerbindungen zu starken Ingroups bei gleichzeitiger Ausgrenzung der «Anderen» und der Aktivierung der Freund-Feind-Psychologie. Die beständige Kriegsdrohung hatte die Lage der Frauen weiter verschlechtert. Mehr noch: Ihnen wurde das volle Menschsein abgesprochen; sie liefen Gefahr, zu Feinden erklärt zu werden.

Frauenraub und Schlimmeres

Der oben erwähnte Menschenraub bedeutete auch und vor allem Frauenraub. Er ist ein großes, wenn nicht sogar das zentrale Thema der *Ilias*, und zum Gründungsmythos Roms gehört der Raub der Sabinerinnen: Um den Frauenmangel der neugegründeten Stadt zu kompensieren, entführten die Römer die Frauen der benachbarten Sabiner.[23] Nun werden vielleicht eines Tages DNA-Analysen enthüllen, wie viel Wahrheit in diesem Mythos steckt. Unwahrscheinlich ist das Szenario jedenfalls nicht, zieht man die griechische Kolonialisierung der Küsten des Mittel- und des Schwarzen Meers als Vergleich heran.

Die Motive, warum die Griechen allerorten Kolonien gründeten, werden nach wie vor diskutiert. Bevölkerungsdruck an jenen Orten, die im Raubgeschäft besonders erfolgreich waren, ist sicher ein Hauptfaktor. Wichtig für uns: Die Erstsiedler bestanden in den meisten Fällen aus bewaffneten Männerexpeditionen, angeführt oft von nachgeborenen Söhnen aus Aristokratenfamilien, die sich in der Fremde Ruhm und Reichtum erhofften. Frauen und Kinder kamen später nach, oder man holte sich die Frauen vor Ort – mit Gewalt.[24]

Der griechische Geschichtsschreiber Herodot berichtet von den Athenern, die das ionische Milet eroberten, aber «keine Frauen mit in ihre Neusiedlung» brachten, sondern sich «karische Frauen» nahmen, «deren Eltern sie zuvor erschlagen hatten».[25] Für Kriege galt das Muster, das wir auch aus dem Nahen Osten und der Bibel kennen, wie es das Schicksal des ebenfalls von den Athenern besiegten Melos zeigt: «Die Athener richteten alle erwachsenen Melier hin, soweit sie in ihre Hand fielen, die Frauen und Kinder verkauften sie in die Sklaverei», berichtet der Historiker Thukydides.[26] In der Regel wurden Jungen nur dann verschont, wenn ihnen noch keine Schamhaare wuchsen.

Am stärksten hat in den letzten Jahren Jonathan Gottschall diesen Punkt in *The Rape of Troy* gemacht. Für ihn repräsentiert die

Konkurrenz um Frauen den Hauptgrund für Krieg und Konflikte zwischen den Männern der homerischen Welt. «Die Konflikte um Helena, Briseis und Penelope sind nur die leuchtendsten Fäden in einer riesigen, wogenden Tapisserie, die den Wettkampf um Frauen darstellt», schreibt Gottschall. «Der Trojanische Krieg wird nicht allein um Helena geführt, sondern auch um Hektors Andromache und all die namenlosen Frauen der einfachen trojanischen Männer.» Gottschall setzt noch eins drauf: Die homerischen Helden seien bei genauerer Betrachtung «fast alle Serienvergewaltiger». Sicher haben wir es mit Literatur zu tun – und mit entsprechender Überzeichnung. Doch schon da ist es ebenso aufschluss- wie einflussreich, wenn das Erbeuten von Frauen als selbstverständliches Attribut des Heroendaseins geschildert wird.[27] Vor allem aber passt es zu dem, was wir aus der Ethnographie über diesen Typus von Gesellschaften wissen.[28]

Womit beginnt die *Ilias*? Mit dem Zorn des Achill. Worüber zürnt er? Weil ihm Agamemnon die kriegsgefangene Briseis wegnahm und als Sklavin in dessen Zelt brachte. Welche Gefühle Briseis gegenüber diesen Männern verspürte, die ihren Vater und ihre Brüder getötet hatten und sich jetzt um sie stritten – das ist kein Thema für Homer. Das passt zu den bereits referierten Thesen der Historikerin Kathy Gaca, dass Vergewaltigung und Versklavung von Frauen ein ebenso integraler Bestandteil von Kriegen in der Welt des Altertums sind wie das Töten von Männern. Der weise Nestor droht «den griechischen Kriegern mit dem Tod», schreibt Gaca, «sollten sie versuchen, nach Hause zurückzukehren, bevor sie Troja erobert und trojanische Frauen vergewaltigt haben».[29] Gottschall weist darauf hin, dass sogar die griechische Metaphorik vom Zusammenhang zeugt, der zwischen der Eroberung einer Stadt und der Vergewaltigung von Frauen besteht: Der Terminus *«kredemnos luesthai»*, der wörtlich das Lösen oder Lüften eines Schleiers bezeichnet, kann im übertragenen Sinne für das Bezwingen einer Stadt verwendet werden wie auch für das Bezwingen der Keuschheit einer Frau.[30] Der Prophet Nahum, dem wir im Kapitel 17 begegneten, der sich seinen Gott als Sieger über die Stadt Ninive im Bild eines Vergewaltigers imaginierte, bediente sich also eines toxischen Kriegsdiskurses.

Und die *Odyssee*? Parallel zu den Irrfahrten des Odysseus erzählt sie die Mannwerdung seines Sohns Telemachos. Die beginnt damit, wie Mary Beard jüngst betonte, dass er seiner Mutter öffentlich zu schweigen gebietet und sie des Saales verweist.[31] Sie endet, und darauf hat schon Gerda Lerner hingewiesen, dass Vater und Sohn Seite an Seite die feindlichen Eindringlinge hinmetzeln und Telemachos dann jene Sklavinnen, die von den Freiern vergewaltigt worden waren, tötet.[32] Nicht aber, wie Odysseus ihm aufgetragen hatte, mit dem Schwert, sondern er erdrosselt sie: «Also streckten auch sie in langer Reihe die Köpfe / Mit dem Hals in die Schlinge und starben schmählichen Todes; / Mit den Füßen zuckten sie etwas, aber nicht lange.» Damit ist Telemachos' homerische Mannwerdung vollendet. Den Verräter Melanthios richteten sie dann gemeinsam: «Schnitten mit grausem Erz ihm Ohren und Nase herunter, / Rissen die Scham ihm aus und warfen sie unter die Hunde, / Schlugen auch Hände und Füße ihm ab, erbittert und zornig.»[33] Toxische Männlichkeit.

Wie Stereotype erwachsen

Die Folgen aus alldem: eine anomale Gesellschaft! Das Geschlechterverhältnis wird gleich doppelt massiv verfälscht. Anomalie Nummer eins: Ein beträchtlicher Anteil der Frauen in einer griechischen Polis sind tatsächlich Andere, nämlich Fremde, die mit Gewalt entführt worden und als Kriegsbeute oder gekaufte Sklavinnen im Prinzip der Vergewaltigung freigegeben waren. Ihnen kam realiter eine Stellung ohne alle Rechte zu.

Für Anomalie Nummer zwei müssen wir kurz ausholen. Auch wenn es kaum möglich ist, eine Demographie des Altertums zu betreiben, spricht viel dafür, dass Forscherinnen wie die über ihrer Arbeit verstorbene Marcia Guttentag oder Sarah Pomeroy recht hatten, als sie postulierten, dass zu den meisten Zeiten der Antike die Gesellschaften durch ein notorisches Frauendefizit gekennzeichnet waren, was die ohnehin schon prekäre Stellung der Frauen signifikant verschlechtert hätte.[34] Auch das ein Befund, wie ihn die Ethnographie für solche Kleingesellschaften, die sich fast dauerhaft im Kriegszustand befinden, bestätigt.[35]

Wo eher Mädchen als Jungen ausgesetzt wurden und das Monopolisieren von Sklavinnen in Häusern der Elite erfolgte, eskalierten Krieg und Frauenraub, galt es doch, den Frauenmangel zu kompensieren, was wiederum die Überfallenen ihrerseits zu solchen Aktionen zwang.[36] Auf die evolutionäre Logik, dass, wenn ein Geschlecht zum knappen «Gut» wird, dies zu mehr Konkurrenz innerhalb des anderen Geschlechts führt, haben wir hingewiesen. Ungleichheit in Sachen Reproduktionschancen führt zu einer Spirale von Zwang und Gewalt, die immens an Fahrt aufnimmt.

Selbst wenn geraubte Frauen in eine Polis kamen, handelte es sich um Sklavinnen, was am allgemeinen Frauendefizit wenig änderte, da sie für einen Bürger keine Heiratskandidatinnen darstellten. Die Historikerin Tanja Scheer vermutet, dass das frühe Heiratsalter der Frauen in Griechenland diesem Frauenmangel geschuldet sei.[37] Das betrifft eben die «eigenen» Frauen, die der Elite, denn nur über sie war die Vergabe des Bürgerrechts möglich. Deren möglichst frühe Verheiratung entspringt allein schon der patriarchalen Logik, das haben wir im Kontext des Phantasmas Jungfräulichkeit diskutiert. Mädchen fehlt es völlig an Möglichkeiten, sich gegen Zwangsheiraten zu wehren – nicht gegen die Väter, nicht gegen die viel älteren Ehemänner.

In unserem Kontext entscheidend ist aber der Umstand, dass die Männer, sobald es in einer Gesellschaft an Frauen mangelte, auf immer jüngere Frauen zurückgreifen. Das ist simple ökonomische Logik: Um eine hohe Nachfrage zu befriedigen, wurde alles unternommen, das Angebot zu verbreitern, indem man den Pool heiratsfähiger Frauen vergrößerte und immer jüngere Frauen heiratete. Das ist Anomalie Nummer zwei: Frauen werden als Mädchen im

Alter von zwölf bis 14 Jahren an mehr als doppelt so alte Männer verheiratet. Bei Jägern und Sammlern sind Frauen im Schnitt 16, 17 Jahre alt, wenn sie das erste Mal heiraten, die Männer einige Jahre älter, kaum aber je mehr als fünfzig Prozent.[38]

Diese anomale Gesellschaftssituation mit ihren anomalen Geschlechterverhältnissen ist nun das Substrat, auf dem der Diskurs der Misogynie erwächst. Auf die beiden skizzierten Anomalien lassen sich zwei der fundamentalsten Stereotype antiker Misogynie zurückführen, unzählige Mal reproduziert in Literatur, Theater, Philosophie – und bis heute noch nicht völlig verschwunden: Einerseits das zänkische Wesen, die Feindseligkeit, die Missgelauntheit der Frauen. Andererseits ihre Inferiorität, Minderwertigkeit und geistige Unterlegenheit.

Beide spiegeln ja eine der Anomalien wider: Auf der einen Seite sind da die fremden Frauen, die Frauen der Feinde. Sie kamen als Beute, als Sklavinnen in die Stadt, geraubt oder gekauft. Der Sklavenanteil war in der griechischen Welt viel höher als in Mesopotamien. Er konnte in Hochzeiten fast ein Drittel der Bevölkerung einer Polis betragen. Während die Tora Gesetze zum Umgang mit Sklaven formulierte, sind diese im alten Griechenland ihren Besitzern rechtlos ausgeliefert, die in jeder Hinsicht über sie verfügen konnten. Als Fremde beherrschten sie oft nicht einmal die Sprache, waren aller Kontakte beraubt und damit völlig isoliert; oft wird ihnen sogar die Qualität des Menschseins abgesprochen.[39] Dass Frauen, die geraubt, wenn nicht sogar vergewaltigt wurden, womöglich noch nachdem ihre Eltern, ihre Männer und Kinder umgebracht worden waren, sich gar nicht anders verhalten können als abweisend, feindselig und zutiefst traumatisiert und verzweifelt, liegt auf der Hand.

Auf der anderen Seite sind da die eigenen Frauen der Elite, die Töchter der Freunde, sie werden eben jung an oft doppelt so alte Männer verheiratet, um Allianzen zu schließen. Sie spielen zwar innerhalb der Familien und Haushalte eine wichtige Rolle, es finden sich entsprechende reiche Frauenbestattungen, doch in der homerischen Welt treten uns Frauen nicht «als eigenständig handelnde Akteurinnen» entgegen, allenfalls «als Ursache für Probleme zwischen Männern».[40] Auch in Athen waren Frauen «keine juristischen Personen, sondern standen lebenslang unter der Vormundschaft ihres Vaters, Ehemannes oder eines anderen männlichen Verwandten». Sie hatten kein eigenes Bürgerrecht, «sondern gaben dieses nur vom Vater an die Söhne weiter».[41]

Wenn Frauen als Mädchen verheiratet werden und fast völlig von Bildung und Öffentlichkeit ausgeschlossen sind, kann es keine Überraschung sein, wenn sie passiv und mental kaum wie Erwachsene erscheinen, sondern wie Kinder, die sie meist sogar noch sind. Das intellektuelle Ungleichgewicht in den Ehen ist männergemacht.

In beiden Fällen werden Frauen Ungeheuerlichkeiten vorgeworfen, für die sie nicht das Geringste können. Ungeheuerlichkeiten, unter denen sie selbst am meisten zu leiden haben. Dass diese offensichtliche Einsicht den «großen griechischen Denkern» nicht kam, spricht nicht für sie. Stattdessen verschmelzen sie diese Stereotype zu einem Diskurs der Mangelhaftigkeit, der die Wissenschaft wie die Religion prägen wird: Die Rede ist von der Frau als passivem, minderwertigem Wesen, als missglücktem, verstümmeltem Mann. Wir sollten uns diesen Diskurs ansehen, weil er für alles Weitere grundlegend ist. An ihm werden sich Frauen bis in die Gegenwart hinein abarbeiten.[42]

«Weicher, feuchter, kälter»

Schon früh suchten die Philosophen nach Erklärungen, warum es zwei Geschlechter gab, was diese im Wesen wie in ihrer gesellschaftlichen Rolle unterschiede und welchen je spezifischen Anteil sie an der menschlichen Reproduktion haben. Die Ideen des ionischen Naturphilosophen Diogenes von Apollonia (499–422 v. Chr.) erwiesen sich als besonders wirkmächtig: Er vertrat die Ansicht, dass die Körper der Geschlechter sich in ihrer Hitze und damit ihrer Energie unterschieden. Aristoteles wird diese Idee übernehmen genauso wie die frühen Mediziner. Ihre Ausgangsfrage lautete: Warum sind die Körper der Frauen in der Regel kleiner und weitaus weniger stark? Die Antwort: Weil es ihnen an lebenswichtiger Energie fehle, schwäche das ihren Metabolismus und mache sie «weicher, feuchter, kälter, überhaupt formloser als Männer».[43]

Ein Symptom dafür sei das weibliche Menstruationsblut, das ein Äquivalent der männlichen Samenflüssigkeit sei. Aufgrund der fehlenden Wärme müsse es regelmäßig abgeschieden werden, weil die Frauen nicht in der Lage seien, das zu vollbringen, was den Männern aufgrund ihrer höheren Hitze gelänge: Blut in Sperma zu verwandeln. Die Männer dagegen brachten dieses gewissermaßen zum Kochen, «unterstützt durch die Koitusbewegungen unmittelbar vor dem Samenerguss» – dadurch erhält «das Sperma Seele, Form, ein Bewegungsprinzip». Deshalb ist für Aristoteles der Mann aktiv, schöpferisch, er schafft das Kind nach seinem Bilde (wenn das Sperma zu kühl war, wird es ein Mädchen). Dagegen ist die Frau eine träge Wesenheit, «unfähig, sich aus sich heraus zu bewegen, und vollkommen passiv». Aufgrund ihrer biologischen Minderwertigkeit seien Frauen auch in anderen Dingen schwächer, etwa in der Fähigkeit, zu denken oder Entscheidungen zu treffen.[44]

Einer der berühmtesten Ärzte des Altertums, Galen, wird im zweiten Jahrhundert n. Chr. argumentieren, die weibliche Menstruation zeige, dass der weibliche Körper wenigstens in der Lage sei, Überschüsse zu produzieren, um das heiße männliche Sperma aufzunehmen, es zu nähren und Kinder wachsen zu lassen. Wäre dies nicht so, «könnten die Männer denken, dass ‹der Schöpfer absichtlich die eine Hälfte des ganzen Geschlechts unvollkommen und sozusagen verstümmelt gemacht habe›». All das führte dazu, dass «Frauen in einer unwiderlegbaren ‹natürlichen› Hierarchie wirksam eine tiefere Stellung … als Männern» zugewiesen wurde.[45]

Wer auf der Suche nach den Anfängen des deterministischen Biologismus ist, der postuliert, die gesellschaftliche Dominanz der

Männer sei durch die Biologie vorbestimmt und unaufhebbar, wird hier fündig. Er ist keine Neuerfindung der Biologen des 19. Jahrhunderts, er ist eine bildungsbürgerliche Altlast der großen Autoritäten der klassischen Antike.

Kognitiver Kurzschluss

Aber was geschieht hier? Eine Verwechslung! Die geschilderten Anomalien werden für die Normalität gehalten. Die griechischen Philosophen wollten die Welt erklären – und keine bewusste Ideologie erschaffen, welche die männliche Vormachtstellung rechtfertigen sollte. Das aber ist gerade das Fatale. Hätten sie gezielt ihre Theorien entwickelt, um die Frauen zu unterjochen, hätten diese nie eine solche Überzeugungskraft entfalten können. Auch wären sie mit dem Ende der jeweiligen Gesellschaftsform verschwunden. Da es sich aber um philosophische und wissenschaftliche Beschreibungen handelte, die buchstäblich aufgeschrieben und von jeder Generation aufs Neue studiert wurden, erhielten sie eine Objektivität und Vorbildlichkeit, die dafür sorgte, dass ihre Ideen bis heute nachwirken.

Der Fehler, den die griechischen Autoren begehen, ist etwas sehr Allgemeines, vor dem auch wir heute nicht gefeit sind: Es handelt sich um eine Blindheit für die kulturelle Gewordenheit der gegenwärtigen Welt. Und damit auch für die kulturelle Bedingtheit der Geschlechterrollen. Anders gesagt: Die Antike war genderblind.

Die Philosophen wollten die Welt ergründen, stellten Theorien über Atome und das Universum auf; sie verzichteten dabei weitgehend auf die Götter, beschränkten sich also auf die Empirie; auf das, was zu beobachten war. Eine Methode, die in vielen Dingen bestens funktionierte, die aber in menschlichen Angelegenheiten fehlerhaft war, weil die Philosophen noch über keine hinreichenden Vorstellungen von der historischen Genese der Gesellschaft verfügten.

Sie begingen einen kognitiven Kurzschluss, der in der Psychologie altbekannt ist: den fundamentalen Attributionsfehler (mitunter auch als «Correspondence Bias» bezeichnet). Dabei handelt es sich um eine falsche Ursachenzuschreibung: Menschen neigen dazu, die alleinige Verantwortung für ein Verhalten den Akteuren zuzuschreiben, also sie dem Wesen, dem Charakter, der Disposition der Personen anzulasten – und dagegen den Einfluss der Situation und der Verhältnisse zu übersehen oder zu unterschätzen.[46] Wenn also Frauen in der Gesellschaft den Männern unterlegen erscheinen, wird die Ursache dafür dem angeblich unterlegenen weiblichen Wesen zugeschrieben und keine Analyse unternommen, was Frauen in diese unterlegene Situation brachte.

Insofern geht dieser Prozess falscher Ursachenzuschreibung meist mit einem «Blaming the Victim» einher, also dem Vorwurf, das Opfer trage selbst Schuld an seinem Opfersein. Wichtig dabei: Während es sich beim Attributionsfehler um einen in der Regel unbewusst und automatisch ablaufenden Denkfehler handelt, kann es sich bei der Täter-Opfer-Umkehr auch um eine gezielt eingesetzte Strategie handeln, die den Täter entlasten soll.[47] Gerade das macht den Erfolg des Attributionsfehlers aus: Da er suggeriert, dass die Personen Schuld an ihrem Schicksal tragen, verhindert er, dass sich bei den Unterdrückern, den Tätern die Empathie oder das schlechte Gewissen überhaupt regt: Es geschieht dem Opfer ja recht!

All das korrespondiert mit unseren evolutionären Ausführungen: Wir betonten bereits, dass unsere Logik eine soziale ist. Geschehnisse führen wir intuitiv zunächst auf Akteure zurück. Das war adaptiv, da uns von Akteuren immer eine unmittelbarere Gefahr drohte als von der Situation oder gar Dingen, die fern in der Vergangenheit lagen. Insofern überschätzen wir eher systematisch den Anteil einer Person und unterschätzen die nicht fassbaren Bedingungen. Und wenn, wie im Fall der Patrix, die männlichen Interpreten noch von ihrer Blindheit profitieren, tendiert die Veranlassung gegen null, den tatsächlichen Ursachen auf den Grund zu gehen.

Wir haben es also im Fall der griechischen Misogynie, des philosophisch-wissenschaftlichen Diskurses der wesenhaften Unterlegenheit der Frauen, in der Hauptsache mit einer fehlerhaften

Interpretation der Welt zu tun (der patriarchale Zustand wird den Opfern in die Schuhe geschoben) – und nicht mit einer ausdrücklich produzierten Ideologie. Also auch nicht mit Frauenhass an sich, wohl aber mit Frauenverachtung, die aus der angeblichen eigenen Überlegenheit resultiert.

Die Philosophen glaubten schlicht ihre Wirklichkeit zu erklären. Ein weiterer Beleg dafür: Der Begründer der Sozialpsychologie, Kurt Lewin, hat in einem berühmten Aufsatz den Unterschied zwischen Aristoteles und Galileo Galilei herausgearbeitet. Aristoteles schrieb das Verhalten von Objekten diesen als Eigenschaften zu: Schwere Dinge etwa besaßen Schwere, die Gravitation war eine wesenhafte Eigenschaft des jeweiligen Objekts. Erst Galilei habe gezeigt, dass das Verhalten dieser Objekte nur in Bezug zu den Situationen zu verstehen sei, in denen es auftritt. Die Gravitation ist keine Eigenschaft der Objekte an sich, sondern die Anziehungskraft von Massen, also von Körpern, die situativ aufeinander einwirken.

Das, was heute als Essenzialismus bezeichnet wird, kennzeichnete folglich das komplette aristotelische Denken und nicht nur seine Ansichten über Frauen. Er schreibt die Ursachen den Dingen als wesenhafte Eigenschaften zu – egal ob Materie, Tier oder Mensch. Die Essenzialisierung von Frauen ist ein fundamentaler Attributionsfehler, der den Versuchen der Philosophen entsprang, die Zusammenhänge der Welt zu ergründen.[48]

Die griechischen Philosophen, die auch frühe Wissenschaftler waren, realisierten nicht, dass die Gegebenheiten ihrer eigenen Lebenswelt wie etwa die verzerrten Geschlechterrollen das Produkt historischer, durchaus kontingenter Entwicklungen waren. Wirkliche Kenntnisse der Geschichte der Menschen, geschweige denn ihrer kulturellen Evolution fehlten. Sie verwechselten den historischen Augenblick, in dem sie lebten und in dem auf fürchterliche Weise mit Frauen umgegangen wurde, mit dem Zustand der Welt schlechthin. Wir haben es also mit keiner Männerverschwörung zu tun, auch sie gingen der Patrix auf den Leim – aber das nur allzu gerne.

In der Perspektive der kulturellen Evolution ist bemerkenswert, was hier geschieht. Wir haben es im Prinzip mit dem gleichen Phänomen der kulturellen Situationsblindheit zu tun, welches wir bereits in der Welt der Bibel beobachteten. Dass Frauen schlechtergestellt waren, wurde auch dort nicht als das Produkt kultureller Entwicklungen infolge des Sesshaftwerdens erkannt. Auch dort kam es zu einem fundamentalen Attributionsfehler. Nur dass dort eine andere Ursache angenommen wurde.

Im alten Israel hatten wir es mit einem Gott-gestützten Welterklärungssystem zu tun. Dort lautete, die Erklärung: Gott hat die Frauen bestraft. Im alten Griechenland haben wir es mit einem Natur-gestützten Welterklärungssystem zu tun. Dort lautete die Erklärung: Die Natur hat die Frauen minderwertig geschaffen. In beiden Fällen haben wir es mit einer falschen Ursachenzuschreibung zu tun.

Wir finden die gleiche Logik in Sachen Sklaverei am Werk. Die Bibel erklärt die Existenz von Sklaven mit dem Fluch Noahs, den er über seinen Enkel Kanaan ausgesprochen hatte. Noah war der von Gott Auserkorene, der die Welt nach der Sintflut neu einrichtete. Galt die Sklaverei erst als Strafe Gottes über bestimmte Völker, wandelte sie sich später zur Strafe Gottes für individuelles Vergehen.[49] Bei den Griechen dagegen existierten auch Vorstellungen, Sklaverei sei die Folge von Ungerechtigkeit oder Schicksal; Platon und Aristoteles jedoch postulierten: Sklaven seien «naturgewollt minderwertig». Es «gebe Menschengruppen, die von Natur aus zur Sklaverei bestimmt wären, da ihre mangelhafte Intelligenz sie zu planvollem Leben gar nicht befähigt». Insofern zerbrachen sich die Philosophen den Kopf darüber, «welcher Status diesen defizienten Wesen zwischen dem (gezähmten) Tier und dem griechischen Polisbürger eigentlich zukomme».[50] Auch hier also Essenzialisierung: Manche Menschen sind «wesenhaft», «von Natur aus» Sklaven. Damit ist auch der Krieg gerechtfertigt, ist er doch, wir erinnern uns an die Worte Aristoteles', die «Erwerbskunst» für Sklaven.

Damit wird einmal mehr deutlich, warum ein evolutionärer Ansatz so wichtig ist, der herausarbeitet, welche Faktoren für das Entstehen einer bestimmten Situation verantwortlich sind. Solange nämlich die Entstehungszusammenhänge unklar sind, droht immer ein Fehlschluss. Ganz einfach, weil der menschliche Verstand nach Antworten lechzt und im Fall des Nichtwissens selbst welche produziert – am liebsten solche, die Akteure als Schuldige präsentieren.

Entscheidend: Patriarchale Verhältnisse produzieren deshalb fast ausnahmslos patriarchal kontaminierte Sinnsysteme! So erhält sich die Patrix am Leben. Die allgemeine Situationsblindheit ist dafür verantwortlich, dass es durch die Zeiten hinweg immer wieder zu denselben Fehlern kam: Die jeweilige soziale Wirklichkeit wird als Normalzustand betrachtet, was die Schlechterstellung der Frauen in einer patriarchalen Gesellschaft als Normalität und nicht zur kulturell zu erklärenden Anomalie werden lässt. Das gleiche Phänomen haben wir bereits für die «großen» Wissenschaftler und Philosophen des 19. und teils noch des 20. Jahrhunderts konstatiert, welche ihre patriarchal verzerrte Wirklichkeit für die objektive Wirklichkeit hielten. Das funktioniert natürlich deshalb bestens, weil es die Macht der Männer verewigt und diese profitieren.

Und es wirkt noch heute fort: Geht es darum zu erklären, warum Frauen in unterbezahlten Jobs überrepräsentiert und in überbezahlten Jobs unterrepräsentiert sind oder warum die Frauenquote in den sogenannten MINT-Fächern (Mathematik, Informatik, Naturwissenschaft und Technik) so gering ist, taucht fast automatisch die Vermutung auf, dass daran doch «biologische» Faktoren wie das «weibliche Gehirn» schuld sein könnten. Der Attributionsfehler lockt! Zumal er eine ebenso simple wie bequeme Erklärung liefert, die den Status quo stützt und die Patrix an der Macht hält.

Es muss also bedeutend mehr Aufwand betrieben werden, herauszufinden, wie es zu den heutigen Anomalien im Geschlechterverhältnis kam und wie diese auf subtil-perfide Weise weiterwirken, als sich auf mögliche «biologische» Unterschiede zwischen den Geschlechtern zu konzentrieren. Die gibt es. Aber aus diesem Kapitel können wir auch lernen, wie viel größer der kulturelle Spielraum ist: Während noch in der jüngsten Vergangenheit die Verbindung von Homosexualität und Soldatsein als Unmöglichkeit galt, stellten Homosexuelle einst die Elite und den Stolz der thebanischen Armee.

Halten wir für unsere weitere Argumentation fest: In patriarchalen Systemen, in denen die Welterklärung via Religion funktioniert, lautet die Begründung für die real existierende Schlechterstellung der Frauen: Es ist Gottes Wille. In solchen Systemen, in denen Wissenschaft die Welt erklärt, heißt es: Es ist ein Gesetz der Natur. Schlimm, wenn beide Systeme verschmelzen – wie im frühen Christentum.

21 Das weibliche Prinzip

Nach dieser Stippvisite im antiken Griechenland sollte zweierlei deutlich geworden sein. Erstens, dass es eine religiöse Strömung in dieser Umgebung schwer haben wird, die Frauen nicht nur große Spielräume gewährt, sondern die, wie das frühe Christentum gerade in der Anfangszeit, vor allem von Frauen verbreitet wird: Tatsächlich betrafen die ersten Bekehrungen in einer Familie oft Frauen, sie erwiesen sich als wichtige Multiplikatoren des neuen Glaubens und machten sich als Prophetinnen und Märtyrerinnen einen Namen.[1] Und zweitens, dass das Christentum allein schon dadurch, dass seine Ausgestaltung von griechisch Gebildeten in der griechisch-römischen Welt betrieben wird, eine übergroße Dosis Misogynie verabreicht bekommt.

Keine Frage, das Christentum sprach auch Männer an. Hohe moralische Qualitäten, praktizierte Mitmenschlichkeit, die Egalität und die Armenfürsorge faszinierten auch sie. Die olympischen Götter hatten in dieser Hinsicht nicht gerade viel zu bieten. Doch führte der Erfolg des frauenfreundlichen Religionsimports aus dem Nahen Osten in einer Umgebung mit starken misogynen Tendenzen zu vorhersehbaren Reaktionen. Bald kursierten Gerüchte: Die Christen träfen sich, um sich sexuellen Ausschweifungen hinzugeben – man denke an die ekstatischen Frauen mit den offenen Haaren! In zeitgenössischen Quellen heißt es über Christen: «Sie erkennen sich an geheimen Merkmalen und Zeichen und lieben sich gegenseitig fest, bevor sie sich kennen. Allenthalben üben sie auch unter sich sozusagen eine Art von Sinnlichkeitskult; unterschiedslos nennen sie sich Brüder und Schwestern.»[2]

Böser Klatsch, perfide Unterstellungen, üble Nachrede sind nicht nur in patriarchalen Gesellschaften ein bewährtes Mittel, sich unliebsamer Konkurrenz zu erwehren. Die Christen waren da nicht bloß Opfer, sondern assimilierten sich schnell. Bis zum Jahr 200 hatte vermutlich «jede christliche Gruppe ihre eigenen christlichen Rivalen bizarrer sexueller Praktiken beschuldigt».[3] Vom Kirchenvater Origines (185–um 254) heißt es, er habe sich kastrieren lassen, um die Gerüchte auszumerzen, er pflege zu seinen Schülerinnen sexuelle Beziehungen.[4]

Typisch waren die Vorwürfe, die der Philosoph Kelsos erhob: Die Christen wendeten sich niemandem von Verstand zu, sie überredeten «nur die einfältigen und primitiven Menschen: Sklaven, Weiber und Kinder». Der christliche Apologet Tatian konterte solche Vorwürfe: «Ihr sagt, wir faselten Unsinn unter Frauen und Jünglingen, Mädchen und alten Weibern, und verspottet uns, weil wir nicht auf eurer Seite stehen; hört aber, mit welch dummem Zeug sich die Griechen beschäftigen.»[5]

Dabei haben wir es mit einem klassischen Klischee patriarchaler Gesellschaften zu tun. Frauen waren auch in der griechisch-römischen Welt berüchtigt für ihren Hang zum Aberglauben[6] – was kein Wunder ist, wenn sie von den offiziellen Kulten weitgehend ausgeschlossen waren; das Thema hatten wir bereits. Der griechische Schriftsteller Plutarch schrieb in seinen «Ratschlägen über die Ehe» (um 100 n. Chr.), dass die Ehefrau denselben Glauben mit ihrem Mann teilen sollte, liefe sie doch sonst Gefahr, «den unstet umherirrenden Mächten» anheimzufallen, welche «die Frauengemächer beherrschten».[7]

Die pagane Umgebung schoss sich auf die Frauen ein: Sexuelle Eskapaden, Einfalt und Aberglaube lauteten die Invektiven. Die erfolgreiche Strategie der Christen war es aber nicht, beklagt April DeConick, ihre griechisch-römische Umwelt davon zu überzeugen, dass an solchen Unterstellungen nichts dran war, sondern die Frauen ins Haus zurück zu zwingen und ihnen einzutrichtern, dass nun einmal der Mann das Haupt der Frau sei.[8]

Und das «Eintrichtern» geschah auf neue Weise, indem man Adam und Eva mit Hilfe griechischen Denkens zu essenzialistischen und damit ebenso verbindlichen wie unabänderlichen Urbildern von Mann und Frau machte. Schon die Naturphilosophen hatten die Wahrheit hinter der sichtbaren Welt der Materie finden wollen und versucht, das Geheimnis des Seins zu ergründen. Seither fahndeten sie nach Ursprüngen, Urgründen und Urstoffen – und waren entsprechend empfänglich für Urmenschen wie Adam und Eva, insbesondere da die eigene Mythologie in dieser Hinsicht wenig zu bieten hatte.

Bereits der vom Hellenismus geprägte jüdische Philosoph Philo von Alexandria (ca. 15 v. Chr.–40 n. Chr.) hatte versucht, die hebräische Bibel mit dem griechischen Denken kompatibel zu machen, indem er sie allegorisch interpretierte, um sie vom Ruf zu befreien, kaum mehr als Volksmärchen zu bieten. In platonischer Tradition unterschied Philo die Welt der ewigen Ideen und die sichtbare Welt als bloßen Widerschein dieser Urbilder. Ebenso übernahm er von Platon die Dichotomie von Verstand und Empfindung, von Intellekt und Gefühl, die er auf die Geschlechter übertrug. Deshalb habe die Schlange, die als ein Sinnbild der Wollust zu verstehen sei, Eva, das Urbild der Frauen schlechthin, als Angriffsziel auserkoren. Die Lust, so Philo, verkehre mit den Sinnen, und die «Sinnlichkeit» sei nun mal «das weibliche Prinzip».[9]

Die Strahlkraft des griechischen Denkens war immens. Frühe christliche und griechische Traditionen verschmolzen auf vielfältige Weise – bis hin zur Trinitätslehre. Und so drang die Misogynie griechischen Ursprungs immer weiter in die christliche Lehre vor: Sie war vermutlich der wesentliche Grund dafür, warum es schon dem griechischsprachigen Paulus unmöglich war, die Konsequenz aus seiner Erlösungslehre zu ziehen und die Frauen den Männern gleichberechtigt an die Seite zu stellen. Der christliche Kirchenlehrer Tertullian gesellte der Eva der Genesis dann die Pandora des

Hesiod bei. Mochte er auch über den heidnischen Mythos spotten, sieht er doch in der von den Göttern als «lockende Versuchung» inszenierten Pandora ein Urbild weiblichen Hangs, sich in Äußerlichkeiten zu verlieren.[10] In seiner Schrift gegen die weibliche «Putzsucht», aus der wir bereits zitierten, fokussiert er dann in voller Schärfe auf Eva. Sie habe dem Teufel geholfen, den Tod in die Welt gebracht und auch noch Jesus Christus auf dem Gewissen – «und da kommt es Dir noch in den Sinn, über deinen Rock aus Fellen Schmucksachen anzulegen!?».[11]

Auf dem griechischen Substrat nimmt die Essenzialisierung der Frauen neue Dimensionen an. Sie wird besonders hartnäckig, weil religiöse, philosophische und wissenschaftliche Diskurse zu einem einzigen amalgamieren! Eva wird zum Urbild der Frauen. Wie Eva sind sie alle schwach, sinnlich, verführbar. Ob das nun daran liegt, dass sie – wie Paulus postulierte – nur das zweite Geschöpf Gottes sind oder ob das – wie Aristoteles behauptete – in ihrer Natur begründet liegt, ist in der Konsequenz egal und verschmilzt deshalb besonders leicht. Beides ist unabänderlich und bestätigt sich wechselseitig – das macht diesen Prozess so tückisch. In beiden Fällen handelt es sich um Ursprungsmythen, fundamentale Attributionsfehler, die das beinhalten, was wir einmal als historistischen und einmal als naturalistischen Fehlschluss beschrieben haben: die Annahme, dass eine unabänderliche Essenz in den Dingen liege. Das ist eine Vorstellung, die erst durch das Konzept der Evolution, der beständigen Veränderung, eliminiert wird.

Welche bitteren Konsequenzen das für Eva und ihre Geschlechtsgenossinnen hat, bringt Elaine Pagels auf den Punkt: «Unter Hinweis aufs Evas Sündhaftigkeit kleingeholzt und jedweder eigenen Autorität beraubt, bleibt der Frau nichts übrig, als sich widerspruchslos unter die Fuchtel ihres Mannes zu bequemen und froh zu sein, dass auch sie vielleicht aus ihrer Sündenschuld errettet wird – vorausgesetzt, sie lässt sich nicht gelüsten, aus ihrer angestammten Hausfrau-und-Mutter-Rolle auszubrechen.»[12]

Die «tollen Weiber»

Ein weiterer Aspekt ist zu berücksichtigen. Der Althistoriker Hartmut Leppin schreibt in seiner Geschichte der frühen Christen: «Man würde es sich zu einfach machen, sähe man die einflussreiche Stellung christlicher Frauen lediglich als eine Sache der Frühzeit, die sich rasch verlor, als die christliche Organisation sich an eine patriarchalische Mehrheitskultur anpasste.»[13] Wir müssen realisieren: Es gab nicht das eine Christentum. In der Frühzeit existierte ein ebenso breites wie buntes Spektrum christlicher Gemeinden, die miteinander konkurrieren. Und welche Spielart wird in einer misogynen Gesellschaft das Rennen machen? Jene, die am besten mit dieser misogynen Umwelt harmoniert.

Aus der rückwärtigen Perspektive sind gerade die großen Krisen des frühen Christentums ausgelöst worden durch starke christliche Konkurrenzbewegungen, die sich nicht zuletzt dadurch auszeichneten, dass in ihnen Frauen prominent vertreten waren – selbst wenn diese ihr Gender-egalitäres Ethos nicht immer dauerhaft umsetzten.[14]

Markion von Sinope, der ab etwa 140 eine starke Missionstätigkeit entfaltete und das Christentum vom Alten Testament befreien wollte, soll eine Frau nach Rom geschickt haben, «um die Seelen jener vorzubereiten, die gefehlt hätten. Die von ihm gegründete Kirche ließ Frauen zum Priesteramt zu und gab ihnen das Recht zu taufen.» Später wurde er als Erzketzer verdammt.[15] Dann waren da die zahlreichen, teils sehr diversen Strömungen, die heute unter dem Begriff der Gnosis zusammengefasst werden. Sie eint ein starker Dualismus zwischen Geist und Materie und der Überzeugung, dass die Menschen Erlösung durch Erkenntnis (griech. *gnosis*) erreichen können – und zwar die Erkenntnis, dass die materielle Welt nur das Werk eines bösen Gotts, des Demiurgen, ist, dem außerhalb der Welt ein guter Gott gegenübersteht. Die gnostischen Schriften präsentieren oft Offenbarungen, die auf Frauen aus Jesu Umfeld zurückgeführt werden, auf Salome etwa und vor allem Maria Magdalena. Das *Evangelium der Maria* behauptet, sie sei gegen den Widerstand des Petrus zur «liebsten Begleiterin Jesu geworden».[16]

Schließlich waren da die Montanisten, die auf Montanus zurückgehen, der ab 160 in Phrygien auftrat – ihm zur Seite standen die Prophetinnen Priskilla, Maximilla und Quintilla. Sie verkündeten das Ende der Zeiten und setzten auf die Egalität, auch der Geschlechter. Nach dem Tod des Montanus übernahm Maximilla die Leitung der Bewegung. «Kaum eine Richtung des frühen Christentums ist ... so verketzert und bekämpft worden wie diese ‹Neue Prophetie›», kommentiert Hans Küng.[17] Sie galten lange, schreibt Anne Jensen, als «Inbegriff frühchristlicher Verirrungen .... verbunden mit der Vorstellung von ‹tollen Weibern›, die in einer Mischung aus Hysterie und Häresie den authentischen Prophetismus diskreditiert haben sollen».[18]

Die Verteidigung des Mainstream-Christentums gegen diese alternativen Strömungen verschärfte die frauenfeindlichen Tendenzen. Auch wenn Theologen wie Christoph Markschies in Frage stellen, ob die «von der Mehrheitskirche ausgeschiedenen Bewegungen ... grundsätzlich frauenfreundlicher gewesen» seien,[19] so schoss sich die Kritik an diesen auf die als Häretikerinnen bezeichneten Frauen ein. Sie wurden als giftige Schlangen bezeichnet, als «frech und anmaßend».[20] Kurzum: In einer patriarchalen Gesellschaft machte die am wenigsten frauenfreundliche Version das Rennen. Der Rest liegt auf dem Friedhof der stummen Zeugen, Unterabteilung frauenfreundliche Christentümer.

22 Monogamie, lebenslang

Das nächste christlich-griechisch Hybridprodukt hält viele Menschen noch heute in seinen Fängen: die monogame Ehe auf Lebenszeit. Das exklusive Zusammenleben von Mann und Frau, bis der Tod sie scheidet, ist eine kulturelle Erfindung, die es geschafft hat, als menschlicher Normalzustand zu gelten. (Auch wenn es nicht unser Thema ist: Wer nach einer der Hauptwurzeln der Heteronormativität, also der Heterosexualität als restriktiver Norm, sucht, wird hier fündig.)

Aus der evolutionären Perspektive unseres Buchs heraus sollte zweierlei bisher deutlich geworden sein: Erstens hat unsere evolutionär erworbene psychologische Grundausstattung weder Frauen noch Männer besonders gut für eine lebenslange, sexuell exklusive Beziehung ausgestattet (Kapitel 3). Zweitens ist seit der Erfindung der Landwirtschaft die Ehe als rechtliche Institution nicht der Liebe verpflichtet, sondern der Weitergabe von Eigentum (Kapitel 14). Allein deshalb liegt man mit der Vermutung nicht völlig falsch, bei der exklusiven Monogamie auf Lebenszeit handle es sich um eine kulturelle Altlast, eine patriarchal kontaminierte zumal.

Im *Tagebuch der Menschheit* thematisierten wir bereits, dass es in der Humanbiologie als «Rätsel» gilt, wie sich die strikte Monogamie überhaupt durchsetzen konnte: «Historisch betrachtet ist das Aufkommen monogamer Ehen besonders rätselhaft. Denn jene Männer, die am meisten von polygynen Ehen profitierten – reiche Aristokraten –, sind meist auch jene, die den größten Einfluss auf das Entstehen von Normen und Gesetzen haben», zitierten wir Joseph Henrich, Robert Boyd und Peter Richerson.[1] Zwei Gründe haben das Lösen des Rätsels erschwert: Einerseits ist die Monogamie schlecht erforscht, wie der Althistoriker Walter Scheidel klagt. Auch die Geschichtswissenschaft habe sich überraschend wenig darum gekümmert. In der Vergangenheit seien mehr Studien zum Thema Inzest erschienen als zur Monogamie![2] Andererseits suchten die Wissenschaftler oft nach einer monokausalen Erklärung, sie hielten nach dem einen Ursprung oder Nutzen der Monogamie Ausschau. Wir haben es aber einmal mehr mit einem sehr heterogenen Anreicherungsprodukt der kulturellen Evolution zu tun.

Mogelpackung

Erinnern wir uns: Polygynie entfaltet eine toxische Wirkung innerhalb der Familien: Wo ein Mann mehrere Frauen hat, geraten diese unweigerlich in Konkurrenz zueinander, ebenso die Söhne, geht es doch darum, sich das Erbe zu sichern. Je größer die Reichtümer, umso erbitterter der Konflikt. Und wenn sie nur Halbbrüder sind, wird es besonders heftig. Doch auch auf die Gesellschaft hat Polygynie einen korrodierenden Einfluss: Einerseits heizt sie die Statuskonkurrenz innerhalb der Elite an, andererseits schafft sie einen immer größeren Pool frauenloser und damit gewaltbereiter Männer.

Um diese negativen Effekte zu vermeiden, scheint sich in der griechisch-römischen Welt die Monogamie als Alternative entwickelt zu haben. Aber warum ausgerechnet bei den so martialischen Griechen? Wir sagten es, rund 85 Prozent aller je dokumentierten Gesellschaften hatten kein Problem mit der Polygynie – im Altertum dürfte die Quote noch höher gelegen haben. Auch in Palästina zu Jesu Zeiten war Polygynie nicht verboten. Dass mächtige Männer sie einfach so aufgeben, ist schwer vorstellbar. Zudem besaß der Polytheismus nicht die moralische Autorität, durchzusetzen, dass eine Frau und ein Mann ihr Leben miteinander zu verbringen haben.

Die Vermutung liegt nahe, dass die ungewöhnliche Lebensweise der Griechen dafür verantwortlich war. In deren kleinen Gesellschaften, mit den ewigen Kriegen, zählte jeder Mann. Und die starke Präferenz für Söhne, die damit einherging, hatte Frauen zu einem so kostbaren «Gut» werden lassen, dass Polygynie jegliche männliche Solidarität unmöglich gemacht hätte. Welcher Mann würde für seine Gruppe kämpfen, wenn er nicht einmal eine Frau heiraten konnte, seine Mitstreiter aber zwei oder drei? Tatsächlich hat sich die Herrschaft in den Stadtstaaten sehr oft als exklusive «Männerbünde» jener freien Männer etabliert, die allein im Besitz des Bürgerrechts waren.[3] Oft hatte man sich gemeinsam gegen die Monopolisierungsversuche einzelner Tyrannen gewehrt, die tatsächlich mehrere Frauen besaßen. Den uralten Prinzipien des Male Bonding folgend, war es wichtig, innerhalb der Eliten Rivalitäten zu reduzieren. Auch das ließ es ratsam erscheinen, dass eben jeder männliche Vollbürger nur eine Frau heiratete. Zumal die Ehefrauen in aller Regel die Töchter anderer Bürger waren. Allein mit einer solchen Ehefrau konnte er legitime Erben zeugen, die ihrerseits das Bürgerrecht erhielten (deshalb konnte das Frauendefizit in der Regel nicht durch Sklavinnen kompensiert werden). Das sorgte für die Stabilität der Elite, hielt diese geschlossen und stellte nicht zuletzt die Weitergabe des Eigentums sicher.[4]

Dahinter verbirgt sich ein Interessenkonflikt: Das biologische Interesse der Männer zielte auf eine möglichst hohe Anzahl Nachkommen; im kulturellen Interesse aber lag es, das Eigentum ebenso konzentriert wie konfliktfrei weiterzugeben, was umso besser gelang, je weniger Kinder sich darum stritten. Hat also mit der Monogamie die Kultur über die Biologie triumphiert? Mitnichten. Hier kam es aus Männersicht zur optimalen Lösung: der Alibi-Monogamie.

Die griechische und das gilt im Prinzip auch für die römische Monogamie ist nämlich eine Mogelpackung: Die Beschränkung der männlichen Bürger auf nur eine legitime Ehefrau ging einher mit der sexuellen Ausbeutung der Sklavinnen. Diese Form der Monogamie verpflichtete einmal mehr allein die Ehefrauen zu absoluter Treue. Die Männer dagegen bedienten sich aus dem unglücklichen Arsenal der Sklaven: De facto waren die Gesellschaften polygyn, sagt auch Jonathan Gottschall. Männer von hohem Status monopolisierten die reproduktiven Kapazitäten vieler Frauen.[5] Wohlhabende Griechen oder Römer, wir folgen hier Peter Brown, «besaßen die Körper ihrer männlichen und weiblichen Diener» – um ihre Begierden zu befriedigen. Für sie war «Treue zur eigenen Gattin eine persönliche Entscheidung. Es gab zwar strenge Gesetze, die verheiratete Frauen für Ehebruch bestraften, aber Untreue ihrer Ehemänner war keiner gesetzlichen Strafe unterworfen.»[6] Die monogame Bindung an eine Ehefrau und die sexuelle Ausbeutung weiblicher und männlicher Sklaven, ergänzt durch die Vielzahl der Prostituierten, aber auch die Option der «Knabenliebe», gehören zusammen.

Wenn die Gesellschaft von einem verheirateten Mann verlangte, dass er seine sexuellen Eskapaden einschränkte, geschah das nicht seiner Frau wegen, sondern weil er als Oberhaupt einer Familie Macht ausübte, die auf seine Reputation als Bürger ausstrahlte. Deshalb musste er «in dieser Machtausübung Selbstbeherrschung beweisen».[7] Ansonsten galt: «Im 2. Jahrhundert n. Chr. wuchs ein junger Mann aus den privilegierten Klassen des Römischen Reiches mit einer Weltsicht auf, die durch einen Standpunkt unbestrittener Dominanz gekennzeichnet war. Frauen, Sklaven und Barbaren waren unabänderlich anders als er und standen unter ihm.»[8]

Um es klar zu sagen: Diese Form der Monogamie war das Wunschgebilde jener Männermoral, über die Foucault schrieb: «eine Moral, die von Männern gedacht, geschrieben, gelehrt wird und an Männer – natürlich freie – gerichtet ist. Folglich eine männliche Moral, in der die Frauen nur als Objekte oder bestenfalls als Partner vorkommen, die es zu formen, zu erziehen und zu überwachen gilt, wenn man sie in seiner Macht hat, und deren man sich zu enthalten hat, wenn sie in der Macht eines anderen (Vater, Gatte, Vormund) sind.»[9] Und einer Moral, der es gelungen war, biologische und kulturelle Interessen der männlichen Elite bestmöglich zu verbinden.

Denn der Zweck der rechtlichen Institution Ehe war allein, wie wir es auch für den Vorderen Orient konstatierten, Besitz zu erhalten und weiterzugeben: Die Ehe ging mit der «Übertragung der bisher vom Vater ausgeübten Vormundschaft auf den Ehemann» einher. Das Ehe-Institut ist eine ökonomische Erfindung, sagt auch Foucault, es handelt sich um «eine private Transaktion», ein «abgeschlossenes Geschäft», mit dem Ziel den *oîkos*, Haus und Haushalt, zu erhalten und «das Erbe auf die Nachkommen zu übertragen».[10] Die Althistorikerin Tanja Scheer formuliert das so: «Eine Ehe in Athen war keine Liebesheirat, sondern ein von Brautvater und Bräutigam getroffenes Arrangement zur Fortführung des Haushalts des Bräutigams.»[11]

Dem athenischen Staatsmann Demosthenes (384–322 v. Chr.) wird der Satz zugeschrieben: «Die Kurtisanen haben wir für das Vergnügen, die Konkubinen für die tägliche Bequemlichkeit; die Gattinnen haben wir, um eine legitime Nachkommenschaft und eine treue Hüterin des Herdes zu haben.»[12] Die Finte war es also, dass die reale Polygynie maskiert wurde durch den Missbrauch der Sklavinnen.[13] Diese Praxis setzte sich in der griechischen Gesellschaft durch, weil sie die Konflikte innerhalb der männlichen Elite reduzierte und perfekt zum Patriarchat passte.

Die Monogamie war aber noch nicht auf Lebenszeit angelegt, Scheidungen waren nicht verboten. Das konnte zu Auseinandersetzungen führen, wie wir sie aus polygynen Gesellschaften kennen. Ein Exempel sollten wir uns nicht entgehen lassen, betrifft es doch jenen römischen Kaiser, dem das Christentum seinen Erfolg verdankte. Es wird angesichts der brisanten Umstände kein Zufall sein, dass die Quellenlage miserabel ist und sich das tatsächliche Geschehen nur ansatzweise rekonstruieren lässt: Konstantin trennte sich von seiner ersten Frau Minervina, mit der er den gemeinsamen Sohn Crispus hatte, um im Jahr 307 die Tochter des ehemaligen Kaisers Maximian, Fausta, zu heiraten. Damit wollte er seine Ansprüche auf den Thron verbessern, stand er doch in Konkurrenz zu drei Mitbewerbern. Ob er Minervina verstieß oder sie sogar eines gewaltvollen Todes starb, ist ungewiss. Im Jahr 326 kam es zur Katastrophe. Auch hier geben die Quellen keinen klaren Aufschluss: Es spricht viel dafür, dass Konstantin erst seinen eigenen Sohn Crispus töten ließ, dann auch seine zweite Ehefrau Fausta. Was war passiert? Angeblich soll sich Crispus seiner gut 15 Jahre älteren Stiefmutter in illegitimer Weise genähert haben. Das war aber vermutlich nur ein Komplott Faustas, mit dem sie den ältesten Kaisersohn beseitigen wollte, um einen ihrer eigenen Söhne auf den Thron zu bringen – weshalb Konstantin, als er das erkannte, auch sie umbringen ließ.[14]

In dieser Perspektive erscheint die exklusive, lebenslange Monogamie als geeignete Lösung, um Familien und Gesellschaften zu befrieden und Macht sowie Eigentum sicher weiterzugeben. Das war einer der Gründe, warum sich diese Institution auf Dauer durchsetzte – wenn auch selbst in allerchristlichsten Zeiten nicht nur die Eliten der Idee der lebenslangen Monogamie immer wieder untreu werden, stößt sie doch durchaus auf die Widerstände der ersten Natur.

Bis dass der Tod euch scheidet

Aber wie kam das «lebenslang» ins Spiel und dann noch kombiniert mit der Kategorie der verpflichtenden Treue auch des Mannes, die nicht nur den Griechen unbekannt war?[15] Das ist der christliche Import. Es basiert auf jenem Scheidungsverbot, das Jesus aussprach. Er berief sich dabei auf die Schöpfungsgeschichte: «Aber von Anfang der Schöpfung an hat Gott sie geschaffen als Mann und Frau. Darum wird ein Mann seinen Vater und seine Mutter verlassen und wird an seiner Frau hängen, und die zwei werden ein Fleisch sein. So sind sie nicht mehr zwei, sondern ein Fleisch. Was nun Gott zusammengefügt hat, soll der Mensch nicht scheiden.»[16] Das war so ungewöhnlich, dass die Jünger ihn deshalb zur Rede stellten und der Evangelist Matthäus später zumindest eine Ausnahme vom Scheidungsverbot hineinschmuggelte: «Ich aber sage euch: Wer sich von seiner Frau scheidet, es sei denn wegen Unzucht, und heiratet eine andere, der bricht die Ehe.»[17]

In Anbetracht der gewaltigen Auswirkungen dieser Sentenz überrascht allerdings der «spärliche Umfang dessen, was das Neue Testament an Äußerungen über Ehe, Ehescheidung und Ehelosigkeit zu berichten hat», das könnte darauf hinweisen, dass diese Thematik in der Botschaft des Nazareners «eine eher untergeordnete Rolle» spielte, mutmaßt Elaine Pagels.[18] Schließlich erteilte Jesus der Familie an anderen Stellen eine deutliche Absage.[19] Deshalb ist zu vermuten, dass das Scheidungsverbot seiner allgemeinen Parteinahme für die Schwachen entsprang und er die Praxis verurteilte, dass Männer sich einfach von ihren Frau trennen und diese ins Unglück stoßen konnten (er verweist ausdrücklich auf die männliche Hartherzigkeit).

Demnach ging es Jesus nicht darum, das Zusammenleben der Geschlechter grundlegend neu zu regeln für alle Zukunft. Das war ein Problem, das für ihn gar nicht existierte! Er war fest überzeugt, dass das Reich Gottes unmittelbar bevorstünde: «Wahrlich, ich sage euch: Dieses Geschlecht wird nicht vergehen, bis dies alles geschieht.»[20] Insofern währte sein «lebenslang» deutlich kürzer, als das für «lebenslang» normalerweise der Fall ist. Zukünftige Generationen würde es keine mehr geben. Das machte das Problem der Ehe obsolet, nach seiner Lehre existiert im Reich Gottes keine Ehe mehr: «Denn wenn sie von den Toten auferstehen, so werden sie weder heiraten noch sich heiraten lassen, sondern sie sind wie die Engel im Himmel.»[21] Halten wir fest: Für Jesus war die Ehe eine irdische Einrichtung, die kurz vorm Erreichen des Verfallsdatums stand.

«Unzucht vermeiden»

Das «lebenslang» in Sachen Ehe war nicht der einzige Beitrag des Christentums. Die Beschränkung der Sexualität auf die Ehe ist ein zweiter. Mann und Frau wird es verboten sein, «irgendeine andere Lust zu suchen» als die mit ihrem rechtmäßigen Ehepartner, referiert Foucault, und «selbst diese Lust wird viele Probleme aufwerfen, denn das Ziel der sexuellen Beziehungen soll nicht in der Wollust liegen, sondern in der Fortpflanzung».[22] So überraschend dieses Novum in der Kulturgeschichte des Menschen ist – damit war ja nicht nur außer-, sondern auch vorehelicher Sex verboten (die meiste Zeit der Evolutionsgeschichte des *Homo sapiens* eine Undenkbarkeit) –, so hatte diese Einschränkung der Sexualität auf die Ehe immerhin den Vorzug, dass sie die sexuelle Ausbeutung von Sklavinnen, zumindest in der Theorie, unterband.

In diesem Zusammenhang ist vor allem Paulus zu nennen, der Enthaltsamkeit predigte (und sie selbst lebte). Allein wer diese für sich nicht garantieren könne, solle, so Paulus, in der Ehe Zuflucht nehmen – «um Unzucht zu vermeiden», die aus mangelnder Selbstbeherrschung entspringen könnte. Gerade für die leidenschaftlichen jungen Paare sei es keine Sünde zu heiraten, «denn es ist besser, zu heiraten, als sich in Begierde zu verzerren».[23] Auf die näheren Gründe für das Enthaltsamkeitsideal kommen wir im nächsten Kapitel zu sprechen, wenn es um die Dämonisierung der Sexualität geht.

Schließlich kommt als dritter christlicher Beitrag zum neuen Hybridprodukt Monogamie die Beschränkung des Sex auf das andere Geschlecht hinzu. Gleichgeschlechtliche Ehen waren in der Antike allein deshalb eine Unmöglichkeit, weil die Ehe ein Institut der Erbenproduktion und der Weitergabe des Bürgerrechts war – nicht der Liebe! Und wenn in der paulinischen Sicht lediglich die Ehe den legitimen Rahmen für sexuelle Handlungen bietet, fällt die Homosexualität allein aus dieser Logik durchs Raster. Aber die Hauptsache war wohl: Schon die Tora hatte die Homosexualität verboten, auch in einigen Pastoralbriefen des Neuen Testaments finden sich entsprechende Äußerungen.[24] Und nicht zuletzt galt sie in der jüdischen Tradition als dekadentes Charakteristikum des Heidentums, von dem sich auch die Christen gerade abgrenzten.

Ewige Liebe?

Weder Jesus noch Paulus haben die im Judentum erlaubte Polygynie ausdrücklich verboten, vermutlich weil sie in jenen sozialen Sphären, in denen sie sich bewegten, kein Thema war. Die lebenslange, heteronormative Monogamie ist also eine heidnisch-christliche Co-Produktion; eher zufällig entstanden durch den Kulturtransfer einer jüdischen Sekte in die griechisch-römische Welt. Mit dem Siegeszug der Kirche wird sie zum unantastbaren Sakrament.

Für uns ist das ein eindrucksvolles Beispiel für die Macht der Kultur: Obwohl wir es also mit einer Erfindung zu tun haben, die im schroffen Gegensatz zu 99 Prozent der Menschheitsgeschichte steht, versuchen die Menschen bis heute, ihr Leben danach auszurichten. Das «Bis dass der Tod euch scheidet» ist seiner durchaus problematischen Herkunft zum Trotz zu einem Ideal geworden, welches selbst über die religiöse Sphäre hinaus seine Wirkung entfaltet. Wann immer Menschen daran scheitern, wird das als individuelles Versagen gewertet. Und es geht ja längst nicht nur um Treue: Wo zwei Menschen nicht harmonierten, war die Trennung in der tiefen Vergangenheit des *Homo sapiens* die gängige Lösung für die Probleme. Insbesondere für Frauen, die unter ihren Männern aus welchen Gründen auch immer zu leiden hatten. Nun sind sie auf Gedeih und Verderb aneinander gekettet.

Tatsächlich haben wir es hier mit einem der eindrücklichsten Beispiele für die patriarchale Matrix zu tun: Sie gaukelt den Menschen vor, dass es das Normalste auf der Welt sei, sein Leben ausschließlich in einer Liebesbeziehung mit einem einzigen Menschen zu verbringen. Dabei könnte der anthropologische wie der ethnographische Befund keine klarere Sprache sprechen (um gar nicht erst die steigenden Scheidungsraten in der westlichen Welt zu bemühen): Ewige Liebe ist möglich – aber sie stellt eher den Ausnahmefall dar. Wer danach strebt, sollte wenigstens wissen, auf was sie oder er sich einlässt.

Um die Wirkweise der Patrix zu verstehen: Institutionen prägen die Gesellschaftsordnung und reproduzieren sie durch die Zeiten hinweg immer wieder aufs Neue. Jede öffentlich vollzogene Hochzeit, jeder Erbgang aktualisiert die Vorstellung einer rein binären Geschlechterordnung, die eine Frau allein an einen Mann bindet. Dabei steckt hinter dem Phantasma der lebenslangen Monogamie nur das Ideal der perfekten Eigentumsweitergabe.

Ironischerweise war es gerade die Kirche, die, seit sie dank der Gunst römischer Kaiser ab dem vierten Jahrhundert Besitz anhäufen durfte, sich ganz darauf fokussierte, alle bisher «anerkannten Erbschaftsstrategien zu modifizieren», sodass ihr mehr und mehr Gläubige ihren Besitz vermachten, wie der Anthropologe Jack Goody betont. Die Kirche setzte alles daran, Wiederverheiratungen zu verhindern, indem sie auf das «lebenslang» pochte. Auf diese Weise reduzierte sie die Zahl möglicher Erben, was die Chance, sich Vermächtnisse zu sichern, enorm steigerte. Insbesondere wenn Ehen kinderlos blieben.[25]

Die Erfindung der Monogamie auf Lebenszeit eröffnet ein neues Schlachtfeld. Zumindest ließe sich das behaupten, wenn die Schlacht um die menschliche Sexualität nicht längst getobt hätte. Das sollten wir uns keineswegs entgehen lassen – und zwar nicht allein aus dem Grund, dass es sich bei der Dämonisierung der Sexualität um das dritte christlich-griechische Hybrid handelt.

23 Dämonisierung der Sexualität

Die Sexualfeindlichkeit des Christentums ist ein altbekanntes Thema. Michel Foucault widmete ihr bedeutende Teile seines Werks *Sexualität und Wahrheit,* insbesondere des vierten Bandes, der erst gut 35 Jahre nach seinem Tod erschienen ist und sich mit den christlichen Kirchenvätern auseinandersetzt. Foucault lag vor allem daran zu zeigen, dass die Unterdrückung der Sexualität keine neue Erfindung des Christentums sei, sondern bereits auf antiken Traditionen basiert. Schon seit dem vierten vorchristlichen Jahrhundert fände sich in Griechenland «die Idee ganz klar formuliert, dass die sexuelle Aktivität an sich gefährlich und kostspielig ist und dass sie so eng an den Verlust der Lebenssubstanz gebunden ist, dass eine sorgfältige Ökonomie sie begrenzen muss, soweit sie nicht unbedingt nötig ist».[1]

Nun mag man in diesem Zusammenhang zunächst an Philosophenschulen wie die der Stoa denken, die für die frühen christlichen Denker so wichtig waren, mit ihrem Ideal eines Lebens, das sich allen Leidenschaften fernhält. Doch die Hauptquelle für die Sexualskepsis ist der frühe wissenschaftliche, speziell medizinische Diskurs, in dem, wie wir sahen, die angebliche «Hitze» des männlichen im Unterschied zur «Kälte» des weiblichen Körpers eine zentrale Rolle spielte. Und gerade mit der Hitze des Mannes musste vorsichtig, also ökonomisch umgegangen werden. «Der feurige Körper war ein zerbrechliches Reservoir, aus dem Lebensenergie entweichen konnte. Seine Feuer mussten sorgfältig eingedämmt werden, wenn sie von Dauer sein sollten.» Jede «heiße Ejakulation» des Samens führe «zu einer merklichen Verringerung der Hitze, die den Schwunge eines virilen Mannes aufrechterhielt». Zu häufiger Sex also, postulierten die medizinischen Handbücher, führe zu einem Verlust des Lebensgeistes, das Entweichen der Hitze kühle die Männer auf den weiblichen Temperaturzustand herab – mache also «weibisch».[2]

Das ist die eine Seite, das griechische Substrat, auf dem die christliche Sexualmoral sprießen wird. Christliche Autoren machten dort «massive Anleihen»,[3] doch sie verfügten über eine eigene, noch viel mächtigere Tradition, der die Sexualität höchst verdächtig war.

«Wer das fassen kann, fasse es»

Eunuchen für das Himmelreich lautete der Titel des Bestsellers der Theologin Uta Ranke-Heinemann, in der sie den Umgang der katholischen Kirche mit der Sexualität geißelte.[4] Der Titel bezieht sich auf jene Passage im Matthäusevangelium, in der Jesus sich gegen die Scheidung ausspricht. Seine Jünger sind konsterniert und fragen nach: «Wenn die Sache des Mannes mit der Frau so steht – wozu dann heiraten?» Die Antwort des Nazareners: «Nicht alle fassen dieses Wort, sondern nur die, denen es gegeben ist: Ja, es gibt Eunuchen, die von Geburt an so waren, und es gibt Eunuchen, die von Menschen zu solchen gemacht wurden, und es gibt Eunuchen, die sich um des Himmelreiches willen selbst zu solchen gemacht haben. Wer das fassen kann, fasse es!»[5]

Paulus wird da noch weiter gehen, seine Position in Sachen Ehe haben wir thematisiert. Er beschwört den «Krieg des Geistes gegen das Fleisch und des Fleisches gegen den Geist»,[6] ein Bild, welches das christliche Denken zutiefst prägen wird: «Ich sehe aber ein anderes Gesetz in meinen Gliedern, das widerstreitet dem Gesetz in meinem Verstand und hält mich gefangen im Gesetz der Sünde, das in meinen Gliedern ist. Ich elender Mensch! Wer wird mich erlösen von diesem Leib des Todes?»[7]

Die Ehe empfiehlt Paulus – und das ist aufschlussreich –, «damit euch der Satan nicht versucht, weil ihr euch nicht enthalten könnt».[8] Während die jüdische Tradition die Ehe lobte, gerade um den Gottesauftrag zu erfüllen – «Seid fruchtbar und mehret euch»[9] –, etabliert Paulus hier eine Vorstellung der Ehe als notwendiges Übel für alle, die nicht asketisch leben können, als Schutz gegen die Unzucht. Brown formuliert es eindrücklich wie stets: «Von nun an lag ein Gefühl für die Gegenwart ‹Satans› in Gestalt einer beständigen und unklaren Gefahr der Wollust wie ein dumpfer Schatten im Winkel jeder christlichen Kirche.»[10] Man könnte vermuten, hier schlage einfach der griechische Einfluss durch – wenn da nicht der Satan wäre!

Die Verteufelung der Libido

Was hat der Teufel mit der Sexualität zu tun? Elaine Pagels verweist darauf, dass die «rabiaten Forderungen eines Jesus oder Paulus» nicht etwa «einem Ekel vor Geschlechtlichkeit» entsprangen. Sie waren «vielmehr Ausdruck einer eschatologischen Erwartung, die allem Handeln nur dann noch einen Sinn zuerkannte, wenn es der Vorbereitung auf das nahe Weltende diente und den Handelnden frei machte für ‹die Zeit, die da kommen wird›».[11] Wie im Fall der Ehe gilt auch hier: Wir haben es mit Anweisungen für die kurze, letzte Zeit zu tun, bevor das Reich Gottes kommt, um im Kampf gegen das Böse zu bestehen.

Tatsächlich fanden sich in Palästina bereits vor Christi Geburt vereinzelt jüdische Gemeinschaften, die zölibatär lebten und damit in der antiken Welt für Erstaunen sorgten: die Therapeutae in der Nähe Alexandrias in Ägypten und Teile der Essener, die am Toten Meer verortet werden. Bei ihnen sind die beiden Hauptwurzeln zu beobachten, welche die Sexualität zu einer dämonischen Angelegenheit machten.

Beiden Sekten war gemein, dass ihr Weltempfinden apokalyptisch geprägt war, sie der verdorbenen Gesellschaft entfliehen wollten und glaubten, dass die Nähe Gottes angesichts des nahen Weltendes extraordinäre Maßnahmen verlangte. Die asketischen Therapeutae verschenkten ihr Hab und Gut, Männer und Frauen lebten je für sich, sexuell enthaltsam. Philo von Alexandria berichtet, dass die Therapeutae sich damit auf jene Regeln bezogen, die Mose dem Volk Israel zur Vorbereitung gegeben hatte, bevor dieses Jahwe am Berg Sinai gegenübertreten sollte: «Seid bereit für den dritten Tag und keiner rühre eine Frau an.»[12] Da die Therapeutae anders als das von Mose instruierte Volk Israel nicht wussten, wann ihnen Gott im apokalyptischen Endkampf erscheinen würde, blieb ihnen nichts anderes übrig, als bis dahin dem Geschlechtsverkehr ganz zu entsagen.

In diesem Fall haben wir es mit einem extremen Fall von Reinheit zu tun, einem Thema, das in nahezu allen Religionen eine wichtige Rolle im Umgang mit dem Göttlichen spielt. Erinnern wir uns: Krankheiten galten immer und überall als das Werk von Dämonen, Geistern, Göttern oder anderen übersinnlichen Kräften. Gerade die Tora lässt nicht den geringsten Zweifel an Gottes Urheberschaft: Ein Kranker war ein von Gott Gestrafter. Er stand damit in göttlicher Ungnade, was ihn untauglich für die Nähe Gottes machte. In der Tora wimmelt es von Reinheitsgeboten aller Art. Wir haben in unserem letzten Buch gezeigt, wie obsessiv das Regelwerk gerade in Sachen Körperflüssigkeiten wie Menstruationsblut, Sperma und anderen Ausflüssen war; der Geschlechtsverkehr war schließlich einer der Hauptansteckungswege. Die Zahl der sexuell übertragbaren Krankheiten war seit dem Sesshaftwerden und dem engen, manchmal auch zu engen Zusammenleben mit domestizierten Tieren explodiert – was diesen ohnehin schon immer etwas heiklen intimen Lebensbereich verdächtig machte, den göttlichen Zorn besonders leicht zu erregen. Wenn man sich in die Nähe Gottes begab, war es demzufolge sinnvoll, hier kein Risiko einzugehen.[13]

Das ist die eine Wurzel, warum Sexualität als gefährlich empfunden wurde; die zweite ist nicht weit davon entfernt. Wir haben beschrieben, wie es zur Verschiebung der Erklärung kam, was das

Unheil der Welt bewirkte. Es war nicht mehr göttliche Strafe, dahinter steckten – wie es die Religion von unten schon immer annahm – dämonische Kräfte, der Teufel, die Mächte des Bösen. Solche apokalyptischen Vorstellungen dominierten die Jahrhunderte vor und nach Jesus. Auch für die Christen waren Dämonen Realität; die katholische Kirche geht noch heute dem Exorzismus nach.[14] Der Kampf gegen die dunklen Mächte und ihre Werke avancierte damit zu einer Prüfung – und einer Chance: Durch den Kampf gegen das Böse tat man Gottes Werk.

Das ist der Kontext für die Essener und auch noch für Jesus und Paulus. Ihre Mitglieder waren überzeugt, dass Gott bald Israel befreien würde, doch nur jene errettet, die absolut auf seiner Seite standen. Deshalb beschloss eine Gruppe von Männern, auf unbegrenzte Zeit keusch zu leben. «Es scheint, dass sie sich als Krieger Israels betrachteten, die den Enthaltsamkeitsgelübden unterworfen waren, die Männer für die Dauer eines heiligen Krieges banden», schreibt Peter Brown. Sie sahen sich bereit, im letzten großen Gefecht an der Seite der «heiligen Engel» zu stehen und Gottes Werk zu vollenden.[15]

Hier spielt erstens der Reinheitsaspekt eine Rolle; nur wer unbefleckt, frei von jeglichem Übel ist, darf Gottes Werk tun. Zweitens haben wir es mit dem zu tun, was sich Costly Signal, in diesem Fall auch Credibility Enhancing Display, kurz CRED nennen lässt, einer teuren und damit fälschungssicheren Handlung, die allen vor Augen führt, dass es einem wirklich ernst ist.[16] Gerade in einer Schlacht gilt es, nur jene um sich zu versammeln, auf die man sich hundertprozentig verlassen kann. Das kennen wir aus der Ethnographie: Die mitunter lebensgefährlichen Initiationsriten, denen sich künftige Krieger unterziehen müssen, dienen als Beweis, keinem Feigling, Trittbrettfahrer oder, schlimmer noch, Verräter auf den Leim zu gehen. Wer also bereit ist, für die heilige Sache dauerhaft sexuell abstinent zu leben, beweist Glaubwürdigkeit und Selbstdisziplin in höchstem Maße.

Nun ist das mit der Enthaltsamkeit alles andere als eine leichte

Angelegenheit. Was aber führt die Männer in Versuchung? In einer Welt, die beherrscht war vom Glauben, unter Dämonen zu leben, lag die Antwort auf der Hand: Der Feind und seine teuflischen Hilfskräfte inszenieren hier ihr böses Werk und versuchen die um Enthaltsamkeit Ringenden auf ihre Seite zu ziehen. Die Versuchungen, denen sich die frühen Mönche in der Wüste wie der heilige Antonius ausgesetzt glaubten, entspringen exakt dieser Logik: Künstler von Hieronymus Bosch bis Salvador Dalí werden sich mit größter Leidenschaft die Versuchungen ausmalen, in deren Gestalten der Teufel und seine Dämonen den Asketen heimsuchen. Dass diese sehr oft weiblich sein werden, wird uns noch interessieren.

Das Eigenleben der Sexualität, die sich gegen rationale Kontrolle sperrte, war in Zeiten, denen psychologische Grundkenntnisse abgingen, ein durchaus verstörendes, vieldiskutiertes Thema. Wie stets, wenn die kausalen Zusammenhänge unbekannt sind, vermutet unsere erste Natur, dass dort Akteure am Werk sind. Die Sektenmitglieder, die abstinent lebten, fühlten sich mit jeder ihrer sexuellen Regungen von Satan und den Seinen herausgefordert. Das ist ein verheerender Gedanke, der sich hier Bahn bricht: der Feind im eigenen Körper. Und gerade das Christentum wird enormes Kapital aus der Annahme schlagen, «dass Satan sein Reich über die Menschen errichten konnte, und zwar bis ins Innerste ihres Herzens hinein».[17] Es ist die Verteufelung der Libido.

Keuschheit als Chance

Wir sehen die griechisch-jüdische Hybridisierung im Zeichen des frühen Christentums: War bei den Griechen die Askese eine Frage der persönlichen Lebensführung, des vernünftigen Umgangs mit der Lebensenergie und vielleicht noch der platonisch geprägten Verachtung der Körperlichkeit geschuldet, wird jetzt der Umgang der Menschen mit ihrer Sexualität zu einem Thema von Gut und Böse, Gott und Teufel.

Nun gab es im frühen Christentum immer wieder Radikalpositionen, die absolute sexuelle Abstinenz von allen Christen forderten, um der Tyrannei der Dämonen endlich ein Ende zu bereiten. Zukunftsträchtig waren diese nicht. Häufiger entschlossen sich einzelne Paare zur Enthaltsamkeit. Schwierigkeiten bereitete es im nicht seltenen Fall, wenn allein die Ehefrau sich für diesen Weg entschied.[18] Gerade Frauen aus der römischen Oberschicht sollten das als Chance ansehen, um die massiven, meist lebensgefährlichen Belastungen durch die vielen Geburten zu vermeiden oder zu reduzieren, wenn sie «ihre Pflicht gegenüber der Familien, für Nachkommen zu sorgen, erfüllt hatten». Die mitunter schon mit zwölf Jahren verheirateten Frauen mussten mit Schwangerschaften bis in ihr fünftes Lebensjahrzehnt rechnen.[19]

Für viele Neubekehrte kam damit «das Keuschheitsgelübde einer Unabhängigkeitserklärung gleich», einer «Emanzipation von einer erdrückenden Familientradition», in der das Oberhaupt der Familie, der *Pater familias* alles bestimmte.[20] Für vermögende Witwen avancierte die Enthaltsamkeit zu einer Option der Selbstermächtigung, entgingen sie doch der Wiederverheiratung, die ihnen die Kontrolle über ihr Vermögen genommen hätte. Von Seite der christlichen Protagonisten wurden sie deshalb nur zu nachdrücklich zur Keuschheit ermuntert. Zumal die Gefahr groß war, dass die Frauen ansonsten einen nichtchristlichen Mann heirateten – und ihr Reichtum für das Christentum verlorenging.[21] Was die Kirche diesen Frauen verdankte, ist enorm. Nicht wenigen soll für ihre Spenden das Himmelreich versprochen worden sein. Der römische Kaiser Valentinian I., selbst Christ, ließ aus diesem Grund den Priestern im Jahr 370 verbieten, die Häuser von Witwen und Waisen zu betreten.[22]

In der römischen Oberschicht waren Frauen oft ebenso intellektuell tätig wie die Männer, die Belesenheit einer Melania der Älteren etwa war legendär: Neben vielen anderen Schriften soll sie viermal im Jahr das komplette Alte und Neue Testament gelesen haben. Von Paula heißt es, sie habe die Psalmen auf Hebräisch ohne

Akzent rezitieren können. Die Kirchenväter engagierten sich hier nur allzu bereitwillig als geistige Mentoren, besaßen diese Frauen teils immense Vermögen. Es gab Zeiten, da war für die «christliche Intelligenzija ... die Gegenwart von Frauen als Schülerinnen und Gönnerinnen absolut selbstverständlich».[23]

Doch wieder machten Gerüchte die Runde – oft aus Neid und Missgunst in die Welt gesetzt, um unliebsame Konkurrenten aus dem Weg zu räumen und abweichende christliche Strömungen zu diskreditieren. Priscillian, der Bischof von Ávila etwa, der für strenge Askese und eine Gleichstellung der Geschlechter eintrat, wurde als angeblicher «Zauberer und Verführer adliger Damen zu Tode gehetzt». Man unterstellte ihm, die Tochter einer Gönnerin und Witwe verführt zu haben. Priscillians Anhänger konnten nur noch den gefolterten Leichnam retten, sein Kopf fehlte. Der Klerus kam in der Folge zur Einsicht, «dass wahrer christlicher Mut darin lag, eine heilige Furchtsamkeit in Hinblick auf Frauen zu entwickeln». Geistliche Freundschaften zwischen Männern und Frauen wurden «verdammt».[24]

Auch Hieronymus, den die Kirche neben Ambrosius, Augustinus und Gregor dem Großen zu den vier großen Kirchenvätern der Antike rechnete, profilierte sich als Seelsorger schwerreicher römischer Frauen wie der bereits erwähnten Melania, aber auch Paula oder Marcella. Als aber die junge Witwe Blaesilla sich unter seinen Anweisungen zu Tode hungerte, gab es einen Skandal. Hieronymus musste aus Rom fliehen. Die Frauen retteten ihn: Gemeinsam mit Blaesillas Mutter, der reichen Paula, und Blaesillas Schwester Eustochium reiste er zu den heiligen Stätten Ägyptens und Palästinas, wo Paula mit Hilfe ihres Vermögens Klöster gründete, darunter eines für Frauen in Bethlehem.[25]

Mit dem Erfolg des Christentums mäßigten sich jedoch die asketischen Ideale. Für viele Gläubige, Sklavinnen etwa, lagen diese ohnehin außerhalb der eigenen Möglichkeiten. Dass radikale Positionen sich abschwächen, ist ein normales Phänomen jedes Institutionalisierungsprozesses. Ebenso, dass sich an den Rändern wiederum radikale Gegenbewegungen formieren. Mit der «Beruhigung und Konsolidierung» des Christentums entstanden zwei Formen der «asketischen Virtuosität»: das Mönchtum und das Propagieren der weiblichen Jungfräulichkeit.[26] Beide entwickelten sich zu zentralen Stützen der Kirche.

Das Christentum stand nicht nur lange im Wettbewerb mit den traditionellen Kulten, sondern vor allem mit anderen christlichen Strömungen. Wer sich in der Konkurrenz behaupten wollte, musste mit Glaubwürdigkeit punkten. Noch besaß die Kirche nicht die materiellen Voraussetzungen, auf altbewährte Mittel der Legitimation zurückzugreifen: monumentale Architektur, gewaltige Prachtentfaltung. Ebenso wenig verfügte sie schon über die politische Macht, Menschen zum rechten Glauben zu zwingen. Erst 380 wurde das Christentum de facto römische Staatsreligion.

Um andere von einem Glauben zu überzeugen – das ist mit Worten allein nicht getan; die Welt des Altertums war zu allen Zeiten voller Scharlatane und dubioser Wundertäter. Es brauchte Beweise. Auch deshalb spielte die praktizierte Barmherzigkeit solch eine wichtige Rolle für den Erfolg des Christentums. Doch sie allein reichte nicht. Überzeugende Zeichen mussten her, Demonstrationen der Überlegenheit des christlichen Glaubens, CREDs eben.

Deshalb waren die Märtyrer für die frühe Kirche so wichtig: Wer sein Leben opferte, auch angesichts der fürchterlichsten Qualen der Todesfurcht trotzte, bewies damit, dass sie oder er von der Wahrheit des Glaubens absolut überzeugt war und wirklich an das Reich Gottes jenseits der Schwelle des Todes glaubte. Dass Jesus sein Leben hingab, ist bis heute das mächtigste Symbol des Christentums.

Mit der Etablierung des Christentums aber nahm die Zahl der Verfolgungen ab; diese Glaubwürdigkeitsquelle drohte zu versiegen. Auch die zweite Quelle rann spärlicher und spärlicher: das uns schon begegnete prophetische Reden, oft ekstatisch-unverständlich in Zungen. Als Gnadengabe Gottes war es charismatischer Natur und sichtbarer Beweis, dass die Gläubigen *wirklich* vom Heiligen Geist ergriffen und mitgerissen wurden. In der frühen Kirche galt die Existenz von Propheten als «schlüssiger Beweis dafür ..., dass Gott Israel verlassen hatte. Sein mächtiger Geist wohnte jetzt im ‹Neuen Israel› der Kirche.»[27] Doch je mehr die Kirche auf feste Ämter baute, Hierarchien und eine geregelte Liturgie etablierte, umso mehr geriet das prophetische Reden in Misskredit. Es darf ja nicht sein, dass jede und jeder über einen direkten Draht zu Gott verfügte. Das Amt ist der natürliche Feind des Charismas.

Das rückte die dritte Glaubwürdigkeitsquelle in den Vordergrund: Menschen, die bereit waren, wenn nicht auf das Leben, doch auf eine ebenfalls elementare Kraft zu verzichten: die Sexualität. Menschen, denen es dank des Glaubens tatsächlich zu gelingen schien, diesen mächtigen Trieb zu kontrollieren. «Asketen beiderlei Geschlechts» galten «als lebendige Zeichen für die Macht Gottes»[28] – und die Kirche verstand es alsbald, daraus mächtig Kapital zu schlagen.

Schon früh tauchten mancherorts junge Frauen in den Kirchen auf, die unverheiratet blieben. Sie wurden dafür bewundert und mitunter sogar aufgefordert, unverschleiert in der Kirche aufzutreten. Der Schleier galt als Ausdruck sexueller Scham, die diese Jungfrauen jedoch überwunden hatten. Es wird niemanden überraschen, dass das scharfe Proteste männlicher Theologen wie des uns schon nicht gerade als Frauenfreund aufgefallenen Tertullian zur Folge hatte. Bemerkenswert ist jedoch der Willen der Gemeinden, «ihre» Jungfrauen sichtbar zu machen. Was nützen der Kirche auch Jungfrauen, die nicht als solche zu erkennen sind? Die «Bräute Christi» avancierten zu symbolischem Kapital, sie verkörperten in idealer Weise die Reinheit und Macht des Glaubens.[29]

Und wieder fusionieren hier Traditionen. Die Entscheidung, Jungfrau zu bleiben, wurde in vielen Fällen nämlich gar nicht selbst von den jungen Frauen oder gar Mädchen getroffen, sondern von ihren Familien, das heißt von den Vätern. Die profitierten gleich doppelt. Einmal durch den Reputationsgewinn, den es einbrachte, der Vater einer in der Kirche angesehenen Jungfrau zu sein. Einmal aber auch materiell durch die eingesparte Mitgift, da die Tochter nicht verheiratet wurde.[30] Wir haben es hier mit einer etwas humaneren Alternative zu jener heidnischen Tradition zu tun, die vom Christentum untersagt wurde: Sowohl in Griechenland wie in Rom wurde die Kinderaussetzung praktiziert, sie traf, wie bereits erklärt, besonders Mädchen. Die christliche Option, sich finanzieller Verpflichtungen zu entbinden, wurde so intensiv genutzt, dass der Kaiser Maiorian im Jahr 458 verfügte, «dass Eltern ihre Töchter nicht bereits als Kinder zur ewigen Jungfräulichkeit verpflichten konnten».[31]

Die Jungfrauen versuchten das Beste aus ihrer Situation zu machen; sie schlossen sich zusammen, um ihr Leben gemeinsam zu führen. Sie gingen dabei mitunter «bemerkenswert informell» vor und organisierten ihr Zusammenleben selbstbestimmt. Die Zahl der Nonnenklöster wuchs schnell. Nicht selten waren sie von reichen Frauen begründet worden. Melania die Ältere gründete eines für fünfzig Jungfrauen auf dem Ölberg in Jerusalem, und Paula, wie berichtet, eines in Bethlehem in Sichtweite jener Höhle, in der Jesus geboren worden sein soll.[32]

Das klösterliche Leben entfaltete mit der Zeit seine Anziehungskraft, gerade auf Frauen der Aristokratie, befreite es doch «von Einsamkeit, von ehelichen und familiären Zwängen», wie die Sorbonne-Professorin Monique Alexandre ausführt. Es ermöglichte die «Unabhängigkeit eines ‹Lebens für sich›; größere geistige, intellektuelle und selbst affektive Intensität».[33] Hier entstanden neue weibliche Netzwerke, die eines der Grundübel patriarchaler

Verhältnisse überwanden: die Isolierung von Frauen. Dabei entstanden Organisationen, die in der damaligen Welt durchaus einmalig waren, die Festlegung von Frauen auf eine bestimmte soziale Rolle durchbrachen und zugleich materielle Versorgung wie gesellschaftliche Anerkennung garantierten. Für die Theologin Anne Jensen stellen die Klöster deshalb einen wesentlichen «Beitrag zur Emanzipationsgeschichte» dar. Wohl aber stand diese Option Sklavinnen in der Regel nicht offen. Und vor allem mussten die Frauen, zumindest offiziell, einen hohen Preis zahlen: «radikalen Sexualverzicht».[34]

Mönchsqualen

Die männlichen Asketen zog es in die Wüste. Antonius, der von 251 bis 356 gelebt haben soll, war der erste und berühmteste Eremit. In der Wildnis fochten die Mönche ihre einsamen Kämpfe gegen die Dämonen, die sie auf perfide Weise immer und immer wieder mit Versuchungen plagten. Aber, halt! Taten die Frauen das denn nicht hinter den Klostermauern? Wie eigentlich immer haben wir es mit dem Problem zu tun, dass uns fast ausschließlich Quellen aus Männerhand vorliegen – und wir über die weiblichen Dimensionen des antiken Klosterlebens viel zu schlecht informiert sind. So droht der Eindruck zu entstehen, hier würden typische Klischees reproduziert: Frauen, die passiv ihr Schicksal erdulden; Männer, die heroisch mit dessen Mächten ringen. Nichts läge uns ferner.

Wir wollen keine Geschichte der Askese schreiben; wir möchten enthüllen, wie die patriarchale Matrix ihre frauenfeindliche Gestalt in ihrem ganzen Facettenreichtum erhielt, und deshalb müssen wir uns dem frühen Mönchtum und seinem Ringen um Enthaltsamkeit zuwenden. Hier werden nämlich in Sachen Misogynie besonders verheerende Phantasmen in die Welt gesetzt. Gerade weil der Zölibat im Mittelalter auch für die Priesterschaft verpflichtend wird, entfaltet diese Misogynie ihre gesamtgesellschaftliche Kraft – und wir fürchten, nicht weniges davon pocht noch heute im Herzen der katholischen Kirche.

«Der Asket hatte in den langen Jahren seines Lebens in der Wüste zu lernen, nichts Geringeres zu tun, als die Sehnen seines Eigenwillens zu lösen», schreibt Peter Brown in seinem Klassiker *Die Keuschheit der Engel.* Fasten, Arbeiten, Wachen, Exerzitien waren Teil einer «radikalen Entziehungskur», mit welcher der Körper von seinen Bedürfnissen nach Essen und sexueller Erfüllung befreit werden sollte. Erst die «Selbstabtötung» brachte den Frieden; erst dann hatte der Mönch gelernt, «‹die Demut und die Süßigkeit des Sohnes Gottes› in sein Herz zu nehmen».[35]

Solange sich die Sexualität regte, hatte der Mönch seinen Körper nicht überwunden und sich Gott noch nicht ganz hingegeben. Erst wenn auch keine nächtlichen Samenergüsse mehr auftraten, war das Ziel erreicht. Die Seele des Mönchs musste befreit werden, schrieb Antonius, ansonsten bliebe sie «ein Versteck böser Geister, die ihm zum Bösen raten». Solange der Mönch noch nicht alle dunklen Regungen in sich eliminiert hatte, blieb er in Gefahr, dem Teufel anheimzufallen. In asketischen Kreisen entstand eine selbstquälerische Kultur intensivster Auslotung aller sexuellen Regungen mitsamt Strategien, ihnen zu widerstehen.[36]

Mönche lebten in einem ständigen Alarmzustand, dominiert vom Gefühl allseitiger Gefährdung und Versuchung. Die zeitgenössische Literatur über die Askese in der Wüste hat «bedrückende Darstellungen pathologischer Fälle von Hass, Halluzination und entsetzlicher Aufblähung des Ich» zu bieten. Und sie künden vom Scheitern: «Wie bedauerlich sie auch waren, sexuelle Vergehen waren ein Faktum des Wüstenlebens», berichtet Brown, dem wir hier weiter folgen: Mönche wurden Väter. Novizen wurden belästigt. Es hieß: «Wenn es Wein und Knaben gibt, brauchen die Mönche keinen Teufel, der sie in Versuchung führt.» Und, schreibt Brown: «Sodomie mit den Klostereseln ließ sich nicht ausschließen.»[37]

Am mächtigsten jedoch war die Furcht vor Frauen. Diese war ein Hauptgrund, der die Mönche in die Einsamkeit der Wüste trieb. Die asketische Literatur der Zeit ist voller «Anekdoten über sexuelle Verführung und heroische sexuelle Abstinenz». Das sind meist keine realistischen Schilderungen, sie dienten dazu, die Mönche vor angeblichen Gefahren zu warnen. Einmal mehr schwarze Pädagogik! Dafür schreckten die Autoren auch nicht davor zurück, sich aus «dem großen Abfallhaufen nahöstlicher Misogynie» zu bedienen. Im Kern ging es immer nur um das eine: «Frauen wurden als dauernde Versuchung dargestellt, auf die eine sofortige Reaktion des männlichen Körpers zu erwarten war.» Eine Nonne, die den Fuß eines älteren, kranken Bischofs tätschelte, reichte da, um «beide augenblicklich in Unzucht verfallen» zu lassen.[38]

Wir sparen uns die Details; viele sind pornographisch. Da gibt es Episoden, in denen Mönche Nonnen vergewaltigten, die ihnen auf der Straße begegneten oder ihnen das Essen in die Zelle brachten. Es handelte sich um «warnende Erzählungen von albtraumhaften sexuellen Begegnungen» mit dem Ziel, die Eremiten so zu verschrecken, dass sie niemals die Wüste verließen.[39] Ob sie damit nur vor Versuchung geschützt werden sollten?

Mindestens ebenso ging es darum, den Mönchen so viel Angst vor der Zivilisation einzujagen, dass sie in der Wüste blieben und sich eben nicht unter andere Menschen begaben und sich womöglich von ihren asketischen Selbstmartern verabschiedeten. Für die Kirche waren die asketischen Mönche – genauso wie die Jungfrauen – kostbares Kapital. Sie führten stellvertretend den heroischen Kampf gegen das Böse und warben mit ihrer demonstrierten Selbstüberwindung für den christlichen Glauben. Zugespitzt gesagt: Sie waren beste Werbung! Die konnte damit im Mainstream punkten unter all jenen, die nicht bereit oder in der Lage waren, selbst asketische Höchstleistungen zu vollbringen, aber froh waren, einer Institution anzugehören, die solche Heroen der Selbstkasteiung in ihren Reihen hatte.

Auf Dauer geriet auch der Klerus, die Amtskirche, selbst in den Sog der Askese. War in den christlichen Anfangstagen von Bischöfen sogar erwartet worden, dass sie verheiratet waren, stieg nun die Erwartung, dass das Amtspersonal selbst durch den Zölibat beweisen sollte, wie ernst ihm der Glaube war. Der Kirchenhistoriker Hubert Wolf hat die Kämpfe um den Zölibat der Priester, die sich vom Mittelalter bis in die Neuzeit hineinzogen, nachgezeichnet und dabei auf einen weiteren Faktor hingewiesen: «ökonomische Interessen». Zölibatär lebende Priester hatten keine Erben! «Die Sicherung der Kirchengüter war sogar einer der Hauptgründe für die allgemeine Einführung des Zölibatgesetzes in der lateinischen Kirche.»[40]

Teufel in Frauengestalt

Die Folgen? Beängstigend. Lässt sich die autoritär verordnete Abtötung der Sexualität anders denn als Entmenschlichung bezeichnen? Hier wird Krieg gegen die eigene Natur geführt. Der Kampf gegen die Libido kann zu Triebstau und selbstquälerischen, an Psychoterror grenzenden Martern führen. Aber auch das ist nicht unser Thema. Wichtiger ist dies: Wir begegnen einmal mehr dem Projektionsphänomen des Victim Blaming: Die Schuld an der sexuellen Erregung wird den Frauen zugewiesen – ganz gleich, ob sie dem Asketen im Traum erscheinen oder er lediglich aus der Ferne einen Blick auf sie erhascht. Auch das ein fundamentaler Attributionsfehler, verkehrte Ursachenzuweisung. Es wird übersehen, dass es sich um eine normale körperliche Reaktion handelt, dass sexuell ausgehungerte Körper stark auf entsprechende Reize reagieren. Einmal mehr wird der Person, die diese Reaktion auslöst, die Schuld zugeschoben. Frauen werden als böswillige Verführerinnen verleumdet, schlimmer noch, sie werden als Wahngebilde des Teufels gehandelt, mit dem Ziel, die Männer zu Fall zu bringen. Oder als Maskerade entlarvt, derer sich die bösen Geister bedienen.

Dass Dämonen in Menschen fahren, ist eine Gewissheit von den Jägern und Sammlern über Jesus von Nazareth bis zu den Exorzisten der Gegenwart. Geschichten, in denen der «Dämon der

Unzucht, der die Gestalt einer nackten Frau mit schmachtendem Gang annimmt, deren ganzer Körper sinnliche Lust andeutet», sind Legion. Dem Mönch Appelles, der in einer ägyptischen Mönchssiedlung als Schmied arbeitete, näherte sich eine schöne Frau, als er an der Esse stand. Apelles «riss das Eisen, das er gerade bearbeitete, aus dem Feuer und versengte das Gesicht des Dämons, der kreischend und jammernd floh».[41]

Die Furcht vor den Verführungskünsten der Frau ist ein uraltes patriarchales Phantasma, wir sind der Femme fatal schon begegnet. Nun findet eine Hybridisierung statt, weil die Frau selbst dämonisiert wird: Sie wird zur teuflischen Macht, ihre Waffe ist die Sexualität, mit der sie die Männer zu Fall bringt. Sich der dunklen Mächte zu erwehren, bedeutet, das Werk Gottes zu tun, das ist Konsequenz aus der fürs Christentum typischen Externalisierung des Bösen. «Und führe uns nicht in Versuchung, sondern erlöse uns von dem Bösen», heißt es bis heute im Vaterunser. Wenn die Frauen also des Teufels sind – gnade ihnen Gott!

Bis hierhin war die Sexualität nur eine Bedrohung der kleinen Minderheit der Asketinnen beiderlei Geschlechts. Doch es kommt noch schlimmer, die Verdammung der Sexualität wird universell. Schuld daran ist nicht zuletzt die ungewollte Regung eines delikaten Körperteils – und damit sind wir bei der dritten Transformation des frühen Christentums. Sie bringt die Frauen endgültig in Teufels Küche und macht uns alle zu Sündern.

24 Feindliche Übernahme

Wir haben die Frage zwar wiederholt gestellt, sind aber eine Antwort schuldig geblieben: Wie konnte im Namen des Frauenfreundes Jesus von Nazareth das Fort Knox des Patriarchats entstehen, das Herzstück der patriarchalen Matrix? Um nicht missverstanden zu werden: Wir wollen keinesfalls die Kirche für die Unterdrückung der Frauen verantwortlich machen. Wir haben gesehen, dass die Entwicklungen, welche die weibliche Macht nach und nach brachen, um viele Jahrtausende weiter in die Tiefe der Vergangenheit zurückreichen. Die Patrix ist keine Erfindung der Kirche, nicht einmal der katholischen.

Was aber erklärungsbedürftig ist: Die Jesus-Bewegung war in Sachen Geschlechter für ihre Zeit überraschend egalitär, und sie war radikal in der Ablehnung des Reichtums. Beides verkehrt sich mit dem Erstarken der Kirche im vierten und fünften Jahrhundert ins Gegenteil: Im Namen Jesu entsteht die wohl reichste Institution der Geschichte, die alles andere als frauenfreundlich ist. Wie konnte das passieren? Und was hat das miteinander zu tun?

Das gilt es zu verstehen, wird die katholische Kirche doch für anderthalb Jahrtausende der Hauptproduzent der männerdominierten Weltsicht sein. Sie verwehrt Frauen bis heute den Zugang zu den wichtigsten Ämtern und definiert diese allein dadurch als Geschlecht mit minderen Rechten. Zudem ist der Einfluss der Kirche auf die weibliche Sexualität insbesondere im globalen Maßstab noch immer gewaltig. Weil das Christentum die westliche Kultur über so lange Zeit bis in den letzten Winkel kontaminierte, ist es mehr als nötig, zu zeigen, welchen Kräften es tatsächlich seinen Einfluss verdankte, welcher Geist es bei der Schlechterstellung der Frauen beseelte. Warum überhaupt geht Religion mit Macht und Hierarchie einher?

In traditioneller Sicht geraten die realen Zusammenhänge gar nicht ins Blickfeld. Da erscheint alles als simple Erfolgsgeschichte: Den Idealen des armen Wanderpredigers Jesus von Nazareth konnte nicht einmal die Elite des Imperium Romanum widerstehen, Kaiser Konstantin beendete die Verfolgungen, trat zum Christentum über, und selbst die Reichen gefielen sich darin, ihr Erbe der Kirche zu vermachen, damit diese den Armen der Welt helfen konnte. Was die Zurücksetzung der Frauen bewirkte, bleibt unsichtbar. Da scheint es ein Leichtes, sie auf Jesus selbst zurückzuführen. Die Kirche wäscht sich die Hände in Unschuld.

Schon nach den bisher skizzierten Metamorphosen des Christentums sollte deutlich sein, dass es wagemutig, um nicht zu sagen, waghalsig ist, von einer ununterbrochenen Traditionslinie zu sprechen, die von der Kirche zurück zur Jesus-Schar nach Galiläa führt (und dass Jesus nun wirklich nicht dazu taugt, die misogyne Praxis der Kirche zu rechtfertigen). Die dritte Transformation, der wir uns nun zuwenden, erweist sich als noch umwälzender. Das Christentum wechselt die Seiten. Wir haben es mit einer feindlichen Übernahme durch den mächtigsten Herrscher seiner Zeit zu tun. Die Christen selbst wussten nicht recht, wie ihnen geschah. Eben noch von den Römern «verfolgte Sektierer», avancierten sie nun zu «Glaubensgenossen der Kaiser».[1] Gewehrt haben sich die meisten aber nicht dagegen.

Konstantin war nicht an dem jüdischen Aussteiger interessiert, den seine Römer als Aufrührer gekreuzigt hatten. Er erkannte im Christentum etwas viel Älteres, Mächtigeres. Für die Menschen bedeutete das nichts Gutes, denn dabei handelte es sich um kulturelle Altlasten heikelster Natur – vom assyrischen Despotentum bis zur religiösen Enteignung der Frauen (und der meisten Männer). Solange das Christentum eine Bewegung von unten war, wirkten diese Altlasten sich nicht aus. Wehe aber, sie gerieten in die Fänge der Macht.

Den Prozessen, denen wir uns zuwenden, verdankt das Christentum seinen Welterfolg: «Ohne Konstantin», urteilt der Althistoriker Paul Veyne, «wäre das Christentum eine avantgardistische Sekte geblieben.»[2] Hier entstand «mit der christlichen Monarchie die dauerhafteste Staatsform der europäischen Geschichte», schreibt Veynes Kollege Alexander Demandt, die in ihrer Unverwüstlichkeit nur von der Kirche selbst übertroffen wird. Mit Konstantin habe die «verhängnisvolle Verknüpfung von Staatsgewalt und Christenglauben» stattgefunden, die den «klerikalen Staat und die politisierte Kirche geschaffen und damit das Zeitalter der Glaubenskriege und der Ketzerverfolgung eingeleitet» habe.[3]

Der Historiker Karl Christ stellt fest, dass «die christliche Kirche … an der Last der ‹Konstantinischen Wende› bis auf den heutigen Tag» trage.[4] Wir würden noch einen Schritt weiter gehen: nicht allein die Kirche trägt daran! Hier erhält die Patrix die nötige Energie und materiellen Mittel, die Simulation einer männlich verzerrten Welt über Zeiten und Grenzen ebenso bild- wie wortgewaltig zu perfektionieren. Sie wird alternativlos.

Deshalb ist es so wichtig, im Detail zu verstehen, was hier geschieht. Diese Ereignisse bestimmen das Schicksal der Menschen bis zum heutigen Tag. Einmal mehr müssen wir dafür auf die Herrschaftsseite fokussieren. Bei der Rekonstruktion der gerade aus der Jesus-Perspektive zutiefst verblüffenden Entwicklungen werden wir dann im nächsten Kapitel auf jene Erektion zu sprechen kommen, die der 16-jährige Augustinus von Hippo zur Freude seines heidnischen Vaters, zum Schrecken seiner christlichen Mutter und zu unser aller Leidwesen in einer Therme erlebte. Auch wenn es grotesk klingt, ist sie doch entscheidend dafür, dass Augustinus das Christentum vollends herrschaftstauglich machte, indem er alle Menschen zu Sündern erklärte, die Sexualität zum negativen Gottesbeweis erhob und die Geschichte von Adam und Eva in den Urmythos der Unterdrückung verwandelte.

Dem Christentum gelang der Erfolg nicht, weil es alle Menschen mit seinen Glaubensinhalten überzeugt hätte. «Von einer explosionsartigen Zunahme kann nirgends die Rede sein», urteilt der Althistoriker Werner Dahlheim. Es entfaltete ein langsames, kontinuierliches Wachstum. Noch um das Jahr 300 wird man in der römischen Welt allenfalls «von fünf bis maximal zehn Prozent Christen ausgehen können».[5] Ob es aus eigener Kraft je mehr als eine Nischenreligion geworden wäre, bleibt fraglich.

Dann aber, im Jahr 312, geschah «etwas völlig Unvorhersehbares».[6] Am Vortag der Schlacht gegen seinen Konkurrenten Maxentius sah Konstantin ein leuchtendes Kreuz am Himmel, darunter die Worte «Durch dieses siege!», woraufhin er, wie ihm Christus im Traum auftrug, erst das Christusmonogramm auf die Schilde seiner Soldaten malen ließ, dann Maxentius an der Milvischen Brücke besiegte und sich damit zum alleinigen Herrscher des römischen Westreichs aufschwang. Er beendete die Verfolgungen der Christen, gestattete ihnen die legale Religionsausübung und protegierte sie allerorten. Kurz vor seinem Tod 337 empfing er die Taufe. Bald schon avancierte das Christentum zur Staatsreligion des römischen Weltreichs.[7] Soweit die Legende.

«Schlacht, Vision und Bekehrung Konstantins bildeten in der Überlieferung für Jahrhunderte eine Einheit – teilweise bis heute», schreibt der Kirchenhistoriker Martin Wallraff.[8] Und sie wurden die längste Zeit aus kirchlicher Perspektive als Beweis der Macht Gottes gedeutet. Das aber ist ebenso erstaunlich wie aufschlussreich, handelt es sich doch um eine zutiefst unchristliche Vorstellung – und zwar im doppelten Sinne.

Unchristlich zum Ersten, weil hier die Durchsetzung des Christentums mit einem militärischen Sieg – und dann noch der Römer – verknüpft wird. Das ist für eine Religion, die sich so viel auf das Gebot der Feindesliebe einbildet, die Jesus propagierte, mehr als heikel. Christen hatten aus ebendiesen Gründen immer wieder den

Militärdienst verweigert. «Es mutet fast schon grotesk an», kommentiert Hartmut Leppin in seiner Geschichte der frühen Christen, «dass gerade ein militärischer Sieg wegweisend für ihre Geschichte werden sollte.»[9]

Unchristlich zum Zweiten, weil wir bei den Ereignissen rund um die Schlacht an der Milvischen Brücke ein Déjà-vu haben. Der Vorstellung, dass Götter Herrschern Visionen schicken, ihnen im Traum erscheinen und zum Schlachtenglück verhelfen, sind wir bereits in Mesopotamien und andernorts begegnet. Wir identifizierten das als Charakteristikum der Herrschaftsreligion, jenem Amalgam aus Legitimation, männlicher Hegemonie und Kriegsideologie, despotisches Erbe eben. Dass Konstantins Soldaten den Einwohnern Roms den abgeschlagenen Kopf Maxentius' aufgespießt auf einer Lanze präsentierten, passt ins Bild.[10]

Hier drängt sich die Frage auf, mit was wir es beim dreifach transformierten Christentum zu tun haben – und warum ihm eine Weltkarriere beschieden war. Wegen der auf Egalität setzenden Mitmenschlichkeit eines Jesus von Nazareth? Eher nicht. Um zu verstehen, was tatsächlich entscheidend war, hilft der Blick in die kulturelle Evolution von Herrschaft und Religion.

Es ist bestechend, wie sehr sich – bei allen Unterschieden – die politische Situation in Rom um 300 nach Christus und jene in Mesopotamien um 3000 vor Christus ähneln. Damals im Zweistromland, das haben wir in Kapitel 13 beschrieben, befanden sich zahlreiche Stadtstaaten im Dauerkonflikt (und in diesen wiederum diverse Heerführer). Sie alle stützten ihre Macht auf die eine oder andere Gottheit, ein Sieg in der Schlacht galt als göttlicher Gunstbeweis. Die Potentaten traten als Stellvertreter der Stadtgötter auf, mitunter auch als deren Söhne oder vergöttlichten sich gleich selbst und legitimierten damit ihre Herrschaft über Volk und Konkurrenz. Von Dauer war sie selten.

Ähnliches gilt für das Römische Reich des dritten Jahrhunderts. Angesichts äußerer Bedrohungen und innerer Krisen lösten sich Kaiser in schneller Kadenz ab. In den fünfzig Jahren zwischen den Jahren 235 und 285 regierten allein siebzig Kaiser mit mal mehr, mal weniger Recht. So gut wie keiner von ihnen starb eines friedlichen Todes.[11] Meist handelte es sich um sogenannte Soldatenkaiser. Die Armee – oder zumindest die jeweiligen Truppen – riefen erfolgreiche Befehlshaber zu Kaisern aus. Immer wieder führten Kontrahenten Krieg, alle kämpften mit erheblichen Legitimationsdefiziten. Wieder war ein Schlachtensieg das Mittel der Wahl, den göttlichen Beistand unter Beweis zu stellen. Deshalb galt es, die Öffentlichkeit erfahren zu lassen, dass ein Sieg sich göttlicher Bestimmung verdankte. Einmal mehr: Ähnliche Situationen führen in der kulturellen Evolution zu ähnlichen Strategien.

Game of Thrones

Um diese äußerst bedrohliche Reichskrise Roms zu beenden, installierte Kaiser Diokletian im Jahr 293 die Tetrarchie: Je ein Oberkaiser (Augustus) regierte in der West- und Osthälfte des Imperiums, ihm stand je ein Juniorkaiser (Caesar) zur Seite, der später zum Augustus aufsteigen sollte. Mit ein wenig evolutionärem Basiswissen hätte Diokletian den Konstruktionsfehler dieses Systems erkennen können: Beim turnusgemäßen Herrscherwechsel sollten die Söhne der amtierenden Kaiser übergangen werden, um Dynastiebildung zu verhindern. Schon der Historiker Jacob Burckhardt merkte jedoch an, dass man Kaisersöhne dann entweder befördern oder hinrichten müsste.[12] Die Konsequenz war unausweichlich: Die übergangenen Söhne fügten sich nicht in ihr Schicksal. 306 ließ sich Konstantin nach dem Tod seines Kaiservaters von dessen Truppen zum Herrscher ausrufen, sein Konkurrent Maxentius war ein ebenso übergangener Kaisersohn. Bürgerkriegsähnliche Zustände folgten, aus denen Konstantin 312 als Sieger im Westen hervorging. Als er 324 auch Licinius im Osten besiegte, vereinte er das gesamte Imperium unter seiner Hand.

Konstantins Herrschaft haftete folglich der Hautgout des Illegitimen an – er galt als Usurpator des Throns.[13] Zudem handelte es sich bei dem so gerne als «ersten christlicher Kaiser» apostrophierten Konstantin um einen skrupellosen Machtmenschen, der seine Mitwelt zu schockieren wusste. «Kein Kaiser» habe, so Alexander Demandt, «mit seiner Verwandtschaft so gründlich, so gnadenlos aufgeräumt … Auf seinem Weg zur Alleinherrschaft starben eines gewaltsamen Todes Schwiegervater Maximian, Schwager Maxentius, Schwägerin Maximilla und deren zweiter Sohn, Schwager Bassianus, Schwager Licinius und dessen Sohn, der eigene Sohn Crispus (nebst Frau und Kind?) und die Gattin Fausta.»[14] Von den Hinrichtungen politischer Gegner oder gefangener fränkischer Anführer ganz zu schweigen.[15] *Game of Thrones* ist nichts dagegen.

Wir sehen: Konstantin besaß Legitimationsbedarf, die Zahl seiner Gegner war ebenso groß wie seine Ambitionen. Da galt es, neben Prachtentfaltung ganz auf göttlichen Beistand zu setzen. Das Faszinierende: Konstantin ist in himmlischen Sphären überaus kontaktfreudig. Zwei Jahre vor der Schlacht an der Milvischen Brücke erschienen ihm, wohl auch in einer Himmelsvision, Apollo und Victoria und verhießen ihm eine 30-jährige Regentschaft, auch den Kriegsgott Mars hofierte er.[16] Vor allem aber baute Konstantin die Beziehung zu seinem persönlichen Herrschaftsgott aus, zu *Sol invictus*, dem unbesiegten Sonnengott. Schon früh hatte Konstantin auf ihn «als Leitgottheit seiner Herrschaft gesetzt», schreibt der Kirchenhistoriker Martin Wallraff, «die Anzeichen reichen weiter zurück als die Spuren des Interesses am Christentum». Was kann ein Feldherr und Kaiser Besseres gebrauchen als die «Aura der Unbesiegbarkeit»? Der Sonnengott wird ihn ein Leben lang begleiten. Noch kurz vor seinem Tod lässt sich der Kaiser als zum Himmel fahrender Sonnengott abbilden, auch wenn er da längst aufseiten des Christentums stand.[17]

Religion war für Konstantin wie für seine Vorgänger «politische Theologie»: «Religion und Politik, persönliche Überzeugungen und

Staatsräson waren für die römischen Kaiser des 3. und 4. Jahrhunderts in der Regel identisch, auch für Konstantin.»[18] Herrschaftsreligion eben, der Sieg war ihr ultimativer Gottesbeweis. In geradezu hyperaktiver Manier deuteten sie jedes noch so kleine Phänomen als göttlichen Fingerzeig.

Das ist der Kontext für Konstantins Hinwendung zum Christentum. Schon sein Konkurrent Kaiser Galerius hatte 311 mit seinem Toleranzedikt die Verfolgung der Christen beendet und das Christentum als Religion anerkannt. Bloß verstarb er sofort danach, was schade war, hatte er doch als Christenverfolger begonnen: Hätte er nämlich einige Jahre länger gelebt, müssten wir nun vermutlich ein Kapitel über Galerius, den zweiten Paulus, schreiben. So aber schrieb die christliche Tradition dies auch Konstantin zu und feierte dessen Mailänder Vereinbarung von 313 als Ende der Verfolgungen, obwohl diese in der Traditionslinie des Vorgängeredikts lag.[19]

Ob Konstantin 312 nun Christus oder den Sonnengott vor der Schlacht an der Milvischen Brücke sah oder wohl, wie die Forschung heute vermutet, die frühere pagane Vision im Nachhinein an die Entscheidungsschlacht herangerückt und christianisiert wurde, werden wir nie erfahren, die Quellen sind zu selektiv. Doch ist das für uns auch keine zentrale Frage. Wir haben es schlicht mit typischen Phänomenen der Herrschaftsreligion zu tun. «Visionen und Träume» waren «als Medium religiöser Kommunikation in Kaiserzeit und Spätantike nichts Ungewöhnliches», referiert Wallraff. «Vorgänger, Konkurrenten und Nachfolger Konstantins operierten mit ähnlichen Mitteln. Von den drei wichtigsten Gegnern Konstantins, die er im Laufe seines Aufstiegs zur Alleinherrschaft ausschaltete, sind jeweils auch Träume oder Visionen überliefert, in der Regel an politisch relevanter Stelle in der jeweiligen Biographie», führt Wallraff weiter aus. «Auch wenn sich einige dieser Berichte schnell als propagandistische Erfindungen erkennen lassen, konnte offenbar doch gerade dieses Medium der Propaganda auf einige Plausibilität und Wirkung bei den Zeitgenossen hoffen.»[20]

Wäre Konstantin anstelle des Maxentius von der Milvischen Brücke gestürzt und im Tiber ertrunken, würde sein *In hoc signo vinces* heute unter «propagandistische Erfindungen» gerechnet. Ob nun in der Rückschau erfunden, umgedeutet oder nicht: In jedem Fall wird es den Christen gelingen, diese Vision ganz auf Christus zu beziehen und in die eigenen Dienste zu stellen – Konstantin unterstützte das selbst im Kontext seiner Taufe kurz vor seinem Tod.[21] So wie der Kaiser das Christentum adoptierte, rekrutierte das Christentum die heidnischen Visionen und Träume der kaiserlichen Frühzeit.

«Ein Reich, ein Kaiser, eine Gottheit»

Aber wieso verfiel Konstantin überhaupt aufs Christentum? War er hingerissen von dessen Nächsten- und Feindesliebe? Von dessen zutiefst karitativer Ader, dem Herz für Witwen und Waisen? Von den asketischen Idealen? Es spricht wenig dafür. «Was Konstantin am Christentum interessiert haben könnte – darauf weisen neuere Forschungen in seltener Einmütigkeit hin –, ist eine religiöse Neuformation des Herrschaftsauftrags», resümiert der Theologe Jörg Lauster. «Die Orientierung an Christus als alleinigem Weltenherrscher bot ihm eine religiöse Legitimation seines eigenen Herrschaftsauftrags. In Konstantins Annäherung an das Christentum lebte ein Aspekt des ‹maßlosen› Universalismus dieser Religion fort, der den Kaiser offensichtlich faszinierte. Ihm bot sich eine unvergleichliche Quelle von Kraft für seinen Sendungsauftrag, seine weltgeschichtliche Berufung und seine höhere Mission.»[22]

Martin Wallraff formuliert es so: «Doch wie ein roter Faden zieht sich ein Thema durch, das mit einem modernen Begriff auf einen Nenner gebracht werden kann: Monotheismus. Der Ein-Gott-Glauben war Konstantin wichtig, in dieser Richtung konvergieren seine inhaltlichen Vorstöße. Oder noch pointierter auf einen Nenner gebracht: ein Reich, ein Kaiser, eine Gottheit.»[23]

Wo nur ein einziger Gott existierte, gibt es auch nur einen Günstling Gottes. Allen anderen Konkurrenten wird damit die göttliche Unterstützung entzogen. In polytheistischen Zeiten besteht stets ein Diskussionsspielraum: War Jupiter, der etwa als Schutzgott des abgetretenen Kaisers Diokletian firmierte, nicht doch mächtiger als der *Sol invictus*? Der eine omnipotente Gott indes ist über jeden Zweifel erhaben. Der himmlische Monotheismus ist die perfekte Ergänzung der irdischen Monokratie.

Die Hinwendung zum Christengott war aber gar nicht so radikal, wie sie erscheinen mag; auch Konstantin betonte, dass dies kein revolutionärer Akt gewesen sei.[24] Er verstand sich schon in jungen Jahren als Monotheist, und zwar in der Verehrung des *Sol invictus*. Bereits bei den griechischen Philosophen, den Vorsokratikern, Platon oder der Stoa kursierte die Annahme eines einzigen höchsten Wesens. Dieser Glaube wurde nun in der römischen Kaiserzeit allgemein populär. Der pagane Monotheismus «bestritt nicht die Existenz weiterer Götter, weshalb er heute gern als Henotheismus vom strikten Monotheismus abgegrenzt wird», schreibt der Historiker Klaus Rosen. Ausgehend von den alten Mythen hielt ein paganer Monotheist «die Götter für Geschöpfe des Höchsten, oder er betrachtete sie als dessen personifizierte Kräfte, als Hypostasen».[25]

Dass ein solcher Glaube in den Jahrhunderten des Kaisertums populär werden konnte, liegt in der Logik dessen, was wir Widerspiegelungsprinzip nennen: Ein autokratischer Herrscher auf Erden, der weit über den anderen Menschen steht, verlangt nach einer ähnlich autokratischen Gottheit. Diese henotheistische Tendenz ist in vielen Imperien zu beobachten. Erinnern wir uns: Sargon von Akkad installierte Inanna als höchste Reichsgöttin, parallel zum Aufstieg Babylons und später Assyriens vollzogen sich die Karrieren von Marduk und Assur zu göttlichen Monarchen.

In der Konsequenz führte das zur Annahme, dass hinter allen Göttern eine einzige Kraft stünde, weshalb es nun egal sei, welchen Namen man dieser höchsten Gottheit gibt. Beliebtester Kandidat für die «monotheistische Allgottheit» war die Sonne. «Ausgehend von Pythagoras und von Platon, für den Helios Geschöpf und Abbild des absolut Guten, der göttlichen Spitze der Ideenwelt war, konnte die Sonne später alle göttlichen Gestalten in sich vereinen.» Insofern verstand sich Konstantin als Verehrer des *Sol invictus* als Monotheist. Für ihn war es deshalb nur ein kleiner Schritt zum Christengott. Er war überzeugt: «Christen und nichtchristliche Monotheisten verehrten ein und dasselbe Höchste Wesen.»[26] Und überhaupt: Christus, der Messias, der die Erlösung vom Bösen bringen und alle Feinde vernichten sollte, passte bestens ins kaiserliche Konzept des unbesiegten Schlachtenführers.

Es spricht für Konstantins politisches Talent, dass er das größere Legitimationspotenzial des Christentums erkannte. Das war eben konsequenter monotheistisch als der pagane Monotheismus, dem der ganze mythologische Ballast zu schaffen machte. Außerdem zeichnete sich der Christengott als oberste Instanz in Sachen Moral aus. In erster Linie war es also der Absolutismus, das assyrische Erbe, das Konstantin fesselte. Wir haben es in Kapitel 16 ausgeführt: Der Monotheismus ist Herrschaftsreligion – und als solche männerbasiert und in der Tendenz totalitär. Seine Forderung absoluter Loyalität, die Unterteilung der Welt in Gut und Böse, die Vernichtung aller Untreuen und Verräter – das sind keine religiösen Impulse, nichts, das in der direkten religiösen Lebensbewältigung der Menschen wurzelte. Das ist jenes göttergestützte kulturelle Schutzsystem, das zunächst der Welterklärung und Katastrophenvermeidung diente, dann aber von den Männern der Macht als Spender jener symbolischen Macht identifiziert wurde, ohne die ihre Herrschaft dauerhaft unmöglich gewesen wäre. Das war es, was Konstantin faszinierte.

War Konstantins politisches Genie so außerordentlich, dass allein er diese Chance sah? Schwer zu sagen. Wir würden wieder eine situative Erklärung vorschlagen: Erstens stand im Regal verfügbarer Gottheiten der christliche Gott noch nicht allzu lange im Angebot; er musste sich ja erst einmal in den höheren römischen Sphären etabliert haben, bevor er für die Elite wirklich eine Option bot. Zweitens noch wichtiger: Konstantin hatte einen ganz besonderen Bedarf. Seine Situation unterschied sich von der aller Soldatenkaiser vor ihm: Diese hatten sich in der Regel nur an die Stelle *eines* anderen Kaisers zu setzen. Konstantins Ziel innerhalb der Tetrarchie war es, die anderen drei Kaiser zu ersetzen und das in eine West- und eine Osthälfte geteilte Reich zu einen. Insofern besaß er einen immensen Bedarf an Legitimation, die auf Einzigartigkeit und Universalismus zielte.[27]

Das Christentum hatte zudem einen großen Trumpf zu bieten: Jesus Christus! Der hatte mit dem jüdischen Handwerker nichts mehr tun. Das war der weltenbeherrschende Gottessohn, «wesensgleich» mit Gott selbst (wie die Kirche 325 auf dem von Konstantin einberufenen Konzil von Nicäa festlegte). Dass ein Mensch Gott war, mochte für die Juden ein Skandal gewesen sein, die Römer kannten das nur zu gut. Christus ist der entnazarethisierte Jesus. Als All- und Weltenherrscher, *Pantokrator*, wird er die sakrale Kunst bis weit ins Mittelalter dominieren. Und dass Christus und *Sol invictus* zu guten Teilen – synkretistisch – verschmolzen, erleben wir jedes Jahr an Weihnachten: Am Hofe Konstantins wurde vermutlich erstmals die Geburt Jesu am 25. Dezember gefeiert: dem Geburtstag des Sonnengottes![28]

Konstantin sah sich selbst – in guter Tradition der Herrschaftsreligion – durchaus als «christusgleich»; die Theologen werden ihm in diesem Punkt auf Dauer nicht folgen. Trotzdem galt: «Der Personenkult des Herrschers trug religiöse Züge; Religion war also nicht nur Objekt der kaiserlichen Politik, sondern der Kaiser selbst war ihr Subjekt.»[29] Deshalb ist nicht zwischen Konstantin dem Heiden und Konstantin dem Christen zu unterscheiden. Nirgends ist in zeitgenössischen Quellen von Bekehrung die Rede.[30] Er betrieb auch keine Christianisierung der Alltagswelt, sondern vielmehr eine «pluralistische Religionspolitik» und behielt den Kaiserkult bei. Um seinen absoluten Herrschaftsanspruch zu untermauern, übernahm er alles, was dazu taugte. «Widersprüche kümmerten ihn dabei nicht.»[31] Er war weder Philosoph noch Theologe, ihm ging es um die Macht.

Herrschaftsreligion klingt neutral. Umso wichtiger ist es, sich ins Gedächtnis zu rufen, dass es ihr darum geht, die Herrschaft der wenigen – des Einen und seines Inner Circle – über die vielen zu zementieren, also Ungleichheit unantastbar zu machen. Das demonstriert Konstantin idealtypisch. Er habe, schreibt Karl Christ, «die Macht in vollem Umfange für sich in Anspruch genommen und übte seine Monokratie auch auf allen Gebieten in einer so direkten und entschiedenen Weise aus wie nur wenige Herrscher vor ihm und nach ihm». Die meisten Rombesucher werden den gewaltigen Kopf Konstantins kennen, er stammt von einer Kolossalstatue, die den thronenden Kaiser zeigt und einst sagenhafte zehn Meter Höhe erreichte. Augenscheinlicher demonstrierte kein römischer Kaiser seinen übermenschlichen Anspruch.[32]

Da wir den letzten Verdacht ausräumen möchten, Konstantin habe sich dem Christentum aus Gründen christlicher Nächstenliebe zugewandt, sei auch dies festgestellt: «Das Düstere und Despotische des Kaisertums fehlt bei Konstantin nicht», konstatiert Jörg Lauster.[33] Neben humanitären Tendenzen finden sich immer wieder «äußerste Brutalität und ungezügelte Emotionalität». Konstantin lässt zwar die Kreuzigung verbieten, verordnet aber drakonische Strafen (mit Schlangen in Säcke nähen und von Klippen werfen). Wichtiger noch: «Wenn schließlich von der Bindung des Christentums an den römischen Staat gesprochen wird, sollte nie vergessen werden, dass dieser Staat in konstantinischer Zeit der

Staat des Steuerdrucks, der Beamtenkorruption, der Ausbeutung der Bürger wie der Einschränkung ihrer Freiheit war, dies alles bei einem gleichzeitigen Maximum von luxuriöser Repräsentation am Kaiserhof», schreibt Karl Christ.[34] Zu ergänzen wären: die absolute Unterstellung der Frauen unter die patriarchale Gewalt (Ausnahme: reiche Witwen) und die grausame Ausbeutung der Sklaven. Nichts davon wird das Christentum beenden. Das alles ist nicht untypisch für einen römischen Kaiser, jedoch durchaus ungewöhnlich für einen Christen. Aber darum geht es ja: Das meiste von dem, was heute als christlich gilt, spielte für Konstantin keine Rolle! Ihm ging es um die perfekte Absicherung seiner Herrschaft und die Einheit des Reichs.

Und die Frauen? Wir haben es thematisiert: Seine erste Frau verlässt er, um seine Ansprüche durch die politische Heirat mit der Kaisertochter Fausta zu legitimieren. Diese lässt er im Bad ersticken; zwei Jahre nachdem er unangefochtener Herrscher des Imperium Romanum geworden war, brauchte er ihre Dienste nicht mehr. Solch ein Umgang mit Frauen erinnert an die Potentaten des Vorderen Orients. Und wieder sehen wir, wie despotische Logik dieselben Muster hervorbringt. Wer war die wichtigste Frau an Königshöfen dort? Die Potentatenmutter. So auch hier: Zeit seines Lebens pflegte Konstantin eine enge Verbindung zu seiner Mutter Helena (die ihrerseits von Konstantins Vater verstoßen worden war, weil der aus Legitimationsgründen die Kaisertochter Theodora geheiratet hatte). 324 erhielt Helena die offizielle Stellung einer Augusta und durfte über den kaiserlichen Schatz bestimmen. Auf ihrer Pilgerreise ins Heilige Land wird sie die Geburtskirche in Bethlehem und die Himmelfahrtskirche auf dem Ölberg gründen. Der Kirchenvater Ambrosius setzt 395 sogar die Legende in die Welt, Helena habe das Kreuz Christi gefunden. Sie wird als «neue Maria» gefeiert, was einmal mehr Konstantin mit Christus gleichsetzt. Das ist der altbekannte Mechanismus namens Kohärenzzwang: Sobald ein Herrscher behauptet, übermenschliche Qualitäten zu besitzen, gerät automatisch die Mutter in den Sog der Erhöhung.[35]

Resümieren wir diese überaus bemerkenswerten Vorgänge: Wir haben gezeigt, wie im alten Israel die intellektuelle Elite in einem Akt geistiger Notwehr den Absolutismus assyrischer Despoten adoptierte und auf den eigenen Gott projizierte. Nun wird dieser Gott von einem Herrscher, dessen despotische Züge nicht zu leugnen sind, für die eigenen Zwecke in Dienst gestellt, weil er dessen despotisches Potenzial erkennt. Auf einer höheren Ebene schließt sich der Kreis: Der Despotismus Jahwes kehrt heim zu seinen weltlichen Wurzeln. Ein römischer Kaiser wird christlich? Das gehört zu den großen Mythen der Weltgeschichte. Nein, wir haben es mit einer feindlichen Übernahme zu tun. Das Christentum gerät in die Fänge der Macht, nämlich derer, die Jesus ans Kreuz geschlagen hatten.

Das Christentum wird ...

Den Christen ist in diesem Zusammenhang kaum ein Vorwurf zu machen. Endlich war die Zeit der Verfolgungen zu Ende. Noch vor wenigen Jahren hatten sie Risiken auf sich genommen oder sogar ihr Leben geopfert, weil sie sich weigerten, im Kaiserkult ein Opfer darzubringen. Und jetzt wollte der Kaiser höchstselbst Christ werden![36] War das kein Beweis der göttlichen Macht? Hatte Gott sie nicht endlich für ihre Glaubenstreue belohnt und selbst das größte Imperium in die Knie gezwungen? Er belohnte sie mehr als fürstlich.

Konstantin dagegen war angetan von der Kirche als Institution: Sein «staatsmännischer Blick erkannte in der straffen Organisation der Kirche ein bereits daliegendes Werkzeug, das nur ergriffen zu werden brauchte, um seiner Monarchie Untertanen und Helfer zu liefern, die dem Kaiser dienten als dem Mann des göttlichen Ratschlusses».[37] Entsprechend verfügte er die «Rückerstattung eingezogener Kirchengüter und gewährte den Klerikern Immunität und Steuerbefreiung, die Bischöfe erhielten eine auf den Zivilbereich ausgedehnte Gerichtsbarkeit und die Kirche empfing direkte staatliche Zuwendungen».[38] In der Folge wird das Christentum:

Reich!

«Die Kirche wurde unter Konstantin reich, sogar außerordentlich reich», zieht Lauster Bilanz. Die Besoldung der Bischöfe überstieg bald die der höchsten Reichsbeamten. «Rasch wurde die Kirche nach dem Kaisertum zur zweitgrößten Einrichtung im Römischen Reich, in einigen Provinzen wie beispielsweise in Ägypten könnte sie den Staat sogar übertroffen haben.» Das zog Karrieristen und Opportunisten an. Lauster kommentiert das eher vorsichtig: «Wenn man bedenkt, dass Jesus verkündete, eher käme ein Kamel durch ein Nadelöhr als ein Reicher in den Himmel, dann war das eine überraschende Wendung.»[39]

Der Anthropologe Jack Goody wird deutlicher. Er verweist auf den tiefen Widerspruch, der zwischen der Reichtümer anhäufenden Kirche und der Heiligen Schrift besteht, verwirft diese doch jeden Gütererwerb. Goody zitiert jene Passage, in der Jesus zu seinen gerade ernannten Jüngern sprach: «Macht Kranke gesund, weckt Tote auf, macht Aussätzige rein, treibt Dämonen aus. Umsonst habt ihr's empfangen, umsonst gebt es auch. Ihr sollt weder Gold noch Silber noch Kupfer in euren Gürteln haben, auch keine Tasche für den Weg, auch nicht zwei Hemden, keine Schuhe, auch keinen Stecken.»[40]

Das ist nicht ohne Ironie, muss diese Passage bis heute herhalten, um zu begründen, dass Frauen von der Priesterschaft ausgeschlossen sind, weil Jesus nur Männer auserwählt habe. Davon spricht aber Jesus nicht einmal explizit. Wovon er aber klar und deutlich spricht – kein Eigentum! –, darum hat sich die Kirche nie gekümmert. Ist das Jesustreue? Oder Misogynie?

Goody zitiert auch die Nadelöhrpassage: «Willst du vollkommen sein, so geh hin, verkaufe, was du hast, und gib's den Armen, so wirst du einen Schatz im Himmel haben; und komm und folge mir nach! … Wahrlich, ich sage euch: Ein Reicher wird schwer ins Himmelreich kommen. Und weiter sage ich euch: Es ist leichter, dass ein Kamel durch ein Nadelöhr gehe, als dass ein Reicher ins Reich Gottes komme.»[41] Der Anthropologe kommentiert: «Die Anhäufung von Besitz war nicht einfach nur ein Weg, in die eigene Tasche zu wirtschaften, denn die Kirche benötigte Einkünfte nicht nur, um den Klerus zu versorgen und ihre Häuser zu unterhalten; es musste auch die wohltätige Unterstützung der Bedürftigen gewährleistet werden.»[42] Der Armen, der Witwen und Waisen.

Das war der Kirche nun in neuen Dimensionen möglich, nachdem Konstantin es ihr als Korporation gestattet hatte, Vermächtnisse anzunehmen. Später erlaubte er sogar Sterbenden, ihren Besitz der Kirche mündlich zu vermachen. Dass das bald so intensiv betrieben wurde, dass der Vorwurf der Erbschleicherei kursierte, haben wir ebenso berührt wie den Umstand, dass die Kirche alles daransetzte, Wiederverheiratungen zu verhindern (auch wenn das römische Recht sie weiterhin erlaubte). «Es scheint kein Zufall zu sein, dass die Kirche gerade die Bräuche verurteilt hat, die ihr Besitz vorenthalten hätten» – Adoptionen etwa, die es kinderlosen Paaren ermöglicht hätten, doch einen Erben zu haben. Gleiches gilt für das Verbot zu enger Verwandtenehen.[43] Damit förderte die Kirche die Tendenz zur Kleinfamilie, was Frauen noch stärker isolieren wird.

Monumental!

Konstantin machte die Kirche nicht nur reich, er stattete sie mit einem weiteren jahrtausendealten Propagandamittel aus: monumentaler Architektur. Kirchen gelten heute als vielleicht größte Selbstverständlichkeit des Christentums. Dabei waren sie einst tabu: «In ihrem Enthusiasmus lehnten die frühen Christen Riten in einem heiligen Gebäude, wie sie Juden und Heiden pflegten, ab. Paulus fand dafür klare Worte: ‹Wisst ihr nicht, dass ihr Gottes Tempel seid und der Geist Gottes in euch wohnt?›» Tatsächlich polemisierten christliche Wortführer wie Origines, Göttertempel «seien leblos, und wer sie verehre, bete tote Steine an». Sicher fehlte es den Christen anfangs schlicht an materiellen Mitteln, doch die «Gleichgültigkeit gegenüber heiligen Gebäuden war eine tiefe religiöse Überzeugung». Die frühen Christen wählten ihre Versammlungsräume allein nach pragmatischen Gesichtspunkten.[44]

Nun aber beginnt Konstantin, den Christen grandiose Basiliken zu bauen. Christliche Kathedralen werden Überwältigungsarchitektur pur. Mit ihrer monumentalen Architektur, mit der in Bild und Plastik visualisierten Bilderwelt der Bibel, den Gräbern und Reliquien der Heiligen, ihren Messen und Ritualen, den Beichten, dem Geruch des Weihrauchs und der Kerzen werden sie zu einem performativen Gesamtkunstwerk und für anderthalb Jahrtausende zur mächtigsten Propagandamaschine der Patrix. Eine Phantasmagorie für alle Sinne, die eine Welt göttlich verordneter Ungleichheit simuliert, in der Frauen nur klar definierte untergeordnete Rollen einnehmen. In jedem Gottesdienst oder Sakrament wird das feierlich aktualisiert.

Dogmatisch!

Schließlich machte Konstantin das Christentum dogmatisch. «Konstantin war von dem Universalismus des Christentums angetan. Von den kirchlichen Strukturen erhoffte er sich Unterstützung in der politischen Umsetzung. Als er – vermutlich zu seiner Enttäuschung – bemerkte, dass es massive Spannungen innerhalb der Kirche gab, griff er ein.»[45] Konstantin berief nicht nur das Konzil von Nicäa 325, das vor allem die Frage nach dem Wesen Christi klären sollte, sondern auch Synoden zu weiteren Themen. Immer mit dem Ziel, den innerkirchlichen Unfrieden zu beenden, um die Organisation und Einheit der Kirche zu stärken. Die Auseinandersetzungen waren heftig, gegenseitige Unterstellungen, ja, wüste Beschimpfungen an der Tagesordnung. Der Streit um die wahre Lehre begleitete das Christentum von seinen Anfängen an, die Kontroversen eskalierten indes, als mit der kaiserlichen Anerkennung der Feind von außen wegfiel, sodass man nun begann, die Gegner in den eigenen Reihen zu verteufeln. Über die Trinitätsfrage, wie ein Gott zugleich Vater, Sohn und Heiliger Geist sein kann, werden sich Christen gegenseitig massakrieren. Philip Jenkins nannte sein Buch dazu: *Jesus Wars*.[46]

Hier nun entfaltete die auf der Freund-Feind-Logik basierende Herrschaftsreligion ihre toxische Wirkung: «Die kaiserliche Veranlassung veränderte den Charakter der auf den Synoden gefällten Lehrentscheide, die Dogmen waren fortan nicht mehr nur Lehrmeinungen, sondern Lehraussagen mit Rechtsverbindlichkeit und dementsprechend sanktionierbar.»[47] Wer sich der offiziellen kirchlichen Lehrmeinung verweigerte, wurde doppelt bestraft: von der Kirche exkommuniziert und vom Kaiser ins Exil geschickt. Denn es war der Staat, der ein Interesse daran hatte, Unruhestifter aus dem Weg zu räumen.[48] Er forderte wie schon die Könige Assyriens absolute Loyalität von seinen Untertanen. In der Religion von unten dagegen gibt es keine vorgeschriebenen Glaubensinhalte. Warum auch? Das Dogma ist Herrschaft nackt.

Konstantin war Zwietracht ein Gräuel – weil sie Frieden und Einheit des Reichs bedrohte. Er wollte Harmonie um jeden Preis. Das führte dazu, «dass die römischen Kaiser, die in die theologischen Streitfragen verstrickt wurden, schon jetzt ihre Einigungsbemühungen mit dem energischen und künftig immer weiter eskalierenden Vorgehen gegen die Häretiker verbanden. Dieser Weg musste notwendig zum vollen Einsatz staatlicher Gewalt unter Theodosius dem Großen führen.»[49] Dieser wird das Christentum im Jahr 380 zur einzig erlaubten und damit de facto zur Staatsreligion machen.[50]

Auch an der Bibel ging dieser Prozess nicht spurlos vorbei. War sie vorher eine pluralistische Schrift, an der gut tausend Jahre die verschiedensten Autoren schrieben, um der Probleme ihrer Zeit Herr zu werden, ein Tagebuch der Menschheit eben, wird die Arbeit an ihr nun eingestellt und ein verbindlicher Kanon definiert. Den braucht es, um Autorität zu legitimieren. Die Bibel wird nun das, was sie selbst nie beansprucht hatte zu sein: das verbindliche Wort

Gottes. Sie wird zur Heiligen Schrift, absolut gesetzt, um absolute Macht zu begründen.[51]

Neue Glaubensbotschaft gesucht

Die dritte Transformation war gewaltig! Die in einem imperialistischen Akt vom Kaiser adoptierte Kirche wird all das, was uns heute selbstverständlich ist – was aber die Jesus-Bewegung nicht war. Sie wird reich, mächtig, dogmatisch, totalitär und misogyn. Durch die Verquickung mit dem römischen Staat, mit dem Wechsel nach oben zur Herrschaftsreligion eines absolut patriarchalen Staats war es endgültig unmöglich, dass Frauen öffentliche Ämter im kirchlichen Rahmen innehatten.

Die Transformation könnte massiver nicht sein – auch wenn vieles davon als despotisches Erbe bereits in der kulturellen Logik des Christentums schlummerte, die sich aber erst jetzt unter den neuen Bedingungen entfalten konnte. Nun kommt es zur totalen religiösen Enteignung der Menschen. Niemand darf mehr das glauben, was er von sich aus glauben würde. Die Kirche legt verbindliche Glaubensinhalte fest und wird ein System perfektionieren, mittels dessen die Gläubigen indoktriniert werden. Jede intuitive religiöse Regung wird als Aberglauben verunglimpft oder schlimmer noch als Häresie verfolgt – was Frauen noch einmal mehr in Gefahr bringt, hat doch, wie wiederholt ausgeführt, die Herrschaftsreligion ihnen so gut wie nichts zu bieten.

Doch noch war die Transformation nicht abgeschlossen. Die Glaubensinhalte, die christliche Botschaft, mussten der neuen, komplett veränderten Situation angepasst werden. Eine gewaltige Aufgabe, wenn man bedenkt, in welch fundamentalem Gegensatz das Selbstverständnis der Christen vor Konstantin im Römischen Reich dazu gestanden hatte. Wir haben oben das Paulus-Zitat gelesen: «Wisst ihr nicht, dass ihr Gottes Tempel seid und der Geist Gottes in euch wohnt?» Es behauptet die Freiheit eines jeden einzelnen Menschen – niemand benötigt eine Autorität, die ihr oder ihm vorschreibt, was sie zu glauben haben.

Das ist das egalitäre Freiheitsmoment, das dem Christentum als jüdisches Erbe innewohnte: Gott hatte die Menschen nach seinem Bilde geschaffen – und nicht wie andere Götter als Sklaven. Daher stammt die Idee vom «unbedingten Wert des Einzelnen», diese uralte Jäger-und-Sammler-Selbstverständlichkeit, die in den despotischen Gesellschaften der frühen Staaten unterdrückt worden war. Die «Vorstellung, dass jedem Menschen von Gott her eine innere Würde eignet, die ihm ganz unabhängig von seiner sozialen Rolle Rang, Bedeutung und Gewicht, ja grenzenlosen Wert verleiht ... ist in säkularisierter Form noch heute die ethische Basis der abendländischen Gesetzgebung und Politik», schreibt Elaine Pagels – und damit die Grundlage der Demokratie. Das war in den Jahrhunderten vor Konstantin eine Botschaft, die sich im Mund manches christlichen Predigers so anhörte, «als ob sie geradewegs auf den Umsturz der streng hierarchisch aufgebauten römischen Gesellschaftsordnung abzielte», zumal viele von ihnen wirklich überzeugt waren, die römische Obrigkeit und deren Götter seien nichts als Dämonenspuk.[52]

Die Herausforderung war also enorm, dem an die Seite der Herrschaft gewechselten Christentum eine neue passende Glaubensbotschaft einzuimpfen. Wir haben es mit einer Gesellschaft zu tun, die ungleicher nicht sein konnte: Oben der sich fast gottgleich gerierende Kaiser, die Elite, zu der sich die Kirche gesellte, unten die Masse der Untertanen und dann Stufen tiefer die Sklaven. Da brauchte es schon eine radikal neue Lehre – und es ist eine weitere erstaunliche Ironie der Weltgeschichte, dass auch diese weiterhin mit dem Signum «christlich» versehen wird.

Kurzum: Parallel zur «Entwicklung des Christentums von der verfolgten Sekte zur Staatsreligion» bedurfte es, wir folgen weiter Elaine Pagels, eines «grundstürzenden Wandels der christlichen Botschaft», und zwar «von der Verkündigung der moralischen Autonomie des Menschen», wie sie noch typisch für die Anfänge des Christentums gewesen sei, «zur Doktrin der universellen Verderbtheit».[53] Damit sind wir bei der Erektion des Augustinus von Hippo. Und die ist mit einer alles andere als frohen Botschaft verknüpft.

25 «Warum habe ich keine Macht über mein Fleisch?»

Warum wir uns einem intimen Erlebnis zuwenden müssen, das dem 16-jährigen Augustinus (354–430), späterem Bischof von Hippo, in den Thermen der nordafrikanischen Stadt Thagaste widerfuhr? Weil es sich erstens um jenen Kirchenvater handelt, der für die folgenden gut 1600 Jahre den Einfluss aller anderen Kirchenlehrer bei weitem übertreffen wird. Unter seinen vielen Konkurrenten macht er das Rennen, da sich seine Lehren als die perfekte Untertanentheologie erweisen, die sich die Mächtigen des nun kaiserlich gewordenen Christentums erwählen werden. Und weil er zweitens der Patrix zu einer gewaltigen Energiequelle verhelfen wird, die noch heute munter sprudelt. Augustinus ist längst nicht nur von historischem Interesse.

Bei diesem für ihn peinlichen Erlebnis – über den Auslöser der Erektion ist nichts bekannt – handelte es sich um seine persönliche Ursünde. Über sie berichtet er nicht nur in seinen autobiographischen *Bekenntnissen,* sie ist gewissermaßen auch die Initialzündung für seine Erbsündenlehre – die Idee, dass alle Menschen sündhaft sind von Geburt an. Eine der folgenreichsten und fatalsten Lehren nicht nur in Sachen Sexualität, von der wir uns bis heute «allenfalls teilweise befreit» haben.[1]

Aber der Reihe nach, fast hätte alles doch noch einen anderen Lauf genommen. Einer von Konstantins Nachfolgern, Kaiser Julian (331/332–363), wollte das Christentum wieder zurückdrängen, weshalb er den Beinamen «der Apostat» erhielt. Doch nach nicht einmal drei Jahren auf dem Thron wagte er sich auf seinem Persienfeldzug zu weit vor und wurde von einem Sassanidenspeer im Bauch getroffen. Die Christen werteten das als gerechte Strafe Gottes.

So schritt die christliche Erfolgsgeschichte voran, und die meisten Kirchenlehrer arbeiteten hart daran, die kaiserlich-kirchliche Allianz zu konsolidieren. Das ist der Kontext, in dem das Wirken des Augustinus zu verorten ist. Er selbst formulierte es als Aufgabe an die Kirchenoberhäupter: «Ihr lehrt die Monarchen, die Herrschaft zum Wohle ihres Volkes auszuüben, und ihr ermahnt wiederum das Volk, seinen Herrschern untertan zu sein.» [2]

Um Augustinus zu verstehen, ist es wichtig zu wissen, dass auch er sich vom Saulus zum Paulus gewandelt hatte, also ein Renegat war. Als brillanter Rhetoriklehrer neigte er lange den Lehren der Manichäer zu. Deren Begründer, der persische Prophet Mani, gab sich zwar als «Apostel Jesu» aus, doch vertrat er nicht die Lehre eines einzigen, allumfassenden Gottes. Vielmehr predigte er den Kampf der Mächte der Finsternis gegen die des Lichts. Die manichäische Weltsicht war, wie es typisch ist für gnostische Bewegungen, zu denen sie meist gerechnet wird, bestimmt von einer radikalen Dichotomie von Gut und Böse. Hinter allem Übel stecke die dämonische Seite der Finsternis. Als Augustinus später zum Christentum konvertierte, sah er sich mit der Herausforderung konfrontiert, zu erklären, was es denn mit dem Bösen auf sich habe, wenn es doch nur einen einzigen allwissenden und allmächtigen Gott gab. Und zwar nicht nur mit dem Bösen der Welt, sondern auch dem Bösen in ihm selbst, und damit sind wir bei der Erektion.[3]

«Wahnsinn wilder Wollust»

Elaine Pagels beschreibt es diplomatisch: «Augustinus war eine leidenschaftliche Natur und, wie er in den *Bekenntnissen* freimütig enthüllt, nur mit Mühe in der Lage, seine sexuellen Triebregungen zu bändigen». Andere Biographen sprechen von «Sexbesessenheit».

Augustinus selbst formulierte, er sei «der Krankheit fleischlicher Lust und ihrer todbringenden Wonne verfallen» gewesen.[4]

Nun galt auch den Manichäern die Sexualität als ein Werk des bösen Gotts. Das ließ Augustinus, der nach seiner Taufe um Keuschheit rang und der Sexualität dann auch ganz entsagte, rätseln, was es denn war, das ihn in seinem Innersten erregte und sich seinem Willen widersetzte? Was suchte ihn, nicht bloß in nächtlichen Träumen, heim? Augustins «Erlebnis der sexuellen Erregung, intensiv, aufdringlich und tief mysteriös, führte ihn wieder und wieder auf das gleiche Fragenbündel», formuliert es Greenblatt. «Wessen Körper ist das? Wo entspringt das Begehren? Warum habe ich keine Macht über mein Fleisch?»[5] Begonnen habe es mit dem Thermen-Erlebnis, «in jenem sechzehnten Jahr meines Erdenlebens, als der Wahnsinn wilder Wollust ... anfing über mir das Zepter zu schwingen und ich mich ihm willenlos ergab!».[6] Woher kam diese «fleischliche Begierde», wenn sie nicht das Werk eines bösen Gottes war?[7]

Die Sünde war durch Adam und Evas Vergehen im Garten Eden in die Welt getreten, das war die populäre Ursünden-Idee des Paulus. Wenn aber die Sünde nun in Augustinus wütete, und zwar schon in der Jugend, musste also diese auch in ihm selbst von Geburt an existieren. Er hatte sie von Adam geerbt! Wir sparen uns die Details, wie Augustinus zur Überzeugung kam, dass alle Menschen von Anfang an sündig sind, weil in ihnen die Ursünde steckt. Wichtig ist dies: «Denn wir alle haben uns in jenem einen befunden, da wir alle nur in jenem einen bestanden haben, der in die Sünde fiel durch das Weib.»[8]

Es sollte angesichts Augustins leicht erregbarer Phantasie nicht überraschen, dass er, als er über den Ursprung der Wollust in sich grübelte, gerade jene Genesis-Passage in den Blick nahm, die unmittelbar auf das Essen der verbotenen Frucht folgte. Was war die Konsequenz? «Da wurden ihnen beiden die Augen aufgetan und sie wurden gewahr, dass sie nackt waren, und flochten Feigenblätter zusammen und machten sich Schurze.» Augustinus hatte ein Déjà-vu. Adam und Eva geschah also eben das, was ihm damals in der Therme zustieß: «Sie warfen ihre Blicke auf ihre Glieder, und mit deren Regung, die sie nicht gekannt, begehrten sie.» Auch Augustinus gingen die Augen auf: Das Erwachen der sexuellen Begierde war also die unmittelbare Folge des Sündenfalls – und seine eigene unbändige Sexualität wiederholte in seinem Körper «die unabänderliche Konsequenz der ersten Sünde der Menschheit».[9] Sie war nicht bloß die Ursünde, sie war eine Erbsünde des Menschengeschlechts.

Die Libido, so Pagels, «die spontanen, eigenwilligen, eigenmächtigen Regungen des sexuellen Begehrens ‹im Fleische›» waren für Augustinus «der am deutlichsten als solcher erkennbare Effekt der Erbsünde». Ihn beeindruckte seit je die Art und Weise, «wie das ‹Fleisch›, der legitimen Willensherrschaft trotzend, sich gleichsam von selbst erregt». Nun hatte er die Erklärung: Es war kein böser Gott, der ihn damit prüfte, es war das Vergehen seines Urahns, das ihn plagte.[10]

Einmal mehr: In Zeiten, in denen es an wissenschaftlichen Erklärungen fehlt, in diesem Fall an psychologischem Verständnis der Sexualität, kommt es zum fundamentalen Attributionsfehler, der mit Vorliebe zu akteurbasierten Erklärungen greift: Unbeherrschbare Triebe sind, wenn einmal nicht das Ergebnis dämonischer Manipulationen, eben das Verschulden unserer Vorfahren.

Aus der Ursünde wird die Erbsünde – ein ungeheuerliches Konzept! Denn die Annahme, dass alle Menschen bereits durch Adam gesündigt hatten, bedeutete, dass alle Menschen schon als Sünder zur Welt kamen. Ohne gesündigt zu haben, waren sie schuldig. Selbst Säuglinge kamen in die Hölle, insofern sie nicht durch die Taufe gerettet wurden. «Vor Augustinus wurden Tod, Mühsal und Geburtsschmerzen durch die Ursünde erklärt, aber niemand behauptete, Adams Schuld würde vererbt», schreibt Kurt Flasch. Dass auch Jesus nie von einer Ur- oder gar Erbsünde gesprochen hat, muss kaum betont werden. Das alles ist Augustins Erfindung. Und wie funktioniert die Vererbung? Durch Sex. Flasch erklärt das so: «Durch die geschlechtliche Fortpflanzung geben wir die Ursünde weiter, nicht nur als Schaden und böse Neigung, sondern als wirkliche Schuld.»[11] Und zwar von Generation zu Generation. Oder um es mit Greenblatt zu formulieren: «Die Sündhaftigkeit der Menschen sieht Augustinus als eine durch Geschlechtsverkehr übertragene Krankheit.» Damit hatte er «die Sexualität unverrückbar in den Mittelpunkt der menschlichen Natur gestellt» – und zwar als dunkle Macht. Das ist die sagenhafte Universalisierungsleistung des Augustinus von Hippo.[12]

Auch wenn Augustinus in seiner Exegese eher auf Adam fokussiert, verheißt das für Eva nichts Gutes. Es musste ja gar nicht ausgesprochen werden, so tief war es im kollektiven Bewusstsein verankert: Der erste sündige Griff ging von Eva aus («der in die Sünde fiel durch das Weib»). Wieder greift jener Attributionsfehler, den wir bei den Mönchen sahen: Was immer die Wollust weckte, also sündhafte Gefühle auslöste, muss böse sein. Mit der Sexualität werden die Frauen verteufelt. Indem also Augustinus die Geschichte von Adam und Eva «zur zentralen Episode im Drama der menschlichen Existenz» machte, öffnete er die «Schleusentore für einen Strom der Misogynie», welcher «die Gestalt der ersten Frau jahrhundertelang» umspülen wird.[13]

Für das Thema weibliches Begehren ist in diesem Diskurs überhaupt kein Raum. Entsprechend kommt die perfekte Frau des Christentums – Maria – ganz ohne Sex aus. Und deshalb war die Jungfrauengeburt Jesu so wichtig: Sie sorgte dafür, dass dieser von der Erbsünde verschont blieb. Später versah die Kirche Maria sicherheitshalber noch mittels der Dogmen der «Immerwährenden Jungfräulichkeit» Marias und ihrer «Unbefleckten Empfängnis» mit einem doppelten Keuschheitsgürtel. Der Patrix ist nichts heiliger als die Mutter.

Wie um Himmels willen konnte eine ebenso persönliche wie pessimistische Theorie solch eine Karriere machen? Schon zu Lebzeiten ist Augustins Lehre auf heftige Kritik gestoßen. Diese verbindet sich vor allem mit dem Namen Pelagius, einem Mönch von den Britischen Inseln, der in der römischen Welt durchaus auf Begeisterung stieß. In Sachen Moral war Pelagius ein Optimist und gewissermaßen Augustins Widerpart: Jeder Mensch kommt unschuldig zur Welt, das war seine Überzeugung, befähigt, sich mit seinem freien Willen für das Gute oder das Böse zu entscheiden. Zwar hätten wir Menschen damit zu kämpfen, dass der Ungehorsam Adam und Evas die Schöpfung in Unordnung gebracht habe; aber ihre Schuld mache uns keinesfalls selbst zu Sündern. Warum auch sollte ein gütiger Gott die Menschen über alle Generationen hinweg verdammen? Und wie könnte Schuld vererbt werden? «Nein, sagt Pelagius: Wir verfügen über die Freiheit, unsere Leben zu gestalten, wir können entscheiden, ob wir Gott dienen wollen oder Satan.»[14]

Augustinus erkannte sofort die Gefahr, die ihm von Pelagius drohte – und sein Vorgehen ist aufschlussreich. Er wandte sich an seine mächtigen Kirchenfreunde in Rom, die Pelagius vor Gericht stellten und ihn der Häresie anklagten. Augustinus lieferte nicht nur theologisches Anklagematerial, er schickte auch ein Bestechungsgeschenk: achtzig prachtvolle numidische Hengste. Das Urteil sollte nicht überraschen: Pelagius wurde verurteilt, exkommuniziert und musste nach Ägypten fliehen.[15]

Dass sich die Mächtigen vermutlich auch ohne Hengste für Augustinus entschieden hätten, liegt auf der Hand, lieferte er ihnen doch die perfekte Herrschaftsideologie. Die Sünde, so Augustinus, stecke nun einmal in den menschlichen Körpern, deren Triebregungen nicht auszurotten seien. Weil nicht einmal ein Asket in der Lage sei, «sich dieser fortgesetzten Unbotmäßigkeiten im eigenen Inneren zu erwehren», seien die Menschen unfähig, sich selbst zu leiten. Deshalb bedürfe es der Zwangsgewalt der Herrschaft. Diese wird zur anthropologischen Notwendigkeit. Adams Sündenfall hat für Augustinus solch bedrohliche Konsequenzen, «dass er das obrigkeitliche Regiment in jedweder gegebenen Form, und sei es die nackte Tyrannis, bejaht und für unverzichtbar erklärt, da ohne es die in der Menschennatur von der Sünde entfesselten Kräfte nicht niederzuhalten wären».[16] Augustinus wird zum Hohepriester staatlicher Unterdrückung.

Um es zumindest angemerkt zu haben: Im Prinzip argumentiert Augustinus biologistisch. Durch die Erbsünde sind die Menschen von Geburt an in ihrer Natur geschädigt; daran ist nichts zu ändern, was die Herrschaft unabänderlich macht. Solch ein misanthropisches Menschenverständnis wird durch die Jahrtausende hinweg Unterdrückung legitimieren. Über Thomas Hobbes, der im *Leviathan* die Notwendigkeit staatlicher Herrschaft mit der wölfischen Natur der Menschen begründete, bis hin zu den Rassentheoretikern des 19. und 20. Jahrhunderts, die auf biologistische Weise Kolonialismus, Rassismus, Eugenik und Völkermord legitimierten.[17]

Augustins pessimistisches Menschenbild hatte weitere Vorteile: Es erklärte, warum die endlich christlich gewordene Welt immer noch so aussah, als ob Gott sich nicht sonderlich für seine Schöpfung interessierte (und es nicht einmal für notwendig hielt einzuschreiten, als die Westgoten 410 das nun weitgehend christliche Rom plünderten). Seine Erbsündentheorie lieferte damit eine theologische Legitimation «der augenfälligen Unvollkommenheiten nicht nur des Staatswesens, sondern auch der Kirche» und stellte das Zusammengehen der katholischen Kirche und der Staatsmacht als «unausweichliche Notwendigkeit» dar.[18]

Das Bündnis mit dem Staat geht sogar so weit, dass Augustinus den Einsatz staatlicher Zwangsmittel bis hin zum Einsatz des Militärs propagierte gegen alle, die nicht auf der offiziellen Linie waren. Augustinus schrieb «dem Staat das uneingeschränkte Recht zur Unterdrückung nichtkatholischer christlicher Glaubensrichtungen» zu. Er verband und rechtfertigte die weltliche Herrschaftsgewalt und die kirchliche Zwangsordnung – «denn alle beide lebten sie ja», so Pagels, «aus der Voraussetzung, dass sich anders das Heil der sündigen Menschheit nicht bewerkstelligen lasse».[19]

Jede Abweichung von der offiziellen Lehrmeinung war verboten und musste bestraft werden. Damit wurde nun das in die Praxis umgesetzt, was wir als aus dem assyrischen Erbe resultierende Logik des Monotheismus beschrieben haben: der absolute Treueanspruch und die schreckliche Eifersucht auf alle Konkurrenz. All die persönlichen religiösen Intuitionen der Menschen, das kunterbunte magische Allerlei, das von Generation zu Generation weitergegeben wurde, waren nun tabu, schlimmer noch des Teufels. Jegliche Spielart der Religion von unten verdammte die Kirche fortan als Ketzerei und Aberglauben. Und das aufs schärfste, weil in der auf der Dichotomie von Gut und Böse beruhenden Weltdeutung des Christentums die Planstelle des Bösen vakant war, seitdem es Staatsreligion geworden war. In den Jahrhunderten davor gab es keinen Zweifel, wer das Böse war: die Römer. Und ihre Götter waren nichts als Dämonen.[20] Nun brauchte es neue Bösewichte. Die Scheiterhaufen werden bis in die Neuzeit hinein brennen.

Familie als Keimzelle des Staates

Schließlich sicherte Augustinus die Herrschaft gleich doppelt ab. Nicht nur, dass sie nötig sei, um die Sündhaftigkeit der Menschen in Schach zu halten. In der paulinischen Tradition behauptete Augustinus, dass dem ursprünglichen Zustand Adam und Evas schon ein «gewisses Maß an Hierarchie» innewohnte: «Die Exegese des Augustinus», so Peter Brown, «bekräftigte die Herrschaft der Männer über die Frauen und die Herrschaft des Vaters über seine Kinder als Teil der ursprünglichen Ordnung Gottes.» Adam – der erste *Pater familias*. Augustinus schließt Genesis und römisches Recht endgültig kurz.

Auf dieser ersten Hierarchie beruhen alle weiteren Herrschaftsverhältnisse, denn die «Verbindung von männlichem und weiblichem Wesen», die Familie, sei, so Augustinus, «eine Art Keimzelle des Staates», nach deren Bild die gesellschaftliche Hierarchie erwachse.[21] Diese Vorstellung findet sich schon bei Denkern wie Platon, Aristoteles oder Cicero. Hier nun wird sie mit göttlicher Legitimation versehen. Als ideologische Grundlage dient sie Staaten bis in unsere Tage hinein, in die Familien hineinzuregieren und allein Adam-und-Eva-analoge Verhältnisse als Ehe zu werten. Und um die Sexualität der Frauen zu reglementieren, da von deren «Gebärfreudigkeit» angeblich das Überleben des Staates abhänge.

In seiner Genesis-Exegese *De Genesi ad litteram* wirft Augustinus fünfmal die Frage auf, wozu Gott die Frau geschaffen, wozu sie im Paradies gedient haben könnte. «Zur Bestellung der Erde?», referiert Foucault den augustinischen Gedankengang. «Sicher nicht, da die Arbeit noch nicht nötig war und ein weiterer Mann auf alle Fälle effizienter gewesen wäre. Damit der Mann nicht allein sei …? Auch nicht, da man wohl weiß, dass der beste Kamerad eines Mannes ein anderer Mann ist.» Nein, fünfmal gibt Augustinus dieselbe Antwort auf die göttliche Bestimmung der Frau: Kinder gebären.[22]

Dass der christliche Bischof von Hippo auch die Sklaverei als Folge der Sünde rechtfertigt, sei nur angemerkt, liegt es doch in der beschriebenen biblisch-griechischen Tradition. Wir deuteten es bereits an: Die Transformationen des Christentums sind erstaunlich. Von Jesus, dem Propheten der Egalität, zu Augustinus, dem Theologen der Herrschaft und Unterdrückung. Hier wird Ungleichheit für eine halbe Ewigkeit zementiert.

Es dauerte eine Weile, bis Augustins Lehren zur «offiziellen kirchlichen Lehrmeinung» avancierten. Doch dann waren sie nicht mehr aufzuhalten: «Die augustinische Erbsündedoktrin und die machtbewehrte Kirche, die jene hochhielt, rückten nun zusammen ins Zentrum der abendländischen Geschichte.»[23] Augustinus hatte das offizielle Christentum vollends herrschaftstauglich gemacht. Die beschriebenen Transformationen und Hybridisierungen hatten eine Spielart des Christentums zur idealen Herrschaftsreligion umgeschmolzen. Augustinus lieferte die perfekte Begründung dafür: Die weltlichen wie geistigen Herrscher sind legitimiert als die irdischen Stellvertreter des einen und einzigen Gottes; ihre Herrschaft, selbst in brutalen Auswüchsen, ist göttlich gerechtfertigt durch die Sündhaftigkeit der Menschen. Kein Wunder, dass die Herrscher diese Variante unter vielen anderen durchaus menschenfreundlicheren erwählten. Das ist alles andere als eine frohe Botschaft.

Die erste Natur in die Schranken weisen

Was hat dieses Christentum noch mit Jesus von Nazareth zu tun? Er war frauenfreundlich, die Kirche wird misogyn. Er fordert Besitzlosigkeit, die Kirche wird zur wohl reichsten Institution der Weltgeschichte. Er predigt Gleichheit und Herrschaftsfreiheit, die Kirche zementiert Hierarchie und Unterdrückung. Jesus verzeiht, die Kirche verfolgt. Kann der Unterschied größer sein? Historiker sehen das deutlich: Mit dem Christentum sei eine «neue Religion» entstanden, urteilt der Althistoriker Manfred Clauss, «die mit ihren ‹christlichen› Anfängen kaum mehr als den Namen gemeinsam hatte».[24]

Hier werden Faktoren dominant, die wir aus heutiger Perspektive nicht als genuin religiös charakterisieren würden. So wie Religionen einst Aufgaben erfüllten, die heute von den Wissenschaften besser erledigt werden, gab es Aspekte, deren primärer Zweck es war, die Macht Einzelner oder der Eliten zu sichern. Sie stabilisierten Hierarchien und stützten Ungleichheit, verstanden diese sich doch nie von selbst.

Erinnern wir uns: Der Psychologie des *Homo sapiens* wohnt ein egalitärer Zug inne. Unsere erste Natur protestiert mit einem Gefühl der Ungerechtigkeit, sobald sie sich als Opfer von Benachteiligung, Diskriminierung oder Unterdrückung sieht. Wären wir rein kulturelle Wesen, unsere Psyche bei der Geburt ein unbeschriebenes Blatt, so würden Menschen sich in despotischen Gesellschaften völlig hingebungsvoll selbst den größten Ungerechtigkeiten fügen.

Der Protest der ersten Natur des *Homo sapiens* ist es auch, der durch die Geschichte hinweg die Entwicklungen zurück zu Emanzipation und Demokratie beförderte.

Fatalerweise aber war eben das der Erfolgsfaktor des Christentums: die erste Natur der Unterdrückten in die Schranken zu weisen, indem die Herrschaft des Einen über die Vielen, der Männer über die Frauen als gottgewollt festgeschrieben und der Protest dagegen als Gottesfrevel denunziert wurde. Diese «neue Religion», deren Genese wir hier in groben Zügen beschrieben haben, war von solchen aus heutiger Perspektive religionsfremd erscheinenden Elementen dominiert, und zwar so sehr, dass der religiöse Kern dabei fast verlorenging oder zum reinen Nebeneffekt degradiert wurde.

In den ungleichen Gesellschaften der ausgehenden Antike jedenfalls, in denen überall Herrscher darum kämpften, ihre Macht abzusichern, erschien dieses Christentum als perfektes Herrschaftsinstrument und avancierte zum Exportschlager: Die auf Rom folgenden Reiche Europas werden christlich sein. Das Christentum schafft das, was vorher nie gelungen war, weil die antidespotischen Widerstände zu stark waren: dauerhafte Staatenbildung.[25] Erst ein absoluter Gott, der absolute Loyalität verlangte, lieferte jene symbolische Gewalt im Sinne Bourdieus, die noch massivste Ungleichheit dauerhaft legitimieren wird. Damit werden auch die Misogynie und die in den letzten Kapiteln vorgestellten Phantasmen Teil der Staatsideologie und prägen die europäische Kultur zutiefst.

Warum Sex Sünde sein muss

Das Christentum endgültig herrschaftstauglich gemacht zu haben – allein das genügt, Augustinus einen mehr als zweifelhaften Ehrenplatz in der Geschichte der Patrix einzuräumen. Aber er verschaffte ihr auch jenen Motor, der über die Jahrhunderte hinweg gehörig auf Touren kam, bezog dieser seine Energie doch aus einer schier unversiegbaren Quelle.

Kurt Flasch hat zu Recht darauf hingewiesen, dass die augustinische Fokussierung auf die Sexualität in Kombination mit seiner exzessiven Satansrhetorik eine «Atmosphäre von mächtiger, sexorientierter Teufelsherrschaft» etabliert habe, welche bis in die Gegenwart dominierte. «Satan nutzt die Aufsässigkeit der Geschlechtsorgane, besonders der männlichen, die sich der Vernunft widersetzen, was die gerechte Strafe dafür ist, dass Adam sich dem göttlichen Gebot widersetzt hat.» Das und vor allem die darin gründenden Traditionslinien seien viel zu wenig rezipiert worden, klagt Flasch. In der Augustinus-Rezeption habe die Tendenz vorgeherrscht, «die hohen Themen der Wahrheit und der Schönheit, Theodizee und Gnadenlehre bevorzugt zu erörtern und darüber die magischen und banaleren Aspekte zu vergessen». Dabei habe der einflussreichste Kirchenlehrer des Mittelalters, Thomas von Aquin (1225–1274), gerade diese «kritiklos übernommen», etwa «den Zusammenhang von Teufelsmacht und Samenerguss des schlafenden Mannes». Und damit hätten «Augustinus und Thomas gemeinsam die spätere Teufelsangst und Hexenjagd ermöglicht».[26]

Wichtig dabei: Es handelt sich hier weder um die genuinen Erfindungen noch die Idiosynkrasien zweier Kirchenlehrer. Vielmehr aktualisierten sie Diskurse, deren evolutionäre Genealogie wir in diesem Buch nachzeichnen, reicherten sie an und etablierten sie als Diskurse der Herrschaft. In der Hexenverfolgung wird deren misogyne Logik tödliche Realität.

Wir haben gesehen, dass die Vorstellungen, Sexualität sei das Werk dämonischer Akteure, bereits bei den Mönchen grassierte. Was dort eher diffus als Dämonenangst herumgeisterte, gehört dank Augustin fortan zum theologisch abgesicherten Grundbestand christlichen Selbstverständnisses. Noch heute betreibt die katholische Kirche Exorzismus (schon jede Taufe ist für sie ein exorzistischer Akt).[27] Diese Fixierung auf das Böse, das sich im Menschen regt, das ist der zweite, bisher unterschätzte Grund für die Karriere des Christentums. Er beschert diesem jenen sinnlich erfahrbaren Gottesbeweis, der ihm ansonsten fehlt.

Zwar ist dieser Gottesbeweis nur negativer Natur, aber erstens besser als keiner und zweitens an Potenz schwerlich zu übertreffen. Denn Menschen fühlen sich kaum je mehr aller Kontrolle über die eigene Person enthoben und von fremden Mächten beherrscht als in den Momenten, in denen ihre Libido erwacht. Wir dürfen nicht vergessen, wir haben es mit Zeiten vor aller wissenschaftlichen Psychologie zu tun. Nun werden den Menschen mit höchster Autorität die sexuellen Regungen als Werke böser Akteure verkauft. Und das mit solcher Penetranz von klein auf, dass das zum unerschütterlichen Bestandteil der zweiten Natur wird.

Jede intime Körperreaktion bestätigt die Existenz des Bösen. Und wo der Teufel ist, existiert auch Gott, das steht außer Frage. Die ebenso zwingende wie fatale Konsequenz: Wenn die Sexualität das Wirken des Leibhaftigen beweist und Sex Sünde ist, wird mit dem Bekämpfen der Sexualität auch dem Teufel widerstanden. Dann wird Sexualfeindlichkeit zum Gottesdienst!

Auch hier lässt sich von einer feindlichen Übernahme sprechen: Die menschliche, an sich «unschuldige» Sexualität, etwas, dem wir durchaus das Adjektiv «natürlich» ohne Anführungszeichen verleihen dürften und bei dem es sich um einen der mächtigsten Triebe handelt, wird gekapert und als «böse» gebrandmarkt. Und die Kirche gründet ihre eigene Existenzberechtigung darauf, dieses Böse zu bekämpfen. Sie braucht die sündigen Menschen, diese sind ihre Raison d'Être.

Dass die Stigmatisierung der Sexualität relativ leicht gelingt, hängt nicht zuletzt mit dem bereits referierten anthropologischen Umstand zusammen, dass Sex in unserer Art eine zutiefst private Angelegenheit ist. Würden wir uns, wie es für andere Primatenarten üblich ist, mit Wonne in aller Öffentlichkeit paaren, hätte die Kirche uns niemals ein schlechtes Gewissen in dieser Angelegenheit einreden können. So wird dem *Homo sapiens* auch der etwas inkonsequente Umgang mit den Paarbindungen zum Verhängnis. Sind die zwar zumindest temporär nach außen hin exklusiv, sieht die verschwiegene Realität nicht selten anders aus. Da gibt es immer etwas, das besser im Verborgenen bleiben sollte und angesichts des Loyalitätskonfliktes für Gewissensbisse und Selbstvorwürfe sorgt. Keine Schwierigkeit, das nun zur Sünde zu erklären.

Sexualfeindlichkeit als Gottesdienst zwingt zuallererst die Vertreter der Kirche in einen Stellungskrieg gegen den eigenen Körper, der sich mit zunehmendem Triebstau verschärft. Das ist verbunden mit einem permanenten Gefühl des persönlichen Versagens, der Furcht, dem Teufel eine offene Flanke zu bieten. Denn hätte man sich Gott ganz geöffnet, so die Lehre, blieben alle sexuellen Regungen aus. Also heißt es: Noch mehr beten! Noch mehr Buße tun! Noch vehementer den Kampf gegen das Böse führen! Vor allem gegen jene, die, ohne etwas dafür zu können, für sexuelle Erregung sorgen – in den meisten Fällen also Frauen. Indem man sich gegen diese wendet, kann man sich und anderen die eigene Glaubenstreue beweisen. Je kritischer die persönliche Situation also, umso höher die Bereitschaft, sie durch Gewalt zu stabilisieren.

Um nicht missverstanden zu werden: Das muss längst nicht in jedem Fall so sein. Das sind Potenziale, die sich mal schwächer, mal stärker realisieren, insbesondere über die Zeiten hinweg und selbstverständlich immer in Abhängigkeit vom sozialen und kulturellen Setting. Wir rekonstruieren nur die allgemeine Logik, die jedoch die Wahrscheinlichkeit der hier skizzierten Handlungsweisen enorm erhöht.

Zwangsläufig führt dieses System zum Gegenteil dessen, was es zu beabsichtigen vorgibt, nämlich zu einer obsessiven Fixierung auf die menschliche Sexualität! Zumal auch dem Volk, den Laien beständig Sündhaftigkeit und konstante Gefährdung durch den Leibhaftigen gepredigt werden. Immer müssen die Menschen ihre intimsten Erfahrungen beichten. Es gab Zeiten, so Foucault, da kam es auf ein möglichst vollständiges Protokoll an: «Die Stellung der Partner zueinander, die Haltungen, die man eingenommen hatte, die Gesten und Berührungen, der genaue Augenblick der Lust – eine vollständige und spitzfindige Beschreibung des sexuellen Aktes in seinem Vollzug.»[28] Schließlich hatte schon Augustinus die Dämonen durch die Stellung definiert, die sie bei der Kopulation einnahmen.[29] Foucault hat nicht unrecht, wenn er eine Linie von solchen Beichtpraktiken zu der «skandalösen» Literatur eines Marquis de Sade zieht: «‹Sag alles›, wiederholen die Beichtväter: ‹nicht nur … das vollständig vollbrachte unkeusche Werk …, sondern … auch alle unreinen Berührungen, alle unreinen Blicke und alle unehrbaren Reden …, alle unkeuschen Gedanken.›»[30]

In welche Misere das die Beichtenden, insbesondere weibliche, stürzte, können und möchten wir uns nicht ausmalen, aber auch die Beichtväter bringt es in Nöte und beschleunigt damit die Erregungsspirale. Selbst wenn im Einzelfall die Zeit der Selbstmartern aufhört und ein individueller Modus Vivendi gefunden werden sollte, geht der Kampf doch mit jeder Priestergeneration aufs Neue los.

Der zum Scheitern verurteilte Versuch, die erste Natur der Menschen abzutöten, ist ein selbsterhaltendes System. Das gerade deshalb so perfide wirkt, weil die Sexualität aus besagten anthropologischen Gründen eine schambesetzte Angelegenheit ist. Wer mit wem und vor allem wie verkehrt – das ist in der Regel nichts, was in die Öffentlichkeit gehört (von den anderen aber gerne dahin gezerrt wird). Gemeinsam mit dem Scheitern an den rigiden Sexualvorgaben der Kirche gibt das den Menschen das nagende Gefühl der Unzulänglichkeit. Wir werden uns nie völlig aus den Krallen des Teufels entwinden können. So wird das System nicht in Frage gestellt, da sich jeder tatsächlich schuldig fühlt.

Das alles verwandelt eine Religion, die Sexualfeindlichkeit als Gottesdienst begreift, in ein Perpetuum Mobile. Und damit wird die Sexualfeindlichkeit zum perfekten Motor der patriarchalen Matrix, werden doch immer wieder Männer die angebliche Sündhaftigkeit, die Verdorbenheit der Frauen aufs Neue beschwören, weil diese nun mal bei ihnen «sündhafte» Gedanken auslösen. Diesem aus der Dämonisierung der Sexualität resultierenden Victim Blaming sind wir oft genug begegnet. Es geht mit einer völligen Reduktion des

Frauseins auf Sexualität einher. Präziser: auf die sexuelle Wirkung, die Frauen auf Männer ausüben. Frauen werden zu Sexobjekten, zu Werkzeugen Satans, zu Evastöchtern eben.

Stimmt diese Logik, ist der Verdacht nur schwer von der Hand zu weisen, dass die katholische Kirche aus diesen Gründen am Zölibat festhält und die Frauenordination meidet wie der Teufel das Weihwasser. Sie kann nicht anders! Sex muss Sünde sein. Sie würde sich ihrer Existenzgrundlage berauben und die Quelle ihrer Kraft aufgeben. Die einzige Frau, die sie wirklich akzeptierte, ist die völlig asexuelle Maria, die Jungfrau als Mutter. Und damit sind wir beim vorletzten Kapitel angelangt.

26 Weibliche Dreifaltigkeit

Unser Ziel war es, zu zeigen, wie es zu einer solch totalen Kultur männlicher Dominanz kommen konnte, dass sie den Menschen als einzig reale Wirklichkeit erscheint. Die aus unserer Perspektive wesentlichen Mechanismen für das Entstehen der patriarchalen Matrix haben wir beschrieben. Wie sie dann über gut 1600 Jahre ihre Strategien immer weiter verfeinerte, ihre Simulation perfektionierte und die Lebenswirklichkeit der Frauen so sehr beherrschte, dass es kein Außerhalb der strikt geschlechterbinären Ordnung mehr zu geben schien, das können wir hier nicht herausarbeiten. Das wäre, selbst wenn wir es nur ansatzweise versuchten, ein zu monumentales Unterfangen, zu dem es uns nicht nur an Kompetenzen fehlt, zu dem auch unser evolutionärer Ansatz eher wenig beizutragen hat.

Aber das ist nicht tragisch. Denn zur Geschichte der Unterdrückung und Ausbeutung von Frauen, den vielen Abarten von Misogynie, dem Geschick der Patrix andere Monstrositäten wie Kolonialismus, Rassismus, Homo- und Transphobien zu adaptieren, liegen hervorragende Arbeiten aus den Geschichts- und Sozialwissenschaften, den Gender- und Queer-Studies vor. Auch die sich formierenden Widerstandsbewegungen, die vielfältigen Emanzipationsprozesse und Wellen des Feminismus sind gut erforscht, und unter dem Stichwort Intersektionalität wird immer genauer analysiert, wie perfide multiple Diskriminierungen funktionieren. In all diesen Bereichen ist in den letzten Jahren Großes geleistet worden.

So können wir uns abschließend mit zweierlei begnügen: uns in diesem Kapitel noch einem der wichtigsten Tricks der Patrix zuwenden, der Frauen besonders hartnäckig zusetzt, nämlich die Definition dessen, was die eigentliche Bestimmung der Frau sei. Das fängt bei Eva an und ist heute noch nicht am Ende. Anschließend werden wir im letzten Kapitel wenigstens im Schnelldurchlauf das weitere Schicksal der Patrix, ihren Aufstieg und Fall, verfolgen, um am wohl existenziellsten Beispiel ihre Penetranz zu demonstrieren: der Sexualität. Deren Verteufelung überlebt sogar das Verschwinden des Leibhaftigen.

Drei Frauen

Nein, die Kirche hielt kein Konzil ab, auf dem die weiblichen Handlungsoptionen in der christlich gewordenen Welt festgelegt worden wären. Wohl aber entwickelte die Patrix einen Sog, der die drei zentralen Frauengestalten des Christentums – Eva, Maria und Maria aus Magdala – erfasste und sie für den Dienst an Mann und Kind, Herd und Vaterland zwangsrekrutierte. Diese verbanden sich zu einer weiblichen Dreifaltigkeit, die das eine und einzige Frauenideal des Christentums repräsentierte, das fortan immer und beständig in Wort und Bild Frauen und Männern gepredigt wurde. Wobei Ideal in die Irre führt, handelt es sich doch um die allein akzeptierte und damit hochgradig repressive Rolle von Frauen diesseits des Klosters. Alle anderen galten als sündig und wurden von der Kirche oder spätestens von Gott sanktioniert. Das ist, woran die Patrix zu erkennen ist: Sie reduziert die Diversität und schränkt die Handlungsmöglichkeiten rigoros ein.

Sehen wir uns also die Schicksale der drei Frauen an, die zwar sehr verschieden sind, aber doch konsequent den patriarchalen Zwängen folgen und damit die hier rekonstruierte Logik bestätigen. In allen Fällen haben wir es mit einer feindlichen Übernahme zu tun. Ob Eva oder die beiden Marias: Jede wird gekidnappt, umprogrammiert und auf je eigene Weise als Propagandistin der Patrix in Dienst gestellt.

Eva – Teufelsweib

Starten wir mit Eva. Manches haben wir bereits gestreift. Dass die Frau bitterer als der Tod sei, schrieb Kirchenvater Hieronymus, der Seelsorger reicher römischer Witwen. Adam und Eva hätten jungfräulich im Paradies gelebt, hieß es, dann aber habe Eva den Tod über die Menschheit gebracht, sie sei der Ursprung alles Bösen. Von nun an konnte sich jederzeit darauf berufen werden, führt Kurt Flasch aus, «dass Eva die Hauptschuldige und der Mann nach Gottes Strafurteil ihr Herr, ja ihr Despot und Gerichtsherr sei». Und das geschah bis an die Schwelle unserer Tage – und mancherorts noch darüber hinaus.[1]

In Predigten und Bildern, aber auch in «leichtherzigen Sottisen und bitteren Verleumdungen, als moralisches Emblem wurde Evas Übertretung ohne Ende wiederholt», schreibt Stephen Greenblatt. Ihrem Sündenfall kam «das Gewicht eines wissenschaftlichen Beweises» zu. Was wir uns heute schwer vorstellen können: Evas Tat galt als wirkliches Geschehen – sie wurde den Menschen «als historisches Faktum, als anthropologische Wahrheit, biologische Natur, religiöse Doktrin» präsentiert. «Jedes Mal konnte das Elend der menschlichen Existenz zu Eva zurückverfolgt werden, und ihre Töchter trugen das Schandmal.»[2]

Was wir hier beobachten, ist kumulative kulturelle Evolution. Es verschmelzen biblische Fiktionen, griechischer Essenzialismus und noch ältere patriarchale Phantasmen wie das beschriebene der Femme fatale. Eva als erstes weibliches Geschöpf wird zum Urtypus der Frau. Ihre Anfälligkeit für den Teufel korrespondiert mit ihrer körperlichen Schwäche. Thomas von Aquin wird im Mittelalter das aristotelische Denken auch in Hinsicht auf die Frau auffrischen; diese sei nur ein «mangelhafter, misslungener Mann, ein *‹mas occasionatus›*». Dafür machte man dann gerne ihre Herkunft aus einer «krummen Rippe» verantwortlich.[3]

Entsprechend der Logik des Victim Blaming wird Eva dämonisiert und zum Teufelsweib. Sie habe ihre sexuelle Verführungskraft benutzt, um Adam zu versuchen und ins Verderben zu stürzen. Der Frau wird einmal mehr zum Verhängnis, dass sie den Mann erregen kann und sein Begehren weckt. Aus der androzentrischen Perspektive avanciert sie zum Werkzeug des Teufels, wenn nicht gar zum personifizierten Bösen. Maler des Mittelalters verweiblichen den Teufel gleich: Gemälde präsentieren die Schlange im Paradies mit Frauenkopf.[4] Umgekehrt wird der phallische Charakter des Reptils zu pornographischen Unterstellungen Anlass geben: Kain, der Brudermörder, gilt als Teufelskind der Mesalliance von Eva und Schlange. Die Frau wird endgültig zur «Verbündeten des Bösen, Hauptagentin des Niedergangs der Menschheit». Welch eine Metamorphose: Die einstige Gefährtin des Mannes mutiert zu dessen «Todfeind».[5]

Damit wird Eva zur Urahnin der Hexen. Der 1486 erschienene *Hexenhammer* führt deren Existenz auf Evas Sünde zurück: Die «Hexen als Evastöchter» gelten als massive Bedrohungen für «die soziale und die klerikale Ordnung».[6] Die Autoren berufen sich mit Vorliebe auf Augustinus, was Evas Sündenfall als «erste Großtat Satans in der Menschheitsgeschichte» erscheinen lässt.[7] Entsprechend strotzen die Vorwürfe, die gegen mutmaßliche Hexen erhoben werden, von übelster Misogynie. Ihnen wird unterstellt, mit dem Teufel in jeder erdenklichen und nichterdenklichen Form Unzucht zu treiben.

Hier vollendet sich die bereits beschriebene religiöse Enteignung der Frauen, die Kirche verfolgt alle abweichenden religiösen Positionen, namentlich jene der Religion von unten. «Eine Zauberin sollst du nicht am Leben lassen»[8] – das war der theoretische Anspruch des Monotheismus; jetzt, da er sich mit griechischer Misogynie vermählt hatte und aufseiten der Macht gewechselt war, konnte er sich voll entfalten und Realität werden. Weil diese Religion von unten beileibe nicht nur Frauensache war, wurden auch Männer als Hexer verbrannt. Hier brach sich der totalitäre Anspruch, das assyrische Erbe, Bahn, die ganze Lebenswelt zu kolonialisieren und der Herrschaft des Einen zu unterwerfen.

Es war aber eben bedeutend mehr als nur eine Enteignung im Gange. Im Namen Evas werden die Frauen zum Feind erklärt. Sie ziehen das Böse unwiderstehlich auf sich, allein ihre völlige Hinwendung zur Kirche kann sie retten. In den Hexenverfolgungen vom 15. bis ins 18. Jahrhundert, auf die wir hier nicht weiter eingehen können, kulminieren Prozesse, die zu den Anfängen des Christentums und darüber hinausreichen. Sie werden durch Krisen als Folge von Seuchen, Klimaverschlechterungen, von sozialen Unruhen und Glaubenskriegen sowie der Bedrohung des christlichen Europas durch das Osmanische Reich forciert, aber auch durch die Formierung des modernen Staats und die Ausbildung einer kapitalistischen Wirtschaft. Oft genug standen damit nur allzu weltliche Gründe hinter Hexenanklagen.[9]

Es ist alles andere als verkehrt, von einem Krieg gegen jene Frauen zu sprechen, die sich den totalitären Ansprüchen der patriarchalen Matrix verwehren: unabhängige, nicht verheiratete Frauen gerieten besonders leicht in den Fokus der Verfolger.[10] Korrekter ist sogar von einem Krieg gegen alle Frauen (und viele Männer) zu sprechen. Verfolgung, Folter und Hinrichtungen angeblicher Hexen fungierten als Terror gegen die Bevölkerung, um durch Abschreckung dafür zu sorgen, dass sich niemand überhaupt des Verdachts aussetzte, der Kirche nicht zu folgen und sich damit gegen die Obrigkeit aufzulehnen.

Die Frau als Feind, dieses Phantasma ist das wohl nicht mehr zu übertreffende negative Hybridprodukt des Christentums. Die ehemalige Solidarität der Geschlechter, wie wir sie von den Jägern und Sammlern kennen, ist in ihr Gegenteil umgeschlagen. Und ein solcher von der offiziellen Seite der Macht getragener Diskurs eröffnet den Raum für die schlimmste Gewalt gegen Frauen. Gegen den Feind sind schließlich alle Mittel erlaubt. Jeder weibliche Eigensinn ist verdächtig, denn steckt nicht in jeder kräuterkundigen Heilerin eine potenzielle Giftmischerin? Die Botschaft an die Frauen ist unmissverständlich: «Der Feind schlummert in dir! Du musst die innere Eva bekämpfen, ein gottgefälliges Leben führen und zur Bestimmung finden, die dir dein Schöpfer auferlegt hat.» Damit sind wir bei der Anti-Eva.

Maria – die Jungfrau als Mutter

Bildlich auf den Punkt bringt es eine mittelalterliche Plastik am Spalentor in Basel: Sie zeigt Maria, das Jesuskind in den Armen, Evas Kopf unter ihren Füßen.[11] Normalerweise zertritt Maria in solchen Darstellungen die Teufelsschlange, aber das kommt hier auf das Gleiche raus. Das Rezept, Eva zu besiegen, lautet: keusche Mutterschaft.

Parallel zum Abstieg Evas in die finstersten Tiefen vollzieht sich der Aufstieg Marias, der jungfräulichen Mutter Jesu, in den Himmel: Ihr ebenso frommes wie aufopferungsvolles Muttersein wird zum einzig akzeptablen weiblichen Rollenmodell der christlichen Welt. «Eva brachte den Tod, Maria das Leben», stellte der eingangs erwähnte Hieronymus kategorisch fest. Maria – Eva: Das ist eine Dichotomie mit fataler Wirkungsgeschichte. Die Muttergottes Maria wird die am häufigsten dargestellte Frau des Christentums.[12]

Ihr Aufstieg ist phänomenal: Die Evangelien verlieren nur wenig Worte über die Mutter des Jesus von Nazareth, der zuweilen durchaus schroff mit ihr umgeht.[13] Marias älteste Erwähnung nennt nicht einmal ihren Namen: «Als aber die Zeit erfüllt war, sandte Gott seinen Sohn, geboren von einer Frau», schreibt Paulus.[14] Umso gewaltiger ihre nachbiblische Karriere. Es sind die Bedürfnisse und Effekte der Patrix, die Maria eine geradezu «kosmische Rolle ... als der jungfräulichen Gottesmutter und Himmelskönigin» bescheren.[15]

Da ist zunächst der simple Kohärenzzwang menschlichen Denkens. Weil die Frage der göttlichen Natur Jesu zum meistdiskutierten Thema der frühen Kirche wurde, geriet auch Maria immer mehr in den Fokus. Die Mutter eines Gottes muss schließlich auch irgendwie göttlich sein. Diesen Prozess haben wir bereits in der polytheistischen Welt beobachtet. Im Jahr 431 wird Maria auf dem Konzil von Ephesos als «*theotókos*» anerkannt, als «Gottesgebärerin».[16]

Dann haben wir es mit einem typologischen Phänomen zu tun. Das Christentum versuchte sich zu legitimieren, indem es das Neue Testament als die Erfüllung des Alten Testaments sah. Bereits Paulus hat Jesus zum Erlöser von Adams Sünde gemacht. Entsprechend wird Maria zu Evas Antithese, sie soll deren Sünde wiedergutmachen.[17] Als neue Eva wird sie zum weiblichen Urbild der Christenheit. Anders als Eva, die als erste Verbündete des Satans gilt, wird Maria den Teufel zertreten. Da der Leibhaftige dabei, vom Basler Spalentor einmal abgesehen, meist in phallischer Schlangengestalt dargestellt wurde, triumphierte Maria damit stets zugleich über die dämonische Sexualität.

Damit wären wir bei der bereits erwähnten Erbsündenlogik: Dass die biblische Jungfräulichkeit Marias auf einen Übersetzungsfehler zurückgeht, ist hinlänglich bekannt.[18] Sie gewinnt indes enorm an Bedeutung und bringt Maria in den Fokus des theologischen Interesses, da sie zur *Conditio sine qua non* der augustinischen Erbsündenlehre wird: Um zum Erlöser werden zu können, muss Jesus ohne alle Sünde gewesen sein, deshalb durfte seine Mutter keinen Geschlechtsverkehr gehabt haben. Die «enge Beziehung zwischen dem Geschlechtsakt und der Weitergabe der Erbsünde», die gerade in den Vorstellungen über die Jungfrauengeburt ihren Höhepunkt erlebte, erwies sich für die Zukunft als «Thema von geradezu toxischer Wirkung».[19] Das verband sich bestens mit dem auf uralten patriarchalen Phantasmen beruhenden Jungfrauenkult der jungen Kirche, den wir beschrieben haben; der fand in Maria das perfekte Aushängeschild. Es ist gespottet worden, die entsexualisierte Maria sei als «Venus ohne Unterleib» zur Traumfrau der zölibatären Kirche geworden.[20]

Nicht verschwiegen werden soll, dass es auch antipatriarchale Faktoren gab, die für Marias Karriere verantwortlich sind: Das Göttliche erhält endlich ein weibliches Gesicht. Auch wenn das alles andere als theologisch korrekt ist, bekommt das Christentum damit wenigstens eine «Ersatz-Göttin».[21] In Maria verschmelzen synkretistisch alte Göttinnenvorstellungen, wie die der stillenden Isis.[22] Jenen, «die noch gestern der Aphrodite oder Astarte, Kybele oder Artemis ihre Opfer dargebracht hatten», schreibt Maria-Biograph Alan Posener, «bot Maria eine Brücke zum Christentum».[23] Auch ist sie ein wunderbares Beispiel für den widerständigen Geist der Volksfrömmigkeit. Der gestaltete sich nämlich die Muttergottes nach den eigenen, theologisch inkorrekten Bedürfnissen um: So rettet Maria schwanger gewordene Nonnen oder hebt beim Jüngsten Gericht die Waagschale mit den Sünden an, um die Höllenstrafen der Menschen zu verkürzen.[24]

Trotzdem: Welch ein Frauenbild wurde hier sakralisiert und den Frauen als einzig akzeptabel präsentiert! Die Frau ohne Sex, demütig, ohne jegliche eigene Bedürfnisse. Heilige Jungfrau und trotzdem Mutter: Maria ist die perfekte Frau der Patrix. In der Mutterschaft, in der Aufopferung für ihre Kinder, als Brutmaschine für männliche Erben im Dienst ihres Mannes und des Vaterlandes kann sich die Frau erlösen – nicht zuletzt von der inneren Eva. Das ist der zentrale Mythos der Patrix. Er quält viele Frauen noch immer.

Die evolutionäre Perspektive enthüllt die Unmenschlichkeit dieser Fiktion. Was zeigt die überwältigende Masse der Marien-Bilder: Mutter mit Kind. Und zwar allein. Keine Frau, die ihr hilft! Kein Mann, der sie unterstützt. Keine Kinder, die ihr zur Hand gehen. Das ist das Gegenteil dessen, was uns zu Menschen machte: das Cooperative Breeding, das gemeinsame Aufziehen von Kindern. Dass es unseren Vorfahrinnen in der Savanne gelang, so viel Unterstützung wie möglich zu akquirieren, war unser Erfolgsrezept. Wir haben das beschrieben. Maria einsam mit dem Kind im Arm – das kennt man nicht als menschliche Normalität, das sieht man allenfalls bei unserer Primatenverwandtschaft wie den Schimpansen. Da wacht die Mutter allein und eifersüchtig über ihr Kleines.

Zugegeben, es gab eine Bildtradition, die den evolutionären Gegebenheiten eher entsprach: Die «Anna Selbdritt»-Darstellungen am Ende des Mittelalters zeigten Maria und das Jesuskind in

Begleitung von Marias Mutter Anna.[25] Durchsetzen konnten sie sich nicht. Zufall? Immerhin zielt eines der patriarchalen Hauptinteressen darauf, weibliche Netzwerke zu zerstören und Frauen zu isolieren. Maria, mutterseelenallein mit ihrem Kind, ist ein Propagandainstrument der Patrix, um den Menschen das alles andere als frauenfreundliche Mutterideal des Christentums zu oktroyieren. Anthropologie und Ethnographie lehren uns dagegen: «It takes a village to raise a child.»[26]

Die Gleichung Frau = Mutter gehört zu den hartnäckigsten kulturellen Altlasten. Sie ist tief in die zweite Natur vieler Menschen eingraviert und erschwert und verkrampft noch den gesellschaftlichen Umgang mit den Diversitäten in Sachen Sex und Gender unserer Tage, steckt dahinter doch die implizite und zutiefst heteronormative Annahme, dass es so etwas wie das eine «richtige» oder «wahre Frausein» gäbe. Das zeigt sich auch an den zum Teil emotionalen Reaktionen, denen sich Frauen ausgesetzt sehen, die sich dafür entscheiden, keine Mutter zu werden.[27] Vergessen wir also nicht: Die Patrix mag Frauen verdammen, Mütter aber liebt sie über alles!

Maria aus Magdala – die reuige Sünderin

Ein trauriger Beleg für die hier rekonstruierte Logik ist das Schicksal, das Maria aus Magdala widerfährt, die in den Evangelien eine der prominentesten Rollen spielte. Mit ihr nimmt es nachbiblisch die umgekehrte Wendung: Während die in der Bibel eher wenig vertretene Maria nachbiblisch eine unvergleichliche Aufwertung erfährt, wird Maria Magdalena nicht nur systematisch abgewertet, sondern bewusst verleumdet. Starke, unabhängige Frauen sind für die Patrix nicht hinnehmbar.

Wie gesagt, scheint es der nicht allzu frauenfreundliche Evangelist Lukas gewesen zu sein, der ihr andichtete, sie sei ursprünglich von sieben Dämonen besessen gewesen, die ihr Jesus ausgetrieben habe.[28] Die patriarchale Logik dahinter ist eine doppelte: Erst einmal wird damit die Option negiert, Maria aus Magdala könne eine Frau gewesen sein, die sich selbstbestimmt und aus eigenen Stücken Jesus angeschlossen habe. Sie wird zur geretteten Geisteskranken, die ihm aus Dankbarkeit folgt (was ihr jegliche theologische Autorität abspricht). Dann wird sie noch als ein besonders schwerer Fall der Besessenheit denunziert (sieben Dämonen!), der sie als untauglich erscheinen lässt, in der Nachfolge Christi eine verantwortliche Funktion zu übernehmen.

Als einst von Dämonen besessene Frau fällt sie nur allzu leicht dem sexualfeindlichen Diskurs des frühen Christentums zum Opfer. Dämonen verweisen in dieser Logik schließlich meist auf eine sexuell zweifelhafte Vergangenheit. Tatsächlich wird es Papst Gregor der Große sein, der in einer Predigt, die er 591 hält, Maria mit der namenlosen «Sünderin» verschmilzt, die im Lukas-Evangelium auftritt (obwohl sie in keinerlei Zusammenhang mit Maria aus Magdala stand). Während der griechische Begriff, den Lukas für Sünderin verwendete, nicht einschlägig sexuell konnotiert war, wird spätestens nun Maria Magdalena die entsprechende Vergangenheit angehängt: Als «reuige Hure» geht Maria Magdalena ins kollektive Gedächtnis der Christenheit ein.[29] Magadalenenheime und Magdalenenklöster werden sich als Umerziehungsanstalten noch bis weit ins 20. Jahrhundert «gefallener Mädchen» annehmen.[30]

Hier zeigt sich die frauenerniedrigende Praxis der Patrix: Eine der Protagonistinnen aus dem engsten Umfeld Jesu, die in der Urgemeinde eine zentrale Rolle spielte, wird denunziert und systematisch abgewertet, um jedes Zeugnis und damit jede mögliche Legitimationsquelle weiblicher Macht und Relevanz innerhalb der Kirche zu zerstören. Ebenso bezeichnend, dass diese Geschichte erotisch aufgeladen wird. Nicht erst Bestseller-Autor Dan Brown unterstellt Maria Magdalena eine sexuelle Beziehung zu Jesus. Christiane Florin kommentiert das in *Der Weiberaufstand*: «Die Popkultur von Dan Brown bis zum Musical *Jesus Christ Superstar* liegt ebenso daneben. Sie degradiert die rätselhafte Frau zur Geliebten Jesu und schreibt damit – in vermeintlich kirchenkritischem Gewand – ein patriarchalisches Klischee fort: Eine Frau braucht einen Mann an ihrer Seite, um massenkompatibel zu sein. ‹*I don't know how to love him*›, schluchzt Maria Magdalena im Musical.»[31]

Insofern vollendet Maria Magdalena die weibliche Trinität: Als reuige Sünderin steht sie für den Weg von Eva zu Maria, für den Weg, die Sexualität in sich abzutöten, sich von Männern die Dämonen der Lust austreiben zu lassen und sich entweder als keusche Braut Christi im Kloster oder als Mutter, die sich für ihre Kinder aufopfert, zu erlösen.

Es lebe die Evalution!

Die «alte Eva», die «heilige Mutter Maria» und die «reuige Sünderin Maria Magdalena» sind also die drei weiblichen Hauptgestalten der christlich-patriarchalen Matrix. Von einigen weiblichen Heiligen abgesehen, werden sie die einzigen Rollenvorbilder sein, die Frauen für Jahrhunderte präsentiert werden. Im Kern zielt diese weibliche Trinität darauf, Frauen allein auf ihre Reproduktionsfunktion zu beschränken, auf die Mutterschaft. Der Mythos der sich völlig für ihre Kinder aufopfernden Mutter ist das wohl mächtigste patriarchale Phantasma der Geschichte. Seine Auswüchse sind viel zu bekannt, als dass wir ihnen hier noch nachgehen müssten.[32]

Die katholische Kirche machte das Kindergebären zur einzig akzeptierten Bestimmung der Frauen außerhalb des Klosters. Sie akzeptiert den Geschlechtsverkehr nicht allein nur in der heterosexuellen Ehe; sie erlaubt den Sex lediglich dann, wenn er mit dem Ziel der «Weitergabe des Lebens» verbunden ist. Die ausgerechnet 1968 erlassene Enzyklopädie *Humanae vitae* entschied die Frage der künstlichen Empfängnisverhütung negativ und sei, so der Theologe Hans Küng, «ein Grund zur Auswanderung von Millionen Frauen aus der Kirche» gewesen.[33]

Wenn es im aktuellen Katechismus der katholischen Kirche

heißt: «Die Fruchtbarkeit ist eine Gabe, ein *Zweck der Ehe,* denn die eheliche Liebe neigt von Natur aus dazu, fruchtbar zu sein»[34], dann ist das ein naturalistischer Fehlschluss par excellence. Im Fall der Kirche resultiert dieser Biologismus aus der Annahme, dass die Natur die Schöpfung Gottes sei. Nur, so ließe sich den Katechismus-Autoren entgegenhalten, sahen wir in unseren biologischen Grundlagenkapiteln, dass die weibliche Sexualität «von Natur aus» zu vielem mehr als nur dem Kinderzeugen dient. Nicht zuletzt dazu, sich männlicher Dominanz zu entziehen.

Für all jene indes, die nicht mehr an die göttliche Schöpfung glauben und damit immun gegen den naturalistischen Fehlschluss sind, sollte es sich mittlerweile von selbst verstehen: Die Evolution trifft weder normative Entscheidungen, noch stattet sie Lebewesen mit Bestimmungen aus. Der «Natur» ist es völlig egal, welche Entscheidungen wir in Sachen Sexualität treffen, ob wir uns fortpflanzen oder nicht. Einmal mehr: Es lebe die Evalution!

27 Aufstieg und Fall der Patrix

Wir haben nun die sieben Schritte zur Erkenntnis der Patrix absolviert. Was also ist die patriarchale Matrix? Die Vorspiegelung einer Welt, in der ein Geschlecht das andere dominiert und soziale Ungleichheit als Normalzustand erscheint. Wer steckt hinter der Patrix in Vollendung? Zumindest für die längste Zeit: eine unheilige Allianz von Kirche und Staat. Die Fürsten- und Königtümer mit ihren Herrschern von Gottes Gnaden, Hand in Hand, mitunter auch in Konkurrenz, mit der Kirche und den Päpsten, die sich ebenso gerne als nur allzu weltliche Herrscher gerierten. Sie schufen das christliche Abendland, die Brutstätte jenes Chauvinismus, der alle vereinen wird, deren Interessen darauf zielten, Gesellschaften immenser Ungleichheit in Sachen Besitz, Lebenschancen und Reproduktionsmöglichkeiten zu errichten. Das heißt nicht zuletzt: Frauen in der einen oder anderen Weise zu monopolisieren, wie das, wir erinnern uns, für Despoten nun mal die Regel war.

Zugegeben, das mag etwas pauschal klingen. Schließlich sind hier vielfältige historische Prozesse involviert, von jeweils größter Komplexität. Pauschal auch, weil es sich zwar um die Normalität der letzten 2000 Jahre handelt, wenn wir patriarchale Zustände überhaupt einbeziehen, sogar 5000 Jahre, diese Normalität aber unendlich viele Varianten aufwies, die je eigene Analysen verdient hätten. Aus der evolutionären Perspektive dagegen, die 300 000 Jahre Existenz des *Homo sapiens* in den Blick nimmt, zurrt die gewaltige Komplexität auf den einen Punkt zusammen: auf die überraschende Anomalie, dass es Männern gelang, sich als Frauen überlegen darzustellen (die restlichen 295 000 Jahre wären sie dafür ausgelacht worden) und es dann noch wenige Einzelne schafften, alle anderen zu unterdrücken und auszubeuten (was ihnen in besagten 295 000 Jahren noch übler bekommen wäre).

Wie es zu dieser Anomalie kam, haben wir in groben Zügen nachgezeichnet; ebenso, wie dann jenes für den Westen (nur mit diesem beschäftigen wir uns) alles bestimmende System entstehen konnte, das die gewaltige Ungleichheit stabilisierte und die Masse der Menschen dauerhaft unterdrückte. Als im alten Rom absolute Staatsgewalt und monotheistische Herrschaftsreligion ihre gut 1600 Jahre währende Symbiose im Namen Jesu Christi antraten, war das die offizielle Indienstnahme der Patrix.

Damals erhielt sie eine solche Megadosis Energie verpasst, dass sie sich von ihren Trägerschichten lösen und über die Jahrhunderte hinweg verselbständigen konnte. Sie emanzipierte sich zu einer Art Superorganismus, der immer neue Diskurse und Institutionen generierte, Mentalitäten formte und sich so nicht nur selbst am Leben erhielt, sondern parallel mit der funktionalen Ausdifferenzierung der Gesellschaften auch in deren letzten Winkel vordrang und misogyn vergiftete.

Bevor wir uns nun zumindest im Schnelldurchlauf das weitere Schicksal der patriarchalen Matrix von der Spätantike bis heute ansehen, um dann auch einen Blick auf jene Kräfte zu werfen, die ihre Schleier und Hirngespinste zerreißen werden, möchten wir auf zwei Punkte hinweisen. Zunächst: Auch wenn wir auf die Wurzeln, Logiken und Strukturen der patriarchalen Matrix fokussieren, wollen wir keinesfalls den Eindruck erwecken, es mit einem abstrakten, gesichtslosen System zu tun zu haben, das die Individuen aus der Verantwortung entließe. Immer gab es Protagonisten, Nutznießer, Opportunisten, Sadisten, die Gewalt in den verschiedensten Manifestationen gegen Frauen und andere Menschen ausübten. Aus Gründen des Machtwillens, der Besitzgier, der Perversion und vielem mehr. Die Patrix ist es, die den Rahmen dafür liefert, weil sie Menschen eine deformierte Weltsicht implantiert und ein soziales Setting schafft, in dem Handlungen akzeptabel oder zumindest wahrscheinlicher werden, welche die meiste Zeit der Menschheitsgeschichte verhindert werden konnten. Wo man Frauen ihrer Macht beraubt und suggeriert, sie seien gottgewollt das zweite Geschlecht oder von Natur aus den Männern unterlegen, wo sie als Eigentum gelten und zum Schweigen verurteilt sind oder schlimmer noch als Gespielinnen des Teufels stigmatisiert werden, liefert man sie schlimmsten Übergriffen aus. Das erlittene Leid ist immer individuell und schrecklich konkret. Dass es trotzdem falsch wäre, von einem generellen Opferstatus der Frauen durch die Geschichte hinweg zu sprechen, dass Diskriminierungen auch nach sozialer Lage, Herkunft und diversen weiteren Faktoren zu differenzieren sind, das hat die Frauenforschung überzeugend herausgearbeitet. Zu allen Zeiten lassen sich Hinweise auf Widerstand finden, und das obwohl viel dafür getan wurde, diese zu vertuschen.[1] Mit einem Wort: Nur weil sich unsere Arbeit an einer Genealogie des Unterdrückungssystems versucht, bedeutet das nicht im Geringsten, wir wollten die Individuen aus ihrer Verantwortung entlassen.

Zweitens: Wenn wir uns beim Christentum auf dessen Herrschaftsaspekte konzentrieren, blenden wir seine humanen Qualitäten aus. Dabei ist es als Produkt der kumulativen kulturellen Evolution enorm vielgestaltig, facettenreich und multifunktional: Wir haben es einmal als das «Schweizer Taschenmesser unter den Religionen» beschrieben.[2] Immer zeichnete es sich durch hohe Mitmenschlichkeit aus, stets besaß es ein gehöriges Maß subversives Potenzial. Die Bibel ist bis zum heutigen Tage für Bewegungen von unten eine Quelle der Inspiration für den Kampf um Selbstbestimmung und Freiheit. Sie beinhaltet Appelle zur Parteinahme für die Armen und Schwachen, plädiert für Gleichheit und geißelt Reichtum und Ausbeutung. Doch sind diese Aspekte unterdrückt worden, als die Oberen des Christentums ihre Lehren allzu bereitwillig der Macht als Herrschaftsinstrumente zur Verfügung stellten. Die römischen Kaiser erweckten das schlummernde totalitäre und despotische Erbe des Monotheismus zum Leben. Wir haben es ausgeführt: Das Dogma ist ein Herrschaftsinstrument, keines des

Glaubens! Warum müsste Menschen sonst vorgeschrieben werden, was sie zu glauben haben? So begeisterte das offizielle, kirchengestützte Christentum die Herrscher aller Tage. Es war das ideale Werkzeug, gesellschaftliche Ungerechtigkeiten zu legitimieren.

Lassen wir nun Revue passieren, was die Patrix zu einem selbsterhaltenden System machte, wie das die menschliche Sexualität vergiftete und was endlich die Macht der patriarchalen Matrix erodieren ließ. Spoiler Alert: Männer waren es nicht.

Fürchterlich überzeugend

Erinnern wir uns: Durch die Transplantation einer jüdischen Sekte in die griechisch-römische Welt kommt es zu diversen Hybridisierungen, die für das Christentum charakteristisch sein werden. Immer wieder ist bei Kirchenlehrern das zu beobachten, was Foucault das «Prinzip der dreifachen Bestimmung» nannte: Gebote werden dreifach abgesichert, «durch die Natur, durch die philosophische Vernunft, durch das Wort Gottes».[3] Damit verschmelzen patriarchale Traditionen aus den drei Bereichen Religion, Philosophie und den Anfängen der Wissenschaft zu einem einzigen großen System: Die frauennegative Religion behauptet, Gott habe die Frauen zur Unterordnung verdammt, wenn nicht gar schon als das zweite Geschlecht erschaffen. Die frauennegative Philosophie spricht Frauen Verstand ab und Sinnlichkeit zu, und die frauennegative Wissenschaft behauptet, dass Frauen, was Körper und Konstitution angeht, von Natur aus mangelhafte Wesen sind.

Damit verdreifacht sich die patriarchale Strahlendosis. Mehr noch: Indem diese drei Welterklärungssysteme in der Grundbotschaft übereinstimmen, stützen und bestätigen sie sich gegenseitig. Die gesellschaftliche Realität, was Recht, Wirtschaft und Politik anging, war ohnehin patriarchal bestimmt (von vereinzelten Nischen abgesehen). Es existieren also keine Sinnsysteme gesellschaftlicher Relevanz mehr, die eine andere Sicht postulierten. Das macht die Patrix so fürchterlich überzeugend. Sie durchdringt alles und lässt überhaupt kein Außen mehr zu. Es gibt keine offizielle Kritik an ihrer Sichtweise. Alles spricht gegen die Frauen.

Die Patrix wird damit total. Hier beginnt sie als Simulation einer streng binären Welt zu funktionieren, in der es normal ist, dass Männer dominieren, dass alles Gute männlich und alles Schwache, Schlechte, Böse weiblich konnotiert ist. Diese Botschaften sendet die Patrix auf allen Kanälen so überzeugend, dass selbst Frauen sich dem fügten. Sie richteten sich so gut wie möglich in der Misere ein und versuchten, das Beste aus ihrer Lage zu machen. Die Annahme männlicher Hegemonie wird den Menschen zur zweiten Natur.

Aber eben nur zur zweiten Natur! Wir müssen auf den für uns entscheidenden Punkt zurückkommen: Angenommen, die menschliche Biologie würde, wie nicht wenige annehmen, keine Rolle spielen und alles wäre nur Kultur und damit in jedem Menschenleben neu zu erwerben, dann hätten sich nach zwei, drei Generationen alle Frauen widerstandslos der Unterdrückung gefügt. Dann hätten sich fortan keine Proteste mehr geregt. Dann hätte es weder Frauenbewegung noch Feminismus gegeben, weil die patriarchale Matrix so umfassend und die Indoktrinierung durch Erziehung so erfolgreich gewesen wäre. Das aber ist nie passiert! Insofern ist der Feminismus der beste Beweis für die Existenz einer menschlichen Natur, die gegen die Unterdrückung aller patriarchalen Indoktrination zum Trotz protestiert.

Frauen spüren also zu allen Zeiten, wenn auch oft nur schwach, das nagende Gefühl der Ungerechtigkeit. Das ist der Protest der ersten Natur, die sich nicht völlig unterwerfen lässt. Das zu unserer psychischen Grundausstattung gehörende Gerechtigkeitsgefühl hat der *Homo sapiens* als Anpassung an die Existenz in kleinen egalitären Gruppen von Jägern und Sammlern erworben. Mit einem Wort: Es ist die Biologie, die protestiert. Nicht die Kultur, die ist längst mit fliegenden Fahnen zum Feind übergelaufen.

Damit werden zwei entscheidende Punkte einsichtig. Nämlich, warum das Isolieren, das Zum-Schweigen-Bringen von Frauen eines der wichtigsten patriarchalen Machtinstrumente ist. Denn das Ungerechtigkeitsgefühl regt sich individuell. Solange es aber keine Bestätigung durch die Stimmen anderer erfährt, die ebenfalls ihre Entrüstung kundtun, wird Frauen in einer männerdominierten Kultur das Gefühl vermittelt, das sei ihr persönliches Problem, ihre Übersensibilität, sie sollten sich nicht so anstellen. Viele Frauen unterdrücken daraufhin ihre Empörung, weil sie wirklich glauben, übertrieben zu reagieren. Damit aus individuellen Gefühlen mehr werden kann, braucht es Resonanz, braucht es Bestätigung durch andere, damit die eigene Wahrnehmung be- und verstärkt wird. Nur so wächst die Erkenntnis, dass dahinter ein generelles und kein individuelles Problem steckt.

Von der *Stern*-Aktion «Wir haben abgetrieben!» bis MeToo: Das solidarische Brechen des Schweigens ist eine der wirkungsvollsten feministischen Strategien der Selbstermächtigung. Das war schon in den prähistorischen Umwelten so: Der Erfahrungsaustausch, der Klatsch, die Klage schufen Netzwerke, Allianzen, um sich männlicher Übergriffe zu erwehren. Weibliche Unterstützung war zentral, immer half auch die eigene Verwandtschaft. Umgekehrt ist es ein bis heute zu beobachtender Trick der Patrix: Frauen die Relevanz ihrer Empfindungen abzusprechen, indem diese zum Einzelfall oder als Überreaktion erklärt werden, über die sie am besten schweigen, wollen sie sich nicht lächerlich machen.

Zweitens wird in diesem Kontext deutlich, dass die ungleiche Situation der Geschlechter auch zu ungleichen Reaktionen führt. Bei den Männern fehlt der genuine Protest der ersten Natur, da sie ja nicht diskriminiert werden. Das Ungerechtigkeitsgefühl regt sich bei ihnen nur, wenn sie selbst schlecht behandelt oder ausgebeutet werden – aber eben nicht in Geschlechterdingen. Da stehen Männer im Allgemeinen auf der Gewinnerseite (oder werden zumindest keine Opfer). Selbst wenn sich angesichts konkreten weiblichen Leids ein schlechtes Gewissen regen sollte, wird dies doch schnell beruhigt: Das sei nun mal das Schicksal der Frauen. Die Patrix korrumpiert die Männer und rekrutiert sie dadurch für ihre Zwecke. Selbst wenn diese in der gesellschaftlichen Hierarchie ganz unten stehen, besticht die Patrix sie mit der Option, über ihre Frau und Kinder zu herrschen. Weil das für Habenichtse meist der einzige Weg ist, Bestätigung zu finden, tun viele das mit geradezu verzweifelter Inbrunst.

Ähnliches gilt für Frauen der Elite – auch ihnen fehlt es an Erfahrung selbsterlebter Ungerechtigkeit. Wie viele Königinnen der Weltgeschichte haben ihre Macht eingesetzt, um die Lage ihrer Geschlechtsgenossinnen zu verbessern? Der intuitive moralische Bezugsrahmen des Menschen ist eng gezogen. Die Herausbildung eines Wir-Gefühls, das wirklich alle Frauen einzuschließen versucht, ist, wie bereits betont, ein sehr junges Phänomen. Das gilt auch für den Feminismus. Betty Friedan, deren 1963 erschienenes Buch *Der Weiblichkeitswahn* als eines der Pionierwerke der zweiten Welle des Feminismus gilt, ist bald kritisiert worden, sich eines Feminismus für weiße Frauen der amerikanischen Mittel- und Oberschicht verschrieben zu haben, der allein beklagte, dass diese, obwohl bestens ausgebildet, ihr Leben nur Herd und Heim, Ehemann und Kindern widmen dürfen. Friedan habe damit den Wunsch nach einem «Bürojob» als ultimatives feministisches Ziel ausgegeben, dabei aber übersehen, so formuliert es etwa Laurie Penny, dass «außerhalb der weißen Vororte Frauen immer für Geld arbeiten mussten» – weil es für sie eine Frage des bloßen Überlebens war.[4] Und in ihrem Manifest «Feminismus für die 99 Prozent» attackieren die Philosophinnen Cinzia Arruzza, Tithi Bhattacharya und Nancy Fraser den «liberalen Feminismus» heutiger «Karrierefrauen», der auf eine Welt ziele, «in der sich Männer und Frauen der herrschenden Klasse gleichberechtigt die Aufgabe teilen, Ausbeutung am Arbeitsplatz und gesamtgesellschaftliche Unterdrückung zu verwalten».[5]

Doch das ist wahrlich keine Eigenheit des Feminismus. Menschliche Solidarität bezieht sich zunächst allein auf die eigene In-Group. Selbst unter verschiedenen unterdrückten Gruppen kommt es nicht automatisch zum Schulterschluss – im Gegenteil. Alles, was über die eigene Gruppe hinausgeht, muss also erlernt und eingeübt werden. Dass die Patrix das Entstehen von Solidaritätsgefühlen im großen Rahmen jahrtausendelang effektiv zu unterbinden wusste, sollte keine Überraschung sein: *Divide et impera*, lautet Regel Nummer eins aus dem Lehrbuch für Despoten. Teile und herrsche.

Total und gewalttätig

Wir haben nur einen Einwand, wenn Michel Foucault im vierten Band von *Sexualität und Wahrheit* schreibt, «dass die Ausbreitung des Christentums, seine Erhebung zur Staatsreligion und die Bedeutung der kirchlichen Einrichtungen – immerhin war das Christentum die erste Religion, die sich als Kirche organisierte – ihm eine Durchsetzungsfähigkeit verschafft haben, die sehr viel größer war als die der antiken Philosophie, selbst in ihren populären Formen».[6] Wir stimmen völlig zu, finden nur, dass Foucault mit «sehr viel größer» kolossal untertreibt. Himmlische und irdische Macht fusionieren, das Christentum macht als Herrschaftsreligion Karriere, und die Bibel wird als «Wort Gottes» zum mächtigsten Buch der Welt. Es formiert sich jene unheilige Allianz aus Kirche und Staat. Sie verschafft der Patrix die perfekte Infrastruktur: Ein immer dichteres Netz an Kirchen und Klöstern wird Europa überziehen, oft gerade von Herrschern initiiert, um das Land oder neu eroberte Regionen zu kolonialisieren. Es sind Orte der Indoktrination durch Predigt, Beichte und Buße. Sie sind es, die Kultur, Schrift und Bildung durchs Mittelalter tragen, sie sind die Keimzellen von Schulen und Universitäten und damit der Wissenschaften, sie prägen die Fürsten- und Königshöfe, die Städte. Keine Frage, Kirchen und Klöster haben grandiose Kultur und Kunst geschaffen, enorme Zivilisationsleistungen vollbracht (und ja, sie boten Frauen nicht selten Freiräume), aber sie haben eben auch die ewig gleiche Botschaft in jeder erdenklichen Facette transportiert: Frauen sind schwach, ständig gefährdet durch das Böse und brauchen die starke Hand des Mannes – die Lüge über Eva eben.

Kirchliche Institutionen wie Taufe und Ehe als Sakrament, das Zölibat bald nicht mehr nur der Mönche, sondern auch der Priester reproduzierten die patriarchalen Phantasmen der durch die Erbsünde zutiefst verdorbenen Menschheit immer und immer wieder. Damit kontaminieren sie die sich ausdifferenzierende Kultur, Wissenschaft, Kunst und Politik bis ins Mark: Das «christliche Abendland» gehört zu den gewaltigsten und gewalttätigsten Leistungen der Patrix. Und die Kirchen sind perfekte Simulationsmaschinen, um die patriarchale Matrix in Bild, Skulptur und Architektur Gestalt werden zu lassen. Wir haben es mit ansonsten bilderlosen Zeiten zu tun – wer wollte sich ihrer Wirkung entziehen? Bis zur Erfindung des modernen Buchdrucks im 15. Jahrhundert gibt es so gut wie keine Literatur oder Bildmedien außerhalb der Patrix. Sie hat die Lebenswelt kolonialisiert.

Auch wenn die Patrix total wird, bleibt sie wehrhaft. Das ist ihre Geschäftsgrundlage, dient sie doch dazu, Ungleichheit aufrechtzuerhalten. Ihre Realität ist die Welt von Arm und Reich, unten und oben. Sie sieht sich mit einer doppelt motivierten Bedrohung konfrontiert: zum einen den ganz alltäglichen Bedürfnissen der Religion von unten, die der religiösen Diktatur zuwiderlaufen; zum anderen mit den sozialen Protesten, dem in den Menschen verwurzelten Gerechtigkeitsgefühl, das angesichts schierer Not und Ausbeutung rebelliert. Beides geht Hand in Hand. Mutige Frauen und Männer suchen nach Nischen und Alternativen im herrschenden System, um sich der Zwänge zu entziehen. Nicht selten wagen sie den offenen Widerstand. Gerade in den als Häresie verfolgten alternativen Glaubensbewegungen des Mittelalters spielen Frauen wichtige Rollen: «In den häretischen Sekten, vor allem bei den Katharern und Waldensern waren Frauen berechtigt, die Sakramente zu verabreichen, zu predigen und zu taufen; sie konnten sogar priesterliche Ränge erwerben», berichtet die Professorin für politische Philosophie, Silvia Federici. «In der Kirche waren Frauen nichts, hier jedoch galten sie als gleich; sie hatten dieselben Rechte wie Männer und genossen ein gesellschaftliches Leben und eine

Mobilität (Wandern, Predigen), die ihnen im Mittelalter sonst nirgends offenstanden.»[7] Geistliche wie weltliche Autoritäten gingen mit größter Brutalität dagegen vor. Nicht nur, aber vor allem Frauen wurden verketzert, verteufelt, entmenschlicht und auf unchristlichste Weise in die angebliche Hölle geschickt. Die Übergänge zur Hexenverfolgung waren fließend.

An dieser Stelle sei an den englischen Priester John Ball (1335–1381) erinnert, der das sozialrevolutionäre Potenzial von Adam und Eva in Stellung brachte. Seine Predigten vor verarmten Bauern, dass alle Menschen von Anbeginn an gleich erschaffen seien, gipfelten in der legendär gewordenen Parole: «Als Adam pflügte, Eva spann, wo war denn da der Edelmann?» Die Bauern verstanden, sie öffneten Gefängnisse, verbrannten Gerichtsakten und erschlugen Beamte der Krone. Doch wie es das unglückliche Schicksal der zahllosen Bauernaufstände des Mittelalters und der frühen Neuzeit sein sollte: Sie wurden mit meist bestialischer Brutalität niedergeschlagen. Und John Ball? «Sein Kopf wurde auf der London Bridge auf eine Pike gespießt, sein Leib gevierteilt, die Teile zur Warnung in vier verschiedene Städte geschickt.»[8] In Sachen toxischer Männlichkeit bediente sich die Patrix aus ihrem uralten Arsenal an Grausamkeiten: Körper martern und durchbohren, Schädel abtrennen und zur Schau stellen.

Die sieben Leben der Patrix

Die patriarchale Matrix verselbständigt sich und schreibt sich über Jahrhunderte hinweg in immer neue Sinnsysteme ein. Da diese aus dem einst mehr oder minder allumfassenden christlichen Kontext erwuchsen, trugen sie von Anfang an schwer an ihrer misogynen Bürde. Zumal bereits die ins Christentum eingeflossenen Diskurse antiker Wissenschaft und Philosophie patriarchal kontaminiert waren. Das ist das konservative Moment der Kultur, es gibt schlicht keinen Neubeginn.

Wir haben es wiederholt beobachtet: Patriarchale Gesellschaften bringen patriarchale Welterklärungssysteme hervor, weil sie kein ausreichendes Bewusstsein für die kulturelle Bedingtheit ihrer Wirklichkeit besitzen. Wo Frauen systematisch von Bildung und öffentlichen Positionen ferngehalten werden, ist es kein Wunder, dass sie den Männern als «kindlich», als geistig unterlegen erscheinen. Es ist schon erstaunlich, dass dieser simple Gedanke den «großen Denkern» ihrer Zeit nur in seltenen Ausnahmefällen kam. Diese tappten immer wieder aufs Neue nur allzu bereitwillig in die Falle des fundamentalen Attributionsfehlers und schoben die Schuld an der Misere den Frauen selbst in die Schuhe. Genderblind schreiben sie kulturelle Phänomene dem angeblich biologischen «Wesen der Frau» zu. So prägen sich Vorstellungen von der «natürlichen» Überlegenheit des männlichen Geschlechts auch in die Wissenschaften ein, die sich aus ihrem theologischen Ursprungskontext emanzipieren.[9] Das geschieht unbewusst – Confirmation Bias! Es trifft auf keine Widerstände, erhält es doch das System und stellt die männliche Hegemonie nicht in Frage. Noch mangelt es an weiblichen Stimmen, solche Positionen herauszufordern.

Entsprechend sind die Diskurse der Neuzeit weiterhin patriarchal kontaminiert. Auch die Reformation bringt kaum Verbesserungen: «Bei allen neuen Betätigungsmöglichkeiten für die Frau: An deren untergeordneter Rolle gegenüber dem Mann änderte sich grundlegend nichts. Die hierarchische Gehorsamsstruktur (Mann – Frau, Eltern – Kinder, Herr – Dienerschaft) wird beibehalten», schreibt Hans Küng. «Die Frau blieb wirtschaftlich, rechtlich und politisch dem Mann unterlegen.» Sie hat «nach wie vor keine Mitbestimmung in Staat, Bildungswesen und Kirche».[10] Es ist auch argumentiert worden, berichtet Claudia Opitz-Belakhal, dass die reformatorische Aufwertung der Ehe zu einer «verschärften Kontrolle und Domestizierung aller Frauen» geführt habe. Diese seien aus Handel und Gewerbe verdrängt worden, wo sie mitunter keine unbedeutende Rolle gespielt hatten, und zu Hausfrauen «degradiert» worden.[11]

Selbst die führenden Köpfe der Aufklärung gefallen sich mehr als 200 Jahre später darin, die uralten Geschlechterstereotype zu reproduzieren, was nicht zuletzt daran liegt, dass viele sich als Republikaner für die römisch-griechische Antike begeisterten. So klingt vieles altbekannt: «Sowohl die berühmten Ärzte als auch die großen Philosophen des 18. Jahrhunderts glaubten an eine natürliche Unterlegenheit des weiblichen Geschlechts. Sie sprachen den Frauen die Rationalität mindestens teilweise ab und relegierten sie ins Reich des Gefühls», schreiben die Aufklärungshistoriker Andreas Pečar und Damien Tricoire. «Voltaire wies die Idee zurück, Frauen könnten etwas zum Fortschritt des Geistes und der Literatur beitragen. Für Diderot war die Frau kaum imstande, sich über ihre schwache Natur zu erheben, denn ihre Gebärmutter ‹beherrscht sie und erweckt in ihrer Phantasie Phantome jeder Art›.» Und Rousseau hielt die Ungleichheit zwischen den Geschlechtern in der Familie für «natürlich», entsprechend den Gehorsam für die höchste Tugend der Frau und diese «eigens dazu geschaffen ..., dem Mann zu gefallen».[12] Während für Immanuel Kant der Mann das «Erhabene» repräsentierte, verkörperte die Frau das «Schöne». Ihr stehe es nicht zu, doziert der Königsberger Philosoph, durch «mühsames Lernen oder peinliches Grübeln», ihre «Reize» zu schwächen, durch die «sie ihre große Gewalt über das andere Geschlecht ausübe».[13] Alles altbekannte Phantasmen der Antike. Zwar nahmen unter den männlichen Aufklärern vereinzelte Stimmen für Frauen Partei, aber selbst unter den Radikalen der Französischen Revolution gelangte die Frage der politischen Gleichstellung nicht auf die Tagesordnung. «Niemals wurde in der Nationalversammlung das Bürgerrecht – das passive und das aktive – der Frauen diskutiert.» Freiheit, Gleichheit, Brüderlichkeit galten eben nur für Brüder.[14]

Deshalb überlebt es die Patrix relativ unbeschadet, als die Säkularisierung im 19. Jahrhundert immer breitere Gesellschaftskreise erreichte, immer weniger Menschen an den biblischen Gott, geschweige denn an die Geschichte von Adam und Eva glaubten und die Kirche massiv an Autorität verlor. Wir haben das bereits für die Anfänge der Biologie als wissenschaftliche Theorie thematisiert. Fatal war, dass die Menschen und die Vielfalt ihrer kulturellen Manifestationen nun statt mit Gott mit Natur erklärt und diese so doch wieder wesensmäßig festgeschrieben und hierarchisiert wurden – etwa durch die Konstruktion angeblicher «Menschenrassen». Das war kompatibel mit den ausbeuterischen Praktiken des sich forcierenden Kolonialismus, Imperialismus und Industriekapitalismus. Sie interagierten bestens mit der Patrix, ging es ihnen im Kern doch allen um das eine: die Ungleichheit der Menschen und Geschlechter festzuschreiben und daraus Gewinn zu ziehen.

Entsprechend patriarchal geprägt war das Denken der «Diskursheroen» des 19. Jahrhunderts und frühen 20. Jahrhunderts, die sich daranmachten, das Vakuum zu füllen, das durch die Implosion des biblischen Weltbildes entstanden war: Ob Sigmund Freud, Arthur Schopenhauer, Friedrich Nietzsche, Charles Darwin oder auch ein Johann Jakob Bachofen: Sie vertraten mal mehr, mal weniger explizit die Vorstellung männlicher Überlegenheit und bauten diese in ihre Großtheorien ein, die wiederum eine enorme Wirkung unter den «Gebildeten» des 20. und noch des 21. Jahrhunderts entfalteten. So modern ihre Ideen in vielen Bereichen sein mochten, transportierten sie doch zugleich das antiquierte Geschlechterbild in die Jetztzeit. Sie trugen ihren Teil dazu bei, eine schreckliche Normalität der Herablassung gegenüber Frauen zu schaffen, die sich stets wie von selbst zu verstehen schien. Die Patrix scheint mindestens sieben Leben zu haben.

Wo bleibt das Böse?

Auch wenn die Bibel an Relevanz verlor, hieß das längst nicht, dass man Gott ganz verabschiedet hätte. Viele Wissenschaftler vertraten abstrakte Gottesvorstellungen, die Gott etwa in der vernünftig eingerichteten Natur vermuteten. Das aber verschärfte das Theodizee-Problem: Wo kommen das Böse, das Unheil, die Katastrophen her?

Denn mit den allzu konkreten biblischen Vorstellungen hatte man auch den Teufel und die Dämonen aufs Rententeil geschickt, ebenso verlor im ausgehenden 18. Jahrhundert die Erklärung, Hexen würden Unheil mit dem bösen Blick oder per schwarzer Magie verursachen, an Glaubwürdigkeit. Es brauchte neue Verdächtige.

Sind es die Männer?

Die Suche danach war ausgesprochen betriebsam, viele mögliche Übeltäter gerieten ins Visier. In unserem Kontext sind zwei Verdächtige relevant. Der Soziologe Christoph Kucklick hat zeigen können, dass sich in den Jahrzehnten um 1800 ein neuer Diskurs formierte, der überzeugt ist: Das «unmoralische Geschlecht» seien die Männer. «Und es sind ausgerechnet die bürgerlichen Meisterdenker, die den Männlichkeitszweifel als Erste ausführlich und schonungslos formulieren: Es sind Johann Gottlieb Fichte, Wilhelm von Humboldt, Immanuel Kant, Georg Friedrich Wilhelm Hegel und viele weitere, weniger bekannte AutorInnen, die zwar Männlichkeit für etwas Besonderes halten, aber nicht für etwas besonders Erfreuliches, Gutes – ja, zum Teil sehen sie darin sogar das ‹absolut Böse›», schreibt Kucklick. «An Radikalität lässt sich das kaum überbieten: Der neue Diskurs charakterisiert Männer ihrer ‹Natur› nach als gewalttätig, egoistisch, asozial, unmoralisch, hypersexuell, triebhaft, gefühlskalt, kommunikationsunfähig und verantwortungslos.»[15] Auch in Sachen Mann war man genderblind. Männlicher Chauvinismus in dieser Extremform ist ein Produkt der Patrix, keines der Natur.

Doch selbst die Männerkritik führt zu keiner Befreiung der Frauen. Als deren Bestimmung gilt nun – auch das ein patriarchales Phantasma –, die Männer vor sich selbst zu retten. Sie müssen weiter dienen und werden einmal mehr nur über den Mann definiert. Und welche Frau kann einen Mann am besten retten? Die Antwort ist alles andere als eine Überraschung: die Mutter. Mit dem zunehmenden Bedeutungsverlust des traditionellen Christentums löst sich das patriarchale Mutterideal von Maria, der Muttergottes, und wird selbst religiös aufgeladen: Die «Mutterbeschwörung» komme zuweilen einem «Gottesdienst» gleich, schreibt Kucklick. «Wo Gott war, soll Mutter sein.»[16] Es gibt nichts Neues unter der Patrix: Die Apotheose der Mutter, einst Angelegenheit der Herrscher, wird nun von «großen Männern» im Allgemeinen betrieben und findet sich vor allem in der autobiographischen Literatur – immer als ein Stück Selbstapotheose.

Das wird nicht nur den Boden für die späteren Arbeiten Bachofens über das Mutterrecht bereiten. Die Verehrung, die Beschwörung der dunklen und tiefen Weisheit, der «rätselhaften Einfachheit» der Mütter wird sich ebenso in der Literatur der Moderne finden, wie sie auch bei Protagonisten des Nationalsozialismus vom Schlage eines Adolf Hitler oder Joseph Goebbels zu beobachten ist.[17] Die Mutter, die sich für Sohn, Mann und Vaterland aufopfert: Die Patrix wird mit dem Faschismus bestens harmonieren.

Die Fähigkeit der patriarchalen Matrix, sich selbst zu erhalten, indem sie alte Phantasmen recycelt, ist bemerkenswert. Dabei verdankt sich das dem simplen Umstand, dass die männlichen Privilegien unter veränderten gesellschaftlichen Bedingungen neue Legitimationen erfordern. Die aber gibt es nicht im Überfluss, weshalb stets aufs Neue auf altes Material zurückgegriffen wird. Dass sich dieses, mag es auch noch so abgedroschen sein, immer wieder verwenden lässt, haben wir am Beispiel Jordan B. Petersons gesehen.

Ist es der Sex?

Das Verschwinden des Teufels bedeutete für die Sexualität nichts Gutes. Selbst ohne Dämonen setzte sich die Dämonisierung der Sexualität nicht nur fort, sie verschärfte sich – und wuchs sich zu einem der größten Phantasmen der modernen Welt aus. Die Traditionslinie ist ebenso markant wie aufschlussreich. Wir haben zur Genüge gezeigt, welche elementaren und vielfältigen Dimensionen die Verleugnung der Sexualität hatte. Von den Anfängen, dass die

Götter den Intimbereich der Menschen unter besondere Beobachtung gestellt hatten, über die schlüpfrigen Versuchungen der Dämonen bis hin zum Sex als Transportmedium der Erbsünde – stets stand die Sexualität im Ruch des Dunklen, Bösen und Gefährlichen. Nun aber, wo die bösen Akteure verschwinden, wird nicht etwa die Sexualität rehabilitiert. Nein, sie wird selbst zum Bösen, zur ultimativen Unheilursache.[18]

Michel Foucault hat das am deutlichsten herausgearbeitet. Es habe «kaum eine Krankheit oder physische Störung» gegeben, «für die das 19. Jahrhundert nicht eine zumindest teilweise sexuelle Ätiologie ersonnen hätte». Der Sex habe als «Ursache von allem und jedem» gegolten, was wiederum bei den Wissenschaften, die sich mit ihm befassten, zu Prozeduren geführt habe, die in ihrer Krankheitsanamnese an die kirchlichen Beichtpraktiken erinnerten und auf das «Geständnis» setzten, «das gleichzeitig total, minuziös und stetig sein» musste. Mehr noch: «Die unbegrenzten Gefahren, die vom Sex her drohen, rechtfertigen die erschöpfende Inquisition, der man ihn unterwirft.»[19] Die damit einsetzende Psychopathologisierung der Sexualität wäre ohne ihre fast zwei Jahrtausende währende Verteufelung in christlicher Tradition unmöglich gewesen. Der alte Diskurs lebt im wissenschaftlichen Gewand fort – bloß hat er sich von den dämonischen Akteuren emanzipiert und den Sex selbst an die Stelle des Bösen gesetzt. Um Kucklicks Mutter-Zitat abzuwandeln: Wo der Teufel war, soll Sex sein.

Und das schreibt sich in die neuen medizinischen und bald auch psychiatrischen Diskurse ein: Wenn die bürgerliche Wissenschaft fortan die Körper disziplinieren will, führt sie den uralten Krieg gegen die erste Natur der Menschen fort. Die daraus resultierenden Zwangsordnungen und obskuren Disziplinierungstechniken sind hinreichend beschrieben worden. Da aber jetzt der Sex selbst böse ist (und nicht nur jene Kräfte, die sich seiner bedienen), fallen ihm diesmal auch die männlichen Körper zum Opfer. Ein sich immer mehr steigernder, geradezu hysterische Züge annehmender Kampf gegen die männliche Masturbation wird geführt, die als Erklärung für alle menschlichen Leiden herangezogen wurde. «Onanieverhinderungsgürtel» gehörten da noch zu den humaneren Maßnahmen. «Beim Versuch, die Onanie an ihren Wurzeln auszurotten, schnitten, bohrten, brannten und ätzten sich die Ärzte immer tiefer in die männlichen Genitalien und eröffneten einen medizinischen Feldzug gegen das, was man heute als selbstverständlichen Ausdruck männlicher Sexualität betrachten würde», schreibt Kucklick.[20]

Frauen trifft das mit voller Härte. Immerhin galt die bürgerliche Frau des 19. Jahrhunderts – auf die wir uns beschränken müssen – als «ewig Kranke». Schwindsucht, Nervenleiden, Hysterie galten als weibliche Hauptleiden. Aufbauend auf der Medizin der Aufklärung, seien die «Phasen eines Frauenlebens als Abfolge grauenhafter Krisen» konzipiert worden, schreibt die Historikerin Yvonne Knibiehler, «selbst wenn keinerlei Krankheitsbild vorlag». Verantwortlich gemacht wurde dafür einmal mehr die «schwächliche weibliche Natur». Alternative Erklärungen tauchten nur selten auf, obwohl immer wieder emotionale Faktoren wie Kummer, Enttäuschung und Seelenschmerz konstatiert wurden.[21] Umso leichter kam die Sexualität ins böse Spiel.

«Mitte des 19. Jahrhunderts vertrat die Medizin die Ansicht, dass alle körperlichen und psychischen Probleme der Frauen auf sexuelle Funktionsstörungen zurückzuführen seien», berichtet Griet Vandermassen. Viktorianische Ärzte vertraten die Ansicht, eine operative Entfernung der Klitoris könne eine Fülle als typisch weiblich angesehener «Krankheiten» heilen: körperliche Schwäche, Melancholie, Hysterie, Wahnsinn oder auch Epilepsie. «Die Klitoridektomie wurde auch eingesetzt, um Masturbation, Kleptomanie, Nymphomanie und Lesbianismus zu beseitigen … Das Verfahren wurde in Europa und in den Vereinigten Staaten in der zweiten Hälfte des 19. Jahrhunderts angewandt, obwohl es die Störungen, die es lindern sollte, nicht heilen konnte.» Zwar wurde diese Praxis im medizinischen Diskurs stark kritisiert, und es ist schwer einzuschätzen, wie oft sie tatsächlich durchgeführt wurde, trotzdem nahmen Ärzte die letzte Klitoridektomie noch in den 1940er Jahren in England vor, um emotionale Störungen zu korrigieren – an einem fünfjährigen Mädchen.[22]

Was hier passiert: Die menschliche Sexualität an sich wird pathologisiert – und belastet die intimsten Bereiche der Menschen auf das schwerste. Aus einem einst zwischenmenschlich heiklen, aber unbeschwerten Lebensbereich wird *die* traumatische Sphäre überhaupt. Das ist es, was wir als kontaminierende Kraft bezeichnen. Das Phantasma bleibt dasselbe wie in den zweitausend Jahren davor: Sexualität ist böse. Nur Diagnose und Behandlung ändern sich. Sie sind nicht mehr religiöser Natur, stützen sich also nicht mehr auf Beichte, Buße und Exorzismen, sondern auf medizinische Therapie (was man damals dafür hielt) oder Operationen. Wenn man den Menschen keine Dämonen mehr austreiben kann, versucht man ihnen nun die Lust wegzutherapieren oder gleich ganz aus dem Körper zu schneiden.

Frauen trifft das doppelt und dreifach. Erstens: Die bürgerliche Moral bleibt eine Doppelmoral. An Frauen werden in Sachen Sexualität, Keusch- und Reinheit die höchsten Ansprüche gestellt. Bürgerliche Mädchen werden oft nicht aufgeklärt und wissen mitunter nicht einmal, was sie in der Hochzeitsnacht erwartete. «Jungfräulichkeit galt als Gütesiegel einer künftigen Gattin», schreibt Yvonne Knibiehler. «Strenge Prinzipien regelten daher die Erziehung der Jungfrau, für die die Mutter zuständig war. … Ein sittsames Mädchen behielt beim Waschen und sogar beim Baden das Hemd an und kniff die Augen zu, wenn dieses gewechselt werden musste.»[23]

Für Männer dagegen gehört der Besuch bei Prostituierten (oder das Verhältnis zu einer Frau der unteren Klassen) zum Erwachsenwerden und bleibt bis zur relativ späten Heirat Normalität.[24] Nicht selten stecken sie ihre unwissenden Ehefrauen mit Syphilis an. Die Ärzte werden die Frauen therapieren, ohne sie über die näheren Zusammenhänge aufzuklären: «Wir werden nie erfahren», schreibt Knibiehler, «wie viele junge Frauen, die um ihrer Mitgift geheiratet wurden, Opfer eines solchen Männerkomplotts wurden.»[25]

Zweitens: Viele der angeblichen Krankheiten sind schlicht normale menschliche Reaktionen auf Unterdrückung, Isolation und Fernhalten von allen Bildungs- und Berufswünschen. Normales Verhalten wird pathologisiert: Gesunde Frauen, die gesunde Reaktionen auf unmenschliche Zustände zeigen, werden für krank erklärt und entsprechend behandelt.

Drittens: Das verstärkte sich, weil es männliche Ärzte waren, die über die zu Patientinnen erklärten Frauen befanden. Ihnen mangelte es am Verständnis für «weibliche Befindlichkeiten», zudem waren sie in Zeiten, in denen Frauen von klein auf dazu angehalten waren, schamvoll aufzutreten, alles andere als ideale Gesprächspartner. Das 19. Jahrhundert ist die Zeit der Professionalisierung der Medizin und der Etablierung männlicher Ärzte als einzig erlaubter medizinischer Experten. Während Geburtshilfe und Abtreibungen früher in Frauenhand lagen (und das seit Jahrhunderttausenden), wurden sie nun Männersache.[26] Hebammen verloren ihre Kundschaft, und damit zerbrach eine uralte «Form der Frauensolidarität». Die «Frauen büßten in der Reproduktion jede Autonomie ein.»[27] Ihre Isolierung war einen entscheidenden Schritt weiter vorangetrieben worden. Sie waren nun selbst in intimsten Dingen männlicher Kuratel unterstellt. Halbgötter in Weiß definierten, was für Frauen, ihre Sexualität und Reproduktion am besten war. Erst 1899 wird es Frauen in Deutschland gestattet, die ärztlichen Staatsprüfungen abzulegen.[28] Die Patrix hatte es geschafft, sich aus der Religion, deren Tage gezählt schienen, in die Wissenschaft zu retten, der die Zukunft gehörte.

Die erste Natur amputieren

Worum es uns hier geht: Es tauchen die ewig gleichen Argumente auf. Mal im neuen Gewand, mal in alter Hässlichkeit. Es ist wichtig, ihre Wurzeln und damit die verbindende Systematik zu erkennen. Nur dann kann es gelingen, sie zu eliminieren. Es ist aber ebenso wichtig zu verstehen, wie sich die Patrix reproduziert, indem sie sich in neue Systeme einschreibt und es damit übersteht, wenn eines ihrer Standbeine wegbricht. Damit wird auch klar, dass die verschiedensten Gesellschaftsbereiche kontaminiert sind – und jeder für sich dekontaminiert werden muss.

Wichtig aber auch: Wenn die Naturwissenschaft, die Biologie als patriarchale Instrumente dienten, dann bedeutet das noch lange nicht, dass die Naturwissenschaften, die Biologie selbst patriarchal wären. Dann tragen nicht zuletzt jene Wissenschaftler Verantwortung, die unreflektiert ihrer zweiten Natur folgten und schlicht Vorurteile reproduzierten. Etwa ein Auguste Comte, Begründer des Positivismus und Mitbegründer der Soziologie, der 1843 jubelte, die Biologie bestätige endgültig die «Hierarchie der Geschlechter», zu einem Zeitpunkt, als die Biologie noch in den Kinderschuhen steckte. Es gab leider wenige wie John Stuart Mill, der Comte entgegenhielt – wir folgen hier der Philosophin Geneviève Fraisse –, die «Biologie könne nicht die letzte Wahrheit über die Beziehungen zwischen den Geschlechtern sein, Frauen seien bereits das Produkt von Erziehung, und dieses sei selbst veränderbar».[29]

Das Bewusstsein, dass eine Frau nicht nur Produkt der Erziehung, sondern auch die Erziehung ein Produkt der Geschichte, also der Kultur ist, hilft zu verstehen, was hier geschah: Die Fiktion weiblicher Treue und damit einhergehender Unterwürfigkeit, die wir als patriarchales Phantasma beschrieben haben, das dazu diente, männliche Eigentums- und Reproduktionsinteressen sicherzustellen, wird nun wissenschaftlich zum Normalzustand erklärt und soll auf medizinischem Weg durchgesetzt werden. Alltägliche Reaktionsmuster auf die empörende Realität gelten nun als pathologisch und müssen entsprechend «behandelt» werden, ebenso ganz normale Phänomene wie weibliche Homosexualität oder die Weigerung, sich der Monogamie zu fügen. Es kommen Zeiten, da werden Frauen mit Psychopharmaka «ruhiggestellt». Ziel ist es, die erste Natur der Frauen zu amputieren und damit die Kraftzentrale des Widerstands zu eliminieren. Wäre das gelungen, wäre der Sieg der Patrix total gewesen.

Was die Patrix zu Fall brachte

Bevor wir unseren Schnelldurchlauf beenden, müssen wir uns noch jenen Faktoren zuwenden, die den Niedergang der patriarchalen Matrix einleiteten und ihre Macht brachen. Nicht, weil wir uns an einer Geschichte der Frauenbewegung versuchen wollten. Auch bei der Befreiung der Frauen spielten evolutionäre Faktoren eine Hauptrolle. Ein Grund mehr, das Eva-Tabu aufzugeben.[30]

Es waren die Frauen, nicht die Männer. Weder Renaissance, Reformation noch Revolutionen im Gefolge der Aufklärung brachten wesentliche Fortschritte für Frauen. Wir sagten es: Den Männern fehlte es an Bewusstsein, sie waren genderblind und nahmen bereitwillig die Geschlechterhierarchie als natürliche Gegebenheit hin. Auch wenn ihnen der Alltag genügend Hinweise dagegen lieferte, schenkten sie diesen keine Beachtung und sahen es als selbstverständlich an, dass Frauen nicht dieselben Rechte und Freiheiten besaßen. Außerdem profitierten sie. Ärzte, um nur ein Beispiel zu nennen, verlangten das Drei- bis Vierfache von dem, was eine Hebamme für die Geburtshilfe nahm, ohne dass sie bis weit ins 19. Jahrhundert hinein die Sterblichkeit signifikant gesenkt hätten (das geschah erst dank der Hygiene-Revolution).[31] Welche massive Verschwendung an Talent und Genie es implizierte, die eine Hälfte der Menschheit von der Partizipation an den Geschicken der Welt auszuschließen, ist ein Gedanke, der außerhalb der Frauenbewegung nur wenigen Menschen durch den Kopf ging.

Gegen alle Widerstände und Autoritäten: Immer waren es Frauen, die rebellierten. Ihre erste Natur ließ sich nicht überzeugen. Das weibliche Ungerechtigkeitsgefühl ist zu allen Zeiten virulent gewesen. Auch wenn wir uns in unserem Buch auf die Ungleichheitsproduzenten konzentriert haben, sind wir doch durch die Zeiten hinweg widerständigen Frauen begegnet. Sie fügten sich nicht und wagten, allen Gefahren zum Trotz, ein eigenes Leben. Nicht selten verloren sie es.

Natürlich betraf das nie alle Frauen, viele haben sich angepasst, sich gefügt, das Beste aus der Situation gemacht. Oft war das schlicht das Vernünftigste, der einzig gangbare Weg. Hinzu kommt: Konformitätszwang gehört zur ersten Natur. In den Gruppen der Jäger und Sammler war kein Raum für übergroßen Individualismus. Außerdem verhält es sich beim Ungerechtigkeitsgefühl, das sich bei fehlender Reziprozität regt («Ich habe so viel geleistet, bekomme aber nichts dafür zurück»), wie mit allen Veranlagungen: Sie sind individuell unterschiedlich ausgeprägt, ihre Entfaltung hängt von Sozialisation, Kultur, den je spezifischen Lebensumständen und damit auch vom Zufall ab. In den frauenfeindlichen Gesellschaften der Vergangenheit war das Ausleben und Kultivieren dieses Gefühls selten möglich, getan wurde es trotzdem.

Deshalb wollen wir uns nun ansehen, wie sich die Kontinuitätslinie der nicht fügsamen Frauen aus der Zeit der Hexen- und Ketzerverfolgung bis in die Moderne weiterziehen lässt. Der Widerstand entfaltet sich vor allem dort, wo der Griff der Patrix an Kraft verliert, wie das im Übergang vom Mittelalter zur Neuzeit der Fall war: in jenen Jahrhunderten, in denen mit den Städten freiere Orte entstanden, in deren Handel und Gewerbe Frauen aktiv waren, in denen Universitäten gegründet wurden, in denen mit Humanismus und Frührenaissance neue Bildungseliten entstanden, die sich bald europäisch vernetzten und denen sich viele Fürstenhöfe nicht verschlossen.

Frauen haben beachtliche Auftritte: Ob sie im um 1350 abgefassten *Decamerone* Giovanni Boccaccios mit ebenso großer Selbstverständlichkeit wie intellektueller Raffinesse von ihrer sexuellen Selbstbestimmung jenseits aller Ehemoral erzählen – und dabei die überkommenen Autoritäten fürchterlich alt aussehen lassen. Ob gut vierzig Jahre später in Geoffrey Chaucers *Canterbury Tales* die famose Frau aus Bath über die Bibel parliert, in der nirgends die Zahl der Ehemänner festgelegt sei: «Immerhin, ich danke dem Herrn, dass er mir fünf Männer gab, und auf den sechsten freue ich mich jetzt schon, denn – bei Gott! – ich habe nicht die Absicht, keusch zu bleiben bis ans Ende meiner Tage!» Als der fünfte Mann ihr einen Vortrag hielt, «über Eva, deren Verderbtheit die Menschen ins Elend stürzte, wofür dann Jesus Christ sein Leben lassen musste», da gab sie «ihm eine solche Maulschelle, dass er rücklings ins Feuer stürzte».[32] Und dann ist da Christine de Pizan, die als «erste Berufsschriftstellerin Europas» gilt, die in ihrem der Herzogin von Burgund gewidmeten *Buch von der Stadt der Frauen* (1405) eine «ideelle Schutzburg für alle zu Unrecht verfolgten Frauen» entwarf. Sie greift dazu auf große Frauenfiguren aus der Geschichte, der Bibel und der heidnischen Mythologie zurück, um «die Frauen im Rekurs auf die Tugenden der Vernunft, der Rechtschaffenheit und der Gerechtigkeit zu Selbstbewusstsein und Widerstand» dazu zu ermutigen, sich «gegen die Schar der boshaften Belagerer des weiblichen Geschlechts» zu wehren. Als älteste Tochter eines Hofastronomen hatte Pizan eine ungewöhnlich gute Ausbildung erhalten.[33] Selbst, wenn es sich nur um Literatur, um Elitenphänomene handelte, scheint die Zeit um 1400 dem 19. Jahrhundert emanzipationstechnisch weit voraus gewesen zu sein.

In Darstellungen über den Feminismus wird dessen Vorgeschichte bis in die Frührenaissance ausgedehnt und dabei der Blick auf einen intellektuellen Diskurs gelenkt, der als «Querelle des femmes», als «Streit um die Frauen», bezeichnet wird, in dem sich auch weibliche Stimmen zu Wort meldeten: Debattiert wurde hier «um männliche und weibliche Tugenden, Fähigkeiten oder auch Laster und Fehler, um Geschlechterhierarchien, um die Ehe, um die weibliche Bildungs- und Herrschaftsfähigkeit, sowie darum, ob die männliche Behandlung des weiblichen Geschlechts – im literarischen wie im alltäglichen Leben – angemessen oder nicht vielmehr ganz und gar verfehlt sei».[34] Ein Diskurs, der auch dadurch befördert wurde, dass im Zeitalter der Reformation, der Entdeckungen und der Scientific Revolution das biblische Welt- und Geschlechterbild in die Krise geriet. Die Einheit von Thron und Altar bröckelte.

Der Protest der Frauen von unten wird im Vorfeld der Französischen Revolution unübersehbar. Bei den im Ancien Régime häufigen Hungerunruhen und Agrarrevolten waren sie stets in vorderster Front dabei. 1788 griffen Frauen in Grenoble die Truppen des Königs mit Steinen an, und beim berühmten Marsch der Pariserinnen am 5. und 6. Oktober 1789 zogen Tausende Frauen nach Versailles, um die königliche Familie und die dort tagende Nationalversammlung nach Paris ins revolutionäre Zentrum zu holen. «Dieser ‹Tag der Weiber› sollte in die Geschichte eingehen und hat doch zugleich das Bild der Frauen in der Französischen Revolution eher verdunkelt und verzerrt», berichtet die Historikerin Ute Gerhard. Das Klischee der «Weiber», die sich wie «Hyänen» gebärdeten (Friedrich Schiller), «grub sich zur Denunziation jeglicher weiblicher Mitwirkung in der Politik in das historische Gedächtnis ein».[35]

Dagegen wird der Graf Mirabeau feststellen, ohne die Frauen sei die Revolution nicht möglich gewesen. Tatsächlich standen die Revolutionärinnen den Männern in nichts nach: Théroigne de Méricourt und Pauline Léon forderten das Recht, als Frauen Waffen zu tragen und das Vaterland gegen antirevolutionäre Kräfte zu verteidigen. Méricourt nahm am Sturm auf die Tuilerien teil, säbelschwingend.[36]

«Die Frau hat das Recht, das Schafott zu besteigen. Sie muss gleichermaßen das Recht besitzen, die Rednertribüne zu besteigen», lautet der legendäre Satz der *Erklärung der Rechte der Frau und der Bürgerin* von Olympe de Gouges. Diese hatten in der Erklärung der Menschen- und Bürgerrechte zwei Jahre zuvor keine Erwähnung gefunden. «Ihre Schrift gilt historisch als die erste universale Erklärung der Menschenrechte, da sie einen allgemeingültigen Anspruch für Männer und Frauen erhebt», schreibt die Politologin Michaela Karl. «Sie forderte darin die politische, soziale und juristische Gleichstellung der Frau» und begründete sie «mit den natürlichen und unveräußerlichen Rechten der Frau, die dem Mann gleich geboren sei». Zwei Jahre später, 1793, bestieg Olympe de Gouges selbst das Schafott. Aufgrund ihres vermittelnden Einsatzes für den König wurde sie hingerichtet. Das Terrorregime der Oberhand gewinnenden Jakobiner erwies sich als offen frauenfeindlich: Frauenorganisationen wurden verboten, die weibliche Sphäre aufs Haus beschränkt, politisch aktive Frauen verfolgt. Napoleon führt diese misogyne Linie weiter.[37]

Auch wenn die Französische Revolution den Frauen keinen unmittelbaren Erfolg brachte, geschahen hier entscheidende Dinge. Schon vor der Revolution hatten Frauen der Oberschicht in den Salons eine wichtige Rolle gespielt, dort entstanden neue Formen des intellektuellen Austauschs, nun schossen allerorten Clubs, Vereine, Sektionen aus dem Boden, die sich der Frauenfrage mit einer ganz neuen Dringlichkeit widmeten. Dies war nicht mehr zurückzudrehen, zumal das 19. Jahrhundert zum Jahrhundert der Vereine, Organisationen und Parteien werden sollte. Sie institutionalisierten die Debatten, formulierten Programme, entwickelten Strategien; vieles wurde direkt auf die Straße gebracht.

Die sich organisierende Frauenbewegung trug spätestens im letzten Drittel des 19. Jahrhunderts das Thema Gleichberechtigung mit solcher Macht in die Öffentlichkeit, dass es von vielen Männern als eine Bedrohung der öffentlichen Ordnung wahrgenommen wurde. Nicht zuletzt, weil es durch eine zweite Emanzipationsbewegung mächtig an Unterstützung gewann: Als Reaktion auf die industrielle Revolution und das daraus resultierende Elend der Arbeiter – und schon früh auch Arbeiterinnen – hatten sich sozialistische Bewegungen formiert und kämpften gegen Ausbeutung und gesellschaftliche Ungleichheit. Utopische Sozialisten wie Henri de Saint-Simon (1760–1825) und Charles Fourier (1772–1837) verknüpften den sozialen Wandel mit der Frauenfrage, für Letzteren war der «Grad der weiblichen Emanzipation» einer Gesellschaft der Indikator für deren erreichten sozialen Fortschritt.[38]

Karl Marx und Friedrich Engels werden darauf aufbauen und dem Kapitalismus als Produzenten materieller Ungleichheit den Krieg erklären. Unterdrückung und Erniedrigung der Frauen begannen ihrer Ansicht damit, dass diese zum Besitz ihres Mannes und bald auch zur Ware geworden seien. Mit Engels' Schrift *Der*

Ursprung der Familie, des Privateigenthums und des Staats haben wir uns beschäftigt. Populärer noch war August Bebels 1879 erschienene Abhandlung *Die Frau und der Sozialismus*. Der erste Satz lautete: «Frau und Arbeiter haben gemein, Unterdrückte zu sein.»[39] Das Buch wurde die «am meisten verbreitete marxistische Agitationsschrift des 19. Jahrhunderts». Sozialismus und Teile des Feminismus verschmolzen zu einer sehr erfolgreichen Allianz. Wobei stets das Problem der Intersektionalität blieb: Frauen waren doppelt unterdrückt, als Arbeiterinnen wie als Frauen. Viele wehrten sich deshalb, die «Frauenfrage» nur als einen «Nebenwiderspruch» kapitalistischer Verhältnisse anzusehen, der bereits allein durch die Überwindung des Kapitalismus verschwände.[40]

Frauenzeitungen, Frauenvereine, Frauenorganisationen. Streitschriften, Manifeste, Romane. Immer lauter wurde das Plädoyer für gleiche Bildung, juristische Gleichstellung, Wahlrecht, Recht auf Erwerbsarbeit und Zugang zu allen Berufen. Die Protagonistinnen der Frauenbewegung trafen sich auf internationalen Kongressen und übten sich in allen Formen des Widerstands. Die Suffragetten in England führten eine Art Guerillakrieg, Frauen opferten ihr Leben für Frauenrechte.[41] Das ist als die erste Welle der Frauenbewegung in die Geschichte eingegangen.

Strategien des Erfolgs

Was in unserer Perspektive wichtig ist: Wir haben im evolutionären Teil drei weibliche Hauptstrategien identifiziert, mit denen seit tiefster Vorzeit den Dominanzbestrebungen physisch überlegener Männer widerstanden wurde: weibliche Allianzen, ökonomische Selbständigkeit und sexuelle Autonomie. Alle drei stellen auch das Rückgrat der Frauenbewegung dar. Das wollen wir hier zeigen. Strategie Nummer eins, um die Patrix zu pulverisieren, war, wie auf den letzten Seiten gezeigt, das Organisieren und Institutionalisieren von Frauenallianzen.

Während der Jahrtausende männlicher Dominanz gab es also *immer* weiblichen Widerstand. Solange jedoch die Patrix zu mächtig, die Protestierenden zu isoliert waren, kann die Subversion keine gesellschaftliche Resonanz entfalten, dann steht sie auf verlorenem Posten. Trotzdem verstummt dieser Minderheitsdiskurs nicht; immer wieder poppt er neu auf. Er gewinnt an Stärke, als der kirchlich-staatliche Komplex als Urheber der Patrix zu schwächeln begann. All die Revolten und Revolutionsversuche, Reformationen und Glaubenskriege, Aufklärung, Liberalismus und wissenschaftlicher Fortschritt setzten der Selbstherrlichkeit der alten Allianz von Kirche und Thron zu. Immer breitere Gesellschaftskreise partizipierten an den öffentlichen Diskursen (und damit auch mehr Frauen); Emanzipationsthemen jeglicher Couleur gewannen an Brisanz, addierten und verstärkten sich. Irgendwann war der Tipping Point erreicht – der Rest ist Geschichte, die Flut brach los.

Es ist das alte Evolutionsrezept des «Gemeinsam sind wir stark». Dank Kooperation bezwingt man Stärkere. Das ist auch im Zuge der digitalen Revolution zu beobachten: Neue Formen der Vernetzung machten das Internet zum Medium der Selbstermächtigung. Isolation wird überwunden, neue Allianzen ermöglicht. Das verschafft nicht nur dem Feminismus einen gewaltigen Schub, auch queere Bewegungen formieren sich pluraler und diverser – bis hin zu LGBTQIA+.

Die zweite der evolutionär bewährten «Frauenpower»-Strategien: ökonomische Selbständigkeit. Die Arbeiterinnen, wenn sie auch unter miserablen Arbeitsbedingungen litten, gehörten doch zu einer Avantgarde der Emanzipation. Die bürgerlichen Frauen zogen nach. Im Übergang zum 20. Jahrhundert wurden Mädchengymnasien gegründet, der Zugang zu Universitäten erweitert und immer mehr Berufe für Frauen geöffnet. Die längste Zeit hatte Bürgertöchtern nur der Beruf der Lehrerin offengestanden, wobei die beamteten Lehrerinnen zum Zölibat verpflichtet waren. «Heirat bedeutete Ausscheiden aus dem Beamtenverhältnis», berichtet der Historiker Thomas Nipperdey. «Und bei den privaten Mädchenschulen war das ähnlich. Praktisch hieß das, Lehrerinnen heirateten nicht.»[42]

Waren die ersten Hürden überwunden, nahm eine sich selbst verstärkende Entwicklung Fahrt auf, die einherging mit zunehmender politischer und juristischer Gleichstellung und auch Rückschläge überwand. Die Weltkriege des 20. Jahrhunderts, als Männer an die Front mussten, waren in Sachen Frauenbeschäftigung enorme Katalysatoren. Wo Frauen ihr eigenes Geld verdienen (so es denn genug ist und sie die Verfügungsgewalt darüber haben), entkommen sie aus den Abhängigkeiten von Vater und Ehemann. In den Familien, aber auch der Gesellschaft gewinnen sie Relevanz, weil sie eben nicht mehr «nur» angeblich kostenlose Hausarbeit leisten. Im ökonomischen System zählt nur das, was einen Preis hat. Der Prozess der Befreiung war nicht mehr zu stoppen. Wie auch der ethnographische Befund zeigt, stärkt der ökonomische Beitrag der Frauen ihre gesellschaftliche Position. Dadurch avancierten sie im Verlauf des 20. Jahrhunderts zu einem immer selbstverständlicheren Bestandteil der Öffentlichkeit, zumal sie das Wahlrecht erstritten hatten, und traten ihren Marsch durch die Institutionen an.

Mit etwas Verzögerung gewann auch die dritte evolutionäre Strategie weiblicher Stärke an Relevanz: die sexuelle Autonomie. Wobei diese zunächst eher Konsequenz – und Ziel – war, als dass sie die Emanzipation vorangetrieben hätte. Erst wenn die Macht der Patrix zerbröckelt, kann diese Strategie ihr volles Potenzial entfalten und es Frauen ermöglichen, sich männlicher Dominanz zu entziehen.

Die internationalen Freiheitsbewegungen der sechziger Jahre, die Bürgerrechts- und Studentenbewegungen, die Anti-Vietnamkrieg-Proteste setzen der Patrix massiv zu; alte Autoritäten wurden destruiert, der Feminismus erlebte eine Hochphase. Nicht zuletzt, weil die bürgerliche Dominanz durch linke wie schwarze Protestbewegungen massiv in Frage gestellt wurde. Die Pille und die vielbeschworene sexuelle Befreiung spielten eine zentrale Rolle. Der Feminismus der 1970er Jahre zog seine Vehemenz jedoch nicht zuletzt aus der Erkenntnis, dass die Liberalisierungen im Gefolge von 1968 zuallererst wieder Männern zugutekamen. Die zweite Welle des Feminismus war entsprechend «geprägt von der Forderung nach Selbstbestimmung: über den eigenen Körper, die eigene Sexualität, das eigene Leben, die eigene Sprache. Es folgten die psychologische Befreiung vom Mann, die Konzentration auf weibliche Vorbilder und die Bildung einer weiblichen Gegenkultur.»[43]

Der feministische Kampf um sexuelle Autonomie und die alleinige Verfügung über den eigenen Körper kulminierte in der Abtreibungsfrage: Frauen verlangten das Recht, ganz über ihre Reproduktion zu verfügen – wie das in über 99 Prozent der Menschheitsgeschichte der Fall war. Die Idee sexueller Autonomie entfaltete rasch eine brisante Eigendynamik: Zunächst zielte sie auf das Lösen aus den Fesseln lebenslanger Ehe. Die wohl häufigste Alternative war die serielle, nicht einmal institutionelle Monogamie, wie wir sie aus der evolutionären Vergangenheit kennen. Beziehungen waren die längste Zeit der Menschheitsgeschichte relativ exklusiv, aber nie zwingend auf ewig angelegt. Das war, wie gezeigt, eine patriarchale Erfindung, um die Weitergabe des männlichen Erbes zu gewährleisten. Doch auch das Überwinden der Heteronormativität, die gleichgeschlechtliche Liebe oder das Verweigern jeder Beziehung gehören in diesen Kontext. Schließlich kettet eine binäre Genderordnung Frauen wieder an Männer. Für manche geht die sexuelle Autonomie so weit, sich ganz aus den Beschränkungen von Sex und Gender zu befreien und alle entsprechenden Kategorien abzulehnen. Damit sind wir mitten in den Diskussionen unserer Tage. Die enorme Feindseligkeit, die dem aus manchen Kreisen entgegenschlägt, belegt: Es provoziert die Patrix ungemein, wenn Frauen die ihnen zugestandenen Rollen aufkündigen. Über stabile Allianzen zu verfügen, ökonomisch selbständig und sexuell autonom zu sein – das war vor 200 000 Jahren ein ebenso erfolgreiches Rezept, männliche Dominanzversuche in die Schranken zu weisen, wie es das heute ist.

Ist das das Ende?

Den aktuellen Stand der Emanzipation einzuschätzen, steht uns nicht zu. Die gute Botschaft: Die Entwicklungen der letzten Jahre in Europa sind vielversprechend, der Prozess der Gleichberechtigung hat rasant an Fahrt aufgenommen, die Erfolge des Feminismus sind enorm. Man vergleiche nur die Lebens- und Selbstverwirklichungschancen heutiger Frauen mit denen ihrer Großmütter. Auch scheinen die Erfolge nicht mehr reversibel zu sein. Zudem wächst die Erkenntnis, dass gerade Diversität nicht nur das Gebot der Stunde ist, sondern hilft, patriarchale Verkrustungen aufzusprengen. Doch es bleibt viel zu tun.

Caroline Criado-Perez hat, wenn man so will, eine aktuelle Bestandsaufnahme der Patrix-Schäden vorgelegt: die gewaltige Datenlücke, die aus der andauernden Privilegierung der Männer resultierte, der Gender Data Gap. Uns fehlt das Wissen von Frauen und das Wissen über Frauen. Dabei haben wir es, so Criado-Perez, mit dem «Ergebnis eines Denkens» zu tun, «das seit Jahrtausenden vorherrscht und deshalb eine Art Nicht-Denken ist. Sogar ein doppeltes Nicht-Denken: Männer sind die unausgesprochene Selbstverständlichkeit, und über Frauen wird gar nicht geredet. Denn wenn wir ‹Mensch› sagen, meinen wir meistens den Mann.»[44] Wir haben versucht, in unserem Buch die Genese dieses Nicht-Denkens nachzuvollziehen.

Ob Ökonomie, Politik, Wissenschaft, Gesundheit, Soziales oder Kultur: In allen Gesellschaftsbereichen dominieren männerbezogene Daten, was verheerende Folgen für Frauen hat – die existenziellsten vielleicht im Bereich Medizin. Die Gefahren sind groß, dass sich der Gender Data Gap in die mit Big Data operierenden digitalen Welten und Künstlichen Intelligenzen einschreibt. Erlebt die Patrix digital ihre Wiedergeburt? Wird die Datenwirklichkeit männlich sein?

Wir glauben nicht. Dazu ist mittlerweile die Sensibilität viel zu hoch, dazu sind Frauen auch viel zu weit auf ihrem Weg in die

Positionen der Macht in Gesellschaft und Politik. Und längst hat sich das Bewusstsein verbreitet, dass die Frage gesellschaftlicher, ja, globaler Ungleichheit völlig neue Konzepte braucht, die alle existierenden Formen der Diskriminierung in den Blick bekommen. Wohl aber besteht die Gefahr, dass sich im Schutze der Anonymität des Internets die letzten Kräfte der Patrix zusammenrotten. Sie gehen dort aktuell mit einem teils unvorstellbaren Maß an Misogynie zu Werk, um Frauen zum Schweigen zu bringen. Längst jedoch schmieden Frauen Allianzen und wehren sich. Die Zeit ist vorbei, dass sie auf verlorenem Posten kämpfen.

EPILOG

«Du hast dein ganzes Leben lang gespürt, dass mit der Welt etwas nicht stimmt. Du weißt nicht, was es ist, aber du weißt, es ist da, wie ein Splitter in deinem Verstand, der dich zum Wahnsinn treibt.» So erklärt Morpheus im Film *Die Matrix*, dass die Realität nicht die Realität ist, sondern eine computergenerierte Scheinwelt, die Neo vorgespielt wird, während Maschinen dessen Körper ausbeuten. «Die Matrix ist die Welt, die über deine Augen gestülpt wurde, damit du blind für die Wahrheit bist.» Wie sich die Matrix verrät? Durch ein Déjà-vu zum Beispiel. Denn ein Déjà-vu ist – diese Erkenntnis ist längst in die Popkultur eingegangen – ein «Fehler in der Matrix».[1]

Auch am Anfang unseres Buchs stand ein Déjà-vu, genauer gesagt mehr als eins: Zunächst war da unsere Überraschung, wie sehr Evas Geschichte an die evolutionären Gegebenheiten erinnert und dass die Bibel die Unterdrückung der Frauen treffend als historisches, also nicht von der Schöpfung an intendiertes Geschehen charakterisiert. Dann staunten wir, wie viel die biblische Eva mit ihren biologischen Schwestern gemein hat: neugierig und eigenständig, gibt sie nichts auf Autoritäten und fragt schon gar nicht ihren Mann um Erlaubnis. Selbst der Griff zur Frucht passte: Die weibliche Erfindung der Landwirtschaft bescherte den Menschen neue Erkenntnisse, jedoch auch die Welt der Plackerei, der zahlreichen, schmerzhaften Geburten, der patriarchalen Unterdrückung und binären Gut-und-Böse-Ordnung. Seither leben wir in einer Welt, für die wir nicht geschaffen scheinen.

Diese Déjà-vus deuten tatsächlich auf einen Fehler in der patriarchalen Matrix: Sie verraten, die Unterordnung der Frauen ist ein kulturelles Produkt, keine biologische Tatsache. Deshalb brauchte es den Mythos, Gott habe die Frauen zur Strafe für Evas Tat den Männern untertan gemacht. Er sollte die Frauen blind machen für die Wahrheit! Und zwar indem er behauptete: «Euer Schicksal ist hart, aber ihr büßt für eure Urahnin, und wenn ihr nicht gehorcht, ereilt euch Gottes Zorn.» Das aber ist die Lüge über Eva, also begaben wir uns auf die Suche nach der Wahrheit.

Die musste es ja geben! Denn trüge die Biologie Schuld an der Geschlechterungerechtigkeit, hätte es die Sündenfall-Geschichte nicht gebraucht. Dann wäre da keine Art Splitter im Verstand, der Frauen schmerzhaft spüren lässt, dass mit dieser Welt etwas nicht stimmt. Wäre es Biologie, lebten Frauen ohne geringsten Protest ein unterwürfiges Leben; die natürliche Selektion hätte längst dafür gesorgt, dass sie sich ihrem Schicksal fügen.

Können wir aber wirklich sicher sein, dass Frauen den Splitter zu allen Zeiten patriarchaler Dominanz spürten? Wir glauben schon, sind wir durch das Buch hinweg auf genügend Indizien weiblichen Widerstands gestoßen. Dennoch möchten wir zum Schluss noch einen eindrücklichen Fall präsentieren, der demonstriert, dass nicht einmal Klostermauern die erste Natur zum Verstummen bringen. Im Anschluss daran versuchen wir uns an einem kurzen Resümee und sehen uns an, welche Relevanz das Wissen um die Evalution für das Heute hat.

Der Protest der Nonne

Selbst an einem so unwahrscheinlichen Ort wie einem Benediktinerinnenkloster im barocken Venedig schimpfte die Nonne Arcangela Tarabotti darüber, dass Eva und mit ihr allen Frauen schreckliches Unrecht geschehe. Schuld daran sei die *«Tirrannia paterna»*, die «väterliche Tyrannei». Die 1604 geborene Tarabotti war überzeugt, dass sich Eva ihrem Mann nicht unterordnen musste: «Beide sind frei geboren, beide besitzen sie, als kostbare Gabe Gottes, das unschätzbare Gut der freien Entscheidung.» Allein durch Täuschung und Gewalt sei es den Männern gelungen, die Frauen zu unterwerfen. Eine gotterbärmliche Gemeinheit, den Frauen auch noch die Schuld dafür aufzubürden![2] Der Splitter in Tarabottis Kopf schmerzte gewaltig.

Weil Elena Cassandra Tarabotti hinkte, hatte ihr Vater sie schon mit 13 Jahren fürs Kloster bestimmt. Vier Jahre später legte sie das Gelübde ab und erhielt den Namen Arcangela («Erzengel»). Doch selbst hinter Klostermauern fügte sie sich nicht ihrem Schicksal, verfasste Bücher und führte Korrespondenzen. Ihr berühmtestes, 1654 erschienenes Werk, *Tirrannia paterna*, war «eine vernichtende Anklage der Grausamkeit, die zu dem Elend führte, das sie und … viele andere Frauen erlitten», so charakterisiert es Stephen Greenblatt, «zugleich war es eine Schrift gegen die Lügen, zu denen Männer griffen, um diese Grausamkeit zu rechtfertigen.»[3] Tarabotti hatte die Patrix durchschaut: «Ihr eitlen Männer hasst die Schönheit der Frauen, weil euch eure unreinen Herzen davon abhalten, sich ihrer Gegenwart ohne Lust zu erfreuen.» Gott habe Eva verraten, dass hinter dem Teufel der Mann stünde, «der von nun an alle Schuld für seine Fehler bei dir abladen wird, der nichts anderes im Sinn hat, als dich zu täuschen, dich zu betrügen, dir alle Rechte der Herrschaft zu nehmen».[4]

Mitte des 17. Jahrhunderts waren die Mächte der Patrix noch intakt, die Inquisition setzte das Buch auf den Index. Doch Arcangela Tarabotti belegt einmal mehr: Immer und überall gab es Frauen, die protestierten. Mal laut, viel öfter leiser, meist ungehört. Immer und überall arbeitete die Patrix daran, ihre Techniken der Indoktrination zu perfektionieren, um die innere Stimme der Frauen zum Schweigen zu bringen.[5] Der Splitter im Verstand, das in der ersten Natur gründende Empfinden der Ungerechtigkeit, ist für uns eines der stärksten Argumente, die evolutionäre Perspektive einzubeziehen, um herauszufinden, wie die *Tirrannia paterna* zustande kam und was es braucht, sie auch noch in ihren letzten Verkrustungen zu beseitigen.

Wer hat Angst vor Charles Darwin?

Das Eva-Tabu hat seine Schuldigkeit getan und den Feminismus lange vor patriarchal kontaminierter Wissenschaft geschützt. Wir haben auf unserer Expedition durch die biologische und kulturelle Evolution des *Homo sapiens* gezeigt, was zur sozialen Ungleichheit von Frauen und Männern führte und jene Ungerechtigkeiten produzierte, die den schmerzenden Splitter in den Verstand der Frauen trieb. Die Haupterkenntnis: Es sind nicht die Gene und nicht die Männer an sich. Es ist die Kultur, die den Frauen das Leben schwermacht. Das ist eine gute Nachricht. Kultur ist zwar hartnäckig, aber veränderbar. Der Blick zurück zeigt: Das Klischee vom keulenschwingenden Steinzeitmacho könnte falscher nicht sein. Auch das eine gute Nachricht. Nicht weil der Alltag in grauer Vorzeit irgendeine Verbindlichkeit für uns heute besäße. Nein, es geht darum, dass unsere Vorfahren für eine wahrlich sehr, sehr lange Zeit bewiesen haben, dass eine annähernd geschlechtergerechte Welt möglich ist. Rein zeitlich betrachtet, lässt sich die immer delikate Gleichberechtigung von Frauen und Männern als Normalzustand des *Homo sapiens* bezeichnen. Das impliziert: Unsere in dieser Zeit evolvierten psychologischen Dispositionen haben kein Problem mit Egalitarität. Die Frage, die wir uns also stellen sollten: Wenn ein ausgeglichenes und solidarisches Verhältnis selbst unter einfachsten Bedingungen funktionierte – warum sollte das heute nicht auch gelingen?

Ein Einwand lautete lange: Die Machtübernahme der Männer sei eben dem Fortschritt geschuldet. Evolutionistische Denker des 19. Jahrhunderts propagierten das, und diese Idee spukt noch immer im kollektiven Unbewussten herum. Deshalb haben wir zu zeigen versucht: Patriarchat ist weder Schicksal noch Fortschritt. Es ist eine Verirrung! Unter den neuen, anonymen Bedingungen der sesshaften Welt erhielt eine uralte, auf Eigennutz und Dominanz setzende Primatenstrategie, die unsere Vorfahren eigentlich längst hinter sich gelassen hatten, ihre zweite Chance.

Wenn auch in negativer Weise illustriert diese Verirrung doch, wie enorm die kulturelle Flexibilität des Menschen ist. Die Diversität der Lebensweisen über Zeiten und Räume hinweg ist riesig. Warum sollte das nicht auch im Guten möglich sein? Kultur ist unser größtes Talent. Wir haben es in der Hand. Wer hat da noch Angst vor Charles Darwin?

#eslebedieEVAlution

Wir glauben, dass unsere Analyse der Genese der Patrix und die Rekonstruktion der Evalution eine Bereicherung für aktuelle Debatten sein kann, weil sie hilft, patriarchal kontaminierte Bereiche zu identifizieren und Konzepte eines gerechteren Zusammenlebens zu entwickeln. Rekapitulieren wir deshalb zunächst noch einmal die entscheidenden Schritte, die zur sozialen Ungleichheit der Geschlechter führten. Leider lässt sich das nicht twittertauglich auf zwei, drei Sätze herunterbrechen, dabei böten sich Hashtags wie *#eslebedieEVAlution* oder *#niedermitderpatrix* an. Wir fassen uns so kurz wie möglich.

Rund 99 Prozent der Menschheitsgeschichte lebten wir in kleinen, egalitären Gruppen als nomadische Jäger und Sammler. Das Verhältnis von Frauen und Männern befand sich in einem delikaten Gleichgewicht, beide trugen substanziell zum Familien- und Gruppenunterhalt bei. Frauen verfügten über eine Reihe effektiver Strategien, um die gelegentlichen Versuche der Männer, ihre physische Überlegenheit in soziale Macht umzumünzen, in Schach zu halten.

Mit dem Sesshaftwerden wurde das Gleichgewicht von zentrifugalen Kräften erfasst und geriet ins Schwanken. Erst neigte es sich in Richtung Frauen, die begonnen hatten, Pflanzen zu kultivieren, und damit am Anbeginn der Landwirtschaft standen, um dann doch zu den Männern zu kippen. Die Frauen zahlten für ihren Erfolg einen hohen Preis: Das sesshafte Leben führte zu einer Zunahme der Geburten, die bald eine Bevölkerungsexplosion auslösten. Zusammen mit der Arbeitsbelastung durch den Hackfeldbau schwächte das die weibliche Gesundheit massiv und brachte die Frauen in die Defensive. Andererseits weckten fruchtbares Land, Vieh und angehäufte Vorräte Begehrlichkeiten und mussten verteidigt werden. Deshalb setzten die Familien auf die Söhne. Die blieben also vor Ort, folglich mussten Frauen zum Heiraten ihre Familien verlassen; der sich einbürgernde Brautpreis machte sie tendenziell zum Handelsobjekt. Vor allem aber verloren Frauen, wenn sie an neue Orte oder in fremde Sippen wechselten, ihre angestammten Netzwerke und damit Unterstützung in jeder Hinsicht. Durch mitunter auftretenden Frauenmangel kam es zu Frauenraub und Kopfjagd, was kriegerische Auseinandersetzungen forcierte.

Die Bevölkerungszahlen stiegen und stiegen und verschärften die Konkurrenz. Die Gesellschaften wurden größer, anonymer, Seuchen grassierten, Krieg wurde alltäglich. Gewalt avancierte zum ultimativen Erfolgsrezept. Die Geschlechterrollen polarisierten sich, die Lebensbewältigungsstrategien differenzierten sich aus, geschlechterspezifische Religionsbereiche entstanden. Jagderfolg und großzügiges Verteilen der Beute schwanden als Quelle männlicher Reputation, Krieg übernahm diese Funktion. Ein martialisches Ethos formierte sich, in dem eine sich ums Töten drehende toxische Männlichkeit kultiviert wurde. Es verband sich auf das engste mit der männlichen Religionssphäre.

Wo die Ernten auf Dauer gut waren, die Gesellschaften größer wurden und die Solidarität schwand, kam es immer öfter zu Privatbesitz auf Familienbasis. Und der musste nicht nur verteidigt, sondern auch weitergegeben werden. Wo es gelang, das etwa durch das Erstgeburtsrecht zu institutionalisieren, entstand Reichtum – und damit soziale Ungleichheit in bisher unbekannten Ausmaßen. Das Vererben von Besitz ist eine kulturelle Erfindung, keine menschliche Selbstverständlichkeit. Es basiert auf der Aushebelung eines menschlichen Urgesetzes: der Verpflichtung zum Teilen, und führt zur Welt von Arm und Reich mit all ihren Ungerechtigkeiten.

Um sicherzustellen, dass der Erbe tatsächlich der Sohn des

Vaters war, wurden Frauen zur absoluten Treue gezwungen. Die Ehe wird zu einem patriarchalen Institut, um das Eigentum in der eigenen Linie weiterzugeben. Waren Männer besonders erfolgreich im Anhäufen von Besitz – die Gruppen als Kontrolle sozialen Verhaltens befanden sich längst in Auflösung –, nahmen sie sich mehr als eine Frau. Das heizte die Konkurrenz an.

Wo es, wie in Mesopotamien, gelang, gewaltige Überschüsse zu produzieren, und kleine Eliten diese monopolisierten, entstand Ungleichheit in despotischen Dimensionen. Die Herrscher der frühen Staaten hielten sich Harems, mit denen sie ihren Reproduktionserfolg maximierten, teils ging ihr Nachwuchs in die Hunderte. Kriege sorgten für ständigen Nachschub an Sklaven und Frauen. Um die Herrschaft zu legitimieren, etablierte sich der männliche Religionsbereich als Herrschaftsreligion. Sie war die wichtigste Stütze der Macht.

An einem eher unwahrscheinlichen Ort, unter eher unwahrscheinlichen Bedingungen entstand der Monotheismus als ein Sonderfall dieser Herrschaftsreligion; sein totalitärer Anspruch verbot – zumindest in der Theorie – alle alternativen religiösen Praktiken und enteignete damit die Frauen auch religiös. Das schwächte sie weiter und trieb ihre Isolation voran. Der Monotheismus gelangte dank überraschender Transformationen in das mächtigste Imperium seiner Zeit, wo er mit patriarchaler Philosophie und Wissenschaft verschmolz. Da die römischen Kaiser das absolutistische Herrschaftspotenzial des christlichen Monotheismus erkannten, adoptierten sie ihn als Staatsreligion, die in entscheidenden Punkten, wie der Rolle von Frauen und der Bedeutung des Reichtums, den Intentionen der Jesus-Bewegung geradezu diametral gegenüberstand. Die Kirche formierte sich als mächtigste und dauerhafteste Männerorganisation der Weltgeschichte und spendete den Königen des «christlichen Abendlandes» die höchste Legitimation. Hier vollendete sich die patriarchale Matrix. Sie simulierte nahezu perfekt eine Welt, in der Frauen als das zweite, minderwertige, zuweilen sogar gefährliche Geschlecht galten und die Sexualität verteufelt wurde. Die Patrix liefert den initiierenden und legitimierenden Rahmen für schlimmste Gewalt und die Diskriminierung von Frauen und allen, die nicht der Norm entsprachen.

Brechen wir hier ab, das weitere Schicksal der Patrix haben wir gerade im letzten Kapitel skizziert. Wichtig: Das alles sind kulturelle Entwicklungen! Die menschliche Welt hat sich innerhalb weniger Jahrtausende radikal gewandelt – zumindest in jenen Regionen, auf die wir uns beschränken. Das führt zu komplett neuen Rahmenbedingungen menschlichen Verhaltens; der *Homo sapiens* findet sich in ein neues Habitat versetzt. Unter komplett veränderten Bedingungen erweisen sich andere Verhaltensstrategien als erfolgreich. Außerdem funktionieren die alten Kontrollmechanismen nicht mehr. Die Stunde jener hat geschlagen, welche rücksichtslos die Chancen ausnutzen, die ihnen die veränderte Welt bietet. Auch hier hat die Bibel recht: Jenseits von Eden brechen dunkle Zeiten über die Menschen herein. Was wir Fortschritt nennen, ist in erster Linie Krisenmanagement.

Die Gleichzeitigkeit des Ungleichzeitigen

Was können wir daraus lernen? Zuallererst, dass die angebliche Normalität unserer Geschichte keine ist. Die letzten rund 10 000 Jahre stellen eine Ausnahmesituation dar, eine Radikalisierung menschlicher Möglichkeiten. Dass wir es gewohnt sind, die Menschheitsgeschichte ganz selbstverständlich als eine Abfolge von Königen und Kriegen zu sehen, ist ebenso ein Werk der Patrix. Genauso wie der Umstand, dass noch heute die meisten Darstellungen über Aspekte menschlicher Kultur erst mit der griechischen Antike beginnen. Das ist der Trick der Patrix: die Ausnahme, das heißt die patriarchale Verirrung, den Menschen als Normalzustand zu verkaufen.

Und was lässt sich konkret lernen? Nun werden wir nicht ins Fettnäpfchen treten und uns anmaßen, Ratschläge für das Heute zu erteilen. Das ist nicht unser Job. In diesem Feld sind längst viel berufenere Personen und Institutionen am Werk, außerdem gelangen wir damit in Bereiche größter Komplexität. Und überhaupt sind wir durch dieses Buch demütiger geworden: Wir haben gesehen, welchen Fehleinschätzungen Wissenschaftler durch die Geschichte hinweg in Sachen Geschlecht und Gesellschaft aufgesessen sind. Auch wir tragen noch alte Prägungen mit uns herum, die es verhindern, die heutige Wirklichkeit zu durchdringen. Die zweite Natur kanalisiert Wahrnehmung und Interpretation.

Was wir jedoch zum Abschluss unternehmen möchten, ist, auf die Gleichzeitigkeit des Ungleichzeitigen hinzuweisen, die das Leben so schwierig und kompliziert macht. Die Blindheit für die Gewordenheit der Kultur und der Genderrollen haben wir oft genug diagnostiziert. Wir dürfen nicht den Fehler begehen, die Gegenwart als das zu sehen, was einzig existiert. Immer ist im Jetzt auch Vergangenheit präsent und spurt Wege in die Zukunft vor. Wichtig dabei – und das wird wegen des Eva-Tabus zu selten gesehen –, dass die Vergangenheit in zwei verschiedenen Formen virulent ist. Einmal schleppen alle Menschen biologische Altlasten mit sich herum, die in den neuen Umwelten Schwierigkeiten bereiten. Und dann gibt es kulturelle Altlasten, die auf je spezifische Weise unser Leben beeinflussen. Fein säuberlich sind sie nie zu trennen, wie ohnehin die Antithese von Biologie und Kultur Fiktion ist. Es kommt immer auf die Interaktion an.

Biologische Altlasten

Unsere Zusammenfassung hat einmal mehr gezeigt: Wir leben unter komplett anderen Bedingungen als jenen, unter denen sich unsere psychologischen Verhaltensdispositionen entwickelt haben. Die Veränderungen fanden in zu kurzer Zeit statt, als dass sich unsere Psychologie an die neuen Bedingungen mehr als nur ansatzweise hätte anpassen können. Deshalb tragen wir Adaptionen an vergangene Umwelten mit uns herum, die nicht mehr existieren. Wir nennen diese biologischen Altlasten auch Mismatch. Manche von ihnen erweisen sich als hinderlich oder kontraproduktiv. Mitunter entfalten sie unter den neuen Bedingungen eine extreme Eigendynamik. Sehen wir uns zwei biologische Altlasten an, denen man mit dem Etikett «verhängnisvoll» nicht unrecht tut.

Genug ist nie genug

Die Gruppen der Jäger und Sammler besaßen ein wohlaustariertes System der Checks and Balances, um Egoismen unter Kontrolle zu halten. In dem Augenblick, in dem dieses in den anonymeren Gesellschaften implodiert und zugleich die Möglichkeit besteht, Ressourcen anzuhäufen, sind es in aller Regel Männer, die sich stärker als Frauen darum bemühen, Reichtum zu akkumulieren (was nicht heißt, dass es keine Frauen gäbe, die das tun). Die Ursache liegt im vorgestellten Bateman-Prinzip: Unter den meisten Bedingungen profitieren Männer mehr von Polygynie als Frauen von der Polyandrie, weil ein Mann mit vielen Frauen mehr Nachwuchs zeugen kann als eine Frau mit vielen Männern. Entsprechend hat sich in der Evolution bei Männern ein stärkerer psychologischer Drang entwickelt, andere zu übertreffen, was sich unter modernen Umständen in der Obsession niederschlägt, Machtpositionen zu erreichen und Reichtümer anzuhäufen, welche die Reproduktionschancen verbessern. Männer neigen entsprechend auch mehr als Frauen dazu, sich emotional an übermäßigem Reichtum und Macht zu berauschen und gesellschaftliche Ungerechtigkeit dafür in Kauf zu nehmen. Da diese Situation evolutionär neu ist, fehlt Menschen in Sachen Reichtum ein Sättigungsgefühl – genug ist nie genug!

Diese Dynamik schlägt sich in entsprechenden Genderrollen und kulturellen Rahmenbedingungen nieder, was die Entwicklungen verschärft und die Geschlechter auseinandertreibt, zumal Frauen als personifiziertes Reproduktionskapital von mächtigen, sich über alle Schranken hinwegsetzenden Männern monopolisiert werden.

In extremis haben wir das in den Exzessen der frühen, despotischen Staaten gesehen, die durch Sklaverei, Kriege, Monumentalität, Harems mit vielen Frauen und zuweilen Hunderten von Kindern zu charakterisieren sind. Weil Gesellschaften mit solch steilen Hierarchien rasch instabil werden, wird das Konzept megalomaner Ungleichheit auf Dauer etwas abgemildert oder zumindest nicht mehr so demonstrativ zur Schau gestellt. Aber andererseits: Lässt es sich anders als megaloman bezeichnen, wenn Stand 2016 die 62 reichsten Menschen genauso viel besitzen wie die arme Hälfte der Menschheit, also gut 3,7 Milliarden Menschen? Das heißt: Im Schnitt verfügt einer dieser Reichsten über so viel wie sechzig Millionen der Ärmsten![6] Von diesen 62 sind übrigens 53 männlich, und unter den 2101 Milliardären weltweit, die ein aktueller Milliardärsreport auflistet, sind nur 233 Frauen.[7]

Es gibt eine Vielzahl von Untersuchungen, die zeigen, dass soziale und wirtschaftliche Ungleichheit mit vielen Übeln einhergehen: einer schlechten Stellung von Frauen, erhöhten Raten an Kindersterblichkeit, Teenager-Schwangerschaften, Kriminalität und anderem mehr.[8] Die ungerechte Verteilung von Vermögen auf diesem Planeten hängt anthropologisch betrachtet mit denselben Prozessen zusammen, die zur massiven Schlechterstellung von Frauen führten.

Aber nicht vergessen: All dies resultiert aus geänderten kulturellen Rahmenbedingungen! Die längste Zeit der Menschheitsgeschichte äußerte sich der männliche Hang zur Konkurrenz in der Großzügigkeit gegenseitiger Unterstützung oder der Größe der angeschleppten Beute. Überdies existierten bestens funktionierende soziale Schranken, die egoistische Eskapaden verhinderten. Seitdem sich aber die Lebenswelt des *Homo sapiens* radikal veränderte, überhaupt erst die Möglichkeit der Ressourcenanhäufung entstand und die soziale Kontrolle fortfiel, schrieb sich die Maximierungslogik zutiefst in die menschliche Kultur ein und verselbständigte sich. Die Grenzen des Wachstums mögen heute noch so oft beschworen werden, die globale Kultur zielt auf Gewinnmaximierung – und produziert damit Ungleichheit und Ungerechtigkeit in exorbitantem Maße, Gewalt, Diskriminierung und Ausbeutung in immer perfideren Weisen und bedroht damit längst das Schicksal unseres Planeten. Das Problem ist nicht die Biologie, sondern eine historisch entstandene Kultur, der wir Phantastisches zu verdanken haben, aber die eben zu großen Teilen auf der Produktion von Ungerechtigkeit basiert.

Wenn Frauen zu Feinden werden

Das zweite Mismatch-Phänomen: Männer sind nicht nur physisch stärker, sondern in bestimmten Situationen auch schneller bereit, zu Gewalt zu greifen. In den frühen kulturellen Settings der Jäger und Sammler war das kaum ein Problem, sondern im gefahrvollen Kontext der Jagd ebenso wertvoll wie im eher seltenen Konfliktfall mit anderen Gruppen. Damit einher ging die Bereitschaft, den Feind zu entmenschlichen, ihm die Zugehörigkeit zur eigenen Art abzusprechen. Das ist altes Primatenerbe. Diese biologischen Dispositionen erhalten in einem völlig anderen kulturellen Rahmen ebenfalls neue Entfaltungsmöglichkeiten. Im Kontext von Bevölkerungsdruck und Konkurrenz wird das, was wir als toxische Männlichkeit beschrieben haben, zur neuen Reputations- und Machtquelle. Wo Krieg endemisch wird, ist auch das alte Jäger-Beute-Programm ständig aktiv und wird in neuer Weise kultiviert. Der besiegte Feind wird massakriert oder entmenschlicht und versklavt. Frauen werden vergewaltigt und als Beute verschleppt.

Wenn Frauen aus der Fremde kommen oder sogar Kriegsbeute sind, sie außerhalb der In-Group stehen, dann ist es ein kleiner Schritt, sie als «feindlich» zu kategorisieren. Das biologisch verankerte Freund-Feind-Denken wird in patriarchalen Situationen nun auf Geschlechterverhältnisse übertragen – was zu Exzessen gegen Frauen führt. Auch das ein Beispiel wie Kultur und Biologie zusammenspielen: Die Kultur zerbricht die alten Solidaritäten und schafft Gesellschaften, in denen Konflikte und Konkurrenz dominieren, was die entsprechenden biologischen Programme in ständige Einsatzbereitschaft versetzt.

Umso wichtiger ist es, heute dem binären Denken, wo immer möglich, den Riegel vorzuschieben, denn Dichotomien beschwören stets Gut-Böse- oder Freund-Feind-Muster. Wo Menschen oder Geschlechter als «Andere», «Fremde», «Feinde» konstruiert werden, kommt es zu Fremdgruppenhomogenisierung (die sind alle so!) und zum fundamentalen Attributionsfehler, der ihnen die Schuld an aktuellen Problemen zuschiebt und als einfachste Problemlösung suggeriert, diese angeblichen Urheber des Übels zu bekämpfen. Sie werden zu Sündenböcken.

Kulturelle Altlasten

Kulturelle Altlasten lassen sich in solche unterscheiden, die Individuen mit sich herumschleppen, und solche, die als Institutionen die Gesellschaft belasten. Zu den Ersteren gehört vieles, was uns zur zweiten Natur geworden ist: Geschlechterstereotype, Vorurteile, Mentalitäten. Die zweite Natur ist notorisch hartnäckig. Was wir in Kindheit und Jugend lernten, bestimmt unsere Überzeugungen oft ein Leben lang. Das kann besonders lästig und gefährlich werden, weil es den Menschen selbst als ebenso natürlich wie richtig erscheint, obwohl es doch je nach sozialem Milieu oder kultureller Herkunft differiert. Konflikte entzünden sich oft an Zweite-Natur-Divergenzen.

Aktuell können wir in vielen Lebensbereichen entsprechende Konflikte beobachten. Unsere Lebenswelt wandelt sich so rasch, dass das, was Menschen in ihrer Kindheit verinnerlichten, heute längst wieder veraltet ist. Das betrifft Erziehungs- wie auch Gendervorstellungen. In vielen stecken noch Sozialisierungsrelikte jener Zeiten, in denen die Hausfrau Ideal und Normalfall war und Frauen in manchen Ländern noch nicht einmal das Wahlrecht hatten. Wenn Frauen heute in alle Bereiche der Gesellschaft vorstoßen, sehen sie sich immer wieder mit solchen kulturellen Altlasten auf zwei Beinen konfrontiert.

Gesellschaftliche Konventionen, Ideologien oder Institutionen sind ebenfalls geronnene Geschichte und noch viel persistenter; sie transportieren in mal mehr, mal weniger großem Maße ihre Entstehungszeit ins Heute. Wir haben das Cultural-Lag-Phänomen beschrieben: Kulturelle Gebilde haben die Tendenz, den Ereignissen hinterherzuhinken. Damit geben sie einer Gesellschaft als Traditionen Stabilität, erschweren aber als Verkrustungen den Wandel.

Die Anwesenheit des Antiquierten: Patriarchale Vergangenheit lastet noch immer bleiern auf der Gegenwart, obwohl sich die konkreten Umstände zum Besseren gewendet haben. In Recht und Steuerwesen finden sich noch mehr als genug Regulierungen, die an der patriarchalen Kleinfamilie orientiert sind. Wir haben es mit kulturellem Mismatch zu tun: Da passt die Kultur nicht zu der Weise, in der wir aktuell leben. Patriarchale Phantasmen plagen noch immer Frauen und saugen ihnen wie Vampire Kraft aus. Vielleicht helfen diese Erkenntnisse, ihnen endlich einen Pflock ins Herz zu rammen.

Natürlich sind nicht alles nur Altlasten; die Patrix ist noch nicht tot. Auch das haben wir thematisiert, sie produziert neue Phantasmen; sie versucht, ihre Kräfte, so hat es den Anschein, in den digitalen Welten zu bündeln. Und sie verschmilzt, wie schon seit jeher, nur allzu bereitwillig mit anderen Diskriminierungsformen, was zu neuen Hybriden und Transformationen führt. Deshalb ist Intersektionalität, die Analyse der vielgestaltigen Diskriminierungen, unverzichtbar. Diese addieren, akkumulieren sich und reichern ihre Toxizität an. Selbst wenn eine Benachteiligung aus dem Weg geräumt wird, bestehen andere fort.

Wir müssen aufpassen, keine Eulen nach Athen zu tragen, schlimmer noch: Mansplaining zu betreiben. Die patriarchalen Kontaminationen unserer Gegenwart hat der Feminismus längst en détail herausgearbeitet. Uns geht es allein darum, zu illustrieren, welche Chancen die Aufgabe des Eva-Tabus eröffnet. Ein evolutionsskeptischer Feminismus hat mit der Schwierigkeit zu kämpfen, zu erklären, wie es zu dieser oder jener patriarchalen Altlast kam, und sieht sich allzu oft mit dem Argument konfrontiert, es sei doch schon immer so gewesen.[9] Bezieht man aber die menschliche Vorgeschichte ein, wird schnell deutlich, dass diese oder jene Tradition eben nicht schon ewig besteht, sondern es sich um eine patriarchale, meist nicht allzu weit zurückreichende Neuerung handelt, und dass in 99 Prozent der Menschheitsgeschichte die Angelegenheiten zwischen Frauen und Männern anders praktiziert wurden.

Es geht keinesfalls darum, einen neuen normativen Ursprungsmythos zu fabrizieren. Das wäre ein naturalistischer Fehlschluss! Wir bringen auch unsere invaliden Alten nicht mehr um, obwohl das vielerorts in besagten 99 Prozent der Menschheitsgeschichte Usus war. Vielmehr lässt sich so in einem ersten Schritt zeigen, dass patriarchale Traditionen menschheitsgeschichtlich eine Ausnahmeerscheinung sind, dass also alternatives Verhalten möglich war und ist. Dann kann in einem zweiten Schritt analysiert werden, wie und aus welchen Gründen es zu diesem Sonderfall kam, wem er nützte und wem er schadete. Wenn dieser Sonderfall keine Verbesserung war oder seine Funktion erfüllt hat, ist er mit bestem Gewissen zu entsorgen. In einem letzten Schritt ist zu prüfen, ob sich die ursprünglicheren, also die evolutionär bewährten Konzepte nicht sinnvoll aktualisieren lassen, haben sie doch den Vorteil, gut mit unserer ersten Natur zu korrespondieren – oder ob es ganz neuer Ansätze bedarf.

Wir illustrieren dieses Prinzip nun am Beispiel einiger besonders verbreiteter kultureller Altlasten. Damit soll keine Aussage über deren Dringlichkeit getroffen werden, wohl aber zeigen sie die Möglichkeiten eines anthropologischen Ansatzes, alternative Optionen zu skizzieren, die einst über lange Zeit funktionierten und sich womöglich inspirierend auf heutige Debatten auswirken.

Monogamie modern

Aus welchen Quellen sich die Ehe, also das institutionalisierte Ideal lebenslanger Treue speist, haben wir ausführlich thematisiert. Es handelt sich um eine patriarchale Erfindung, die gewährleistete, dass Eigentum in der männlichen Linie effektiv weitergegeben wurde. Dazu beraubte sie vor allem Frauen ihrer sexuellen Autonomie – weil der Treueanspruch in der Regel nur für sie galt und sie an Mann und Besitz kettete. Es ist also eine Innovation, die zulasten der Frauen ging und nichts mit der heute damit assoziierten «ewigen Liebe» zu tun hatte. De facto handelte es sich die meiste Zeit um eine Alibimonogamie zugunsten der Männer.

Die Entwicklungen der letzten Jahrzehnte bestätigen diese Perspektive: Die fortschreitende Emanzipation von Frauen und ihre zunehmende ökonomische Selbständigkeit schlagen sich in einem rasanten Anstieg der Scheidungen nieder. Wir haben es also nicht mit dem oft beklagten moralischen Niedergang zu tun, sondern mit der Rückkehr zur anthropologischen Normalität. Lebenslange Ehe ist nicht die Regel, keine Norm, die jeder erfüllen muss. Sie kann allenfalls ein Ideal sein, das jedem anzustreben offensteht.

Wenn also die Paarbeziehung auf Zeit, die serielle Monogamie, die längste Zeit der Evolution die gewohnte Praxis des *Homo sapiens* war, stellt sich die Frage, ob die Ehe auf Zeit nicht auch heute die ehrlichere Praxis wäre. Gesellschaftlich ist sie längst zum Normalzustand geworden (wie auch die Lösung aus der heteronormativen Zwangsjacke). Es wäre also an der Zeit, die institutionellen Rahmenbedingungen anzupassen. Das würde die Lage an der Beziehungsfront entspannen und nicht zuletzt dafür sorgen, dass sich die Partner jeweils stärker engagieren, ist das Zusammenbleiben dann doch nicht mehr schlichter Ausweglosigkeit geschuldet.

Der in der Eva-Perspektive entscheidende Punkt: Die serielle, nie allzu exklusive Monogamie ist die längste Zeit der Menschheitsgeschichte ein Schutz für Frauen gewesen, um lieblose, zu wenig engagierte oder gewalttätige Männer zu verlassen. Diese Option hat die Monogamie auf Lebenszeit unmöglich gemacht. Sie band Frauen auf Gedeih und Verderb an ihre Ehemänner. Noch heute verharren Frauen in nicht mehr gewollten Ehen, weil sie die wirtschaftlichen Konsequenzen fürchten. Und weil sie Angst haben, als alleinerziehende Mütter ohne Hilfe dazustehen (gleich mehr dazu).

Hier zeigt sich die Macht der Patrix: Ihr ist es gelungen, ein romantisches Ideal ewiger Liebe zu etablieren, das vielen Menschen so zur zweiten Natur geworden ist, dass sie sich nichts sehnlicher wünschen als dessen Erfüllung. So vermeiden sie es, sich das Scheitern einer Ehe einzugestehen, weil es als Zerplatzen des großen Traums, als ein persönliches Versagen empfunden wird. Nicht wenige Frauen bleiben bei ihrem gewalttätigen oder notorisch untreuen Mann, weil sie sich sagen: «Er ist doch mein Mann! Wir haben uns geschworen, uns zu lieben, in guten wie in schlechten Tagen – bis der Tod uns scheidet.»

Von wegen Rabenmutter

Damit sind wir bei der zweiten kulturellen Altlast: dem Frauenbild, das in der Mutterschaft die eigentliche weibliche Bestimmung sieht. Dessen Zustandekommen haben wir zur Genüge untersucht. Noch heute stehen Frauen, die einen abweichenden Weg nehmen, unter Rechtfertigungszwang, obwohl es eine Selbstverständlichkeit sein sollte, dass Frauen völlig frei sind zu entscheiden, ob sie Mutter werden wollen oder nicht. Die weibliche Autonomie in allen Belangen ist die logische Konsequenz der Beseitigung der patriarchalen Matrix. Da droht auch keine Gefahr, wenn das Eva-Tabu fällt. Es gibt kein evolutionäres Diktat, Mutter zu sein. Genauso wenig wie eines zur Vaterschaft. Menschen sind mehr als ihre biologischen Funktionen.

Spätestens wenn Frauen Kinder bekommen, holt viele von ihnen das Mutterideal ein. Dass sie sich nicht mehr für ihren Mann aufopfern, ist Normalität geworden; dass sie sich auch nicht völlig für ihre Kinder aufopfern müssen, noch nicht.[10] Unter dieser kulturellen Altlast drohen viele Frauen zusammenzubrechen. Wie patriarchal kontaminiert diese Vorstellung ist, zeigt der Blick zurück: Die gemeinsame Sorge um die Kinder war unser Erfolgsrezept. Menschenmütter haben anders als ihre Geschlechtsgenossinnen bei den Schimpansen nie allein die Kinder betreut. Jeder im Mikrokosmos eines Lagers von Jägern und Sammlern half. Die kooperative Kinderfürsorge war kein Hippie-Luxus, es war der einzige Weg, zu überleben. Ohne Hilfe konnten die Eltern nicht genügend Kalorien für ihre Kinder zusammenbringen. Hilfsbedürftig begann das Leben eines jeden Menschen, für mehrere Jahrzehnte leistete sie oder er dann Hilfe, um im hohen Alter wieder Hilfe zu empfangen. Damit dieses System funktionierte, hat «Mutter Natur» menschliche Babys und Kleinkinder so betörend gestaltet, dass Menschen kaum anders können, als sich um sie zu kümmern, auch wenn es nicht die eigenen sind. Das Cooperative Breeding machte uns erst zu Menschen. Es legte die Basis für unsere größten Fähigkeiten: Zusammenarbeit und kulturelle Evolution.

Da hat die patriarchale Welt das ganze Gegenteil herbeigeführt, indem sie Frauen von ihrer Verwandtschaft separierte und Männer in die Lohnarbeit schickte. Die Kleinfamilie kettete Frauen noch mehr an ihre Männer, stellen diese oft genug die einzig halbwegs verfügbare Hilfe dar. Alleinerziehend zu sein, also ohne jegliche Unterstützung von wem auch immer, ist nicht nur aus evolutionärer Perspektive solch ein Albtraum, dass sie in Beziehungen bleiben, die alles andere als gut für sie sind.

Wir führten aus, wie wichtig es immer war (und ist), dass Mütter spüren, genügend Unterstützung zur Verfügung zu haben. Einer Mutter, allein die Sorge um die Kinder aufzubürden, ist neben all den damit verbundenen Lasten vor allem mental eine gewaltige Zumutung. Funktionierende Netzwerke sind nötig, ganz gleich, ob diese nun verwandtschaftlicher, freundschaftlicher oder professioneller Natur sind.

Einige Stimmen warnen, kleine Kinder in die Hände anderer zu geben, aber Kinder werden durch diese sogenannte «allocare» nicht geschädigt – vorausgesetzt natürlich, diese anderen Betreuerinnen oder Betreuer sind vertraute Menschen, die sich verlässlich um sie kümmern.[11] Das ist während Jahrhunderttausende der Normalfall gewesen. Damit gehört der Vorwurf der «Rabenmutter» für Frauen, die sich nicht tagein, tagaus vollumfänglich um ihre Kinder kümmern, nur allzu offensichtlich in die Mottenkiste patriarchaler Phantasmen.

Aus emanzipatorischer wie evolutionärer Perspektive ist es deshalb eine besondere gesellschaftliche Herausforderung, neue, auf stabilen und kreativen Netzwerken beruhende Modelle der Kinderbetreuung zu entwickeln, die allen offenstehen und nicht ihrerseits wieder neue prekäre Verhältnisse schaffen. Kinder aufzuziehen, war in besagten 99 Prozent der Menschheitsgeschichte nicht die Last der Frau allein, warum also sollte das heute anders sein? Auch Kinder profitieren von der Vielzahl verbindlicher und verlässlicher Bezugspersonen, was den kognitiven und sozialen Input gehörig steigert und bereichert. Eine gleichberechtigte Gesellschaft wird nur möglich sein, wenn neue Wege zum Wohle aller gefunden werden und das Problem nicht allein den Familien, was noch allzu oft «den Frauen» bedeutet, aufgebürdet wird.

Das erste Mal

In diesen Kontext gehört auch: Mütter waren immer mehr als allein Mütter (sie können das, wenn sie denn wollen, heute natürlich sein und sich ganz ihren Kindern widmen). Und damit sind wir bei der nächsten kulturellen Altlast: der Arbeitswelt. Auch hier zeigt der Blick zurück: Frauen, ob Mütter oder nicht, haben immer einen substanziellen Beitrag zum Unterhalt der Gruppen und Familien geleistet. Die alleinige Hausfrau ist ein relativ junges und auch nur auf bestimmte soziale Schichten beschränktes Phänomen. Trotzdem wurden Frauen durch die Geschichte hinweg systematisch aus großen Teilen der Arbeitswelt und vor allem den Berufen mit höherer Reputation ausgeschlossen. Die Konsequenz: Die moderne

Arbeitswelt mit ihrer Fokussierung auf Hierarchien, Konkurrenz und Profitmaximierung funktioniert nach männlichen Spielregeln, was sich nicht zuletzt in dem vieldiskutierten «Gender Pay Gap» niederschlägt.

Die Fortschritte der letzten zwanzig, dreißig Jahre jedoch sind mehr als vielversprechend, allerorten sind Frauen auf dem Vormarsch, und das Tempo nimmt zu und zu. Dass mancherorts Männer schon fürchten, unter die Räder zu kommen, haben wir behandelt. Die evolutionäre Perspektive hilft, die Besonderheit der Situation zu erkennen. Zunächst handelt es sich hier um ein sehr bemerkenswertes Faktum, das nicht die gesellschaftliche Diskussion erfahren hat, die es verdient hätte: Wir haben es nämlich mit einem Novum in der menschlichen Evolutionsgeschichte zu tun. Erstmals arbeiten die Geschlechter systematisch in den gleichen Bereichen auf Augenhöhe zusammen und treten in Konkurrenz zueinander.[12] Zwar trugen durch die Evolution des *Homo sapiens* hinweg immer alle Geschlechter zum Gruppen- und Familienunterhalt bei, taten das aber in weitgehend getrennten Arbeitsbereichen (wenn es auch zu Zusammenarbeiten kommen konnte). Im letzten Jahrhundert arbeiteten Frauen und Männer vermehrt in den gleichen Sparten – aber auf deutlich voneinander geschiedenen Hierarchiestufen. Heute finden sie sich gleichberechtigt in den gleichen Arbeitssphären und Karrierelevelн wieder.

Die Konsequenzen sind nicht zu unterschätzen: Erstens ist es notwendig, die Arbeitswelt gerecht zu gestalten, indem die Spielregeln und grundlegenden Mechanismen entmännlicht und damit genderneutral gestaltet werden. Das ist eine gewaltige Herausforderung, die ein kapitalistisches Wirtschaftssystem bis ins Mark treffen könnte (wir erinnern an den oben erwähnten männlichen Hang zur Gewinnmaximierung im Zeichen des Bateman-Prinzips). Aber sie könnte bestens mit dem längst überfälligen Umbau der Arbeitswelt harmonieren, die nicht nur die Erfordernisse einer ökologisch nachhaltigen Gesellschaft erfüllt, sondern auch die diversen Ungerechtigkeiten dieser Welt verringern will.

Zweitens erscheint es angebracht, überhaupt erst einmal ein Bewusstsein für dieses Novum auszubilden und konstruktive Lösungen zu entwickeln. Dazu gehört wohl auch ein gewisses Maß an Nachsicht: Wir üben alle noch – und die zweite Natur ist, wie gesagt, sehr hartnäckig. Kooperation statt Konfrontation lautet das Rezept, Binaritäten überwinden, auf Diversität setzen, Hierarchien abbauen und dem alten Freund-Feind-Denken keine Angriffsfläche bieten. Aber wir wiederholen es gerne: Unser Talent zur Kultur ist famos, Menschen sind die lernfähigste Spezies des Planeten.

Drittens ist Chancengleichheit für alle die *Conditio sine qua non*. «Solange es nicht zur Alltäglichkeit wird, dass Väter für die Kinderbetreuung und den Haushalt genauso verantwortlich sind wie Mütter, werden die Märkte Frauen diskriminieren», urteilen die Politologen Torben Iversen und Frances Rosenbluth.[13] Das sollte heute eine ökonomische Selbstverständlichkeit sein. Doch es braucht mehr. Auch wenn sich Männer wie Frauen im Familienhaushalt gleich engagieren und selbst wenn ganz neue Möglichkeiten der Kinderbetreuung geschaffen werden, bleibt ein Handicap für Frauen bestehen: Kinder zur Welt zu bringen, ist zumindest auf absehbare Zeit noch ihr Job. Sie tragen die gesundheitlichen und mentalen Belastungen und Risiken und die daraus resultierenden beruflichen Benachteiligungen. In einer gendergerechten Welt sollte es daher zwingend eine gesellschaftliche Kompensation geben. Diesmal ist wirklich die Biologie schuld – und es ist Aufgabe der Kultur, das zu kompensieren.

Es gäbe in diesem Kontext noch so viel zu sagen. Aber das wird bereits getan, das müssen wir nicht auch noch tun, bewegen wir uns ohnehin längst auf Gebieten außerhalb unserer Kompetenzen. Dennoch erschien es uns nötig, einige dieser Problemfelder kurz anzureißen, um unseren Hauptpunkt zu illustrieren: Die meisten Probleme, mit denen sich Frauen Tag für Tag herumschlagen, aber auch viele Paare und Familien, liegen eben nicht in ihrer eigenen Verantwortung. Es ist aber seit Evas Tagen ein typischer Trick der Patrix, sie ihnen allein in die Schuhe zu schieben und dabei noch das Gefühl des Ungenügens und ständigen Scheiterns zu evozieren. Es handelt sich um strukturelle Probleme, deren Wurzeln tief in die Vergangenheit zurückreichen. Eine evolutionäre Perspektive kann helfen – das ist unsere Überzeugung –, die Erfindung der sozialen Ungleichheit von Frauen und Männern rückgängig zu machen und Frauen, Eva inklusive, Gerechtigkeit widerfahren zu lassen.

Geraubte Erfahrungen

Zum Schluss müssen wir uns noch einer letzten kulturellen Altlast zuwenden: der Religion. Dieses Buch zeigt, welch zentrale Rolle sie in unseren Regionen bei der Unterdrückung von Frauen, wie der Menschen überhaupt, spielte. Wir identifizierten die Kirche in Verbindung mit den weltlichen Autoritäten für die längste Zeit als Hauptproduzenten der patriarchalen Matrix. Jedoch haben wir es hier lediglich mit einem Typus von Religion zu tun. Dieser bekämpfte so erfolgreich alle anderen religiösen Sphären, dass er heute noch den meisten Menschen als die tatsächliche Religion gilt. Solange Frauen hier noch an sich diskriminiert werden – und nichts anderes ist das Verwehren des Zugangs zu zentralen Ämtern der katholischen Kirche –, haben wir es mit einem massiven Emanzipationshindernis zu tun.

In unserer Perspektive erscheint das offizielle Christentum in der Vergangenheit als das erfolgreichste Instrument männlicher Herrschaft. Wir haben viel Aufwand betrieben, um zu zeigen, wie sich die kulturelle Evolution der Religion vollzogen hat, wie sich ein männlich dominierter Religionsbereich herauskristallisierte, dessen Hauptaufgabe es war – neben Welterklärung und kulturellem Schutzsystem –, Herrschaft zu legitimieren, und zwar jene der wenigen über die vielen und der Männer über die Frauen. Deshalb war es unverzichtbar, herauszuarbeiten, dass sich der Erfolg des Christentums seiner außerordentlichen Qualitäten als Herrschaftsreligion verdankt und nicht den egalitären und frauenfreundlichen Lehren des Jesus von Nazareth, die in ihr Gegenteil verkehrt wurden.

Es entsprach der totalitären Herrschaftslogik des Monotheismus, jegliche religiöse Konkurrenz zu bekämpfen. Das ist eine Frage der Macht, nicht des Glaubens! Wir haben die religiöse Enteignung der Frauen und dann auch aller Menschen detailliert beschrieben und gezeigt, wie die sich gegen Frauen richtende Sexualfeindlichkeit als eines der wichtigsten Energiezentren der Kirche fungierte. Weil jedoch die angestammten religiösen Sphären eng mit dem religiösen Substrat des *Homo sapiens* korrespondierten, verschwanden sie nicht. Da die offizielle Religion sie nicht eliminieren konnte, denunzierte sie diese als Aberglauben und damit die Frauen gleich mit, die in jenen Bereichen dominierten, weil die offiziellen Sphären ihnen nur wenig zu bieten hatten und ohnehin nur beschränkt offenstanden.

Seitdem die Kirchen an Macht verlieren, blüht das, was wir als Religion von unten bezeichnet haben, auf, und zwar in einer bunt wuchernden Vielfalt. Die Säkularisationsthese, dass in der aufgeklärten Welt die Religion verschwindet, hat sich nicht bestätigt, ist diese doch in der ersten Natur der Menschen verwurzelt. Während lange eher abschätzig über Esoterik oder Spiritualismus die Nase gerümpft wurde, wird nun neutraler und aufgeschlossener von «populärer Religion» gesprochen, ohne dass diese sich in ihrer Diversität auf einen Nenner bringen ließe.[14] Auch das ist Emanzipation: religiöser Pluralismus, Nichtglauben inklusive, statt dogmatischer Monokultur.

Die zweite Welle des Feminismus in den 1970ern und 1980ern zeichnete sich zuweilen durch esoterische Züge aus; oft ging es um Selbsterfahrung und die Ausbildung einer spezifisch weiblichen Spiritualität als Befreiung aus patriarchaler Zweckrationalität. Nicht selten wurden aber gerade diese esoterischen Strömungen benutzt, um das feministische Projekt an sich zu diffamieren. Den angeblich weiblichen Hang zu Irrationalität und Aberglauben zu kritisieren, ist ein altbewährtes Mittel, weibliche Positionen lächerlich zu machen.

Aus evolutionärer Perspektive drängt sich die ketzerische Frage auf, wie sich das, was wir als Religion von unten beschrieben haben, wohl entwickelt hätte, wenn die Religion von oben nicht versucht hätte, sie mit Stumpf und Stiel auszurotten. Menschen haben schließlich heute auch noch ein Faible für Musik, Tanz, Ästhetik und irreale Welten, das im Widerspruch zur Funktions- und Rationalitätslogik der modernen Welt steht und welches sie trotzdem nicht missen möchten. Hätte also das in der ersten Natur verwurzelte religiöse Substrat des *Homo sapiens* nicht auf ähnliche Weise kultiviert werden können, wie das mit Musik oder Tanz geschehen ist? Könnte es sein, dass die Patrix in der Vergangenheit nicht nur die Welt um das Genie der weiblichen Hälfte der Menschheit betrogen hat, sondern auch die Menschen einer besonderen Erfahrungsdimension beraubte?

Denn all das, was Religion heute so umstritten und zuweilen gefährlich macht – die Intoleranz, der Machtwille, der Glaubenszwang, die moralischen Vorschriften, die dogmatische, zutiefst veraltete Welterklärung und Fixierung auf das Böse, die Sexualitätsfeindlichkeit und Frauendiskriminierung –, das ist nichts, was genuin religiös wäre. Das sind alles, und das kann man gar nicht genug betonen, Züge der männlich dominierten Herrschaftsreligion, die dazu diente, Macht abzusichern und Konkurrenz zu beseitigen. Wir wollen hier kein Plädoyer für Irrationalität oder Spiritualität halten. Wir fragen uns nur, ob sich die Herrschaft der Patrix nicht noch viel umfassender gestaltet hat, als wir das ahnen.

Und Eva?

Wir haben viele angebliche Wahrheiten über Eva kennengelernt. Und wir haben gesehen, wie sie missbraucht wurden, um vor allem Frauen, aber auch Männer zu dominieren. Unsere eigene Wahrheit über Eva möchte helfen, sie von den Lügen zu befreien, und zeigen, dass weder Eva noch ihre biologischen Ahninnen irgendwelche

Schuld an der weiblichen oder gar menschlichen Misere tragen. Mögliche Geschlechtsunterschiede taugen nicht dazu, die soziale Ungleichheit von Frauen und Männern herzuleiten, geschweige denn zu begründen. Die frohe Botschaft: In schätzungsweise 99 Prozent unserer Vergangenheit war Gleichberechtigung kein Problem. Die Kultur, nicht die Biologie macht Frauen das Leben schwer.

Was wissen wir aber wirklich über Eva? Immerhin, dass sie sich frei und selbstbestimmt dazu entschieden hat, nach der Frucht vom Baum der Erkenntnis zu greifen, weil sie diese verlockend fand und klug werden wollte. Und dass Adam ihr bereitwillig folgte. Die Lehre aus der Evalution? Zumindest dies: Wir sind eine Spezies, die extrem sozial und durch ihre evolutionäre Geschichte nicht für übergroße Ungleichheit prädestiniert ist. Insofern gilt es, die Vorstellung zu begraben, dass Geschlecht, ganz gleich, ob Sex oder Gender, wie jede andere soziale Kategorie auch, eine einschränkende und hierarchisierende Macht über menschliches Leben haben darf. Eva war frei und parlierte selbst mit einer Schlange. Wir sollten nicht mehr blind für diese Wahrheit sein.

DANK

Zugegeben, *Die Wahrheit über Eva* mag ein etwas vermessen klingender Titel sein. Doch er hat uns durch dieses Projekt getragen. Schon bei unserer evolutionären Lektüre der Bibel (*Das Tagebuch der Menschheit*) staunten wir über eine auffällige Diskrepanz: Einerseits begegneten wir im Buch der Bücher starken Frauen in großer Zahl, andererseits fanden sich noch mehr Versuche, das weibliche Geschlecht unter Kontrolle zu bringen. Angesichts unseres Wissens über die zentrale Rolle von Frauen in der menschlichen Evolution diskutierten wir immer wieder, ob es nicht an der Zeit sei, sich einmal an der Wahrheit über Eva zu versuchen, um die Lügen über sie und all ihre Nachfahrinnen aus der Welt zu räumen.

Während es normalerweise immer eine Reihe erklärender Ausführungen braucht, um eine Buchidee zu vermitteln, erledigte das zu unserem Erstaunen in diesem Fall der Titel fast schon allein. Sofort sahen wir in leuchtende Augen, schon beschenkten uns unsere Gegenüber mit einer Fülle von Anregungen, Assoziationen, Literaturhinweisen und Geschichten, aber auch großer Neugier. Diese Begeisterung hat uns durch das alles andere als leichte Buchprojekt geführt, das eigentlich eine ganz neue Menschheitsgeschichte verlangt hätte. Schließlich geht es in diesem Buch letztlich um die zentrale Frage, wie die Welt so schrecklich ungerecht werden konnte.

Deshalb freut es uns sehr, uns jetzt ganz herzlich bei folgenden Menschen für Inspiration, Unterstützung, bereichernde Diskussionen, klugen Input, Kritik und findige Erklärungen zu bedanken: Judith Burkart, Sabine Carbon, Bettina Dennerlein, Jared Diamond, Gabriele Fischer, Konstanze Geppert, Lydia Gless, Kristen

Hawkes, Sarah Blaffer Hrdy, Adrian Jaeggi, Franziska Knoll, Cheryl Knott, Christoph Kucklick, Julia Kunz, Becca Lewis, Frank Marlowe, Harald Meller, Anna Michel, Katharina Michel, Nikolai Michel, Catherine Mittermeyer, Marco Milella, Michael Plavcan, Susanne Risch, Marcelo Sanchez, Konrad Schmid, Hans-Konrad Schmutz und Maria van Noordwijk.

Was wir aus all diesen Anregungen fabrizierten, geht komplett auf unsere Kappe. Als Autorenduo pflegen wir die idiosynkratrisch anmutende Praxis, das eigentliche Schreiben und dessen Ergebnisse bis zur Veröffentlichung für uns zu behalten. Wir wollen niemandem die Verantwortung dafür aufbürden, und wir glauben auch, dass gerade bei einem ohnehin im ständigen Diskussionsprozess befindlichen Team die Abschirmung hilft, die Thesen so stringent wie möglich zu formulieren.

Bedanken möchten wir uns einmal mehr bei unseren Agenten Max Brockman, Russell Weinberger und Michael Healey, die dieses Projekt mit bewährter Professionalität begleitet haben. Im Rowohlt Verlag hat Moritz Schuller das Buch von Anfang an mit großem Interesse und Engagement unterstützt und stand uns in allen Dingen äußerst verlässlich zur Seite. Antje Röttgers hat mit großer Gelassenheit und Professionalität den Lektoratsprozess gemanagt. Zu Dank sind wir auch Nora Gottschalk, Lisa Harder, Tessa Martin, Carolin Mungard und Daniel Sauthoff verpflichtet. Gleich zwei Verlegerinnen und einem Verleger haben wir für ihr Vertrauen und ihre Unterstützung zu danken: Barbara Laugwitz, Florian Illies und Nicola Bartels.

Zuallerletzt sei der Schlange zumindest gedacht, die Eva geraten hat, zur Frucht zu greifen, die uns schlau machte. Ein Buch wie dieses wäre ohne all die Berge des Wissens nicht möglich gewesen, die es zu jeder erdenklichen Facette des Themas gibt. Wir haben nicht einmal den geringsten Teil davon rezipieren können – und schon das war eine enorme Bereicherung. Das Talent zur kulturellen Evolution, zum Teilen von Wissen, ist unsere größte Chance. Danke Schlange, danke Eva!

ANHANG

Anmerkungen

Verschlusssache Eva

1 Eller, 2000, 1 f.
2 Konrad, 2018, 14. Penny, 2015, 16. Rosin, 2013, 12.
3 de Beauvoir, 2017, 86. Bourdieu, 2013, 144.
4 Hausen, 1992, 23. Cyba, 2010. Butler, 2016, 18 f., 63 f.
5 Higgins, 2018.
6 Solnit, 2017.
7 Vandermassen, 2005, 5, 15.
8 Beard, 2018, 60 f.
9 Ghose, 2018.
10 Harari, 2015, 191.
11 Harari, 2015, 197.
12 Gilmore, 2001.
13 J.B. Peterson, 2018, 97, 105, 83.
14 Lang/Peters, 2018.
15 Shostak, 2001. Hrdy, 2002, 273. Hill/Hurtado, 1996. Marlowe, 2010.
16 Lerner, 1995. Ehrenberg, 1992.
17 Hrdy, 2002, 39.
18 de Beauvoir, 2017, 334, 57.
19 de Beauvoir, 2017, 91.
20 de Beauvoir, 2017, 334.
21 Pease/Pease, 2007.
22 Bischof-Köhler, 2011, 159.
23 Vandermassen, 2005. Saini, 2017. Siehe auch Schütze, 2017.
24 Smuts/Smuts, 1993. Smuts, 1995. Hrdy, 2002. Hrdy, 2010.
25 Hrdy, 2002, 140.
26 Meyer, 2015.
27 Vandermassen, 2005. Bischof-Köhler, 2011. Saini, 2017. Siehe auch Palm, 2008.
28 Vandermassen, 2005, 15. Übersetzungen aus englischer Originalliteratur stammen von uns.
29 Lerner, 1995, 23.
30 Vandermassen, 2005, 13.
31 Bischof-Köhler, 2011, 35. Siehe auch Saini, 2017, 3.
32 Bischof-Köhler, 2011, 44.
33 Hausfater/Hrdy, 1984. van Schaik/Janson, 2000.
34 Harari, 2015, 184.
35 Karl, 2011, 231.
36 Meller, 2015a.
37 Utrio, 1987.
38 Higgins, 2018.
39 Butler, 2016, 18 f., 63 f.
40 Woolf, 2016.
41 Bourdieu, 1979, 165. Bourdieu, 2013, 63, 8.
42 Foucault, 2000.
43 Geertz, 2002.
44 de Beauvoir, 2017, 194.
45 https://gaiauniversity.org/event/climate-change-and-the-patrix/
46 Hill Collins, 1990.
47 Butler, 2016.
48 Criado-Perez, 2020.
49 Bourdieu, 2013, 197.
50 Greenblatt, 2018, 153.
51 Pagels, 1994, 23.

52 Greenblatt, 2018, 15.
53 Gen 3,6. Alle Bibelzitate stammen, soweit nicht anders angegeben, aus der Lutherbibel 2017.

Schritt 1: Die Lüge über Eva
1 Als Eva eine Göttin war

1 Korpel/de Moor, 2015.
2 Stokowski, 2018.
3 Willmes, 2008.
4 Gen 1,26–29. Auch die weiteren Bibelzitate stammen aus Gen 1–3.
5 Flasch, 2004, 21.
6 Mollenkott, 1983. Keel, 2008. Siehe auch Schroer, 2014.
7 Katechismus, 2005, 376
8 de Beauvoir, 2017, 23.
9 Ego, 2011, 11.
10 van Schaik/Michel, 2016, 72 f.
11 Flasch, 2004, 23 f. Siehe auch Plaskow, 2005. Zingsem, 2009.
12 Schmid, 2008.
13 Ego, 2011, 28. Otto, 1996, 175.
14 Schmid, 2008, 153–155. Siehe auch Schmid/Schröter, 2019.
15 Ego, 2011, 29 f.
16 Flasch, 2004, 32. 1 Kor 11,2–10.
17 Zit. nach Greenblatt, 2014, 147 f.
18 Schüngel-Straumann, 2014, 11.
19 Böttrich, 2011, 80.
20 Greenblatt, 2018, 146. Siehe auch Schüngel-Straumann, 2014, 79.
21 Tilly/Zwickel, 2011, 44–52. Siehe auch Cline, 2018.
22 Finkelstein, 2014.
23 Pfeiffer, 2006.
24 Wir stützen uns zu Ugarit auf Korpel/de Moor, 2015, und werden im Weiteren nicht jede Stelle belegen.
25 Willmes, 2008.
26 A. Fischer, 2015. Schmid, 2002.
27 Ruppert, 2003, 167.
28 Katechismus, 2005, 391 f.
29 Flasch, 2015, 125–130.
30 Korpel/de Moor, 129 f.
31 Heine, 1994. Ziege, 1995. Plaskow, 2005.
32 Marsman, 2003, 738.
33 van Schaik/Michel, 2016, 157–258.
34 Bourdieu, 2013, 7 f., 168.
35 Weber, 1980, 580.
36 Piaget, 1992, 326 f.
37 Kelemen, 2004.
38 van Schaik/Michel, 2016, 454–456.
39 Harari, 2015, 184.
40 Stokowski, 2016, 180–185. Flaßpöhler, 2018, 38–42.
41 Dawkins, 2013, 36–40.

Schritt 2: Willkommen zur Evaluation!
2 Die doppelte Evolution

1 Maddox, 2002.
2 Darwin, 2008, 583.
3 McShea/Brandon, 2010, 115.
4 Bredekamp, 2005. Voss, 2007.
5 Dobzhansky, 1973, 125.
6 Richerson/Boyd, 2005. Richerson/Christiansen, 2013.
7 van Schaik, 2004.
8 Schuppli/van Schaik, 2019.
9 van de Waal et al., 2012.
10 Henrich, 2016, 102–104.
11 Binder, 2015.
12 Visser, 2017, 186.
13 Mace/Jordan, 2011.
14 Krause/Trappe, 2019, 85–88.
15 Turchin et al., 2018. Diamond, 2005.
16 Henrich, 2016.

3 Wie wir Menschen wurden

1 Grundlegend van Schaik, 2016.
2 Plummer et al., 2009. Ferraro et al., 2013.
3 Cowlishaw, 1995.
4 Tutin, et al., 1983.
5 Cunha/Wagner/van Schaik (in Vorbereitung).
6 Cowlishaw 1994.
7 Kortlandt, 1967.
8 Willems/van Schaik, 2017.
9 Roach et al., 2013.
10 Samuni et al., 2018
11 Ostner et al., 2013.
12 Wrangham, 2009. Michel, 2017.
13 Rose/Marshall, 1996.
14 Bramble/Lieberman, 2004. Liebenberg, 2006.
15 Gurven et al., 2006.
16 Isler/van Schaik, 2012.
17 Sear/Coall, 2011.
18 Blurton-Jones, 2016.
19 Crittenden/Marlowe, 2008. Hill et al., 2011.
20 Heldstab et al., 2019.
21 Isler/van Schaik, 2012.
22 Burkart et al., 2014.
23 Rapaport, 2011.
24 Bardi et al., 2001.
25 Judith Burkart, persönliche Mitteilung. Siehe auch Culot et al., 2011.
26 Hrdy, 2002, 449.
27 Harvati et al., 2019.
28 Kelly, 2013, 1–7. Finlayson/Warren, 2010, 9–112.
29 Clutton- Brock, 2016.
30 Bird et al., 2019.
31 Marlowe, 2003b.
32 Marlowe, 2010. Kelly, 2013.
33 Gough, 1971.
34 Walker et al., 2013.
35 Sahlins, 2017. Berbesque et al., 2014.
36 Wiessner, 1982. Kaplan, 2000.
37 Sahlins, 2017.
38 Hobbes, 1976, 96.
39 Gurven/Kaplan, 2007
40 Meller/Schefzik, 2015.
41 Flannery/Marcus, 2012.
42 van Schaik/Michel, 2016, 28–33.
43 Bourdieu, 2013, 140.
44 de Beauvoir, 2017, 61. Siehe auch Bourdieu, 2013, 140.
45 Gigerenzer, 2007. Dobelli, 2011.
46 Rosa, 2016.

4 Was wir über Sex und Gender wissen sollten

1 Darwin, 1860.
2 Darwin, 1871.
3 Bluhm/Gowaty, 2004.
4 Pradhan/van Schaik, 2009.
5 Huchard et al., 2011
6 Brown et al., 2009.
7 Betzig, 2012. Konner, 2015, 168f. Hrdy, 2002, 111.
8 Oberzaucher/Grammer, 2014.
9 Clutton-Brock/Isvaran, 2007.
10 Parker, 2006.
11 Hollis/Kawecki, 2014. Kubli/Bopp, 2012.
12 Holland/Reis 1999.
13 van Schaik, 2016. Weingrill/van Schaik, 2011.
14 Muller, 2017.
15 Knott et al., 2009. Fox, 2002.
16 van Schaik et al., 2004. Hrdy/Whitten, 1987. Stumpf et al., 2011.
17 van Schaik/Janson, 2000.
18 van Schaik et al., 2004. Zusammengefasst in: van Schaik, 2016, Kap. 11. Weingrill/van Schaik, 2011.
19 Hrdy, 2002, 112–116.
20 Daly/Wilson, 1988. Hill/Hurtado, 1996.

21 Darwin, 1871, 639.
22 Smuts, 1992. Smuts, 1995. Hrdy, 2013.
23 Owens, 2002. Stölting/Wilson, 2007.
24 Gwynne, 1984, 1991.
25 Rogers/Mukherjee, 1992.
26 Abe et al., 2003.
27 Plavcan, 2012.
28 Zarulli et al., 2018.
29 Marlowe, 2004.
30 Die folgenden Ausführungen stützen sich stark auf van Schaik, 2016. Siehe auch Weingrill/van Schaik, 2011.
31 Setchell et al., 2006.
32 Singh et al., 2010.
33 Karremans et al., 2010.
34 Zaadstra et al., 1993.
35 Jasienska et al., 2004.
36 Emery Thompson/Alvarado, 2012.
37 Baranowski/Hecht, 2015.
38 Buss, 2018.
39 Clutton-Brock, 1991. Meredith, 2015. Lonsdorf, 2017.
40 Betzig, 2012.
41 Byrd-Craven/Geary, 2007. Bischof-Köhler, 2011.
42 Für mehr Details siehe Blackless et al., 2000. Konner, 2010. Meredith, 2015.
43 Whiting/Edwards, 1988.
44 Konner, 2015, 43.
45 Meredith, 2015. Ebenso gibt es geschlechtsspezifische Unterschiede in der Gehirnstruktur, die jedoch nur gering sind und möglicherweise ebenso sehr den Entwicklungsinput wie die Veranlagung widerspiegeln. Siehe Saini, 2017.
46 Lonsdorf, 2017.
47 Konner, 2010. Draper, 1999.
48 Marshall Thomas, 2006, 176f.
49 Daly et al., 1982.
50 Lerner, 1995, 38.
51 Weber, 1980, 581.
52 Mill, 1869, 37f.
53 Savin-Williams et al., 2012.
54 Diamond, 2016.
55 Bailey et al., 2016.
56 Graham, 2004. Siehe auch Peletz, 2009.
57 Konner, 2015, 22.
58 Bailey/Zuk, 2009.
59 van Schaik/Michel, 2016, 187f.
60 Vasey, 1995. Kirkpatrick, 2000.
61 Frank Marlowe, persönliche Mitteilung.
62 Bailey et al., 2016.
63 de Waal, 1995.
64 Meredith, 2015.
65 Segal, 2003.

Schritt 3: Mythendämmerung
5 Der Mythos der Monogamie

1 Broude, 1980.
2 Lev 20, 10.
3 Röder, 2014, 15.
4 Marlowe, 2000.
5 Marlowe, 2010. Kelly, 2013.
6 Marlowe, 2003a, 2003b.
7 Engels, 1884, 27–30.
8 Ryan/Jethá, 2010.
9 Siehe auch Saxon, 2012.
10 Dixson, 2009.
11 Utami-Atmoko et al., 2009.
12 Puts et al., 2012.
13 Motta-Mena/Puts, 2017.
14 Schmitt, 2014.
15 Welling/Puts, 2014.
16 Jones et al., 2019.
17 Wilson/Daly, 2009.
18 Stephens, 1972.
19 Hill/Hurtado, 1996.
20 Hawkes/Bliege Bird, 2002.

21 Hrdy, 2010, 212–216.
22 Walker et al., 2010.
23 Hill/Hurtado, 1996.
24 Hrdy, 2010, 213 f.
25 Imamura, 2015.
26 Broude, 1980.
27 Mehr Details finden sich in van Schaik, 2016, Kap. 11, 12.
28 Friedl, 1994.
29 Ben Mocha et al., 2018. Siehe auch Ben Mocha, 2020.
30 Baniel et al., 2019.
31 Hrdy, 2010, 216.
32 Hrdy, 2010, 213.
33 Alexander/Noonan, 1979.
34 Gen 3,16.
35 Robson et al., 2006.
36 Sear/Mace, 2008. Winking et al., 2011.
37 Quinlan/Quinlan, 2007.
38 Scelza et al., 2020.
39 Binswanger, 2017. Walker, 2018. Martin, 2019.

6 Der Mythos männlicher Überlegenheit

1 Ardrey, 1961.
2 Morgan, 1972, 8.
3 Friedan, 1963.
4 Wang et al., 2001. Abe et al., 2003.
5 Friedl, 1975. Tanner/Zihlman, 1976. Reiter, 1975. Dahlberg, 1981.
6 Cohen, 2019. Owen, 2009.
7 Thomas/French, 1985. Herzlichen Dank an Nikolai Michel für die Hinweise zum Werfen.
8 Thomas et al., 2010.
9 Fastest baseball pitch (male/female): www.guinnessworldrecords.com
10 Calvin, 1991.
11 J. B. Peterson, 2018, 64.
12 Dux, 1992, 422. Dux sagt aber auch, die Stärke allein sei nicht entscheidend.
13 Bourdieu, 2017, 289.
14 Lewis, 2002.
15 Ein schönes Beispiel findet sich in Norscia et al., 2009.
16 Noë et al., 1991. Noë/Hammerstein, 1995.
17 Fruteau et al., 2009.
18 Dunham, 2008. Lewis, 2018.
19 Lewis/Kirk/Gosselin-Ildari, in review.
20 Arseneau-Robar et al., 2016a.
21 Andelman, 1987.
22 Arseneau-Robar et al., 2016b.
23 Muller/Pilbeam, 2017.
24 Douglas et al., 2016.
25 Furuichi/Hashimoto, 2002. Furuichi, 2011. Wrangham, 2002.
26 Surbeck et al., 2011.
27 Goodall, 2010. Mitani et al., 2010.
28 Wrangham, 2002.
29 Muller/Wrangham/Pilbeam, 2017.
30 Lewis/Kirk/Gosselin-Ildari, in review.
31 Leacock, 1978.
32 Endicott, 1981.
33 Draper, 1975, 77.
34 Marlowe, 2010.
35 Leacock, 1978.
36 Marlowe, 2010.
37 Wilson et al., 2017.
38 Marlowe, 2010.
39 Leacock, 1978, 1983.
40 Marlowe, 2010. Walker et al., 2011.
41 Margolis, 2003.
42 Endicott, 1981.
43 Boehm, 1999. Boehm, 2012.
44 Marlowe, 2010, 173.
45 Diamond, 2012, 205.

46 Nolan/Lenski, 2009. Marshall Thomas, 2006.
47 Aberle, 1961.
48 Holden et al., 2003.
49 Konner, 2015, 152. Gough, 1961.
50 Wu et al., 2013.
51 Kurland, 1979. Holden et al., 2003.
52 Gough, 1961. Wesel, 1980.
53 Reeves Sanday, 1981. Sanday, 1973.
54 Hartung, 1985. Scelza, 2013.
55 Schneider, 1961. Kurland, 1979.
56 Goethals, 1971. Kurland, 1979. Scelza, 2013.
57 Reeves Sanday, 1981. Palmer, 1988.
58 Daly et al., 1982.
59 Schneider, 1961.
60 Gleeson/Kusnick, 2018.

Schritt 4: Der tatsächliche Sündenfall
7 Fortschritt? Matriarchat? Große Göttin?

1 Kummer, 1968.
2 Konner, 2015, 6.
3 Bourdieu, 2013, 7.
4 Engels, 1884, 9 f.
5 Tylor, 1873. Morgan, 1877.
6 Fehlmann, 2011, 15.
7 Childe, 1964, 55.
8 Sahlins, 2017, 1–37.
9 Diamond, 1987, 64 ff.
10 Harari, 2015, 101–109.
11 Röder/Hummel/Kunz, 2001, 7, 371.
12 Davies, 2010, 1.
13 Wesel, 1980, 18.
14 Fehlmann, 2011, 67. Auch zum Folgenden.
15 Bachofen, 1975, 78.
16 Bachofen, 1975, 91 ff. Fehlmann, 2011, 69.
17 Wesel, 1980, 15 f.
18 Fehlmann, 2011, 64.
19 Fehlmann, 2011, 65.
20 Bachofen, 1975, 12.
21 Fehlmann, 2011, 70, 67.
22 Fehlmann, 2011, 64. Lanwerd, 1993, 81.
23 Engels, 1984, 58.
24 Wesel, 1980, 18–30. Davies, 2010, 217–242. Boss/Elsaghe/Heiniger, 2018.
25 Engels, 1884, 28.
26 Reinisch, 2012, 19.
27 Engels, 1884, 40, 46.
28 de Beauvoir, 2017, 96.
29 Laugsch, 2011.
30 Adovasio/Soffer/Page, 2007, 251 f.
31 Gould Davis, 1971. Borneman, 1980. Eisler, 1989. Miles, 1990.
32 Fehlmann, 2010, 265.
33 Röder/Hummel/Kunz, 2001, 72.
34 Fehlmann, 2010, 269–271. Fehlmann, 2011.
35 Bamberger, 1974, 280.
36 Loraux, 2012, 56.
37 Eller, 2000, 6 f.
38 Laugsch, 2011.
39 Antl-Weiser, 2008, 191.
40 Wesel, 1980. Konner, 2015, 152.
41 Lerner, 1995, 58.
42 Eller, 2000, 3.
43 J.B. Peterson, 2018, 35 f., 95 f.
44 J.B. Peterson, 2018, 64, 95, 557. Neumann, 1956.
45 J.B. Peterson, 2018, 498, 500.
46 Geary, 2006, 12–14.
47 Beard, 2018, 64.
48 Fehlmann, 2011, 66.
49 J.B. Peterson, 2018, 98.
50 J.B. Peterson, 2018, 32 f.
51 Connell, 1995. Dinges, 2005.

8 Evas Griff zur Frucht

1 Fehlmann, 2010, 267. Fehlmann, 2011.
2 Goody, 1977. Ehrenberg, 1993, 114ff.
3 Boserup, 1970. Alesina/Giuliano/Nunn, 2013. Hansen/Jensen/Skovsgaard, 2012.
4 Göttner-Abendroth, 1988, 105.
5 Lerner, 1995, 24f.
6 Glencross/Boz, 2014, 90.
7 Reich, 2018. Krause/Trappe, 2019.
8 Weniger, 2017, 335.
9 Kölbl, 2014, 90f.
10 Mélard, 2017, 364.
11 Farbstein, 2017, 697. Ehrenberg, 1992, 79f.
12 Kölbl, 2014, 93.
13 Adovasio/Soffer/Page, 2007, 119.
14 Zit. nach Antl-Weiser, 2008, 5.
15 Soffer, 1999.
16 Cook, 2015.
17 Antl-Weiser, 2008, 5. Siehe auch Daly/Wilson, 1988.
18 Kölbl, 2014, 91.
19 Cohen, 2018, 345f. Siehe auch Cohen, 2003.
20 Oliva, 2017, 349–354.
21 Finlayson/Warren, 2010, 86. Trinkaus/Buzhilova, 2012.
22 Kelly, 2013, 256. Ferguson, 2013.
23 Trinkaus/Buzhilova, 2012.
24 Uthmeier, 2017, 311. Weniger, 2017, 334.
25 Finlayson/Warren, 2010, 33–38. Weniger, 2017, 334.
26 Parzinger, 2014, 65f., 73.
27 Goodman et al., 1985. Owen, 2005. Marlowe, 2007. Adovasio/Soffer/Page, 2007, 77, 184. Bliege Bird/Bird, 2008. Kelly, 2013, 218–222. Kästner, 2014.
28 Adovasio/Soffer/Page, 2007, 176–183.
29 Adovasio/Soffer/Page, 2007, 189, 192, 86.
30 Snow, 2013. Nelson et al., 2017.
31 Ambros et al., 2018, 173. Farbstein, 2017, 689f.
32 Grosman/Munro/Belfer-Cohen, 2008. Grünberg, 2013.
33 Olszewski, 2018, 6. Grosman/Munro/Belfer-Cohen, 2008. Munro/Grosman, 2010.
34 Zum Beispiel Ehrenberg, 1992, 90. Adovasio/Soffer/Page, 2007, 245. Konner, 2015, 146.
35 Groman-Yaroslavski et al., 2016.
36 Flannery/Marcus, 2012, 122. Shennan, 2018, 19. Mithen, 2003, 20f. Weiss et al., 2008. Nadel/Weiss/Groman-Yaroslavski, 2016. Olszewski, 2018, 4.
37 Olszewski, 2018.
38 Shennan, 2018, 19.
39 Revedin et al., 2010.
40 Finlayson/Warren, 2010, 60. Kaplan et al., 2016.
41 Flannery, 1969.
42 Shennan, 2018, 19–22.
43 Arbuckle, 2015.
44 Olszewski, 2018.
45 Schyle, 2015, 49.
46 Shennan, 2018, 16f., 24f., 29f. Meller, 2015a.
47 Shennan, 2018, 30–38.
48 Benz, 2008, 121. Kelly, 2013, 252f.
49 Shennan, 2018, 37.
50 Shennan, 2018, 30.
51 Finlayson/Warren, 2010, 17, 80.
52 Shennan, 2018, 22f.
53 Hawkes/Bliege Bird, 2002. Arbuckle, 2015.
54 Kelly, 2013, 222ff.

55 Arbuckle/Atici 2013. Arbuckle, 2015.
56 Eshed et al., 2010. Ferguson, 2013.
57 Maher et al., 2012.
58 Eshed et al., 2004b. Bolger/Wright, 2013, 376. Boz, 2007, 241. J. Peterson, 2016.
59 Macintosh/Pinhasi/Stock, 2017.
60 Eshed et al., 2004b. J. Peterson, 2010.
61 Hrdy, 2002, 233–245. Auch zum Folgenden.
62 Shostak, 2001, 9–14.
63 Marciniak/Perry, 2017.
64 Konner, 2015, 149f. Scott, 2017, 107f.
65 Meyers, 2013, 53f.
66 Wells et al., 2012, 2018. Boz, 2007, 244.
67 Konner, 2015, 151. Bei der Übersetzung haben wir das Zitat entsprechend der Lutherbibel erweitert.
68 Larsen et al., 2015, 2019.
69 Zit. nach Hrdy, 2002, 241.
70 Crawford, 2009. Clark, 2010.
71 J. Peterson, 2010. Larsen et al., 2015, 2019.
72 Zarulli et al., 2018.
73 Eshed et al., 2004a.
74 Renfrew/Bahn, 2017, 469.
75 Shennan, 2018, 10.

9 Adam auf Sinnsuche

1 Schulz, 2006.
2 Aurenche, 2007, 51.
3 Balkan-Atli/Cauvin, 2007.
4 Müller-Neuhof, 2015b, 155f.
5 Parzinger, 2014, 122–125. Schmidt, 2006, 38.
6 Renfrew/Bahn, 2017, 468.
7 Müller-Neuhof, 2015a, 127–130. Ferguson, 2013. Glencross/Boz, 2014.
8 Parzinger, 2014, 140–150. Larsen et al., 2015, 2019. Hodder, 2007.
9 Larsen et al., 2015, 2019. Benz et al., 2018.
10 Özbaşaran/Cutting, 2007, 116.
11 Hodder, 2007, 124.
12 Mellaart, 1967, 188, 233.
13 Fehlmann, 2011, 164–167.
14 Mellaart, 1967, 237–240.
15 Eller, 2000, 22f.
16 Ehrenberg, 1992, 80.
17 Hodder, 2006, 2010, 2014, 2019.
18 Cutting, 2007, 133.
19 Meskell, 2007. Hodder/Meskell, 2011. Croucher/Belcher, 2017, 445.
20 Hansen, 2007, 199.
21 Croucher/Belcher, 2017, 454.
22 Cutting, 2007, 128.
23 Reich, 2018. Krause/Trappe, 2019.
24 Hauptmann, 2007, 86f. Parzinger, 2014, 127f.
25 Hauptmann/Schmidt, 2007, 70f.
26 Schmidt, 2006, 15–17.
27 Schmidt, 2006, 93–96.
28 Schmidt, 2007, 74.
29 Parzinger, 2014, 130–132.
30 Parzinger, 2014, 132.
31 Schmidt, 2006, 165.
32 Parzinger, 2014, 133.
33 Schmidt, 2006, 255. Dietrich et al., 2019.
34 Dietrich et al., 2019.
35 Cauvin, 2000.
36 Harari, 2015, 118f.
37 Shennan, 2018, 49f. Dietrich et al., 2019.
38 Hauptmann/Özdoğan, 2007, 30f. Aurenche, 2007, 51.

39 Shennan, 2018, 50.
40 Schmidt, 2006.
41 Hauptmann/Özdoğan, 2007, 31.
42 Dietrich et al., 2012, 5.
43 Schmidt, 2006, 127.
44 Meskell, 1995. Meskell, 2007.
45 Hodder/Meskell, 2011, 259.
46 Hodder/Meskell, 2011. Auch die folgenden Zitate stammen von dort.
47 Hodder/Meskell, 2011, 239.
48 Schmidt, 2006, 56.
49 Özdoğan, 2007, 58.
50 Lichter, 2007, 248 f.
51 Schmidt, 2007, 93–95.
52 Shennan, 2018, 44.
53 Benz, 2008, 121.
54 Shennan, 2018, 44, 50.
55 Schmidt, 2006, 240.
56 Dietrich et al., 2019.
57 Haklay/Gopher, 2020.
58 Mauss, 1996.
59 Kelly, 2013, 221 f.
60 Arbuckle, 2015.
61 Hodder/Meskell, 2011.
62 Flannery/Marcus, 2012, 104–109.
63 Sutlive, 1978. Nolan/Lenski, 2009.
64 Risch, 2015, 39 f.
65 Santana et al., 2012.
66 Gresky/Haelm/Clare, 2017.
67 Meller, 2015b.

10 Die zwei Sphären der Religion

1 Criado-Perez, 2020, 11.
2 Meller et al., 2016.
3 de Beauvoir, 2017, 12.
4 Hodder/Meskell, 2012, 250.
5 Parzinger, 2014, 136.
6 Hauptmann/Özdoğan, 2007, 30 f. Siehe auch Benz et al., 2018.
7 Guthrie, 1993. Boyer, 2004. Wright, 2009. Barett, 2011, 2012, 2013. Bering, 2011. van Schaik/Michel, 2016. Aslan, 2018.
8 Das Folgende orientiert sich an: van Schaik/Michel, 2019. Barett, 2013. Bloom, 2004.
9 Bering, 2011, 154.
10 Bering, 2011, 156.
11 Wernhart, 2004, 85.
12 van Schaik/Michel, 2016, 350–371. Siehe auch: Flannery/Marcus, 2012, 50 f. Edzard, 2009, 19.
13 Bering, 2011, 123.
14 Parzinger, 2014, 116.
15 Hodder, 2006, 148. Lichter, 2007, 251 f.
16 van Schaik/Michel, 2019.
17 Wright, 2009. Peoples/Duda/Marlowe, 2016.
18 van Schaik/Michel, 2016, 120 ff.
19 Flannery/Marcus, 2012, 110–152.
20 Flannery/Marcus, 2012, 104–109.
21 Shennan, 2018, 21.
22 Henrich, 2009.
23 Lesure, 2017, 38, 57.
24 Flannery/Marcus, 2012, 114, 142.
25 Croucher/Belcher, 2017.
26 Croucher/Belcher, 2017.
27 Meskell, 2007, 2017. Hansen, 2007. Croucher/Belcher, 2017.
28 Hansen, 2007. Özdoğan, 211, 256. Lesure, 2017, 40.
29 Goodison/Morris, 2013, 278.
30 Shennan, 2018, 50.
31 Bolger/Wright, 2013.
32 Berger/Luckmann, 1998, 58.
33 Özdoğan, 211, 256.

Schritt 5: Die Erfindung der Ungleichheit

11 Das Problem mit dem Eigentum

1 Flannery/Marcus, 2012, 33. Boehm, 1999.
2 Marlowe, persönliche Mitteilung.
3 van Schaik/Michel, 2016, 63–66.
4 Die folgenden Interpretationen folgen: van Schaik/Michel, 2016.
5 Gen 4,19–24.
6 Gen 6,1–4.
7 van Schaik/Michel, 2019.
8 *Das Gilgamesch-Epos*, 2014, 47f.
9 Gen 6,19.
10 Mühling, 2009.
11 Finkelstein/Silberman, 2004, 134f.
12 2 Sam 5,12–13.
13 2 Sam 11.
14 Dtn 17,17.
15 Betzig, 2008, 34, 82.
16 Benz, 2008, 136.
17 Schyle, 2015, 49. Shennan, 2018, 33f.
18 Shennan, 2018, 51f.
19 Parzinger, 2014, 144, 159.
20 Larsen et al., 2015, 2019.
21 Shennan, 2018, 54. Bogard/Isaakidou, 2010.
22 Flannery/Marcus, 2012.
23 Diamond, 2012, 524.
24 Freud, 2010. Rosa, 2016.

12 Zwischen Isolation und Barbarenglück

1 Diamond/Robinson, 2011.
2 Krause/Trappe, 2019.
3 Cunliffe, 2016, 53. Shennan, 2018, 55–78.
4 Shennan, 2018, 79–105.
5 Macintosh/Stock/Pinhasi, 2017. Guilaine, 2007, 174.
6 Parzinger, 2014, 234f.
7 Meller, 2015a, 25f.
8 Shennan, 2018, 94, 97.
9 Aberle, 1961. Holden/Mace, 2003.
10 Bollongino et al., 2012.
11 Schneider, 1961, 7. Boyer, 2018, 128.
12 Bentley et al., 2012.
13 Todd, 2018, 38.
14 Wesel, 1997, 36.
15 Lerner, 1995, 44f. Lévi-Strauss, 2009.
16 Kramer, 2010.
17 Voland, 2007, 112–114.
18 Gronenborn, 2016, 66.
19 Bentley et al., 2012.
20 de Beauvoir, 2017, 15.
21 Friedan, 2016, 13.
22 Gronenborn, 2016, 61, 66f.
23 Meller, 2015c, 109.
24 Meller, 2015a, 25f. Meller, 2015c. Schefzik, 2015.
25 Keller/Winger, 2019, 14.
26 Sherrat, 1981.
27 Morris, 2015, 59. Martin, 2019, 123–140. Criado-Perez, 2020, 201–216.
28 Boserup, 1970. Nolan/Lenski, 2009. Alesina/Giuliano/Nunn, 2013. Hansen/Jensen/Skovsgaard, 2012.
29 Meller, 2015a, 27.
30 Martin, 2019, 138.
31 Parzinger, 2014, 246f.
32 Krause/Trappe, 2019, 158ff. Knipper et al., 2017.
33 Meller/Michel, 2018.
34 Goody, 2002, 71.
35 Ehrenberg, 1992, 186–189.
36 Keller/Winger, 2017, 11.
37 Keller/Winger, 2017, 16. Krausse/Ebinger-Rist, 2018, 169f.

38 Krausse/Ebinger-Rist, 2018, 170–172. Kolarczik, 2017.
39 Derks, 2012, 101.
40 Krausse/Ebinger-Rist, 2018, 172.
41 Ehrenberg, 1992, 189–192. Krausse/Ebinger-Rist, 2018, 172–175.
42 Beard, 2018, 64
43 Taube, 2013, 54.
44 Scheer, 2011, 51, 105.
45 Tiersch, 2013, 114.
46 Herodot, *Historien*, 4,110–117.
47 Ivantchik, 2013, 73–87.
48 Scheer, 2011, 34. Appelt, 2009. Eller, 2011. Mayor, 2014.
49 Vieweg, 2020.
50 Todd, 2018, 71–74.
51 Staecker/Toplak, 2019, 137–160.
52 Maravall Buckwalter/Baten, 2019.

13 Die Macht der Götter

1 Parzinger, 2014, 160. Selz, 2005, 12.
2 Edzard, 2009, 15. Flannery/Marcus, 2012, 283.
3 Edzard, 2009, 15.
4 Bourdieu, 2017, 288.
5 Diamond, 2005. Pinker, 2011.
6 Wittfogel, 1977.
7 Carneiro, 1973.
8 Bourdieu, 2017.
9 Clark, 2010, 16, 26. Furuse/Suzuki/Oshitani, 2010.
10 Clark, 2010, 84f.
11 Edzard, 2009, 48.
12 Scott, 2017, 97.
13 Edzard, 2009, 108.
14 Edzard, 2009, 135. Selz, 2005, 108.
15 Maul, 2013.
16 Krebernik, 2012, 106.
17 Krebernik, 2012, 106.
18 Krebernik, 2012, 105. Edzard, 2009, 22, 53.
19 Selz, 2005, 34.
20 Selz, 2005, 14, 33.
21 Bauer, 1998, 518.
22 Selz, 2005, 40.
23 Jacobsen, 1976, 73.
24 van Schaik/Michel, 2019.
25 Jacobsen, 1976, 104–110, 135–143. Siehe auch Krebernik, 2012, 62–65. Und grundlegend: Groneberg, 2004.
26 Radner, 2017, 21. Frahm, 2013, 93–95.
27 Selz, 2005, 31–41.
28 Selz, 2005, 39f.
29 Frahm, 2013, 106.
30 Jacobsen, 1976, 83.
31 Frahm, 2013, 106. Jacobsen, 1976, 77f. M. Lang, 2010, 10f.
32 Radner, 2017, 13–20.
33 Schmid/Schröter, 2019, 110f. Edzard, 2009, 79. Frahm, 2013, 261.
34 Novák, 2017, 61.
35 Radner, 2017, 30–41.
36 Zettler/Horne, 1998.
37 Radner, 2017, 42–49. Frahm, 2013, 108. Baadsgaard, 2011.
38 Edzard, 2009, 129f.
39 Edzard, 2009, 170.
40 Frahm, 2013, 49.
41 Hodder/Meskell, 2011, 259.
42 Novák, 2017,74.
43 Edzard, 2009, 54. Radner, 2017, 27.
44 B. Lang, 2002, 66–68.
45 Jacobsen, 1976, 95. Kottsieper, 2013. Koenen, 2006. Koenen, 2009.
46 Wilkinson, 2015, 29–69.
47 B. Lang, 2002, 65–99.
48 B. Lang, 2002, 69.
49 Rosen, 2013, 127–158.
50 Shehata, 2018.

51 Novák, 2017, 63.
52 Crüsemann, 2005, 17 f. Wright, 2009.

14 Treue, Jungfräulichkeit und andere Ungeheuerlichkeiten

1 Zit. nach Zgoll, 2008, 17.
2 Zgoll, 2008, 9. Radner, 2017, 39.
3 Stol, 2016, 476.
4 Frahm, 2013, 118 f. Edzard, 2009, 80. Weiershäuser, 2008, 249–254.
5 Radner, 2017, 39.
6 Lerner, 1995, 52 f., 103 f.
7 Lerner, 1995, 96.
8 Lerner, 1995, 103.
9 Millett, 1971, 34.
10 Weiershäuser, 2008, 232.
11 Lerner, 1995, 86. Frahm, 2013, 102 f.
12 Stol, 2016, 536–538.
13 Frahm, 2013, 53.
14 Wilkinson, 2015, 289–295.
15 Flannery/Marcus, 2012, 417. Wilkinson, 2015, 291 f.
16 Lerner, 1995, 22 f.
17 Jursa, 2004, 69 f. Stol, 2016, 138. Radner, 2017, 39.
18 Scelza, 2013.
19 Weiershäuser, 2008, 25–27, 272.
20 1 Kön 2,19.
21 Jursa, 2004, 68.
22 Stol, 2016, 66.
23 Jursa, 2004, 68.
24 Frahm, 2013, 53.
25 Stol, 2016, 127.
26 Dyma, 2010.
27 Stol, 2016, 209–253. Crüsemann, 2005, 299. Schmid/Schröter, 2019, 129–134.
28 Lev 20,10. Siehe auch: Dtn 22, 22.
29 Ex 20,17.
30 Lerner, 1995, 150.
31 Bourdieu, 2013, 39.
32 Lerner, 1995, 161–181. Stol, 2016, 22–28.
33 Lerner, 1995, 181.
34 Rebay-Salisbury, 2017, 64.
35 Stol, 2016, 165–193. Friedl, 2000.
36 Friedl, 2000, 284.
37 Dyma, 2010. Stol, 2016, 167. Und zum Folgenden 459–554.
38 Weiershäuser, 2008, 201.
39 Friedl, 2000, 32.
40 Stol, 2016, 533. Weiershäuser, 2008, 271.
41 Veblen, 2000.
42 Lerner, 1995, 172.
43 Stol, 2016, 515–518.
44 Crawford, 2009, 22 f. Clark, 2010, 142.
45 Stol, 2016, 500.
46 Stol, 2016, 508.
47 Weiershäuser, 2008, 37, 271. Stol, 2016, 467.
48 Stol, 2016, 465.
49 Stol, 2016, 514–517.
50 Schlögl, 2006, 115, 304. Meller/Michel, 2018, 239.
51 Frahm, 2013, 65.
52 Weiershäuser, 2008, 272.
53 Müllner, 2020, 39.
54 Opitz-Belakhal, 2018, 129.

15 Zwang, Gewalt und Männermord

1 Trigger, 2003.
2 Karmin et al., 2015.
3 Betzig, 2012.
4 van Schaik/Michel, 2016, 144 ff.
5 Henrichs et al., 2012, 660 f. Kruger/Fisher/Wright, 2014.
6 Turchin, 2006.

7 Flannery/Marcus, 2012, 499.
8 Ri 21.
9 Gaca, 2011, 87. Gaca, 2018.
10 Scott, 2017, 168f.
11 Haak et al., 2015. Meller/Michel, 2018, 172–182. Reich, 2018, 229–246. Krause/Trappe, 2019, 119–134.
12 de Beauvoir, 2017.
13 M. Lang, 2010, 11.
14 Dtn 21,10–14.

Schritt 6: Warum Gott Schwierigkeiten mit Frauen hat
16 Evas Geheimnis, Gottes Eifersucht

1 I. Fischer, 2008.
2 Woodhead, 2017, 38.
3 Zu den folgenden zwei Kapiteln siehe auch: van Schaik/Michel, 2016.
4 Fehlmann, 2011, 415–419.
5 Marsman, 2003, 738.
6 Meyers, 2013, 3, 203–212.
7 Halfwassen, 2019.
8 Hesiod, 1999, 570–595.
9 Hesiod, 2007, 80–100.
10 Musäus, 2004, 64f.
11 Assmann, 2015, 106. Assmann, 2003, 2.
12 Dawkins, 2012.
13 Assmann, 2000, 15.
14 Becker, 2005, 5f.
15 Keel/Uehlinger, 2010. Dever, 2006. Keel/Schroer, 2006.
16 Wright, 2009, 86.
17 Jacobsen, 1976, 73.
18 Selz, 1995. Bauer, 1998.
19 Aslan, 2018, 125ff.
20 Bauer, 1998, 496.
21 Kessler, 2008, 77.
22 Edzard, 2009, 184.
23 Schmid/Schröter, 2019, 137.
24 Keel, 2011, 78.
25 Dtn 6,4–5.
26 Otto, 1999, 4f. Assmann, 2000, 61f. Moran, 1963.
27 Otto, 2006, 105. Dtn 13,7–11.
28 Keel, 2011, 78–80.
29 Frahm, 2011, 283f. Frahm, 2013, 265.
30 Wir stützen uns für das Folgende auf unsere Ausführungen in van Schaik/Michel, 2016.
31 Freuling, 2008.
32 Weber, 1988, 231.
33 van Schaik/Michel, 2016, 350–371.
34 Lev 26,3–9.
35 Lev 26,14–39. Siehe auch: Dtn 28,1–68.
36 Achenbach, 2007.
37 Jos 1,7–8.
38 Num 20,1–13.
39 Dtn 32–34.
40 Num 12,8.
41 Gudme, 2010. Albertz/Schmitt, 2012. Dever, 2012. Stavrakopoulou/Barton, 2013.
42 Keel, 2011, 81.
43 Schroer, 2006, 26.
44 Meyers, 2013, 170.
45 Meyers, 1988. Meyers, 2013.
46 Frey-Anthes, 2008.
47 Assmann, 2015, 400.
48 I. Fischer, 2008.
49 Gen 22,16–18.
50 Ego, 2011, 28.

17 Untreue hoch zwei: Die religiöse Enteignung der Frauen

1 James, 2014, 61.
2 Otto, 1999, 129. Frahm, 2013, 266.
3 Frahm, 2013, 266.
4 Todd, 2018, 122.

5 Assmann, 2015, 11.
6 Lev 20,6. Lev 20,27. Ex 22,17.
7 Eberhardt, 2007.
8 I. Fischer, 2008.
9 Keel, 2008, 4.
10 Jer 44,15–19.
11 Maier, 2010.
12 James, 2014, 63.
13 Num 12,1–10.
14 Jost, 2006.
15 Assmann, 2015, 116.
16 Num 25,1–5.
17 Dyma, 2010.
18 Aurelius, 2003, 148f.
19 Assmann, 2003, 14, 37.
20 Jost, 2007.
21 Baumann, 2000.
22 Müllner, 2020, 41, 26.
23 Baumann, 2000, 17–37.
24 Baumann, 2000, 142f.
25 Hes 16,15–41.
26 Baumann, 2006, 110. Baumann, 2000, 56–65.
27 Baumann, 2000, 239, 9.
28 Nah 3,5–7.
29 Baumann, 2000, 221f.
30 B. Lang, 2002, 65.
31 2 Sam, 16,20–22.
32 Müllner, 2020, 25, 26.
33 Assmann, 2013, 22.
34 van Schaik/Michel, 2016, 317–371.
35 Baumann, 2000, 35.
36 Todd, 2018, 146.

Schritt 7: Die Patrix erwacht zum Leben

18 Freund der Frauen: Jesus von Nazareth

1 DeConick, 2011, 147.
2 Schmid, 2019, 12.
3 Schüssler Fiorenza, 1997.
4 Theißen/Merz, 2011, 203. Vgl. auch van Schaik/Michel, 2016, 419–422.
5 Roloff, 2007, 68f.
6 Meyers, 2013, 186.
7 Vgl. dazu und zum Weiteren van Schaik/Michel, 2016.
8 Theißen/Merz, 2011, 29. Bilde, 2013, 263f.
9 van Schaik/Michel, 2016, 317–335.
10 Aslan, 2013, 147f.
11 Mk 7,32–35.
12 Mk 10,42–44.
13 Mt 11,19.
14 Mt 6,26.
15 Joh 8,3–11.
16 Mk 3,13–19.
17 Mt 15,21–28.
18 Petersen, 2011.
19 Petersen, 2011.
20 Petersen, 2011.
21 Küng, 2013, 16.
22 Loisy, 1902, 111.
23 Mt 5,22. Lauster, 2014, 38f.
24 Petersen, 2011.
25 Küng, 2013, 16.
26 Küng, 2013, 13.
27 Vermes, 2016, 121, 97.
28 Vermes, 2016, 97–99.
29 Apg 4,32–5,11.
30 Turnbull, 1961, 106.
31 Dahlheim, 2014, 123.
32 Dahlheim, 2014, 127–128. Dort auch das Ignatius-Zitat.

19 «Hier ist nicht Mann noch Frau»

1 Lauster, 2014, 34f.
2 Zit. nach Dahlheim, 2014, 103.
3 Lauster, 2014, 48.
4 Dorn, 2019, 130–135.
5 Markschies, 2016, 11. Markschies, 2012, 116f.

6 Generell zu Paulus Wischmeyer, 2012.
7 Taleb, 2013, 88 f., 131–155.
8 Brown, 1994, 58.
9 Apg 7,58.
10 Apg 9,3–4.
11 Dahlheim, 2014, 100.
12 Clauss, 2015, 67 f.
13 Leppin, 2018, 417.
14 Vermes, 2016, 325.
15 Lauster, 2014, 85 f. Siehe auch Markschies, 2016, 242–249.
16 Leppin, 2018, 416.
17 1 Kor 14,33–35.
18 1 Tim 2,11–14.
19 Florin, 2017, 9, 28, 108.
20 Dorn, 2019, 13–16.
21 Schüngel-Straumann, 2014, 89.
22 Dorn, 2019, 135. Gal 3,28.
23 Böttrich, 2011, 96.
24 Aragione, 2016, 16. Vgl. Osiek/MacDonald, 2006.
25 Küng, 2013, 24.
26 Röm 16,1–5.
27 Leppin, 2018, 145.
28 Jacobi, 2016.
29 Pagels, 1994, 123 f.
30 Brown, 1994, 66.
31 Böttrich, 2011, 97.
32 Die folgenden Paulus-Zitate: 1 Kor 11,2–16. Wir haben die Reihenfolge der Argumente geändert.
33 Scheer, 2011, 118. Rousselle, 2012, 347 ff.
34 Aragione, 2016, 18 f.
35 Flasch, 2015, 125–127. Leppin, 2018, 92–104.
36 Böttrich, 2011, 99 f.
37 Vermes, 2016, 144, 325.
38 Vermes, 2016, 144–147.
39 1 Kor 15,22.
40 Flasch, 2005, 34.
41 Röm 5,12.
42 A. Fischer, 2011. Siehe auch Schmid, 2002.
43 Flasch, 2015, 80. Flasch, 2005, 35.
44 Zit. nach Florin, 2017, 55.

20 Die eigentliche Misogynie

1 Moss, 2014. Kinzig, 2019.
2 Beierwaltes, 2014, 205–214. van Schaik/Michel, 2016, 436 f.
3 Markschies, 2012.
4 Holland, 2007, 29.
5 Sissa, 2012, 72 f.
6 Scheer, 2011, 11 f., 62.
7 Platon, *Timaios*, 90e.
8 Pomeroy, 1995, 228.
9 Bringmann, 2016, 21–24.
10 Harris, 1995, 75 ff. Siehe auch Margolis, 2003, 142.
11 Zit. nach Flaig, 2002a, 173.
12 Langdon, 2008, 101.
13 van Wees, 1992.
14 Föllinger, 2008, 103. Vgl. Homer, *Ilias*, 18, 22–35.
15 Scheer, 2011, 74.
16 van Wees, 2008, 92.
17 Goldstein, 2003, 110.
18 Zu Forschungsdiskussion bei Scheer, 2011, 73–80. Crompton, 2006.
19 Stein-Hölkeskamp, 2015, 11.
20 Thomas, 2012, 113.
21 Todd, 2012, 277 f.
22 Zit. nach Scheer, 2011, 11.
23 Scheid, 2012, 448.
24 Stein-Hölkeskamp, 2015, 101 f.
25 Herodot, *Historien*, 1, 146. Vgl. Pomeroy, 1995, 34. Gaca, 2018.
26 Thukydides, *Peleponnesischer Krieg*, V,116.
27 Gottschall, 2008, 67, 79.
28 Margolis, 2003.
29 Gaca, 2018, 308.
30 Gottschall, 2008, 75.

31 Beard, 2018, 13 f.
32 Lerner, 1995, 130 f.
33 Homer, *Odyssee*, 22,440–477.
34 Guttentag / Secord, 1983. Pomeroy, 1995, 227 f.
35 Divale, 1972.
36 Gottschall, 2008, 119, 124 f.
37 Scheer, 2011, 17.
38 Kelly, 2013, 194.
39 Flaig, 2002b. Flaig, 2018.
40 Foxhall, 2008, 110.
41 Moraw, 2002, 300. Pomeroy, 1995, 34.
42 Jüngst Flaßpöhler, 2018.
43 Sissa, 2012, 89. Brown, 1994, 23.
44 Sissa, 2012, 89–91. Lerner, 1995, 257.
45 Brown, 1994, 23 f.
46 Gilbert / Malone, 1995.
47 Ryan, 1971.
48 Lewin, 1931. Vgl. Gilbert / Malone, 1995.
49 Flaig, 2018, 72–82.
50 Flaig, 2002a, 173. Flaig, 2000b, 178.

21 Das weibliche Prinzip

1 Alexandre, 2012, 487–489. Jensen, 2003, 429. Küng, 2013, 33–36.
2 Minucius Felix, zit. nach Brown, 1994, 155.
3 Brown, 1994, 155.
4 DeConick 2011, 113.
5 Zit. nach Aragione, 2016, 15.
6 Scheid, 2015, 437.
7 Brown, 1994, 26 f.
8 DeConick, 2011, 112 f.
9 Ego, 2011, 37–43.
10 Greenblatt, 2018, 147 f.
11 Zit. nach Greenblatt, 2014, 147 f.
12 Pagels, 1994, 22, 78.
13 Leppin, 2018, 147.
14 Jensen, 2003, 435.
15 Lauster, 2014, 50 f. Alexandre, 2012, 470 f.
16 Lauster, 2014, 51. Alexandre, 2012, 470.
17 Alexandre, 2012, 472. Küng, 2013, 34.
18 Jensen, 2003, 268.
19 Markschies, 2016, 157 f.
20 Alexandre, 2012, 471.

22 Monogamie, lebenslang

1 Henrich / Boyd / Richerson, 2012, 657.
2 Scheidel, 2009, 289.
3 Thomas, 2012, 113. Scheer, 2011, 104.
4 Scheidel, 2009, 285 f.
5 Gottschall, 2008, 4.
6 Brown, 1994, 36 f.
7 Foucault, 2017b, 192 f.
8 Brown, 1994, 23.
9 Foucault, 2017b, 33.
10 Foucault, 2017c, 98–100.
11 Scheer, 2011, 20.
12 Zit. nach Foucault, 2017b, 183.
13 Scheidel, 2009, 288.
14 Rosen, 2013, 309–317.
15 Foucault, 2017b, 187.
16 Mk 10,6–9.
17 Mt 19,9.
18 Pagels, 1994, 50.
19 Mk 3,31–35. LK, 20,34–36. Goody, 2016, 100.
20 Mk 13,30.
21 Mk 12,25.
22 Foucault, 2017b, 184.
23 Zit. nach Brown, 1994, 69.
24 Zehnder, 2008. Scholz, 2012. van Schaik / Michel, 2016, 187 f.
25 Goody, 2016, 96–115.

23 Dämonisierung der Sexualität

1 Foucault, 2017b, 314. Foucault, 2019, 77.
2 Brown, 1994, 32, 23.
3 Foucault, 2017c, 55.
4 Ranke-Heinemann, 2004.
5 Mt 19,10–12. Hier nach der genauen Zürcher Bibel zitiert.
6 Brown, 1994, 62.
7 Röm 7,23–24.
8 1 Kor 7,5
9 Gen 1,22
10 Brown, 1994, 70.
11 Pagels, 1994, 65.
12 Ex 19,15.DeConick, 2011, 42f.
13 Crawford, 2009. Clark, 2010. Scherler, 2015. van Schaik/Michel, 2016.
14 Leppin, 2018, 92–103. Flasch, 2015.
15 Brown, 1994, 51.
16 Henrich, 2009.
17 Foucault, 2019, 110.
18 Brown, 1994, 98–117. Lauster, 2014, 77.
19 Rousselle, 2012, 329, 336.
20 Pagels, 1994, 70.
21 Stark, 1997, 129–134.
22 Demandt, 2008, 283. Siehe auch Goody, 2016, 107f.
23 Brown, 2017, 411–413.
24 Brown, 2017, 331. Brown, 1994, 376–379.
25 Brown, 2017, 395ff.
26 Lauster, 2014, 77f.
27 Brown, 1994, 80.
28 Brown, 1994, 341.
29 Brown, 1994, 95–97, 271.
30 Brown, 1994, 272.
31 Demandt, 2008, 284.
32 Brown, 1994, 276, 290f., 374f.
33 Alexandre, 2012, 458.
34 Jensen, 2003, 432f. 439.
35 Brown, 1994, 237–239.
36 Brown, 1994, 243–244.
37 Brown, 1994, 243.
38 Brown, 1994, 255.
39 Brown, 1994, 259f.
40 Wolf, 2019, 55.
41 Evagrius von Pontus, zit. nach Brown, 1994, 381. Clauss, 2015, 388.

24 Feindliche Übernahme

1 Pagels, 1994, 261.
2 Veyne, 2011, 13.
3 Demandt, 2018, 55f.
4 Christ, 2009, 781.
5 Dahlheim, 2014, 30.
6 Veyne, 2011, 11.
7 Vgl. etwa Aslan, 2018, 167f.
8 Wallraff, 2013, 56.
9 Leppin, 2018, 392–402, 411.
10 Rosen, 2013, 160.
11 Demandt, 2018, 11.
12 Christ, 2008, 731.
13 Clauss, 2015, 305.
14 Demandt, 2018, 35, 56.
15 Christ, 2008, 781.
16 Christ, 2008, 735. Wallraff, 2013, 58.
17 Wallraff, 2013, 62f., 172.
18 Christ, 2008, 704, 779.
19 Christ, 2008, 735f.
20 Wallraff, 2013, 53–73.
21 Rosen, 2013, 147–156.
22 Lauster, 2014, 93–94.
23 Wallraff, 2013, 179.
24 Rosen, 2013, 259.
25 Rosen, 2013, 78f.
26 Rosen, 2013, 81, 85.
27 Rosen, 2013, 247f., 259–274.
28 Demandt, 2018, 46.
29 Wallraff, 2013, 152, 180, 169.
30 Demandt, 2018, 40.
31 Christ, 2008, 764, 747.
32 Christ, 2008, 747, 759.
33 Lauster, 2014, 94.

34 Christ, 2008, 750 f., 780.
35 Demandt, 2018, 50 f., 55.
36 Wallraff, 2013, 180.
37 So E. Schwartz schon 1904, zit. nach Christ, 2008, 780.
38 Lauster, 2014, 95.
39 Lauster, 2014, 110.
40 Goody, 2016, 104. Mt 10,5–10.
41 Mt 19,21–24.
42 Goody, 2016, 110.
43 Goody, 2016, 96–115. Lauster, 2014, 110.
44 Lauster, 2014, 98.
45 Lauster, 2014, 95.
46 Lauster, 2014, 116, 122. Jenkins, 2010.
47 Lauster, 2014, 95.
48 Rosen, 2013, 288.
49 Christ, 2008, 774.
50 Lauster, 2014, 97.
51 van Schaik / Michel, 2016, 448, 457.
52 Pagels, 1994, 176, 92, 102.
53 Pagels, 1994, 205.

25 «Warum habe ich keine Macht über mein Fleisch?»

1 Greenblatt, 2018, 101–102, 130.
2 Pagels, 1994, 254. Dort auch das Augustinus-Zitat.
3 Greenblatt, 2018, 107 f.
4 Pagels, 1994, 210. Lane Fox, 2017, 17. Augustinus, *Bekenntnisse*, 6,XII,21.
5 Greenblatt, 2018, 137.
6 Augustinus, *Bekenntnisse*, 2,II,2–4.
7 Pagels, 1994, 220. Foucault, 2019, 454 f.
8 Augustinus, *Gottesstaat*, 13,14.
9 Gen 3,7. Augustinus zit. nach Greenblatt, 2018, 136. Brown, 1994, 431.
10 Pagels, 1994, 229 f. Vgl. auch Foucault, 2019, 434–480.
11 Flasch, 2005, 88 f.
12 Greenblatt, 2018, 129. Brown, 1994, 431.
13 Greenblatt, 2018, 146.
14 Greenblatt, 2018, 126.
15 Pagels, 1994, 265 f.
16 Pagels, 1994, 234.
17 Alternative Konzepte: Bregman, 2020. Christakis, 2019.
18 Pagels, 1994, 245, 256.
19 Pagels, 1994, 256 f.
20 Leppin, 2018, 103.
21 Augustinus, *Gottesstaat*, 14,11.
22 Foucault, 2019, 403.
23 Pagels, 1994, 258 f.
24 Clauss, 2015, 476.
25 Meller / Michel, 2018, 361 f.
26 Flasch, 2015, 94.
27 Katechismus, 2005, 1673.
28 Foucault, 2017a, 24.
29 Flasch, 2015, 94.
30 Foucault, 2017a, 27.

26 Weibliche Dreifaltigkeit

1 Flasch, 2005, 41, 14.
2 Greenblatt, 2018, 153.
3 Küng, 2013, 55. Greenblatt, 2018, 155.
4 Etwa Hugo van der Goes, «Der Sündenfall», um 1470. Flasch, 2005, 93.
5 Greenblatt, 2018, 156 f.
6 Flasch, 2005, 52.
7 Flasch, 2015, 194.
8 Ex 22,17.
9 Siehe etwa: Levack, 2015, 2020. Federici, 2017, 2019. Mit Bezug zur Gegenwart: Chollet, 2020.
10 Chollet, 2020, 24. Siehe auch Federici, 2019.
11 Schüngel-Straumann, 2014, 79 f.
12 Lauster, 2014, 108.
13 Mk 3,31–35. Joh 2,4.

14 Ga 4,4. van Schaik/Michel, 2016, 431–433.
15 Küng, 2013, 71.
16 Lauster, 2014, 121.
17 Greenblatt, 2018, 153.
18 van Schaik/Michel, 2016, 387.
19 Brown, 1994, 360.
20 Rotter/Rotter, 1996, 119–137.
21 Küng, 2013, 70.
22 Keel, 2008, 61 f.
23 Posener, 2007, 85.
24 Küng, 2013, 71 f. Vgl. auch Schreiner, 1994. Imbach, 2008.
25 Emminghaus, 1994.
26 Hrdy, 2010, 97–156.
27 Chollet, 2020, 101–152.
28 Petersen, 2011.
29 Lk 7,36–50. DeConick, 2011, 143. Petersen, 2011.
30 Jenzer, 2014, 396.
31 Florin, 2017, 45.
32 Etwa Vinken, 2011.
33 Küng, 2013, 108 f.
34 Katechismus, 2005, 2363, 2366. Hervorhebung im Original.

27 Aufstieg und Fall der Patrix

1 Opitz-Belakhal, 2018, 131.
2 van Schaik/Michel, 2016, 378.
3 Foucault, 2019, 32.
4 Penny, 2014, 25.
5 Arruzza/Bhattacharya/Fraser, 2019, 10.
6 Foucault, 2019, 339.
7 Federici, 2017, 52.
8 Greenblatt, 2018, 219.
9 Schiebinger, 1995.
10 Küng, 2013, 83 f.
11 Opitz-Belakhal, 2018, 121.
12 Pečar/Tricoire, 2015, 153 f. Gerhard, 2018, 12 f. Karl, 2011, 51.
13 Zit. nach Küng, 2013, 100.
14 Pečar/Tricoire, 2015, 169.
15 Kucklick, 2015, 11 f.
16 Kucklick, 2015, 286.
17 Vinken, 2011, 217–249.
18 Nipperdey, 1993, 52.
19 Foucault, 2017a, 69.
20 Kucklick, 2015, 288–325, hier 311.
21 Knibiehler, 2012, 382 f.
22 Vandermassen, 2005, 21. Kucklick, 2015, 320. Jetzt auch zum Thema: Finzsch et al., 2018.
23 Knibiehler, 2012, 388 f.
24 Nipperdey, 1993, 99 f.
25 Knibiehler, 2012, 384.
26 Knibiehler, 2012, 380 f. Walkowitz, 2012, 432–439.
27 Knibiehler, 2012, 382.
28 Bleker/Schleiermacher, 2000, 11.
29 Fraisse, 2012, 77, 85.
30 Wir folgen hier vor allem Gerhard, 2018, Karl, 2011 und Opitz-Belakhal, 2018.
31 Knibiehler, 2012, 380 ff.
32 Chaucer, 1971, 268, 289–291. Vgl. auch Greenblatt, 2018, 152.
33 Opitz-Belakhal, 2018, 163 f. Gerhard, 2018, 11 f.
34 Opitz-Belakhal, 2018, 139. Gerhard, 2018, 12 f.
35 Gerhard, 2018, 10 f. Karl, 2011, 50.
36 Karl, 2011, 51–53.
37 Karl, 2011, 54 f.
38 Gerhard, 2018, 30.
39 Bebel, 1909, 52.
40 Opitz-Belakhal, 2018, 66. Gerhard, 2018, 59.
41 Karl, 2011, 72–75.
42 Nipperdey, 1993, 74.
43 Karl, 2011, 11.
44 Criado-Perez, 2020, 12.

Epilog

1 *Die Matrix*, 1999.
2 Zit. nach Greenblatt, 2018, 161,

dem wir hier folgen. Siehe auch: Tarabotti, 2004.

3 Greenblatt, 2018, 160f.

4 Zit. nach Greenblatt, 2018, 161f.

5 Ein eindrückliches aktuelles Beispiel: Wagner, 2016.

6 Oxfam, 2016.

7 UBS, 2019.

8 Wilkinson/Pickett, 2009, 2018.

9 Cyba, 2010.

10 Hrdy, 2002, 344–366.

11 Hrdy, 2010.

12 Bischof-Köhler, 2011, 296.

13 Iversen/Rosenbluth, 2010, 169.

14 Knoblauch, 2009. Graf, 2004.

LITERATUR

Abe, T./Kearns, C.F./Fukunaga, T. (2003). Sex Differences in Whole Body Skeletal Muscle Mass Measured by Magnetic Resonance Imaging and its Distribution in Young Japanese Adults. *British Journal of Sports Medicine,* 37, 436–440.

Aberle, D.F. (1961). Matrilineal Descent in Cross-Cultural Perspective. In: Schneider, D.M./Gough, K. *Matrilineal Kinship*. Berkeley, CA: University of California Press. 655–727.

Achenbach, R. (2007). Murren. In: *Das wissenschaftliche Bibellexikon.*

Adovasio, J.M./Soffer, O./Page, J. (2007). *The Invisible Sex. Uncovering the True Roles of Women in Prehistory.* Walnut Creek, CA: Left Coast Press.

Albertz, R./Schmitt, R. (2012). *Family and Household Religion in Ancient Israel and the Levant.* Winona Lake, IN: Eisenbrauns.

Alexander, R.D./Noonan, K.M. (1979). Concealment of Ovulation, Parental Care, and Human Social Evolution. In: N.A. Chagnon, N.A./Irons, W. (Hg.). *Evolutionary Biology and Human Social Behavior: An Anthropological Perspective.* North Scituate, MA: Duxbury Press. 436–453.

Alesina, A./Giuliano, P./Nunn, N. (2013). On the Origins of Gender Roles: Women and the Plough. *The Quarterly Journal of Economics,* 128 (2), 469–530.

Alexandre, M. (2012/1990). Frauen im frühen Christentum. In: Duby, G./Perrot, M. (2012/1990). Bd. 1, 451–490.

Ambros, D./Muhl, A./Puttkammer, T./Schauer, K./Weiß, J./Wolsfeld, A. (2018). *Klimagewalten. Treibende Kraft der Evolution.* Halle/S.: Begleithefte zur Sonderausstellung im Landesmuseum für Vorgeschichte Halle, Band 6.

Andelman, S.J. (1987). Evolution of Concealed Ovulation in Vervet Monkeys (*Cercopithecus aethiops*). *American Naturalist,* 129, 785–799.

Antl-Weiser, W. (2008). *Die Frau von W. Die Venus von Willendorf, ihre Zeit und die Geschichte(n) um ihre Auffindung.* Wien: Verlag des Naturhistorischen Museums.

Antonacci, M. (2000). *The Resurrection of the Shroud. New Scientific, Medical, and Archeological Evidence.* New York: M. Evans and Company.

Appelt, H. (2008). *Die Amazonen. Töchter von Liebe und Krieg.* Stuttgart: Theiss.

Aragione, G. (2016). Bibelrezeption in den Diskursen über Frauen im 1. und 2. Jahrhundert. In: Børresen, K.E./Prinzivalli, E./Fischer, I./Taschl-Erber, A. *Christliche Autoren der Antike.* Stuttgart: W. Kohlhammer.

Arbuckle, B.S. (2015). Large Game Depression and the Process of Animal Domestication in the Near East. In: Kerner, S. (Hg.). *Climate and Ancient Societies*. Copenhagen: Museum Tusculanum. 215–244.

Arbuckle, B.S./Atici, L. (2013). Initial Diversity in Sheep and Goat Management in Neolithic Southwestern Asia. *Levant,* 45:219–235.

Ardrey, R. (1961). *African Genesis: A Personal Investigation into the Animal Origins and Nature of Man.* New York: Atheneum.

Arruzza, C./Bhattacharya, T./Fraser, N. (2019). *Feminismus für die 99%. Ein Manifest.* Berlin: Matthes & Seitz.

Arseneau-Robar, T.J.M./Taucher, A.L./Müller, E./van Schaik, C.P./Bshary, R./Willems, E.P. (2016a). Female Monkeys Use Both the Carrot and the Stick to Promote Male Participation in Intergroup Fights. *Proceedings of the Royal Society B,* 283, 20161817.

Arseneau-Robar, T.J.M./Müller, E./Taucher, A.L./van Schaik, C.P./Willems, E.P. (2016b). Male Food Defence as a By-Product of Intersexual Cooperation in a Nonhuman Primate. *Scientific Reports,* 6, 35800.

Aslan, R. (2013). *Zelot. Jesus von Nazaret und seine Zeit*. Reinbek: Rowohlt.

Aslan, R. (2018). *Gott. Eine Geschichte der Menschen*. Gütersloh: Gütersloher Verlagshaus.

Assmann, J. (2000). *Herrschaft und Heil. Politische Theologie in Altägypten, Israel und Europa.* München: Hanser.

Assmann, J. (2003). *Die Mosaische Unterscheidung. Oder der Preis des Monotheismus*. München: Hanser.

Assmann, J. (2013/2006). *Monotheismus und die Sprache der Gewalt*. Wien: Picus.

Assmann, J. (2015). *Exodus. Die Revolution der Alten Welt.* München: C.H. Beck.

Augustinus, A. (2003/1950). *Bekenntnisse*. München: dtv.

Augustinus, A. (2007). *Vom Gottesstaat*. München: dtv.

Aurelius, E. (2003). Die fremden Götter im Deuteronomium. In: Oeming, M./Schmid, K. (Hg). *Der eine Gott und die Götter. Polytheismus und Monotheismus im antiken Israel.* Zürich: Theologischer Verlag. 145–169.

Aurenche, O. (2007). Das «Goldene Dreieck» und die Anfänge des Neolithikums im Vorderen Orient. In: Badisches Landesmuseum (2007). 50–65.

Baadsgaard, A./Monge, J./Cox, S./Zettler, R.L. (2011). Human Sacrifice and Intentional Corpse Preservation in the Royal Cemetery of Ur. *Antiquity*, 85, 27–42.

Badisches Landesmuseum Karlsruhe (Hg.), (2007). *Die ältesten Monumente der Menschheit. Vor 12000 Jahren in Anatolien*. Brühl: Media-Cultura.

Badisches Landesmuseum Karlsruhe (Hg.), (2008). *Zeit der Helden. Die «dunklen Jahrhunderte» Griechenlands 1200–700 v. Chr*. Darmstadt: Primus.

Bachofen, J.J. (1997/1861). *Das Mutterrecht. Eine Untersuchung über die Gynaikokratie der alten Welt nach ihrer religiösen und rechtlichen Natur.* Frankfurt/M.: Suhrkamp.

Bailey, J.M./Vasey, P.L./Diamond, L.M./Breedlove, S.M./Vilain, E./Epprecht, M. (2016). Sexual Orientation, Controversy, and Science. *Psychological Science in the Public Interest,* 17, 45–101.

Bailey, N.W./Zuk, M. (2009). Same-Sex Behavior and Evolution. *Trends in Ecology and Evolution,* 24, 439–446.

Balkan-Atli, N./Cauvin, M.-C. (2007). Das Schwarze Gold der Steinzeit. Obsidian in Anatolien. In: Badisches Landesmuseum (2007). 207–213.

Bamberger, J. (1974). The Myth of Matriarchy: Why Men Rule in Primitive Society. In: Rosaldo, M.Z./Lamphere, L. (Hg.). *Women, Culture, and Society*. Stanford, CA: Stanford University Press. 263–280.

Baniel, A./Delaunay, A./Cowlishaw, G./Huchard, E. (2019). Oestrous Females Avoid Mating in Front of Adult Male Bystanders in Wild Chacma Baboons. *Royal Society Open Science,* 6, 181 009.

Baranowski, A.M./Hecht, H. (2015). Gender Differences and Similarities in Receptivity to Sexual Invitations: Effects of Location and Risk Perception. *Archives of Sexual Behavior,* 44, 2257–2265.

Bardi, M./Petto, A.J./Lee-Parritz, D.E. (2001). Parental Failure in Captive Cotton-Top Tamarins (*Saguinus oedipus*). *American Journal of Primatology,* 54, 159–169.

Barett, J.L. (2011). *Cognitive Science, Religion, and Theology. From Human Minds to Divine Minds*. West Conshohocken, PA: Templeton Press.

Barett, J.L. (2012). *Born Believers: The Science of Children's Religious Belief.* New York: Free Press.

Barett, J.L. (2013). Exploring Religion's Basement. The Cognitive Science of Religion. In: Paloutzian, R.D./Park, C.L. (Hg.). *Handbook of the Psychology of Religion and Spirituality.* New York: Guilford Press. 234–255.

Bauer, J. (1998). Der vorsargonische Abschnitt der mesopotamischen Geschichte. In: Attinger, P./Wäfler, M. (Hg). *Mesopotamien: Späturuk-Zeit und Frühdynastische Zeit*. Freiburg i.Ü.: Universitätsverlag. 431–588.

Baumann, G. (2000). *Liebe und Gewalt. Die Ehe als Metapher für das Verhältnis JHWH – Israel in den Prophetenbüchern*. Stuttgart: Katholisches Bibelwerk.

Baumann, G. (2006). *Gottesbilder der Gewalt im Alten Testament verstehen*. Stuttgart: WBG.

Beard, M. (2018). *Frauen und Macht. Ein Manifest*. Frankfurt/M.: Fischer.

Bebel, A. (1909/1879). *Die Frau und der Sozialismus*. Stuttgart: Dietz.

Becker, U. (2005). Von der Staatsreligion zum Monotheismus. Ein Kapitel israelitisch-jüdischer Religionsgeschichte. *Zeitschrift für Theologie und Kirche,* 102, 1–16.

Beierwaltes, W. (2014/1998). *Platonismus im Christentum*. Frankfurt/M.: Vittorio Klostermann.

Ben Mocha, Y. (2020). Why Do Human and Non-Human Species Conceal Mating? The Cooperation Maintenance Hypothesis. *Proceedings of the Royal Society B,* 287, 20201330.

Ben Mocha, Y./Mundry, R./Pika, S. (2018). Why Hide? Concealed Sex in Dominant Arabian Babblers (*Turdoides squamiceps*) in the Wild. *Evolution and Human Behavior,* 39, 575–582.

Bentley, R.A./Bickle, P./Fibiger, L., et al. (2012). Community Differentiation among Europe's first farmers. *PNAS*, 109 (24), 9326–9330.

Benz, M. (2008/2000) *Die Neolithisierung im Vorderen Orient. Theorien, archäologische Daten und ein ethnologisches Modell.* Berlin: ex oriente.

Benz, M./Alt, K.W./Erdal, Y.S./Şahin, F.S./Özkaya, V. (2018). Re-presenting the Past. Evidence from Daily Practices and Rituals at Körtik Tepe. In: Hodder, I. (Hg.). *Religion, History and Place in the Origin of Settled Life.* Boulder, CO: University Press of Colorado. 137–161.

Berbesque, J.C./Marlowe, F.W./Shaw, P./Thompson, P. (2014). Hunter-Gatherers Have Less Famine than Agriculturalists. *Biology Letters,* 10, 8–53.

Berger, P./Luckmann, T. (1998/1966). *Die gesellschaftliche Konstruktion der Wirklichkeit.* Frankfurt/M.: Fischer.

Bering, J. (2011/2010). *Die Erfindung Gottes. Wie die Evolution den Glauben schuf.* München: Piper.

Betzig, L. (2008/1986). *Despotism and Differential Reproduction. A Darwinian View of History.* New Brunswick/London: AldineTransaction.

Betzig, L. (2012). Means, Variances, and Ranges in Reproductive Success: Comparative Evidence. *Evolution and Human Behavior,* 33, 209–317.

Bilde, P. (2013). *The Originality of Jesus. A Critical Discussion and a Comparative Attempt.* Göttingen: Vandenhoeck & Ruprecht.

Binder, E. (2013). Darf man Kartoffeln mit dem Messer schneiden? *Der Tagesspiegel* vom 27.05.2013.

Binswanger, M. (2017). *Fremdgehen. Ein Handbuch für Frauen.* Berlin: Ullstein.

Bird, D.W./Bliege Bird, R./Codding, B.F./Zeanah, D.W. (2019). Variability in the Organization and Size of Hunter-Gatherer Groups: Foragers Do Not Live in Small-Scale Societies. *Journal of Human Evolution,* 131, 96–108.

Bischof-Köhler, D. (2011/2002). *Von Natur aus anders. Die Psychologie der Geschlechtsunterschiede.* Kohlhammer: Stuttgart.

Blackless, A./Charuvastra, A./Derryck, A./Fausto-Sterling, A./Lauzanne, K./Lee, E. (2000). How Sexually Dimorphic Are We? Review and Synthesis. *American Journal of Human Biology,* 12, 151–166.

Bleker, J./Schleiermacher, S. (2000). *Ärztinnen aus dem Kaiserreich. Lebensläufe einer Generation.* Weinheim: Deutscher Studien Verlag.

Bliege Bird, R./Bird, D. (2008). Why Women Hunt: Risk and Contemporary Foraging in a Western Desert Aboriginal Community. *Current Anthropology,* 49 (4), 655–693.

Bloom, Paul (2004). *Descartes' Baby. How the Science of Child Development Explain What Makes Us Human.* New York: Basic Books.

Bluhm, C.K./Gowaty, P.A. (2004). Social Constraints on Female Mate Preferences in Mallards, *Anas platyrhynchos,* Decrease Offspring Viability and Mother Productivity. *Animal Behaviour,* 68, 977–983.

Blurton-Jones, N. (2016). *Demography and Evolutionary Ecology of Hadza Hunter-Gatherers.* Cambridge, UK: Cambridge University Press.

Boehm, C. (1999). *Hierarchy in the Forest: The Evolution of Egalitarian Behavior.* Cambridge, MA: Harvard University Press.

Boehm, C. (2012). *Moral Origins: The Evolution of Virtue, Altruism, and Shame.* New York: Basic Books.

Bogard, A./Isaakidou, V. (2010). From Megasites to Farmsteads: Community Size, Ideology and the Nature of Early Farming Landscapes in Western Asia and Europe. In: Finlayson, B./Warren, G. (Hg.). *Landscapes in Transition: Understanding Hunter-Gatherer and Farming Landscapes in the Early Holocene of Europe and the Levant*. Oxford, UK: CBRL and Oxbow. 192–207.

Bolger, D./Wright, R.P. (2013). Gender in Southwest Asian Prehistory. In: Bolger, D. (Hg.). *A Companion to Gender Prehistory*. Chichester: Wiley-Blackwell. 372–394.

Bollongino, R./Burger, J./Powell, A./Mashkour, M./Vigne, J.-D./Thomas, M. (2012). Modern Taurine Cattle Descended from Small Number of Near-Eastern Founders. *Molecular Biology and Evolution*, 29, 2101–4.

Borneman, E. (1980/1975). *Das Patriarchat. Ursprung und Zukunft unseres Gesellschaftssystems.* Frankfurt/M.: Fischer.

Boserup, E. (1970). *Woman's Role in Economic Development*. London: Allen & Unwin.

Boss, U./Elsaghe, Y./Heiniger, F. (2018). *Matriarchatsfiktionen: Johann Jakob Bachofen und die deutsche Literatur des 20. Jahrhunderts*. Basel: Schwabe.

Böttrich, C. (2011). Adam und Eva im Christentum. In: Böttrich, C./Ego, B./Eissler, F. (Hg.). *Adam und Eva in Judentum, Christentum und Islam.* Göttingen: Vandenhoeck & Ruprecht. 79–137.

Bourdieu, P. (1979/1972). *Entwurf einer Theorie der Praxis – auf der ethnologischen Basis der kabylischen Gesellschaft.* Frankfurt/M.: Suhrkamp.

Bourdieu, P. (2013/1998). *Die männliche Herrschaft.* Frankfurt/M.: Suhrkamp.

Bourdieu, P. (2017/2012). *Über den Staat. Vorlesungen am Collège de France 1989–1992.* Frankfurt/M.: Suhrkamp.

Boyer, P. (2004/2001). *Und Mensch schuf Gott*. Stuttgart: Klett-Cotta.

Boyer, P. (2018). *Minds Make Societies: How Cognition Explains the World Humans Create.* New Haven CT: Yale University Press.

Boz, B. (2007). Aus dem Leben im Neolithikum. Einblicke in die damalige Lebensweise nach Befunden von Skelettüberresten. In: Badisches Landesmuseum (2007). 238–245.

Bramble, D.M./Lieberman, D.E. (2004). Endurance Running and the Evolution of Homo. *Nature*, 432, 345–352.

Bredekamp, H. (2005). *Darwins Korallen. Die frühen Evolutionsdiagramme und die Tradition der Naturgeschichte*. Berlin: Wagenbach.

Bregman, R. (2020). *Im Grunde gut. Eine neue Geschichte der Menschheit.* Hamburg: Rowohlt.

Bringmann, K. (2016). *Im Schatten der Paläste. Geschichte des frühen Griechenlands von den dunklen Jahrhunderten bis zu den Perserkriegen*. München: C.H. Beck.

Broude, G.J. (1980). Extramarital Sex Norms in Cross-Cultural Perspective. *Behavior Science Research,* 3, 181–218.

Brown, G./Laland, K.N./Borgerhoff Mulder, M. (2009). Bateman's Principles and Human Sex Roles. *Trends in Ecology and Evolution,* 24, 297–304.

Brown, P. (1994/1988). *Die Keuschheit der Engel. Sexuelle Entsagung, Askese und Körperlichkeit im frühen Christentum.* München: dtv.

Brown, P. (2017/2012). *Der Schatz im Himmel. Der Aufstieg des Christentums und der Untergang des Römischen Reichs.* Stuttgart: Klett-Cotta.

Burkart, J.M./Allon, O./Amici, F., et al. (2014). The Evolutionary Origin of Human Hyper-Cooperation. *Nature Communications,* 5, 4747.

Buss, D.M. (1989). Sex Differences in Human Mate Preferences: Evolutionary Hypotheses Tested in 37 Cultures. *Behavioral and Brain Sciences,* 12, 1–49.

Buss, D.M. (2018). Sexual and Emotional Infidelity: Evolved Gender Differences in Jealousy Prove Robust and Replicable. *Perspectives on Psychological Science,* 13, 155–160.

Butler, J. (2016/1991). *Das Unbehagen der Geschlechter.* Frankfurt/M.: Suhrkamp.

Byrd-Craven, J./Geary, D.C. (2007). Biological and Evolutionary Contributions to Developmental Sex Differences. *Reproductive BioMedicine Online,* 15, 12–22.

Calvin, W. (1991/1983). *The Throwing Madonna. Essays on the Brain.* New York: Bantam.

Cauvin, J. (2000/1994). *The Birth of the Gods and the Origins of Agriculture.* Cambridge, UK: Cambridge University Press.

Carneiro, R.L. (1973). Eine Theorie zur Entstehung des Staates. In: Eder, K. (Hg.). *Seminar: Die Entstehung von Klassengesellschaften.* Frankfurt/M.: Suhrkamp. 153–174.

Chaucer, G. (1971/1478). *Canterbury-Erzählungen.* Zürich: Manesse.

Childe, V.G. (1964). *What happened in History.* Harmondsworth: Penguin.

Chollet, M. (2020/2019). *Hexen. Die unbesiegte Macht der Frauen.* Hamburg: Edition Nautilus.

Christ, K. (2009/1988). *Geschichte der Römischen Kaiserzeit.* München: C.H. Beck.

Christakis, N.A. (2019). *Blueprint: The Evolutionary Origins of a Good Society.* New York: Little, Brown Spark.

Clark, D.P. (2010). *Germs, Genes & Civilization. How Epidemics Shaped Who We Are Today.* Upper Saddle River NJ: FT Press.

Clauss, M. (2015). *Ein neuer Gott für die alte Welt. Die Geschichte des frühen Christentums.* Berlin: Rowohlt Berlin.

Cline, E.H. (2018/2015). *1177 v. Chr. Der erste Untergang der Zivilisation.* Darmstadt: Theiss.

Clutton-Brock, J. (2016). Origins of the Dog: The Archaeological Evidence. In: Serpell, J./Barett, P. (Hg.). *The Domestic Dog: Its Evolution, Behaviour and Interactions with People.* Cambridge, UK: Cambridge, University Press. 7–21.

Clutton-Brock, T.H. (1991). *The Evolution of Parental Care.* Princeton, NJ: Princeton University Press.

Clutton-Brock, T.H./Isvaran, K. (2007). Sex Differences in Ageing in Natural Populations of Vertebrates. *Proceedings of the Royal Society B,* 274, 3097–3104.

Cohen, C. (2003). *La femme des origine. Images de la femme dans la préhistoire occidentale.* Paris: Belin-Herscher.

Cohen, C. (2018). Sex, Reproduction, and Scenarios of Human Evolution. In: Schwartz, J.H. (Hg.). *Rethinking Human Evolution*. Cambridge, MA: MIT, 335–352

Cohen, C. (2019/2016). *Femmes de la Préhistoire*. Paris: Édition Tallandier.

Connell, R. W. (1995). *Masculinities*. Berkeley/Los Angeles, CA: University of California Press.

Cook, J. (2015) Was bedeutet ein Name? Ein Rückblick auf die Ursprünge, Geschichte und Unangemessenheit des Begriffs *Venusfigur*. *Die Kunde: Zeitschrift für niedersächsische Archäologie*, 66, 43–72.

Cowlishaw, G. (1994). Vulnerability to Predation in Baboon Populations. *Behaviour*, 131, 293–304.

Cowlishaw, G. (1995). Behavioural Patterns in Baboon Group Encounters: The Role of Resource Competition and Male Reproductive Strategies. *Behaviour*, 132, 75–86.

Crawford, D.H. (2009/2007). *Deadly Companions. How Microbes Shaped Our History*. Oxford, UK: Oxford University Press.

Criado-Perez, C. (2020/2019). *Unsichtbare Frauen. Wie eine von Daten beherrschte Welt die Hälfte der Bevölkerung ignoriert*. München: btb.

Crittenden, A./Marlowe, F. (2008). Allomaternal Care Among the Hadza of Tanzania. *Human Nature*, 19 (3), 249–262.

Crompton, L. (2006/2003). *Homosexuality and Civilization*. Cambridge, MA: Belknap of Harvard University Press.

Croucher, K./Belcher, E. (2017), Prehistoric Figurines in Anatolia (Turkey). In: Insoll, T. (2017). 443–468.

Crüsemann, F. (2005/1992). *Die Tora. Theologie und Sozialgeschichte des alttestamentlichen Gesetzes*. Gütersloh: Gütersloher Verlagshaus.

Culot, L./Lledo-Ferrer, Y./Hoelscher, O./Muñoz-Laso, F.J.J./Huynen, M.-C./Heymann, E.W. (2011). Reproductive Failure, Possible Maternal Infanticide, and Cannibalism in Wild Moustached Mamarins, *Saguinus mystax*. *Primates*, 52, 179–186.

Cunha, F.C.R./Wagner, G./van Schaik, C.P. (in review). *Could Male Anti-Predator Services Be a Sexually Selected Form of Cooperation?*

Cunliffe, B. (2016/2015). *10000 Jahre. Geburt und Geschichte Eurasiens*. Darmstadt: Theiss.

Cutting, M. (2007), Wandmalereien und -reliefs im anatolischen Neolithikum. In: Badisches Landesmuseum (2007). 126–134.

Cyba, E. (2010/2008). Patriarchat: Wandel und Aktualität. In: Becker R./Kortendiek, B. (Hg.). *Handbuch Frauen- und Geschlechterforschung*. Wiesbaden: VS Verlag für Sozialwissenschaften. 17–22.

Dahlberg, F. (Hg.). (1981). *Woman the Gatherer*. New Haven CT: Yale University Press.

Dahlheim, W. (2014). *Die Welt zur Zeit Jesu*. München: C.H. Beck.

Daly, M./Wilson, M.I./Weghorst, S.J. (1982). Male Sexual Jealousy. *Ethology and Sociobiology*, 3, 11–27.

Daly, M./Wilson, M. (1988). *Homicide*. Chicago: Aldine de Gruyter.

Darwin, C. (1860). *Letter No. 2743*. Correspondence Project. www.darwinproject.ac.uk/letter/DCP-LETT-2743.xml.

Darwin, C. (1874/1871). *Die Abstammung des Menschen und die geschlechtliche Zuchtwahl*. Stuttgart: Schweizerbart'sche Verlagshandlung.

Darwin, C. (2008/1859). *Die Entstehung der Arten*. Hamburg: Nikol Verlagsgesellschaft.

Das Gilgamesch-Epos (2015/2005). Neu übersetzt u. kommentiert v. S. Maul. München: C.H. Beck.

Das wissenschaftliche Bibellexikon (2007 ff.). Alkier, S./Bauks, M./Koenen, K. (Hg.). www.wibilex.de

Davies, P. (2010). *Myth, Matriarchy and Modernity: Johann Jakob Bachofen in German Culture, 1860–1945*. Berlin: De Gruyter.

Dawkins, R. (2012/2006). *Der Gotteswahn*. Berlin: Ullstein.

Dawkins, R. (2013/2011). *Der Zauber der Wirklichkeit*. Berlin: Ullstein.

de Beauvoir, S. (2017/1949). *Das andere Geschlecht. Sitte und Sexus der Frau*. Reinbek: Rowohlt.

DeConick, A.D. (2011). *Holy Misogyny: Why the Sex and Gender Conflicts in the Early Church Still Matter*. New York: Continuum.

Demandt, A. (2018/1998). *Geschichte der Spätantike. Das Römische Reich von Diocletian bis Justinian 284–565 n. Chr.* München: C.H. Beck.

Derks, H. (2012). *Gräber und «Geschlechterfragen». Zu den Bestattungssitten der älteren Römischen Kaiserzeit*. Bonn: Verlag Dr. Rudolf Habelt.

Dever, W.G. (2006). *Did God Have a Wife? Archaeology and Folk Religion in Ancient Israel*. Grand Rapids MI: W.B. Eerdmans.

Dever, W.G. (2012). *The Lives of Ordinary People in Ancient Israel. What Archaeology and the Bible Intersect*. Grand Rapids MI: W.B. Eerdmans.

de Waal, F.B.M. (1995). Bonobo Sex and Society. *Scientific American*, 272 (3), 58–64.

Diamond, J. (1987). The Worst Mistake in the History of the Human Race. *Discover Magazine*, May, 64–66.

Diamond, J. (2005/2000). *Arm und Reich. Die Schicksale menschlicher Gesellschaften*. Frankfurt/M.: Fischer.

Diamond, J. (2012). *Vermächtnis. Was wir von traditionellen Gesellschaften lernen können*. Frankfurt/M.: Fischer.

Diamond, J./Robinson, J.A. (2011). *Natural Experiments of History*. Cambridge, MA: Harvard University Press.

Diamond, L.M. (2016). Sexual Fluidity in Males and Females. *Current Sex Health Reports*, 8, 249–256.

Die Bibel nach Martin Luthers Übersetzung – Lutherbibel revidiert 2017: Standardausgabe. (2016). Stuttgart: Deutsche Bibelgesellschaft.

Die Matrix (1999). Film der Wachowski Brothers.

Dietrich L./Meister J./Dietrich O., et al. (2019). Cereal processing at Early Neolithic Göbekli Tepe, Southeastern Turkey. *PLoS One*, 14(5): e0215214.

Dietrich, O./Heun, M./Notroff, J./Schmidt, K./Zarnkow, M. (2012). The Role of Cult and Feasting in the Emergence of Neolithic Communities.

New Evidence from Göbekli Tepe, South-Eastern Turkey. *Antiquity*, 86, 674–695.
Dinges, M. (2005). *Männer – Macht – Körper. Hegemoniale Männlichkeiten vom Mittelalter bis heute.* Frankfurt/M.: Campus.
Divale, W.T. (1972). Systemic Population Control in the Middle and Upper Palaeolithic: Inferences Based on Contemporary Hunter-Gatherers. *World Archaeology,* 4, 222–243.
Dixson, A.F. (2009). *Sexual Selection and the Origins of Human Mating Systems.* Oxford: Oxford University Press.
Dobelli, R. (2011). *Die Kunst des klaren Denkens. 52 Denkfehler, die Sie besser anderen überlassen.* München: Hanser.
Dobzhansky, T. (1973). Nothing in Biology Makes Sense Except in the Light of Evolution. *American Biology Teacher,* 35, 125–129.
Douglas, H./Hohmann, G./Murtagh, R./Thiessen-Bock, R.D./Deschner, T. (2016). Mixed Messages: Wild Female Bonobos Show High Variability in the Timing of Ovulation in Relation to Sexual Swelling Patterns. *BMC Evolutionary Biology,* 16, 140.
Dorn, K. (2019). *Paulus. Geschichte – Überlieferung – Glaube.* Paderborn: Schöningh.
Draper, P. (1975). !Kung Women: Contrasts in Sexual Egalitarianism in Foraging and Sedentary Contexts. In: Reiter, R.R. (Hg.). *Toward an Anthropology of Women.* New York: Monthly Review Press. 77–109.
Draper, P. (1999). Room to Maneuver: !Kung Women Cope with Men. In: Ayers Counts, D./Brown, J.K./Campbell, J.C. (Hg.). *To Have and to Hit: Cultural Perspectives on Wife Beating.* Urbana & Chicago: University of Illinois Press. 53–72.
Duby, G./Perrot, M. (Hg.), (2012/1990). *Geschichte der Frauen.* 5 Bde. Berlin: Haffmans & Tolkemitt.
Dunham, A. (2008). Battle of the Sexes: Cost Asymmetry Explains Female Dominance in Lemurs. *Animal Behaviour,* 76, 1435–1439.
Dux, G. (1992). *Die Spur der Macht im Verhältnis der Geschlechter. Über den Ursprung der Ungleichheit zwischen Frau und Mann.* Frankfurt/M.: Suhrkamp.
Dyma, O. (2010). Ehe (AT). In: *Das wissenschaftliche Bibellexikon.*
Eberhardt, G. (2007). *JHWH und die Unterwelt. Spuren einer Kompetenzausweitung JHWHs im Alten Testament.* Tübingen: Mohr Siebeck.
Edzard, D.O. (2009/2004). *Geschichte Mesopotamiens. Von den Sumerern bis zu Alexander dem Großen.* München: C.H. Beck.
Ego, B. (2011). Adam und Eva im Judentum. In: Böttrich, C./Ego, B./Eissler, F. (Hg.). *Adam und Eva in Judentum, Christentum und Islam.* Göttingen: Vandenhoeck & Ruprecht. 11–78.
Ehrenberg, M. (1992). *Die Frau in der Vorgeschichte.* München: Antje Kunstmann Verlag.
Eisler, R. (1989/1987). *Kelch und Schwert. Von der Herrschaft zur Partnerschaft. Weibliches und männliches Prinzip in der Geschichte.* Goldmann: München.
Eller, C. (2000). *The Myth of Matriarchal Prehistory: Why an Invented Past Won't Give Women a Future.* Boston: Beacon.

Eller, C. (2011). *Gentlemen and Amazons. The Myth of Matriarchal Prehistory, 1861–1900.* Berkeley/Los Angeles: University of California Press.
Ember, C.R./Ember, M. (Hg.), (2003). *Encyclopedia of Sex and Gender: Men and Women in the World's Cultures*. New York: Kluwer Academic/Plenum Publishers.
Emery Thompson, M./Alvarado, L. (2012). Human Sexual Conflict and Sexual Coercion in Comparative Evolutionary Perspective. In: Shackelford, T.K./Goetz, A.T. (Hg.). *The Oxford Handbook of Sexual Conflict in Humans*. New York: Oxford University Press. 100–121.
Emminghaus, J.H. (1994). Anna Selbdritt. In: *Lexikon der christlichen Ikonographie*. Bd. 5. Freiburg i. Br.: Herder. Sp. 185–190.
Endicott, K. (1981). The Conditions of Egalitarian Male-Female Relationships in Foraging Societies. *Canberra Anthropology,* 4, 1–10.
Engels, F. (1884). *Der Ursprung der Familie, des Privateigenthums und des Staats*. Zürich: Verlags-Magazin.
Eshed, V./Gopher, A./Gage, T.B./Hershkovitz, I. (2004a). Has the Transition to Agriculture Reshaped the Demographic Structure of Prehistoric Populations? New Evidence from the Levant. *American Journal of Physical Anthropology*, 124, 315–329.
Eshed, V./Gopher, A./Galili, E./Hershkovitz, I. (2004b). Musculoskeletal Stress Markers in Natufian Hunter-Gatherers and Neolithic Farmers in the Levant: The Upper Limb. *American Journal of Physical Anthropology*, 123, 303–315.
Eshed, V./Gopher, A./Pinhasi, R./Hershkovitz, I. (2010). Paleopathology and the Origin of Agriculture in the Levant. *American Journal of Physical Anthropology*, 143, 121–33.
Farbstein, R. (2017). Palaeolithic Central and Eastern Europe. In: Insoll, T. (2017). 681–704.
Federici, S. (2017). *Caliban und die Hexe. Frauen, der Körper und die ursprüngliche Akkumulation*. Wien: Mandelbaum.
Federici, S. (2019). *Hexenjagd. Die Angst vor der Macht der Frauen*. Münster: Unrast.
Fehlmann, M. (2010). Das Matriarchat: Eine vermeintlich uralte Geschichte. *Schweizerisches Archiv für Volkskunde*, 106, 265–288.
Fehlmann, M. (2011). *Die Rede vom Matriarchat. Zur Gebrauchsgeschichte eines Arguments*. Zürich: Chronos.
Ferguson, R.B. (2013). The Prehistory of War and Peace in Europe and the Near East. In: Fry, D.P. (Hg.). *War, Peace, and Human Nature: The Convergence of Evolutionary and Cultural Views*. Oxford, UK: Oxford University Press. 191–240.
Ferraro, J.V./Plummer, T.W./Pobiner, B.L., et al. (2013). Earliest Archaeological Evidence of Persistent Hominin Carnivory. *PLoS One,* 8, e62174.
Finkelstein, I. (2014). *Das vergessene Königreich. Israel und die verborgenen Ursprünge der Bibel*. München: C.H. Beck.
Finkelstein, I./Silberman, N.A. (2004/2001). *Keine Posaunen vor Jericho. Die archäologische Wahrheit über die Bibel.* München: dtv.

Finlayson, B./Warren, G.M. (2010). *Changing Natures: Hunter-Gatherers, First Farmers and the Modern World.* London: Duckworth.

Finzsch, N./Hulverscheidt, M./Mende, J./Oeming, M./Frederiksen, B.F. (2018). On Cliteridectomy. *Gender Forum. An Internet Journal for Gender Studies*, 67.

Fischer, A. (2011). Tod. In: *Das wissenschaftliche Bibellexikon.*

Fischer, A. (2015). Sterblichkeit und Vergänglichkeit. In: *Das wissenschaftliche Bibellexikon.*

Fischer, I. (2008) Frauen in der Literatur (AT). In: *Das wissenschaftliche Bibellexikon.*

Flaig, E. (2002a). Differenz und Gewalt. In: Antikensammlung Berlin, SMBK (Hg.). *Die griechische Klassik – Idee oder Wirklichkeit.* Mainz: Philipp von Zabern. 176–178.

Flaig, E. (2002b): Wie die Klassik den Untermenschen erfand: Die Sklaverei. In: Antikensammlung Berlin, SMBK (Hg.). *Die griechische Klassik – Idee oder Wirklichkeit.* Mainz: Philipp von Zabern. 300–306.

Flaig, E. (2018). *Weltgeschichte der Sklaverei.* München: C.H. Beck.

Flannery, K. (1969). Origins and Ecological Effects of Early Domestication in Iran and the Near East. In: Ucko, P.J./Dimbleby, G.W. (Hg.). *The Domestication and Exploitation of Plants and Animals.* Chicago: Aldine Publishing. 73–100.

Flannery, K./Marcus, J. (2012). *The Creation of Inequality: How Our Prehistoric Ancestors Set the Stage for Monarchy, Slavery, and Empire.* Cambridge, MA: Harvard University Press.

Flasch, K. (2005/2004). *Eva und Adam. Wandlungen eines Mythos.* München: C.H. Beck.

Flasch, K. (2015). *Der Teufel und seine Engel. Die neue Biographie.* München: C.H. Beck.

Flaßpöhler, S. (2018). *Die potente Frau. Für eine neue Weiblichkeit.* Berlin: Ullstein.

Florin, C. (2017). *Der Weiberaufstand. Warum Frauen in der katholischen Kirche mehr Macht brauchen.* München: Kösel.

Föllinger, S. (2008). Wann ist ein Mann ein Mann? In: Badisches Landesmuseum (2008). 103.

Foucault, M. (2000/1978). *Dispositive der Macht. Über Sexualität, Wissen und Wahrheit.* Berlin: Merve.

Foucault, M. (2017a/1983). *Der Wille zum Wissen. Sexualität und Wahrheit 1.* Frankfurt/M.: Suhrkamp.

Foucault, M. (2017b/1989). *Der Gebrauch der Lüste. Sexualität und Wahrheit 2.* Frankfurt/M.: Suhrkamp.

Foucault, M. (2017c/1989). *Die Sorge um sich. Sexualität und Wahrheit 3.* Frankfurt/M.: Suhrkamp.

Foucault, M. (2019/2018). *Die Geständnisse des Fleisches. Sexualität und Wahrheit 4.* Frankfurt/M.: Suhrkamp.

Fox, E.A. (2002). Female Tactics to Reduce Sexual Harassment in the Sumatran Orangutan (*Pongo pygmaeus abelli*). *Behavioral Ecology and Sociobiology,* 52, 93–101.

Fox, R.L. (2017/2016). *Augustinus. Bekenntnisse und Bekehrungen im Leben eines antiken Menschen*. Stuttgart: Klett-Cotta.
Foxhall, L. (2008). Frauen der Helden – heldenhafte Frauen. In: Badisches Landesmuseum (2008). 110f.
Frahm, E. (2011). Mensch, Land und Volk. Assur im Alten Testament. In: Renger, J. (Hg.). *Assur: Gott, Stadt und Land.* Wiesbaden: Harrassowitz. 267–285.
Frahm, E. (2013). *Geschichte des alten Mesopotamien*. Stuttgart: Reclam.
Fraisse, G. (2012), Von der sozialen Bestimmung zum individuellen Schicksal. In: Duby, G./Perrot, M. (2012/1990). Bd. 4, 63–96.
Freud, S. (2010/1930). *Das Unbehagen in der Kultur. Und andere kulturtheoretische Schriften*. Frankfurt/M.: Fischer.
Freuling, G. (2008). Tun-Ergehen-Zusammenhang. In: *Das wissenschaftliche Bibellexikon*.
Frey-Antes, H. (2008). Schlange. In: *Das wissenschaftliche Bibellexikon*.
Friedan, B. (2016/1963). *Der Weiblichkeitswahn oder: Die Selbstbefreiung der Frau.* Reinbek: Rowohlt.
Friedl, C. (2000). *Polygynie in Mesopotamien und Israel. Sozialgeschichtliche Analyse polygamer Beziehungen anhand rechtlicher Texte aus dem 2. und 1. Jahrtausend v. Chr.* Münster: Ugarit-Verlag.
Friedl, E. (1975). *Women and Men: An Anthropologist's View*. New York: Holt, Rinehart and Winston.
Friedl, E. (1994). Sex the Invisible. *American Anthropologist,* 96, 833–844.
Fruteau, C./Voelkl, B./van Damme, E./Noë, R. (2009). Supply and Demand Determine the Market Value of Food Providers in Wild Vervet Monkeys. *PNAS,* 106, 12007–12012.
Furuichi, T. (2011). Female Contributions to the Peaceful Nature of Bonobo Society. *Evolutionary Anthropology,* 20, 131–142.
Furuichi, T./Hashimoto, C. (2002). Why Female Bonobos have a Lower Copulation Rate During Estrus than Chimpanzees. In: Boesch, C./Hohmann, G./Marchant, L.F. (Hg.). *Behavioural Diversity in Chimpanzees and Bonobos.* Cambridge, UK: Cambridge University Press. 156–167.
Furuse, Y./Suzuki, A./Oshitani, H. (2010). Origin of Measles Virus: Divergence from Rinderpest Virus between the 11th and 12th Centuries. *Virology Journal,* 7, 52.
Gaca, K.L. (2011). Girls, Women, and the Significance of Sexual Violence in Ancient Warfare. In: Heineman, E.D. (Hg.). *Sexual Violence in Conflict Zones.* Philadelphia: University of Pennsylvania Press. 73–88.
Gaca, K.L. (2018). The Martial Rape of Girls and Women in Antiquity and Modernity. In: Aoláin, F.N./Cahn, N./Haynes, D.F. (Hg.). *The Oxford Handbook of Gender and Conflict.* New York: Oxford University Press. 305–315.
Geary, P.J. (2006). *Am Anfang waren die Frauen. Ursprungsmythen von den Amazonen bis zur Jungfrau Maria*. München: C.H. Beck.
Geertz, C. (2002/1983). *Dichte Beschreibung. Beiträge zum Verstehen kultureller Systeme*. Frankfurt/M.: Suhrkamp.

Gerhard, U. (2018/2009). *Frauenbewegung und Feminismus. Eine Geschichte seit 1789*. München: C.H. Beck.
Ghose, A. (2018). *Feminism is the Greatest Revolution of the 21st century: Yuval Noah Harari*. Livemint vom 21.12.2018.
Gilmore, D.D. (2001). *Misogyny. The Male Malady*. Philadelphia, PA: University of Pennsylvania Press.
Gigerenzer, G. (2007). *Bauchentscheidungen: Die Intelligenz des Unbewussten und die Macht der Intuition*. München: Bertelsmann.
Gilbert, D./Malone, P. (1995). The Correspondence Bias. *Psychological Bulletin*, 117, 21–38.
Gleeson, B.T./Kushnick, G. (2018). Female Status, Food Security, and Stature Sexual Dimorphism: Testing Mate Choice as a Mechanism in Human Self-Domestication. *American Journal of Physical Anthropology*, 167, 458–469.
Glencross, B./Boz, B. (2014). Representing Violence in Anatolia and the Near East During the Transition to Agriculture: Readings from Contextualized Human Skeletal Remains. In: Knüsel, C./Smith, M.J. (Hg.). *The Routledge Handbook of the Bioarchaeology of Human Conflict*. London/New York: Routledge. 90–108.
Goethals, G.W. (1971). Factors Affecting Permissive and Nonpermissive Rules Regarding Premarital Sex. In: Henslin, J.M. (Hg.). *Studies in the Sociology of Sex: A Book of Readings*. New York: Appleton-Century Croft. 9–26.
Goldstein, J.S. (2003). War and Gender. In: Ember, C.R./Ember, M. (2003). 107–116.
Goodall, J. (2010/1990). *Through a Window: My Thirty Years with the Chimpanzees of Gombe*. New York: First Mariner Books.
Goodison, L./Morris, C. (2013). Goddesses in Prehistory. In: Bolger, D. (Hg.). *Companion to Gender Prehistory*. Chichester: Wiley-Blackwell. 265–288.
Goodman, M.J./Griffin, P.B./Estioko-Griffin, A.A./Grove, J.S. (1985). The Compatibility of Hunting and Mothering among the Agta Hunter-Gatherers of the Philippines. *Sex Roles*, 12, 1199–1209.
Goody, J. (1977). *Production and Reproduction: A Comparative Study of the Domestic Domain*. Cambridge, UK: Cambridge University Press.
Goody, J. (2002/2000). *Geschichte der Familie*. München: C.H. Beck.
Goody, J. (2016/1983). *Die Entwicklung von Ehe und Familie in Europa*. Frankfurt: Suhrkamp.
Göttner-Abendroth, H. (1988). *Für die Musen. Neun Essays*. Frankfurt/M.: Zweitausendeins.
Gottschall, J. (2008). *The Rape of Troy: Evolution, Violence, and the World of Homer*. Cambridge: Cambridge University Press.
Gough, K. (1961). The Modern Disintegration of Matrilineal Descent Groups. In: Schneider, D.M./Gough, K. (Hg.). *Matrilineal Kinship*. Berkeley, CA: University of California Press. 631–652.
Gough, K. (1971). The Origin of the Family. *Journal of Marriage and Family*, 33, 760–771.
Gould Davis, E. (1971). *The First Sex*. New York: Penguin.

Greenblatt, S. (2018/2017). *Die Geschichte von Adam und Eva. Der mächtigste Mythos der Menschheit*. München: Siedler.

Graf, F.W. (2004). *Die Wiederkehr der Götter. Religion in der modernen Kultur.* München: C.H. Beck.

Graham, S. (2004). It's Like One of Those Puzzles: Conceptualizing Gender among Bugis. *Journal of Gender Studies,* 13, 197–116.

Gresky, J./Haelm, J./Clare L. (2017). Modified Human Crania from Göbekli Tepe Provide Evidence for a New Form of Neolithic Skull Cult. *Science Advances*, 3, 6.

Groman-Yaroslavski, I./Weiss, E./Nadel, D. (2016). Composite Sickles and Cereal Harvesting Methods at 23,000-Years-Old Ohalo II, Israel. *PLoS One*, 11, 1–20.

Groneberg, B. (2004). *Die Götter des Zweistromlandes. Kulte, Mythen, Epen.* Düsseldorf/Zürich: Artemis & Winkler.

Gronenborn, D. (2016). Some Thoughts on Political Differentiation in Early to Young Neolithic Societies in Western Central Europe. In: Meller, H./Hahn, H.P./Jung, R./Risch, R. (2016). Bd. 1, 61–76.

Grosman, L./Munro, N./Belfer-Cohen, A. (2008). A 12,000-Year-Old Shaman Burial from the Southern Levant (Israel). *PNAS,* 105, 17665–9.

Grünberg, J.M. (2013). The Mesolithic Burials of the Middle Elbe-Saale Region. In: Grünberg, J.M./Gramsch, B./Larsson, L./Orschiedt, J./Meller, H. (Hg.). Mesolithische Bestattungen – Riten, Symbole und soziale Organisation früher postglazialer Gemeinschaften. Halle/S.: Landesamt für Denkmalpflege und Archäologie Sachsen-Anhalt, Landesmuseum für Vorgeschichte. Bd. 1, 257–290.

Gudme, A.K. d.H. (2010). Modes of Religion: An Alternative to «Popular/Official» Religion. In: Pfoh, E. (Hg.). *Anthropology and the Bible. Critical Perspectives*. Piscataway NJ: Gorgias Press. 77–90.

Guilaine, J. (2007). Die Ausbreitung der neolithischen Lebensweise im Mittelmeerraum. In: Badisches Landesmuseum (2007). 166–176.

Gurven, M./Kaplan, H./Gutierrez, M. (2006). How Long Does it Take to Become a Proficient Hunter? Implications for the Evolution of Extended Development and Long Life Span. *Journal of Human Evolution,* 51, 454–470.

Gurven, M./Kaplan, H. (2007). Hunter-Gatherers: A Cross-Cultural Examination. *Population and Development Review,* 33, 321–365.

Guthrie, S. (1993). *Faces in the Clouds: A New Theory of Religion.* New York: Oxford University Press.

Guttentag, M./Secord, P.F. (1983). *Too Many Women? The Sex Ratio Question.* Beverly Hills CA: Sage Publications.

Gwynne, D.T. (1984). Sexual Selection and Sexual Differences in Mormon Crickets (Orthoptera: Tettigoniidae, *Anabrus simplex*). *Evolution,* 38, 1011–1022.

Gwynne, D.T. (1991). Sexual Competition Among Females: What Causes Courtship-Role Reversal? *Trends in Ecology and Evolution,* 6, 118–121.

Haak, W./Lazaridis, I./Patterson, N., et al. (2015). Massive Migration from the

Steppe is a Source for Indo-European Languages in Europe. *Nature,* 522, 207–211.
Halfwassen, J. (2019). Der Gott des Xenophanes. Überlegungen über Ursprung und Struktur eines philosophischen Monotheismus. In: Böhr, C./Gerl-Falkovitz, H.-B. (Hg.). *Gott denken. Zur Philosophie von Religion.* Wiesbaden: Springer VS. 123–141.
Hansen, S. (2007). Kleinkunst und Großplastik. Menschendarstellungen von Vorderasien-Anatolien bis in den Donauraum. In: Badisches Landesmuseum (2007). 192–206.
Hansen, C./Jensen, P./Skovsgaard, C. (2012). Modern Gender Roles and Agricultural History: The Neolithic Inheritance. *SSRN Electronic Journal,* 20.10 2139/ssrn.2 170 945.
Haklay, G./Gopher, A. (2020). Geometry and Architectural Planning at Göbekli Tepe, Turkey. *Cambridge Archaeological Journal,* 30 (2), 343–357.
Harari, Y.N. (2015/2011). *Eine kurze Geschichte der Menschheit*. München: Pantheon.
Harris, M. (1995/1977). *Kannibalen und Könige. Die Wachstumsgrenzen der Hochkulturen.* München: dtv.
Hartung, J. (1985). Matrilineal Inheritance: New Theory and Analysis. *Behavioral and Brain Sciences,* 8, 661–688.
Harvati, K./Röding, C./Bosman, A.M., et al. (2019). Apidima Cave Fossils Provide Earliest Evidence of *Homo sapiens* in Eurasia. *Nature,* 571, 500–504.
Hauptmann, H. (2007). Nevali Çori. In: Badisches Landesmuseum (2007). 86–87.
Hauptmann, H./Özdoğan, M. (2007). Die Neolithische Revolution in Anatolien. In: Badisches Landesmuseum (2007). 26–36.
Hauptmann, H./Schmidt, K. (2007). Anatolien vor 12 000 Jahren. Die Skulpturen des Frühneolithikums. In: Badisches Landesmuseum (2007). 67–82.
Hausen, K. (1992). *Frauengeschichte – Geschlechtergeschichte*. Frankfurt/M.: Campus.
Hausfater, G./Hrdy, S.B. (1984). *Infanticide: Comparative and Evolutionary Perspectives*. New York: Aldine.
Hawkes, K./Bliege Bird, R. (2002). Showing Off, Handicap Signaling, and the Evolution of Men's Work. *Evolutionary Anthropology,* 11, 58–67.
Heine, S. (1994). Die feministische Diffamierung der Juden. In: Kohn-Ley, C./Korotin, I. (Hg.). *Der feministische «Sündenfall»? Antisemitische Vorurteile in der Frauenbewegung.* Wien: Picus. 15–59.
Heldstab, S.A./Isler, K./Burkart, J.M./van Schaik, C.P. (2019). Allomaternal Care, Brains and Fertility in Mammals: Who Cares Matters. *Behavioral Ecology Sociobiology,* 73, 71.
Henrich, J. (2009). The Evolution of Costly Displays, Cooperation and Religion: Credibility Enhancing Displays and Their Implications for Cultural Evolution. *Evolution and Human Behavior,* 30, 244–260.
Henrich, J. (2016). *The Secret of our Success. How Culture Is Driving Human Evolu-*

tion, Domesticating Our Species, and Making Us Smarter. Princeton MA: Princeton University Press.
Henrich, J./Boyd, R./Richerson, P.J. (2012). The Puzzle of Monogamous Marriage. *Philosophical Transactions of the Royal Society B,* 367, 657–669.
Herodot (1983). *Historien.* Zürich/München: Artemis.
Hesiod (1999). *Theogonie.* Stuttgart: Reclam.
Hesiod (2007). *Werke und Tage.* Stuttgart: Reclam.
Higgins, C. (2018). The Age of Patriarchy: How an Unfashionable Idea Became a Rallying Cry for Feminism Today. *The Guardian* vom 22.02.2018.
Hill Collins, P. (1990). *Black Feminist Thought: Knowledge, Consciousness, and the Politics of Empowerment.* New York: Routledge.
Hill, K.R./Walker, R.S./Bozicevic, M., et al. (2011). Co-Residence Patterns in Hunter-Gatherer Societies Show Unique Human Social Structure. *Science,* 331, 1286–1289.
Hill, K./Hurtado, A. M. (1996). *Aché Life History. The Ecology and Demography of a Foraging People.* New York: Aldine de Gruyter.
Hobbes, T. (1976). *Leviathan,* Stuttgart: Reclam.
Hodder, I. (2006). *The Leopard's Tale: Revealing the Mysteries of Çatalhöyük.* New York: Thames & Hudson.
Hodder, I. (2007). Çatal Höyük. In: Badisches Landesmuseum (2007). 124f.
Hodder, I. (2010). *Religion in the Emergence of Civilization: Çatalhöyük as a Case Study.* Leiden: Cambridge, University Press.
Hodder, I. (Hg.), (2014). *Religion at Work in a Neolithic Society: Vital Matters.* New York: Cambridge University Press.
Hodder, I. (Hg.), (2019). *Violence and the Sacred in the Ancient Near East: Girardian Conversation at Çatalhöyük.* Cambridge, UK: Cambridge University Press.
Hodder, I./Meskell, L. (2011). A Curious and Sometimes a Trifle Macabre Artistry. Some Aspects of Symbolism in Neolithic Turkey. *Current Anthropology,* 52, 2, 235–263.
Holden, C.J./Sear, R./Mace, R. (2003). Matriliny as Daughter-Biased Investment. *Evolution and Human Behavior,* 24, 99–112.
Holland, B./Rice, W.R. (1999). Experimental Removal of Sexual Selection Reverses Intersexual Antagonistic Coevolution and Removes a Reproductive Load. *PNAS,* 96, 5083–5088.
Holland, J. (2007/2006). *Misogynie. Die Geschichte des Frauenhasses.* Frankfurt/M.: Zweitausendeins.
Hollis, B./Kawecki, T.J. (2014). Male Cognitive Performance Declines in the Absence of Sexual Selection. *Proceedings of the Royal Society B,* 281, 2013.2873.
Homer (1994). *Ilias.* Düsseldorf/Zürich: Artemis & Winkler.
Homer (2005). *Odyssee.* Düsseldorf/Zürich: Artemis & Winkler.
Hrdy, S.B. (2002/1999). *Mutter Natur. Die weibliche Natur.* Berlin: BvT.
Hrdy, S.B. (2010/2009). *Mütter und andere. Wie die Evolution uns zu sozialen Wesen gemacht hat.* Berlin: Berlin Verlag.
Hrdy, S.B. (2013). The «One Animal in All Creation About Which Man Knows the Least». *Philosophical Transactions of the Royal Society B,* 368, 20130072.

Hrdy, S.B./Whitten, P.L. (1987). Patterning of Sexual Activity. In: Smuts, B.B./Cheney, D.L./Seyfarth, R.M./Wrangham, R.W./Struhsaker, T.T. (Hg). *Primate Societies*. Chicago: University of Chicago Press. 370–384.

Huchard, E./Canale, C.I./Le Gros, C./Perret, M./Henri, P.-Y./Kappeler, P.M. (2011). Convenience Polyandry or Convenience Polygyny? Costly Sex under Female Control in a Promiscuous Primate. *Proceedings of the Royal Society B,* 279, 1371–1379.

Imamura, K. (2015). Life History and Sexual Relationships of Female Kalahari Hunter-Gatherers. In: Furuichi, T./Yamagiwa, J./Aureli, F. (Hg.). *Dispersing Primate Females.* Tokyo: Springer Japan. 185–211.

Imbach, J. (2008). *Marienverehrung zwischen Glaube und Aberglaube.* Düsseldorf: Patmos.

Insoll, T. (Hg.), (2017). *The Oxford Handbook of Prehistoric Figurines.* Oxford, UK: Oxford University Press.

Isler, K./van Schaik, C.P. (2012). How Our Ancestors Broke Through the Gray Ceiling: Comparative Evidence for Cooperative Breeding in Early *Homo*. *Current Anthropology,* 53, 453–465.

Ivantchik, A. (2013). Amazonen, Skythen und Sauromaten – Alte und moderne Mythen. In: Schubert, C./Weiß, A. (Hg.). *Amazonen zwischen Griechen und Skythen. Gegenbilder in Mythos und Geschichte.* Berlin/Boston: De Gruyter. 73–87.

Iversen, T./Rosenbluth, F. (2010). *Women, Work, and Politics: The Political Economy of Gender Inequality*. New Haven CT: Yale University Press.

Jacobi, C. (2016). Junia. In: *Das wissenschaftliche Bibellexikon*.

Jacobsen, T. (1976). *The Treasures of Darkness. A History of Mesopotamian Religion.* New Haven/London: Yale University Press.

James, W. (2014). *Die Vielfalt religiöser Erfahrung. Eine Studie über die menschliche Natur.* Berlin: Verlag der Weltreligionen.

Jasienska, G./Ziomkiewicz, A./Ellison, P.T./Lipson, S.F./Thune, I. (2004). Large Breasts and Narrow Waists Indicate High Reproductive Potential in Women. *Proceedings of the Royal Society B,* 271, 1213–1217.

Jenkins, P. (2010). *Jesus Wars. How Four Patriarchs, Three Queens and Two Emperors Decided What Christians Would Believe for the Next 1500 Years.* New York: HarperOne.

Jensen, A. (2003). *Gottes selbstbewusste Töchter: Frauenemanzipation im frühen Christentum?* Münster: Lit Verlag.

Jenzer, S. (2014). *Die «Dirne», der Bürger und der Staat. Private Erziehungsheime für junge Frauen und die Anfänge des Sozialstaates in der Deutschschweiz.* Köln: Böhlau.

Jones, B.C./Hahn, A.C./DeBruine, L.M. (2019). Ovulation, Hormones, and Women's Mating Psychology. *Trends in Cognitive Sciences,* 23, 51–62.

Jost, R. (2006). Isebel. In: *Das wissenschaftliche Bibellexikon*.

Jost, R. (2007). Hure/Hurerei (AT). In: *Das wissenschaftliche Bibellexikon*.

Jursa, M. (2004). *Die Babylonier. Geschichte – Gesellschaft – Kultur*. München: C.H. Beck.

Kaplan, D. (2000). The Darker Side of the «Original Affluent Society». *Journal of Anthropological Research*, 56, 301–324.
Kaplan, J.O./Pfeiffer, M./Kolen, J.C.A./Davis, B.A.S. (2016). Large Scale Anthropogenic Reduction of Forest Cover in Last Glacial Maximum Europe. *PLoS One*, 11 (11), e0166726.
Karl, M. (2011). *Die Geschichte der Frauenbewegung*. Stuttgart: Reclam.
Karmin, M./Saag, L./Vicente, M., et al. (2015). A Recent Bottleneck of Y Chromosome Diversity Coincides with a Global Change in Culture. *Genome Research*, 25 (4), 459–466.
Karremans, J.C./Frankenhuis, W.E./Arons, S. (2010). Blind Men Prefer a Low Waist-to-Hip Ratio. *Evolution and Human Behavior*, 31, 182–186.
Kästner, S. (2014). Wenn die Sammlerin jagt und der Jäger sammelt. Geschlechterrollen neu besetzt. In: Röder, B. (2014.). 184–193.
Katechismus der Katholischen Kirche (2005). München: Oldenbourg.
Keel, O. (2008). *Gott weiblich. Eine verborgene Seite des biblischen Gottes*. Gütersloh: Gütersloher Verlagshaus.
Keel, O. (2011). *Jerusalem und der eine Gott. Eine Religionsgeschichte*. Göttingen: Vandenhoeck & Ruprecht.
Keel, O./Schroer, S. (2006/2004). *Eva – Mutter alles Lebendigen. Frauen- und Göttinnenidole aus dem Alten Orient*. Freiburg i. Ü.: Academic Press.
Keel, O./Uehlinger, C. (2010/2001). *Göttinnen, Götter und Gottessymbole. Neue Erkenntnisse zur Religionsgeschichte Kanaans und Israels aufgrund bislang unerschlossener ikonographischer Quellen*. Freiburg i. Ü.: Academic Press.
Kelemen, D. (2004). Are Children «Intuitive Theists»? Reasoning about Purpose and Design in Nature. *Psychological Science*, 15, 295–301.
Keller, C./Winger, K. (Hg.), (2017). *Frauen an der Macht? Neue interdisziplinäre Ansätze zur Frauen- und Geschlechterforschung für die Eisenzeit Mitteleuropas*. Bonn: Verlag Dr. Rudolf Habelt.
Keller, C./Winger, K. (2019). Und bist du nicht willig, so brauch' ich Gewalt ... Frauenraub im Altertum. *Antike Welt*, 4, 8–14.
Kelly, R.L. (2013/1995). *The Lifeways of Hunter-Gatherers: The Foraging Spectrum*. Cambridge, UK: Cambridge University Press.
Kessler, R. (2008). *Sozialgeschichte des alten Israel. Eine Einführung*. Darmstadt: WBG.
Kinzig, W. (2019). *Christenverfolgung in der Antike*. München: C.H. Beck.
Kirkpatrick, R.C. (2000). The Evolution of Human Homosexual Behavior. *Current Anthropology*, 41, 385–413.
Knibiehler, Y. (2012/1990). Leib und Seele. In: Duby, G./Perrot, M. (2012/1990). Bd. 4, 373–415.
Knipper, C./Mittnik, A./Massy, K., et al. (2017). Female Exogamy and Gene Pool Diversification at the Transition from the Final Neolithic to the Early Bronze Age in Central Europe. *PNAS*, 114, 101073/pnas.1706355114.
Knoblauch, H. (2009). *Populäre Religion. Auf dem Weg in eine spirituelle Gesellschaft*. Frankfurt/M.: Campus.
Knott, C.D. (2009). Orangutans: Sexual Coercion without Sexual Violence. In:

Muller, M.N./Wrangham, R.W. (Hg.). *Sexual Coercion in Primates and Humans: An Evolutionary Perspective on Male Aggression against Females*. Cambridge, MA: Harvard University Press. 81–111.

Koenen, K. (2006). Goldene Kalb. In: *Das wissenschaftliche Bibellexikon*.

Koenen, K. (2009). Stierbilder. In: *Das wissenschaftliche Bibellexikon*.

Kolarczik, J. (2017). Die Frau vom Bettelbühl. Interpretationsansätze zur sozialen Stellung der Frau in der Eisenzeit. In: Keller, C./Winger, K. (2017). 75–92.

Kölbl, S. (2014). Alles nur Frauen? Menschendarstellungen in der Altsteinzeit. In: Röder, B. (2014). 88–97.

Konrad, S. (2018). *Das beherrschte Geschlecht. Warum sie will, was er will*. München: Piper.

Konner, M. (2010). *The Evolution of Childhood: Relationships, Emotion, Mind*. Cambridge MA: Harvard University Press.

Konner, M. (2015). *Women After All: Sex, Evolution and the End of Male Supremacy*. New York: W.W. Norton.

Korpel, M./de Moor, J. (2015/2014). *Adam, Eve, and the Devil: A New Beginning*. Second Enlarged Edition. Sheffield: Sheffield Phoenix Press.

Kortlandt, A.K. (1967). Experimentation with Chimpanzees in the Wild. In: Starck, D./Schneider, R./Kuhn, H.-J. (Hg.). *Neue Ergebnisse der Primatologie*. Stuttgart: Gustav Fischer Verlag. 208–224.

Kottsieper, I. (2013). El. In: *Das wissenschaftliche Bibellexikon*.

Kouloukoussa, M. (2019). Apidima Cave Fossils Provide Earliest Evidence of *Homo sapiens* in Eurasia. *Nature*, 571, 500–504.

Kramer, K.L. (2010). Cooperative Breeding and its Significance to the Demographic Success of Humans. *Annual Review of Anthropology*, 39, 417–436.

Krause, J./Trappe, T. (2019). *Die Reise unserer Gene. Eine Geschichte über uns und unsere Vorfahren*. Berlin: Propyläen, 2019.

Krausse, D./Ebinger-Rist, N. (2018). *Das Geheimnis der Keltenfürstin. Der Sensationsfund von der Heuneburg*. Darmstadt: Theiss.

Krebernik, M. (2012). *Götter und Mythen des alten Orients*. München: C.H. Beck.

Kruger, D.J./Fisher, M.L./Wright, P. (2014). Patriarchy, Male Competition, and Excess Male Mortality. *Evolutionary Behavioral Sciences*, 8 (1), 3–11.

Kubli, E./Bopp, D. (2010). Sex bei den Insekten: Von Jungfrauen, Liebesgesängen, chemischen Keuschheitsgürteln und Hermaphroditen. *Vierteljahrsschrift der Naturforschenden Gesellschaft in Zürich*, 155. (Supplement: Neujahrsblatt).

Kucklick, C. (2015/2008). *Das unmoralische Geschlecht. Zur Geburt der Negativen Andrologie*. Frankfurt/M.: Suhrkamp.

Kummer, H. (1968). *Social Organization of Hamadryas Baboons*. Chicago: University of Chicago Press.

Kurland, J.A. (1979). Paternity, Mother's Brother, and Human Sociality. In: Chagnon, N.A./Irons, W. (Hg.). *Evolutionary Biology and Human Social Behavior: An Anthropological Perspective*. North Scituate, MA: Duxbury Press. 145–179.

Küng, H. (2013/2001). *Die Frau im Christentum*. München: Piper.

Lang, B. (2002). *JAHWE der biblische Gott. Ein Porträt.* München: C.H. Beck.
Lang, J./Peters, U. (2018). *Antifeminismus in Bewegung. Aktuelle Debatten um Geschlecht und sexuelle Vielfalt.* Hamburg: Marta.
Lang, M. (2010). Erwählung, Akzession und Inthronisation altorientalischer Herrscher zwischen Mythos, Ritual und formalem Rechtsakt. In: Huber, K. (Hg.). *Ordination: Mehr als eine Beauftragung?* Wien: Lit Verlag. 9–36.
Langdon, S. (2008). «It's a Man's World». Soziales Leben in den Dunklen Jahrhunderten. In: Badisches Landesmuseum (2007). 101–112.
Lanwerd, S. (1993). *Mythos, Mutterrecht und Magie: Zur Geschichte religionswissenschaftlicher Begriffe.* Berlin: Dietrich Reimer Verlag.
Larsen, C./Hillson, S./Boz, B., et al. (2015). Bioarchaeology of Neolithic Çatalhöyük: Lives and Lifestyles of an Early Farming Society in Transition. *Journal of World Prehistory,* 101007/s10963-015-9084-6.
Larsen, C./Knüsel, C./Haddow, S., et al. (2019). Bioarchaeology of Neolithic Çatalhöyük Reveals Fundamental Transitions in Health, Mobility, and Lifestyle in Early Farmers. *PNAS,* 116 (26), 12615–12623.
Laugsch, H. (2011). *Der Matriarchats-Diskurs (in) der Zweiten Deutschen Frauenbewegung.* München: Utz, 2011.
Lauster, J. (2014). *Die Verzauberung der Welt. Eine Kulturgeschichte des Christentums.* München: C.H. Beck.
Leacock, E. (1978). Women's Status in Egalitarian Society: Implications for Social Evolution. *Current Anthropology,* 19, 247–275.
Leacock, E. (1983). Interpreting the Origins of Gender Inequality: Conceptual and Historical Problems. *Dialectical Anthropology,* 7, 263–284.
Leppin, H. (2018). *Die frühen Christen. Von den Anfängen bis Konstantin.* München: C.H. Beck.
Lerner, G. (1995/1986). *Die Entstehung des Patriarchats.* Frankfurt: Campus.
Lesure, R.G. (2017). Comparative Perspectives in the Interpretation of Prehistoric Figurines. In: Insoll, T. (2017). 37–61
Levack, B.P. (2015/2013). *The Oxford Handbook of Witchcraft in Early Modern Europe and Colonial America.* Oxford, UK: Oxford University Press.
Levack, B.P. (2020/1995). *Hexenjagd: Die Geschichte der Hexenverfolgungen in Europa.* München: C.H. Beck.
Lévi-Strauss, C. (2009/1949). *Die elementaren Strukturen der Verwandtschaft.* Frankfurt/M.: Suhrkamp.
Lewin, K. (1931). *Der Übergang von der aristotelischen zur galileischen Denkweise in Biologie und Psychologie.* http://th-hoffmann.eu/archiv/lewin/lewin.1931.pdf
Lewis, R.J. (2002). Beyond Dominance: The Importance of Leverage. *Quarterly Review of Biology,* 77, 149–164.
Lewis, R.J. (2018). Female power in Primates and the Phenomenon of Female Dominance. *Annual Review of Anthropology,* 47, 533–551.
Lewis, R.J. (2020). Female Power: A New Framework for Understanding «Female Dominance» in Lemurs. *Folia Primatologica,* 91, 48–68.
Lewis, R.J./Kirk, E.C./Gosselin-Ildari, A. (in review). *Evolutionary Patterns of Intersexual Power.*

Lichter, C. (2007). Geschnitten oder am Stück? Totenritual und Leichenbehandlung im jungsteinzeitlichen Anatolien. In: Badisches Landesmuseum, (2007). 246–257.

Liebenberg, L. (2006). Persistence Hunting by Modern Hunter-Gatherers. *Current Anthropology,* 47, 1017–1025.

Loisy, A. (1902). *L'évangile et l'église,* Paris: A. Picard et fils.

Lonsdorf, E.V. (2017). Sex Differences in Nonhuman Primate Behavioral Development. *Journal of Neuroscience Research,* 95, 213–221.

Loraux, N. (2012/1990). Was ist eine Göttin? In: Duby, G./Perrot, M. (2012/1990). Bd. 1, 33–64.

Mace, R./Jordan, F.M. (2011). Macro-Evolutionary Studies of Cultural Diversity: A Review of Empirical Studies of Cultural Transmission and Cultural Adaptation. *Philosophical Transactions of the Royal Society B,* 366, 402–411.

Macintosh, A.A./Stock, J.T./Pinhasi, R. (2017). Prehistoric Women's Manual Labor Exceeded that of Athletes through the First 5500 Years of Farming in Central Europe. *Science Advances,* 3, 11, eaao3893.

Maddox, B. (2002). *Rosalind Franklin. Die Entdeckung der DNA oder der Kampf einer Frau um wissenschaftliche Anerkennung.* Frankfurt/M.: Campus.

Maher, L./Richter T./Stock, J. (2012). The Pre-Natufian Epipalaeolithic: Long-Term Behavioral Trends in the Levant. *Evolutionary Anthropology,* 21, 69–81.

Maier, C.M. (2010). Himmelskönigin. In: *Das wissenschaftliche Bibellexikon.*

Maravall Buckwalter, L./Baten, J. (2019). Valkyries: Was Gender Equality High in the Scandinavian Periphery since Viking Times? Evidence from Enamel Hypoplasia and Height Ratios. *Economics & Human Biology,* 34, 181–193.

Marciniak, S./Perry, G.H. (2017). Harnessing Ancient Genomes to Study the History of Human Adaptation. *Nature Reviews Genetics,* 18, 659–674.

Margolis, M.L. (2003). The Relative Status of Men and Women. In: Ember, C.R./Ember, M. (2003). 137–145.

Markschies, C. (2012). *Hellenisierung des Christentums. Sinn und Unsinn einer Historischen Deutungskategorie.* Leipzig: Evangelische Verlagsanstalt.

Markschies, C. (2016/2012). *Das antike Christentum. Frömmigkeit, Lebensformen, Institutionen.* München: C.H. Beck.

Marlowe, F.W. (2000). Paternal Investment and the Human Mating System. *Behavioural Processes,* 51, 45–61.

Marlowe, F.W. (2003a). A Critical Period for Provisioning by Hadza Men: Implications for Pair Bonding. *Evolution and Human Behavior,* 24 (3), 217–229.

Marlowe, F.W. (2003b). The Mating System of Foragers in the Standard Cross-Cultural Sample. *Cross-Cultural Research,* 37, 282–306.

Marlowe, F.W. (2004). Mate Preferences among Hadza Hunter-Gatherers. *Human Nature,* 15, 365–376.

Marlowe, F.W. (2007). Hunting and Gathering: The Human Sexual Division of Labor. *Cross-Cultural Research,* 41, 170–195.

Marlowe, F.W. (2010). *The Hadza: Hunter-Gatherers of Tanzania.* Berkeley, CA: University of California Press.

Marshall Thomas, E. (2006). *The Old Way: A Story of the First People*. New York: Picador.

Marsman, H.J. (2003). *Women in Ugarit and Israel: Their Social and Religious Position in the Context of the Ancient Near East*. Leiden: Brill.

Martin, W. (2019/2018). *Untrue. Warum fast alles, was wir über weibliche Untreue zu wissen glauben, unwahr ist.* Berlin: Berlin Verlag.

Maul, S. (2013). *Die Wahrsagekunst im Alten Orient. Zeichen des Himmels und der Erde*. München: C.H. Beck.

Mauss, M. (1996/1950). *Die Gabe. Form und Funktion des Austauschs in archaischen Gesellschaften.* Frankfurt/M.: Suhrkamp.

Mayor, A. (2014). *The Amazons. Lives & Legends of Warrior Women across the Ancient World.* Princeton NJ: Princeton University Press.

McShea, D.W./Brandon, R.N. (2010). *Biology's First Law: The Tendency for Diversity and Complexity to Increase in Evolutionary Systems*. Chicago/London: The University of Chicago Press.

Mélard, N. (2017). Lebenskünstler der Eiszeit und ihre Bilder – 30000 Jahre Kunstgeschichte. In: Meller, H./Puttkammer, T. (2017). 360–371.

Mellaart, J. (1967). *Çatal Hüyük. Stadt aus der Steinzeit*. Bergisch Gladbach: Gustav Lübbe Verlag.

Meller, H. (2015a.). Vom Jäger zum Bauern: Der Sieg des Neolithikums. In: Otten, T./Kunow, J./Rind, M.M./Trier, M. (Hg.). *Revolution Jungsteinzeit.* Darmstadt: Theiss. 20–28.

Meller, H. (2015b). Krieg – eine archäologische Spurensuche. In: Meller, H./Schefzik, M. (2015). 19–25.

Meller, H. (2015c). Krieg im europäischen Neolithikum. In: Meller, H./Schefzik, M. (2015). 109–116.

Meller, H./Schefzik, M. (Hg.), (2015). *Krieg. Eine archäologische Spurensuche.* Halle/S.: Landesamt für Denkmalpflege und Archäologie Sachsen-Anhalt, Landesmuseum für Vorgeschichte.

Meller, H./Hahn, H.P./Jung, R./Risch, R. (Hg.), (2016). *Arm und Reich. Zur Ressourcenverteilung in prähistor. Gesellschaften.* Halle/S.: Landesamt für Denkmalpflege und Archäologie Sachsen-Anhalt, Landesmuseum für Vorgeschichte.

Meller, H./Michel, K. (2018). *Die Himmelsscheibe von Nebra. Der Schlüssel zu einer untergegangenen Kultur im Herzen Europas*. Berlin: Propyläen.

Meller, H./Puttkammer, T. (Hg.), (2017). *Klimagewalten. Treibende Kraft der Evolution*. Darmstadt: Theiss.

Meredith, S.L. (2015). Comparative Perspectives on Human Gender Development and Evolution. *Yearbook of Physical Anthropology,* 156, 72–97.

Meskell, L. (1995). Goddesses, Gimbutas and New Age Archaeology. *Antiquity,* 69 (262), 74–86.

Meskell, L. (2007). Refiguring the corpus at Çatalhöyük. In: Renfrew, A.C,/Morley, I. (Hg.). *Material Beginnings: A Global Prehistory of Figurative Representation*. Cambridge: McDonald Institute Monographs. 137–149.

Meskell, L. (2017). The Archaeology of Figurines and the Human Body in Prehistory. In: Insoll, T. (2017). 17–36.

Meyer, A. (2015). *Adams Apfel und Evas Erbe. Wie die Gene unser Leben bestimmen und warum Frauen anders sind als Männer.* München: Bertelsmann.

Meyers, C. (1988). *Discovering Eve. Ancient Israelite Women in Context.* New York/Oxford: Oxford University Press.

Meyers, C. (2013). *Rediscovering Eve. Ancient Israelite Women in Context.* New York/Oxford: Oxford University Press.

Michel, K. (2017). Werk des Feuers – Wie sich die Menschen mit der Zähmung der Flammen selber zähmten. Eine Expedition in unsere leuchtende Vergangenheit. In: Meller, H./Puttkammer, T. (2017). 230–239.

Miles, R. (1990/1988). *Weltgeschichte der Frau.* Düsseldorf: Econ.

Mill, J.S. (1869). *Die Hörigkeit der Frau.* Berlin: Verlag F. Berggold.

Millett, K. (1971/1969). *Sexus und Herrschaft. Die Tyrannei des Mannes in unserer Gesellschaft.* München: Verlag Kurt Desch.

Mitani, J.C./Watts, D.P./Amsler, S.J. (2010). Lethal Intergroup Aggression Leads to Territorial Expansion in Wild Chimpanzees. *Current Biology*, 20, R1-R2.

Mithen, S. (2003). *After the Ice: A Global Human History, 20,000–5000 BC.* London: Weidenfeld & Nicolson.

Mollenkott, V.R. (1984/1983). *Gott eine Frau? Vergessene Gottesbilder der Bibel.* München: C.H. Beck.

Moran, W.L. (1963). The Ancient Near Eastern Background of the Love of God in Deuteronomy. *The Catholic Biblical Quarterly*, 25, 1, 77–87.

Moraw, S. (2002). Was sind Frauen? Bilder bürgerlicher Frauen im klassischen Athen. In: Antikensammlung Berlin, SMBK (Hg.). *Die griechische Klassik – Idee oder Wirklichkeit.* Mainz: Philipp von Zabern. 300–306.

Morgan, E. (1972). *Der Mythos vom schwachen Geschlecht. Wie die Frauen wurden, was sie sind.* Düsseldorf: 2001.

Morgan, L.H. (1877). *Ancient Society: Or, Researches in the Line of Human Progress from Savagery Through Barbarism to Civilization.* Chicago: C.H. Kerr.

Morris, I. (2015). *Foragers, Farmers, and Fossil Fuels: How Human Values Evolve.* Princeton NJ: Princeton University Press.

Moss, C. (2013). *The Myth of Persecution. How Early Christians Invented a Story of Martyrdom.* New York: HarperOne.

Motta-Mena, N.V./Puts, D.A. (2017). Endocrinology of Human Female Sexuality, Mating, and Reproductive Behavior. *Hormones and Behavior*, 91, 19–35.

Mühling, A. (2009). Erzeltern. In: *Das wissenschaftliche Bibellexikon.*

Muller, M.N. (2017). Sexual Coercion in Chimpanzees and Humans. In: Muller, M.N./Wrangham, R.W./Pilbeam, D.R. (Hg.). *Chimpanzees and Human Evolution.* Cambridge, MA: Harvard University Press. 572–601.

Muller, M.N./Pilbeam, D.R. (2017). The Evolution of the Human Mating System. In: Muller, M.N./Wrangham, R.W./Pilbeam, D.R. (Hg.). *Chimpanzees and Human Evolution.* Cambridge, MA: Harvard University Press. 383–426.

Muller, M.N./Wrangham, R.W./Pilbeam, D.R. (Hg.), (2017). *Chimpanzees and Human Evolution.* Cambridge, MA: Harvard University Press.

Müller-Neuhof, B. (2015a). Der Krieg im Neolithikum Vorderasiens. In: Meller, H./Schefzik, M. (2015). 127–130.

Müller-Neuhof, B. (2015b). Jericho: Die älteste Befestigung der Welt? In: Meller, H./Schefzik, M. (2015). 155–156.
Müllner, I. (2020). Kein herrschaftsfreier Raum. Sexualität und Macht in biblischen Schriften. *Sexualität. Jahrbuch für Biblische Theologie*, 39. Göttingen: Vandenhoeck & Ruprecht, 23–46.
Munro, N./Grosman, L. (2010). Early Evidence (12,000 BP) for Feasting at a Burial Cave in Israel. *PNAS*, 107 (35):15362–15366.
Musäus, I. (2004). Der Pandoramythos bei Hesiod und seine Rezeption bis Erasmus von Rotterdam. Göttingen: Vandenhoeck & Ruprecht.
Nelson, E./Hall, J./Randolph-Quinney, P./Sinclair, A. (2017). Beyond Size: The Potential of a Geometric Morphometric Analysis of Shape and Form for the Assessment of Sex in Hand Stencils in Rock Art. *Journal of Archaeological Science*, 78.101016/j.jas.2016.11.001.
Neumann, E. (1956). *Die große Mutter. Der Archetyp des großen Weiblichen.* Zürich: Rhein-Verlag.
Nipperdey, T. (1993). *Deutsche Geschichte 1866–1918. Bd. 1: Arbeitswelt und Bürgergeist.* München: C.H. Beck.
Noë, R./Hammerstein, P. (1995). Biological Markets. *Trends in Ecology and Evolution,* 10, 336–339.
Noë, R./van Schaik, C./van Hooff, J. (1991). The Market Effect: An Explanation for Pay-Off Asymmetries Among Collaborating Animals. *Ethology,* 87, 97–118.
Nolan, P./Lenski, G. (2009). *Human Societies: An Introduction to Macrosociology.* Boulder CO: Paradigm Publishers.
Norscia, I./Antonacci, D./Palagi, E. (2009). Mating First, Mating More: Biological Market Fluctuation in a Wild Prosimian. *PLoS One,* 4, e4679.
Novák, M. (2017). «Herr der Gesamtheit», «Liebling der Götter» und «Guter Hirte». Konzepte des mesopotamischen Königtums und ihre materiellen Manifestationen. In: Rebenich, S. (Hg.). *Monarchische Herrschaft im Altertum.* Berlin: De Gruyter. 61–82.
Oberzaucher, E./Grammer, K. (2014). The Case of Moulay Ismael – Fact or Fancy? *PLoS One,* 9, e85292.
Oliva, M. (2017). Die Kunst des Gravettien/Pavlovien in Mähren. In: Meller, H./Puttkammer, T. (2017). 338–359.
Olszewski, D.I. (2018). Middle East: Epipaleolithic. In: Smith, C. (Hg.). *Encyclopedia of Global Archaeology.* New York: Springer. 1–8.
Opitz-Belakhal, C. (2018/2010). *Geschlechtergeschichte.* Frankfurt/M.: Campus.
Osiek, C./MacDonald, M.Y./Tulloch, J.H. (2006). *A Woman's Place: House Churches in Earliest Christianity.* Minneapolis, MN: Fortress.
Ostner, J./Vigilant, L./Bhagavatula, J./Franz, M./Schülke, O. (2013). Stable Heterosexual Associations in a Promiscuous Primate. *Animal Behaviour,* 86, 623–631.
Otto, E. (1996). Die Paradieserzählung Genesis 2–3: Eine nachpriesterschriftliche Lehrerzählung in ihrem religionshistorischen Kontext. In: Diesel, A.A./Lehmann, R.G./Otto, E./Wagner, A. (Hg.). *Jedes Ding hat seine Zeit …*

Studien zur israelitischen und altorientalischen Weisheit. Berlin: Walter de Gruyter. 167–192.
Otto, E. (1999). *Das Deuteronomium. Politische Theologie und Rechtsreform in Juda und Assyrien*. Berlin: Walter de Gruyter.
Otto, E. (2006). *Mose. Geschichte und Legende*. München: C.H. Beck.
Owen, L.R. (2005). *Distorting the Past: Gender and the Division of Labor in the European Upper Paleolithic.* Tübingen: Kerns.
Owen, L.R. (2009). Männer jagen, Frauen kochen? Die Geschlechterrollen im Jungpaläolithikum. In: Conard, N.J. (Hg.). *Eiszeit: Kunst und Kultur.* Ostfildern: Thorbecke. 158–162.
Owens, I.P.F. (2002). Male-Only Care and Classical Polyandry in Birds: Phylogeny, Ecology and Sex Differences in Remating Opportunities. *Philosophical Transactions of the Royal Society B,* 357, 283–293.
Oxfam (2016). *An Economy for the 1 %. How Privilege and Power in the Economy Drive Extreme Inequality.* www.oxfam.org/en/research/economy-1.
Özbaşaran, M./Cutting, M. (2007). Das Neolithikum in Zentralanatolien. Entstehung und Entwicklung. In: Badisches Landesmuseum (2007). 112–122.
Özdoğan, A. (2007). Çayönü. In: Badisches Landesmuseum (2007). 58–59.
Özdoğan, M. (2011). *Kommentar* zu Hodder/Meskell, A Curious and Sometimes a Trifle Macabre Artistry, 255–256.
Pagels, E. (1994/1988). *Adam, Eva und die Schlange. Die Geschichte der Sünde.* Reinbek: Rowohlt.
Palm, K. (2008). Biologie: Geschlechterforschung zwischen Reflexion und Intervention. In: Becker R./Kortendiek B. (Hg.). *Handbuch Frauen- und Geschlechterforschung.* Wiesbaden: VS Verlag für Sozialwissenschaften.
Palmer, C.T. (1988). Twelve Reasons Why Rape Is Not Sexually Motivated: A Skeptical Examination. *Journal of Sex Research,* 25, 512–530.
Parker, G.A. (2006). Sexual Conflict over Mating and Fertilization: An Overview. *Philosophical Transactions of the Royal Society B,* 361, 235–259.
Parzinger, H. (2014). *Die Kinder des Prometheus. Eine Geschichte der Menschheit vor der Erfindung der Schrift.* München: C.H. Beck.
Pease, A./Pease, B. (2007/1998). *Warum Männer nicht zuhören und Frauen schlecht einparken. Ganz natürliche Erklärungen für eigentlich unerklärliche Schwächen.* Berlin: Ullstein.
Pečar, A./Tricoire, D. (2015). *Falsche Freunde: War die Aufklärung wirklich die Geburtsstunde der Moderne?* Frankfurt/M.: Campus.
Peletz, M.G. (2009). *Gender Pluralism: Southeast Asia since early modern times.* New York: Routledge.
Penny, L. (2015/2014). *Unsagbare Dinge. Sex, Lügen und Revolution.* Hamburg: Edition Nautilus.
Peoples, H.C./Duda, P./Marlowe, F.W. (2016). Hunter-Gatherers and the Origins of Religion. *Human Nature,* 27, 261–282.
Petersen, S. (2011). Maria aus Magdala. In: *Das wissenschaftliche Bibellexikon*.
Peterson, J. (2010). Domesticating Gender: Neolithic Patterns from the Southern Levant. *Journal of Anthropological Archaeology*, 29, 249–264.

Peterson, J. (2016). Woman's Share in Neolithic Society: A View from the Southern Levant. *Near Eastern Archaeology*, 79.3, 132–139.
Peterson, J.B. (2018). *12 Rules for Life. Ordnung und Struktur in einer chaotischen Welt.* München: Goldmann.
Pfeiffer, H. (2006). Adam und Eva. In: *Das wissenschaftliche Bibellexikon.*
Piaget, J. (1992/1926). *Das Weltbild des Kindes*. München: dtv.
Pinker, S. (2011). *Gewalt. Eine neue Geschichte der Menschheit.* Frankfurt/M.: Fischer.
Plaskow, J. (2005). *The Coming of Lilith: Essays on Feminism, Judaism, and Sexual Ethics, 1972–2003.* Boston, MA: Beacon Press.
Platon (1959). Timaios. In: *Sämtliche Werke*, 5. Rowohlt: Hamburg.
Plavcan, J.M. (2012). Body Size, Size Variation, and Sexual Size Dimorphism in Early *Homo*. *Current Anthropology*, 53, S409-S423.
Plummer, T.W./Ditchfield, D.W./Bishop, L.C., et al. (2009). Oldest Evidence of Toolmaking Hominins in a Grassland-Dominated Ecosystem. *PLoS One*, 4, e7199.
Pomeroy, S.B. (1995/1975). *Goddesses, Whores, Wives, and Slaves. Women in Classical Antiquity.* New York: Schocken Books.
Posener, A. (2007/1999). *Maria*. Reinbek: Rowohlt.
Pradhan, G.R./van Schaik, C.P. (2009). Why Do Females Find Ornaments Attractive? The Coercion-Avoidance Hypothesis. *Biological Journal of the Linnean Society*, 96, 372–382.
Puts, D.A./Dawood, K./Welling, L.L.M. (2012). Why Women Have Orgasms: An Evolutionary Analysis. *Archives of Sexual Behavior*, 41, 1127–1143.
Quinlan, R.J./Quinlan, M.B. (2007). Evolutionary Ecology of Human Pair-Bonds: Cross-Cultural Tests of Alternative Hypotheses. *Cross-Cultural Research*, 41, 149–169.
Radner, K. (2017). *Mesopotamien: Die Frühen Hochkulturen an Euphrat und Tigris.* München: C.H. Beck.
Ranke-Heinemann, U. (2004/1988). *Eunuchen für das Himmelreich. Katholische Kirche und Sexualität*. München: Heyne.
Rapaport, L.G. (2011). Progressive Parenting Behavior in Wild Golden Lion Tamarins. *Behavioral Ecology*, 22, 745–754.
Rebay-Salisbury, K. (2017) Big Mamas? Mutterschaft und sozialer Status im eisenzeitlichen Mitteleuropa. In: Keller, C./Winger, K. (2017). 57–74.
Reich, D. (2018). *Who We Are and How We Got Here: Ancient DNA and the New Science of the Human Past*. Oxford, UK: Oxford University Press, 2018.
Reinisch, D. (Hg.), (2012). *Der Urkommunismus. Auf den Spuren der egalitären Gesellschaft.* Wien: Promedia.
Reiter, R.R. (Hg.), (1975). *Toward an Anthropology of Women*. New York: Monthly Review.
Renfrew, C./Bahn, P. (2017/1991). *Archaeology. Theorys, Methods and Practice.* London: Thames & Hudson.
Reeves, Sanday, P. (1981). The Socio-Cultural Context of Rape: A Cross-Cultural Study. *Journal of Social Issues*, 37 (4), 5–27.

Revedin, A./Aranguren, B./Becattini, R., et al. (2010). Thirty Thousand-Year-Old Evidence of Plant Food Processing. *PNAS*, 107 (44), 18815–18819.
Richerson, P.J./Boyd, R. (2005). *Not by Genes Alone. How Culture Transformed Human Evolution.* Chicago: University of Chicago Press.
Richerson, P./Christiansen, M.H. (Hg.), (2013). *Cultural Evolution. Society, Technology, Language, and Religion.* Cambridge, MA: MIT Press.
Risch, R. (2015). Die Verherrlichung von Gewalt und Krieg. In: Meller, H./Schefzik, M. (2015). 39–46.
Roach, N.T./Venkadesan, M./Rainbow, M.J./Lieberman, D.E. (2013). Elastic Energy Storage in the Shoulder and the Evolution of High-Speed Throwing in *Homo. Nature,* 498, 483–487.
Robson, S.L./Hawkes, K./van Schaik, C.P. (2006). The Derived Features of Human Life History. In: Hawkes, K./Paine, R.L. (Hg.). *The Evolution of Human Life History*. Santa Fe: School of American Research Press. 17–44.
Röder, B./Hummel, J./Kunz, B. (2001/1996). *Göttinnendämmerung. Das Matriarchat aus archäologischer Sicht.* Krummwisch: Königsfurt.
Röder, B. (2014), (Hg.). *Ich Mann. Du Frau: Feste Rollen seit Urzeiten?* Freiburg i. Br.: Rombach Verlag.
Roloff, J. (2007/2000). *Jesus*. München: C.H. Beck.
Rogers, A.R./Mukherjee, A. (1992). Quantitative Genetics of Sexual Dimorphism in Human Body Size. *Evolution,* 46, 226–234.
Rosa, H. (2016). *Resonanz. Eine Soziologie der Weltbeziehung.* Frankfurt/M.: Suhrkamp.
Rose, J.I. (2010). New Light on Human Prehistory in the Arabo-Persian Gulf Oasis. *Current Anthropology*, 51, 849–883.
Rose, L./Marshall, F. (1996). Meat Eating, Hominid Sociality, and Home Bases Revisited. *Current Anthropology,* 37, 307–338.
Rosen, K. (2013). *Konstantin der Große. Kaiser zwischen Machtpolitik und Religion.* Stuttgart: Klett-Cotta.
Rosin, H. (2013/2012). *Das Ende der Männer und der Aufstieg der Frauen.* Berlin: Berlin Verlag.
Rotter, E./Rotter, G. (1996). *Venus. Maria. Fatima. Wie die Lust zum Teufel ging.* Zürich/Düsseldorf: Artemis & Winkler.
Rousselle, A. (2012/1990). Der Körper und die Politik. In: Duby, G./Perrot, M. (2012/1990). Bd. 1, 323–372.
Ruppert, L. (2003). *Genesis. Ein kritischer und theologischer Kommentar. 1. Teilband: Gen 1,1–11,28.* Würzburg: Echter.
Ryan, C./Jethá, C. (2010). *Sex at Dawn: The Prehistoric Origins of Modern Sexuality*. New York: Harper Perennial.
Sahlins, M.D. (2017/1972). *Stone Age Economics*. London: Routledge.
Saini, A. (2017). *Inferior: The True Power of Women and the Science that Shows it.* London, UK: 4th Estate.
Samuni, L./Preis, A./Deschner, T./Crockford, C./Wittig, R.M. (2018). Reward of Labor Coordination and Hunting Success in Wild Chimpanzees. *Communications Biology,* 1, 138.

Sanday, P. (1973). Toward a Theory of the Status of Women. *American Anthropologist,* 75, 1682–1700.
Santana, J./Velasco, J./Ibáñez, J./Braemer, F. (2012). Crania With Mutilated Facial Skeletons: A New Ritual Treatment in an Early Pre-Pottery Neolithic B Cranial Cache at Tell Qarassa North (South Syria). *American Journal of Physical Anthropology,* 149, 205–16.
Savin-Williams, R.C./Joyner, K./Rieger, G. (2012). Prevalence and Stability of Self-Reported Sexual Orientation Identity during Young Adulthood. *Archives of Sexual Behavior,* 42, 697–699.
Saxon, L. (2012). *Sex at Dusk: Lifting the Shiny Wrapping from Sex at Dawn.* Lexington, KY: Createspace.
Sissa, G. (2012/1990). Platon, Aristoteles und der Geschlechterunterschied. In: Duby, G./Perrot, M. (2012/1990). Bd. 1, 67–102.
Scelza, B.A. (2013). Choosy but not Chaste: Multiple Mating in Human Females. *Evolutionary Anthropology,* 22, 259–269.
Scelza, B.A./Prall, S.P./Blumenfield, T., et al. (2020). Patterns of Paternal Investment Predict Cross-Cultural Variation in Jealous Response. *Nature Human Behaviour,* 10. 1038/s41 562–41 019–40 654-y.
Scheer, T. (2011). *Griechische Geschlechtergeschichte.* München: Oldenbourg.
Schefzik, M. (2015). Hinweise auf Massaker in der frühneolithischen Bandkeramik. In: Meller, H./Schefzik, M. (2015). 171–176.
Scheid, J. (2012/1990). Die Rolle der Frauen in der römischen Religion. In: Duby, G./Perrot, M. (2012/1990). Bd. 1, 417–449.
Scheidel, W. (2009). A Peculiar Institution? Greco-Roman Monogamy in Global Context. *The History of the Family,* 14, 280–291.
Scherler, U. (2015). *Aus der Tiefe der Vergangenheit. Vom Ursprung der Krankheiten.* Rottweil: Banholzer Medien.
Schiebinger, L. (1995/1993). *Am Busen der Natur. Erkenntnis und Geschlecht in den Anfängen der Wissenschaft.* Stuttgart: Klett-Cotta.
Schlögl, H.A. (2006). *Das alte Ägypten. Geschichte und Kultur von der Frühzeit bis zu Kleopatra.* München: C.H. Beck.
Schmid, K. (2002). Die Unteilbarkeit der Weisheit. Überlegungen zur sogenannten Paradieserzählung Gen 2f und ihrer theologischen Tendenz. *Zeitschrift für die Alttestamentliche Wissenschaft,* 114, 21–39.
Schmid, K. (2008). *Literaturgeschichte des Alten Testaments.* Darmstadt: WBG.
Schmid, K. (2019). *Theologie des Alten Testaments.* Tübingen: Mohr Siebeck.
Schmid, K./Schröter, J. (2019). *Die Entstehung der Bibel. Von den ersten Texten zu den Heiligen Schriften.* München: C.H. Beck.
Schmidt, K. (2006). *Sie bauten die ersten Tempel. Das rätselhafte Heiligtum der Steinzeitjäger. Die archäologische Entdeckung am Göbekli Tepe.* München: C.H. Beck.
Schmidt, K. (2007). Göbekli Tepe. In: Badisches Landesmuseum (2007). 74f.
Schmitt, D.P. (2014). Evaluating Evidence of Mate Preference Adaptations: How Do We Really Know What *Homo sapiens sapiens* Really Want? In: Weekes-Shackelford, V.A./Shackelford, T.K. (Hg.). *Evolutionary Perspectives on Human Sexual Psychology and Behavior.* New York: Springer Science. 3–39.

Schneider, D.M. (1961). Introduction: The Distinctive Features of Matrilineal Descent Groups. In: Schneider, D.M./Gough, K. (Hg.). *Matrilineal Kinship*. Berkeley, CA: University of California Press. 1–29.
Scholz, S. (2012). Homosexualität (NT). In: *Das wissenschaftliche Bibellexikon.*
Schradin, C. (2007). *Die Biologie des Vaters. Was uns die Verhaltensforschung über Väter berichten kann*. Fürth: Filander.
Schreiner, K. (1994). *Maria. Jungfrau, Mutter, Herrscherin*. München: Hanser.
Schroer, S. (2006/2004). Idole – die faszinierende Vielfalt der Frauen- und Göttinnenfigürchen/Kontinuität und Wandel. In: Keel/Schroer (2006/2004). 8–43.
Schroer, S. (2014). Schuf Gott den Mann nach seinem Bild? Biblische Männerbilder und Gottesbilder im Fokus der theologischen Genderforschung. In: Jakoby, N./Liebig, B./Peitz, M./Schmid, T./Zinn, I. (Hg.). *Männer und Männlichkeiten. Disziplinäre Perspektiven*. Zürich: vdf Hochschulverlag. 117–134.
Schulz, M. (2006). Wegweiser ins Paradies. *Der Spiegel* vom 03.06.2006.
Schüngel-Straumann, H. (2014). *Eva. Die erste Frau der Bibel: Ursache allen Übels?* Paderborn: Ferdinand Schöningh.
Schuppli, C./van Schaik, C.P. (2019). Animal Cultures: How We've Only Seen the Tip of the Iceberg. *Evolutionary Human Sciences*, 1, e2.
Schüssler Fiorenza, E. (1997/1995). *Jesus – Miriams Kind, Sophias Prophet: Kritische Anfragen Feministischer Christologie.* Gütersloh: Gütersloher Verlagshaus.
Schütze, Sven (2017). Biologische Evolutionstheorie. In: *Gender Glossar.* https://gender-glossar.de/b/item/61-biologische-evolutionstheorie
Schyle, D. (2015). Die Entstehung des Neolithikums im Vorderen Orient. In: Otten, T./Kunow, J./Rind, M.M./Trier, M. (Hg.). *Revolution Jungsteinzeit.* Darmstadt: Theiss. 46–57.
Scott, J.C. (2017). *Against the Grain. A Deep History of the Earliest States*. New Haven/London: Yale University Press.
Sear, R./Coall, D. (2011). How Much Does Family Matter? Cooperative Breeding and the Demographic Transition. *Population and Development Review*, 37 (Suppl.), 81–112.
Sear, R./Mace, R. (2008). Who Keeps Children Alive? A Review of the Effects of Kin on Child Survival. *Evolution and Human Behavior,* 29, 1–18.
Segal, E.S. (2003). Cultural Constructions of Gender. In: Ember, C.R./Ember, M. (2003). 3–10.
Selz, G.J. (1995). *Untersuchungen zur Götterwelt des altsumerischen Stadtstaates von Lagash*. Philadelphia, PN: University of Pennsylvania Museum.
Selz, G.J. (2005). *Sumerer und Akkader. Geschichte – Gesellschaft – Kultur*. München: C.H. Beck.
Setchelll, J.M./Charpentier, M.J.E./Bedjabaga, I.-B./Reed, P./Wickings, E.J./Knapp, L.A. (2006). Secondary Sexual Characters and Female Quality in Primates. *Behavioral Ecology Sociobiology,* 61, 305–315.
Shehata, D. (2018). Atra-Chasis. In: *Das wissenschaftliche Bibellexikon*.
Shennan, S. (2018). *The First Farmers of Europe: An Evolutionary Perspective*. Cambridge, UK: Cambridge University Press.

Sherratt, A. (1981). Plough and Pastoralism: Aspects of the Secondary Products Revolution. In: Hodder, I./Isaac, G./Hammond, N. (Hg.). *Pattern of the Past.* Cambridge, UK: Cambridge University Press. 261–305.

Shostak, M. (2001/1982). *Nisa erzählt. Das Leben einer Nomadenfrau in Afrika.* Reinbek: Rowohlt.

Singh, D./Dixson, B.J./Jessop, T.S./Morgan, B./Dixson, A.F. (2010). Cross-Cultural Consensus for Waist-Hip Ratio and Women's Attractiveness. *Evolution and Human Behavior,* 31, 176–181.

Smith, M.E./Jason, U./Feinman, G.M. (2014). Jane Jacobs' «Cities First» Model and Archaeological Reality. *International Journal of Urban and Regional Research,* 38, 1525–1535.

Smuts, B. (1992). Male Aggression against Women. *Human Nature,* 3, 1–44.

Smuts, B. (1995). The Evolutionary Origins of Patriarchy. *Human Nature,* 6, 1–32.

Smuts, B./Smuts, R. (1993). Male Aggression and Sexual Coercion of Females in Nonhuman Primates and Other Mammals: Evidence and Theoretical Implications. *Advances in the Study of Behavior,* 22, 1–63.

Snow, D.R. (2013). *Sexual Dimorphism in European Upper Paleolithic Cave Art. American Antiquity,* 78, 746e761.

Soffer, O. (1999). https://archive.nytimes.com/www.nytimes.com/library/national/science/121499sci-archaeology-women.html

Solnit, R. (2014/2017). *Wenn Männer mir die Welt erklären.* München: btb.

Staecker, J./Toplak, M. (2019). *Die Wikinger. Entdecker und Eroberer.* Berlin: Propyläen.

Stark, R. (1997). *Der Aufstieg des Christentums. Neue Erkenntnisse aus soziologischer Sicht.* Weinheim: Beltz, Athenäum.

Stavrakopoulou, F./Barton, J. (Hg.), (2013/2010). *Religious Diversity in Ancient Israel and Judah.* London: Bloomsbury.

Stein-Hölkeskamp, E. (2015). *Das archaische Griechenland. Die Stadt und das Meer.* München: C.H. Beck.

Stephens, W.N. (1972). A Cross-Cultural Study of Modesty. *Behavior Science Notes,* 7, 1–28.

Stol, M. (2016). *Women in the Ancient Near East.* Berlin: De Gruyter.

Stokowski, M. (2016). *Untenrum frei.* Reinbek: Rowohlt.

Stokowski, M. (2018). *Die letzten Tage des Patriarchats.* Reinbek: Rowohlt.

Stölting, K.N./Wilson, A.B. (2007). Male Pregnancy in Seahorses and Pipefish: Beyond the Mammalian Model. *BioEssays,* 29, 884–896.

Strassmann, B.I./Kurapati, N.T./Hug, B.F./Burke, E.E./Gillespie, B.W./Karafet, T.M./Hammer, M.F. (2012). Religion as a Means to Assure Paternity. *PNAS,* 109, 9781–9785.

Stumpf, R.M./Martinez-Moza, R./Milich, K.M./Righini, N./Shattuck, M.R. (2011). Sexual Conflict in Primates. *Evolutionary Anthropology,* 20, 62–75.

Surbeck, M./Mundry, R./Hohmann, G. (2011). Mothers matter! Maternal Support, Dominance Status and Mating Success in Male Bonobos (*Pan paniscus*). *Proceedings Royal Society B, London,* 278, 2010.1572.

Sutlive, V.H. (1978). *The Iban of Sarawak: Chronicle of a Vanishing World*. Prospect Heights IL: Waveland Press.

Taleb, N.N. (2013/2007). *Der Schwarze Schwan. Die Macht höchst unwahrscheinlicher Ereignisse.* München: dtv.

Tanner, N./Zihlman, A.L. (1976). Women in Evolution, Part I: Innovation and Selection in Human Origins. *Signs,* 1, 585–608.

Tarabotti, A. (2004/1654). *Paternal Tyranny*. Chicago: University of Chicago Press.

Taube, C. (2013). Literarische Amazonenbilder der Antike. In: Schubert, C./Weiß, A. (Hg.). *Amazonen zwischen Griechen und Skythen. Gegenbilder in Mythos und Geschichte.* Berlin: De Gruyter. 13–38.

Theißen, G./Merz, A. (2011/1996). *Der historische Jesus. Ein Lehrbuch*. Göttingen: Vandenhoeck & Ruprecht.

Thomas, J.R./French, K.E. (1985). Gender Difference Across Age in Motor Performance: A Meta-Analysis. *Psychological Bulletin*, 98, 260–282.

Thomas, J.R./Alderson, J.A./Thomas, K.T./Campbell, A.C./Elliott, B.C. (2010). Developmental Gender Differences for Overhand Throwing in Aboriginal Australian Children. *Research Quarterly for Exercise and Sport*, 81, 432–441.

Thomas, Y. (2012/1990). Die Teilung der Geschlechter im Römischen Recht. In: Duby, G./Perrot, M. (2012/1990). Bd. 1, 105–171.

Thompson, J.C./Carvalho, S./Marean, C.W./Alemseged, Z. (2019). Origins of the Human Predatory Pattern: The Transition to Large-Animal Exploitation by Early Hominins. *Current Anthropology,* 60, 1–23.

Thornhill, R./Fincher, C.L. (2014). *The Parasite-Stress Theory of Values and Sociality. Infectious Disease, History and Human Values Worldwide.* Cham: Springer.

Thukydides (1976). *Geschichte des Peleponnesischen Krieges.* Zürich/München: Artemis.

Tiersch, C. (2013). Von den Gründen eine Amazone zu besiegen – Bezähmung des gefahrvoll Weiblichen? In: Schubert, C./Weiß, A. (Hg.). *Amazonen zwischen Griechen und Skythen. Gegenbilder in Mythos und Geschichte.* Berlin: De Gruyter. 111–136.

Tilly, M./Zwickel, W. (2011). *Religionsgeschichte Israels. Von der Vorzeit bis zu den Anfängen des Christentums.* Darmstadt: WBG.

Todd, E. (2018/2017). *Traurige Moderne. Eine Geschichte der Menschheit von der Steinzeit bis zum Homo Americanus.* München: C.H. Beck.

Trigger, B.G. (2003). *Understanding Early Civilizations: A Comparative Study*. Cambridge: Cambridge University Press.

Trinkaus, E./Buzhilova, A.P. (2012). The Death and Burial of Sunghir 1. *International Journal of Osteoarchaeology*, 22, 655–666.

Turchin, P. (2006). *War and Peace and War. The Rise and Fall of Empires*. New York: Plume.

Turchin, P./Currie, T.E./Whitehouse, H., et al. (2018). Quantitative Historical Analysis Uncovers a Single Dimension of Complexity that Structures Global Variation in Human Social Organization. *PNAS,* 115, E144-E151.

Turnbull, C.M. (1961). *The Forest People*. New York: Simon & Schuster.
Tutin, C.E.G./McGrew, W.C./Baldwin, P.J. (1983). Social Organization of Savanna-Dwelling Chimpanzees, *Pan troglodytes verus*, at Mt. Assirik, Senegal. *Primates*, 24, 154–173.
Tylor, Edward B. (1873/1871). *Die Anfänge der Kultur. Untersuchungen über die Entwicklung der Mythologie, Philosophie, Religion, Kunst und Sitte*. Leipzig: C.F. Winter.
UBS (2019). *Billionaires Report 2019*. www.ubs.com/global/en/wealth-management/uhnw/billionaires-report/billionaires-insights-2019.html
Utami Atmoko, S.S./Mitra Setia, T./Goossens, B., et al. (2009). Orangutan Mating Behavior and Strategies. In: Wich, S.A./Utami Atmoko, S.S./Mitra Setia, T./van Schaik, C.P. (Hg.). *Orangutans: Geographic Variation in Behavioral Ecology and Conservation*. New York: Oxford University Press. 235–244.
Uthmeier, T. (2017). Bestens angepasst – Jungpaläolithische Jäger und Sammler in Europa. In: Meller, H./Puttkammer, T. (2017). 282–317.
Utrio, K. (1991/1984). *Evas Töchter. Die weibliche Seite der Geschichte*. München: Heyne.
van de Waal, E./Borgeaud, C./Whiten, A. (2013). Potent Social Learning and Conformity Shape a Wild Primate's Foraging Decisions. *Science*, 340, 483–485.
van Schaik, C. (2004). *Among Orangutans. Red Apes and the Rise of Human Culture*. Cambridge MA: The Belknap Press of Harvard University Press.
van Schaik, C. (2016). *The Primate Origins of Human Nature*. Hoboken NJ.: Wiley-Blackwell.
van Schaik, C./Ancrenaz, M./Borgen, G., et al. (2003). Orangutan Cultures and the Evolution of Material Culture. *Science*, 299, 102–105.
van Schaik, C.P./Janson, C.H. (Hg.), (2000). *Infanticide by Males and its Implications*. Cambridge, UK: Cambridge University Press.
van Schaik, C./Michel, K. (2016). *Das Tagebuch der Menschheit. Was die Bibel über unsere Evolution verrät*. Reinbek: Rowohlt.
van Schaik, C./Michel, K. (2019). Wie aus Zorn Liebe wird. Die Evolution Gottes. In: Klempt, E. (Hg.). *Explodierende Vielfalt*. Wiesbaden: Springer. 201–211.
van Schaik, C.P./Pradhan, G.R./van Noordwijk, M.A. (2004). Mating Conflict in Primates: Infanticide, Sexual Harassment and Female Sexuality. In: Kappeler, P.M./van Schaik, C.P. (Hg.). *Sexual Selection in Primates*. Cambridge, UK: Cambridge University Press. 131–150.
Vandermassen, G. (2005). *Who's Afraid of Charles Darwin? Debating Feminism and Evolutionary Theory*. Lanham MD: Rowman & Littlefield.
van Wees, H. (1992). *Status Warriors: War, Violence and Society in Homer and History*. Amsterdam: Gieben.
van Wees, H. (2008). «Der Krieg sei Sorge der Männer». Bewaffnung und Kampftechnik. In: Badisches Landesmuseum (2007). 86–93.
Vasey, P.L. (1995). Homosexual Behavior in Primates: A Review of Evidence and Theory. *International Journal of Primatology*, 16, 173–204.

Veblen, T. (2000/1899). *Theorie der feinen Leute. Eine ökonomische Untersuchung der Institutionen.* Frankfurt/M.: Fischer, 2000.

Vermes, G. (2016/2012). *Vom Jesus der Geschichte zum Christus des Dogmas.* Berlin: Verlag der Weltreligionen.

Veyne, P. (2011/2008). *Als unsere Welt christlich wurde. Aufstieg einer Sekte zur Weltmacht.* München: C.H. Beck.

Vieweg, M. (2020). *«Amazonen-Grab» entdeckt.* https://www.wissenschaft.de/geschichte-archaeologie/amazonen-grab-entdeckt

Vinken, B. (2011/2007). *Die deutsche Mutter. Der lange Schatten eines Mythos.* Frankfurt/M.: Fischer.

Visser, M. (2017). *The Rituals of Dinner: The Origins, Evolution, Eccentricities and Meaning of Table Manners.* London: Penguin.

Voland, E. (2007). *Die Natur des Menschen. Grundkurs Soziobiologie.* München: C.H. Beck.

Voss, J. (2007). *Darwins Bilder. Ansichten der Evolutionstheorie 1837–1874.* Frankfurt/M.: Fischer.

Wagner, D. (2016/2014). *Nicht mehr ich. Die wahre Geschichte einer jungen Ordensfrau.* München: Knaur.

Walker, A.M. (2018). *The Secret Life of the Cheating Wife: Power, Pragmatism, and Pleasure in Women's Infidelity.* Lanham: Lexington Books.

Walker, R.S./Beckerman, S./Flinn, M.V., et al. (2013). Living with Kin in Lowland Horticultural Societies. *Current Anthropology*, 54, 96–103.

Walker, R.S./Flinn, M.V./Hill, K.R. (2010). Evolutionary History of Partible Paternity in Lowland South America. *PNAS,* 107, 19195–19200.

Walker, R.S./Hill, K.R./Flinn, M.V./Ellsworth, R.M. (2011). Evolutionary History of Hunter-Gatherer Marriage Practices. *PLoS One*, 6, e19066.

Walkowitz, J.R. (2012/1990). Frauen im frühen Christentum. In: Duby, G./Perrot, M. (2012/1990). Bd. 4, 417–449.

Wallraff, M. (2013). *Sonnenkönig der Spätantike. Die Religionspolitik Konstantins des Großen.* Freiburg i. Br.: Herder.

Wang, Z./Heo, M./Lee, R.C./Kotler, D.P./Withers, R.T.H./Heymsfield, S.B. (2001). Muscularity in Adult Humans: Proportion of Adipose Tissue-Free Body Mass as Skeletal Muscle. *American Journal of Human Biology*, 13, 612–619.

Weber, M. (1980/1921). *Wirtschaft und Gesellschaft.* Tübingen: Mohr Siebeck.

Weber, M. (1988/1920). *Gesammelte Aufsätze zur Religionssoziologie III.* Tübingen: Mohr Siebeck.

Weiershäuser, F. (2008). *Die königlichen Frauen der III. Dynastie von Ur.* Göttingen: Universitätsverlag.

Weingrill, T./van Schaik, C.P. (2011). Sexueller Zwang bei Primaten: Evolutionäre Ursachen und Gegenstrategien der Weibchen. *Zeitschrift für Sexualforschung,* 24, 111–133.

Weiss, E./Mordechai, E./Simchoni, O./Nadel, D./Tschauner, H. (2008). Plant-Food Preparation Area on an Upper Paleolithic Brush Hut Floor at Ohalo II, Israel. *Journal of Archaeological Science*, 35 (8), 2400–2414.

Welling, L.L.M./Puts, D.A. (2014). Female Adaptations to Ovulation. In: Weekes-Shackelford, V.A./Shackelford, T.K. (Hg.). *Evolutionary Perspectives on Human Sexual Psychology and Behavior*. New York: Springer Science. 243–260.

Wells, J.C.K./DeSilva, J.M./Stock, J.T. (2012). The Obstetric Dilemma: An Ancient Game of Russian Roulette, or a Variable Dilemma Sensitive to Ecology? *Yearbook of Physical Anthropology*, 55, 40–71.

Weniger, G.-C. (2017). Krisenmanagement in der Eiszeit. In: Meller, H./Puttkammer, T. (2017). 332–337.

Wernhart, K. (2004). *Ethnische Religionen. Universale Elemente des Religiösen*. Kevelaer: Topos plus.

Wesel, U. (1980). *Der Mythos vom Matriarchat. Über Bachofens Mutterrecht und die Stellung von Frauen in frühen Gesellschaften*. Frankfurt/M.: Suhrkamp.

Wesel, U. (1997). *Geschichte des Rechts. Von den Frühformen bis zum Vertrag von Maastricht*. München: C.H. Beck.

Whiting, B./Edwards, C.P. (1988). *Children of Different Worlds*. Cambridge, MA: Harvard University Press.

Wiessner, P. (1982). Risk, Reciprocity and Social Influences on !Kung San Economics. In: Leacock, E./Lee, R. (Hg.). *Politics and History in Band Societies*. Cambridge, UK: Cambridge University Press. 61–84.

Wilkinson, R./Pickett, K. (2009). *The Spirit Level: Why Equality is Better for Everyone*. London: Allen Lane.

Wilkinson, R./Pickett, K. (2018). *The Inner Level: How More Equal Societies Reduce Stress, Restore Sanity and Improve Everyone's Well-Being*. London: Penguin.

Wilkinson, T. (2015). *Aufstieg und Fall des alten Ägypten. Die Geschichte einer geheimnisvollen Zivilisation vom 5. Jahrtausend v. Chr. bis Kleopatra*. München: Pantheon.

Willems, E.P./van Schaik, C.P. (2017). The Social Organization of *Homo ergaster*: Inferences from Anti-Predator Responses in Extant Primates. *Journal of Human Evolution*, 109, 11–21.

Willmes, Bernd (2008). Sündenfall. In: *Das wissenschaftliche Bibellexikon*.

Wilson, M.I./Daly, M. (2009). Coercive Violence by Human Males against their Female Partners. In: Muller, M.N./Wrangham, R.W. (Hg.). *Sexual Coercion in Primates and Humans: An Evolutionary Perspective on Male Aggression Against Females*. Cambridge, MA: Harvard University Press. 272–291.

Wilson, M.L./Miller, C.M./Crouse, K.N. (2017). Humans as a Model Species for Sexual Selection Research. *Philosophical Transactions of the Royal Society B*, 284, 20171320.

Wilson, M.L./Boesch, C./Fruth, B., et al. (2014). Lethal Aggression in Pan is Better Explained by Adaptive Strategies than Human Impacts. *Nature*, 513, 414–417.

Winking, J./Gurven, M./Kaplan, H. (2011). Father Death and Adult Success among the Tsimane: Implications for Marriage and Divorce. *Evolution and Human Behavior*, 32, 79–89.

Wischmeyer, O. (2012/2006). *Paulus. Leben – Umwelt – Werk – Briefe*. Tübingen: Francke.

Wittfogel, K.A. (1981/1977). *Die orientalische Despotie. Eine vergleichende Untersuchung der Macht*. Berlin: Ullstein.

Wolf, H. (2019). *Zölibat. 16 Thesen*. München: C.H.Beck.

Woolf, V. (2016/1938). Three Guineas. In: *The Complete Works of Virginia Woolf*. Oakshot Press.

Woodhead, L. (2017). Wie der Feminismus die Religionsforschung revolutioniert hat. In: Sammet, K./Benthaus-Apel, F./Gärtner. C. (Hg.). *Religion und Geschlechterordnungen*. Wiesbaden: Springer. 37–48.

Wrangham, R.W. (2002). The Cost of Sexual Attraction: Is there a Trade-Off in Female *Pan* between Sex Appeal and Received Coercion? In: Boesch, C./Hohmann, G./Marchant, L.F. (Hg.). *Behavioural Diversity in Chimpanzees and Bonobos*. Cambridge: Cambridge University Press. 204–215.

Wrangham, R.W. (2009). *Catching Fire: How Cooking Made Us Human*. New York: Basic Books.

Wright, R. (2009). *The Evolution of God*. New York: Little, Brown and Company.

Wu, J.-J./He, Q.-Q./Deng, L.-L./Wang, S.-C./Mace, R./Ji, T./Tao, Y. (2013). Communal Breeding Promotes a Matrilineal Social System where Husband and Wife Live apart. *Proceedings of the Royal Society B*, 280, 20130010.

Zaadstra, B.M./Seidell, J.C./van Noord, P.A.H., et al. (1993). Fat and Female Fecundity: Prospective Study of Effect of Body Fat Distribution on Conception Rates. *British Medical Journal*, 36, 484–487.

Zarulli, V./Barthold Jones, J.A./Oksuzyan, A./Lindahl-Jacobsen, R./Christensen, K./Vaupel, J.W. (2018). Women Live Longer than Men even During Severe Famines and Epidemics. *PNAS*, 115, E832-E840.

Zehnder, M. (2008). Homosexualität (AT). In: *Das wissenschaftliche Bibellexikon*.

Zettler, R./Horne, L. (1998). Treasures from the Royal Tombs of Ur. Pennsylvania: University of Pennsylvania Museum.

Zgoll, A. (2008). En-hedu-Ana: Tochter Sargons – Gemahlin des Mondgottes. Zeugnisse vom dramatischen Leben der frühesten Autorin (23.Jh. v.Chr.). In: Kügler, J./Bormann, L. (Hg.). *Töchter (Gottes): Studien zum Verhältnis von Kultur, Religion und Geschlecht*. Münster: Lit Verlag. 7–21.

Ziege, E.-M. (1995). Die «Mörder der Göttinnen». In: Schoeps, J.H./Schlör, J. (Hg.). *Antisemitismus. Vorurteile und Mythen*. München: Piper. 180–195.

Zingsem, V. (2009). *Lilith. Adams erste Frau*, Stuttgart: Reclam.

Zürcher Bibel (2012/2007). Zürich: Theologischer Verlag.

REGISTER

A

Aaron 410, 642
Abel 297, 362
Abendland 35, 460, 462, 533, 543
 – christliches 18, 34, 349, 429f., 563, 571, 601
Aberglaube 18, 287, 381, 404f., 412, 420, 433f., 482, 532, 542, 617
Aberle, David 311, 642
Abraham 299, 398f.
 – Opfer des Isaak 398
Absolutismus 402ff., 523–527, 545, 601
Abtreibung 345, 358, 407, 581, 591
Adammu/Adam 37, 41, 44ff., 51, 53f., 56, 67, 242f., 251, 256, 269, 296, 298, 340, 365, 392, 394, 401, 410, 447, 451f., 537–542, 546, 554, 572, 619
Adaption 70ff., 76–80, 107–114, 224, 341f., 465f., 476, 603f.
 → Anpassung
Adam und Eva 7, 35f., 41f., 46f., 50f., 57f., 61, 65, 67, 151, 153, 173, 175f., 200, 204, 241, 296, 380, 393f., 398f., 425, 451, 453f., 459, 483, 515, 538f., 543, 553, 572, 574
 → Baum der Erkenntnis; Paradies; Ursünde
 – Eigentumsdelikt 291, 293–296
 – Sündenfall 9, 35, 47, 53–56, 195–199, 216–219, 296, 453ff., 538–541, 553f., 596
 – Vorlage für 41, 50–54
Adovasio, James 209, 642
Affen 67f., 76, 83–87, 95f., 125–133, 137–140, 149, 179–182, 294f.
 – Menschenaffen 76f., 83f., 91–96, 128–133, 166
Ägypten 49, 56, 266, 318, 325, 337–342, 351f., 384, 391, 396, 402, 440, 499, 504, 528, 540
 → Exodus, Buch
 – versklavte Israeliten 391, 402
Ahnen 222, 258, 268f., 273–279, 284–288, 344, 395, 407, 412, 419f.
 → Geister
Ahnenkult 246, 268, 404, 420
 – eliminierter 403f., 420
Akkulturation 457f.
Akkumulation 77, 279, 331, 413, 604, 608
Alexandre, Monique 507, 642
Allianzen 123, 149, 179–184, 192, 472, 568, 588–593
Alphamännchen 87, 168
Altes Testament 47, 342, 378, 407, 411, 413f., 430–433, 453f., 485, 503
 → Bibel (hebräische); Neues Testament; Tora-…
 – Frauen 378, 407, 413f., 454
 – Gottesbilder 432
Altlasten 460
 – biologische 603f.
 – ideologische 195
 – kulturelle 26, 79, 114, 173, 199, 203, 423, 514f., 559, 603, 607ff.

Amazonen 205, 213, 216, 321 f.
→ Mythen
Ämter, öffentliche 334, 437, 506, 513, 532, 616
Anatolien 49, 233, 247–250, 255 f., 260, 267, 278, 282, 309 ff., 330
Anbetung 209, 242
An, Himmelsgott 340, 347
Animismus 274
– animistisches Denken 274
Anomalie 28, 197, 470–479, 563 f.
Anonymität 129, 135, 304, 345, 593, 598 ff., 604
Anpassung 62, 70 ff., 76–80, 86, 107–116, 139, 199, 214, 224, 231, 238, 442, 457 f., 603 f.
Apokalypse 240, 500 f.
Apologie 198
– männlicher Macht 198
Apostel(in) 16, 436, 438 f., 443–448, 452, 457, 459, 536
Aragione, Gabriella 448
Arbeit 23, 92 f., 190, 202, 223–226, 237, 253, 262 f., 270, 277, 312 ff., 322, 331, 343, 390, 509, 543, 569, 614
– Arbeitsbelastung 234–243, 600
– Arbeitsteilung 90, 100, 148, 183, 185, 406
– Arbeitswelt 143, 207, 613 f.
Archäologie 23, 34, 49 f., 84, 95, 103, 192, 210, 218 f., 223, 226–232, 242, 246, 250–262, 269, 279, 285 f., 302, 315 f., 319, 322 f., 328–332, 339, 365, 394 f., 429
Arche Noah 298 f.
→ Sintflut
Archetypus 207, 212
→ Urmutter
Architektur, monumentale 259, 278, 282, 330, 505, 529 f.
Aristoteles 364, 464, 474, 477 ff., 484, 543, 553
Armut 103, 202, 207, 270, 291, 306, 318, 379, 423, 434 f., 441, 514, 528 f., 565, 571 f., 600, 605
→ Reichtum
Arruzza, Cinzia 569
Aschera 50, 53, 383, 395, 407, 409 f.
Askese 499–511, 521
Assmann, Jan 381, 383, 404, 412
Assur 384, 522
Astarte 409, 558
Assyrer 362 ff., 384–388
→ Israel, Nordreich
– biblisches Gottesbild 385, 387, 414
ätiologische Erzählungen 59, 380, 578
Atiratu 50, 298
Atramhasis-Mythos 343
Attributionsfehler, fundamentaler 475–479, 484, 511, 538 f., 573, 607
Auferstehung 248, 430, 436 f., 452, 493
Aufklärung 200, 574, 579, 583, 589
Augustinus von Hippo 16, 48, 504, 515, 534–543, 545 f., 549, 554
Aurelius, Erik 411
Ausbeutung 21, 31, 208, 371, 389, 489 f., 494, 526, 551, 565, 569, 571, 575, 587, 595, 606
Autonomie 34, 167, 188, 235, 533, 581, 611
– sexuelle 166, 171–174, 191, 354–365, 588, 590 f., 610
– wirtschaftliche 185, 191
Aquin, Thomas von 546, 553
Avunkulat 190

B

Baal 50, 341, 378, 410 f.
Babyblues 97
Babylon, Babylonier 336, 344, 355, 384, 387 f.
Babylonisches Exil 387
– Rückkehr 411
Bachofen, Johann Jakob 161, 204–207, 212 ff., 216, 575, 577

Ball, John 572
Bamberger, Joan 210
Barbaren 324, 490
Bateman-Prinzip 120, 134, 361, 604, 614
Batseba 300, 354, 363 f.
Baum der Erkenntnis von Gut und Böse 45, 52, 412, 619
Baumann, Gerlinde 416
Beard, Mary 10, 213, 321, 470
Bebel, August 588
Befruchtung 116 f., 120–125, 133 f., 169, 181
Benjamin, Walter 206
Bering, Jesse 273
Bergpredigt 389 f.
Beschneidung 438 f., 445
Besitz 9, 103, 141, 189, 221, 223, 294 f., 297, 305 f., 311, 338, 353–357, 360 f., 417, 439, 490 f., 496, 529, 563, 587, 600 f., 610
→ Eigentum
– immobiler 103
– öffentlicher 106
– privater 105
Bestattung 223 f., 226, 247, 253 ff., 258, 266, 276, 282, 302 f., 313, 320, 322 f., 336
Besuchsehe 190
Betzig, Laura 120, 300
Beauvoir, Simone de 8, 18, 20, 30, 44, 110, 208, 271, 314
Bevölkerung 229, 244, 254, 260, 277, 302, 333, 370, 472, 555
– Bevölkerungsdruck 246, 260, 272, 309, 327, 468, 606
– Bevölkerungsexplosion 240, 245, 260, 288, 314, 367, 599
– Bevölkerungswachstum 100, 229 ff., 240, 244, 260, 262, 269, 271 f., 280, 304, 331
Bhattacharya, Tithi 569
Bibel 7, 15, 20, 36, 41, 44, 46 f., 50 ff., 58 f., 63, 157, 170, 175, 197 f., 200, 213, 250, 267, 296–300, 307, 335, 337, 343, 356–359, 362–365, 368 f., 378 ff., 382, 393 f., 398–401, 406–418, 431 ff., 438, 451, 468, 478, 530–534, 559, 565, 570, 575, 584 f., 595, 602
→ Altes Testament; Heilige Schrift; Neues Testament
– kumulative kulturelle Evolution 30, 553
– Quelle der Welterkenntnis 15
– Tagebuch der Menschheit 15, 202, 406, 487, 531, 621
Bibel, hebräische 297, 363, 379, 400, 404, 427, 483
→ Altes Testament
Big-Man-Gesellschaften 315
Binäres Denken/Binaritäten 31, 34, 113, 146, 150, 496, 567, 591, 595, 607, 615
Biologismus 21, 67, 474, 562
Biophobie 23
Bischof-Köhler, Doris 24
Bisexualität 145
Boccaccio, Giovanni 584
Boehm, Christopher 187
Bonobos 16, 93 f., 108, 123 ff., 130, 148 f., 161, 177, 181 ff.
Böse, das 52, 55–58, 454, 499 ff., 510, 540, 542, 546 ff., 555, 570, 575, 618
Boserup, Ester 216, 316
Böttrich, Christfried 447 f., 451
Boudicca 320 f.
Bourdieu, Pierre 8, 29, 33, 58, 110, 199, 326 f., 331, 357, 417, 545
Boyd, Robert 487
Brautpreis 312, 353 ff., 600
→ Mitgift
Bringmann, Klaus 463
Broad Spectrum Revolution 228 f.
Bronzezeit 249, 317 f.
Brown, Dan 560
Brown, Peter 429, 449, 490, 499, 501, 509, 542
Brudermord 297, 362, 554
→ Kain und Abel
Büchner, Georg 371

Bugis 146
Bukranien 247f., 253, 340
→ Stier
Burckhardt, Jacob 518
Bürgerrecht 444, 471, 473, 489, 494, 574, 586, 590
Bürokratie 318, 327, 333
Butler, Judith 31

C

Care-Arbeit 92f.
Carneiro, Robert L. 327
Çatalhöyük 242–252, 255–257, 263ff., 271, 276, 282, 286, 290, 302f., 308ff., 339
Cauvin, Jacques 253f.
Chaucer, Geoffrey 584
Chauvinismus 378, 563, 576
Cherubim 45, 296f.
Christen 393, 440, 444, 457, 459, 481f., 485, 495, 501, 503, 514–517, 520f., 523, 526f., 529–532, 536
Christentum 15, 27, 35f., 42, 47, 49, 155, 342, 349, 400, 406, 423, 428f., 441f., 446, 452, 459f., 480f., 485, 491, 502–507, 512–536, 543ff., 557f., 565f., 570, 572, 616
→ Evangelien; Jesus-…; Neues Testament
Christ, Karl 515, 525f.
Childe, Vere Gordon 201
Clans 105, 279f., 316, 319
Clauss, Manfred 445, 544
Cognitive Biases 112
Cohen, Claudine 222
Communities 99ff.
→ Jäger und Sammler
Comte, Auguste 582
Condition humaine 27
Confirmation Bias 113, 387, 573
Conspicuous Consumption, Theorie der 360
Cooperative Breeding 92–96, 171, 192, 222, 235, 287, 312, 420, 558, 612
Costly Signal(s) 129f., 232, 263, 280, 360, 501
CRED (Credibility Enhancing Display) 282, 501, 505
Criado-Perez, Caroline 270, 592
Crick, Francis 69
Cultural Lag 78f., 114, 214, 608
→ Geschlechter
→ Konformitätszwang

D

Dahlheim, Werner 440, 516
Dämonen 46, 277, 329, 340, 361, 395, 406, 432f., 436ff., 450, 500–503, 508, 511, 528, 542, 549, 559ff., 576–580
Dämonisierung 37, 364, 460, 494–502, 549, 563, 577f.
– der Frau 46, 56, 381, 511f., 553
Dart, Raymond 175
Darwin, Charles 19f., 71, 73, 116, 121, 125f., 142, 200, 214, 575, 598f.
David, König 267, 299f., 337, 363, 383, 417
Dawkins, Richard 61f., 382
DeConick, April 428, 482
Déjà-vu 266, 516f., 537f., 595
Delila 364
Demandt, Alexander 515, 519
Demokratie 27, 29, 460, 465ff., 533, 545
Demosthenes 491
Denkmal 282, 321, 466
Despotismus 106, 298, 337, 367–373, 382, 387ff., 402f., 412ff., 417f., 421, 425, 516, 526f., 563, 565, 570
→ Ungleichheitsverhältnisse
Determinismus 22, 24f., 74
Diamond, Jared 188, 202, 306, 327, 621
Dichotomie 211, 372, 483, 536, 542, 556
→ Binäres Denken / Binaritäten
– Männer-Frauen-Dichotomie 34, 147

Diderot, Denis 574
Diogenes von Apollonia 473
Diskriminierungen 9, 15, 25, 34, 326, 373, 397, 442, 447, 467, 544, 551, 565, 568, 593, 602, 606 ff., 616
→ Intersektionalität
Diskurse 30, 204, 278, 345, 372, 413, 425 f., 461 f., 472 f., 484, 497, 539, 546, 555, 560, 564, 572–579, 585
Dispositionen 598, 606
– angeborene 108 ff.
Dispositiv
→ Foucault, Michel
– patriarchales 30
Dimorphismus 177
Diversität 31, 68–71, 98, 145 f., 148 f., 172 f., 366 f., 397, 406, 552, 592, 599, 615, 617
DNA 69, 98, 219, 250, 317 f., 366–370, 468
Dobzhansky, Theodosius 74
Domestizierung 99, 202, 230 f., 233, 240, 257, 277, 287, 304, 328, 500, 573
Dominanz 183–188, 590, 596, 598
– Dominanzhierarchie 177, 212
– männliche 8, 12, 27 f., 88, 130, 153, 178, 183, 186, 189, 197, 205, 216 ff., 289, 293, 315–319, 354, 372 f., 420, 431 f., 474 f., 490, 551, 562, 567, 589 f., 618
– weibliche 180–184, 233 f., 404, 617
Doppelmoral 172, 305, 356 f., 580
→ Moral
Dorn, Klaus 447
Doxa 29 f.
→ Bourdieu, Pierre
Draper, Patricia 22, 185
Drei Naturen 17, 65, 107, 114, 164
→ Natur des Menschen
Drogen 164, 275
Dualismus 290, 485
– der Geschlechter 204, 211
Duby, George 27
Dux, Günther 177
Dynamiken 87 f., 121, 208, 219, 239, 291, 296, 316, 366, 370, 381, 604

E

Eden, Garten 36, 42–46, 52 ff., 58 198 f., 208, 227, 239, 243, 341, 343, 380, 452, 537, 602
→ Paradies
– Vertreibung aus 42–46
Edzard, Dietz Otto 328, 385
Egalität 112, 185, 434, 441, 465 ff., 481, 486, 513, 517, 543, 567, 599, 616 f.
– egalitäre Gesellschaften 187, 191, 280 ff., 290
– egalitäre Verhältnisse 186, 270, 284
Ehe 101, 157 f., 174, 205 f., 291, 355 ff., 389, 414, 482, 487, 490–494, 498 f., 543, 561 f., 571, 573, 585, 591, 601, 610 f.
→ Monogamie, Polygamie
– gleichgeschlechtliche 157
– Jungfräulichkeit vor der 353, 494, 580
– Ehebruch 157, 356, 414, 492 f.
– Jesus und die Ehebrecherin 430, 435
Ehrenberg, Margaret 19, 216, 248
Eifersucht 109, 135, 141, 163–166, 170 ff., 191, 357, 377 f., 384, 387 f., 402 f., 413, 542, 558
Eigendynamik 231, 278, 284, 336, 360, 372 f., 397, 425, 591, 604
Eigentum 105, 279, 293 ff., 303–307, 309, 323 ff., 357, 489, 492, 528, 565, 601, 610
→ Besitz
– Eigentumsdelikt 291, 294
– Gemeineigentum 302, 310
– Monopolisierung 336
– Privateigentum 204, 207 f., 218, 291, 293, 295 f., 304, 463
– Verteidigung 296 f., 338, 357
Eisenzeit 319
Eisler, Riane 18
Eisprung 125, 130
– verborgener 166–170, 181 ff.
Eiszeit 224, 227

Eitelkeit 48, 132
El 50 ff., 57, 298, 340
Elite 190, 270, 331 ff, 349, 359 ff., 367 f., 372, 387 f., 395 f., 411, 471 f., 480, 488 f., 490 f., 514, 524, 527, 533, 569
– Elite Overproduction 368
Eller, Cynthia 210
Emanzipation 10, 13 f., 18, 21 f., 32 f., 36, 152, 174, 205, 210, 214, 344, 352, 393, 400, 448 f., 453, 455, 503, 545, 564, 573, 578, 587, 589 f., 590, 592, 610, 617
Endicott, Karen 185
Engels, Friedrich 161, 200, 207 f., 216, 293, 311, 587
En-hedu-Ana 347–350, 384
Enki/Ea 330
Enteignung
– religiöse 375, 381, 401, 407, 419, 426, 514, 532, 554 f., 617
Entwicklungsgeschichte
– dreistufige 204
Enuma Elisch 213
Epidemien 328, 338, 389
→ Krankheiten; Seuchen
– verhinderte 389
→ Krankheitsprävention
Erbe 25, 59 f., 74, 112, 137, 175, 297, 304, 337, 342, 356, 362, 383, 403, 412, 414, 448, 488, 491, 514, 517, 523, 532 f., 542, 554, 565, 600 f.
→ Primogenitur
Erbgut 68 ff., 76, 81, 116, 244, 250, 370
→ DNA
Erbsünde 16, 48, 535, 538–541, 543, 557, 571, 578
Erektion 256, 260, 515, 534 ff.
→ Ursünde
Erlösungslehre 41, 483
Erziehung 75, 110, 141, 567, 580, 582
– Kindererziehung 75, 110, 141, 567, 580, 582
Essenzialisierung 255, 258, 398, 478, 483
– von Frauen 419, 477, 484
Eunuchen 361, 498
Europa 80, 210, 215, 219, 221 ff., 234, 244, 250, 272, 308–319, 323–328, 338, 345, 368 ff., 372, 461, 463, 515, 545, 555, 570, 579, 585, 592
Eva 7, 9 f., 16 ff., 31, 35 ff., 39, 41 f., 44–51, 53, 55–59, 62, 57, 97, 132, 170, 175, 198 f., 206, 215 f., 219, 227, 291, 293–296, 341, 343, 365, 373, 375, 377–380, 392–401, 410, 412, 425 f., 447, 451–456, 483 f., 539, 543, 550, 552–557, 570, 572, 585, 595, 615 f., 621 f.
→ Adam und Eva; Baum der Erkenntnis; Paradies
– biblische 15 f., 61, 425, 427, 595
– biologische 15 f., 36, 61 f., 77, 231, 425
– Fluch 237, 243, 425
→ Geburtsschmerzen
– vom Teufel verführte 7, 48, 447, 484, 553–557
Eva-Tabu 9, 18–22, 26 ff., 36, 139, 204, 211, 242, 249, 283, 348, 583, 598, 603, 609, 611
Evalution 17, 63, 65, 425, 561 f., 596, 599, 619
Evolution 14, 22 f., 25 f., 28, 33, 35, 42, 60 f., 65, 67 ff., 71–75, 96, 116, 126 f., 147 f., 155, 157, 159, 166, 173, 197, 200 f., 214, 240, 294, 306, 326, 372, 484, 562, 604, 610, 614
→ Katastrophen; Mismatch
– biologische 17, 62 f., 67, 75, 79 f., 109, 274, 427, 598
– konvergente 80
– kulturelle 15, 17, 28, 30, 32, 37, 65, 67, 74 f., 77–81, 83, 95, 107, 109, 112, 229, 231, 244, 259, 265, 267, 269, 273, 278, 289, 293, 308, 328, 331 f., 341, 344, 360 f., 413, 427, 429, 433, 454, 477 f., 488, 517 f., 553, 565, 598, 612, 616, 622
– kumulative kulturelle 30, 553
– menschliche 10, 14, 16, 80, 82, 101, 175, 222, 305, 621
→ Selektion, natürliche

→ Selektion, sexuelle
Evolutionismus 21, 27, 72 f., 201
→ Kolonialismus
Evolutionsbiologie 15, 19, 61, 70, 74, 93, 179, 219, 362
Exodus, Buch 391, 402
→ Ägypten
Exorzismus 434, 501, 511, 546, 580
Expansion 304 f., 325
Extra Pair Copulations (EPC) 170

F

Familie 27, 97, 100 f., 129, 161, 163 f., 169, 176, 188, 192, 200, 205, 207, 285, 295, 303, 312 f., 353, 481, 490, 493, 503, 542 f., 574, 586
- bürgerliche 200
- patriarchale Familienform 436
Faschismus 577
Fata Morgana 253
Fausta 491 f., 519, 526
Federici, Silvia 571 f.
Fehlmann, Meret 205 f.
Fehlschluss 479
- historistischer 59, 443
- moralistischer 25
- naturalistischer 24 f., 59 f., 178, 215, 450, 484, 562, 609
Femme fatale 132, 349, 363 f., 414, 553
Feminismus 8 f., 11, 13, 18, 20 f., 26, 176, 198, 208 f., 214, 248, 315, 378, 423, 551, 567, 569, 585, 588–592, 598, 608, 617
→ Antifeminismus
→ Intersektionalität
- Öko-Feminismus 209
- spiritueller 209
Fichte, Johann Gottlieb 576
Finalismus 275
- finalistisches Denken 178
Finanzkrise 214
Fischer, Irmtraud 428
Fitness 70 f., 120, 129, 135 f., 171, 263, 300, 350, 354, 361
- biologische 352
Flannery, Kent 278 f., 339
Flasch, Kurt 46, 453 f., 538, 546, 553
Flexibilität 26, 100 f., 139, 147, 170 ff., 219, 224 f., 227, 241, 265, 599
Florin, Christiane 560
Fluidität 147–150
→ Sexualität, Identität
Föllinger, Sabine 465
Forager 98 f., 137, 140, 184 f., 187
→ Jäger und Sammler
- komplexe 99, 104 ff., 223, 234
- Communities 171
Fortschritt 23, 71 f., 81, 102, 195, 197, 200–203, 205, 405, 574, 587, 589, 598, 602
→ Kultur
- Fortschrittsglaube 199, 201
- Fortschrittsidee 203
- Fortschrittsprozess 224, 240
Foucault, Michel 30, 429, 490 f., 494, 497, 543, 548 f., 566, 570, 578
Fourier, Charles 587
Frahm, Eckart 351, 387, 403
Fraisse, Geneviève 582
Franklin, Rosalind 69
Französische Revolution 574, 585 ff.
Fraser, Nancy 569
Frau, Unterordnung 7, 198, 216, 393, 566, 595 f.
→ Altes Testament; Frauen; Jesus-Bewegung
- als Besitz 357, 361, 587
Frauen
- Erstfrauen 358
- Frauenbewegung 18, 21, 26, 178, 198, 206, 208, 212, 242, 345, 567, 583, 587 f.
- Frauendefizit 301, 303, 312, 367, 471, 489
- Frauenfeindlichkeit 10, 32, 47, 258, 401, 441, 456, 486, 508, 584, 587
→ Misogynie
- Frauengräber 318, 320

– Frauenherrschaft 19, 191, 199, 203 ff., 207, 249, 322
→ Matriarchat
– Frauenpower 180, 589
– Frauenraub 315, 337, 368, 468, 471, 600
– Frauenrollen 21, 111, 140, 186, 212, 222, 349, 353, 426, 430 f., 530, 571, 591
– Frauenschicksale 12, 20, 33, 35, 46, 62, 203, 259, 300, 319, 343, 348, 423, 508, 568, 597
– Frauentausch 312
– fremde 312 f., 360, 410, 421, 470, 472, 606 f.
– Widerstand 33, 197, 426, 565, 571, 584 f., 589
– Zweitfrauen 358
Freiheit(en) 8, 16, 34, 56, 75, 122, 124, 128, 199, 208, 216, 227, 291, 296, 355, 385, 447, 526, 532, 540, 565, 574, 583, 619
Freud, Sigmund 142, 204, 207, 575
Freund-Feind-Psychologie 111 f., 412, 467, 531, 606 f., 615
Friedan, Betty 176, 314, 569
Friends with Benefits 93, 162, 166, 168, 170
Fromm, Erich 207
Fruchtbarer Halbmond 218, 231, 243, 271, 278, 308 f., 324 f., 366
Fruchtbarkeit 43, 118, 123, 131, 133, 166 f., 169, 181, 221, 235, 248, 255 f., 285, 326, 367, 390, 399, 478, 499, 562

G

Gaca, Kathy L. 369, 417, 469
Galilei, Galileo 477
Gallischer Krieg 320
Game of Thrones 518–521
Geary, Patrick J. 213
Gebet 347, 407, 451, 548
Geburtsschmerzen 538
Geertz, Clifford 30
Geister 215, 222, 227, 242, 244, 273 ff., 277, 280, 284, 288, 388 f., 404 f., 407, 410, 412, 419, 438, 500, 509, 511, 546
→ Ahnen; Animismus
– Schutzgeister 286
Gelobtes Land 342, 392 ff.
→ Kanaan
– Landnahme 392
Gender 9, 43, 65, 110, 115–151, 188, 214, 243, 249, 284, 286, 315 f., 405, 441, 451, 466, 485, 559, 591, 607, 614, 619
→ Sex
– genderblind 475, 573, 576, 583, 603
Gender Data Gap 270, 348, 592
Gender Pay Gap 614
Gender Studies 24, 144, 264, 551
Gene 12, 21, 26, 69 f., 117, 125, 149, 163, 598
Genealogie 19, 34, 218, 245, 546
Genesis 7, 35, 42 f., 49–58, 175 f., 199, 297 f., 343, 378–381, 394–399, 425, 431, 450, 453 ff., 483, 537, 542 f.
→ Tora
– als Weltgeschichte 31
Genetik 23, 309, 311, 317, 366 f., 369
Genozid 103
Gerhard, Ute 586
Germanen 319 ff.
Geschichtsschreibung 270, 308, 320, 348, 468
Geschlecht
→ Geschlechtsunterschiede
– Geschlechtergerechtigkeit 9 f., 37, 352, 585, 615 f.
– Geschlechterhierarchien 24, 186, 213, 215, 223, 234, 363, 583, 585
– Geschlechterkampf/-krieg 206 f., 212, 215, 217, 578 f., 591
– Geschlechterklischees 23, 144, 184, 224, 226, 258, 285, 313, 323, 339 ff., 369, 403, 416 f., 420, 470, 482, 508, 560 f., 586, 598, 600, 606
– Geschlechterrollen 21, 61, 127, 139 ff., 144, 172, 206, 212, 215, 224, 241,

263, 265f., 288f., 345, 380, 465, 475ff., 600, 603f.
- Geschlechtsidentität 141, 148f., 214, 264–267, 372, 421
Geschlechtskrankheiten 500
- Prävention 361, 579
Geschlechtsunterschiede 24, 118f., 136–143, 150f., 163f.,176f., 619
- biologische 24f., 110, 115, 139ff., 150f.
Geschlechtsverkehr
→ Ehe; Ehebruch; Sex
- mit Fremden 415f.
- vorehelicher 191
Gewalt 13, 27, 31, 34, 59,103,107, 118f., 123, 127, 133–139, 141, 172, 178f.,182, 188, 191, 213, 223, 234, 267f., 288f., 297, 303f., 309, 323, 326f., 330, 340, 342, 362, 366–373, 385, 389, 414–419, 421, 434, 465, 468, 470ff., 488, 519, 526, 531, 548, 555, 564, 570ff., 574, 576, 597, 600, 602, 606, 610f.
→ Krieg
- Gewaltspirale 268, 297, 368f.
- strukturelle 29, 369, 372
- symbolische 327, 331, 346, 545
Gilgamesch 57, 267, 298, 332, 334, 373
Gilmore, David D. 13
Gimbutas, Marija 208f., 216
Glaubensbotschaft 532–534
Gleichberechtigung 8, 13, 18, 29, 44, 47, 190, 216, 352, 587, 592, 598, 619
Göbekli Tepe 243, 251–269, 271, 278ff., 282, 285f., 289, 339, 341
Goebbels, Joseph 577
Goodall, Jane 182
Goodison, Lucy 286
Goody, Jack 216, 319, 496, 528
Gorillas 94, 123, 161, 177, 183, 197, 295
Gott Israels
→ Jahwe
Gott, christlicher 7f., 15, 42–48, 51–60, 67, 73, 115, 148, 198, 206, 296–300, 306f., 330f., 334–344, 354, 361, 368, 373, 375, 377–403, 406–421, 426, 431ff., 435–438, 440, 443ff., 449–452, 454f., 457, 470, 478, 480, 484f., 492f., 499ff., 505f., 509, 512, 516, 521f., 524–533, 536ff., 540f., 545, 547f., 552f., 556, 562f., 566, 570, 574–577, 584, 596f.
→ Christentum; Altes, Neues Testament
Götter 51f., 54f., 57, 61, 276ff., 298, 325–346, 350, 361, 378f., 384, 387f., 396f., 401, 403, 407, 410ff., 417, 419, 475, 481, 517, 522, 533, 542, 578
Gottesbeweis 73, 393, 515f., 520, 527, 546f.
Göttinnen 52f., 55, 203, 209, 286, 332, 375, 378, 396, 407, 558
Gottschall, Jonathan 468f., 490
Gouges, Olympe de 586
Gough, Kathleen 22
Gravitation 310, 477
Greenblatt, Stephen 35, 42, 380, 429, 537, 539, 553, 597
Große Göttin 19, 197, 208–211, 222, 242, 246–249, 257, 283, 286
Großmütter 61ff., 92, 100, 159, 171, 222, 592
Guttentag, Marcia 470
Gynaikokratie 204f.

H

Habitus 29, 110f., 253, 451
→ zweite Natur
HADD
→ Hyperactive Agency Detection Device
Hadza 185
Haeckel, Ernst 73
Hammurapi 344
Harari, Yuval Noah 11f., 26, 61, 143, 202, 254
Harem 161, 197, 295, 300, 324, 337, 359–363, 369, 385, 410, 417, 601, 605
Häresie 405, 412, 440, 486, 531f., 540, 571
Harnack, Adolf von 442

Harris, Marvin 464
Hatschepsut 351 f.
Hauptmann, Gerhart 206
Hegel, Georg Friedrich Wilhelm 576
Hegemonie
– männliche 35, 215, 405, 441, 517, 567, 573
Heilige Schrift 15, 404, 528, 531 f.
→ Bibel; Altes Testament; Neues Testament
Hellenisierung 460, 483
Henotheismus 384, 522
Henrich, Joseph 78, 282, 487
Herakles 267, 321–324, 364
Hermaphroditen 43
Herodot 322, 368 f., 468
Herrschaft 7 f., 29, 31, 43, 58 f., 106, 115, 132, 155, 178, 207, 210, 213, 282, 289, 294, 320, 326 f., 331, 335, 338, 343–346, 349 f., 354–357, 368, 371, 378, 382 f., 387, 390, 396, 401, 417, 426, 455, 489, 517, 519, 523, 525 f., 531, 533, 536, 540–546, 554, 569, 597, 601, 616, 618
– Herrschaftsauftrag 43, 521
– Herrschaftsreligion 282, 291, 338–346, 382 f., 395 f., 401, 405, 414–418, 431 f., 517, 519 f., 523 ff., 531 f., 543 f., 564, 570, 601, 616 ff.
– staatliche 103
Hesiod 379, 484
Hesse, Hermann 206
Hetärismus 204
→ Entwicklungsgeschichte, dreistufige
Heteronormativität 148, 487, 495, 559, 591, 610
Heterosexualität 145, 148 ff., 157 f., 163, 487, 561
heterosexuelle Matrix 31
→ Butler, Judith
Hexen 49, 209, 362, 388, 407, 546, 554 f., 576, 584
– Hexenverfolgung 418, 546, 555, 572
Hierarchie 186, 223, 280, 324, 326, 333, 363, 366, 434, 506, 514, 544, 569, 605, 615
– der Geschlechter 20, 43 f., 474, 542 f., 582
– soziale 234, 291, 315 f., 370
Higgins, Charlotte 29
Hill Collins, Patricia 31
Himmel 43, 47, 50, 56, 332, 335, 340 f., 347, 385, 390, 445, 493, 503, 516, 519, 528 f., 556
→ Jenseits
Himmelskönigin 407 ff., 556
Hinrichtung 518 f., 555
Hiob 52
Hitler, Adolf 577
Hobbes, Thomas 103, 541
Hodder, Ian 247, 249, 255–258, 260, 265, 268, 271
Hochkulturen 27, 332, 340, 349 ff.
Hohepriesterin 291, 339, 347 f., 350, 353
Holland, Jack 461
Hölle 48, 438, 538, 558, 572
Hominine 75, 84, 87, 295
Homo erectus 69, 83 f., 86, 91, 158
Homo sapiens 12, 15, 17, 26, 28, 34, 62, 69, 74, 98, 100, 123, 127, 130, 133, 136, 155, 167, 192, 197, 199, 205, 224, 231, 240, 274, 290, 296, 420, 434, 494 f., 544 f., 547, 563, 567, 598, 602, 605, 610, 614, 617 f.
→ Menschwerdung; Evolution
Homophobie 150
Homosexualität 26, 145, 148 f., 480, 494 f.
– männliche 465 f.
– weibliche 148, 582
Hormone 138, 141, 145
Horon 51 ff., 56 f., 200, 341, 378, 396
Horticulturalists 165, 184, 189, 234, 267, 353
Hrdy, Sarah Blaffer 19 f., 22, 97, 125 f., 169
Humboldt, Wilhelm von 576

Hume, David 25, 326, 371
Hungersnot 128, 202, 238, 276 f., 329
→ Katastrophen
Hurerei 411–415, 418, 560
Hybridisierung 413, 460, 487, 494, 496, 502, 512, 543, 555, 566, 608
Hygiene 238, 240, 245 f., 277, 309, 328, 583
Hyperactive Agency Detection Device (HADD) 274
Hysterie 486, 578 f.

I

Ideal 16, 44, 155, 174, 206, 285, 495 ff., 552, 607, 610 f.
Identität 141, 149, 421
– Identitätsverlust 214
– Kultur als Marker der 266
– männliche 264 f.
Ideologie 21, 27, 42, 103, 178, 213, 352 ff., 404 f., 419, 475 ff., 543, 608
– Kriegsideologie 338, 418, 517
– patriarchale 27, 31, 199, 215, 382
Ideologiekritik 173
Imperialismus 384 f., 387, 402, 532, 575
Inanna/Ischtar 291, 332–336, 347 f., 384, 409, 522
Indianer 104, 225 f.
Individualisierung 173, 302, 309, 332, 584
– der Gesellschaft 157
Indoktrinierung 31 ff., 532, 567, 570, 597
Industrielle Revolution 201 f., 587
Infantizid 25, 124, 126, 163, 166 f., 169
Infektionskrankheiten 328
Inner Circle 281, 329, 456, 525
Innovation 68, 94, 164, 199, 207 f., 269, 289, 293, 296, 316 f., 359, 421, 429, 610
Input
– sozialer 142, 613
Inquisition 419, 578, 597
Institutionalisierung 265 f., 278, 289, 326, 345, 457, 610
Intersektionalität 9, 551, 588, 608
Intimate Partner Violence 133
Inzest 312, 488
→ Ehe-...
Isaak 398
Ismail, Moulay 120
Isolation 291, 308–323, 338, 372, 419 ff., 472, 507 f., 529, 559, 567 f., 580 f., 589, 601
Israel, altes 55, 294, 342, 359, 378, 395, 402, 410 f., 424, 436, 441, 478, 501, 506, 527
– Bund mit Jahwe 389, 414
– Volk 299, 335, 386–392, 410 f., 431, 454, 500
– Nordreich 383 ff.
Israeliten 50, 342, 388, 391 ff., 401 f., 453
Isis 213, 558
Iversen, Torben 615

J

Jacobsen, Thorkild 332
Jagd 83, 87, 90, 92, 94, 182, 260–267, 341, 390, 606
– jagende Frauen 100, 224–227, 167 f., 224 f., 247 ff., 284
– jagende Männer 100, 106, 148, 165, 175 ff., 190, 225, 232 f., 235, 239, 243, 262, 265, 339 f., 466, 600
Jäger und Sammler
→ Kooperation; Reputation; Sesshaftwerden; komplexe Forager; Forager
– egalitäre 106, 112, 185 ff., 191, 234, 270, 466, 567, 599
– Familienverbände 112, 184 f., 227, 282, 585
– Gesellschaften 90, 109, 113, 128 f., 235, 300 f., 604
– nomadische 98–106, 147, 158, 188, 218–222, 238, 294 f., 599

Jahwe 36, 46, 55, 341 f., 344, 383, 389, 396 ff., 406, 409–414, 433, 500
→ Gott; Strafe Gottes; Zorn Gottes; Monotheismus
– eifersüchtiger 378, 384, 397
– einziger Gott 385–388, 392, 395 f., 401 ff.
– gewalttätiger 385–388, 417 f.
Jakob 299, 362, 456
James, William 401, 409
Jenkins, Philip 531
Jenseits 389
→ Tod
Jensen, Anne 428, 486, 508
Jerusalem 383, 385 f., 395, 403–406, 408 f., 411, 414 f., 417, 430, 439 f., 445, 507
– zerstörtes 387, 440
– zerstörter Tempel 387, 440
Jesus-Bewegung 15, 431, 438 f., 446, 459, 513, 532, 601
Jesus von Nazareth 342, 406, 423, 444–448, 452–460, 484, 492 f., 495, 498–501, 505 ff., 511–517, 527 f., 538, 543 f., 556 f., 585, 616 f.
– Ehebrecherin 430, 435
– Freund der Frauen 425–441, 543 f., 616 f.
– Geburt 367, 499, 524
– Jäger-und-Sammler-Moral 434 f.
– Kritik an Reichtum 296, 434
– Messias 430, 439, 523
Jesus Sirach, Buch 47
Josua 245, 342, 392
Juda (Südreich) 294, 383, 385, 416
– Vasallenstaat der Assyrer 396
Judentum 439 f., 445, 459, 495
– rabbinisches 49
Judith 364, 398
Jung, Carl Gustav 207, 212
Jungfrauen 348 f., 353, 361, 379, 505 ff., 510, 539, 550, 556–559, 580
Jungfräulichkeit 291, 347–365, 471, 505, 507, 539, 553, 556 f., 580
Jungpaläolithikum 219–224, 228, 259
Junia 448
Jursa, Michael 355

K

Kain 297, 362, 554
Kain und Abel 297, 362
→ Kain-und-Abel-Prinzip
Kanaan (Land) 49 f., 340, 478
→ Gelobtes Land
– Landnahme 392
Kant, Immanuel 574, 576
Kapital 363, 432, 502, 506 f., 510
– reproduktives 299 f.
Karl, Michaela 26, 586
Karmin, Monika 366
Katastrophen 72, 202, 238, 240, 272, 277, 309, 328 f., 338, 387 f., 401 f., 431, 575
→ Apokalypse; Toragesetze; Zorn Gottes
– Anlass für Bibelautoren 50 f., 431 f.
– kulturelle Evolution 278
Katastrophenschutzsysteme 338, 523
Katechismus 44, 54, 561 f.
Katholische Kirche 15, 41, 44, 47, 53 f., 58, 428, 441 f., 447, 457, 498, 501, 508 f., 513, 541, 546, 550, 561 f., 616
Keel, Othmar 386
Kelemen, Deborah 60
Keller, Christin 316
Kelsos 482
Kelten 319 ff.
– Keltenfürstin 291, 320
Keuschheit 125, 335, 347 f., 353, 469, 501–504, 537, 539, 556, 561, 580, 584
Kirche 17, 246 ff., 404 f., 420, 428, 438–443, 457, 485, 495 f., 499, 503–507, 510–515, 524, 527–533, 539, 541–549, 552, 554–557, 560–563, 570–574, 589, 601, 616 f.
Kirchen (Gebäude) 529, 570 f., 617

Killer Ape-These 175
Kinder aussetzen 471
→ Infantizid
Klima 84, 164 f., 219 f., 223 f., 228, 229 ff., 241, 304, 308, 333, 370, 461
– Klimawandel 309
Klitoridektomie 579 f.
Kloster 504, 508 f., 552, 561, 570, 596 f.
Knibiehler, Yvonne 579 f.
Koalitionsmacht 180–183
Koevolution 81
Kohärenzzwang 381, 387, 526, 556 f.
Kölbl, Stefanie 220 f.
Kolonialismus 27, 200 f., 229 f., 309, 344, 405, 426, 468, 541, 551, 554, 570 f., 575
Kollektiv 100, 102
→ Jäger und Sammler
kollektives Gedächtnis 187, 428, 560
Kollektivspeicher 302
Kommunismus 103, 207 f., 439
Komplexität 70–73, 77, 95, 113, 129, 164, 178, 276, 432, 563 f., 603
Komplizenschaft 349–352
→ sexuelle
Konflikte 88, 114, 150, 181, 223, 234, 267 ff., 289, 306, 315, 348, 356, 358, 362, 413, 467 ff., 488 f., 491, 606
– kulturelle 79, 110, 606 f.
Konformitätszwang 76–79, 111 f., 584
Konkurrenz 62, 240, 267 ff., 272, 280 f., 296, 317, 338, 360, 367, 370 f., 383 ff., 394, 397 ff., 403, 491 f., 505, 517, 563, 600 f., 605 ff., 613 f., 617 f.
→ Eigentum
– familiäre 106, 297, 362
– Frauen 117, 120, 133, 159 ff., 182, 214, 299, 360–363, 468–471, 488
– Geschwister 362 f.
→ Brudermord; Kain und Abel; Kooperation
Konner, Melvin 138, 146, 237
Konstantin (römischer Kaiser) 342, 403, 491 f., 514 f., 516, 518–533
Konstantinische Wende 515
Konventionen 110, 436, 450 f., 608
konvergente Evolution 80
Kooperation 12, 84, 95, 100, 143, 296, 304, 326, 589, 612, 615
→ Jäger und Sammler; Konkurrenz
Kopfjagd 258, 267, 279 f., 600
Koran 49
Korpel, Marjo 41, 49 f., 58
Kortlandt, Adriaan 86
Kôtarâtu 52
Krankheiten 13, 47, 97, 119, 128, 202, 240, 272, 276 f., 284, 288 f., 328, 351 f., 379 f., 536 f., 539, 578–581
→ Epidemien; Seuchen; Toragesetze
– durch Dämonen verursachte 275, 361, 433, 500
– göttliche Strafen 361, 389, 406, 431 ff.
– Quarantäne 433
Krankheitsprävention 361
Krause, Johannes 318
Krebernik, Manfred 330
Krieg 27, 29, 56, 103, 135, 202, 211, 223, 234, 240, 246, 269, 272, 288, 316, 319, 323, 333 f., 336–342, 359 f., 368 f., 372, 382 f., 398, 416 f., 440, 462–471, 478 f., 488 f., 498, 501, 511, 518, 555, 578, 600 ff., 605 f.
→ Apokalypse; Vergewaltigung
– Niederlagen als Strafe Gottes 335, 431 f.
– unter Schimpansen 175
Krisen 83 f., 100, 176, 229–232, 241, 328, 485, 517 f., 555, 579, 585
→ Evolution
Krisenmanagement 202, 240 f., 277 f., 602
– ökologische Nische 86
Kubaba 51
Kubrick, Stanley 175
Kucklick, Christoph 576–579
Kult 222, 248, 251, 291, 330, 350, 353 f., 385, 395 f., 403 f., 407 f., 410, 432, 452, 459, 481 f., 505, 524 f., 527, 557

– Blutkult 350
– Fruchtbarkeitskulte 248, 285
– Kultgebäude 250–254, 278 f., 330 f., 339
– Kultgemeinschaft 271
– Schädelkult 258, 268, 276
Kultur(en) 8, 11, 21, 24, 26, 29–36, 50, 57 f., 61, 67, 74–82, 94, 98, 100, 104, 107, 109–114, 129, 131, 134–144, 146, 150, 158, 165 f., 184 f., 189 ff., 197, 200 f., 204 f., 209 f., 212, 216, 229, 234, 265 f., 271, 273, 278, 305, 307, 309 ff., 316, 319, 322, 327, 336, 344 f., 357 ff., 368 ff., 372, 378, 380 f., 385, 388, 395, 460, 489, 495, 509, 551, 567 f., 570, 582, 584, 592, 598 f., 602 f., 605–608, 615, 619
→ Evolution
– außereuropäische 18
– bei Tieren 76 f., 139 f.
– Kulturpessimismus 240
– Kulturrealismus 240
– Kulturtechniken 81, 92, 109, 231
– Kulturverlust 81
– westliche 34 f., 172 f., 349, 423, 429 ff., 460, 513, 545, 570 ff.
kulturell(e,s)
– Bedingtheit 142, 475, 573
– Erbgut 81
– Evolution 15, 17, 28, 30, 32, 37, 62, 65, 67, 74–81, 83, 95, 107, 109, 112, 201, 229, 231, 244, 259, 265, 267, 269, 273, 278, 289, 293, 308, 328, 331 f., 341, 344, 360 f., 413, 427, 429, 433, 454, 477 f., 488, 517 f., 553, 565, 598 f., 612, 616, 622
– Innovationen 76, 81, 111, 164, 199, 207 f., 269, 289, 293, 296, 316 f., 359, 421, 429, 610
– Muster 11, 138, 140, 146, 526
– Schutzsystem 278, 329, 382, 523, 616
– Universalie 22, 138, 157, 167, 178
Kulturwissenschaft 15, 265
Küng, Hans 439, 486, 561, 573
!Kung 16, 23, 109, 185, 235 ff.
Kunst 36, 221, 247, 524, 570 f.
künstliche Intelligenz 30, 32, 77 f., 592
Kybele 51, 558

L

Landwirtschaft 98, 104 ff., 113, 204, 216 ff., 243, 248 ff., 253, 260, 267, 271, 284 f., 296, 301, 308 f., 314, 316, 324, 326, 334, 369, 372, 463 f.
→ Sesshaftwerden; Neolithikum
– Beginn der 17, 80, 135, 184, 198–203, 223, 227–234, 239, 312, 367, 487, 595, 599
Lang, Bernhard 342
Lauster, Jörg 441 f., 521, 525, 528, 576 f., 579
Lea 299, 362
Leacock, Eleanor 185
Lebenserwartung 123
– männliche 238 f.
– weibliche 238 f., 270
Lebenswirklichkeiten 47, 270 f., 319, 325, 365, 378, 431, 551
Lee, Richard 237
Legitimation 7, 25, 31, 39, 41 f., 59, 103, 115, 151, 201, 215, 287 f., 337, 382, 400, 447, 505, 517, 519, 524, 526, 531, 541, 560, 577
→ Herrschaft
– göttliche 198, 215, 282, 289, 331, 335, 340, 343 f., 379, 401, 521, 541–545, 557, 566, 601, 616 f.
– Legitimationsstrategien 215
Léon, Pauline 586
Leppin, Hartmut 446, 448, 485, 517
Lerner, Gerda 19, 24, 217, 349, 358, 470
Lesure, Richard G. 283
Leverage-Effekt 179 f., 183–188
Lévi-Strauss, Claude 312
Lewin, Kurt 447
Lewis, Rebecca 179, 622
LGBTQIA+ 214, 589

Liberalismus 142, 157, 589 ff.
Libido 134, 163, 547
- Verteufelung der 499–502, 511, 538
Liebe 26, 94, 96 ff., 108, 111, 147, 158, 170, 173, 205 f., 356, 386, 407, 434, 466, 481, 487, 494 ff., 562, 591, 610 f.
Lilith 46
Loisy, Alfred 438
Loraux, Nicole 210
Loyalität 129, 348, 354, 386, 388, 403, 523, 531, 545, 547 f.
Lubbock, John 161
Lucy 62
Lügen 36, 39, 49, 199, 206, 451, 570, 596 f., 618 f., 621
Luther, Martin 415
Luzifer 219

M

Macht 8, 27, 29, 31 ff., 35 ff., 51, 58 f., 73, 118, 129, 132 f., 141, 178 f., 184, 188, 198, 205 f., 210, 257, 265, 278 f., 287 ff., 294, 299 f., 314, 324, 337, 341, 348–351, 354, 358–361, 364, 368 f., 371, 384 f., 387, 396, 401–405, 407, 417, 423, 427–430, 443, 450, 465, 479, 490 ff., 495, 505, 512–515, 523, 523, 539, 544 f., 554 f., 560, 565 f., 569, 583, 590, 604, 611, 617 ff.
- himmlische 278, 325, 330–335, 375, 381, 384, 506 f., 516 f., 527, 531 f., 570, 601
- Koalitionsmacht 180–184
- irdische 330, 383 f., 570
- Machtgefälle 134 f., 372
- Machtgleichgewicht 179 f., 187
- Machtspeicher 280 ff.
- Machtverschiebung 179 f., 357
- soziale 102, 209, 599
Magie 209, 320, 350, 388, 404, 407 f., 412, 437, 542, 546, 576
Male Bias 345
Male Bonding 87, 148, 261, 465 f., 489
Mangelernährung 236 f.
Mansplaining 9, 608
Man-the-Hunter-Theorie 21, 175 f., 224
Mann-Frau-Dichotomie 34, 147
Mann, Thomas 206, 383
Männer
→ Male Bonding; toxische Männlichkeit
- Identitätskrise 241, 262 f.
- Männerbund 465 ff.
- Männerhaus 279, 281, 339
- Männermord 366–373
- Männerrollen 140
männliche Fürsorge 93, 169 f., 172
Marcus, Joyce 279, 339
Marduk 384, 522
Maria 354, 406, 436, 526, 539, 550, 552, 556 ff., 561, 577, 563
- Mutter Gottes 354
Maria Magdalena 16, 436, 438, 485 f., 552, 559 ff.
Markschies, Christoph 486
Marlowe, Frank 188, 622
Marshall Thomas, Elizabeth 140
Marsman-Hennie J. 55, 378
Marx, Karl 204, 207, 587
Mate Guarding 123
Matriarchat 19, 191, 195, 197, 199, 203 f., 206, 208–212, 220, 222, 242, 248, 255, 321
- Forschung des 222
Matrilinearität 141, 165, 184, 189 ff., 225 f., 233 f., 310 f., 320, 353
Matrilokalität 101, 190
Maxentius 516–519, 521
Medizin 81, 474, 497 f., 578–582, 592
Mega-Sites 243, 245, 259, 302, 304, 309
Melania die Ältere 503 f., 507
Mellaart, James 242, 247 ff., 252, 283
Meller, Harald 315, 318, 622
Menschenaffen 76 f., 83 f., 87, 91, 94 ff., 123, 128, 131 f., 166

Menstruation 19, 125, 131, 156, 167, 181, 474, 500
Mentalität 109, 253 f., 301 f., 564, 607
Méricourt, Théroigne de 586
Merz, Annette 431
Meskell, Lynn 255 ff., 260, 265, 268, 271, 286
Mesopotamien 16, 49 ff., 56, 244, 266, 272, 279, 308, 318, 325 f., 328–340, 342, 345, 356, 358, 360, 363, 373, 384, 396, 412, 463, 472, 517, 601
Metallurgie 297
MeToo-Bewegung 315, 568
Meyers, Carol 237, 378, 396, 431
Miles, Rosalinde 18
Mill, Harriet Taylor 142 f.
Mill, Helen 143
Mill, John Stuart 142 f., 582
Millett, Kate 18, 350
Mismatch 114, 604, 608
- Mismatch-Phänomen 367, 606
Misogynie 13, 27, 29, 35, 39, 41 f., 266, 371 f., 379, 381, 394, 414 ff., 428, 443, 459–462, 472, 476, 481, 483, 485, 508 ff., 514, 528, 532, 539, 544 ff., 551, 554, 564, 572, 587, 593
→ Frau, Unterordnung
Misshandlung 187
Mitgift 353, 358, 507, 580
Mönche 502, 505, 508 ff., 512, 539 f., 546, 571
Monogamie 128, 135 ff., 153, 155, 157, 160, 162 f., 171–174, 183, 201, 299, 582, 610 f.
→ Ehe-…
- Alibimonogamie 489, 610
- lebenslang 16, 122, 155, 158, 171, 173, 423, 460, 487–496
- serielle 16, 102, 158, 171, 591, 610
- und Eigentum 492–496
Monopolisierung 87 f., 119, 124, 168, 186, 270, 300 f., 305, 336, 349, 366, 471, 490, 563, 601, 604
Monotheismus 50, 53, 56, 282, 298, 381 f., 385 f., 395, 397, 400–403, 405 f., 409, 411 f., 419, 421, 426, 432 f., 437, 521 ff., 542, 554, 564 f., 601, 617
→ Herrschaftsreligion; Jahwe
- biblischer 374, 387, 391
- Sündenfall des 56 f.
→ Hiob
Monumente 259, 261, 266, 280
Moor, Johannes de 41, 49 f., 58
Moral 25, 27, 58, 60, 155 f., 173, 295, 321 f., 357, 382, 402, 412 f., 433 ff., 481, 488, 523, 533 f., 540, 553, 569, 610, 618
- Doppelmoral 172, 305, 356 f., 580
- Männermoral 490
Morgan, Elaine 175
Morgan, Lewis Henry 161, 201, 207
Morris, Christine 286
Mose 391 ff., 410 f., 431, 500
→ Exodus, Buch
- im Weidenkörbchen 335
- Tod 393 f.
Mose, fünf Bücher 46, 344, 386, 391 f.
→ Tora-…
Moss, Carrie-Anne 30
Müllner, Ilse 364, 417
Mutationen 69–72, 79 f., 108
Mutter
- Mutterkult 354
→ Maria
- Mutterliebe 96 ff.
- Muttermythen 26, 98, 210, 561
- Mutterrecht 204–207, 212, 577
→ Matriarchat
- Mutterschaft 20, 22, 286 f., 556 ff., 561, 611
- Urmutter 35, 49, 62, 207, 212
→ Archetypus
Müttersterblichkeit 237, 241, 312, 369
Mythen 7, 17, 35 f., 39, 41 f., 50–54, 57, 59, 61, 98, 120, 151, 153, 155, 175, 189, 192, 199, 203 f., 208, 210 ff., 215, 217, 271, 286, 317, 321 f., 332, 339 f., 343, 380, 452, 454, 461, 468, 484, 522, 527, 558, 561, 596
Mythologie 321, 332, 483, 585

N

Nadîtu 353
Naher Osten 55 f., 80, 242, 256, 271, 316, 338, 341, 349, 370, 410, 460 f., 468, 481
Napoleon Bonaparte, Kaiser Frankreichs 587
Nationalsozialismus 577
Natur des Menschen, erste 107–114, 164, 306, 433, 435, 502, 544 f., 549, 578, 581–583, 596
- angeborene Dispositionen 108, 110, 606
- Ausbeutung 31, 371, 389, 489 f., 494, 526, 551, 565, 569, 571, 587, 606
- Religiosität 545

Natur des Menschen, zweite 110–114, 215, 456, 559, 603, 607, 615
- kulturelles Produkt 31, 462, 596

Natur des Menschen, dritte 111
- Vernunftnatur 111

Nature versus Nurture 75
Neolithikum 238 f., 242, 246, 249, 255, 258, 263 f., 268, 283, 317, 395, 463
- Neolithische Revolution 202
- Neolithisierung 243, 338

Netzwerke
- solidarische 437, 568, 598
- soziale 285, 288

Neues Testament 296, 425–432, 436 f., 447, 493, 503 f., 557
→ Bibel

Neumann, Erich 212
New-Age-Kultur 19, 209
Nietzsche, Friedrich 204, 575
Ninhursaga 332
Nipperdey, Thomas 589
Noah 298, 478
→ Arche Noah

Normalität 31, 153, 293, 409, 418, 475, 479, 558, 563, 575, 580, 602, 610 f.
Normalzustand 28, 164, 173, 357, 373, 479, 487, 563, 582, 598, 602, 610
Normen 29, 59, 115, 134, 164, 487
- Rechtsnormen 141, 303
- Verhaltensnormen 141

Nomaden 99, 216, 322 f., 370
Nonnen 353, 507, 510, 558
Novák, Mirko 335

O

Offenbarung 383, 437, 485
Ökonomie 20, 96, 116, 127, 173 f., 186, 202, 229, 233, 239, 262, 282, 312, 314, 324, 349, 431, 471, 491, 497, 511, 589–592, 610, 615
Onanie 579
Opfer 55, 234, 264, 267, 277, 283, 297, 303, 329, 350, 365, 370 f., 398, 402, 476, 482, 527, 544, 558, 560, 568
Opitz-Belakhal, Claudia 573
Orang-Utans 14, 76, 94, 123, 162, 183
Orgasmus 162
Origines 582, 529
Ornamente
- körperliche 116–119, 128–133, 358, 363
- kulturelle 129–133, 263

Özdoğan, Mehmet 290

P

Paarbindung 88, 92–94, 133, 158, 160, 162, 164, 166, 170, 184, 547
Paarungsaufwand 118
Paarungssystem 88, 155–158, 186, 205
Pagels, Elaine 35, 429, 449, 484, 493, 499, 533, 536, 538, 542
Paläoanthropologie 175, 214
Palästina 50, 426, 431, 444, 446, 488, 499, 504
Pandora 378–380, 461, 483 f.
Paradies 7, 10, 39, 47, 53, 189, 193, 208, 227, 241, 297, 307, 324, 349, 389, 392, 543, 553 f.
→ Adam und Eva; Baum der Erkenntnis; Eden; Tora-…; Erbsünde; Schlange

Partible Paternity 165, 169, 191
Partnerwahl 121, 162
Parzinger, Hermann 224, 271, 303, 317
Patriarchat 8, 22, 24, 27, 29, 184, 198, 207, 209, 338, 350, 352, 378, 491, 598
– patriarchale Biologie 22
– patriarchale Ideologie 27
→ Patriarchale Matrix (Patrix)
Patriarchen (Erzväter) 299, 358, 363, 379
→ Tora
Patrilinearisierung 312
Patrilokalität 105, 303, 310–313, 421
Patriarchale Matrix (Patrix) 31–37, 112, 218, 250, 349, 361, 423, 427, 429, 437, 495, 508, 563, 567, 571 f., 601
Paulus 17, 47, 428, 442–457, 459, 483 f., 494 f., 498 f., 501, 520, 529, 532, 536 f., 556 f.
Paviane 23, 85 f., 126, 167, 197 f.
Pečar, Andreas 574
Pelagius 540
Penny, Laurie 569
Perrot, Michelle 27
Peterson, Jordan B. 13 f., 177, 211–215, 577
Pflugthese 216 f., 315 ff.
Phantasma
– Femme fatale 364
– Jungfräulichkeit 361, 471
– patriarchales 36, 285, 361, 426, 512, 561, 576, 580, 582
– Treue 460, 496
Phallozentrismus 256 f., 286, 339
Philo von Alexandria 483, 500
Piaget, Jean 60
Pinker, Steven 327
Pizan, Christine de 585
Plagiat 36, 41, 51
Plastizität 86, 109, 139, 158, 171, 178, 189, 465
Platon 43, 462, 478, 483, 502, 522 f., 543
Pleistozän 219, 227, 260
Pluralismus 525, 531, 617
Plutarch 319, 482
Polyandrie 156, 604
Polygynie 105, 156 f., 161 f., 186, 300, 359, 362, 367, 487–491, 495, 604
Polytheismus 50, 53, 55 f., 282, 298, 384, 412, 488, 522
→ Monotheismus
Pomeroy, Sara B. 462, 470
Pornoprophetics 415, 418
Posener, Alan 558
Primaten 68, 83, 85–88, 96, 101, 123–126, 128, 130–133, 147, 150, 162, 166, 175, 179 f., 183, 187, 294
Primogenitur 297, 323
→ Erbe; Erstgeburtsrecht
Privateigentum 204, 208, 218, 291, 293–295, 304, 463
→ Eigentum
Produktivität 316 f.
Promiskuität 88, 126, 133, 155–163, 166, 169 ff., 183, 201, 205
Propaganda 373, 391, 403, 425, 520, 529 f., 559
Propheten 393, 407 f., 414–419, 506, 543
Proportionalitätsprinzip 277
Prostitution 356, 358, 436, 450, 490, 580
Psychologie 21, 24, 60, 75, 95, 107 f., 137, 142, 147, 156, 163, 199, 207, 261, 372, 467, 475, 544, 547, 603

Q

Quarantäne 361, 433

R

Radner, Karen 333
Rahel 299, 358, 362
Ranke-Heinemann, Uta 498
Rassismus 541, 551
Rationalität 111, 209, 212, 574, 617 f.

Rebekka 299
Reeves, Keanu 30
Reformation 573, 583, 585, 589
Reich Gottes 432, 436, 438, 443, 457, 493, 499, 505, 529
→ Apokalypse
Reich, Wilhelm 207
Reichtum 103, 129f., 207, 223, 252, 270, 291, 294, 299, 305, 319f., 331, 337, 360f., 366, 372, 434, 449, 468, 503, 565, 600, 604
→ Armut
Reinheit 389, 500, 507, 580
→ Unreinheit
Reinkarnation 273
Religion 10, 27, 37, 110, 215, 248, 253, 270–290, 328f., 337f., 343, 375, 377, 381–383, 395, 401, 404–421, 430–442, 458, 473, 480, 501, 514
– Herrschaftsreligion 282, 291, 338–346, 382f., 395f., 401, 405, 414–418, 431f., 517, 519f., 523ff., 531f., 543f., 564, 570, 601, 616ff.
→ Religion von oben
– intellektuell-institutionelle 338
→ Wissenschaft
– als Lebensbewältigung 395, 405, 413, 419, 434, 523
– männliche Sphäre 289
→ Polytheismus
– von oben 338, 381–383, 396, 432, 618
– von unten 381–383, 395, 404, 413, 431, 433f., 501, 531, 542, 554, 571, 617
– weibliche Sphäre 271, 283–287, 405, 587
Religionswissenschaft 384, 386, 452
– historisch-kritische 35
– kognitive 274
Reproduktion
– biologische 14, 20, 22f., 91, 94, 124, 127, 132, 137, 148, 183, 206, 232, 235, 262, 287, 354, 359, 361, 366f., 370, 471, 473, 561, 563, 581f., 591, 601, 604
– Reproduktionschancen 120
Reputation 102, 187, 222, 232, 239, 241, 262f., 267, 281, 287f., 295, 305, 419, 439, 490, 600, 613
– Reputationsverlust 243, 262f.
– Reputationsquelle 233, 262, 264, 267, 284, 464
Resonanz 113, 307, 568, 589
Respekt 188, 287, 295
Ressourcen 119, 163, 186, 219, 223f., 229, 246, 269, 276, 296, 304f., 309, 313, 341, 367, 463f., 604
Reziprozität 301, 434, 584
Richerson, Peter 487
Rinder 304
→ Stier; Vieh
Rilke, Rainer Maria 206
Rituale 258, 278, 280
Röder, Brigitte 157, 203
Rollen 21, 111, 186, 212, 222, 348f., 353, 426, 430, 530, 571, 591
– Rollenerwartungen 134, 137, 144
– Rollenverteilung 24, 61
– traditionelle 24, 61, 140, 205, 212, 215
Roloff, Jürgen 431
Römisches Reich 319, 426, 440, 445, 490, 516, 528, 532
Rosa, Hartmut 113
Rosen, Klaus 522
Rosenbluth, Frances 615
Rousseau, Jean-Jacques 102, 574
Ruhm 263, 279f., 285, 342, 368, 468
→ Reputation

S

Sade, Marquis de 549
Sahlins, Marshall 103, 202
Saint-Simon, Henri de 587
Säkularisierung 74, 200, 574
Salomo, König 299f., 337, 354, 360, 364, 383, 410
Sanday, Peggy Reeves 22
Santana, Jonathan 268
Šapšu 51

Sara 299, 358, 362
Sargon 335 f., 347, 353, 384, 522
Satan 52, 54, 432, 454, 499, 502, 540, 546, 550, 554, 557
→ Teufel
Saul 407, 445
Schädelkult 258, 268, 276
Scheer, Tanja S. 471, 491
Scheidel, Walter 488
Scheidung 171, 187, 436, 491, 498, 610
Schere, soziale 349
Schicksal 7, 12, 20, 33, 35, 46, 62, 142, 153, 163, 184, 203, 240, 259, 294, 300, 312–314, 319, 343, 354, 391, 394, 409, 423, 444, 476, 478, 508, 515, 564, 568, 596
Schiller, Friedrich 586
Schimpansen 83–88, 93 f., 108, 123, 126, 128, 130, 161, 177, 181–183, 268, 558, 612
Schlange 7 f., 43–45, 51–54, 57, 81, 341, 392, 396, 399, 410, 426, 454 f., 483, 554, 619
→ Adam und Eva; Paradies
Schleier 30, 58, 293, 358, 450, 506, 564
Schmid, Konrad 430, 622
Schmidt, Klaus 251 f., 254, 257, 261
Schopenhauer, Arthur 575
Schöpfungsgeschichte 55, 175, 450 f., 492
→ Genesis
Schrift 18, 27 f., 201, 318, 333, 344 f., 349, 355, 372, 484, 528, 531, 570, 586 f.
Schroer, Silvia 395
Schuld 7, 13, 19, 24, 36, 41, 48, 55 f., 58, 97, 121, 173, 197, 209, 217, 227, 231, 313, 319, 343, 348, 357, 378 f., 386, 395, 414, 426, 442, 453, 476, 479, 511 f., 538–540, 573, 596 f., 607
Schüngel-Straumann, Helen 48
Schüssler Fiorenza, Elisabeth 428
Schutzsystem, kulturelles 278, 329, 382, 523, 616
Schwangerschaft 96, 121, 124 f., 181, 222, 284–288
schwarze Pädagogik 397–403, 411, 510
Scientific Revolution 585
Scott, James C. 369
Seele 273, 386, 438 f., 474, 509
Sekten 412, 499, 502, 571
Selbstbestimmung 565, 584, 591
Selbsterkenntnis 114
Selbstermächtigung 503, 568, 589
Selektion
– natürliche 69 f., 81, 93, 108, 168, 596
– sexuelle 88
Services 88
Sesshaftigkeit 202, 228, 230, 236, 238, 260, 338
→ Jäger und Sammler; Landwirtschaft
– Eigentumsvorstellungen 304
Seuchen 202, 246, 277, 284, 309, 329, 401, 555, 600
→ Krankheiten; Epidemien
Sex 48, 120, 147 f., 157, 161, 165 ff., 235, 356 f., 500, 538, 557, 561
→ Geschlecht, biologisches
– vs. Gender 115–151
Sexismus 30, 127, 185, 209, 316
Sexualdimorphismus 116, 123, 160, 181
Sexualfeindlichkeit 497, 547–549, 617
Sexualität
– Asexualität 145, 550
– Bisexualität 145
– Homosexualität 26, 145, 147–151, 466, 480, 494, 582
– Verteufelung der 49, 353, 423, 499–502, 552, 578
– Wissenschaft und 566
Sexualmoral 498
Sexualverhalten 162
sexuell(e, r)
– Abstinenz 503, 510
– Arbeitsteilung 90, 100, 148, 185
→ Jäger und Sammler

– Fluiditäten 147–151
– Konflikt 65, 121–125, 127, 133–136, 149, 172, 178, 181 f.
– Orientierung 145–151, 296, 521
– Selektion 116–133, 136, 179
– Zwang 123, 135
Sharing and Caring 95, 101, 106, 188, 192, 197, 262, 275, 305
Shennan, Stephen 228, 240, 288, 304
Shostak, Marjorie 16, 235
Sichtbarkeit 168, 506
→ Unsichtbarkeit
Simson 364
Simulation 30–32, 264, 515, 551, 567, 571
Sinai, Berg 389, 500
Sinnkrise 243, 263
Sinnlichkeit 481, 483, 566
Sinnsuche 242–269
Sinope, Markion von 485
Sintflut 50 f., 298, 307, 343, 373, 478
→ Arche Noah
– mesopotamische Vorlage 51
Sissa, Giulia 461
Sklaverei 128, 202, 316, 359, 369 f., 402, 468, 478, 543, 605
Skythen 322 f.
Smuts, Barbara 22
Sodom und Gomorra, Strafgericht 307, 368
Söhne 50, 101, 105 f., 140, 182, 191, 298 ff., 300, 303, 311 f., 317 f., 323, 334, 347 f., 351, 354, 362 ff., 369 f., 386, 398 f., 435, 456, 468, 470, 473, 488 f., 491 ff., 517 ff., 577, 600 f.
Soffer, Olga 209, 221, 642
Sol invictus 519, 522–524
Soldatenkaiser 518, 524
Solidarität 106, 108, 285, 313, 352, 362, 365, 371 f., 419, 434, 489, 555, 569, 600
– Solidaritätsbedarf 287
Sonnengott/Sonnengöttin 51, 344, 519 f., 524
→ *Sol invictus*
soziale Ungleichheit 202, 317, 563, 600
– Männer und Frauen 136, 139, 303, 619
Sozialisation 75, 110, 112, 140, 584
Sozialismus 588
Spencer, Herbert 20
Sphäre
– öffentliche 184 f.
– private 184, 290
– religiöse 54, 271, 283–290, 339, 395, 404–407, 418, 433, 495
Spiritualität 209, 287, 381, 421, 617 f.
Staat 205, 327, 358, 515, 525 f., 528, 531 f., 541, 563, 570, 573
– Staatsbildung 218, 383–385
– Staatsgewalt 515, 564
– Staatsreligion 505, 516, 531, 533, 542, 570, 601
Status 223, 370, 408, 478, 490
– Statusobjekte 129
→ Ornamente
– Statusunterschiede 305, 313
Status quo 203, 479
Stereotype 140, 426
Stier 50, 57, 296–299, 340 f., 417
Stol, Marten 355
Stone Pulling 264, 279 f.
Strafe Gottes 432, 478, 536
→ Katastrophen
– Niederlagen im Krieg 388, 401
– als CRED 282, 501, 505
Stratifizierung 305
– eigentumsbasierte 305 f.
String Revolution 225
Subsistenz 104, 323, 463
Sünden 390 f., 420, 452, 558
→ Erbsünde; Ursünde
– Sündenbock 607
– Sündenfall 9, 35, 47, 53 f., 56, 197–290, 296, 453, 455, 541, 553 f., 596

T

Taleb, Nassim 443 ff.
Taoismus 213

Tarabotti, Arcangela 596 f.
Taschl-Erber, Andrea 428, 642
Teaching Apes 95
Tempel 254, 278, 289, 300, 330–338, 347 f., 353, 387, 395, 403 f., 440, 529, 532
– Prototempel 279, 281, 330
Tertullian 48, 132, 483, 506
Tetrarchie 518, 524
Teufel 7, 48, 52, 54, 406, 419, 432, 437, 450, 454, 484, 499, 501 f., 509, 511, 547 f., 550, 553–556, 576, 578, 597
→ Satan; Schlange
Teufelsweib 553 ff.
→ Eva
Theologie 43, 383, 387, 438, 454–457, 460
– politische 203, 479
Theißen, Gerd 431
Thomas, Elizabeth Marshall 140
Thukydides 369, 468
Thutmosis II., Pharao 351
Tipping Point 244, 589
Töchter 35, 92, 100 f., 140, 190, 235 f., 298, 314, 320 f., 347–359, 363, 386, 411, 450, 472, 489, 504, 507, 553, 585
Tod 7, 45, 47, 51–53, 155, 248, 255, 258, 273 f., 284, 300, 320, 332, 336, 370, 406, 420, 430 f., 438, 447, 452–455, 465, 469 f., 484, 486, 491–493, 498, 505, 516, 538, 553, 556, 611
– Angst vor dem 274
Todd, Emmanuel 312, 420, 467
Todesstrafe 356
Tora 46, 56, 300, 344 f., 356, 389, 391–394, 402, 404, 406, 410, 433, 437, 439, 472, 494, 500
→ Mose, fünf Bücher
– Erstgeburtsrecht 600
– Hausordnung für Gottes Schöpfung 389, 394
– kulturelles Schutzsystem 278, 329, 382, 523, 616
Tora-Gesetze 342, 356
→ Todesstrafe
Tote 273, 528
– Auferstehung 248, 430, 436 f., 452
– körperlose Geister 273
– Weiterleben als → Ahnen 273
Totenkult 254
toxische Männlichkeit 255–259, 265, 267, 339–342, 369, 403, 416, 418, 470, 572, 600, 606
Tradition 16, 51 f., 59, 76, 110, 271, 380, 462, 483, 495, 498 f., 507, 520, 524, 542 f., 578, 609
Transformationen des Christentums 429, 459, 543, 601
Transgender 143
Treue 16, 162–164, 172–174, 185, 347 f., 356–358, 361, 391, 404, 412, 489 f., 492, 495, 582, 601
→ Untreue; Monogamie
– als kulturelle Innovation 356–358
– ewige 153, 155
Tricoire, Damien 574
Tun-Ergehen-Zusammenhang 389
Turchin, Peter 368
Turnbull, Colin 439
Two Spirit People 146
Tylor, Edward B. 201

U

Überlieferung
– archäologische 285, 365
– historische 50, 365
– verzerrte 270, 283, 345
übernatürliche Akteure 277, 329, 378, 396, 403
– Strafen 406
übernatürliche Welt 278, 301, 404, 419
Ugarit 49–64, 340, 378, 380, 454
Umweltnische 108, 113
Ungleichheit 14–16, 37, 106–109, 134, 151, 177, 195, 242, 279–281, 287, 291–374, 396, 441, 451, 455, 471, 525, 530, 543 f., 563 f., 587, 593, 598 f., 605
– soziale der Geschlechter 136,

139, 202, 303, 317, 463, 563, 574, 599 f., 619
– wirtschaftlich 186
Universalismus 521, 524, 530
Universum 277, 475
Unreinheit 277, 436, 549, 597
→ Reinheit
Unsichtbarkeit 270, 348
→ Sichtbarkeit
Unsterblichkeit 51 f., 55, 59, 63, 452 f.
→ Seele
Unternehmergeist 103
Unterordnung 7, 198, 216, 393, 566, 595
→ Gleichberechtigung; Gleichstellung; Ungleichheit
– der Frau 198, 216, 393, 595
Untreue 135, 155, 164, 170, 173, 397 f., 401–421, 436, 490
→ Treue
Urgeschichte 250
Ursprungsmythos
– religiöser 58, 61
– wissenschaftlicher 61 f., 609
Ursünde 48, 452 f., 535–539
→ Erbsünde; Sündenfall

V

van Wees, Hans 465 f.
Vandermassen, Griet 24, 579
Vater 44, 93, 100, 105, 124, 132 f., 135, 159–167, 171, 189, 207, 233, 314, 353, 469 f., 473, 490–493, 590, 615
– Vaterrecht 205
– Vaterschaft 159 f., 165, 167–169, 190 f., 354, 611
Vatikan 443, 457
Veblen, Thorstein 360
Venusfigurinen 16, 208, 220, 225, 259, 286
Verbot 78, 132, 529, 601
– Gottes 296, 307
Vergewaltigung 133 f., 191, 357, 368 f., 416 f., 469 f.
Vermes, Géza 429, 439, 452
Verschwörungstheorien 275, 428
Versuchungen 502, 508, 578
Verteidigung 86, 105 f., 464, 486
Veyne, Paul 429, 515
Victim Blaming 364, 412, 450, 511, 549, 553
Voltaire 574
Vulva 220

W

Wacker, Marie-Theres 428
Wallraff, Martin 516, 519 ff.
Watson, James 69
Wayne, John 14
Weber, Max 59, 142, 389
Weibermacht-Topos 364
Weiershäuser, Frauke 350
Weltschöpfungsepos , babylonischer 213
→ Enuma Elisch
Weltwahrnehmung 273, 288
Wesel, Uwe 204
Widerspiegelungsprinzip 298, 332, 379, 384, 522
Widerstandspotenzial 217
Wilkinson, Toby 351
Winger, Katja 316
Wissenschaft 18, 67, 200, 215, 221, 230, 249, 429, 460, 462, 473, 480, 566, 571 f., 578, 581, 592
– als kulturelles Schutzsystem 329
Wittfogel, Karl August 327
Wohlstandsgesellschaft 103
– ursprüngliche 202
→ Jäger und Sammler
Wolf, Hubert 511
Wollust 483, 494, 499, 536–539
Woman the Gatherer-These 176
Woodhead, Linda 377
Woolf, Virgina 29
Wunder 14, 67, 73, 142

Z
Zauberei 275
Zehn Gebote 344, 389
→ Dekalog
Zensur 204
Zeus 209, 298, 379
Zivilisationen 150, 197, 201, 203, 213, 325, 349, 373, 510
zivilisatorische Errungenschaften 75, 203, 349, 373, 462
Zölibat 353, 499, 508–511, 550, 557, 571, 589
Zorn Gottes 56
→ Strafe Gottes
Zufall 69